GOLDMANN

Autorin

Margaret Diehl wuchs in New Jersey auf und verlor mit zehn Jahren ihren älteren Bruder und ihren Vater. Sie studierte an der Universität von New Hampshire; anschließend heiratet sie und verbrachte eine Reihe von Jahren in Maine, Virginia, Kalifornien und Mexiko. Heute lebt Margaret Diehl mit ihrem Mann in New York.

Die Romane dieses Bandes sind auch als Einzelausgabe im Goldmann Verlag erschienen:

Die Männer (9435)
Hexenherz (9838)

MARGARET DIEHL

Die Männer

ZWEI ROMANE IN EINEM BAND

Hexenherz

GOLDMANN VERLAG

Umwelthinweis:
Alle bedruckten Materialien dieses Taschenbuches
sind chlorfrei und umweltschonend.
Das Papier enthält Recycling-Anteile.

Der Goldmann Verlag
ist ein Unternehmen der Verlagsgruppe Bertelsmann

Made in Germany · 1. Auflage · 7/93
»Die Männer«

»Hexenherz«

Umschlaggestaltung: Design Team München
Umschlagbild: Giorgio Balmelli, Zürich
Druck: Elsnerdruck, Berlin
Verlagsnummer: 11609
Lektorat: UK
Herstellung: Stefan Hansen
ISBN 3-442-11609-0

Die Männer

ROMAN

Aus dem Amerikanischen
von Elke vom Scheidt

Die amerikanische Originalausgabe erschien unter dem Titel
»Men« bei Soho Press, New York

Für Charles und Kate

TEIL 1

1

Sex mit Teo hatte etwas Geruhsames an sich. Seine Hände auf meinem Körper schliefen gewöhnlich halb oder waren mit sich selbst beschäftigt, und ich dachte häufig an andere Männer. Oft empfand ich nichts als eine platonische Zuneigung für den blassen, trägen Körper auf mir – oder eher unter mir; friedliche Zeiten waren das, in denen der Rhythmus des Sex uns beide einlullte und uns weit von der Hitze des Orgasmus forttrug. Manchmal fing Teo dann an, auf seine eigene, phantastische Weise über die Zukunft zu sprechen. Ich ging darauf ein, und ehe ich richtig erfaßte, was da passierte, lagen wir Seite an Seite, keusch wie Zwillinge, und Teo trank aus der Flasche, die er immer neben dem Bett griffbereit hatte.

Ich nahm es ihm nicht übel, jedenfalls nicht sehr. Ich wußte, daß mehr von ihm nicht zu erwarten war, und ich hatte ihn mir schließlich unter all den Männern ausgewählt, die ich in der Schule kennengelernt hatte. Wir waren Freunde, und Teo war, bei all seiner Trägheit, ein sehr guter Freund. Er war loyal, und er ging nie weg, wenn man wollte, daß er blieb. Ich fand es herrlich, mit einem Mann *befreundet* zu sein. Damals hätte ich Freundschaft über Leidenschaft gestellt – ein Punkt, über den ich oft mit meiner Zimmergenossin Janey gestritten habe. Sie meinte, für Freundschaften gebe es schließlich Frauen, und Janey war eine sehr gute Freundin. Aber das war nicht dasselbe.

Der Sex mit Teo, wie enttäuschend auch immer, schuf zwischen uns eine Nähe, eine Intimität, die ich mit ihr nicht haben konnte. Ich fühlte mich so, als überschnitten sich unsere Gedanken. Nicht unbedingt unsere Meinungen oder Gefühle, aber unsere beiläufigen Gedanken, unsere Erinnerungen. Sie schienen von mir aufzusteigen wie Insekten und in seinem Wuschelhaar zu landen. Und umgekehrt.

Teo bat mich, mit ihm nach New York zu gehen, als die

Schule zu Ende war. Seine Eltern waren nach Kalifornien gezogen, aber die Wohnung war noch nicht verkauft worden.

Meine Großmutter hatte nichts dagegen und gab mir sogar etwas Geld. Ich hatte damit gerechnet, mir einen Job suchen zu müssen. »Du hast den freien Sommer verdient«, sagte sie.

Die Wohnung in einem Gebäude mit Türsteher an der Upper East Side war ganz in Grau gehalten: graue Ledermöbel, grauer Teppich, graue Wände, Glas- und Metalltische, graue Samtvorhänge. Die Wände waren kahl, bis auf eine Reihe japanischer Drucke an einer Wand.

Die Küche enthielt nichts Eßbares, dafür aber genügend Tranchiermesser, um die ganze Manson-Familie auszurüsten. Im Schlafzimmer von Teos Eltern gab es ein riesiges Bett und einen riesigen Fernseher, Fotografien von Teo als Kind und einige ziemlich eigenartige Collagen, die aus Knöpfen bestanden. »Die Schwester meiner Mutter«, sagte Teo, der mein Interesse an der Knopf-Kunst bemerkte. »Sie lebt in einem sehr vornehmen, verrückten Kasten in Baltimore. Ich glaube, im wesentlichen trinkt sie, aber sie macht auch diese hier und schickt uns jede Weihnachten eine.«

»Arme Frau.«

»Sie ist glücklicher als meine Mutter. Obwohl das nicht viel heißen will, weißt du. Ich hab sie dort mal besucht. Jede Menge grüner Rasen und feine Damen. Ich brachte ihr eine Flasche Crème de Menthe mit. Sie schob sie unter ihr Kissen und sprach vom Kummer des Lebens, von Träumen, von verlorener Liebe – es war sehr poetisch. Später fand ich heraus, daß es größtenteils von Tennessee Williams war.«

Teos Zimmer war leuchtend rosa gestrichen, und überall lagen Platten und Kleider herum. Über seinem Bett hing eine riesige Fotografie seiner verflossenen Freundin Laura. Er nahm sie herunter und hängte eine von Ella Fitzgerald auf, da er, wie er sagte, von mir keine hatte.

Das Badezimmer gefiel mir am besten. Die Wanne war extra groß und umgeben von einem weißen, gekachelten Regal für Seifen und Shampoos. Wände, Boden und Wanne waren blattgrün, die Decke weiß, die übergroßen Badetücher lavendelfarben. Lampen rahmten den Spiegel ein. Die Wasserhähne waren antike Messingarbeiten, und es gab einen gepolsterten Korbsessel neben einem Korbschrank mit Toilettenartikeln und alten Ausgaben von *Vogue*.

Teo bestellte Lebensmittel bei *Gristede's*, und ich bereitete ein Abendessen aus Lammkoteletts, in Knoblauch und Sahne gedünsteten Pilzen und wildem Reis. Er öffnete eine der Margaux-Flaschen seines Vaters, und wir aßen im Wohnzimmer neben dem offenen Fenster. Teo schaute gern auf den Betrieb unten in den Straßen: schimpfende Taxifahrer, alte Damen, die Pudelscheiße aufkehrten, junge Paare, die an verbotenen Stellen über die Straße liefen. Es war kein aufregender Stadtteil, aber ich merkte das nicht. Ich gewöhnte mich an das Aroma der Stadt, das hereinwehte, und fragte mich, ob es der Duft Manhattans war, der mich so merkwürdig anregte oder einfach der des Meeres, von dem ich uns umgeben wußte, obwohl sein Geruch nicht bewußt wahrzunehmen war. Ich fühlte mich der See ganz nahe; so als überquerte ich gerade den Atlantik. Das Brausen des Verkehrs konnte leicht das Donnern der Wellen am Strand sein, und die Hupen und Schreie und das Radiogedröhn waren dem Gebrüll von Möwen und Seeungeheuern nicht unähnlich. Teo war sichtlich erregt. Er aß schnell und trank gierig seinen Wein, obwohl er nicht versäumte, ihn zuerst anerkennend zu verkosten. Als er fertig war, sah er mir ungeduldig zu. Dann führte er mich zum Fenster und lehnte sich beunruhigend weit hinaus.

»Das alles gehört dir, Baby«, sagte er, winkte betrunken mit den Armen, und ich starrte zwölf Stockwerke tief hinunter auf die Weite der Park Avenue.

Viele Nachmittage verbrachten wir von zwei bis sechs oder sieben im Bett, beobachteten, wie Rechtecke von Licht an der Wand tiefer sanken und dann verblaßten, lauschten dem Verkehrslärm, dem Zuschlagen von Türen. Teo neben mir redete und redete.

Er erzählte mir, wie er sich als Kind an regnerischen Tagen mit einem Transistorradio in seinem Zimmer eingeschlossen hatte, während seine Mutter einkaufen ging. Er sprach von seinem Hund, Martha, den er im Central Park spazieren führte, und von einem alten Mann dort, der gern seinen Hintern tätschelte. Teo erlaubte ihm das erst, wenn der alte Mann vorher Marthas Hintern getätschelt und ihr gesagt hatte, wie schön sie sei.

Er sprach davon, wie man den vollkommenen Hund zusammensetzt: die Farbe eines Irish Setter, die Pfoten eines Dobermann, der Schwanz eines Collie, die Muskulatur eines Bernhardiners. Wir werden ihn Patrick nennen, sagte ich, und danach blieb Patrick unser imaginärer Gefährte. Teo pflegte ihn zu fragen, wo er sich herumgetrieben habe, was er Trauriges gesehen habe, und aus dem Augenwinkel erhaschte ich oft einen Blick auf die fragende Neigung einer rötlichen Schnauze. Teo stellte sich vor, Patrick durchsuche jeden Abend die Kriegsgebiete der Welt und bringe verlassene Babies in amerikanische Krankenhäuser. Er sagte Patrick, sie würden doch nur wieder im Stich gelassen von den Bürokraten, aber Patrick hörte nicht auf ihn. Er war ein zielstrebiger Hund. Endlich fanden Teos Warnungen Gehör, und er brachte die Babies zu uns. Wir wollen sie nicht, sagte Teo. Schmeißen wir sie in den Schrank. Er winkte mit der Hand, während gleichzeitig ein Luftzug sanft die Schranktür schloß.

Wir tranken mehr Bier. »Bist du je auf dem Skateboard bei Rot über eine Kreuzung gefahren, Teo? Hast in einem Laden was gestohlen? Deine Mutter nackt und blutend im Badezimmer gesehen?«

»Nein. Hast du je Dienstmädchen gehabt?«

»Nein, Großmutter wollte nie Personal, wir taten unsere Arbeit selbst.«

»Dienstmädchen waren das Beste. Sie ließen dich tun, was immer du wolltest, und als Belohnung stahlst du für sie Zigaretten und Scotch. Dienstmädchen fuhren mit dem Bus nach Hause, und wenn du dicke, nasse Klumpen Klopapier aus dem Fenster auf Busse runterwarfst, hattest du Angst, das sei vielleicht der Bus, den euer Mädchen genommen hatte.«

Teos Stimme war so warm wie sein Körper, der Jahrhunderte im Bett aufgesaugt zu haben schien. Ich hörte ihm zu; dann legte ich meinen Kopf auf seine Brust, und sein tropisches Grummeln schläferte mich ein. Wenn ich abends benommen erwachte, führte er mich freundlich zum Dinner aus.

Er war als einziges Kind reicher Eltern in Manhattan aufgewachsen und hatte eine exklusive Privatschule besucht, wo er statt vier fünf Jahre brauchte, um den Schulabschluß zu erreichen. »Meine Freundin war eine Klasse unter mir«, sagte er zur Erklärung. Er hatte einen engen Freundeskreis. In seinem letzten Schuljahr, als seine Eltern zwischen New York und Kalifornien hin und her pendelten, wohin sein Vater versetzt worden war, führte er die Freunde jeden Abend aus. Er gab das Geld, das seine Mutter ihm für Notfälle hinterlassen hatte, für Jazz und Bourbon aus. Er beschrieb die Musik, die Clubs, die Nachtbars, aus denen sie in der Morgendämmerung nach Hause geschlichen waren. In der Schule pflegten er und seine Kumpel ihren Kater mit Flachmännern voll Whisky zu kurieren und einander die Arbeiten zu schreiben, wobei jeder sich auf das Fach konzentrierte, das er oder sie am besten beherrschte.

Teo schrieb alles für ihren Unterricht in Stadtkultur, der ein ziemlich vager Versuch des Direktors war, überlegene New Yorker aus ihnen zu machen. Er interviewte alte Jazzmusiker und legte seine Arbeit als Improvisation an; für die Arbeit seiner Freundin machte er eine Collage aus den Werbeplakaten von Galerien. Sein Freund Slade schrieb die Chemieprotokolle, und Teos Freundin Laura erledigte alle Mathematik-Hausaufgaben, die sie mit kreativen Fehlern versah. Infolgedessen hatte Teo eine Vision von dem, was durch Gemeinschaftsarbeit zu leisten war, und seither interessierte ihn individuelle Anstrengung nicht mehr. Tatsächlich fand er sie verhängnisvoll. Alles, wobei er einsam war, fand er verhängnisvoll. Sein kleiner Kreis war in der High School eine Minderheit gewesen, degenerierte, als das nicht mehr schick war. Sie hielten zusammen und taten alle anderen als Morlocks ab – die fleischfressenden, betriebsamen Affen aus H.G. Wells' *Zeitmaschine.*

»Wir waren Eloi, zum Opfer bestimmt, und genossen eine kurze, sybaritische Jugend vor dem Ende. Ich war so glücklich, Stella, so glücklich. Ich hatte mein Mädchen, ich hatte meine Freunde. Ich liebte Laura. Nie wieder werde ich eine Frau so lieben. Und Slade, meinen besten Freund.«

Slade lebte jetzt mit Laura in Cambridge, aber Teo sagte, das mache ihm nichts aus. Oder vielmehr, es mache ihm etwas aus, daß er Laura verloren habe, aber nicht, daß Slade sie übernommen habe. »Es war ohnehin ihre Entscheidung. Ich wußte immer, daß sie sich von mir trennen würde. Es passierte am Tag, nach dem sie in Harvard angenommen wurde. Sie sagte mir, ich sei kein ernsthafter Mensch. Ich sei papieren.«

»Wie Toilettenpapier?«

»Nein, das Papier, das um Geschenkschachteln ist. Hübsch, dünn. Slade war Leder. Sie war Seide.«

»Sie hört sich wie ein richtiges Biest an. Aber mir gefällt dein Jargon. Erzähl mir mehr.«

»Trinker waren Priester oder Vampire. Priester waren großzügig mit ihrem Stoff, boten das Sakrament jedem an; Vampire stahlen einem den letzten Tropfen. Ich war ein Priester...«

»Und Laura ein Vampir?«

»Nein, sie trank nicht viel. Sie war der Vorschmecker. Ich war der Hofnarr. Slade war König, und Jules war der Zauberer – er hat diese langen, kalten Hände und Teufelsaugen.«

Ich verstand seine Nostalgie gut, auch wenn sie alberner schien als meine. Gerade ihre Albernheit machte es mir leichter, daran teilzuhaben. Er sprach nur über die High School – und noch dazu über eine irreale, wo die Schüler nach dem Unterricht Joints rauchten und in Limousinen nach Hause fuhren.

Janey hatte mich in meinem zweiten Jahr mit Teo zusammengebracht. Er war die vierte blinde Verabredung. Janey hatte gesagt: »Er ist wirklich süß. Irgendwie groß und weich, und er führt dich zum Dinner, wohin du willst.« Ich war skeptisch. Von den drei letzten Verabredungen, die sie arrangiert hatte, war die erste einer, der mir gleich anfangs sagte, ich könne ihn nicht küssen, wenn ich ihn nicht liebte, der zweite war verheiratet, und der dritte war sehr nett und intelligent und roch entsetzlich. Aber ich akzeptierte die Verabredung mit Teo, bestellte einen Tisch im *Blue Strawberry* in Portsmouth und öffnete eine Flasche Rotwein, damit er atmen konnte.

Teo öffnete eine zweite Flasche, und wir ließen unsere Reservierung sausen. Er versprach, mich später anderswo hinzuführen, und spielte mir seine Bänder von Ella Fitzgerald mit Liedern von Duke Ellington vor.

Take love easy, easy, easy.
Never let your feelings show.
Make it breezy, breezy, breezy
Easy come and easy go.

»Ich liebe Ella«, sagte er. »Sie ist so lieb und würdevoll, nicht? Ich wünschte, sie wäre meine Mutter.«

Ich war überrascht, nicht über seine Wahl, sondern weil er darüber sprach.

»Wenn sie meine Mutter wäre, würde ich ihr ein großes Haus in Connecticut kaufen.«

»Wahrscheinlich hat sie schon ein großes Haus.«

»Ich weiß. Sie hat alles.«

Sie sang: *»I love Paris in the springtime / I love Paris in the fall.«* Ich trank mehr Champagner, als ich gewohnt war, und Teo unterhielt mich mit einer Einführung in seine Lebensgeschichte. Als ich zu dem Schluß kam, daß er endgültig hinüber war, schlich ich mich in Janeys Zimmer.

»Ich mag ihn«, sagte ich, auf ihrem Bettrand sitzend. Sie las *Tristram Shandy* und aß Marshmallows.

»Das wußte ich. Irgendwie wußte ich, daß er genau dein Typ ist.«

Am Morgen nach unserer ersten Verabredung schwänzten wir den Unterricht und machten einen kritischen Rundgang über den Campus. Teo hatte einen Kater, und seine Hände zitterten, als er das Bier trank, das er sofort nach dem Verlassen der Wohnung gekauft hatte. Er bespritzte sich die ganze Hemdbrust mit Tuborg und versuchte, sich über die sauberen Paare lustig zu machen, die sich durch den Menschenstrom ihren Weg zum Mathematikgebäude bahnten. Doch sein Gesicht war zu liebenswürdig, um lange höhnisch zu bleiben; er sah bloß albern aus.

Als ich ihn auslachte, lachte er auch, hinreißend sorglos. Wegen des Alkohols, nehme ich an, strahlte sein ganzer Körper Wärme aus, und mit seinem Arm um die Schulter durch die Kälte von New Hampshire zu gehen, war, als kuschelte man sich an eine Heizung.

Den Rest des Tages verbrachten wir damit, herumzuschlendern, Händchen zu halten und Bier zu trinken. Teos Stimme war eifrig, sein Gesicht gerötet, während er Geschichten über New York, über das Trinken und darüber erzählte, wie er in der Damentoilette des Art Theatre in Greenwich Village seine Unschuld verloren hatte.

Als es dunkel wurde, führte er mich zu einem teuren Essen aus und bestellte französischen Champagner. Ich mußte seinen Datsun nach Hause fahren, denn er konnte schon nüchtern kaum damit umgehen, und er sagte mir, ich könne ihn benutzen, wann immer ich wolle. Wir trugen den Rest seiner Ella-Bänder aus dem Wagen herein, und während ich tanzte, allein – Teo rührte sich nicht von der Couch weg –, fühlte ich mich glücklich. Dieser große, hübsche, blauäugige Junge mit seinen karamelfarbenen Locken und seinem türkisblauen Kaschmirschal hatte etwas sehr Besänftigendes an sich. Er lehnte in den Kissen, trank Brandy und erzählte mir ungefähr alle zwanzig Minuten, wie wundervoll ich sei und daß er nicht geglaubt habe, daß es in Durham jemanden wie mich gebe.

Als wir ins Bett gingen, änderte sich nichts an seinem freundlichen, fast brüderlichen Benehmen. Er redete weiter, während er sich auszog, und als er mich küßte, hatte das einen Beigeschmack von Kinderparties. Als Liebhaber tat er, was ihn jemand zu tun gelehrt hatte, und mir gefiel es ganz gut.

Wir begannen, uns täglich zu sehen. Es gab darüber nie irgendwelche Fragen. Teo vermißte mich heftig, wenn wir getrennt waren, und er haßte seinen Zimmergenossen; daher verbrachte er die meiste Zeit in unserer Wohnung. Ich war froh; ich hatte ihn so gern. Wenn ich morgens aufwachte und seinen großen Kopf auf dem Kissen sah, verspürte ich sofort den Drang, ihm ein Frühstück zu machen. Ich tat es nie. Er weigerte sich, vor Mittag zu essen. Statt dessen führte er mich in ein Café und sah begeistert zu, wie ich Eier und Schinken und Toast und Kaffee verschlang. Er trug noch immer seinen Kamelhaarmantel und Schal und trank Tasse um Tasse schwarzen Kaffee. Dann fuhr er mich zu meiner Vorlesung, während ich ihm erklärte, wie man die Gänge einlegte.

Teo war intelligent und zeigte ein höfliches Interesse für seine Studien. Einmal in der Woche ging er zu allen seinen Vorlesungen und grüßte seine Professoren freundlich, wann immer er ihnen über den Weg lief. Den Rest der Zeit lag er gern in meinem Bett und trank Bier. Manchmal bat er mich, laut aus seinen Lehrbüchern vorzulesen, und er schien zuzuhören, obwohl das nicht viel Sinn hatte. In diesem oder im nächsten Semester würde er durchfallen. Er konnte sich nicht konzentrieren. Er erklärte mir, sein Gehirn werde durch den Alkohol zerstört. Ich glaubte ihm nicht, verstand aber, daß er seine Collegezeit totschlug. Das tat mir leid, obwohl es nicht so furchtbar wichtig erschien. Er redete immer von aufregenderen Orten als dem College. Er war in Europa und Südamerika gewesen, und obgleich er in den Details vage blieb, waren die Namen der Städte glanzvoll genug. Irgendwann wollte er einmal ein Bauernhaus in den Weingegenden Frankreichs oder vielleicht Italiens haben und alle seine Freunde mit ihren Geliebten dorthin einladen. Oder vielleicht würde er ein Stadthaus im West Village kaufen, es ganz in Schwarz-Weiß dekorieren, barfüßige Indianer als Diener engagieren und einen Wintergarten bauen, in dem Ella singen und Joe Pass Gitarre spielen und wo Musiker nach ihren nächtlichen Auftritten am frühen Morgen zu einer Jam Session vorbeikommen würden. All das würde er machen, wenn seine Eltern einmal starben und er reich war. Oder wenn er auf irgendeine andere Art reich wurde; er hatte nichts gegen seine Eltern.

Teo und ich führten kein sehr geselliges Leben. Er weigerte sich, zu den wenigen Parties zu gehen, zu denen ich eingeladen wurde, und der einzige Mensch, den ich in unser bierdunstiges Schlafzimmer ließ, war Janey. Sie saß dann ein oder zwei Stunden da und beschwerte sich über Aaron, der praktisch im Mathematikbau wohnte. Aaron begehrte sie nicht mehr. Er badete nicht. Sie hatte ihren Lieblingsprofessor gebeten, eine Affäre mit ihr zu beginnen, und er hatte abgelehnt. Sie wollte wissen, was mit ihr nicht stimmte, wieso Männer ihr einen Computer oder die Ehefrau vorzogen.

Teo und ich waren ihr keine große Hilfe. Wir lagen Seite an Seite, die Laken bis zum Kinn hochgezogen. Rings um unsere Körper waren Krümel von Crackern, Stifte und Orangenschalen verstreut. Ich sagte ihr, sie solle es bei einem anderen Professor versuchen, einem älteren. Teo schlug vor, sie solle nackt in den Mathebau spazieren und schauen, ob das irgend jemand merkte. Beide stimmten wir darin überein, daß sie zu gut für Aaron war. Aber am Ende schlossen wir sie aus. Sie pflegte dann zu gehen, und wir kehrten zu unseren schlichten Wonnen zurück: trinken, Ella zuhören und gelegentlich ficken.

2

Teo und ich lebten in New York nicht nach dem gleichen Rhythmus. Er stand nie vor zwei oder drei Uhr auf, und dann saß er träge in Unterwäsche herum und blätterte in den Zeitungen und Magazinen, die gerade mit der Post gekommen waren. Zuerst wartete ich auf ihn. Ich streifte fünf oder sechs Stunden lang durch die Wohnung, machte lange Listen von dem, was ich tun wollte, und betrachtete ihn, wie er dalag, gerötet, das Gesicht im Schlaf zuckend. Ich lernte, die Kaffeemaschine seiner Eltern zu bedienen und schlürfte Kaffee, der so trübe war wie das Flußbett des Elder River, während ich mich durch die Sammlung meist unbenützter Kochbücher seiner Mutter las. Wenn er erwachte, verwöhnte ich ihn, brachte ihm heiße Croissants und kalten Erdbeersaft – er hatte den Kaffee aufgegeben, sagte, er sei schlecht für seine Nerven – und lächelte vorwurfsvoll, wenn er Wodka in sich hineinkippte.

Ich wollte nicht, daß wir in New York so viel tranken. In New York gab es Sachen zu tun. Für Teo bedeutete die Rückkehr in die Stadt den Wechsel von Bier zum umfangreichen Vorrat seines Vaters an teuren Alkoholika. Er mixte exotische Drinks mit zerstoßenem Eis, folgte mir geräuschlos durch die Wohnung und hielt mir große Becher mit merkwürdig gefärbtem Zeug zum Probieren hin. Ich war vorsichtig. Ich verstand noch immer nicht recht, wie man von einem einzigen Drink genauso betrunken werden konnte wie von einer Sechserpackung Bier.

Nach einer Weile hielt ich es nicht mehr aus und ging morgens aus. Ich lernte die Stadt kennen, indem ich herumlief, von Soho zur 110. Straße, vom Hudson zum East River. Es gab Strecken, auf denen sonntagmorgens die Gehsteige fast leer waren, und wenn ich mich an Wochentagen durch die Menschenmassen drängte und vor Taxis, die ungeduldig waren wie angeleinte Hunde, die Straßen überquerte, mußte ich mir den Anblick der leeren Stadt in Erinnerung rufen, um nicht in Panik zu geraten.

Ich hatte nie solche Menschenmengen gesehen. Die Hitze machte natürlich alles noch schlimmer. Ich bewegte mich unter Fremden, lernte sie aber durch ihren Geruch sehr intim kennen. Ich begann, den Standpunkt eines Hundes zu verstehen. So viel zu erschnüffeln! Aber ich war nicht fähig, mit dem Übermaß an Information umzugehen, und bahnte mir ängstlich einen Weg in eines der großen Kaufhäuser, wo die eisige, parfümierte Luft auf mich wirkte wie eine beruhigende Droge. Auch dort waren Leute, aber sie waren nicht ganz so menschlich. Und ich auch nicht. Ich war unsichtbar in diesen Kaufhäusern bis auf meine Schuhe, die aus irgendeinem Grund immer angestarrt wurden.

Ich ging in alle berühmten Museen. Ich ging zum Rockefeller Center und zum Empire State Building. Ich ging ins East Village. Ich aß an allen möglichen Orten zu Mittag, probierte Pastrami, Souvlaki, Cannoli, Knishes, Gnocchi und Sushi, Nathan's Hotdogs und *Mousseline de trois poissons* mit Brunnenkressesalat und einer halben Flasche Vouvray. Ich kaufte für Janey eine Postkarte von Baryschnikow und eine von H.G. Wells für Großmutter. Ich bewunderte die Architektur, die Leute, die Kleider und die Buchhandlungen. Ich wurde einsam und ging nach Hause zu meinem inzwischen erwachten Knaben.

Teo hatte dann immer eine Liste von Wahlmöglichkeiten für

mich zusammengestellt: Restaurants und Bars, von denen ich nie gehört hatte, Musiker, von denen ich nie gehört hatte, Filme, die man nicht ernst nehmen mußte.

Ich pflegte willkürlich zu wählen. All die berühmten Restaurants waren mir fremd. Doch die Namen waren französisch, und ich fühlte mich privilegiert, wenn er anrief, um einen Tisch zu bestellen. Das war ein Teil dessen, wofür ich nach New York gekommen war, diese beiläufige Art, an eleganten und wunderbaren Orten essen zu gehen. Ich hatte nicht gewußt, daß Speisen so gut sein können; dieses besondere Niveau der Kochkunst war eine Offenbarung für mich.

Wir duschten zusammen in seinem blattgrünen Badezimmer und zogen einander an. Teo, groß und sauber, mit von Jojoba-Öl-Shampoo, Conditioner und Föhnen seidigem Schamhaar. Er trug gelbe Boxershorts, weiße Baumwollhosen und ein pastellfarbenes Baumwollhemd mit einem Seidenschal um den Hals. Er hatte Schals in Türkis, Scharlachrot, Gelb und Purpur, und er trug auch die bedruckten Schals seiner Mutter mit einem Designernamen in einer Ecke. Ich trug mein schwarzes oder mein rotes Kleid, eine Menge blauen Lidschatten und die Frisur, die Teo gerade für mich schuf. Er flocht Zöpfe, umwunden mit Kupferdraht, mit einer roten Plastikwäscheklammer zurückgebunden. »Ich hatte keine Puppe mehr, seit ich fünf war und Martha Nefertiti fraß«, sagte Teo.

Wohin auch immer wir gingen, wir landeten am Ende immer in einer Bar. Gewöhnlich war das im Village, obwohl wir auch *Gregory's* und *P. J. Clarke's* nicht vernachlässigten. Das *Riviera Café* war einer unserer Lieblingsplätze. Wir saßen an einem Tisch im Freien, tranken eine Karaffe Weißwein nach der anderen und hatten alle Unterhaltung, die wir brauchten. Das Trinken wurde größtenteils von Teo erledigt, das Schauen von mir. So viel männliches Fleisch, das vorbeiflanierte, das meiste davon schwul. So viele schöne Frauen in tief dekolletierten Sommerkleidern.

Teo sprach zwanghaft. Nicht nur über seine Freunde, sondern auch über Bekannte, Lehrer, ein Mädchen, das er einmal in einer Untergrundbahn gesehen hatte, barfuß, im Abendkleid, das

Gesicht hinter einem Haarvorhang verborgen, sturzbetrunken. »Sie war schön.« Ich war interessiert, nicht an diesen Typen, sondern an dem, was er suchte. Einen Hinweis auf etwas, das Licht werfen würde auf – was? Die Art, wie er redete, erinnerte mich daran, wie man mit dem Finger über eine Rolle Klebestreifen fährt und nach dem schmalen, rauhen Streifen sucht, der der Anfang ist. Ich konnte nicht ganz herausfinden, wo sein Leben steckengeblieben war, falls es das war, was passiert war. Der Übergang aufs College war natürlich traumatisch gewesen, aber gleich so sehr? Daß er nie über seine Eltern redete, hatte wohl etwas zu bedeuten, aber ich interessierte mich nicht sonderlich für solche Tiefen. Die Geschichte meiner eigenen Kindheit erschien mir unkompliziert: Magie und Melancholie, aber deutlich umrissen. Meine Eltern hatten mich verlassen, daher suchte ich nach Liebe. Ich würde nie befriedigt sein, weil mein Verlangen über das Sexuelle hinausging. Ich hatte das in groben Zügen erkannt und war damit zufrieden. Das Wichtige war, daß der Einfluß meiner Eltern mir nicht mehr negativ erschien. Ich fühlte mich stark genug, um mir das zu verschaffen, was meine Vergangenheit forderte: es war für mich eine Herausforderung. Für Teo sah ich die Sache nicht so rosig. Welcher Einfluß auch immer auf ihn wirkte, er war entschieden negativ. Ich hoffte, daß es nicht seine Eltern waren. Ich haßte die Vorstellung, daß diese Leute in mittleren Jahren sich in das Seelenleben des süßen, nach Hefe duftenden Jungen mir gegenüber einmischten.

Ich versuchte zu helfen. Ich hörte zu, ich war liebevoll, und am Ende konnte ich es nicht mehr aushalten. Ich wußte, was er sagen würde, ehe er es sagte. Oder vielmehr, ich dachte vorher gar nicht daran, sondern erlebte ein dauerndes *déjà vu.* Wenn mir bewußt wurde, daß Teo, wie er mir anvertraut hatte, gewöhnlich zwei Stellas sah, wenn er mich anschaute, eine etwas undeutlicher als die andere, wenn ich also daran zu denken begann und unbehaglich auf meinem Stuhl herumrutschte, während sein Gesicht schlaffer und seine Augen unsteter wurden, und wenn ich mich dann regte, als sei es an mir, diese beiden Bilder zur Deckung zu bringen – dann dachte ich, unsere Konzentration aufeinander sei vielleicht gefährlich.

Ich fragte Teo, ob er niemanden in der Stadt kenne. Niemand bleibe im Sommer in der Stadt, sagte er, deshalb gefalle es ihm, es sei so leer hier. Ich sagte, ich müsse ab und zu noch mit anderen außer ihm reden. Er dachte ein paar Nächte darüber nach und bot dann seine Lösung an. Wir gingen in kleinere Bars in der Nachbarschaft, und er schloß Freundschaften. Das fiel ihm sehr leicht. In der Zeit, die ich brauchte, um auf die Toilette zu gehen, schaffte er es, mehrere Leute kennenzulernen: junge, gutsituierte Paare, denen bei seiner betrunkenen Herzlichkeit der Mund offenstand, oder desillusionierte Alkoholiker, so sehr an sofortige Freundschaft gewöhnt, daß sie sich an die andere Art gar nicht mehr erinnern konnten. Mir gefielen sie alle nicht, aber es war zu spät, um ihm zu sagen, ich wolle doch lieber mit ihm allein sein.

Nach einer Weile begann ich, um Mitternacht oder um ein Uhr allein nach Hause zu gehen. Ich ließ Teo in der Bar zurück mit seinen neuen Gefährten und seinem Bier, mit Zigarettenasche auf dem ganzen Tisch, während er telefonierte. Er rief Slade und Laura an in Boston, Jules in Texas, seinen Freund Oscar in East Hampton, und ließ die Gebühren auf die Nummer seiner Eltern schreiben. Am nächsten Tag konnte er sich kaum daran erinnern, was er gesagt hatte, und noch weniger daran, was die anderen gesagt hatten, und so rief er erneut an und fragte, wie es ihnen ging. Für sie muß es gewesen sein, als redeten sie mit einem Hirngeschädigten.

Allein in der Wohnung, nahm ich lange Bäder, benutzte die französischen Badeöle und englischen Schwämme von Teos Mutter. Ich wusch mir den Rauch der Bar und den Schmutz der Stadt ab, shampoonierte mein Haar und drehte dann die Dusche auf, damit das Wasser auf mich fiel wie Regen, während ich mich zurücklehnte, die Augen schloß und meine Brüste im steigenden Wasser schwammen. Ich dachte an meine Liebhaber. Ich hatte sieben gehabt. Tobias, den ich noch immer liebte wegen der Erinnerung an meine blinde Leidenschaft, meinen Biologielehrer, Mr. Cross, vier Jungen im College und Teo. Zwei mit hellem Haar, fünf mit dunklem. Vier mit blauen Augen, einer mit grünen, zwei mit braunen. Keiner von ihnen sehr groß gewachsen.

Keiner klein. Kein Farbiger oder Ausländer. Nur sieben Männer, um darunter zu wählen, während ich allein dalag, die Hand zwischen den Beinen, und phantasierte. Oft genügten sie nicht. Ich stellte mir Riesen vor, die sich aus allen Richtungen näherten. Gebräunt, monolithisch, mit langsamer, rollender Gangart. Riesige Gesichter, die sich niederbeugten, riesige Hände, die mich aufhoben... Phalli von so symbolischer und architektonischer Pracht wie jene, von denen Freud einst träumte.

Mein Sexualleben mit Teo tendierte gegen Null. In der ersten vieler derartiger Nächte küßte er mich an der Tür leidenschaftlich, seine Hand unter mein Nachthemd geschoben, und spie dann einen Strom schmutziger, vulgärer Bemerkungen aus, während ich ihn zwischen den Hindernissen des Wohnzimmers hindurch zum Bett führte. Ausgezogen verlor er plötzlich seine Kraft. Er murmelte etwas, und sein Kopf lag verdächtig still in meiner Halsgrube. Ich drehte mich um und fuhr mit den Lippen an seinem Körper herunter, bereit, den weichen Penis zum Leben zu erwecken. Schlaff berührte er meine Lippen. Teos Kopf lag jetzt auf dem Kissen. Seine Augen waren weit geöffnet. Ich konnte ihn zur Decke blinzeln sehen. Ich legte meine Wange auf seinen Schenkel.

»Komm, Liebling«, flüsterte ich, »steh auf und sprich mit mir.« Teos Penis schielte aus seinen Falten hervor wie ein alter Mann hinter einem Fenstervorhang.

»Vergiß es«, sagte er. Ich rutschte im Bett wieder hoch und legte mich neben ihn.

»Wirklich?«

»Wirklich. Zu viel Schnaps.«

»Vielleicht solltest du aufhören, so viel zu trinken.«

»Kann ich nicht.«

»Warum?«

»Weil ich nicht will.«

»Dann meinst du nicht, daß du nicht kannst.«

»Ich möchte wollen, aber ich kann nicht wollen. Nicht ernstlich.« Lange lagen wir schweigend, und ich dachte, er sei eingeschlafen. »Trinken«, sagte er, »ist, als lebtest du auf einer tropischen Insel, obwohl du weißt, daß du nach Pittsburgh zurückgehen solltest. Alle deine Freunde sind dort, und du weißt, daß du länger leben wirst, aber du weißt auch, es ist Pittsburgh.« Ich legte meine Arme um ihn. »Mach dir um mich keine Sorgen«, sagte er.

»Du wirst schließlich einsam werden, nicht?«

»Es ist komisch – lach nicht. Wenn ich betrunken bin, kann ich die Stimmen der Leute in meinem Kopf hören. Die meiner Freunde, deine. Manchmal meine eigene Stimme, in zwei Teile gespalten. Sie sprechen nacheinander, sehr intelligent, und ich höre einfach zu... Ich lebe dann total in meinem Gehirn.«

»Dein Penis tut mir leid.«

»Das geht Frauen oft so.«

»Ist das früher schon passiert? Ein Teil deines Charmes?« fragte ich sarkastisch.

»Weil ich betrunken bin, wissen sie, daß es nicht ihr Fehler ist, also können sie mir verzeihen. Es ist ein medizinisches Problem. Sie werden zu Ärzten, alle Frauen möchten Ärzte sein. Umschläge, Akupressur, Selbstbehauptungstraining...«

»Scheiße«, sagte ich.

»Schlaf jetzt. Ich werd dich morgen früh vögeln.«

»Morgen früh wirst du nicht wach sein.«

»Ich vögle dich am Nachmittag, ich vögle dich am Abend. Ich vögle dich auf dem Küchentisch...« Aber er tat es nicht. So, wie er am nächsten Tag aussah, wollte ich nicht, daß er es tat.

Als meine Mutter wegging, war sie dreiundzwanzig. Mit siebzehn hatte sie nicht ganz ein Jahr lang in einem Internat in Pennsylvania gelebt, aus dem sie hinausflog, als man meinen Vater in ihrem Bett erwischte. Er war gekommen, um ihr zu sagen, er habe nach einem Streit mit seinem Vater die Universität von Virginia verlassen. Sie hatte auch etwas zu erzählen – nämlich daß sie schwanger war. Sie hatten kaum begonnen, sich gegenseitig zu trösten, als die Zimmerkameradin meiner Mutter, die aus dem Zimmer geschickt worden war, mit der Aufseherin zurückkam. Meine Mutter schlang die Arme noch fester um den Körper meines Vaters, und drei Mädchen waren nötig, um die beiden zu trennen.

Meine Großmutter erzählte mir das, als ich sie einmal fragte, ob ich in ein Internat gehen könne. Sie sagte, sie werde nie wieder im Büro einer Direktorin sitzen und sich anhören, daß eines ihrer Kinder, wie euphemistisch auch immer, als verkommene Schlampe bezeichnet wird. Oder als irgend etwas anderes.

Großmutter hatte meine Eltern in ihr Haus in Elder River, New Hampshire, mitgenommen und sie in der folgenden Woche zum Rathaus gebracht, damit sie heirateten – ein Schritt, der die endgültige Trennung meines Vaters von seiner Familie bedeutete. Sieben Monate später wurde ich geboren, und sie blieben im Haus meiner Großmutter. Mein Vater verkaufte Autos, Versicherungen und Staubsauger und spielte Saxophon, und meine Mutter tat so wenig wie möglich. Ich erinnere mich, wie sie in der Küche stand, ihr Haar mit beiden Händen hochhaltend, den Nacken gebeugt, so daß der weiße Knochen vorstand, ihre weißen Arme um den Kopf geschlungen, und wie mein Vater von seinem Stuhl aufstand, um den vorspringenden Knochen zu küssen. Ich erinnere mich, wie mein Vater zu einer Platte von Little Richard mit den Fingern schnippte, während meine Mutter sich Zeitungspapier in die Ohren stopfte. Sie haßte Musik, jede Art von Musik. Das einzige Mal, daß mein Vater jemals auf sie wütend wurde, war, als sie sein Saxophon in einer Schneewehe versteckte. Sie zeigte keine Reue.

Meine Großmutter sagt, meine Mutter hätte taub zur Welt kommen sollen, da sie nie auf etwas anderes hörte als auf Komplimente, und selbst die bevorzugte sie in Form von Lächeln, Geschenken und Zärtlichkeiten. Es stimmt, daß meine Mutter oft nicht antwortete, wenn man sie ansprach. Selbst die einfachste Frage löste nur ein Starren aus: ein milchiges, blaues, unbeschreibliches Starren, das nicht so sehr nach Verweigerung aussah als vielmehr nach Beschäftigtsein. Denn ich glaube, daß ihre Aufmerksamkeit, wenn man sie erst einmal erregt hatte, sehr intensiv war.

Meine Großmutter ärgerte sich über das Schweigen ihrer Tochter und über ihre Angewohnheit, den ganzen Tag auf der Couch zu liegen und Zigarettenasche auf den Teppich zu streuen. Noch mehr aber ärgerte sich Großmutter über ihre Fröhlichkeit.

Alle ein oder zwei Wochen pflegte meine Mutter, gekleidet in einen weiten Rock und eine weiße Bauernbluse, zu tanzen. Ihre Füße stampften auf den Boden, und sie tanzte ohne Musik zu einem ständig wechselnden Rhythmus. Das erregte mich, und ich lief um sie herum, hüpfend und springend und bemüht, den Rhythmus zu erfassen, bis mir schlecht wurde oder meine Großmutter meinem Tanz mit einer festen Umarmung ein Ende machte. Meine Mutter in ihrem weiten Rock tanzte weiter. Sie war nicht anmutig, neigte zum Stolpern, und später zeigte sie meinem Vater ihre blauen Flecke, die er küßte.

Ihre Fröhlichkeit schien einen Grund zu haben: ein großes Ereignis stand bevor. Wenn sie meine Hände nahm und mich herumschwang wie ihren Rock, meine Füße hoch über dem Boden, mein Kichern hell und hilflos, dann wußte ich, daß ich bei diesem Ereignis eine Rolle spielte – und meine Großmutter nicht, was der Grund war, warum sie so scharf davor warnte, mir könnte schwindlig werden. Doch bevor das große Ereignis, was immer es war, eintrat, pflegte meine Mutter das Interesse zu verlieren und plötzlich die Proteste meiner Großmutter wahrzunehmen.

»Dann bring sie ins Bett«, sagte meine Mutter, ließ meine Hände fallen und eilte davon zu meinem Vater, der mit einem Buch im Sessel saß und so tat, als höre er nicht, was vorging. Wenn meine Mutter sich aber auf seinen Schoß geworfen hatte, war er bereit, der Mann in der Familie zu sein.

»Wir werden das Kind ins Bett bringen, Lally«, pflegte er gebieterisch zu verkünden, und so geschah es. Sie führten mich gemeinsam nach oben, meine kleinen, klebrigen Hände in den ihren, und flüsterten einander Zärtlichkeiten zu. Sie dachten, ich verstünde sie nicht, und das tat ich tatsächlich nicht. Aber ich haßte es, so klein zu sein, haßte es, daß alle diese Worte über meinen Kopf hin- und herschwirrten. Das war meine Luft, die sie da verbrauchten.

Mein Vater war rothaarig und blauäugig, mit einer Hakennase, festen Lippen und einer Haut, deren Farbe je nach Gemütslage wechselte. Er irritierte sowohl meine Mutter als auch meine Großmutter mit seiner Bereitwilligkeit, zu tun, was immer der andere von ihm verlangte. Meine Großmutter mochte seine Hilfsbereitschaft, aber nicht seine Sentimentalität, meine Mutter seine Leidenschaft, aber nicht seinen Takt. Sie mischte sich in alle häuslichen Aufgaben ein, um die man ihn gebeten hatte und pflegte ihn zu etwas anderem zu überreden. Sein Blick auf meine Großmutter, wenn er die Aufgabe im Stich ließ, die sie ihm gegeben hatte, war romantisch: Sieh, was deine schöne Tochter mit mir macht. Sie haßte das. Ich sah oft, wie sie ihnen stirnrunzelnd nachblickte und fürchtete mich; ich sah mich selbst als Besitztum meiner Eltern, gegen das sie sich in ihrem Zorn wenden könnte.

Ich erinnere mich sehr deutlich, wann ich mich in meinen Vater verliebte und wie lange das anhielt. Ich war vier, und wir waren allein im Haus. Er nutzte das aus, um sein Saxophon zu spielen, so laut es ihm gefiel; die Musik dröhnte durch die unteren Räume. Ich war verängstigt und kletterte auf seinen Schoß. Er hob mich höher und ließ mich seine Lippen berühren, während er spielte. Meine Finger wanderten über das vibrierende Fleisch.

Ich konnte, an seine Brust gelehnt, fühlen, wie seine Lungen sich mit Luft füllten, wie diese nach oben stieg und seinen Mund verformte – und dann die Reaktion des goldenen Instruments. Er ließ mich eine Taste drücken, und die Musik wurde tiefer; ich drückte auf eine andere, und sie erhob sich zu einem hohen Kreischen.

Als meine Mutter nach Hause kam, hörte ich zu, wie mein Vater mit ihr sprach. Das Instrument hatte er beiseite gelegt, und ich wußte, daß er nicht seine wirkliche Stimme benutzte. Seine wirkliche Stimme war viel umfangreicher. Sie war ein ehrfurchterregender Erguß von Tönen.

Danach blieb ich nach Möglichkeit zu Hause, wann immer die Frauen ausgingen. Wenn sie sicher aus dem Haus waren, folgte ich meinem Vater nach oben, wo er sein Saxophon in seinem Schlafzimmerschrank aufbewahrte. Mit Vergnügen sah ich zu, wie er es herausnahm, sich den Riemen um den Hals legte und festhakte. Manchmal setzte er sich auf sein Bett und spielte, manchmal setzte er sich in die Küche. Wo auch immer er war, ich saß auf seinem Schoß, und meine Augen fixierten seine Zunge, während er das hölzerne Mundstück leckte. Ich wartete zitternd auf die ersten, brausenden Töne.

Wenn sie kamen, war es wie der Ruf aus einem anderen Universum, ein männliches Universum, wo Hörner ertönten und Löwen brüllten, wo alle wilden Tiere, die ich vage aus Büchern kannte, ihre goldenen Stimmen zu einem Fest von Sprache erhoben – eine Sprache, von der ich annahm, mein Vater verstehe sie so, wie ich Englisch verstand. Er reiste dorthin durch das helle Rohr seines Saxophons, und ich mußte folgen, so gut ich konnte. Ich kam nie ganz dort an, erfuhr nie, worum sich all das drehte.

Wie nicht anders zu erwarten, wollte er eines Tages allein üben. Er hob mich von seinem Schoß. Ich kletterte wieder hinauf. Er schloß mich in meinem Zimmer ein, und als ich am Schlüsselloch weinte, spielte er lauter; dann ging er mit seinem Instrument nach unten, wo ich ihn kaum noch hören konnte.

Als meine Mutter zurückkam und mich schluchzend vorfand, nahm sie mich in die Arme, wiegte mich und sagte, sie würde nie wieder zulassen, daß er mich einsperrte; niemand sollte je eingesperrt sein. Sie trug mich ins Badezimmer, und wir badeten zusammen in einer Wanne voll dampfendem Wasser. Wir wuschen uns das Haar und die Zehen und die intimen Stellen, und sie besänftigte mich.

Danach liebte ich nur noch meine Mutter. Ich pflückte Blumen für ihr schönes Haar, bereitete ihr Limonade, und wenn sie Rükkenschmerzen hatte, marschierte ich barfuß auf ihrer empfindlichen Wirbelsäule auf und ab. Ich fragte mich, wann sie sich von meinem Vater scheiden lassen würde. Ich wußte, daß er eines Tages gehen würde. Er war nicht daheim in unserem Haus.

Er ging tatsächlich, wie ich vorhergesehen hatte, aber er nahm sie mit, was ich ebenfalls hätte vorhersehen sollen. Er konnte es nie ertragen, von ihr getrennt zu sein. Ich kann ihm das beinahe verzeihen – nicht, weil ich ohne die beiden besser dran war, sondern weil die Erinnerungen an diesen Sommertag merkwürdig magisch sind. Weil ich in diesem Augenblick, in dem mein Vater fortging, ihn wieder zu lieben begann. Nicht ihn speziell, den

Mann mit dem Saxophon, sondern ihn als Teil des Paares, meiner Eltern, die ihr Zuhause verließen, um Abenteuer zu suchen. Ich hatte sie oft aus dem Gartentor gehen sehen, schick gekleidet und lachend, unterwegs nach Boston zum Essen oder zu einer Theatervorstellung, und hatte sie um ihr Vergnügen beneidet, aber nie hatte das erwachsene Leben so sehr wie ein Märchen gewirkt, von dem Kinder ausgeschlossen sind, wie an jenem Sommertag. Ich lag still im Bett in dieser ersten Nacht, während Großmutter erklärte, sie würde mich nie verlassen, ich würde immer hier leben. Ich weinte nicht. Ich war noch nicht ganz sechs Jahre alt.

Meine Großmutter war froh, daß ich sie so schnell akzeptierte. Das war nicht schwer. Ohne meine Eltern war die Beziehung zwischen uns klar: ich hatte keine Angst, obwohl ich ihre Macht fühlte – sie zog mich an. Ich sagte ihr nicht, wie sehr ich meine Eltern vermißte. Wie physisch diese Sehnsucht war, die mir das Herz aus der Brust zog und in der Luft hängen ließ; wie oft ich an das Lachen meiner Mutter dachte.

Sie trug ein gelbes Kleid und hochhackige gelbe Sandaletten. Der rosa Nagellack auf ihren Zehen war unordentlich aufgetragen. »Komm«, sagte sie, »wir kommen zu spät, wir kommen zu spät.«

»Zu spät für was?« Sein Arm lag um ihre Taille, und er schaute zurück zum Haus.

»Wir kommen zu spät«, wiederholte sie und entwand sich ihm. Sie trat vorsichtig auf die Pflastersteine, die von hohem Gras umwachsen waren, aber ihr Kopf und ihre Schultern und ihre nackten Arme und vor allem ihr Lachen drängten zum Tor.

Er folgte ihr, seinen Saxophonkasten in einer Hand. Er benetzte seine Lippen mit der Zunge. »Du bist so langsam«, sagte sie, über die Schulter blickend. »Sie werden uns sehen.«

»Sie werden uns nicht sehen – sie werden uns nie mehr sehen«, antwortete er, und ihre Augen trafen sich. Sie blieb stehen und hob ihr Gesicht einem Kuß entgegen. Er gehorchte. Sein Mund bedeckte ihren ganz.

Sie trat zurück. »Können wir jetzt bitte gehen?«

»Natürlich, Liebling. Wir gehen.« Er öffnete ihr das Tor, und sie wirbelte hindurch. Er schloß es mit einem Klicken, und sie lachte erregt. Sie hatten kein Gepäck. Vielleicht war es schon im Auto. Oder vielleicht nahmen sie nichts mit außer einem Sommeranzug, einem gelben Kleid und dem lila Fliederzweig, den meine Mutter von einem Ast pflückte und an ihr Gesicht drückte, als sie sich umwandten, und ich sie aus den Augen verlor.

Ich saß im Gebüsch an der Seite des Hauses und aß eine Banane. Ich hatte eine Vertiefung gegraben, wo die Erde kühl war und ich durch das Gewirr winziger Zweige den Himmel sehen konnte. Nachdem sie fort waren, saß ich lange still, nicht sicher, ob das alles wirklich geschehen war. Sie konnten nicht wirklich meinen, wir würden sie nie wiedersehen – und doch wußte ich gleichzeitig, daß sie es tatsächlich so meinten. Meine Eltern hatten im Haus meiner Großmutter immer fehl am Platz gewirkt, wie Besucher, die fort wollten, aber Woche für Woche darauf warten mußten, daß der Bann brach. Warum war er jetzt gebrochen, und wohin gingen sie? Es kam mir nicht in den Sinn, ihnen zu folgen. Statt dessen sah ich zu, wie der Wind die Fliederzweige gegen das Tor blies. Ich fühlte eine Ameise an meinem Bein krabbeln. Ich lauschte dem Wagen, der sich in Richtung Highway entfernte.

Wohin waren sie gegangen? Wo war er, dieser Ort, den ich, wie ich fürchtete, niemals finden würde?

3

Eines nachts ließ ich Teo allein in der Bar zurück und machte mich auf den Heimweg. Es war etwa halb elf, die Luft feucht und warm. Die ganze Stadt roch wie eine Küche nach einer Party, ehe die Gastgeberin sauber gemacht hat. Übriggebliebener Kuchen und Wein, welkende Blumen. Third Avenue in den siebziger Jahren an einem Samstagabend. Die Männer mit aufgeplusterten Haarschnitten, die Frauen mit goldenen Ketten und hohen Absätzen. So viele Männer, so viele Frauen. So viel Leben, von dem ich ein Teil wurde, wie klein auch immer, indem ich mir einfach einen Weg durch die Menge bahnte. Eine aus der Menge. Eine der Frauen.

Ich sah drei Männer an einem braunen Ziegelgebäude lehnen. Einer war dünn und hatte scharfe Züge, einer war plump und schwitzte, doch der dritte zog meine Blicke auf sich. Er war groß, hatte ein breites Gesicht, ein massives Kinn und eine vorspringende Nase. Es war ein robustes Gesicht, das in einem Ozean ziegelfarbiger Locken zu schwimmen schien. Er starrte mich ebenfalls an.

Er kam herüber, zog eine Schachtel Zigaretten aus der Hemdtasche und bot mir eine an. Balkan-Sobranies. Ich nahm eine. Er riß ein hölzernes Streichholz am Reißverschluß seiner Jeans an und gab mir Feuer. Ich lächelte darüber, und er lächelte zurück, machte dann eine Geste, als hätten seine Eier Feuer gefangen, zog eine Grimasse und warf dann das Streichholz weg. Er bot mir den Arm, und ich nahm ihn.

»Sie haben Ihre Freunde verloren«, sagte ich. Sie waren um das Gebäude herum verschwunden, ohne ein Wort zu ihm zu sagen.

»Das ist schon in Ordnung. Ich weiß, wo ich sie finden kann. Wollen Sie einen Drink?«

»Okay.«

»Wie heißen Sie?«

»Stella.«

»Ich bin Nathan. Ich hoffe, Sie nehmen mir die Frage nicht übel – aber wären Sie mit einem meiner Freunde gegangen?«

»Nein.«

»Das dachte ich mir.« Eine Minute lang gingen wir schweigend weiter. Ich liebte das Gefühl seines soliden, muskulösen Arms unter meinem. Es veränderte die ganze Szene; ich fühlte mich tief beteiligt an allem. »Sie haben mich so angesehen, wie Frauen mich normalerweise nicht ansehen«, sagte er.

»Jetzt tun sie es.«

»Nein. Sie sehen einen anmaßend an, als wüßten sie, was sie wollen. Als hätten sie es schon gewußt, ehe sie einen je gesehen haben. Ich finde das beleidigend.«

»Ich weiß, was Sie meinen. Deshalb sind Männerblicke gewöhnlich beleidigend.«

»Aber Ihr Blick war anders. Sie sahen... überrascht aus. Als hätten Sie wirklich etwas gesehen.«

»Habe ich auch. Ich weiß nicht, was.«

Er lächelte schüchtern und führte mich in eine Bar. Wir setzten uns an einen winzigen Tisch in der Ecke. Wir waren nur dreißig Zentimeter voneinander entfernt. Ich konnte jede Pore seiner Haut und seine rötlichen Augenlider sehen. Seine Augen waren blau und klein und hatten eine nach innen gewandte, anziehende Kraft. Seine großen Hände und Handgelenke bedeckten den größten Teil des Tisches, aber er rührte meine Hände nicht an. Ich fühlte mich sehr eigenartig. Das also war Aufreißen, etwas, was ich noch nie gemacht hatte. Aber ich hatte immer damit gerechnet, daß es eines Tages passieren würde, und ich maß dem Ganzen keine besondere Bedeutung bei; außerdem war Nathan nicht so gutaussehend oder charmant, daß er mich überwältigt hätte. Und doch fühlte ich mich überwältigt.

»Ich muß uns was zu trinken holen«, sagte er. »Ist Scotch okay?«

»Fein.«

Er stand auf, und ich beobachtete, wie er sich einen Weg durch die Menge bahnte. Es war mehr als Verlangen, was uns verband. Es war wie das Gefühl, das man für seinen ersten besten Freund an dem Tag hat, an dem man erkennt, daß er der beste Freund ist. Mein Körper war zittrig vor Zärtlichkeit und bewußter Unschuld. Als er mit unseren Drinks zurückkam, nahm ich das Band aus meinem Haar und ließ es prinzessinnenhaft auf meine Schultern gleiten. Er beugte sich vor und fuhr mir mit dem Finger über die Wange. Er roch nach Harz und Scotch. Dann begann er, von sich zu reden.

Nathan war Tischler. Er erzählte von Holz, von den Besonderheiten jeder Sorte, von ihrer Seltenheit und davon, wozu sie geeignet war. Ich hörte zu, nicht gelangweilt, aber auch nicht sonderlich interessiert. Ich mochte seine Sprache. Jeder Satz, den er sagte, steigerte meine Zärtlichkeit.

Als er eine Pause machte, antwortete ich und sagte die richtigen Dinge, obwohl ich kaum wußte, was ich redete. Ich hatte kein Bedürfnis nach Worten; ich dachte, ich würde nie wieder eines haben. Nur das Bedürfnis, zu sehen und gesehen zu werden und diese Blicke zu fühlen. Und doch wußte ich, was ich tat – ich flirtete mit einem fremden Mann, mit dem ich später Sex haben würde. Ich war mir des Risikos bewußt, das damit verbunden war, und ich fühlte mich gleichzeitig knallhart und verträumt.

Nathan begann, mir Fragen zu stellen. Ich erzählte ihm viel von meinem Leben, und Teo hätte es wohl nicht erkannt. Es war, als hätte ich die ganze Zeit ein geheimes Leben geführt und Nathan gebraucht, um es ans Tageslicht zu holen. Ich redete mühelos – über kleine, vergessene Begebenheiten des Tages, über Träume, über Zufälle. Er liebte Zufälle, also erzählte ich ihm mehr darüber; plötzlich fielen mir Hunderte ein. Alle aus jüngster Zeit. »Zufälle häufen sich, wenn etwas bevorsteht«, sagte er, und wir lächelten uns an. Unser Verlangen wurde intensiver. Er streichelte meinen Arm bis zum Ellbogen und hielt meine Knie zwischen seinen. Seine Schenkel übten einen festen Druck aus, und ich wollte ihm gern viel näher rücken. Der Tischrand schnitt mir in den Bauch, als ich mich vorbeugte und er seine Hand weiter schob auf meine Schultern. »Laß uns gehen«, sagte er.

»Einen Augenblick noch.« Ich bahnte mir einen Weg zur Toilette und schaute in den Spiegel. Ich sah wild und erregt aus, aber nicht so erregt, wie ich mich fühlte. Ich biß mir auf die Lippen, damit sie rot wurden. Ich hörte das Anreißen eines Streichholzes, und die Frau, die sich frisiert hatte, rauchte nun einen Joint.

Sie sog den Rauch ein und sagte dann: »Was meinen Sie, ist meine Bluse zu weit aufgeknöpft?« Der Ansatz ihrer Brüste war weich und rund und sah sehr schön aus in der purpurroten Seidenbluse. Sie war älter als ich, vielleicht fünfundzwanzig, und trug eine Menge bronzefarbenes Make-up.

»Im siebzehnten Jahrhundert trugen in Europa die Frauen Kleider, die ihre Brustwarzen freiließen«, sagte ich. »Also können Sie im zwanzigsten bestimmt so viel zeigen.«

»Ach ja?« sagte sie. »Wie kommt's, daß ich davon nie gehört

habe?« Sie bot mir den Joint an, und ich schüttelte den Kopf. »Meinen Sie Prostituierte oder so was?«

»Nein, Damen. Es gibt Portraits von ihnen.« Ich weiß noch, wie schockiert ich gewesen war, als ich zum ersten Mal Reproduktionen davon gesehen hatte. Ich konnte nicht glauben, daß die Männer diesen Gräfinnen nicht die Kleider vom Leib gerissen und sie auf der Stelle vergewaltigt hatten. Soviel zu herausfordernden Kleidern und männlichen Instinkten.

»Wirklich?« Sie öffnete einen weiteren Knopf.

»Natürlich liefen sie nicht nachts allein durch die Straßen von New York.«

»Oh, wenn ich gehe, werde ich nicht mehr allein sein.« Sie lächelte sich selbst im Spiegel zu und zupfte an ihrem Haar, das sie soeben gebürstet hatte. »Sind Sie allein?«

»Nein.«

»Na, dann viel Spaß.«

Nathan stand neben dem Tisch, als ich zurückkam. Ein anderes Paar saß bereits da und winkte sich gegenseitig mit Zigaretten zu. »Achten Sie auf ein Mädchen in roter Bluse, das aus der Toilette kommt«, sagte ich.

»Ich sehe sie.«

»Sie wollte wissen, wieviel mehr sie von ihren Brüsten zeigen kann.«

»Wieviel mehr hat sie?«

»Ich vergaß ihr zu sagen, daß die Damen im siebzehnten Jahrhundert ihre Brüste mit Korsetts hochschnürten. Ist das aufreizender, als wenn sie lose schwingen, oder nicht?«

»Wovon reden Sie?« fragte er und schob mich durch die dichte Menge. Ich spürte, wie meine eigenen Brüste drei oder vier männliche Arme streiften. Niemand bemerkte es.

Wir stiegen in ein Taxi. Als er mich küßte, verlor ich meine letzten Zweifel. Das war nicht etwas, worüber man nachdenken mußte, sondern das man tun mußte, einmal tun mußte und dann nie wieder. Der See von Verlangen mußte jetzt zur Kenntnis genommen werden; ich fühlte mich wie eine zivilisierte Meerjungfrau, die einen Besuch zu Hause macht und tief ins Wasser taucht.

Ich erinnere mich nicht mehr an Nathans Wohnung, weiß nur

noch, daß sie im Erdgeschoß lag und nach frischem Holz roch. Wir gingen sofort ins Bett, und ich schloß die Augen. Oh, das könnte jeder sein, dachte ich, der heisere Atem eines Mannes und ein Penis, der in der Dunkelheit in mich eindringt – aber es war nicht jeder, es war der starke, eichenhafte Nathan. Dies also war Nathan. Was hat Nathan mit mir zu tun? Ich stellte die Frage, ich bekam die Antwort, aber ich könnte jetzt nicht mehr sagen, wie sie lautete.

Seine Brust glänzte von Schweiß. Sein ovaler und muskulöser Bauch schob sich vor, er mühte sich, sein Schwanz stieß und stieß. Dann wurde ich fest umklammert, und ich spürte, wie der Orgasmus seinen Körper traf und ihn durchrieselte. Seine kalten Füße bogen sich um meine Fußknöchel. Er hob den Kopf und sah mich an. »Warte eine Minute«, sagte er. Ich lächelte, und er küßte meine Lippen und Augen. Wir warteten schweigend und sahen einander an, bis sein Penis wieder hart wurde.

Dann vögelten wir langsam. Nathan stützte sich mit einer Hand auf, während die andere von meinen Brustwarzen zur Klitoris wanderte. Er war grob, kniff mich mit einem Übermaß an Wollust, das ich verstand und verzieh. Ich öffnete meine Beine weiter. Ich schwitzte, während Lust in mir hochstieg, durch meine Haut nach außen drang: Befreit floß sie wie Quecksilber, zu viel, um bewußt festgehalten zu werden, eine Vielfalt von Empfindungen, tausend Teufel – oder Engel. Als ich kam, war ich still, war stumm, wand mich, zutiefst aufmerksam. Dann hörte ich aus weiter Ferne, wie Nathan kam, mit einem Schnauben wie eine Eisenbahn.

Dann war es vorbei. Er stand auf und brachte mir ein Glas Wasser und ein Handtuch. Er bot mir Erdbeeren an. »Laß uns schlafen«, sagte ich.

Ich erwachte und schlich mich davon. Es muß unmittelbar nach der Sperrstunde der Bars gewesen sein. Menschen bewegten sich mit geschwollenen Augen durch die Straßen; ich hörte das Klirren von Armbändern, als Frauenhände sich um männliche Arme schlossen, und die Männer taumelten. Ich ging vorbei, fühlte mich erhaben über alle.

Als ich nach Hause kam, kroch ich neben Teo ins Bett. Er öffnete ein Auge. »Wo warst du?«

»Bei einem Mann zu Hause.«

»War's schön?«

»Ja.«

»Gut.« Er schlief wieder ein.

Als er nachmittags aufstand, hatte ich Saft ausgepreßt, die Wohnung sauber gemacht, die Vorhänge zurückgezogen und Lebensmittel und Alkoholvorräte ergänzt. Teo setzte sich nackt an den Tisch und verlangte ein Eiskrem-Soda mit Alka-Seltzer: Alka-Seltzer, Wasser und Vanilleeis. Ich machte es ihm zurecht, schaute wiederholt zu ihm hinüber. Er saß da, schlaff und zusammengesunken, und atmete keuchend. Ich sah, daß er fett wurde. Sein Bauch lag in zwei großen Falten in seinem Schoß, und er hatte kleine, dicke Brüste.

»Bist du sauer?« fragte ich endlich, als er sein Soda trank.

»Nein... wieso sollte ich sauer sein? Das ist kein Leben für ein junges Mädchen.«

»Für einen jungen Mann auch nicht«, sagte ich.

»Jedem sein eigenes Laster.« Er sah mich betrübt an. »Ich bin vielleicht ein bißchen eifersüchtig. Aber ich mache dir keinen Vorwurf. Es ist ja nicht so, daß wir verliebt wären. Oder sind wir das?«

»Nein.«

»Das dachte ich auch. Zu schade... Sex ist nicht mehr das, was er einmal war.«

»Mir gefällt's noch immer.«

»Das habe ich bemerkt. Ich betrinke mich gern, und ich bin impotent und abstoßend, ich weiß –«

»Du bist nicht abstoßend. Du bist lustig, wenn du betrunken bist. Es macht mir nichts aus. Ich mache mir nur manchmal Sorgen um dich.«

»Ja.«

»Langweilt dich der Sex nur deshalb, weil du ihn manchmal nicht hochbringst?«

»Es ist doch immer dasselbe«, murmelte er.

»Das ist beim Trinken genauso!«

»Aber ich erinnere mich nicht mehr daran. Also ist es eigentlich keine Wiederholung. Es ist mehr wie – das Ewige Jetzt.«

»O Gott, hoffentlich nicht. Ich hoffe, es ist nicht ewig.«

Teo zündete sich eine Zigarette an und lächelte mir durch den Rauch zu. »Das Jetzt ist immer ewig, weißt du denn gar nichts?«

»Sehr wenig.« Ich dachte, wie leicht ich ohne alle diese Kenntnisse auskommen könnte, wenn ich meine Nächte so verbrächte wie die letzte.

»Betrunken sein ist wie Träumen, wenn man weiß, daß man träumt. Du kannst dann alles tun, kannst deinen Impulsen nachgeben, aber du bist die ganze Zeit in Sicherheit. So fühlt es sich an. Bis der Schmerz anfängt.« Er trank den letzten Schluck seines Sodas und legte eine Platte auf. Ella sang: *»Always true to you, darlin', in my fashion.«*

Ich verdrehte die Augen wegen dieser Wahl und sagte: »Hört sich wie eine gefährliche Art zu fühlen an.« Ich hatte ihn in seinem betrunkenen Traumzustand mit Leuten reden hören, als seien sie Projektionen seiner selbst, als sei er Gott, der angesäuselt in die Welt gefallen war. Es machte mich wütend, faszinierte mich aber auch ein bißchen.

»Nicht gefährlicher als Männer aufzureißen«, sagte er.

»Oh, ich weiß nicht.«

»Du hättest ermordet werden können.«

»Wurde ich aber nicht.«

Er zuckte die Achseln. »Bring bloß niemanden hierher.«

»Natürlich nicht!«

»Mir macht es nichts aus, aber der Türsteher spioniert für meine Eltern.« Teos Eltern riefen jeden Sonntag an. Gewöhnlich war er verkatert und mußte ans Telefon geschleppt werden. Er grunzte in Abständen von fünf Minuten, und seine einsilbigen Antworten waren mir unverständlich.

»Regen die sich nicht auf, wenn du dich so anhörst?« fragte ich einmal.

»Das ist bei uns so üblich«, antwortete er. »Du solltest meinen Vetter Phil hören, wenn er mit Tante Dot redet. Er hört sich an, als müsse er harten Stuhlgang herauspressen. Außerdem findet meine Mutter es beruhigend. Wenn ich zu nett zu ihr wäre, würde sie denken, daß ich schwul bin.«

Ich traf Zeke in der Untergrundbahn. Es war vier Uhr nachmittags, und ich dachte an Sex, führte mir meine Nacht mit Nathan vor Augen und fragte mich, ob Teo heute abend scharf sein würde, ob mir daran lag, daß er scharf wäre, und ob ich jemals wirklich wieder einen Mann einfach so aufreißen würde. Er saß mir gegenüber, Arme und Beine weit gespreizt wie eine Spinne, so daß er mit seinem harten, sehnigen Körper zwei Plätze belegte. Er trug Shorts, und ich bewunderte das schwarze Haar auf seinen Schenkeln. Für mich war das eine absichtliche erotische Zurschaustellung, als könnte man sein Schamhaar sehen. Ich starrte darauf, und das Starren wurde zu Sex an sich: Da war ich, und da war ein Paar haariger Schenkel, und wir hatten eine einzigartige Beziehung. Ich verstand das Bedürfnis dieses Fleisches, gesehen zu werden, gelobt und begehrt zu werden während seiner wenigen Jahre auf Erden, selbst in der Untergrundbahn, selbst von Fremden, vielleicht sogar besonders von ihnen. Die Dunkelheit der Haut ist ein wichtiger Faktor ihrer Schönheit, dachte ich. Die Haut sah so aus, als habe sie von Natur aus solche Locken, wie hübsche Frauen schöne Kleider haben. Ich starrte, und die Muskeln in den Schenkeln zuckten.

Nach einer Weile sah ich zu seinem Gesicht auf. Er hatte einen langen schwarzen Schnurrbart und schwarze Augen, und als er meinen Blick auffing, stand er sofort auf und setzte sich neben mich. »Hallo.«

»Hi.« Ich war verwirrt. Er hatte so anonym gewirkt auf der anderen Seite des Untergrundbahnwagens. Aber ich konnte ihn jetzt riechen, er roch nach Zitronen und Kaffee und Sommerschweiß, und noch nach etwas anderem, etwas Herbstlichem. Ich schnüffelte vorsichtig.

»Würdest du gern mit Zeke kommen? Würdest du gern den Nachmittag mit mir verbringen?«

»Wo?«

»Irgendwo. Wohin möchtest du gehen?«

»Warum sollte ich mit dir gehen?«

»Weil du dich langweilst. Komm.« Er stand auf, als der Zug hielt. Ich rührte mich nicht. Das vernichtende Starren der Leute ringsum hemmte mich, und ich fühlte quälende Unentschlossenheit. Woher wußte ich, daß ich es wirklich wollte? Daß er mich nicht nach zehn Minuten abstoßen würde? Daß er mich nicht entführen, verletzen oder töten würde, daß er nicht die wundervolle Nacht mit Nathan ruinieren würde durch den Beweis, daß solcher Sex auch gemein und scheußlich sein kann?

»Du mußt kommen«, sagte er drängend. »Sonst wirst du keinen guten Tag haben. Du wirst mich nicht wiedersehen.«

Das schien nicht ganz fair. Ich stand auf und folgte ihm.

»Ich langweile mich nicht richtig«, sagte ich. Wir waren in Midtown, und es war glühend heiß. Er legte locker einen Arm um mich.

»Es war einmal – erinnerst du dich daran?«

»Woran?«

»Wie Märchen anfangen – es war einmal?«

»Natürlich.«

»Okay. Es war einmal ein Junge, der lebte in Griechenland. Das war ich. Als kleiner Junge. Ich wollte hierher kommen. Damals gefiel es mir hier. Aber ich glaube, es wird immer häßlicher.« Er hielt inne. »Wenn ich jemanden wie dich sehe, rede ich immer mit ihr. Nicht nur, weil du ein hübsches Mädchen bist, sondern weil du mich magst. Wenn jemand mich mag, dann mag ich ihn auch.« Er warf mir von der Seite einen Blick zu, um zu sehen, wie ich das aufnahm. Seine Augen waren tiefschwarz wie Schlafzimmer, aus denen seit Jahrhunderten der Morgen ausgeschlossen wurde.

»Weißt du«, sagte er, »in Griechenland haben wir eine Menge Mythen darüber, wie Menschen sich treffen, manchmal mit Göttern und Göttinnen. Es gibt eine Menge Geschichten, und sie sind sehr wahr, meinst du nicht?«

»Ja.« Leda und der Schwan? Paris und Helena? Odysseus und Nausikaa? Ich konnte mich in keiner dieser Frauen wiedererkennen, aber welchen Unterschied machte das? Sollte er doch sein ganzes Land benutzen, um mich zu verführen, sollte er doch fremd und mythisch sein. Alle Männer sind das, dachte ich, oder sollten es sein.

»In New York gibt es Bars für Singles. Ich hasse sie«, sagte er heftig. »Wenn ein Mann und eine Frau sich wollen, dann brauchen sie nicht in eine Bar zu gehen. Diese Leute«, sagte er mit Abscheu, »haben Angst, mit irgend jemand zu reden, den sie nicht im Büro oder bei Freunden kennengelernt haben, aber sie gehen in Bars und stehen herum, als sei das dort ganz in Ordnung. Sie sind Kühe. Nicht nur die Frauen, die Männer sind auch Kühe; sie sind sogar noch größere Kühe.«

»Und du siehst dich selbst als Stier, nicht?«

Er lachte und legte den Arm fester um meine Schulter. Wir gingen in westlicher Richtung durch die 46. Straße, da, wo sie beginnt, gefährlich auszusehen, und ich wußte seinen festen Griff zu schätzen, der mich so eng an ihn zog, daß wir beinahe voreinander gingen. »Nein, Stiere sind dumm, und sie sind keine guten Liebhaber. Wenn ich ein Tier wäre, dann würde ich... ein Wolf sein.«

»Ja«, sagte ich.

»Nicht der Wolf, der Rotkäppchens Großmutter fraß«, sagte er und schnappte mit den Kiefern wie ein hungriges Tier. »Nein, Wölfe sind sehr zivilisiert, sie haben Würde. Bei den Wölfen steht es sehr gut zwischen den Weibchen und den Männchen.«

»Wieso ? Wie denn?«

»So, wie es mit uns sein wird. Du kommst mit in meine Wohnung. Weißt du, daß wir dorthin unterwegs sind?« Ich nickte. »Ich werde dir zeigen, wie ein Wolf liebt, und ich werde dich nicht auffressen.« Er faßte an seinen Schnurrbart und sah mich aufmerksam an. Seine Augen funkelten etwas zweifelnd. Ich nahm an, daß wir in der Nähe seiner Haustür waren.

»Magst du mich?«

»Bis jetzt schon.«

Er lachte, und der Zweifel verschwand aus seinen Augen. Er sah wild aus, und sein Adamsapfel hüpfte, als er stehenblieb und einen Schlüssel aus der Tasche zog. »Wir sind da«, sagte er. »Du mußt mir sagen, wie du heißt, bevor wir reingehen.«

»Stella.«

»Ein guter Name für dich«, sagte er zustimmend. »Wie ein Stern, mit all dem gelben Haar.«

Zekes Wohnung hatte lange, staubige schwarze Vorhänge, nicht nur an den Fenstern, sondern auch schräg in jeder Ecke, so daß der Raum achteckig war. Es gab rote und schwarze Kerzen auf runden Tischen, Mozart auf der Stereoanlage und kaltes Bier. Ich saß auf dem Fußboden, während er das Bier öffnete, und als er mir eines gegeben hatte, setzte er sich mir gegenüber auf die andere Seite des Zimmers. Er lächelte mich unter den Flügeln seines Schnurrbarts hervor an, ich lächelte zurück, und die Musik stieg zwischen uns auf.

Ich trank mein Bier sehr schnell und spürte eine wunderbare Leichtigkeit. In mir war eine andere. Sie rollte sich auseinander wie eine Schlange, reckte und streckte sich, bis sie jede Zelle meines Körpers berührte. Dann glitt sie/ich zu Zeke hinüber. Es war gut, dicht am Boden zu sein, das alte Holz an Brüsten und Schenkeln zu fühlen. Ich kam mir vor, als sei die Kurve meiner Hüften nur der sichtbare Teil einer Spirale, die unendlich weiterging.

Zeke griff nach mir, seine behaarte Hand zog an meinem Haar und kniff mich in den Nacken. Nicht schmerzhaft, ganz und gar nicht schmerzhaft. Ich küßte ihn, und er lehnte sich zurück, ließ meine Zunge in seinen Mund eindringen, schmeckend und fühlend in ihrer blinden Kühnheit. Seine Finger schoben sich mit kriechender Intensität unter meine Bluse, zogen an meinen Brüsten, als müsse man einer Frau den Sex abschmeicheln. Ich dachte an Jungen, die mich sanft gestreichelt oder mich mit einer Zärtlichkeit massiert hatten, als würden sie mich mit Körperlotion einreiben.

Zeke zog mir die Bluse aus, und ich zog ihm das Hemd aus. Ich rieb meine Nase in seinem Brusthaar, das nach Sandelholz roch und mich an trockene Herbstwälder erinnerte, in denen die Blätter unter den Füßen rascheln und Frauen oder Wölfinnen Nachmittage lang auf ihre Gefährten warten. Eine Männerbrust wirkt immer so leer, selbst das Pochen des Herzens ist nicht überzeugend. Und doch ist diese Leere überwältigend, sie zieht an; wenn Brüste danach verlangen, daß man sich auf sie legte wie auf Kissen, dann will eine flache Brust mit der Zunge erkundet werden.

Die Musik von Mozart hörte plötzlich auf. Im Augenblick der Stille, ehe wir den Lärm von New York um uns hörten, zogen wir den Rest unserer Kleider aus und begannen rasch zu vögeln. Ich klammerte meine Arme fest um seinen sehnigen Rücken, und er hielt mich noch fester. Die Wollust war plötzlich einfach – keine Träumereien mehr, nur schnellstes und härtestes Ficken, energischstes Kneifen und Beißen, wilde und saugende Küsse. Die Erregung loderte in mir, ich genoß, wo immer ich wollte, hatte Orgasmen, ohne mich in die richtige Position manövrieren zu müssen. Zeke schaute mit seinen schlafzimmerdunklen Augen auf mich herunter, und ich dachte, daß mir sein zorniger Blick, der keinen Zorn ausdrückte, lieber war als Nathans Mühe, Teos Blasiertheit oder Tobias' Amüsement. Als er kam, biß er knirschend die Zähne zusammen. Dann öffnete er den Mund und lächelte.

»Magst du mich immer noch?«

»Ich mag dich sehr.«

»Ich dich auch.«

Er machte uns Kaffee. Wir saßen nebeneinander auf dem Boden, nackt, tranken Kaffee und schwiegen. Mir war das gerade recht. Müßig dachte ich über diese meine neue Aktivität nach und fragte mich, warum Fremde so viel aufregender wirkten als Freunde. Schon beim Gedanken an Freunde wurde ich ungeduldig. Zeke schien in jedem Härchen seiner breiten Augenbrauen männlicher zu sein als jeder, mit dem zu leben ich mir vorstellen konnte. Ich fühlte mich bei ihm in höchstem Maße sexuell, auf eine andere Weise, als es bei Tobias gewesen war. Ich war krank vor Liebe zu jemandem jenseits seines Körpers gewesen, den ich auf dem Weg über diesen Körper hatte erreichen wollen. Nun fühlte ich, daß ich nach dem handelte, was ich kannte, und nur danach. Es überraschte mich, wie gut ich es kannte, wie einfach es war. Zeke legte einen Arm um mich, und ich beugte meinen Kopf zu seinem Schwanz hinunter. Er war halb erigiert. Ich legte meine Lippen daran, und wir hatten eine Unterhaltung miteinander. Seine

Zuckungen und seine plötzliche Weichheit waren interessanter als die übliche hündische Ergebenheit.

Ich begann, zwei- oder dreimal in der Woche Männer aufzureißen. Selten empfand ich Peinlichkeit und nie Kummer. Ich wunderte mich über das Image, das Begegnungen für eine Nacht haben – Einsamkeit und Verzweiflung oder aber Rücksichtslosigkeit und rohe Wollust. Eroberung. Vielleicht Eroberung, aber nur als Nebengewinn. Mit Einsamkeit hatte das nichts zu tun. Eher mit dem Gegenteil: Zusammensein, umgeben von Alleinsein in seiner königlichsten Form.

Nach Zeke wurde ich aggressiver und tat oft selbst den ersten Schritt. Ich kann mich nicht daran erinnern, was ich jeweils sagte; die Worte kamen mir einfach über die Lippen, während ich mich entzückt auf das prickelnde Gefühl konzentrierte, daß ich jemand geeigneten gefunden habe. Ich war sehr wählerisch, obwohl mir die Kriterien nicht bewußt waren. Vielleicht folgte ich einfach Zekes Rat und mochte diejenigen, die mich mochten. Ich wurde nie zurückgewiesen, obwohl die Männer oft sehr überrascht waren.

»Ich werde nie glauben, daß das wirklich mir passiert ist«, sagte ein verwirrter Architekt mit Beinen wie bleichen Bäumen und einem Bauch wie ein aufsteigender Planet. Ich hatte ihn in einem Feinkostladen getroffen. »Es ist nur für heute, nicht?«

»Ja«, antwortete ich. Meine Wange lag auf seinem Arm, und ich lächelte dem weichen, fetten Fleisch zu.

»Ich bin dankbar.« Warum sollte er nicht? Seine Freundin lebte in Maine. »Ich werde es in kostbarer Erinnerung behalten.«

Mein Architekt war der Typ Mann, den ich oft wählte, ganz normal und von unendlicher Freundlichkeit. Ein Mann, der erkannte, daß etwas Ungewöhnliches zwischen uns war, und es Schicksal nannte – ein Mann, der nicht gewohnt war, dieses Wort zu gebrauchen. Ein Mann, der eine Frau für immer lieben konnte.

Ich lernte auch andere kennen, solche, die ihres Charmes sicher waren. Sie nahmen meine Zuneigung als selbstverständlich hin und machten Pläne für unsere gemeiname Zukunft, wobei mir das kleine Lächeln auf ihren Lippen sagte, daß diese Zukunft enden würde, wann immer sie es wollten. Der Umgang mit ihnen war schwieriger, aber interessanter. So lernte ich Rudy kennen, mager, scharf und böse, der sechs Stunden hintereinander über irgendwelche Kämpfe sprach, die er gehabt hatte. Rudy vögelte wie eine Maschine, wieder und wieder, bis ich nicht mehr glauben konnte, daß er immer noch etwas fühlte. Ich flehte ihn an, er solle aufhören, aber er achtete nicht darauf. Endlich, in der Morgendämmerung, ließ er mich gehen, als sein Gesicht mit den blutunterlaufenen Augen wieder den Knaben verriet. Er sagte mir, ich hätte Klasse, wirkliche Klasse.

Männer wie Rudy machten mir angst, obwohl ich nie wußte, ob es wirklich etwas zu fürchten gab. Wenn ich es gewußt hätte, glaube ich, hätte mir das Ganze nicht gefallen. Aber ich wußte es nicht. Als Rudy mit seinen Gewaltgeschichten fertig war, sagte er ein langes Gedicht auf, das er geschrieben hatte, ein Liebeslied in Alltagssprache mit Anklängen von shakespearischer Melancholie. Es kam ihm nicht in den Sinn, daß dieses Gedicht je enden könnte. Wenn er sich inspiriert fühlte, fügte er ein paar neue Verse an. »Das hier habe ich gerade geschrieben«, sagte er. »Genau jetzt, während ich mit dir spreche. Soeben erfunden. Verstehst du? Ich bin ein Dichter!«

Eine Woche später machte mir Vince, eine dunklere und brütendere Seele, nachdem er mir stundenlang von den Rechten und Privilegien der Männer erzählt hatte und sicher war, daß ich es begriffen hatte, um drei Uhr früh ein Frühstück aus Rührei und Biskuits. Dann wusch er das Geschirr ab und erklärte mir umständlich, solange die Männer nichts tun müßten, was sie nicht tun wollten, würden sie mehr als die Hälfte von allem deshalb tun, weil sie es tun sollten. Er wußte, daß Männer Verantwortungen haben, in der Welt und im Haus, während sie gleichzeitig nicht dazu gezwungen werden könnten, diese Verantwortungen wahrzunehmen. Ich erwiderte sanft, daß auch Frauen etwas gegen Zwang hätten. »Ich tue, was immer mir gefällt«, sagte ich. »Ich sehe, daß du das tust«, antwortete er, »du bist mit mir hierher gekommen.« »Und du tust, was dir gefällt«, sagte ich, »aber wenn wir zusammenlebten, müßten wir Kompromisse machen.« »Keine Frau würde je mit mir leben«, sagte er, »sie verstehen mich nicht. »Ich verstehe«, sagte ich, »das ist nicht das Problem.« »Es gibt kein Problem«, sagte Vince, während er den Tisch abwischte, »nicht in meinem Leben.«

Beinahe am liebsten hatte ich den Heimweg. Gewöhnlich war es früh am Morgen, die Luft war weich und hell oder weich und milchig, und überall sah ich Leute zur Arbeit gehen. Sie bewegten sich langsamer als die Menge um neun Uhr früh, kamen und gingen in alle Richtungen und überquerten diagonal die fast leeren Straßen. Sie trugen Lunchdosen oder Werkzeugkästen in den Händen und grüßten einander, und ihre Stimmen klangen so, wie sie später nie klingen, wenn der Autolärm die Luft beherrscht.

Wenn ich in der Innenstadt war, machte ich gewöhnlich im *Pink Teecup* in der Bleecker halt und aß Eier und Speck mit diesem besonderen Hunger, der von Erschöpfung herrührt, und stellte mir vor, ich würde den ganzen Tag aufbleiben, voller benommener, heiterer Liebenswürdigkeit, stellte mir vor, ich würde nie wieder schlafen müssen, wenn ich mich langsam genug bewegte. Dann ging ich die Lexington- oder Madison-Avenue entlang, sah zu, wie die Lebensmittelgeschäfte und die Zeitungskioske öffneten, kaufte Gebäck zum Tee, obwohl ich wußte, daß er zur Teezeit schlafen würde, und betrachtete mit wehen Schenkeln und vielgeküßtem Mund alle, denen ich begegnete.

Teo warnte mich noch ein paarmal vor den Gefahren dessen, was ich da tat, versuchte aber nicht ernstlich, mich davon abzubringen. Ich sorgte für ihn, so gut ich konnte, machte Fettucine al pesto, Spaghetti carbonara und Spinatravioli mit frischer Tomatensauce, hielt die Wohnung sauber und dachte mir neue Heilmittel für seinen Kater aus. Sein liebstes war ein langes kühles Bad, während ich ihm aus der Biographie von Dylan Thomas vorlas und ihm dann in beruhigendem Ton detailliert die Mahlzeit beschrieb, die wir essen würden, wenn er sich wohler fühlte. Teo aß jetzt nur noch einmal am Tag, abends, wenn sein Magen stark genug war, aber schon mehrere Stunden vorher war er heißhungrig.

An den Abenden, an denen ich ausging, aß ich wenig und teilte mir das vorhandene Bargeld mit Teo. Er ging in die Bars. Ich ging auf die Pirsch. Ich trug bequeme Schuhe, Turnhosen und enganliegende Hemden. Teo kaufte mir bei Bloomingdale's eines aus purpurrotem Satin, das ich besonders gern hatte.

An solchen Abenden veränderte sich mein Gesicht. Meine Augen wurden größer, mein Mund sensibler, und mein Haar wehte hinter mir her. Es war nicht ungewöhnlich, daß ich bis zu fünf Meilen zurücklegte. Die Bewegung weckte diese schlangengleiche Andere auf; sie entrollte sich und flirtete mit der Luft. Dann pflegte ich mit einer Zigarette vor Bars oder auf einer Vortreppe halt zu machen und lachte innerlich über meine Haltung lockeren Taxierens. Dieses Lachen war beinahe das Beste – diese Gewißheit von Jugend und Macht und unsichtbaren Kräften an meiner Seite. Ich wurde geübt darin, die falschen Männer zurückzuweisen, nahm sofort einen asexuellen Ausdruck an. Meine neue Schönheit fiel dann von mir ab. Es war kein Problem – aggressive Männer sind am leichtesten angeekelt.

Wenn ich den gefunden hatte, den ich wollte, und wenn er verstand, daß er mich mit zu sich nach Hause nehmen sollte, dann ließ das Prickeln der Fremdheit ein unglaubliches Verlangen in mir wachsen. Ich konnte mein Blut durch meine Haut glühen fühlen. Ich ging in wilder Hast, und ich war so eingestimmt, daß ich oft zu dem entsprechenden Haus voranging, ehe er gesagt hatte, daß er darin wohnte.

Wenn ich dann durch die Tür in seine Wohnung ging, fühlte ich einen Augenblick lang Angst wie ein Tier, das einen Käfig betritt. Und es war eine Art Käfig, für uns beide: ein Platz, an dem man gefangen war und zur Schau gestellt wurde. Am Anfang war Sex schwierig. Arbeit ist nötig, um einen Körper an einen anderen zu gewöhnen, um das abstrakte Verlangen nach einem Mann auf eine bestimmte Intimität mit seinem Fleisch zu übertragen. Wer würde diese Herausforderung nicht annehmen, dachte ich, obwohl ich wußte, wie viele das nicht tun. Mich auszuziehen oder ausgezogen zu werden, zu umarmen und zu küssen ohne Liebe, aber mit großer Aufrichtigkeit, gab mir das Gefühl, wie Eva zu sein, allein mit dem einzigen Mann auf Erden, einem Fremden, scheinbar ohne Vergangenheit.

Wir waren Partner. Das heißt, solange das Vögeln dauerte. Carl, ein kleiner, muskulöser, argwöhnischer Mann, der in Vietnam eine Beinverletzung erlitten hatte, nannte mich eine Hexe.

»Danke«, sagte ich.

»Das ist kein Kompliment. Du hast mich geschwächt.«

Ich hob eine Augenbraue. »Wie denn das?«

»Mit deiner Intensität. Das ist nicht richtig. Nicht für so etwas. Nur, wenn du mich lieben würdest, wäre es richtig.«

»Nun, ich liebe dich nicht. Tut mir leid, wenn du dich angeschmiert fühlst.« Ich lächelte auf meinen jungen Körper herunter, der auf seinen dunkelblauen Laken ausgebreitet war. Wie hätte ich ihn anschmieren können?

»Du würdest mich gern aussaugen, was? Mit deiner weiblichen Kraft?«

»Hast du keine männliche Kraft? Bist du hilflos?« fragte ich keck. Es war gut gewesen. Er war sehr stark, sehr gut gebaut.

»Ich mag es nicht, wenn ich sie zum Sex benutzen muß.«

»Wozu ist sie denn sonst da?« Inzwischen hielt ich ihn für einen ausgemachten Idioten, aber in solchen Situationen ist ein gewisses Maß an Takt nötig, also fragte ich höflich.

»Zum Überleben.«

Ich seufzte. »Hast du etwas dagegen, daß ich mir was zu essen mache?«

»Ja.«

»Dann gehe ich jetzt.« Ich war froh, daß er es mir verweigert hatte.

»Massiere mich zuerst. Mein Bein tut weh, wo es verwundet war.«

»Nein, danke«, sagte ich, während ich meine Jeans anzog.

»Tu es!«

»Leck mich.«

»Das würdest du nicht zu mir sagen, wenn ich nicht lahm wäre.«

»Wenn du nicht lahm wärst, wärst du trotzdem ein Langweiler. Wiedersehen.«

»Hab ich dich nicht gut gefickt?«

»Doch. Aber dein Rasierwasser stinkt.«

»Es war sehr teuer. Es riecht gut. Du hast überhaupt keine Ahnung –« Ich schloß die Tür. Er war der Schlimmste, den ich hatte, aber er hatte etwas verstanden. Er hatte allerdings unrecht, als er sagte, ich hätte ihn geschwächt. Das glaube ich ganz und gar nicht.

Häufiger war die Reaktion von Gordon, einem blonden Werbefachmann, der seinen Kalender zückte, als er nackt auf dem Bettrand saß, und nachsah, wie oft er mich in den kommenden paar Wochen würde sehen können. Dienstags um eins. Donnerstagabend. Montag vor der Arbeit. Ich lachte und sagte, ich würde ihn anrufen. Er drückte mich aufs Bett, seine Knie zu beiden Seiten meiner Taille, und ließ mich verprechen, daß ich bald anrufen würde. »Das habe ich immer mit meinen Schwestern gemacht«, sagte er, während seine Hände meine Oberarme auf das Bett preßten. »Aber das nicht.« Er küßte mich ruhig und sagte dann: »Du hast keine Ahnung, über wieviel Geld ich verfüge. Ich meine nicht mein Gehalt, obwohl es hoch ist, aber das Budget, das ich kontrolliere –«

»Warum erzählst du mir das?«

»Ich weiß nicht. Nicht, um dich zu beeindrucken. Ich frage mich, warum du eine solche Wirkung auf mich hast.«

»Die nutzt sich nach einer Weile ab«, sagte ich.

»Vielleicht. Aber ich bin ein erfahrener Mann. Du bist anders.«

»Deine Erfahrungen waren vielleicht bloß Wiederholungen.«

»Da könntest du recht haben. Ich suche nicht nach Abwechslung. Ich dachte nie, daß es da so viel zu finden gibt.«

»Du gehst in die falschen Clubs.«

»Ist es das? Ist die Gegenkultur wirklich voll mit Frauen wie dir?«

»Es gibt keine Gegenkultur mehr, Gordon, wir schreiben 1980.«

»Was ist es dann?«

»Chaos. Die zufällige Kollision von Seelen. Glaube einfach nicht dem Anschein, das ist alles.«

»Ich bin ein bißchen verwirrt.«

»Du solltest Urlaub machen.«
»Das sagt meine Sekretärin auch.«
»Fahr mit deiner Sekretärin, wohin sie will. Ich kann es dir nicht erklären.«
»Ich glaube, du tust nur geheimnisvoll, um mir etwas vorzumachen.«
»Das gehört dazu.«
»Gefällt es dir, mir was vorzumachen?«
»Dir gefällt es, wenn man dir was vormacht.«
Wenn ich tatsächlich jemanden kennenlernte, wie Clark, den ich ganz gern wiedergesehen hätte, dann zwang mich sein Respekt vor dem Abenteuer für eine Nacht, diesen Wunsch zu verschweigen. Clark war ein Rechtsanwalt, der auffallend Anthony Perkins ähnlich sah. Ich hatte ihn in einer beliebten Bar der East Side aufgerissen, oder vielleicht hatte er mich aufgerissen – das war schwer zu sagen. Unsere Augen trafen sich, und er glitt von seinem Hocker im gleichen Moment, in dem ich mich vorbeugte und ein Lächeln, blondes Haar und Brüste in seine Richtung warf.
»Gehen wir, ja?« sagte er und legte einen Zehner auf die Bar. Oh, dazu bin ich bereit, dachte ich, als er elegant meinen Arm nahm und dann den Kopf senkte, um mir schmutzige Komplimente ins Ohr zu flüstern.
Ich blieb die ganze Nacht mit ihm zusammen. Nachdem er mich in jeder nur denkbaren Position gevögelt hatte, und zwar mit einem freundlichen und abwesenden Lächeln, streifte er nackt durch seine riesige, mit Antiquitäten gefüllte Wohnung, und sein schlanker und biegsamer Körper erweckte in mir eine Art romantischer Geilheit wie ein Film aus den dreißiger Jahren. Clark erklärte mir, in den letzten fünf Jahren sei sein ganzer, früher sehr großer Ehrgeiz aus ihm herausgelaufen wie billige Farbe aus Stoff. Er fühle sich so farblos, so ruhig, daß er meine, es fehle ihm an Persönlichkeit, und doch hege er diesen Zustand liebevoller als alle seine spektakulären Erfolge. Er fühle sich jetzt außer Gefahr. Ich verstand das. Ich dachte, auch ich könnte mich eines Tages so fühlen. All die Intensität, dieses Hecheln nach Empfindung und dunklem Gefühl – unerwidertem Gefühl – ist

dazu da, um aufgegeben zu werden, oder? Ich bewunderte seine Heiterkeit, seinen gleitenden Gang, seinen Penis, dem es nichts ausmachte, daß sein Besitzer auf Erfolg verzichtet hatte. Vielleicht würde Clark eines Tages zu arm sein, um Frauen Drinks zu kaufen, aber ich dachte nicht, daß er das nötig haben würde. Ich schleppte ihn wieder zum Bett, und er bemerkte, dies sei unser fünftes Mal, und wir seien keine Fremden mehr. Er sagte es traurig, und ich gab keine Antwort.

Am Morgen zog er mir einen seiner italienischen Anzüge, eine Seidenkrawatte und ein blaues Leinenhemd an. »Nimm sie als Erinnerung«, sagte er. Er begleitete mich nach unten zu einem Taxi, bezahlte dem Fahrer im voraus doppelt soviel, wie es kosten würde, und reichte mir durch das Fenster sein Exemplar der *Times*.

4

Als der Herbst kam, beschloß Teo, nicht ans College zurückzugehen. Kaum hatte er das gesagt, da wußte ich, daß ich auch nicht zurückgehen würde. Er öffnete eine Flasche Champagner, und wir redeten unter zunehmend hilfloserem Gelächter darüber, wie wir in New Hampshire das Leben führen würden, an das wir uns gewöhnt hatten. Er sagte, er würde sich eine Limousine und einen Chauffeur anschaffen, und wir würden zum Mittagessen zwischen zwei Vorlesungen in die *Whistling Oyster* in Ogunquit gehen, und an den Wochenenden würde er mich zur Männersuche herumfahren, während er Bourbon trinken und mit dem Chauffeur plaudern würde, einem weisen und kultivierten Mann aus Haiti, der Obeah konnte, was wir dazu benutzen würden, die Eingeborenen der Stadt abzugrasen...

Er schrieb an seine Eltern und teilte ihnen mit, er werde Kurse an der New School belegen, denke über eine Karriere nach und trainiere im Moment viel in der Turnhalle. Ich rief Großmutter an.

Sie war nicht böse, sie war nicht einmal überrascht. Sie sagte, ich könne New York als mein letztes Schuljahr betrachten, und sie würde mich finanziell unterstützen. Ich war so erleichtert, daß ich ihr sagte, ich verbrächte viel Zeit im Metropolitan Museum, was stimmte, und würde häufig in Buchhandlungen herumstöbern – und dann erzählte ich ihr von meinen sexuellen Abenteuern. Sie hörte sich das schweigend an, mit einem ruhigen unalarmierten Schweigen, das mir mehr Details entlockte, als ich hatte preisgeben wollen. Teo, der sich von unserem kleinen Fest mit einem kalten Bier erholte, schüttelte vor Verwunderung über meine Aufrichtigkeit den Kopf. »War das wirklich deine Großmutter?« fragte er, als ich auflegte.

»Natürlich. Sie ist anders als andere Großmütter«, sagte ich hochmütig und erinnerte mich, wie sie mir in dem Sommer, ehe ich Tobias kennenlernte, ein Pessar gekauft hatte. Dann hatte sie gesagt, sie wolle nicht wissen, wann ich Sex hätte, und ich hatte es ihr auch nicht gesagt. Aber jetzt war es anders. Ich war erwachsen, und sie selbst traf sich wieder mit Männern. Wichtiger noch, ich mußte darüber reden. Ich mußte auf dem beharren, was es für mich bedeutete, weil es so fremd war.

»Sie ist anders als die meisten *Leute*«, sagte Teo. »Ich wußte nicht, daß sie dich so gut versteht. Geradezu unheimlich.« Er preßte seine Bierdose erst gegen eine Wange und dann gegen die andere.

»Warum? Findest du mich so geheimnisvoll?«

»Nein, aber die meisten Leute würden meinen, daß du die Gefahr förmlich herausforderst.«

»Ich kenne ›die meisten Leute‹ nicht.«

»Du kennst durchaus welche«, antwortete er und nahm einen großen Schluck Bier.

»Was meinst du damit?« fragte ich.

»Diese Burschen – was meinen sie dazu?«

»Woher soll ich das wissen? Ich sehe sie nie wieder, wenn sie Gelegenheit hatten, darüber nachzudenken.«

»Arme Kerle. Wissen wahrscheinlich nicht, wie ihnen geschah.«

»Es würde alles verderben, wenn ich sie wiedersähe«, sagte ich.

»Okay, okay. Was weiß ich schon? Ich bin bloß eifersüchtig, weil ich dich nicht mehr ficken kann.«

»Ich dachte, Sex langweile dich neuerdings.«

»Tja, das dachte ich auch. Ich dachte, es würde Spaß machen, mich zu Tode zu trinken, aber schau dich an! Geheimnisvolle Affären mit Fremden, leidenschaftlicher Sex jede Nacht –«

»Nicht jede Nacht«, protestierte ich.

»– und du bist bei blühender Gesundheit. Kein Zittern, keine Alpträume. Du brichst auf wie so ein mittelalterlicher Narr und kommst unbeschädigt zurück, freudestrahlend, hübsch –«

»Mein Lieber«, sagte ich.

»Oh, mach dir nicht die Mühe, mich zu trösten. Das haut nicht hin. Aber wir hatten eine gute Zeit zusammen, nicht wahr?«

»Ja«, sagte ich, obwohl ich sie mir nicht zurückwünschte. Ich erinnerte mich an meine Unterhaltung mit Janey, bei der ich gesagt hatte, daß Freundschaft wichtiger sei als Leidenschaft. Ich hatte mich geirrt. Nichts war wichtiger als Leidenschaft. Vielleicht würde ich mich nie wieder verlieben, aber was machte das schon, ich war jede Nacht verliebt. Nun ja, nicht jede Nacht, wie ich zu Teo gesagt hatte, viel seltener. Das Verlangen nach einem Fremden kam jetzt seltener, und ich hielt mich zurück. Ich wollte einen Mann erst dann suchen, wenn ich ihn am meisten begehrte, und nicht einen Augenblick früher. Ich wollte einen Mann wählen, mit dem das Band am stärksten war, einen Mann wie Clark oder den fetten Architekten, einen lieben Mann oder einen egoistischen Mann, einen Ästheten oder einen Narziß, aber keinen zornigen Mann.

Ich wußte nie vorher, wann ich nach einem Mann Ausschau halten würde. Manchmal sammelte sich das Verlangen den ganzen Tag über an, und gleichzeitig wurde ich von großer Sehnsucht und dem Gefühl überfallen, die Welt sei in Ordnung. Dann konnte das Gefühl ganz plötzlich verschwinden, das Begehren erlosch, ich fühlte mich normal, was bedeutete, daß ich mich einsam fühlte. Ich ging dann nach Hause zu Teo und kochte ihm ein besonders schönes Abendessen.

Eine Zeitlang trank Teo etwas weniger. Es sei ein Experiment, sagte er, jetzt, da er sich auf nichts mehr freuen könne als auf sein eigenes Leben. Seine Mutter hatte ihm einen Flugschein nach San Francisco und fünfhundert Dollar geschickt und gesagt, damit hätte es sich. Es gefiel mir, wenn er nüchterner war. Er hatte dann mehr Freude an unseren Abendmahlzeiten. Ich lernte, Meeresfrüchte zuzubereiten, machte Muscheln in schwarzer Bohnensauce und Schwertfisch mit geschmorten roten Paprikaschoten. Wir hatten sogar ein Sexualleben, allerdings kein sehr romantisches. Teo kam ins Schlafzimmer, während ich fernsah, und ließ mich meine Kleider ausziehen. Er masturbierte gern, während er mich nackt vor dem Fernseher sitzen sah. Er zog es vor, daß ich ihn dabei nicht ansah. Meistens wurden Werbespots für die Präsidentschaftswahl gezeigt, und noch heute kann ich Ronald Reagan nicht sehen, ohne Teos heisere Stimme zu hören: »Heb deinen Hintern höher. Höher, ja so, halt ihn so, beweg dich nicht, o Baby, was für einen hübschen Arsch du hast... Mit diesem Kerl kann doch was nicht stimmen, meinst du nicht? Er spinnt total.«

Nach der Wahl fiel Teo in eine tiefe Depression. Er sagte, der nächste Krieg würde bald beginnen. Er sagte das so oft, daß ich zu glauben begann, er freue sich darauf. Sein Experiment, weniger zu trinken, gab er auf; er trank mehr denn je und verbrachte ganze Tage und Nächte im Bett, von wo er gelegentlich um Wasser rief. Er versuchte, mit seinem Geld sparsam umzugehen, und verließ daher nie die Wohnung. Er trank, nackt auf der Couch liegend, und spielte Platten von Janis Joplin und den Rolling Stones. Seine Kleider paßten ihm nicht mehr, aber er sagte, er ginge nackt, um besser Gottes Mitleid zu erregen. Oder mich, dachte ich, während ich ihn versorgte. Ich hatte Angst, er würde sich umbringen, und wenn ich das sagte, lächelte er. Er sagte mir, wenn er verkatert im Bett liege, stelle er sich gern seinen eigenen Tod vor, besonders die Autopsie und das Begräbnis. Über die Trauer seiner Eltern phantasierte er nicht. Die Beerdigungszeremonie ließ er aus, erfreute sich bloß an der Ruhe seines Körpers und seiner langsamen und sanften Verwesung.

Ich sagte ihm, er solle das lassen. Ich flehte ihn an, mit dem

Trinken aufzuhören. Ich suchte Rat bei verschiedenen Stellen, die sich mit Alkoholikern beschäftigten, aber sie alle sagten, was ich schon wußte, daß Teo nämlich zuerst den Willen haben mußte aufzuhören. Er hatte zu diesem Thema nicht viel zu sagen, nur, daß er es vermutlich eines Tages tun würde. Bald. Noch nicht. Vielleicht nach Neujahr. Er hoffte, seine Eltern würden ihm zu Weihnachten vielleicht noch etwas Geld schicken.

Er hatte auch seine lichten Momente. In manchen Nächten putzte er sich mit einem alten, rotseidenen Morgenmantel auf, der einem seiner Onkel gehört hatte, und trug ein Paar schwarze Samtslipper. Während ich mit ihm trank, dozierte er über die Philosophie des Alkohols. Im betrunkenen Zustand, sagte er, könne er seine Verbindung mit allen Menschen auf der Welt fühlen. Er behauptete nicht, dadurch sich mit ihnen besser verstehen zu können, er wußte, daß dem nicht so war, aber er empfand eine Sympathie für das Leben und wollte es ganz, samt Vergangenheit und Zukunft, in seine Arme nehmen, wollte mit der Welt zusammen sein.

In diesen glücklich betrunkenen Nächten schaffte er es, ohne größeren Zwischenfall ins Bett zu kriechen. Am nächsten Tag stand er gegen Mittag auf und legte sich in die Wanne, wobei er mir fröhlich erzählte, er werde vielleicht bald fähig sein, sich nach einem Job umzusehen.

Ich wollte das auch tun. Ich hatte das Nichtstun satt. Ich ging selten aus, weil ich mir um Teo Sorgen machte, und wenn ich ausging, fühlte ich mich immer unbehaglicher bei der scheinbar unvermeidlichen Frage nach meinem Job. Das Problem war, daß ich keine Lust hatte, in New York zu arbeiten. Die Stadt schien nicht der richtige Ort, um einen Job anzunehmen, doch eine Rückkehr nach New Hampshire kam nicht in Frage.

Teo löste am Weihnachtstag das Problem für mich. Ich ging morgens zu einem langen Spaziergang aus, da er noch im Bett lag, und genoß die ruhigen Straßen so sehr, daß ich erst um drei Uhr nachmittags zurückkam. Ich fand ihn auf dem Küchenfußboden, bewußtlos, Wände und Schränke waren rot gesprenkelt, wie nach einem Massaker. Er hatte versucht, den Borscht zu machen, den wir als ersten Gang essen wollten, und den Deckel der Hackmaschine zu früh geöffnet. »Tut mir leid«, sagte er, als er aufwachte. »Ich habe schon mit dem Champagner angefangen.«

»Du hast den Champagner ganz ausgetrunken!«

»Ich dachte, du würdest dich freuen, wenn zur Abwechslung mal ich koche.«

»Ist schon in Ordnung.«

»Hier ist dein Geschenk.« Er gab mir die Flugkarte nach San Francisco, die seine Eltern ihm geschickt hatten. »Wird dir sicher Spaß machen, mal für eine Weile hier rauszukommen.«

Teos Freunde Laura und Slade waren über die Feiertage in der Stadt, und ich sprach am Telefon mit ihnen und erklärte ihnen Teos Zustand. Slade sagte, ich solle mir keine Sorgen machen, er werde sich um seinen alten Freund kümmern. Ich schrieb auch einen Brief an seine Eltern. Ich wußte nicht, was sie tun konnten, aber sie sollten etwas tun, irgend etwas. Teo begleitete mich in einem Taxi zum Flughafen, und wir küßten uns zum Abschied. »Ich werde es dich wissen lassen, sobald ich dieses Haus in Frankreich habe«, grinste er. »Du kannst zu Besuch kommen.«

TEIL 2

5

Meine Großmutter, Lally Porter, war fünfzig, als meine Eltern fortgingen. Sie war groß und eckig, trug ihr weißes Haar geflochten, und ich hielt sie für sehr alt. Ihr Rücken berührte den Stuhl nicht, wenn sie am Eßtisch saß, und sie schnitt ihr Fleisch mit zarten Schnitten und leicht über dem Teller schwebenden Händen. Sie trug scharlachroten Lippenstift, alte Tweedjacken und raschelnde Seidenröcke, die ihr bis auf die schwarzen Stiefel reichten.

Es war nicht schwer für mich, mit ihr klarzukommen. Die Dinge, auf die sie bestand – Tischmanieren, Höflichkeit, gute Noten in der Schule –, fielen mir alle leicht. Wenn ich bestraft wurde, weil ich nachts aus dem Bett geschlüpft war oder die junge Katze der Nachbarn in die Badewanne gesteckt hatte, dann geschah das nie aus Zorn, sondern aus einem Sinn für Gerechtigkeit. Für das erste Vergehen mußte ich eine Nacht lang auf dem Fußboden des Wohnzimmers schlafen, umgeben von den ungewohnten, verzerrten Schatten der Stühle und Lampen; für das zweite mußte ich zitternd in kaltem Badewasser sitzen, während meine Großmutter das Kätzchen in mein Handtuch wikkelte und wie ein Baby wiegte. Als Resultat verging zwar nicht meine Abenteuerlust, aber ich überlegte mir sorgfältiger die Konsequenzen meines Tuns. Wenn ich einen Keks stahl, was würde sie mich dann essen lassen? Wenn ich eine ihrer Zigaretten rauchte, würde sie mich dann im Kamin schlafen lassen, wo, wie ich überzeugt war, Fledermäuse wohnten?

Unser viktorianisches Haus stand inmitten eines schmalen Landstreifens zwischen zwei Straßen, der Crandall Road und der Ogden Road. Auf der dritten Seite wurde das Grundstück begrenzt vom Elder River, auf der vierten von Feldern und Wäldern, die sich, wie mir schien, meilenweit erstreckten. Am Fluß gab es einen Apfelgarten mit vielen blühenden Bäumen. Der Vordergarten war breit und uneingezäunt, im Frühling voller Löwenzahn und Gänseblümchen, und man mußte sich durch hohes Gras den Weg zur Sonnenveranda bahnen, wo zwei steinerne Hunde saßen, die mein Urgroßvater nach dem Ersten Weltkrieg aus England mitgebracht hatte. Ich glaubte immer, sie dienten dem Zweck, Leute abzuschrecken, denn niemand betrat das Haus je auf diesem Weg. Die wenigen, die uns besuchten, kamen durch die Hintertür in die Küche mit ihrem Eichenfußboden, der durch die während vieler Jahrzehnte verschüttete Butter blankpoliert war. In der Küche saß Agnes auf ihrem kleinen, niedrigen Hocker am Fenster.

Agnes war gleich alt wie Großmutter, eine Schulfreundin. Sie war eine gnomenhafte Frau, dunkelhaarig, kuhäugig, mit schwachen Knöcheln und unseligen Zehen. Sie schnitt Löcher in ihre schwarzen Schuhe, damit ihre gespreizten Füße hineinpaßten, doch dann stieß sie sich überall die Zehen an, wurde gestochen oder tappte in kalten Schlamm. Ich war den Anblick ihrer geschwollenen Füße in einer Schüssel mit warmem Salzwasser gewohnt, und daher überraschte es mich nicht, daß Agnes so viel wie möglich im Haus blieb. Ihr kleines, rundes Gesicht schaute oft aus dem Fenster, eingerahmt von dem weißen Vorhang, den sie unter dem Kinn zusammenhielt, wenn sie mir beim Spielen im Garten zusah. Als ich noch sehr klein war, dachte ich, Agnes sei unser Dienstmädchen. Als Teenager spekulierte ich, sie sei Großmutters Geliebte. In einem gewissen Sinne war sie beides, obwohl sie keinen Lohn erhielt und es, soweit ich weiß, keinen Sex zwischen den beiden Frauen gab. Sie waren Freundinnen, aber nicht Gleichgestellte.

Als junges Mädchen hatte Agnes meine Großmutter bewundert und für sie geschwärmt. Sie hatte sich nie von ihr lösen können. Meine Großmutter ließ nicht zu, daß sie sich löste. Ich stelle mir vor, wie Großmutter mit fünfzehn war, ohne Angst vor ihrer Macht, nicht zimperlich darin, sie zu gebrauchen. Ich stelle mir vor, daß sie Agnes einfach festhielt, wie eine Spinne eine blaue Fliege wegen ihrer hübschen Farbe festhält. Lally war das reiche Mädchen in dem großen Haus am Fluß. Ihr Vater war Richter, ihr Großvater ein Unternehmer, der zahlreiche junge Mädchen wie Agnes in seinen Mühlen in Massachusetts beschäftigte. Der Vater von Agnes war Bauer. Er brachte sich 1931 um. Das bißchen Land, das der Familie gehörte, ging verloren, ihre Mutter und Brüder nahmen jede Arbeit an, die sie finden konnten, und Agnes wurde von der Familie meiner Großmutter aufgenommen, damit sie die High School abschließen und der einzigen Tochter des Hauses Gesellschaft leisten konnte. Sie war nie eine Dienstbotin, sondern war einfach da und rührte sich nicht vom Fleck, als meine Großmutter nach Radcliffe ging und später Bobby Porter heiratete. Agnes war 1938 da, als Lally zur Beerdigung ihrer Mutter nach Hause kam, sie war 1940 da, als sie zur Beerdigung ihres Vaters kam, und sie war 1943 da, als mein Großvater fortging, um im Krieg zu sterben, und Lally mit meiner Mutter, damals ein neugeborenes Baby, endgültig wieder nach Hause kam.

Letzten Endes war es vermutlich das Haus, das Agnes am meisten liebte. Sie hegte eine wilde Leidenschaft dafür, die sogar jene meiner Großmutter überstieg. Besonders gern stöberte sie im zweiten Stock herum, den wir nicht benutzten. Manchmal schlich ich ihr nach und beobachtete, wie sie sich von Zimmer zu Zimmer bewegte mit einer Langsamkeit, die nichts mit ihrem Alter zu tun haben konnte. Sie rieb und polierte die Möbel, wechselte Laken und strich sie so lange glatt, bis sie flach dalagen wie die weißen Briefumschläge im Walnußholzschreibtisch meines Großvaters. Ich erinnere mich an das kleine Staubtuch, das sie benutzte und das ein Loch hatte, durch den ihr Zeigefinger paßte. Sie brachte große Sorgfalt für die Oberflächen der Dinge auf, eine Sorgfalt, die sie unten gänzlich vermissen ließ. Sie hatte einen Narren gefressen an diesen speziellen Gegenständen – Gewehren, Golfschlägern, Trophäen –, männlichen Attributen in einer Familie, deren Männer alle tot waren: Richter, Geschäftsleute, mit Lederstiefeln zu Grabe getragen. Oder einfach fortgegangen. Agnes mochte Männer und vermißte meinen Vater sehr.

Wenn sie nicht im zweiten Stock war, war sie in der Küche. Es war erstaunlich, was sie alles tun konnte, ohne von ihrem Hocker aufzustehen. Sie strickte, häkelte, flickte, schrieb Einkaufslisten und wischte den Fußboden mit einem Schrubber, der einen langen Stiel hatte. Sie redete mit sich selbst, knöpfte ihre Bluse auf, zog die Träger ihres Büstenhalters zurecht und seufzte. Sie fächelte sich mit der Fliegenklatsche Luft zu, hörte Radio und las Kitschromane, deren Handlung sie mir in allen Einzelheiten erzählte. Eine Zeitlang dachte ich, alle Welt habe uneheliche Kinder oder wahnsinnige Ehefrauen, und die meisten Frauen seien wesentlich dümmer als diejenigen, die ich kannte.

Als ich meine erste Fibel mit nach Hause brachte, interessierte sich Agnes am meisten dafür. Langsam öffnete sie das Buch, wobei ihre Finger sofort den Umschlag zerdrückten, starrte auf die wenigen, in großer Schrift gedruckten Sätze, schaute die Bilder an und kicherte. »Was haben diese Dummköpfe heute gemacht?« pflegte sie zu fragen.

»Tommy will Feuerwehrmann werden, und Sally Krankenschwester«, antwortete ich, entzückt über ihr dunkles Gesicht, das sich über die glänzenden Seiten beugte.

»Mit Nadeln stechen und Nachttöpfe leeren«, sagte sie verächtlich. Dann legte ich meine Bücher fort und verschob die Hausaufgaben auf den nächsten Morgen.

Großmutter hatte ihre eigene Meinung über das, was im Himmel vor sich ging. Als kleines Mädchen, als sie ihre Tanten über den Anblick des Halley'schen Kometen sprechen hörte, hatte sie angefangen, sich für den Weltraum zu interessieren. Gierig verschlang sie alle astronomischen Neuigkeiten. Seit ihrer Kindheit war es im Haus üblich, sonntagabends Gesellschaftsspiele zu spielen. Ihr Vater, der Richter, und ihre Mutter, die Suffragette, pflegten sich mit Freunden und Verwandten in der Bibliothek unter den ausgestopften Tierköpfen zu versammeln, um sich mit Fragespielen zu unterhalten. Meine Großmutter führte diese Tradition weiter, wenn auch in abgeänderter Form.

Sie saß da, einen Papierblock auf dem Schoß, ihre Sternenkarte auf dem Tisch vor sich ausgebreitet. Es war eine schöne Karte, blau wie der Nachthimmel, mit Wirbeln von gelben und weißen Galaxien. Meine Aufgabe war es, einen Stern auszuwählen. Ich tat das mit geschlossenen Augen, indem ich meinen Finger einfach auf den fernen Lichtschein fallen ließ. Dann pflegten wir den Stern zu benennen, wobei wir uns abwechselten. Agnes glaubte, Sterne sollten hübsche Namen haben wie die Heldinnen von Romanen: Annabelle, Georgiana, Stephanie. Das war der einzige Teil des Spiels, der ihr gefiel, und wir beschwerten uns nie über ihre Wahl. Großmutter und ich waren wählerischer. Natürlich hatte sie einen größeren Vorrat an Namen als ich: Sie gab den Sternen Namen wie Atalanta, Odette, Quetzalcoatl und Maldorer. Aber sie nannte sie auch Robert C. Porter und Harry Soames (Harry war unser Postbote). Ich wählte Chincoteague, Schokolade, Narnia und Madelyn. Madelyn war der Name meiner Mutter.

Großmutter pflegte den Namen oben auf ein Blatt Papier und mit einer Bezugsnummer auf die Sternenkarte zu schreiben. Dann entschieden wir über die Anzahl der Planeten und darüber, welcher Planet der glückliche sein würde: derjenige, der Leben hatte, das bevorzugte Kind, das immer nach seiner Sternenmutter benannt wurde. An diesem Punkt pflegten Agnes und ich uns nach einem letzten Blick aus dem Fenster auf unsere vertraute Erde in unseren Sesseln zurückzulehnen. Über uns starrten der Bär und der Elch aus ihren Glasaugen.

Agnes trank Tee, und ich aß Kekse, während Großmutter zu sprechen begann. Welche Auswirkungen würden sieben Monde auf einen kleinen Planeten haben? Welche Intelligenz würde sich bei einer Spezies, die keine Widersacher kannte, entwikkeln? Könnte irgendeine Kreatur sich einem ständig bebenden Planeten anpassen? Ich erinnere mich noch an ihre Stimme, wenn sie den fiktiven Planeten aus ihren nicht unbeträchtlichen wissenschaftlichen Kenntnissen und ihrer, wie ich vermute, noch größeren Kenntnis von Science Fiction zusammensetzte. Ich verstand wenig von ihren Überlegungen und noch weniger von ihren Fachausdrücken, doch nach und nach wurden ihre Schöpfungen für mich real und bekamen ihren eigenen festen Platz in meinem Kosmos. Eine Atmosphäre, wo es ständig blitzte und donnerte, oder eine dürre Landschaft, in der es tausend Jahre dauerte, bis eine Blume wuchs – das waren die Bilder, mit denen ich aufwuchs, das war das Unbekannte, wie es für andere Kinder Indien oder der Nordpol sind. Wenn Großmutter mir erklärte, wie viele Millionen Sterne es im Universum gibt – in diesem Universum –, dann erschien es mir logisch, daß einige ihren Vorstellungen entsprechen mußten, daß wenigstens einer genauso sein mußte, wie sie ihn beschrieb. Darum hörte ich trotzdem weiter zu, auch wenn ich mich wie Agnes oft langweilte.

Die Evolution von Leben schritt immer ziemlich schnell voran. Nur wenn Großmutter schlechter Laune war, entstand keine Intelligenz; eine Vision von ewigen Dinosauriern, die in ewigen Sümpfen grasten, oder von vielgliedrigen Insekten, die den perfekten Horrorstaat schufen, bedeutete, daß sie wieder die Nachrichten gehört hatte. Aber wenn sie guter Laune war, dann sprach sie von Zivilisation.

Die meisten ihrer Gesellschaftsentwürfe habe ich vergessen, einigen begegnete ich im College wieder, als ich mich mit der Geschichte der Französischen Revolution befaßte und anthropologische Bücher las. Und noch heute kann ich ganze Absätze aus ihren Vorträgen wortwörtlich wiedergeben:

»Die Triade – oder die Dreiecksbeziehung – ist vermutlich die stabilste partnerschaftliche Übereinkunft. Sie ermöglicht Leidenschaft, sie ermöglicht das Alleinsein, ohne daß der Partner dann allein ist, und es besteht nicht die Gefahr, daß die Individuen sich zu sehr aufeinander konzentrieren – außer natürlich, wenn sie katholisch sind.«

»Alle Kulturen sollten dafür sorgen, daß die Fortpflanzung aus einer Notwendigkeit erfolgt, und nicht der eigenen Entscheidung überlassen bleibt. Die Frau, die zu lange über eine Schwangerschaft nachdenkt, hat oft den Wahn, sie habe das Kind geschaffen, und dann wird der schwächere Teil der beiden leiden.«

»Pflanzen und Tiere mutieren so schnell, daß die Kochbücher jedes Jahr neu geschrieben werden müssen. Der Beruf des Kochs ist der höchstgeschätzte, und nur sehr wenige erreichen darin Perfektion.«

Oft brannte ein Kaminfeuer, und Agnes stand auf, um es zu schüren, ihre kleine, krumme Gestalt in einem fünfzehn Jahre alten Kleid, und für mich wirkte sie durchaus wie ein Wesen aus einer anderen Welt. Sie trug immer ein Taschentuch an ihren üppigen Busen gesteckt, winzige Goldreifen in den Ohren, und ein Gummiband hielt ihr borstiges dunkles Haar zusammen. Sie war nicht beeindruckt von der Vorstellungskraft meiner Großmutter. Vor der Wissenschaft hatte sie Respekt, solange es sich dabei nicht um Biologie handelte, und Geschichte und Literatur waren ja ganz schön, aber, wie sie sagte: »Niemand hat je Weltraumwesen gesehen, und niemand wird sie je sehen. Keine grünen Marsmänner und auch keine Auberginen, die sich in Kohlköpfe verwandeln.«

»Woher weißt du das, Agnes? Ein Affe hat sich in dich verwandelt.«

»Ich stamme von Eva ab und bin außerdem gutmütig«, brummte sie. »Was man nicht von allen in diesem Haus sagen kann.«

»Und ich stamme von Lilith ab«, sagte Großmutter leichthin. »Und Stella von mir – wenigstens das wissen wir genau. Ist es nicht Zeit für dich, zu Bett zu gehen, Stella?«

»Ich weiß nicht.« Ich starrte ins Feuer und fragte mich, ob meine Eltern den Planeten verlassen hatten.

»Märchen«, schnaubte Agnes. Es waren Märchen – die einzigen, die Großmutter erzählte, und heute erinnere ich mich gerne daran. Aber damals hatte ich Großmutter lieber, wenn sie fest mit beiden Beinen auf der Erde stand, obwohl ich das nie gesagt hätte. Sie wußte es ohnehin: Wenn sie mich zu Bett brachte, sprach sie über das, was wir morgen tun würden, und die Sterne zogen sich wieder an ihre richtigen Plätze zurück.

Am liebsten half ich meiner Großmutter, das Abendessen zuzubereiten. Sie war immer fröhlich und voller Energie, wenn sie kochte, als säße statt einer lustlosen älteren Frau und eines kleinen Mädchens eine Schar hungriger Soldaten auf ihrer Veranda. Ich, auf einem Hocker neben ihr stehend, das Gesicht von der Hitze des Ofens gerötet, war in meinem Element. Nahrung war etwas, das ich verstand. Eine Handvoll frischer Thymian, in die Suppe geworfen, ließ eine duftende Dampfwolke aufsteigen, die ich einatmen konnte, und Pilzscheiben fielen geräuschlos unter dem Messer hervor, das weiße Innere kühl und glatt wie Fleisch. Ein zerlegtes Huhn gab mir eine konkrete Vorstellung meiner Macht als menschliches Wesen, während ein aufgehender Brotteig oder eine andickende Sahnesauce bewiesen, wie unwissend ich war, eine Novizin. Großmutter sagte, wenn eine Köchin sorgfältig arbeite, könne sie nicht versagen, denn das Fleisch werde sich nicht weigern, braun zu werden, und der Kuchenteig werde die Süße nicht ablehnen.

Ein typisches Abendessen bei uns: Borscht mit Sauerrahm, dann Schweinebraten, geschmort in Apfelschnaps und Knoblauch, dazu wilder Reis und als krönender Abschluß eine Creme aus Bitterschokolade. Die Zubereitung dauerte Stunden, und ich hielt das nicht für ungewöhnlich. Die Stunden mit Großmutter in der Küche waren für mich von größerem Nutzen als alles andere, was ich lernte, doch damals war es einfach ein Vergnügen, mit dem großen Messer oder dem Holzlöffel zu hantieren.

Wochenlang raste ich von der Schule nach Hause, um die Früchte zu schälen, die dann in Rotwein mariniert wurden, die Mandeln für eine Torte zu zerkleinern oder eine Lammkeule mit Knoblauchzehen zu spicken. Dann wurde Großmutter des Kochens überdrüssig. Sie begann, nachmittags zu lesen, und schloß sich in ihrem Schlafzimmer ein. Ich mußte mich wieder zu meinen Freunden gesellen, von denen ich viele hatte und die meisten nicht mochte.

Unser Haus am Flußufer mit dem Ruderboot, dem Obstgarten und den flachen Wiesen war der bevorzugte Spielplatz aller Kinder unter vierzehn. Die einzige Möglichkeit, sie loszuwerden, bestand darin, daß Großmutter an die Tür kam, denn sie hatten Angst vor ihr. Aber wenn Großmutter nicht in Stimmung war, dann erschien sie auch nicht, und ich kam nicht im Traum auf den Gedanken, sie zu bitten hinauszugehen, um die Kinder zu verscheuchen.

Als ich neun oder zehn war, sagte mir eine Schulkameradin, ich müsse um die Rückkehr meiner Eltern beten. Ich fragte Großmutter, wie man das anstellt, und sie sagte mir, ich solle die Bibel lesen. Ich glaube, sie dachte, das würde mich entmutigen oder zumindest für eine Weile ablenken. Ich nahm das schwarze

Buch, das sie mir gab, mit in mein Zimmer und begann mit der ersten Seite. Ich war fasziniert. Es war mir nie in den Sinn gekommen, daß die Erde geschaffen worden sein mußte, genau wie die Planeten meiner Großmutter. Ich war Gott sehr dankbar dafür, daß er das getan hatte, ehe ich geboren wurde. »Und die Erde war wüst und leer, und es war finster«, sagte ich zu Großmutter.

»Ich weiß«, antwortete sie, während sie ein Huhn ausnahm. »Manche Leute denken, so sei es immer noch.« Sie hielt mir einen kurzen Vortrag über den Gedanken, die materielle Welt sei eine Illusion, und ich zog mich mit der Bibel wieder in mein Zimmer zurück. Ich las weiter. Ich interessierte mich nicht sonderlich für Adam und Eva, die wenig Persönlichkeit zu haben schienen. Also begann ich, in der Bibel zu blättern, und auf diese Weise entdeckte ich den Dreiundzwanzigsten Psalm.

Der Herr ist mein Hirte,
mir wird nichts mangeln.
Er weidet mich auf einer grünen Aue
und führet mich zum frischen Wasser.

Der Herr war mir damals sehr nahe – er war jung und schwarzhaarig und trug wie Adam vor dem Sündenfall keine Kleider. Er sah ein bißchen wie der Gärtner aus, der einmal im Sommer für Großmutter arbeitete, aber er schwitzte nicht so sehr.

Ich pflegte die ersten paar Seiten wieder und wieder aufzusagen, während ich in dem Feld neben dem Apfelgarten lag, verborgen im hohen Gras. Der Geruch der Blüten, das Summen der Bienen und der milde blaue Himmel erfüllten mich mit einem großen Wohlgefühl. Ich wußte, was das war – es war die Vorfreude auf den Herrn, der im Begriff war, auf dieser Wiese zu erscheinen. Bald würde ich ihn vom Himmel herabsteigen sehen. Er würde kommen und sich sehr dicht neben mich legen.

Was danach passieren würde, war prickelnd vage. Nichts so Grobes wie die Küsse, die ich meine Eltern hatte tauschen sehen, aber etwas Ähnliches. Mehr wie die Küsse, die ich meiner Mutter gab und bei denen ich meine Knochen vor Zärtlichkeit hatte weich werden fühlen. Am ehesten vielleicht so wie das, was ich in der Dämmerung fühlte, wenn ich sah, wie sich das rosa Licht über den Feldern vertiefte und der Fluß dunkler wurde. Ich war mit dem Geheimnis zufrieden. Die Freude, die auf meiner Haut vibrierte und auf den Moment harrte, in dem mein nackter, schwarzhaariger Gott erschien, war Geschenk genug. Ich huldigte ihm mit den Worten des Psalms, mit der Schönheit der Frühlingswiese oder mit perlgrauen Zweigen im Winter, dick mit Schnee beladen. Ich huldigte ihm jahrelang – all die Jahre, in denen meine Eltern nicht zurückkamen.

In dem Herbst, in dem ich sechzehn wurde, traf ich Tobias. Es war ein schöner Tag, und ich saß auf dem Friedhof und fragte mich, warum ich nie zuvor die Schule geschwänzt hatte. Die Stadt war so still, und hier auf dem Friedhof war es ganz besonders still. Gelbe Blätter lagen im Gras, und die buckligen Steine grasten wie Schafe unter einem wolkenlosen Himmel. Der Friedhof lag auf meinem Schulweg, und ich war spontan mit dem Fahrrad abgebogen.

Ich schaute von meinem Buch auf, und da war Tobias, der mich ansah. Er war mittelgroß, Mitte bis Ende zwanzig, dünn, trug Jeans und eine Jeansjacke, hatte blaßgoldene Haut, dunkelgoldenes, lockiges Haar und einen kleinen Mund, der zu einer wollüstigen Form zusammengeschnürt schien. »Du schwänzt die Schule«, sagte er.

»Ja«, sagte ich.

»Ich habe dich hier morgens noch nie gesehen.«

»Kommst du oft hierher?« Offenbar.

»Ich mag Friedhöfe in kleinen Städten. All die Leute, die sich da unten rühren. Möchten aufstehen und in ihre Häuser zurückgehen.«

»Möchten sie das auf Großstadtfriedhöfen nicht?«

»Nein, ihre Häuser sind abgerissen worden, mußten Bürogebäuden weichen. Sie haben Angst vor den Verbrechern. Nachts sind zu viele Bösewichte unterwegs.« Ich sagte nichts. »Hier«, fuhr er fort, »kann ich mir vorstellen, wie sich die alten Hexen zu einem Plauderstündchen treffen, gelangweilt vom Tod, um alles betrogen, was der Teufel ihnen versprach.« Tobias lächelte ziemlich selbstzufrieden. Ich fühlte mich von ihm angezogen; er war charmant, er war geistreich. »Bist du hier, um einen lieben Verstorbenen zu besuchen?« fragte er.

»Ich kenne keine toten Leute«, antwortete ich.

»Nicht die beste Gesellschaft. Sehr schüchtern.«

»Ich habe eine Menge Verwandte auf diesem Friedhof, aber ich habe sie nie kennengelernt. Sie waren alle schon tot, als ich geboren wurde.«

»Das macht nichts. Vermutlich hättest du sie nicht gemocht. Ich konnte meine Verwandten nie leiden.«

»Sind sie alle tot?«

»Nein, aber ich sehe sie nie.«

»Warum nicht?«

»Weil ich sie nicht mag. Bist du jemals nachts hier gewesen?«

»Einmal, an Halloween, vor ein paar Jahren.«

»Was hast du gemacht?«

»Oh – ich und ein paar andere Kinder fingen an, Arnold Poppers Grab aufzugraben. Da lag noch kein Stein darauf.« Das war die Nacht gewesen, in der ich zum ersten Mal Bier getrunken hatte.

»Habt ihr ihn gefunden?«

»Alle haben gekniffen.« Niemand hatte wirklich graben wollen. Sie wollten lieber im Mondlicht Händchen halten, in sicherer Entfernung, und zuschauen.

»Du nicht?«

»Nun, ich hätte weitergemacht, aber ich wollte es nicht allein tun.«

»Ich hätte gedacht, daß du der Typ bist, der gern allein ist. Irre ich mich?«

»Nicht allein mit Arnold Popper.«

»Wie ist der alte Bursche abgekratzt?«

»Er war betrunken und hatte einen Autounfall. Seine Frau lief herum und sagte, das wäre am besten, denn früher oder später hätte er jemand anderen umgebracht.«

»Eine liebende Ehefrau.«

»Sie war froh, daß sie nicht bei ihm war. Er stank wirklich.«

»Nach Schnaps?«

»Nein. Aus irgendeinem Grund fiel er häufig in den Fluß, sank bis auf den Grund und lief dann ziemlich schlammverschmiert herum.«

»Hört sich nach einem reizenden Mann an. Warum habt ihr ihn ausgegraben? Um ihm ein angemessenes Begräbnis im Fluß zu geben?«

»Judy Michaux wollte ihn auf die Straße schleppen, vielleicht jemandem vor die Tür legen, dann klingeln. Aber wir anderen wollten ihn bloß sehen.« Ich schaute Tobias argwöhnisch an. In jener Halloween-Nacht war ich von drei verschiedenen Jungen geküßt worden und hatte mich fabelhaft gefühlt. Eine Weile behielt ich das bei, wechselte von einem Freund zum nächsten und machte mich über die lustig, die ich hinter mir ließ. Doch dann gingen mir die interessierten Jungs aus. Ich war seit Februar nicht mehr geküßt worden. »Was machst du hier in Elder River?« fragte ich mit Großmutterstimme.

»Ein Buch schreiben.«

»Wirklich? Was für eins?«

»Gedichte.«

»Wirklich? Ich liebe Gedichte.« Das klang lahm, daher fügte ich hinzu: »Rimbaud, Baudelaire...«

»Du hast einen guten Geschmack. Wie hast du die entdeckt?«

»Meine Großmutter brachte mir mit ihren Gedichten Französisch bei.«

»Du mußt eine ungewöhnliche Großmutter haben. Wie heißt sie?«

»Lally Porter.«

»Erzähl mir von ihr.«

Das tat ich, und ich erzählte ihm auch von meinen Eltern und Agnes und von der Schule und wie langweilig sie sei. Er stellte eine Menge Fragen, und ich antwortete eifrig. Ich erzählte ihm alles, was mir einfiel, und endlich auch meinen Namen, Stella James. »Wie heißt du?« fragte ich.

»Tobias Farquahr.«

»Wo kommst du her?«

»Worcester, Massachusetts.«

»Wie ist es da?«

»Der schlimmste Ort, wo ich je gewesen bin.«

»Also wirst du hierbleiben?«

»Bis mir das Geld ausgeht. Dann werde ich vermutlich zurückgehen und wieder unterrichten müssen.«

»An der High School?«

»Nein, an der Uni von Massachusetts. Englisch im ersten Jahr, wo sie noch dümmer sind als in der High School.« Er sah auf seine Uhr. »Ich muß gehen.«

»Wohin?«

»Nach Hause, schreiben.« Er verbeugte sich leicht und ging davon. Ich sah zu, wie er sich zwischen den Grabsteinen entfernte, sein Körper ganz in Blau vor dem blassen, gemeißelten Grau, und ich verliebte mich. Es hätte bloß eine Augenblicksschwärmerei sein können, aber ich klammerte mich an den Augenblick, bis es zu spät war. Damals war ich gierig nach Gefühlen.

Am nächsten Tag sah ich ihn wieder auf dem Friedhof, nicht ganz zufällig. »Tag«, sagte er, als er hinter mir erschien und über meine Schulter auf das Buch blickte, das ich las. Es war Rilke, die *Duineser Elegien*, übersetzt von Leishman und Spender. »Liest du ihn nicht auf Deutsch?« sagte er.

»Nein. Ich kann nicht verstehen, wie irgend jemand Deutsch lernen kann.«

»Nun, die Gedichte sind so schön in der Übersetzung, daß man neugierig wird. ›Jeder Engel ist schrecklich. Und dennoch, weh mir, / ansing ich euch, fast tödliche Vögel der Seele, wissen um euch.‹«

Seine Stimme wurde heiser, als er die Zeilen deklamierte, und ließ mich erschauern. *Wissen um euch.* Er war ein Fremder für mich, und doch kannte ich ihn. Ich kannte jeden Zentimeter seines sichtbaren Fleisches, ich wußte, wie er den Kopf neigte, wenn er Gedichte rezitierte. Ich wußte, daß mein Verlangen eine Art Haken in ihm war und daß er nie völlig würde entkommen können. Daran dachte ich, während ich schweigend dasaß und auf mein offenes Buch hinunterschaute.

»Hast du dir je die Haare geschnitten?« fragte er unvermittelt.

»Nicht, seit ich mich erinnern kann.« Mein Haar war hellgelb und fiel mir bis auf die Schenkel. Ich war daran gewöhnt, daß die Leute es bewunderten. Meine eigenen Gefühle schwankten zwischen Stolz und Verachtung. Mein Haar wuchs eindeutig besser als das anderer Menschen, aber es war nur Haar.

»Tu's nicht. Wenn sie dir im Weg sind, kannst du sie hochstekken.«

»Sie sind mir nicht im Weg. Im allgemeinen flechte ich sie zu Zöpfen.«

»Das ist gut. Das wird deine Gedanken in Ordnung halten.«

»Meine Gedanken brauchen keine Ordnung.«

»Alles braucht Ordnung. Immer mehr und mehr.«

Ich hatte keine Ahnung, wovon er redete, und sagte nichts. Er machte zum Abschied die gleiche Verbeugung wie gestern. Ich verspürte Panik. Wie konnte das alles sein? Es war mein eigener Fehler, weil ich nichts gesagt hatte, weil ich ihm nichts weiter geboten hatte als das Bild meiner selbst, mit gelbem Haar auf einem Grabstein sitzend und Rilke lesend. Es war klar, daß er bereits an etwas anderes dachte.

»Auf Wiedersehen«, sagte ich traurig.

»Auf Wiedersehen.«

Es war mir zu peinlich, wieder zum Friedhof zu gehen. Statt dessen ging ich an mehreren Abenden in die Bücherei, saß in der violetten Dämmerung, während alle anderen ihre Bücher schlossen und nach Hause gingen. Ich behielt die Tür immer im Auge, aber Tobias erschien nicht. Natürlich, dachte ich, er hat seine eigene Bibliothek.

Nach der Schule lungerte ich in der Stadt herum. Langsam schlenderte ich durch alle Straßen und tat so, als betrachtete ich die Auslagen in den Schaufenstern, während ich aus den Augenwinkeln spähte. Ich erfuhr eine Menge darüber, was man alles aus dem Augenwinkel sehen kann, aber Tobias sah ich nicht. Ich löffelte Eis bei *Sandy's*, wo mehrere meiner Schulkameradinnen als Bedienung arbeiteten. Ich schrieb die Geschichte meiner Verliebtheit in ein Heft, das die Aufschrift *Geometrie* trug. Ich zeichnete mein Zittern und Erschauern auf, das Verlangen, das ich wie eine Billardkugel von meinem Schoß bis in den Hals, bis in die

Finger und Zehen schicken konnte. Und ich entwickelte ein neues Gefühl für meinen Körper.

Mein Äußeres war, wie ich wußte, nur deshalb bewundernswert, weil es so jung war. Ich war in einem Alter, in dem ich zwar noch darauf wartete, erwachsen zu werden, aber schon eine Ebene der Vollkommenheit erreicht hatte. Ich war einsachtundsechzig groß, hatte lange Arme und einen langen Hals, eine schmale Taille und einen Hintern, den ich als zu groß bezeichnete, wenn solche Dinge in der Mädchentoilette der Schule diskutiert wurden, der mir aber eigentlich gefiel. Doch es war nicht nur das Äußere, dessen ich mir jede Minute bewußt war. Ich kannte die sechzehn seidigen Schichten meiner Haut, ich kannte die kleinen weißen Fettzellen und meine roten Blutkörperchen, die mit gefährlichen Hormonen befrachtet waren, und ich wußte, daß meine Lust in meinem Gehirn entstand.

Ich glaubte an Wildheit und sexuelle Anarchie, vor allem weibliche sexuelle Anarchie. Das war eine Überzeugung, zu der ich erst kürzlich gelangt war, genaugenommen in der Nacht, nachdem ich Tobias kennengelernt hatte. Nachdem Agnes und meine Großmutter zu Bett gegangen waren, ging ich im Fluß schwimmen, zog meinen weißen Bikini aus und ließ mich stromabwärts treiben. Fische schlüpften zwischen meinen Beinen hindurch, das schwarze Seegras streifte kalt meine Brüste. Ich dachte an die Männer, die ich begehrt hatte. Baudelaire. Jack Nicholson. Leroy aus der Mobil-Tankstelle mit seinem zahnlükkigen Grinsen. Leroy hatte eine Schwäche für bleiche Hausfrauen. Er mochte sie, wenn sie in den Dreißigern und übergewichtig waren. Tobias. Ich war nackt aus dem Wasser gestiegen und hatte mich am Ufer gedreht und gewendet und mich vom Wind trocknen lassen. Dann betrat ich durch die Hintertür die Küche, trank ein Glas Milch und ging zu Bett: eine Flußnymphe, die aus der Dunkelheit in dieses teilweise christliche Heim gekommen war und ihre nassen Fußabdrücke auf der Treppe hinterließ.

6

Tobias rief mich an und lud mich zum Abendessen ein. »Heute abend kann ich nicht«, sagte ich. Ich war mit Kochen an der Reihe, da Großmutter der Aufgabe wieder einmal müde geworden war.

»Wie wär's mit morgen?«

»Okay.«

»Was möchtest du gern essen?«

»Irgendwas.«

»Na ja, viel wird es nicht sein... Ich werde dir ein paar von meinen Gedichten vorlesen.«

»Fein.« Er erklärte mir den Weg, was nicht nötig war, aber ich hörte trotzdem zu und legte dann auf. Ich bereitete das Abendessen in kaum zu beherrschender Erregung, würfelte Kürbisfleisch für eine Suppe, verquirlte Eier für eine Quiche. Wenn ich kochte, überließ mir Großmutter die Speisenfolge, und ich versuchte immer, sie zu beeindrucken. Ich hielt mich nicht mit dem Gedanken auf, daß das Essen auch Agnes schmecken sollte, die gern Fleisch aß. Fleisch war zu einfach, entschied ich, zu simpel. Eine Quiche mit Spinat und Schalotten, das war Eleganz.

Wir aßen im Eßzimmer; Großmutter saß am oberen Ende des Tisches, Agnes und ich zu beiden Seiten. Ich goß Weißwein für Großmutter, Bier für Agnes und Eiskaffee für mich selbst ein und wartete dann, daß Großmutter anfing.

Sie saß aufrecht, hob langsam den Silberlöffel an die Lippen. Sie kostete und nickte mir dann zustimmend zu. Ich aß und wartete auf den richtigen Augenblick, um zu sprechen. Ich wartete noch immer, als Agnes sagte: »Wer ist dein Freund?«

»Was?«

»Dein Freund. Am Telefon. Es war ein Junge.« Sie hatte nicht den Hörer abgenommen, aber sie muß es an meiner Stimme gemerkt haben.

»Es war ein Mann«, sagte ich kühn. Sie lachte geräuschlos, nicht mißbilligend.

»Wer war das?« fragte meine Großmutter.

»Er heißt Tobias Farquahr. Er ist Dichter. Er hat mich für morgen zum Abendessen eingeladen.«

»Wie alt ist er?«

»Ich weiß nicht. Vielleicht fünfundzwanzig.«

»Du wirst ihm nicht gewachsen sein«, sagte meine Großmutter.

»Woher willst du das wissen?«

»Wenn er nicht dumm ist, dann weiß ein fünfundzwanzigjähriger Mann, vor allem ein Dichter, wie man ein kleines Mädchen wie dich behandeln muß«, sagte sie, während sie ihre Suppe aufaß und mich ruhig betrachtete.

»Na und?« fragte Agnes.

»Er wird mich nicht behandeln«, sagte ich ärgerlich. »Für dich ist alles eine Frage von Macht. Das ist es immer. Es gibt andere Arten –«

»Sehr wenige. Wir werden sehen. Schriftsteller sind gewöhnlich eitel und selbstsüchtig, egozentrisch, grausam zu ihren Frauen.« Sie zählte diese Merkmale ruhig und mit unerträglicher Sicherheit auf.

»Ich werde ihn ja nicht heiraten!«

»Warum nicht?« fragte Agnes.

»Ob du das tust oder nicht, du wirst es wahrscheinlich bereuen, obwohl ich dir das bestimmt nicht wünsche. Wie sieht er aus?«

»Er ist der schönste Mann, den ich je in meinem Leben gesehen habe.«

»Dein Vater –« begann Agnes.

»Das hatte ich befürchtet«, sagte Großmutter. »Gutaussehende Männer sind am schlimmsten. Sie vergessen sich nie. Einmal habe ich Gore Vidal kennengelernt. Er kam an unseren Tisch, als ich mit Arvy Talbot zu Mittag aß. Er hat sich die ganze Zeit selbst im Spiegel beäugt.«

Wen kümmert es, dachte ich, wenn Tobias eitel ist. Ich wäre es auch, wenn ich so aussähe wie er.

»Jedenfalls hat er mich zum Abendessen eingeladen. Kann ich hingehen?«

»Natürlich kannst du. Das ist ausschließlich deine Angelegenheit. Wenn ich dich warne, so deshalb, weil du ein Recht darauf hast, von meiner Erfahrung zu profitieren.« Sie sah mich wohlwollend an. »Du kannst mit dieser Erfahrung umgehen, wie du willst.« Sie breitete die hageren Arme aus, und ich lachte. Ihre Augen waren von einem kühlen, glitzernden Grau und standen schräg in ihrem pfirsichfarbenen Gesicht, das an zerknitterten Samt erinnerte. Ich räumte die Suppenteller ab und servierte die Quiche.

Ich hatte gewußt, daß ich würde gehen dürfen. Welche Gründe gab es für ein Verbot außer Sex, und Großmutter hielt Distanz zum Sex. Das war etwas, das ich selbst lernen mußte. Sie hatte mir das zu verstehen gegeben, als sie mich vor einigen Monaten mitgenommen hatte, um mir ein Pessar anpassen zu lassen. Ich hatte protestiert, ich bräuchte noch keines, und sie hatte gesagt, sie wolle sich darüber keine Sorgen machen müssen, wenn ich eines bräuchte. Mein Sommerkörper in Shorts und T-Shirts war ihr vielleicht gefährlich oder zumindest alarmierend vorgekommen. Ich erinnere mich noch, wie sie mich musterte. Braun, langgliedrig und tolpatschig, fuhr ich aus der Praxis des Arztes nach Hause, eine viereckige weiße Schachtel auf dem Schoß.

Um fünf Uhr am folgenden Nachmittag fuhr ich mit dem Fahrrad zum Haus von Tobias, das drei Meilen außerhalb der Stadt lag. Es war fast dunkel, und ich hielt mich in der Mitte der kaum befahrenen Straße, mehr den dichten Wald auf beiden Seiten fürchtend als die Autos. Auf dem letzten Stück, als ich das Licht sehen konnte, lehnte ich mich auf meinem Fahrrad zurück, verschränkte die Arme und sauste hinunter zu dem häßlichen kleinen Haus. Ich kannte die Leute, die dort gelebt hatten: Adelaide Cater, eine entfernte Verwandte von mir, mit ihrem dünnen grünlich-blonden Haar, ihren breiten Hüften und nikotinfleckigen Fingern. Ich sah sie oft durch den Supermarkt bummeln, wo sie die Etiketten auf Dingen studierte, die sie nie kaufte. Adelaide hatte das Haus verkauft, als Ronald Cater – genannt das Hundegesicht – sie wegen Mary Jordan verlassen hatte, war mit der kleinen Betsy in eine Zweizimmerwohnung in die Stadt gezogen und wartete darauf, daß ihr Leben wieder begann. Das Haus gehörte jetzt einem Mr. Newell aus Newburyport.

Ich klappte den Ständer meines Fahrrads herunter und ging

zur Vordertür. Ich war nervös und wußte nicht, wie ich es schaffen sollte, einen Bissen herunterzukriegen. Tobias öffnete die Tür, ehe ich klopfte, stand im Türrahmen und sah auf mich herunter. Er trug Jeans und einen dunkelblauen Pullover, und sein Haar wirkte über dem Blau wie helles, gesponnenes Gold.

»Komm rein«, sagte er.

Die Tür führte direkt in den Wohnraum, dessen Boden bedeckt war mit Büchern, leeren Flaschen, Pullovern, leeren Zigarettenschachteln, Socken und Zeitungen. Es gab zwei Küchenstühle im Zimmer, und er schob die Bücher von einem und bot ihn mir an. Dann setzte er sich mir gegenüber, trank aus einer Bierflasche und stellte sie auf den grünen Couchtisch, der außer einer Stehlampe das einzige Möbelstück im Zimmer war. »So«, sagte er, »du bist also gekommen.«

»Warum nicht?«

»Ich könnte mir ein paar Gründe denken.« Er führte das nicht weiter aus. »Du hast rote Backen. Du siehst aus wie ein gesundes Schweizermädel.«

»Die Fahrt nach hier ist ziemlich weit. Bringt das Blut in Bewegung.«

»Ich sollte mir ein Fahrrad besorgen, ich fahre zuviel im Auto.«

»Du könntest zu Fuß gehen«, sagte ich und empfand meine Jugend jetzt als Vorteil. Ich war gesund.

»Das tue ich auch, abends. Aber um neun macht in dieser Stadt alles dicht.«

»Ich hätte Angst, nachts durch diese Wälder zu gehen. Sie sind unheimlich.«

»Die Wälder können dir nichts tun, wenn du sie nicht läßt. Die Geister können dich vielleicht necken und erschrecken, aber wenn du stark bist, rühren sie dich nicht an. Du kannst ihnen auch Sachen befehlen, wenn du lernst, wie das geht.«

»Was für Arten von Geistern leben denn in den Wäldern?« fragte ich.

»Oh, alle möglichen: Dryaden, Trolle, Geister, Dämonen, sogar Engel.« Beiläufig zählte er sie auf. »Ich möchte dir etwas vorlesen.« Er stand auf und suchte in den Bücherstapeln auf dem Fußboden, dann las er mir ein Gedicht von Yeats vor: *Das Gestohlene Kind.*

»Ich kenne dieses Gedicht«, sagte ich. »Es gefällt mir. Aber Poesie bewirkt noch nicht, daß man an alles glaubt.«

»Und ob sie das tut. Ich will dir etwas vorlesen, was du noch nie gehört hast.« Er stand wieder auf und ging ins Schlafzimmer. Ich war noch immer nervös. Die ganze Unterhaltung kam mir exzentrisch vor.

Er kam mit einem grünen Ordner zurück und begann, mir Gedichte vorzulesen. Meist waren es Liebesgedichte, rhythmisch und sexy; die Handlung blieb mir unklar, und die Syntax verwirrte mich. Ich überlegte fieberhaft, was ich sagen könnte, aber er las weiter, ohne Pausen für Kommentare zu machen, bis er schließlich den Ordner hinlegte. Ich fühlte mich verloren. »Sie gefallen mir«, sagte ich, »aber ich verstehe nicht immer, worum es geht.«

»Was verstehst du nicht?«

»Nun, im letzten Gedicht, da ist er mit ihr im Bett, und dann ist sie wohl fort, oder? Erinnert er sich an sie, oder ist es eine andere Frau? Oder kommt sie zurück?«

»Er erinnert sich an sie. Vielleicht ist es auch eine andere Frau.«

»Aha. Es ist wirklich schön. Ich mag deinen Rhythmus.«

Er sah mich eine Weile lächelnd an und lehnte seinen Stuhl gegen die Wand zurück. Seine Augen über dem blauen Pullover waren von einem lebhaften Blau.

»Aber Geister kommen nicht darin vor«, sagte ich zögernd.

»Meinst du nicht, daß Sex auch eine Art Geist ist? Einer, der aus den Wäldern kommt, um von dir Besitz zu ergreifen?«

»Und was ist, wenn keine Wälder in der Nähe sind?«

»Aber dort ist es stärker, nicht?«

»Ich weiß nicht.« Ich konnte ihn nicht ansehen. Es war jetzt schon viel zu stark.

»Komm«, sagte er plötzlich und sprang auf. »Gehen wir in die Küche und machen das Abendessen.«

In der Küche gab es einen alten Kühlschrank, einen vierflammigen Gasherd, gelbe Tapeten, einen Tisch, einen Stuhl und einen Hocker.

»Suppe«, sagte er und nahm eine Dose Campbell's Tomatensuppe aus dem Schrank. »Gegrillte Käsesandwiches.« Er nahm Brot und Käse aus dem Kühlschrank. Ich sagte nichts. Er schob mir die Büchse und einen Öffner zu. »Würdest du das aufmachen?«

Ich tat es widerstrebend, während er den Käse schnitt. Die Suppe sah scheußlich aus, geleeartig und orangerot. Ich schob sie weit von mir über den Tisch. Tobias setzte eine Pfanne auf die Flamme und legte die Brotscheiben hinein.

»Verwendest du keine Butter?« fragte ich.

»Die Pfanne ist beschichtet. Ich brauche keine Butter.«

»Nimm etwas. Ich mag es so lieber«, beharrte ich. Er runzelte die Stirn, nahm aber Butter heraus und schnitt ein Stück in die Pfanne.

»Wieviel Milch möchtest du in deiner Suppe?« fragte er.

Ich hatte noch nie Dosensuppe gegessen, aber ich sagte fest: »Viel.« Die glibberige Masse schmolz langsam im Topf und wurde rosa, als er die Milch hinzufügte. Er rührte mit einem Teelöffel um, und als die Flüssigkeit kaum warm war, füllte er sie in zwei Schalen. Ich legte die Sandwiches auf Teller.

Wir aßen beide rasch und schweigend. Tobias machte Pulverkaffee und zog seinen Pullover aus, als er sich mit seiner Tasse hinsetzte. Er hatte kein Hemd an. Ich wußte nicht, wie ich reagieren sollte. Wollte er einfach ruhig dasitzen und vielleicht in ein paar Minuten seine Hose ausziehen? Ich könnte meine Bluse ausziehen. Aber es schien eine sehr merkwürdige Art zu sein, an die ganze Sache heranzugehen.

Ich schlürfte meinen Kaffee und tat so, als sei alles in Ordnung. Mir fiel nicht ein, was ich hätte sagen können, und ich fürchtete, Tobias langweile sich mit mir. Das Essen und die Nervosität hatten mich benommen gemacht, und das, was von meiner Aufmerksamkeit übrig war, richtete sich auf den Oberkörper von Tobias. Er starrte an die Wand und trank seinen Kaffee. Endlich sah er mich an.

»Ich habe eine Orgon-Box im Hintergarten«, sagte er. »Willst du sie ausprobieren?«

Ich war sehr stolz auf mich, weil ich wußte, was eine Orgon-

Box war. Großmutter besaß die gesammelten Werke von Wilhelm Reich, obwohl ich mir nicht vorstellen konnte, daß sie sie las. »Ja, sicher. Aber wird es nicht zu kalt sein?« Ich wußte, daß man dabei nackt sein sollte.

»Du wirst die Kälte nicht spüren.« Er stellte seine Kaffeetasse ab und ging durch die Hintertür hinaus, ohne mich noch eines Blickes zu würdigen. Er trug noch immer keinen Pullover und hatte keine Schuhe an. Ich folgte ihm, nachdem ich den Rest meines Kaffees ausgetrunken hatte. Als ich in die Dunkelheit der schwarzen Veranda hinaustrat, hörte ich ein kleines Tier von den Mülltonnen davonlaufen, und ich sah Tobias vor mir, eine bleiche Gestalt, die durch das Gras schritt. Ich war ärgerlich, weil er vorgegangen war. Ich wünschte, ich hätte den Stolz gehabt zu gehen, aber diese Verliebtheit war so stark, daß ich nicht dagegen aufkam. Nicht einmal der plötzliche Wind, der durch mein T-Shirt blies, konnte mich frösteln machen; es gab keine Kälte, er hatte recht, es gab keinen Schmerz, nur Empfindungen, und meine Brüste sehnten sich nach Empfindungen. Ich hätte sie in ein Wespennest oder in einen Teich mit geschmolzener Lava halten können, und sie hätten dennoch Lust dabei empfunden.

Ich ging durch den Garten, stellte mich neben ihn, so daß unsere Hüften sich berührten, und betrachtete die Orgon-Box. Sie war aus Holz, hatte die Größe einer großen Packkiste und eine hölzerne Tür. »Das Innere ist mit Aluminium verkleidet«, erklärte er, »das die Orgonstrahlen bündelt und auf unsere Körper richtet. Reich entdeckte die Orgon-Energie in den dreißiger Jahren. Er glaubte, sie steigere das orgastische Potential des Menschen und heile auch Krankheiten.«

»Ich weiß«, sagte ich. Er lächelte mir zu. Sein Gesicht war fuchsartig und heidnisch im Dämmerlicht, und er rieb langsam seinen Hüftknochen gegen meinen. Ich hörte das Rascheln unserer Jeans, als sie sich berührten.

»Wir sollten nacheinander hineingehen«, sagte er. Natürlich war ich enttäuscht. Mir kam es so vor, als quäle er mich mit diesem Aufschub. Ich wollte rufen, ich hätte schon jahrelang gewartet, *jahrelang*. Der Duft seines Körpers machte mich ein bißchen verrückt, und ich vergaß, daß ich vor sechs Monaten kaum je an Sex gedacht hatte. »Ich gehe zuerst«, sagte er, und sein Gesicht war angespannt wegen des bevorstehenden Orgon-Bades. Ich glaube nicht, daß er eine Ahnung davon hatte, wie sehr ich ihn begehrte. Vielleicht dachte er, diese eigenartige Erfahrung werde mich entspannen.

Er zog seine Hose aus und warf sie auf einen Busch. Er trug keine Unterhose. Ich blickte aus dem Augenwinkel zu ihm hin, aber es war sehr dunkel, und ich konnte eigentlich nichts erkennen. Dann öffnete er die Tür und trat in die Box. Er sagte mir, ich solle die Tür schließen, und ich gehorchte.

Ich stand ein paar Minuten allein draußen und dachte daran, wie scharf ich auf ihn war. Daß ein junges, williges und attraktives Mädchen in der Dunkelheit stehen und darauf warten mußte, daß ein Mann mit dem Absorbieren von Orgon-Energie fertig wurde, ehe er sie vögelte, widersprach allem, was ich gelesen hatte. Es beleidigte mich. Und doch war ich durch seine Spiele auch erregt. Es war aufregend, das Verlangen noch für eine kleine Weile zu spüren und zu wissen, daß es nur noch für eine winzigkleine Weile war.

Ich nahm Tobias' Jeans von dem Busch, auf den er sie geworfen hatte, hielt den Schlitz an meine Nase und atmete tief ein. Der Geruch war überwältigend. Jeansstoff und Schweiß und Schwanz und der Schmutz mehrerer Wochen. Ich schob die Zunge durch den offenen Reißverschluß, bis ich kaltes Metall an den Zähnen spürte. Da drinnen war nichts, und doch konnte ich es beinahe schmecken. Es rührte sich, reagierte auf meine Zunge, schwoll an. Ich legte die Hose wieder hin. Es war mir peinlich, allein zu sein.

Weitere fünf Minuten vergingen. Tobias kam heraus. Sein Körper hatte eine Aura von silbrigem Licht, aber ich war schon nicht mehr fähig, meinen Eindrücken zu trauen. Ich schaute diesmal direkt auf seinen Penis und sah das blasse Glied in seinem Haarnest schaukeln, als er herauskam. Es war nicht sehr eindrucksvoll. Er zog seine Jeans wieder an und sagte mir, ich solle mich ausziehen.

Ich zog mein T-Shirt mit einer einzigen Bewegung aus und wölbte die Schultern, dann knöpfte ich langsam meine Hose auf.

Er stand etwas seitlich von mir, und ich wußte nicht, ob er mir zusah. Ich ließ meine Jeans auf den Boden fallen und stieg aus meinem Slip. »Ist dir kalt?« fragte er.

»Nein.«

»Mir war ganz warm da drinnen. Ich fühlte mich, als werde auf mich geatmet. Es ist seltsam, so hatte ich dieses Gefühl noch nie.«

»Du hast geleuchtet, als du herauskamst«, sagte ich.

»Ja, das ist immer so. Und nun geh rein.«

Ich trat ein. Er schloß die Tür. Ich setzte mich auf den mit Folie belegten Boden und beschloß, den Versuch zu machen, diese sogenannte Orgon-Energie zu spüren.

Ich saß ganz still und bemühte mich, nicht an Sex zu denken. Nach einer Weile merkte ich, daß mein Körper zu summen schien. Nicht nur zu vibrieren, sondern tatsächlich zu summen – Geräusche zu verursachen, die ich kaum hören konnte. Ich fühlte mich wie ein Motor in einem Raumschiff. Mir wurde klar, daß ich in Bewegung sein konnte, ohne es auch nur zu merken. Vielleicht war Tobias wirklich ein Zauberer und schickte mich aus, um für ihn die Sterne zu erforschen.

Als er mich wieder herausließ, war ich schwer und wund vor Verlangen. Er war so schön, die Schärfe seiner Wangenknochen, das Glitzern seiner Augen, der Schimmer seiner Haut und seine roten, geschwungenen Lippen. »Wie war's?« fragte er.

»Ich fühlte mich wie in einem Raumschiff.«

»Ist das alles?«

»Ich spürte eine Art Prickeln.«

»Dein Körper ist ganz rot«, sagte er. Ich stand still und ließ mich betrachten. Er legte seine Hand zwischen meine Beine und packte hart zu. Es war mir peinlich, so feucht zu sein, aber ich war selig über seine Berührung. »Woran genau hast du gedacht?« fragte er und kam näher, so daß sein Gesicht direkt vor meinem war. Seine Augen strahlten seltsam. Seine Finger glitten in mich hinein.

»An dich.«

»Das weiß ich. An was genau?«

»Warum sollte ich dir das sagen?« fragte ich schwach.

»Weil ich dich darum bitte.« Er legte seine Lippen kurz um meine, und ich schmeckte den Saft seines Mundes. Dann nahm er sie wieder fort.

»Ich fühlte mich leer.« Er wartete. »Ich dachte an deinen Schwanz.« Ich benutzte das Wort herausfordernd.

»Was dachtest du darüber?«

»Mehr werde ich nicht sagen.« Da küßte er mich, seine Zunge drang so tief ein wie seine Finger, und ich wollte nach vorn fallen, mich für immer von ihm aufspießen lassen. Gerade gelang es mir, nicht zu schreien, so herrlich war es. Dann zog er sich für einen Augenblick von mir zurück und streifte seine Hose ab. Traurig kniete ich nieder und streichelte seinen erigierten Penis. Er war groß, seidig, beschnitten und fühlte sich genauso an wie der, der in *Fanny Hill* beschrieben ist; ich hatte in einer Buchhandlung in Boston ein Exemplar des Buches gestohlen. Ich hielt ihn an meine Wange, dann stand ich auf und umarmte ihn.

»Bist du noch Jungfrau?« fragte er, öffnete mich mit den Händen und fühlte mich wieder.

»Ja.«

»Wir hätten zuerst etwas mit deiner Jungfräulichkeit machen sollen. Jungfrauen haben eine große magische Bedeutung, weißt du. Für schwarze Messen und Fruchtbarkeitsriten.« Sein Schwanz verharrte vor dem Eingang. Der Wind frischte auf, und ich zitterte heftig.

»Oh, Scheiße«, sagte ich. »Ich muß mein Pessar einsetzen.«

»Mach dir keine Sorgen, ich hatte eine Vasektomie.«

»Du? Warum?«

»Für genau solche Gelegenheiten«, sagte er trocken.

»Willst du keine Kinder?«

»Nein, ich will keine Kinder.« Dann schob er den Kopf seines Schwanzes in mich hinein, und ich keuchte. Langsam bahnte er sich den Weg, während seine Lippen mich von dem Schmerz ablenkten und der Wind heftiger blies. Der Geschmack seines Mundes war köstlich. Es fühlte sich an, als ob Küssen und Vögeln an der gleichen Stelle geschähen und der Schmerz sich dabei auflöste. Mein Rücken war jetzt eiskalt, nackt in der Novembernacht, aber meinetwegen hätte ich auch in einer Schneewehe liegen können.

Ich stand lange Zeit so da, brennend heiß und eisig, aufrechtgehalten vom festen Griff seiner Hände, während sein Schwanz in mich eindrang. Ich fühlte mich so animalisch dort draußen auf dem Gras, mit den kahlen Bäumen, die zusahen, während ich mich bemühte, das Gleichgewicht zu halten und diese Spanne Fleisch nicht zu verlieren. Genau so wollte ich es haben. Wie leben Menschen ihr ganzes Leben so, fragte ich mich. In dieser Frage war schon die Freude enthalten, daß ich es herausfinden würde.

Als Tobias kam, war ich enttäuscht, aber erfreut über seine Schreie. Seine Lust war meine Leistung. Ich hatte nicht erwartet, selbst zu kommen. Ich hatte nicht einmal daran gedacht. Ich wollte nur in alle Ewigkeit weiter gevögelt werden.

Er zog sich von mir zurück, und ich bibberte, spürte seinen Samen auf meine Schenkel tropfen. »Wir sollten nach drinnen gehen, du wirst dich erkälten«, sagte er und reichte mir meine Kleider. Ich preßte sie an die Brust und rannte zur hinteren Veranda. Ich wollte getätschelt und gestreichelt und vor allem geküßt werden. Ich sehnte mich schon nach einer weiteren Kostprobe seines Mundes.

Er folgte mir und öffnete die Küchentür. »Hat es weh getan?« fragte er, als wir eintraten.

»Ja.«

»Tut mir leid. Nun, jetzt hast du es getan. Wie fühlt es sich an, keine Jungfrau mehr zu sein?« Er hatte seine Jeans wieder an und räumte den Tisch ab. Ich fühlte mich sehr nackt.

»Fein. Okay. Kann ich ein Bad nehmen?«

»Sicher. Aber die Wanne ist nicht sauber.«

»Ist mir egal. Kommst du mit in die Wanne?«

»Nein. Ich glaube nicht.« Er zündete sich eine Zigarette an. Der herbe Rauch wehte über den Tisch zu mir, während ich seine Lippen anschaute, die einen so großen Teil ihrer Zeit mit gewöhnlichen Aktivitäten zubrachten. Ich fragte mich, wie lange es dauern würde, bis ich müde wäre, sie zu küssen, wenn er mir gehörte.

Ich nahm mein Bad und pflegte mein wehes Fleisch. Ich war noch immer scharf, aber nicht mehr so sehr. Etwas war zur Ruhe gekommen. Ich fühlte mich jetzt als Frau und war erstaunt, daß es so leicht gewesen war.

Wieder und wieder ging ich die Erinnerung durch, nicht bereit, sie auch nur eine Sekunde lang zu vergessen. Sein langsames Eindringen, seine Stöße, als er die richtige Position gefunden hatte, seine schmale, schnelle Zunge, seine Hände auf meinen Schulterblättern, sein Atem, der beschleunigte Rhythmus, als er kam. Ich trennte jede einzelne Aktion, verweilte dabei, setzte sie dann wieder zusammen. Wie er zuerst seine Hand zwischen meine Beine gelegt hatte. Seine Augen so nahe an meinen. Das Stöhnen, als er kam. Sein Atem...

Endlich stieg ich aus der Wanne und ging zurück in die Küche, in ein altes, fleckiges Handtuch gewickelt. Tobias saß am Tisch und schrieb in ein Notizbuch. »Was schreibst du?« fragte ich.

»Ich arbeite nur an etwas. Ein Gedicht, das zu beenden mir schwer fiel.« Unter seinen schweren Brauen hervor sah er mich an. Die Falten der Konzentration auf seiner Stirn ließen ihn altern, und ich bekam Angst. Vielleicht war er dreißig. Ich fühlte mich sehr mädchenhaft, wie ich in meinem nassen Handtuch dastand. »Möchtest du dich auf meinen Schoß setzen?« Ich tat es, und sanft nahm er mir das Handtuch ab. Er spreizte meine Beine und untersuchte, was er bewirkt hatte. »Nun, du siehst aus, als sei alles in Ordnung«, sagte er.

»Jetzt tut es nicht mehr weh.«

»Hast du geblutet?«

»Nein.«

»Die Mädchen bluten nicht mehr«, murmelte er. »Seltsam.«

»Ich habe jahrelang Tampax benutzt.«

»Ach so, ja, richtig.«

»Aber es tat nicht weh. Ich glaube, ich habe einfach kein Jungfernhäutchen.«

»Vielleicht verschwinden sie, während die Spezies sich entwickelt. Wie die Schwänze. Du hast ein bißchen was wie einen Schwanz«, sagte er, meinen Hintern befühlend. »Direkt hier über der Spalte ist ein Knochen, der vorsteht.« Er hatte mich seitlich gedreht und untersuchte mich mit Enthusiasmus.

»Ich weiß. Dauernd falle ich darauf, und das tut wirklich weh.« Sein Finger erforschte meinen After. Ich ließ es eine Minute lang über mich ergehen, doch als er tiefer eindrang, entzog ich mich ihm. »Tu das nicht.«

»Warum nicht? Gefällt es dir nicht?«

»Nein.«

»Ich mag es gern. Entspann dich.«

»Bitte, laß das.« Er hielt inne und lehnte sich seufzend zurück. Ich wickelte mich wieder in mein Handtuch.

»Du solltest lernen, es zu mögen.«

»Warum?«

»Weil dort viel Lust zu gewinnen ist. Lust für dich.«

»Na, noch habe ich den anderen Weg nicht satt. Du vielleicht?«

Er lachte. »Nein, ich habe ihn nicht satt.« Er ließ mich auf seinem Knie hüpfen. »Erzähl mir, was du mit deinen Teenager-Freunden machst.«

»Nein.« Wieder seufzte er und biß in meine Schulter. »Ich muß jetzt nach Hause«, sagte ich.

»Laß mich dir erst etwas vorlesen.« Er las mir das Gedicht vor, an dem er gearbeitet hatte, und es handelte von mir – »Das gelbhaarige Mädchen auf dem Friedhof / Lesend.« Daher vergab ich ihm seinen Mangel an Romantik und packte mein Rad glücklich in den Kofferraum seines Wagens.

Beim Fahren legte er einen Arm um mich, und ich bettete meinen Kopf an seine Brust. Als er vor dem Haus anhielt, zögerte ich, ehe ich die Autotür öffnete. »Soll ich morgen vorbeikommen?«

»Wenn du möchtest.«

»Wann?«

»Wann immer du willst.«

»Nach der Schule?«

»Gut.«

»Wirst du nicht arbeiten?«

»Das macht nichts. Du kannst deine Schulaufgaben machen oder lesen.«

»Okay. Gute Nacht.«

»Gute Nacht.« Er küßte mich leicht und mit einem amüsierten Ausdruck. Tobias fand die Tatsache, daß ich erst sechzehn war, weder beschämend noch erotisch, sondern bloß komisch. Als wollte er sagen – eines Tages wirst du merken, wie weit das von wirklichem Sex entfernt ist. Das war mir egal. Ich hatte angefangen.

7

Der Tag war trübe, die abgefallenen Blätter braun und schwarz, und der Himmel sah so langweilig aus, als sei er ausgeschnitten – ein Stück Filz, zwischen die stacheligen, feuchten Äste geklebt. Ich fuhr schnell, war nervös. Als ich ankam und klopfte, hörte ich zuerst seinen Ruf nicht, ich solle hereinkommen. Ich klopfte erneut, und er rief: »Ich sagte ›Komm rein!‹« Er kam aus dem Schlafzimmer, als ich die Vordertür schloß. Sein Gesicht war blaß. »Hallo«, sagte er und verstummte.

»Störe ich dich?«

»Ich arbeite, aber komm trotzdem rein. Du kannst hier warten. Ich bin bald fertig.« Ich setzte mich hin, und er warf mir ein rasches Lächeln zu. »Fühl dich ganz wie zu Hause. Nimm dir etwas zu lesen.«

»Okay.«

Er ging wieder ins Schlafzimmer und schloß die Tür. Ich legte meine Jacke ab. Es war nicht schlimm, allein gelassen zu werden. Wenn er mich vorher geküßt hätte.

Ich ging durch das Zimmer und sah mir alles an. Es gab mehr zu sehen als gestern abend. Eine Haschischpfeife stand auf dem Couchtisch, daneben lagen mehrere aufgeschlagene Kunstbücher – Blake, Goya, Fragonard. In einem fand ich eine Postkarte mit Michelangelos *David,* geschrieben von einem Peter. In einem anderen einen kleinen Umschlag mit schwarzem Schamhaar, auf dem *Mary* stand.

Ich rauchte das, was vom Haschisch noch übrig war, und betrachtete die Bilder. Die *Schaukel* von Fragonard fesselte mich.

Das Bild hatte eine solche Leichtigkeit und Fröhlichkeit und wies doch kein Gefühl für das menschliche Modell auf. Perverserweise verstärkte das meinen Wunsch, an ihrer Stelle zu sein. Sie tagträumte, tagträumte seit hundert Jahren.

Abrupt legte ich das Buch hin. Ich glaubte, wenn Tobias jetzt herauskäme, würde ich das Gesicht abwenden. Ich wollte nach Hause, ich wollte schon dreißig sein und auf roten Satinlaken liegen. Das Hasch, dachte ich, ich hätte es nicht rauchen sollen. Es machte mich schüchtern. Rastlos stand ich auf und schlenderte durch die erlaubten Räume des Hauses, mied seine Tür. Ich untersuchte ein zweites kleines Schlafzimmer, völlig leer, das Badezimmer mit seinem harten Licht und die Küche. Auf dem Tresen standen Flaschen mit Sake, Crème de Menthe, Wodka, Slibowitz, Southern Comfort und Rotwein. Auf dem Regal über der Spüle Ingwer, Kamille, Currypulver und Vitamin E. Im Schrank Tomatensuppe, Spaghetti, Sardinen.

Ich nahm einen Schluck Southern Comfort, dann noch einen, und leckte mir den süßen Sirup aus den Mundwinkeln. Das Grün des Linoleumbodens wirkte welliger denn je, erinnerte mich an Seekrankheit. Ich setzte mich an den Tisch und schaute aus dem Fenster auf den kleinen, mit Blättern bedeckten Garten. Die Orgon-Box sah wie ein einfacher Schuppen aus. Dies war mein erster Vorgeschmack von Erwachsensein, und hier war ich, in einem Haus, das viel typischer für das Leben in dieser Stadt war als das, in dem ich selbst aufgewachsen war. Ich verstand nicht, wie Tobias es ertragen konnte, hier allein zu leben.

Hastig zog ich meine Bluse aus. Ich war nahe genug am Fenster, um durch das Glas die Kälte zu spüren; meine blassen Brüste in der dämmrigen Küche hoben und senkten sich schnell. Ich erinnerte mich, wie ich mich mit dreizehn in meinem Kleiderschrank angezogen hatte, so fürchtete ich mich davor, meine Großmutter oder Agnes könnten sehen, was da wuchs. Das war so anders als das Längerwerden von Armen und Beinen, diese Wölbung nach außen ohne Knochen und Sehnen. Als hätte all mein unvernünftiges Sehnen Form angenommen, eine unendlich mädchenhafte Form reiner Erwartung. Ich wußte, daß sie schön waren und daß die Schönheit nicht andauern würde. Tobias hatte sie noch nicht berührt. Vielleicht würde er das nie tun.

Ich hatte ihn nicht hereinkommen hören. Seine Hände legten sich auf meine Schultern, ich war verblüfft, wie warm sie waren. »Tut mir leid, daß ich dich warten ließ«, sagte er.

»Oh.« Ich schaute noch immer aus dem Fenster, wo ich sein Spiegelbild sehen konnte, verschwommen vor dem Hintergrund des Gartens. Ich atmete den herben Geruch seiner Kleider, darunter den süßen Duft seines Körpers.

Er ließ seine Hände leicht an meinen Seiten hinabgleiten und dann meinen Rücken hoch, knetete sanft die Muskeln rings um meine Wirbelsäule. Meine Haut erschauerte bei seiner Berührung, und meine Brustspitzen zeigten auf das Fenster. Er streckte eine Hand aus und hob mich vom Stuhl.

Ich wurde gegen ihn gepreßt, während seine Hand zwischen meine Beine glitt und sich unter die feuchte Baumwolle meines Slips schob. Ein Finger, dann zwei. Unsere Münder berührten sich, dann war seine Zunge innen. Er unterbrach den Kuß, um mich in den Hals zu beißen. Ich wand mich, aber er hielt meinen Schoß fest; also lehnte ich mich zurück, fort von seinen Zähnen. Er lachte, als ich mich noch weiter zurückbeugte, ebenfalls lachend, gehalten von seinen Händen, die mich von vorn und hinten umfaßten. Er ließ mich los. »Möchtest du in die Orgon-Box?« fragte er. »Ich glaube, das törnt dich an.«

»Nein.« Ich hatte keine Lust, wieder in die Kälte zu gehen. Und auch nicht in die heiße Folienkammer. Dieser Fick mit einer Jungfrau, das war in Ordnung, aber jetzt war es anders. Jetzt würde er mich lieben.

»Okay.« Er schob mich vor sich her, und ich stolperte. Mein Rock hing um meine Knie, mein Slip wurde unterwegs von seinen schnellen Fingern auf die Schenkel geschoben. Er fiel herunter, und ich schleuderte ihn mit dem Fuß weg. Dann stand ich wartend an der Tür seines Schlafzimmers. »Da drinnen ist es zu unordentlich«, sagte er. »Überall Papier. Komm her.«

Er zog sich aus, sah mich unter seinen dichten Brauen hervor an und genoß seine Wirkung auf mich. Langsam zog er die Lasche seines Gürtels heraus und löste den spitzen Metalldorn. Der Gürtel öffnete sich, und er zog ihn aus den Schlaufen und ließ ihn achtlos auf den Boden fallen. Der Schlitz seiner Jeans hatte Knöpfe und ließ sich geräuschlos öffnen. Er zog sie aus. Darunter war er nackt. Ich ging zu ihm hinüber, verlegen, seinen Penis aus einer anderen als der intimsten Distanz direkt zu betrachten.

Ich war fasziniert von seiner Biegung, seiner Beugung nach links. Wenn er einmal in mir ist, dachte ich, kann niemand seine Richtung erraten, es gibt keine Geometrie, die die Richtung unserer Vereinigung vorhersagen kann.

Ich stand da, streifte seine Spitze mit meinen Schenkeln. Ich dachte daran, ihn zu erregen, aber dann küßte er mich und legte seinen harten, trockenen Finger auf meinen Hintern. Als seine Lippen meine öffneten und seine Hände in mein Fleisch sanken, wußte ich, daß er mehr war als nur ein Mann. Seine Knochen waren mit Gold legiert. Er hatte heimlichen Kontakt mit Engeln. Er trug einen Funken des prometheischen Feuers in sich.

Wir vögelten auf dem Fußboden des Wohnzimmers. Tobias entfaltete seine ganze Kunst. Ich fragte mich, wie viele Männer so vögelten, hinein- und hinaustauchten im Rhythmus von Rudern im Wasser, dann seitwärts drehend wie eine Schraube, dann tief eindringend – nur darauf bedacht zu erregen, alles sehr aufmerksam vollzogen mit lächelndem Gesicht und offenen Augen. Ich fragte mich, ob ich je das weibliche Gegenstück erlernen würde, das subtile Drehen und Ziehen meiner Hüften, das zu probieren ich mich noch zu unsicher fühlte.

Tobias' Küsse waren das Leidenschaftlichste von allem. Wieder und wieder erforschte er die Rückseite meiner Zähne, die Innenseite meiner Lippen, traf begeistert mit meiner Zunge zusammen, leckte und schluckte schamlos. Ich wiederum saugte an seinem Mund und dachte, ich sauge an seinem Herzen. Jungen, die ich vorher geküßt hatte, hatten nicht so individuell geschmeckt.

»Du bist so eng«, sagte er mit einem glücklichen Seufzer.

Als er gekommen war, zog er sich aus mir zurück und ging in die Küche. Durch die offene Tür sah ich zu, wie er in einem Emailtopf Sake erwärmte. Noch immer war ich voll Verlangen, aber wie am Vortag beruhigt durch die Faszination der Erfahrung. Ich lernte seinen Körper kennen, und bald würde ich alles darüber wissen.

Tobias kam mit zwei Bechern heißen Reisweins zurück. »Für den Schmerz«, sagte er.

»Diesmal tat es nicht weh«, sagte ich, »es war eine Art angenehmer Schmerz.«

»Angenehmer Schmerz? Nun ja, vielleicht –«

»Was?«

»Vielleicht wird Schmerz eines Tages Lust.« Er sah mich über den Rand des Bechers hinweg an: diese neugierigen, intensiven Augen.

»Das bezweifle ich. Ich bin kein Masochist.«

»Diese Wörter – *Masochist, Sadist* – sind politisch. Es ist nicht nötig, Leute so zu kategorisieren. Sie machen Sex zu einer Sache, die kontrolliert werden kann – dies ist gut, jenes ist krankhaft.«

»Na ja, ist es nicht krankhaft, wenn man verletzt werden will?«

»Jeder will verletzt werden. Warum liest du Tragödien? Du leidest mit dem Helden, aber am Ende fühlst du dich erhoben. Er stirbt, damit du über die Bedeutung seines Todes nachdenken kannst. Mit dem Sex ist es genauso. Schmerz ist faszinierend, wenn er nicht zu stark ist. Er lehrt dich etwas.«

»Ich spüre auch so genug Schmerz.«

»Und wie wär's damit, Schmerz zuzufügen?«

»Okay, wo soll ich anfangen?« fragte ich sarkastisch.

Er lächelte. »Wo möchtest du anfangen?«

»Irgendwo an dir.«

»Nur zu.« Er betrachtete mich mit seinem katzenhaften Grinsen. Er hatte seinen Sake ausgetrunken, und seine Lippen waren warm und rosa. Ich hätte ihm gegen das Kinn boxen sollen. Ich dachte daran, sah den Knochen brechen und hatte Lust zu weinen. Ich kniff ihn in den Bauch.

»Sicher fällt dir etwas Besseres ein.«

»Ich mag nicht«, sagte ich schmollend. »Es törnt mich nicht an, Leuten weh zu tun.«

»Das sagen Frauen immer. Ich frage mich, ob das stimmt. Ganz sicher tun sie Leuten weh. Vielleicht verschafft ihnen das eine andere, nicht sexuelle Befriedigung. Das ist möglich. Ich muß darüber nachdenken.«

»Ich weiß nichts über andere Frauen«, sagte ich. »Ich bin sicher, daß ich aus Rache gern jemand weh tun würde, obwohl vielleicht nicht körperlich.«

»Ich rede nicht über Rache. Oder Eifersucht. Ich rede über einen unmotivierten – oder nicht persönlich motivierten – Wunsch, Schmerz zuzufügen.«

Ich sagte: »Weil Frauen immer ein gutes Motiv für jeden Schmerz haben, den sie vielleicht zufügen wollen, wird es schwer sein, damit zu experimentieren. Aber ist es das, was dir gefällt? Mir ist nicht aufgefallen, daß du mich verprügelt hättest. Kommt das als nächstes?« Ich wünschte fast, er würde es versuchen. Ich könnte damit fertig werden.

»Nein. Ich habe selbst nicht viel Spaß daran. Ich empfange Schmerz lieber, in kleinen Dosen, als eine Art Stimulierung.«

Ich hörte ihn das sagen. Ich kann mich sogar noch daran erinnern, wie wehrlos sein nackter Körper aussah. Doch ich schlug es mir sofort aus dem Kopf. Es paßte nicht zu meinem Bild von einem Mann, der geheimen Kontakt mit Engeln hatte. Ich trank meinen Sake aus und sagte ihm, ich würde ein Bad nehmen.

»Aber du bist doch bestimmt sauber. Weißt du, manche Leute mögen es, den Geruch ihres Liebhabers so lange wie möglich an sich zu behalten.«

»Ich kann immer kommen, um ihn mir wieder zu holen«, antwortete ich, obwohl ich bei seinen Worten einen scharfen Schmerz empfand. Es stimmte, ich war im Begriff, diese zweite Haut abzuwaschen, die aus seinen Finger- und Lippenabdrücken bestand, aus seinem Schweiß, seinem Atem, seinem Samen. Ich wollte nicht sauber sein. Aber ich wollte das Rauschen des Badewassers und die geschlossene Tür und die Hitze, die benommen machte.

Ich nahm mein Bad und war einsam. Das Badezimmer war klein, die Wände schief, das Fenster schmutzverkrustet. Er würde mich nie lieben. Ich kannte keinen Zauberspruch. Ich konnte ihm gefallen, aber ich konnte ihn nicht verlocken. Ich hatte keine Macht, überhaupt keine.

Ich blieb lange im Wasser und wusch mit perverser Freude jede Spur von ihm ab. Als ich fertig war, roch ich wie die pfefferminzduftende Seife, die er benutzte. Ich wußte, daß mich diese Verliebtheit hilflos machte, daß ich aber gleichzeitig nicht die Kraft hatte, dagegen anzukämpfen.

Als ich ins Wohnzimmer zurückkam, las Tobias laut Blakes *Die Kranke Rose* vor. »O Rose, du bist krank, / Der unsichtbare Wurm / Der in der Nacht fliegt / Im heulenden Sturm / Hat dein Bett / Karminroter Freude gefunden / Und seine dunkle, geheime Liebe / Zerstört dein Leben.« Er schloß die Augen halb und sagte: »In diesem Gedicht ist so viel Heiterkeit, findest du nicht?«

Ich dachte einen Augenblick nach. »Ich glaube nicht, daß Blake mit Heiterkeit schrieb«, sagte ich. »Obwohl er vielleicht den Wurm mochte.«

»Natürlich mochte er den Wurm. Er liebte den Wurm. Der Wurm ist der Abenteurer. Der Wurm ist Handeln. Dichter zehren von Zerstörung – das ist alles, was sie wirklich in den Griff bekommen können. Hör zu.«

Eine Stunde lang las er mir vor, Englisch, Französisch und Latein. Ich sagte ihm, daß ich kein Latein verstünde, aber er las weiter, übersetzte ab und an ein paar Zeilen. Er las Gedichte von Milton und Baudelaire, dann Liebesgedichte von Yeats und Catull. Ich saß mit angezogenen Beinen da und schlief beinahe ein. Ich mochte die Gedichte, aber ich wünschte mir, er würde mal eine Pause einlegen.

Es gab keinen Punkt, an dem ich unterbrechen konnte. Ehe er ein Gedicht beendet hatte, hatte er schon das nächste Buch zur Hand genommen und rezitierte das Ende des ersten aus dem Gedächtnis, während er das nächste suchte. Seine Erregung war beeindruckend, doch meine Aufmerksamkeit driftete ab zum Sex. Wie am Tag vorher ging mir jeder Augenblick unseres Aktes wieder und wieder durch den Kopf, jedesmal mit einer Aufwallung von Freude, die sich nicht abzunutzen schien. Tobias saß lächelnd da wie ein magerer Buddha, über die Bücher gebeugt, Gedichte vorlesend, als seien sie Seen, in die er eintauchte, als könne er fühlen, wie die Worte sich an seiner Haut brachen. Er hatte die Lampe angeknipst, und sie erhellte eine Hälfte von ihm, zeigte mir seinen goldenen Teint, die glatten Muskeln, eine dunkle Brustwarze. Ich konnte die schwachen Spuren meiner Finger auf seinem Magen sehen und Spuren unserer Vereinigung zwischen seinen Schenkeln.

Endlich sagte ich: »Ich muß nach Hause. Großmutter erwartet mich zum Abendessen.«

»Soll ich dich fahren?«

»Nein, ich kann mit dem Rad fahren. Es ist noch nicht spät.«

»Okay.« Einen Augenblick lang sah er zu, wie ich mich anzog. »Wirst du dich nicht vor der Dunkelheit fürchten?«

»Nein.« Ich wußte nicht, ob ich mich fürchten würde oder nicht, aber ich wollte allein sein, nachdenken, mich vorbereiten. Es könnte lange dauern, dachte ich. Ich zog meine Stiefel an und schloß die Reißverschlüsse.

»Warte eine Minute.« Er stand auf und ging in das andere Zimmer. Er kam mit einem schwarzen Füllfederhalter und einem leeren Blatt Papier zurück, setzte sich hin und zeichnete einen Kreis mit einem anderen Kreis darin, wie ein Rad, und dann ein Kreuz in den inneren Kreis. Er schrieb griechische Buchstaben rings um den Rand und in das Kreuz. »Das wird dich beschützen.« Er faltete das Papier und steckte es in meine Hemdtasche.

»Was ist das?«

»Das sechste Pentagramm Jupiters. ›Es dient zum Schutz gegen alle irdische Gefahren‹.«

»Oh. Was bedeuten die griechischen Wörter?«

»›Nie sollst du verderben‹.«

»Danke«, sagte ich.

8

Ich besuchte Tobias jeden Tag. Großmutter nahm es mir nicht übel, wenn ich zum Abendessen nicht nach Hause kam, ließ mich in Ruhe. Sie und Agnes aßen Obst und Käse, Cracker und

Süßigkeiten. Es war eigenartig, die Stufen zu ersteigen, wenn im ganzen Haus außer im Zimmer von Agnes kein Licht mehr brannte. Ich fühlte Tobias noch zwischen meinen Schenkeln, wenn ich an der Tür stehenblieb, um ihnen gute Nacht zu sagen, zwei alten Damen in Nachthemden vor dem schwarzen Fenster, die Köpfe nahe beieinander, während sie kandierten Ingwer aßen. Ich stand da in meinen Jeans und Stiefeln und kam mir unnatürlich jung vor. Großmutter pflegte mir zuzulächeln und zu sagen: »Guten Abend, Stella.«

»Hallo, Großmutter, hallo Agnes. Habt ihr genug zu essen? Soll ich euch Tee machen?« Sie neigten den Kopf, und ich sah ihre Teetassen oder die schmalen Kristallgläser, die sie für Likör benutzten. »Kann ich euch irgend etwas holen?« Ich war so hilfsbereit, daß es lästig gewesen sein muß.

Agnes pflegte mich von Kopf bis Fuß zu betrachten und dann eine Bemerkung zu machen wie: »Du siehst nicht sehr gut aus. Deine Augen sind geschwollen.« Oder: »Du hast deine Bluse verkehrt herum an.« Oder: »Es ist gut, daß die Mädchen keine Miniröcke mehr tragen, du hast so dünne Beine.« Ich antwortete nie auf diese Kritik. Ich wußte, daß ihr gefiel, was da vor sich ging. Sie sah mich mit ihren Äffchenaugen an und fuhr sich selbstvergessen mit den Fingern durch das graue Haar. Großmutter, an ihrer Seite und in alte Seide gehüllt, betrachtete mich kühl. Ich wollte nicht wissen, was sie dachte. Doch es gab einfachere Dinge zwischen uns als die Sache mit Tobias, und wenn sie eine Zigarette aus der Packung auf dem Nachttisch nahm, war ich immer mit einem Streichholz zur Stelle, beugte mich vor, damit sie sich nicht bewegen mußte, und kam ihr so nahe, daß ich die rosenduftende Creme riechen konnte, die sie benutzte. Immer dankte sie mir mit einem Lächeln für meine Höflichkeit – dem Lächeln des Alters, das so viel enthält, was ein Teenager nicht ganz verstehen kann. Sie war noch nicht einmal sechzig, aber sie hatte es jahrelang geübt.

Die Schule existierte in diesem Winter nicht für mich. Die Stimmen der Lehrer waren wie Vogelgezwitscher, und meine Klassenkameraden waren Luft für mich. Ich schätzte meine Stunden während des Tages als Stunden des Alleinseins, Stunden, in denen ich über den vor mir liegenden Abend nachdenken konnte.

Ich hätte eine Freundin haben sollen. Jemanden, der Tobias nicht mochte, damit ich ihn hätte verteidigen und dennoch sicher sein können, daß meine gute Freundin ihn meiner nicht wert fand. Aber ich mochte die Mädchen nicht, die ich kannte, und als ich Tobias kennenlernte, war ich einsam. Ich dachte daran, wie meine Mutter in den Armen meines Vaters herumgeschwenkt worden war. Ich erinnerte mich, wie sie ihn wegschob, weil sie lieber aus dem Fenster schauen wollte, und dann zurückkam und das Buch von seinem Schoß nahm.

Tobias arbeitete immer, wenn ich kam. Ich hätte nach der Schule nach Hause gehen und erst dann zu ihm kommen können, wenn er für mich bereit war, aber es war mir unerträglich, nicht sofort zu ihm zu gehen. Lieber saß ich allein, als mir, wie es den ganzen Tag lang war, der Meilen bewußt zu sein, die zwischen uns lagen. Ruhig pflegte ich meine Bücher hinzulegen und mich auf den Boden zu setzen, fast reglos, während meine Nerven zum Zerreißen angespannt waren. Ich fühlte mich ein bißchen verrückt, als wartete ich auf einen Geist.

Wenn er aus seinem Zimmer kam, pflegte er sich mit einem Seufzer ganz dicht neben mich zu setzen und sich eine Zigarette anzuzünden. Seine Magerkeit, seine flache Brust ließen meine Augen vor Sehnsucht schwimmen. Ich nahm die Zigarette aus seinem Mund und rauchte ein paar Züge. Er lächelte mir zu, und ich dachte dann, jetzt hätte ich ihn.

Natürlich hatte ich ihn nicht. Was ich hatte, waren lange Nachmittage in seinem Wohnzimmer, wo schwere schwarze Vorhänge den Winter ausschlossen. Ich hatte Lyrik, die er mir vorlas oder vorspielte: Allen Ginsberg, der Blake las, Tennessee Williams, der Hart Crane las. Ich hatte Sitzungen in der Orgon-Box, wo ich, nackt und einsam, mir eingestehen mußte, daß es Jahre dauern könnte, bis ich die wirkliche Liebe fände.

Sein Bett hatte ich nicht. Es war bedeckt mit Manuskripten, die er nicht durcheinanderbringen wollte. Er hatte es mir einmal gezeigt, damit ich sehen konnte, was alles an Lyrik dort gestapelt war, und außerdem war es ohnehin nicht groß genug für zwei. Es war ein eisernes Bett, sehr hoch über dem Boden und schmal. Er hatte es für fünfzehn Dollar von einer Witwe in Boston gekauft. Ich bohrte weiter, und er gab zu, daß sie dreißig Jahre lang mit ihrem Mann darin geschlafen hatte. Diese Auskunft brachte mich zum Schweigen: dreißig Jahre!

Schließlich gab er nach und nahm die Papiere weg. Ich war schüchtern in diesem strengen Zimmer, in dem es nichts gab außer Papier. Er führte mich zu dem Bett und legte mich auf die kalten Laken, und nur Stolz hielt mich davon ab, ihm zu sagen, daß ich es schließlich doch lieber im Wohnzimmer machen würde.

Und ich hatte seine Gespräche. Sobald er aus seinem Zimmer zu mir ins Wohnzimmer kam und seine erste Zigarette rauchte, befragte er mich unablässig. Er wollte wissen, was ich über diesen oder jenen Dichter, diese oder jene Idee, diese oder jene Bewegung wisse. Zuerst war ich verlegen ob meiner Unwissenheit, erkannte aber schnell, daß die Fragen nur rhetorische Fragen waren, daß er mir ohnehin alles erklärt hätte. Ich nickte ab und zu, während er mir das Wesen des Surrealismus, des Gnostizismus oder der Pornographie erläuterte. Ich war es gewohnt, daß man mir Vorträge hielt.

Dieses Gefühl, in Tobias' Haus zu sein, mich auf den Sex zu freuen, ihm zuzuhören und Southern Comfort aus einer Teetasse zu trinken, während draußen der Schnee fiel, verschob mein Gefühl für die Realität, so daß ich so empfänglich war, wie ich nie wieder sein würde. Ich glaubte an Magie. Aus dem, was er mir erzählt hatte, schloß ich, daß Magie durch den Willen wirkt, und mein Willen war stark. Jedesmal, wenn ich ihn küßte, jedesmal, wenn ich ihn ansah, badete ich ihn in meiner Liebe. Und während sein gebogener Penis seinem gebogenen Weg folgte, ließ sie aus den Wänden meiner Vagina Liebe strömen. Noch immer hatte ich keine Orgasmen, und deshalb konnte ich mich noch nicht vollständig auf mich selbst konzentrieren.

Gewöhnlich fuhr er mich weit vor Mitternacht nach Hause. Ich war immer schläfrig, daher hatte ich nichts dagegen zu gehen, obwohl die ein oder zwei Stunden nach dem Sex in gewisser

Weise die angenehmste Zeit waren, die wir zusammen verbrachten. Keine Arbeit mehr, kein Warten, kein Vorlesen. Ich bestritt den größten Teil der Unterhaltung und erzählte ihm Geschichten über Elder River. Was ich nicht mehr wußte, erfand ich, wobei ich gerne in Skandalen schwelgte: Wahnsinn, Inzest, Mord, das waren die Dinge, die uns gefielen. Er zündete Kerzen an, lag auf dem Rücken, schaute lächelnd zur Decke und hörte zu. Wenn meine Geschichten sich erschöpft hatten, lag er schweigend da. Ich beobachtete ihn, während die Kerzen niederbrannten, bis er aufsprang und seine Autoschlüssel vom Tisch nahm.

Tobias fuhr langsam und vorsichtig, beide Hände auf dem Steuerrad. Er sah viel älter aus als ich; er war siebenundzwanzig. Am liebsten hätte ich mich zwischen sein Gesicht und die Windschutzscheibe gedrängt, aber ich saß ruhig da. Im Auto, auf dem Weg nach Hause, verstand ich für einen kurzen Augenblick den Wert von Diskretion. Ich bombardierte ihn nicht mit telepathischer Wollust. Ich betrachtete die dunklen Bäume und den Schnee, der auf Wellblechhütten, Wohnwagen und Briefkästen lag.

Wir waren beinahe gleichberechtigt während dieser zehnminütigen Fahrt, und wenn der Wagen in Großmutters Einfahrt fuhr und Tobias, nachdem er mein Fahrrad aus dem Kofferraum gehoben hatte, seine Hände auf meine Schultern legte und mir einen Gutenachtkuß gab, dann waren wir ebenbürtig. Er beugte sich nieder in seinem schwarzen Mantel, drückte seine schon kalten Lippen auf meine, und ich spürte das Gewicht des Hauses in meinem Rücken und küßte ihn zärtlich, schenkte ihm meinen jungen, unverdorbenen Atem.

Im März erfuhr Agnes, daß sie Brustkrebs hatte. Die Ärzte operierten schnell und sagten ihr, sie hätte jede Chance, wieder gesund zu werden. Sie konnten keine Metastasen in ihr finden. Sie glaubte ihnen nicht, sagte, sie habe nie in ihrem Leben einen Arzt gekannt, der recht hatte. Sie erzählte Geschichten von jungen Frauen, denen man irrtümlich die Gebärmutter herausgenommen hatte, von Gesichtern, die zu Wolfsschnauzen operiert worden waren, und von geheimnisvollen Krankheiten, übertragen durch die Berührung eines Arztes. Sie sagte, sie habe eine Frau gekannt, die mit einem Arzt verheiratet gewesen war und unter Ausschlag und heftigen Schmerzen in den Füßen litt; jedesmal, wenn er in ihre Nähe kam, verschlimmerten sich ihre Symptome, bis er starb und sie endlich gesund wurde. Großmutter spottete nicht über diese Thesen, sondern sagte, sie seien größtenteils wahr. Aber Agnes hatte Brustkrebs, und dagegen kannte keine von ihnen beiden ein Hausmittel.

Agnes glaubte, sie würde in sechs Monaten oder einem Jahr sterben. Ich glaube, sie verstand nicht, wie man nach dem Verlust einer Brust nicht sterben mußte. Brüste waren lebenswichtige Organe, waren ein großer Teil von ihr. Agnes' Brüste ragten so weit vor, daß sie im Stehen den unteren Teil ihres Körpers nicht sehen konnte. Sie mußte ihre Kleider sorgfältig auswählen, damit sie hineinpaßten, und wenn sie nackt war, konnte sie sich bestimmt nicht bewegen, ohne daß sie hin und her pendelten.

Sie lag im Bett, ihr Gesicht so mager wie ich es noch nie gesehen hatte, der dunkle Flaum um ihren Mund auffallender als je zuvor. Ihre Augen waren sehr hell, und manchmal hatte sie Schwierigkeiten zu sprechen. »Nur eine Depression«, sagte der Arzt fröhlich. »Sie ist ein starkes Mädchen, sie wird es überwinden.« »Sie trauert«, sagte Großmutter.

Ich saß an Agnes' Bett, und ihre kleine, plumpe Hand griff nach meiner. Vorher hatte sie mich selten berührt. Wir gingen nicht zärtlich miteinander um, ich hatte immer gedacht, sie liebe mich nicht, aber meine Gegenwart schien sie zu trösten, und ich war geschmeichelt. Oft lag sie mit geschlossenen Augen in ihrem warmen, rosaroten Schlafzimmer. Agnes schlief in einem schmalen Bett unter vielen rosa Decken und einer geflickten alten Überdecke aus Spitzen. Neben dem Bett standen ein Tisch mit einer Rüschenlampe und eine verblichene Chaiselongue in Rosa und Silber, übersät mit Zeitschriften. Die Tapete war von dunklerem Rosa, mit einem Muster aus Blumenkörben, der chinesische Teppich blau und weiß, und das Weiß war stellenweise vergilbt.

In diesem Frühjahr führte meine Großmutter das Haus allein. Vergebens bot ich ihr meine Hilfe an. Sie kochte einfache Mahlzeiten und füllte das Erdgeschoß mit Blumen. Doch Agnes ging nicht durch die unteren Zimmer, sondern blieb im Bett und bewunderte matt die Blüten, die in ihrem heißen Zimmer welkten.

Ich sah Tobias seltener als zuvor, glich das aber durch größere Leidenschaft aus. Ich rieb meinen Körper an seinem, erlernte Bewegungen, die noch spektakulärer waren als seine. Ich dachte, ich würde bald einen Orgasmus haben. Ich wußte, daß ich dazu fähig war, wenn er mich mit seinen Händen berührte, aber das wollte ich nicht.

Tobias registrierte meine gesteigerte Leidenschaft; sie bestätigte mehrere seiner Theorien. Eine hatte mit der Gegenwart des Todes zu tun – davon wollte ich nichts hören –, die andere mit der Wirkung der Orgon-Box, die wir noch immer ab und zu benutzten. Ich fragte ihn, ob ich Agnes herbringen solle. Reich hatte behauptet, bei einigen Krebsarten sei die Orgon-Box wirksam.

»Natürlich«, sagte er. »Wäre sie dazu bereit?«

»Wahrscheinlich nicht.«

Ich fragte sie trotzdem. »Nein«, sagte sie.

»Warum nicht? Es könnte wirken.«

»Ich stinke«, sagte sie. »Riechst du das nicht? Wie Müll. Wie alte Truthahnsuppe.« Sie sah zu mir auf, und ihre braunen Pupillen erinnerten mich an Knorpelstücke, an geliertes Hühnerfett, an Reste in kleinen weißen Schalen. Ich starrte sie an, bestürzt, und sie lachte.

»Du stinkst nicht«, sagte ich.

»Innerlich doch. Ich kann es riechen. Es gibt verweste Teile und saubere Teile. Jetzt sind es mehr verweste. Ich will sie nicht. Es ist, als brächte man die Toten zurück.«

»Aber Agnes –« Ich wußte nicht, was ich sagen sollte.

»Sag mir eines.« Sie wirkte auf einmal schüchtern, sah aus wie eines dieser Märchenkinder, von denen es heißt, sie kämen alt auf die Welt.

»Ja?«

»Wie ist es, wenn dieser Schriftsteller dir das Ding hineinsteckt?«

Ich war verblüfft. »Ich glaube nicht, daß ich das beschreiben kann. Es ist toll.«

»Sie sagten immer, wir würden es nicht mögen. Meine Mutter sagte das. Aber ich habe gelauscht – das Schlafzimmer deiner Eltern war neben meinem, weißt du.«

»Und?« fragte ich unwillig.

»Deine Mutter pflegte zu quieken wie eine Maus. ›Iiik!‹« Sie machte ein Geräusch, von dem ich mir nicht vorstellen konnte, daß meine Mutter oder sonst jemand es machen würde, um Lust zu äußern. »Dein Vater pflegte am Ende zu grunzen, und sie sagte ihm dann, er soll still sein. Ich lauschte oft.«

»Das hättest du nicht tun sollen.«

»Warum nicht?« Ihr Gesicht mit den kleinen Rosinenaugen sah zu mir auf. »Sie brauchten nicht hier zu leben, wenn sie nicht wollten.«

»Nun, das haben sie ja auch nicht sehr lange getan«, sagte ich und fragte mich, ob es Agnes gewesen war, die sie schließlich vertrieben hatte.

Sie mußte meine Gedanken erraten haben. »Oh, sie gingen nicht meinetwegen. Sie war es. Sie wollten irgendwo sein, wo sie den ganzen Tag im Bett bleiben konnten, ohne daß sie sie abends beim Essen komisch ansah.«

»Was war mit mir?« sagte ich.

»Ach, du wurdest größer. Das gefiel ihnen nicht. Deine Mutter wollte immer achtzehn bleiben. Dein Vater wollte dich mitnehmen, aber sie redete ihm das aus.«

»Woher weißt du das?« fragte ich schockiert.

»Ich hörte sie in der Nacht davor darüber reden.« Als ich darüber nachdachte, war ich weniger überrascht. Er tat immer, was sie wollte. »Sie sagte: ›Ich glaube, sie wird Mama ähnlich sein.‹ Das machte ihr Angst, weißt du. Sie hielt Lally für eine Hexe und dich für ihre kleine Spionin.«

»Aber Daddy wollte mich mitnehmen?« fragte ich schwach.

»O ja. Er sagte: ›Sie ist meine Tochter.‹ Aber gegen Madelyn kam er nie auf.« Sie kicherte wieder, fröhlich über meinen Zorn. »Ein fabelhafter Mann! Ich bin bloß froh, daß ich nie an einem hängengeblieben bin. Der wäre jetzt hier mit seinen behaarten

Nasenlöchern... Deine Mutter war immer wild. Ich dachte, du würdest ihnen nachlaufen, so traurig, wie du warst.«

»Ich war erst fünf«, sagte ich.

»Niemand hat je nach ihnen gesucht. Das hat sie vermutlich sehr überrascht. Sie rannten den ganzen Weg, und keiner war ihnen auf den Fersen.«

»Rannten den ganzen Weg wohin?«

»Ich weiß nicht. Ich hörte sie streiten. Sie sagte Paris. Er sagte Texas. Sie sagte Spanien. Er sagte Kalifornien. Sie sagte New York. Wer weiß?«

»Ich könnte jetzt nach ihnen suchen«, sagte ich, aber ich meinte es nicht ernst. Eines Tages wollte ich sie vielleicht finden, aber ich mußte erst viel älter werden.

»Verschwende nicht deine Zeit«, sagte sie.

»Wiedersehen. Vergeßt nicht, mich anzurufen, okay?« Sie versicherten mir, sie würden es nicht vergessen. Großmutter brachte Agnes nach Boston, wo sie sich einer weiteren Chemotherapie unterziehen sollte. Zweimal hatte sie das schon getan, denn wie sie vorhergesagt hatte, war der Krebs zurückgekommen. Es war im Oktober. Als ich sie durch das Autofenster sah, wußte ich, daß sie sterben würde. Ihr Gesicht war trocken und faltig, ihr Körper spindeldürr und gelb. Bis zu diesem Augenblick hatte ich nicht erkannt, wie schlecht es um sie stand.

»Auf Wiedersehen«, sagte ich noch einmal. Großmutters Gepäck lag auf dem Rücksitz. Sie wollte für die Dauer der Behandlung in einem Hotel in der Nähe des Krankenhauses bleiben, wie sie es vorher auch getan hatte. Sie nahm an, ich könne selbst für mich sorgen. Ich hatte im Sommer meinen Führerschein gemacht, und ich konnte Agnes' Wagen benutzen.

Es war ein verschneiter Dienstagmorgen, und ich hatte Angst. Das hatte nichts mit dem Alleinsein zu tun. Ich war vorher schon allein gewesen, doch plötzlich wirkte Agnes' Krankheit unheilvoll, gefährlich, nicht nur für sie, sondern auch für mich, als wären ihre Monate im Bett ein Köder gewesen, der den Tod in unser Haus lockte. Vielleicht trieb er sich noch immer hier herum, verwirrt über ihre plötzliche Abreise, und stürzte sich statt dessen auf mich? Ich konnte nicht zu Hause bleiben.

Ich stieg in Agnes' Wagen und ließ ihn an. Ich würde zu Tobias fahren, obwohl ich an Werktagen ihn immer erst nach der Schule besuchte. Aber er war mir jetzt etwas schuldig, ein bißchen Trost. Selbst wenn ich ihm gegenüber nichts erwähnte – ich war nicht sicher, ob er der Richtige war, um über den Tod zu diskutieren –, er würde mich ablenken, würde dasein.

Agnes' Wagen war ein dunkelblauer Cadillac, schon alt, als sie ihn vor fünf Jahren gekauft hatte, lang und breit. Geschmeidig wie ein Hai glitt er den Hügel hinunter. Ich fuhr langsam durch die Stadt, bis die Häuser Bäumen wichen und ich wagte, etwas schneller zu fahren. Ich parkte am Straßenrand vor Tobias' Haus, denn seine Einfahrt war sehr schmal, und ich war nicht sicher, ob ich neben seinem Ford parken konnte, ohne ihn zu verkratzen.

In der Einfahrt stand zu meiner Überraschung noch ein anderer Wagen, ein schwarzer VW. Ich zögerte und ging dann langsam die Einfahrt hinauf. Ich spähte in den VW. Natürlich hatte Tobias Freunde, daran hatte ich nie gezweifelt. Es würde wohl jemand in seinem Alter sein, der mich als Kind betrachtete, und Tobias, der seinen Freund eine Zeitlang nicht gesehen hatte, würde vielleicht lieber mit ihm allein sein. Der Wagen war übersät mit Schachteln von McDonald's und Bonbonpapier, und auf dem Rücksitz lag ein schwarzer Pullover.

Ich beschloß, Tobias nicht zu stören, und ging schnell zum Haus, um einen Blick durchs Fenster zu werfen. Er schaute nie nach draußen, sondern ignorierte seine Umgebung soweit wie möglich, und ich nahm an, er würde mich nicht sehen.

Im Wohnzimmer lagen ein grüner Rucksack, eine Cordjacke, zwei Kaffeetassen, ein Beutel mit Orangen, ein Schweizer Armeemesser, Tobias' Bücher, aber ich sah niemanden. Ich hörte Lachen aus dem Schlafzimmer, leises, vertrautes Lachen. Das gefiel mir nicht. Ich drückte meine kalte Wange an die Fensterscheibe und fragte mich, was ich tun würde, wenn er eine Frau bei sich hatte. Hatte ich das Recht, eifersüchtig zu sein? Oder vielleicht sie, wenn sie ihn länger kannte? Mary mit den schwarzen Schamhaaren, dachte ich, die schwarze Pullover trägt und einen schwarzen VW fährt.

Das Lachen verstummte, und sie kamen ins Wohnzimmer. Sie waren nackt und hatten einander locker die Arme um die Taille gelegt. Die Person, die bei Tobias war, war nur ein paar Jahre älter als ich, hatte lockiges, rostrotes Haar, ein paar Aknenarben im Gesicht, helle Augen und einen anmutigen, geschmeidigen Körper mit einem rosafarbenen, sichelförmigen Penis.

Tobias blieb stehen und küßte den Fremden auf den Mund. Ich sah zu und empfand statt all dem, was ich später fühlen würde, eine Art Faszination. Meine Augen glitten über den rothaarigen Jungen, der zerbrechlich wirkte. Er war kränklich, entschied ich, schwächlich. Ich wandte die Augen meinem Liebsten zu, dessen Liebkosungen viel geduldiger waren als jemals bei mir. Das ist es also, dachte ich, als seine Hände mit Besitzerfreude über die Gesäßbacken seines Geliebten fuhren. Er mag das, er bevorzugt das. Jetzt drehten sie sich in einer Art Tanz, so daß Tobias mir den Rücken zuwandte. Ich konnte seine Schönheit von hinten betrachten. Ja, er war schön, hatte aber eindeutig nichts mit mir zu tun. Die gerundeten Schultern, die gerade Wirbelsäule, der schmale Hintern mit seiner tiefen Furche – das ging mich nichts an.

Sie unterbrachen den Kuß. Der Junge sagte etwas zu Tobias, tätschelte ihm die Wange und ging ins Badezimmer. Tobias drehte sich um und sah mich.

Ich wartete nicht, bis der Ausdruck der Überraschung auf seinem Gesicht wechselte. Ich floh zum Auto und drehte verzweifelt den Zündschlüssel. Der Wagen röhrte, und ich fuhr los, raste an den vereisten Bäumen und den Schneewehen vorbei, weiter und weiter fort. Ich spürte eine Nacktheit, gegen die tatsächliche Nacktheit nur ein schwacher Abglanz ist. Meine Brüste brannten, als hätte jemand darauf gespuckt.

Ich fuhr durch die Stadt, und die Körper aller Männer bezichtigten mich der Dummheit; ältere Männer mit Ohrenschützern und roten Gesichtern, kahlköpfige Männer mit Bäuchen wie Säcke voller Lebensmittel, selbst das eckige, wachsbleiche, schlitzäugige Gesicht von Clem Dudge, der aus dem Fenster seines Polizeiwagens nach mir schaute, als ich vorbeifuhr; nur sein Becher mit frischem Kaffee hielt ihn davon ab, mir zu folgen. Sie alle waren Männer, die Frauen liebten, die von Frauen als Bettgefährten erwählt worden waren, mit welcher Lust, konnte ich nicht erraten, aber ohne diese Scham. Ich sehnte mich danach, jetzt mit einem Jungen zu schlafen, der mich seit Jahren anhimmelte – dem treuen Verehrer, der meinen Treuebruch verzeihen würde. Ich fuhr zur Schule.

Es war Mittagszeit, und die Gänge waren überfüllt. Ich bahnte mir einen Weg, sicher, daß mein Gesicht tragisch aussah, aber niemand blickte mich zweimal an. Seit ich Tobias kennengelernt hatte, hatte ich in der Schule kaum mit jemandem gesprochen. Jetzt, da sie zu alt waren, um auf dem Grundstück meiner Großmutter zu spielen, war es meinen Klassenkameraden egal, daß ich sie ignorierte.

Mit Ausnahme von Cathy Murgatroyd. Ich sah sie an ihrem Spind, als sie ihre Bücher versorgte. Sie war in der neunten Klasse meine allerbeste Freundin gewesen und hatte in diesem Jahr mehrmals versucht, mit mir wieder Kontakt zu knüpfen. Ich wußte nicht mehr, wie ich reagiert hatte. Ich ging zu ihr, als sie die Tür ihres Spinds zuschlug, und fragte sie, ob sie draußen eine Zigarette mit mir rauchen möchte.

»Oh, hallo, Stella.« Sie sah mich mit ihren ernsten Augen an.

»Komm, laß uns eine rauchen«, wiederholte ich lahm.

»Ich wußte nicht, daß du rauchst.«

»Tu ich aber. Kommst du?«

»Ich habe Hunger, aber na gut. Was ist los?« Ich ging vor ihr her und drängte sie aus der Tür. »Was stimmt denn nicht?« fragte sie.

»Ich weiß nicht. Ich bin deprimiert«, antwortete ich. Ich konnte es ihr nicht sagen.

»Kein Wunder bei der Art, wie du dich selbst isolierst. Einsamkeit kann zu vielen psychischen Problemen führen. Sie kann töten, weißt du, genau wie das Zigarettenrauchen.« Ich erinnerte mich jetzt an unsere Unterhaltungen der letzten paar Monate, Cathys Besorgnis über meine Verschlossenheit, meine Ungeduld, weil sie meine Tagträume störte.

Sie beugte sich vor und nahm mir die Zigarette aus dem Mund, ehe ich sie anzünden konnte. »Ich habe neulich in einem Buch ein paar Bilder gesehen«, sagte sie. »Lungen. Die von einem Raucher und die von einem Nichtraucher. Die Lunge des Nichtrauchers war weiß und rein wie Schnee. Die des Rauchers war ganz schwarz und zusammengeschrumpft.« Ich lächelte. Wie ihre Worte mich nach einer Zigarette verlangen ließen! Ich wollte sie aber nicht ärgern, deshalb nickte ich und öffnete die Tür des Cadillac.

»Setzen wir uns hier herein. Da ist es wärmer.«

Sie ging um den Wagen herum und stieg neben mir ein. »Du bist also motorisiert. Ist das nicht der Wagen von Agnes? Hat sie ihn dir gegeben und sich einen neuen gekauft?«

»Nein, ich darf ihn nur benutzen.«

»Hast du ein Glück. Kannst du ihn jeden Tag fahren?«

»Nein, nur solange sie im Krankenhaus liegt und stirbt«, sagte ich.

»Oh, das tut mir leid, ich hatte keine Ahnung... Krebs?«

»Ja.«

»Ist es... ist sie? Sind sie sicher? Ich meine...«

»Ich glaube schon.«

»Arme Stella, kein Wunder, daß es dir so schlecht geht. Sie ist für dich wie eine Verwandte, nicht?«

»So ungefähr.«

Ihr Gesicht war ganz blaß geworden. »Du bist also ganz allein?«

Zu meinem Entsetzen begann ich zu weinen.

»Oh, Stella, komm nach der Schule zu mir. Du kannst bei uns essen und übernachten.« Ihre Hand lag auf meinem Arm, ich spürte ihren Atem auf meiner Wange. Ich konnte mir vorstellen, wie sie mich zudeckte und mir einen Gutenachtkuß gab. Ich konnte mir nicht vorstellen, ihr von Tobias zu erzählen. »Nicht weinen«, sagte sie zärtlich und wischte meine Tränen ab.

Ich versprach Cathy, sie um drei Uhr bei ihrem Spind zu treffen, und als die Glocke gegangen war, schlüpfte ich durch die Hintertür wieder hinaus in meinen Cadillac, der mich heimbrachte, wo ich weinen konnte, soviel ich wollte.

Cathy – oder sonst jemand – rief um halb vier an, aber ich ging nicht an den Apparat. Ich schaltete alle Lichter aus und nahm im Dunkeln ein heißes Bad. Ich dachte an Tobias: allein, mit mir, mit seinem Freund. Die Eifersucht fraß sich tiefer ein. Ich war sicher, daß er die ganze Zeit an diesen Jungen gedacht hatte, während er so tat, als genieße er den Sex mit mir. Er hatte mich genommen, weil ich unkompliziert war, weil ich jung war, weil ich kleine Brüste hatte. Ich lag den ganzen Abend in der Badewanne und weinte, bis ich von den Tränen trunken war, geschwächt von meinem Elend, und doch wollte ich noch mehr davon, wollte darin ertrinken. Ich wollte in dieser Nacht sterben, beigesetzt werden und dann ruhig wieder zum Leben erwachen, in einem anderen Land.

Am nächsten Tag rief Tobias an. »Stella, ich bin's. Peter ist jetzt weg. Möchtest du herüberkommen und reden?«

»Nein.«

»Bist du sicher?«

»Ja.«

»Nun, du kannst es dir jederzeit anders überlegen. Tut mir leid.« Ob es ihm leid tat, was er getan hatte (unwahrscheinlich), daß ich es gesehen hatte (wahrscheinlicher) oder wie ich darauf reagiert hatte (am wahrscheinlichsten), sagte er nicht. Ich legte auf.

Peter. Was für ein perfekter Name. Peter für Penis, oder *péteur* auf französisch: einer, der furzt, ein Arschloch. Arschlöcher sind so ordinär, dachte ich, es fehlt ihnen an Anmut. Wie konnte er sie vorziehen?

9

Ich war eine Woche lang allein. Jeder Tag begann mit dem übermächtigen Wunsch, im Bett liegen zu bleiben und weiter schlafen zu wollen. Meine Träume waren nur Alpträume, aber sie waren mir lieber als das Aufwachen. Jeden Tag sah ich mit einer gewissen Befriedigung in den Spiegel. Mein Gesicht hatte die graurosa Farbe von gekautem Lammfleisch, und mein Haar war scheußlich verfilzt.

Das Frühstück bestand aus Tee und gekochten Eiern, die ich auch mittags und abends aß. Ich aß, während ich von Zimmer zu Zimmer wanderte, die Tasse in der Hand, und den Blick von einem vertrauten Gegenstand zum nächsten schweifen ließ. Die Sachen, die ich in dieser Woche im Haus mochte, waren die Großvateruhr im Eßzimmer, die runde rosa Teekanne mit ihrem gestrickten Warmhalter und der pflaumenfarbene Teppich auf der Treppe. Als Kind pflegte ich auf halber Höhe dieser Treppe zu sitzen und den Gesprächen der Erwachsenen zu lauschen. Nun saß ich da mit meiner Teetasse und den Eiern und aß vorsichtig; wenn ich fertig war, ließ ich die Tasse auf dem nackten Holz neben dem Geländer stehen. Ich hinterließ zahllose Tassen im ganzen Haus, und als die Eier ausgingen, aß ich Spargel aus der Dose und Sardinen.

In dieser Woche las ich drei Bände Proust. Ich war sehr beeindruckt von seiner Fähigkeit, immer weiter zu schreiben, da mich dies davor zu bewahren schien, wieder in mein eigenes Leben zurückzukehren. Ganze Tage vergingen, während ich mich allmählich mit diesem eifersüchtigen Mann verbündete. Ich las jeweils acht Stunden, und danach war ich sehr zufrieden: das Leben hatte einen Sinn. Und es gab noch viele hunderttausend weitere Worte von Proust zu lesen.

Am letzten Tag ging ich hinauf in den zweiten Stock, wo mein Urgroßvater und seine beiden Brüder in den Jahren zwischen 1880 und 1890 ihre Kindheit verbracht hatten. Der eine Bruder starb mit fünfzehn, der andere, ein Junggeselle, mit fünfzig. Sie hatten einen Hauslehrer gehabt, der ihnen hier oben ihre Lektionen erteilte, und zwar an den zerkratzten Schülerpulten, die in die Ecken der drei fast identischen Zimmer geschoben worden waren. Es gab noch einen vierten Raum mit einem Kamin, der das Studierzimmer ihres Vaters gewesen war, und einen fünften, winzigen, in dem der Hauslehrer geschlafen hatte. Er war ein Krüppel gewesen, und seine Krücke hing noch immer im Wandschrank, zusammen mit seinem schwarzen Umhang. Als die Jungen heranwuchsen, so hatte meine Großmutter einmal erzählt, starb er und wurde im Garten begraben. Ein anderes Mal behauptete sie, er wäre beim jährlichen Picknick am vierten Juli mit einem Ruderboot verschwunden; auf jeden Fall war er schon vor ihrer Geburt nicht mehr da. Er muß ein guter Lehrer gewesen sein, denn ihr Vater und ihr Onkel konnten sich fließend auf Latein unterhalten, was sie zu tun pflegten, wenn sie Frauen und Kinder aus ihrer Unterhaltung ausschließen wollten. Sie erinnerte sich, wie die lateinischen Wörter über den Abendbrottisch hinweg gewechselt wurden, wie sie lachten und wie ihre Mutter ärgerlich auf den Braten einhackte.

Die Farben dieser Zimmer im zweiten Stock – Rotbraun, Braun, Dunkelgrün – und der Geruch von Leder besänftigten mich. Ich fand es tröstlich, daß jeder Junge allein in einem harten Einzelbett geschlafen hatte. Einer starb jung, einer heiratete nie. Sie hielten den Wänden die Treue, die sie beherbergten, ihren Eltern da unten und ihrem unabhängigen Selbst. Sie waren meine Vorfahren, und was sie konnten, konnte ich lernen.

Ich legte mich, der Reihe nach in jedes ihrer Betten und schaute hinaus auf den Fluß oder auf die Apfelbäume oder auf die Straße. Ich saß an ihren Pulten, öffnete ihre Bücher und stellte mir vor, hier oben zu bleiben, bis ich Griechisch und Lateinisch sprechen konnte. Ich wünschte, ich hätte einen Hauslehrer, der mir alles beibringen würde, dann bräuchte ich nie mehr das Haus zu verlassen.

Am Dienstag kam Großmutter nach Hause. Ich hörte den Wagen nicht, und als sie ins Haus kam, hielt ich ein Schläfchen auf der fünften Treppenstufe, auf der bis jetzt noch keine Tasse war. Ich trug ein himmelblaues Nachthemd, alt und kurz, mit Puffärmeln und einer zerrissenen Rüsche, die am Saum hing.

»Stella!« Ich wachte auf und sah sie an. Sie trug ihr schwarzes Kostüm, schwarze Pumps und eine schwarze Kunstledertasche in schwarz behandschuhten Händen.

»Hallo.«

»Was ist das?« Ihr Blick schweifte über den Flur, die Treppe und die anderen Zimmer. Ihr Gesicht war gepudert und blaß, und ihr Kinn schien geschwollen. »Es ist ein Saustall«, gab sie sich selbst zur Antwort.

»Ich werde saubermachen«, sagte ich schwach und blinzelte zu ihr hoch.

»Ich habe gestern angerufen. Ich habe mehrmals angerufen.«

»Ich habe es nicht läuten hören«, sagte ich wahrheitsgemäß, und dann fiel mir ein, daß ich das Telefon abgeschaltet hatte. »Ich habe wohl das Telefon abgeschaltet.«

»Du hast das Telefon abgeschaltet. Du wolltest wohl nicht gestört werden. Hattest du deinen Freund hier?«

Ich spürte, wie ich unter ihrem Blick errötete. Ich hatte vorgehabt, das Telefon wieder einzuschalten und sie im Krankenhaus anzurufen. »Ich habe mit Tobias Schluß gemacht«, sagte ich.

»Oh, zu schade«, sagte sie. »Hat er dich wegen eines anderen Mannes verlassen?« Ich starrte sie mit offenem Mund an. »Ich habe ihn in der Stadt gesehen. Nicht jeder ist so naiv wie du.« Ich fühlte mich gedemütigt. Wie konnte sie es wagen, das zu wissen?

»Hier sieht es aus wie in einem Saustall«, sagte sie mit ruhiger Stimme, aber ihre Züge bebten.

»Tut mir leid«, sagte ich. »Tut mir leid. Tut mir leid. Ich wollte dich anrufen, ich wollte aufräumen. Tut mir *leid.*« Ich begann zu weinen und konnte nicht aufhören.

Meine Großmutter bückte sich und begann, das schmutzige Geschirr einzusammeln. Sorgfältig stapelte sie es aufeinander und trug es in die Küche. Schüchtern folgte ich ihr. Sie ließ das Wasser so heiß laufen, daß es beinahe kochte, und wusch mein ganzes Geschirr der letzten Woche.

Nachdem das Haus makellos sauber und Großmutter nicht einmal außer Atem war, führte sie mich zu einem frühen Abendessen aus. Ich fand das merkwürdig, denn wir gingen nie aus. Wir aßen in einem Lokal mit rotem Teppichboden und einer runden Salatbar. Großmutter sprach nur über das Essen. Die fuchsgesichtige Kellnerin nannte mich »Schätzchen«. Als wir heimfuhren, schwieg Großmutter wieder, und der Wagen brauste den Highway entlang.

Ich wünschte, sie würde mit mir reden. Ich fürchtete nicht mehr die Standpauke als vielmehr die Vorstellung, daß sie sie nicht halten würde und daß diese Kälte andauern könnte. Ich las Mißbilligung aus jeder Bewegung ihrer Hände am Steuerrad, aus ihren martialisch eckigen Schultern, aus dem Schimmer ihrer papierdünnen Haut. Sie konnte so streng sein. Ich hatte das immer gewußt, aber geglaubt, ich sei lebenslänglich davon ausgenommen – oder wenigstens, solange ich jung war. War das schon vorbei? Ich fühlte mich sehr jung und ungeschützt.

Als ich mich gegen die Tür lehnte und sie durch mein verfilztes Haar hindurch beäugte, sagte sie: »Weißt du, ich kann verstehen, warum eine Frau sich einen Mann für die Liebe wählt; aus Instinkt, aus Neugier oder weil sie es nicht besser versteht – das habe ich selbst auch getan. Aber warum ein Mann einen anderen Mann einer Frau vorzieht, das geht über mein Begriffsvermögen.« Sie lächelte und tätschelte mein Knie, und mir liefen die Tränen über die Wangen.

Agnes' Sarg wurde im Wohnzimmer aufgebahrt.Ihr Körper sah so winzig aus, und ihr Haar lag lockig, wie sie es nie getragen hatte, um ihr Gesicht. Sie war am Tag nach Großmutters Rückkehr aus Boston gestorben.

Ich fühlte großes Mitleid mit dem Leichnam. Er glich Agnes nicht, doch der Körper war eine so komplexe Angelegenheit. Es gab so viele Einzelheiten. Ich streckte die Hand aus und streichelte ihren Arm, direkt über dem Handgelenk. Unter der Haut zirkulierte kein Blut mehr, aber die Haut war dicht und zäh. Sie teilte den Raum mit mir, wie es ein Möbelstück tat, ein Objekt von eigener Schönheit. Aber ich wußte, daß ihr lila Kleid mit den Streifen länger bestehen würde.

Mehrere Frauen kamen, um ihr die letzte Ehre zu erweisen. Sie waren Großmutters und Agnes' ehemalige Schulkameradinnen: Jenny Taylor, Krankenschwester an der High School; Dida Smith, die mit ihrem Mann den Supermarkt führte; Laura Chester, die Tante eines meiner ehemaligen Freunde; Betty Fargus mit einem tiefroten Hut. Großmutter empfing sie höflich an der Tür, ließ aber keine Zweifel daran, daß es Agnes war, der die Besuche galten. Die Frauen wurden ins Wohnzimmer geleitet, und Großmutter zog sich zurück.

Wenn Agnes sich nicht entschlossen hätte, mit meiner Großmutter zu leben, dann wäre sie gewesen wie diese Frauen, dachte ich. Sie hätte einen Mann aus dem Ort geheiratet, ihm im Geschäft geholfen und Kinder aufgezogen oder als Kellnerin oder Büroangestellte gearbeitet. Wenn sie verheiratet gewesen wäre, hätte sie oft einen Groll auf ihren Mann gehabt; unverheiratet hätte die Einsamkeit sie vielleicht hartherzig gemacht.

Ich ging zu Großmutter in die Küche und sah gerade noch, wie sie ein Dutzend Rosen in den Abfalleimer steckte.

»Warum tust du das?« fragte ich.

»Ich will sie hier nicht haben.«

»Aber du magst doch Rosen.«

»Nicht Rosen, die Mr. Tarpin Boxley geschickt hat.«

»Wer ist denn das?«

»Agnes' Neffe. Scheußlicher Bursche. Er scharwenzelte immer um deine Mutter herum und überredete sie, mit ihm in die Stadt zu gehen, wo er ihr mit Himbeerbonbons den Magen verdarb. Mr. Boxley ist jetzt Rechtsanwalt.«

»Kommt er zur Beerdigung?«

»Keiner von ihnen wird kommen. Außerdem habe ich dir doch schon gesagt, daß es keine Beerdigung gibt.«

Ich war verblüfft gewesen, als ich das erfuhr, aber Großmutter sagte, Agnes hätte darauf bestanden. Sie wollte Vater Dugan diese Genugtuung nicht geben. Sie glaubte nicht mehr an den Katholizismus. So sollte sie ohne große Zeremonie beigesetzt werden.

Als die Besucherinnen wieder gegangen waren, machte Großmutter Kamillentee, und wir setzten uns an den Sarg. Lange betrachtete Großmutter Agnes, unterzog sie einer gründlichen Prüfung. »So haben sie sie im Beerdigungsinstitut hergerichtet«, sagte sie. »Aber irgendwie ist es nicht richtig, oder?«

»Ich weiß nicht. Wie wäre es denn richtig?«

»Wir werden sehen.«

Großmutter ging nach oben und kam mit einer Reihe von Schminkdosen zurück. Sie setzte sich neben den Leichnam und öffnete einen Lippenstift. Einer ihrer eigenen – scharlachrot. Sie malte Agnes' Mund sorgfältig ein wenig breiter, strich dann grünen Lidschatten auf die durchsichtigen Lider und zog goldene und blaue Striche in den Augenwinkeln, wie auf Bildern von Kleopatra. Das Gesicht nahm einen Ausdruck an, als lächle es. Großmutter rieb dunkles Make-up auf die wächserne Haut und betonte es mit Rouge, nicht mit dem Rosa der Jugend, sondern mit dem Rot des mittleren Alters.

Das tote Gesicht nahm die Farbe mühelos an. Agnes' Schönheit verblüffte mich. Jetzt sah sie sich selbst ähnlich. Sie sah sich ähnlich, wie ich sie im Leben nie gesehen habe, aber Großmutter muß sie wohl so gesehen haben.

Für den Rest des Jahres war ich wie benommen. Ich hatte geliebt und verloren, Agnes war tot, und meine Eltern waren noch immer fort und wußten nicht einmal, was geschehen war. Was konnte sonst noch passieren? An den Wochenenden lag ich bis Mittag im Bett und dachte an Tobias. In meinen Träumen und dann in meinen Phantasien war ich ein Junge, ein schöner Junge aus irgendeiner Geschichte: Tom Sawyer, ganz unschuldig; Peter Pan, der mitten in der Nacht in Tobias' verdunkeltes Schlafzimmer schlich, ihn wie zufällig streifte, ihn aufweckte, mit anrührendem Charme eine Entschuldigung flüsterte und dann durch das Fenster davontaumelte; ein dunkeläugiger arabischer Strichjunge, der im Bett exquisite Geschicklichkeit bewies, meinen Liebsten in den Schlaf streichelte und ihm dann die Brieftasche stahl, die aus irgendeinem Grund die gesamten Ersparnisse enthielt.

Im März verführte ich meinen Biologielehrer, Mr. Cross, als er mich im Auto mitnahm. Ich meinte es nicht ganz ernst, als ich meine Hand auf seinen Schenkel legte. Ich wollte sehen, wie er reagierte. Er fuhr mich in seine Wohnung und vögelte mich stundenlang wie verrückt, wobei er mir erzählte, wie oft er an die Mädchen in seinen Klassen dachte. Nicht einmal an mich im besonderen. An alle Mädchen. Unser Verhältnis dauerte zwei Wochen, bis er, wie er es so charmant ausdrückte, erkannte, daß mein Arsch seinen Arsch nicht wert sei.

Dann gab es niemanden mehr. Sogar Großmutter hatte sich zurückgezogen. Sie schloß sich ständig in ihr Zimmer ein und las. Ich dachte, sie hätte schon alles gelesen, aber offenbar war dem nicht so. Sie las historische Bücher, anthropologische Bücher, südamerikanische Romane. Ich bemühte mich in diesem Jahr um ein gutes Zeugnis und wartete sehnlichst auf das College, auf die große Freiheit.

10

Ich mochte meine Zimmergenossin sofort. Janey saß auf ihrem Bett im Schlafzimmer an der University of New Hampshire und aß Blaubeerjoghurt. Ihre Lippen waren lila, und in ihrem lockigen, kastanienbraunen Haar gab es einige lila Flecken. Auf dem Boden neben ihr standen eine leere Brezeldose und eine Dose Limonade. Sie sprang auf, um mich zu begrüßen, und bot mir an, mir beim Auspacken zu helfen. Ich ließ sie helfen, und sie erzählte mir auf der Stelle alles über sich, damit ich, wie sie sagte, entscheiden konnte, ob ich sie als Zimmergenossin haben wollte. »Du hast versucht herauszufinden, ob du mich als Zimmergenossin wolltest«, beschuldigte ich sie später.

»Das auch.«

Janey war wie ich ein Einzelkind. Ihr Vater war tot, und sie verabscheute ihre Mutter. »Sie hat solche kleinen Knopfaugen und eine Oberlippe wie eine Sumpfschnepfe. Ich habe noch nie eine Sumpfschnepfe gesehen, aber du verstehst, was ich meine.« Sie sprang lachend wieder auf ihr Bett. Janey lachte wie niemand sonst, tief und gurgelnd. Ich habe gesehen, daß Fremde wegen dieses Lachens auf sie zugingen und nach Worten suchten. Je nach ihrer Stimmung sprach Janey dann entweder mit verblüffender Herzlichkeit mit ihnen, oder sie blickte sie so an, daß sie sich erschrocken zurückzogen. Dann lachte sie wieder, warm und einladend. »Meine Mutter ißt nichts als Austern und trinkt nichts als Perrier, trägt nichts als weiße Naturfasern und tut nichts als Schönheitssalons aufsuchen, um ihre Zellulitis massieren zu lassen.« Janey war im Internat gewesen, seit sie zehn war, und verbrachte ihre Ferien in teuren Hotels, wo ihr puertoricanische Liftboys und alternde italienische Kellner den Hof machten.

»Einer von ihnen war zu verliebt und versuchte, mir in mein Zimmer zu folgen. Er hatte einen Hauptschlüssel, darum mußte ich einen Stuhl unter den Türknopf schieben. Er rief dauernd: ›Schöne Dame, lassen Sie mich ein. Schöne Dame!‹ Meine Mutter war nebenan und trug ihre Lehmmaske. Ich wäre fast gestorben.«

»War sie dir böse?«

»Und ob. Meine Mutter findet mich ekelhaft. Deswegen hat sie mich hierhergeschickt. Ich wäre in Berkeley aufgenommen worden, aber sie meinte, Kalifornien würde ich nicht verdienen. Sie weiß, daß es mir da gefallen würde.«

»Ich bin froh, daß du hier bist.«

»Ich auch. Ich brauche eine Gefährtin im Unglück.«

»Sag das nicht. Wir werden uns amüsieren.«

»Oh, ich amüsiere mich immer.«

Im Januar zogen wir in ein eigenes Apartment. Es war eine typische Studentenwohnung mit dünnen Wänden und muffigen Teppichen. »Trautes Heim, Glück allein«, sagte Janey und meinte es ehrlich. Die Häßlichkeit machte ihr nichts aus, weil sie froh war, in den eigenen vier Wänden zu sein. Auch ich war froh, vor allem abends, wenn ich kochte und sie am Tisch saß, billigen Wein trank und über gemeinsame Bekannte schwatzte.

Mir gefiel es, Janey zuzuhören, mit ihr zu essen und hinterher aufzuräumen, aber selbst mit unseren Van-Gogh-Reproduktionen an den Wänden und unseren purpurroten Kerzen war das Apartment nicht mein Zuhause. Ich fühlte mich ungeschützt in einem so windigen kleinen Zimmer, hellhörig wie es war. Nachdem Janey zum ersten Mal einen Liebhaber bei sich gehabt hatte, fanden wir am nächsten Morgen einen Zettel unter der Tür: Ölt eure Sprungfedern. Sie fand das lustig, aber ich war empört. Ich pflegte am Fenster zu sitzen und zuzusehen, wie die Autos auf dem Parkplatz ein- und ausfuhren. Ich fragte mich, warum so viele Menschen so leben konnten, Jahr für Jahr und immer weiter.

An einem Wochenende nahm ich Janey mit nach Hause, damit sie verstand, warum ich unzufrieden war. Großmutter servierte uns eine Lammkeule und eine Flasche Chambertin. Hinterher las sie uns in der Bibliothek die Gedichte von Russell Edson vor, die Janey ein gurgelndes Lachen entlockten, während ich auf Zehenspitzen durch das Zimmer ging und die roten Vorhänge, die eichenen Bücherregale und die ledernen Buchrücken berührte. Auf allem lag ein dünner Staubfilm.

»Diese Wohnung ist schon in Ordnung, wenn es einem gutgeht«, sagte ich an dem Montag, an dem wir ins College zurückkehrten, »aber was ist, wenn man deprimiert ist? Oder einsam? Es wäre schrecklich, hier unglücklich zu sein, meinst du nicht?«

»Wir werden nicht unglücklich sein«, sagte Janey. »Und wir werden nicht einsam sein. Das ist eine Universität, Stella. Da draußen gibt es *Tausende* von Männern.«

Sie fand einen. Er hieß Aaron und war ein magerer Mathematikstudent mit knubbeligen Knien und einem Gehirn, das er vorsichtig und mit hochgerecktem Kopf trug wie eine afrikanische Frau. Als ich ihn kennenlernte, sagte er, Mathematik sei die einzig wirklich existierende Wissenschaft, alles andere sei bloßes Geschwätz. Janey diskutierte gern mit ihm. Sie bewunderte die Logik und die Selbstsicherheit, die perverserweise in einem so häßlichen kleinen Körper wohnte. Aaron zog weder seine Brillanz noch seinen vernichtenden Charme jemals in Zweifel.

Mein Mut sank rapide. Janey sagte, ich müsse einfach mehr Leute kennenlernen, und schleppte mich zu Universitätsveranstaltungen, wo wir bitteren Kaffee tranken und mit schlaffen Knaben redeten, die wir in unseren Kursen getroffen hatten, während die Attraktiven, schützend von ihren Kumpanen umgeben, hereinschlenderten, ein paar Grüße austauschten und wieder gingen. Doch selbst diese überlegenen Jungen – und es waren Jungen – hatten für mich keine große Anziehungskraft. Das gute Aussehen war nicht so wichtig, ich wünschte mir jemanden, mit dem ich reden konnte. Zumindest am Anfang wollte ich das. Gegen Ende des Semesters hätte ich mich mit jemandem zufriedengegeben, mit dem ich nicht reden konnte und dem ich auch nicht zuzuhören brauchte.

Meine emotionalen Bedürfnisse befriedigte ich in meiner Freundschaft zu Janey. Ich erinnere mich an ein Wochenende im Haus meiner Großmutter, wo wir Sonntag morgens in der Dämmerung aufstanden, LSD nahmen und nach draußen in den Obstgarten gingen. Es nieselte den ganzen Tag, gelegentlich kam die Sonne durch, das Licht veränderte sich ständig. Ein neuer Planet wuchs um uns herum, feucht und graugrün. Janey und ich saßen am Fluß und sprachen hin und wieder. Unsere Unterhaltung war bruchstückhaft und seltsam, aber es gab keine Mißverständnisse.

Am Ende des Tages, als wir mit Großmutter auf der Veranda Wein tranken und über das Leben und die Literatur sprachen, waren wir uns alle so einig, daß ich sagte: »Wir sind die drei Schwestern aus der griechischen Mythologie, die sich untereinander ein Auge teilen.« Im gleichen Augenblick waren wir das nicht mehr, wir betrachteten einander aus verschiedenen Universen, und jedes Gesicht war in seiner Tiefe ein bißchen angsterregend: Janey mit ihren Mandelaugen, Großmutter mit ihren eingesunkenen Augen, die die Farbe von Herbstblättern unter Wasser angenommen hatten. Großmutter machte Tee. Ich goß ihn ein, und wir aßen Zitronenkuchen. Wir lehnten uns schweigend zurück, und ich spürte, daß die Zivilisation uns umgab wie ein beständiger, nieselnder Regen.

Es gab nicht viele solche Wochenenden. Ich wollte nicht dauernd nach Hause fahren. Großmutter traf sich jetzt gelegentlich mit jemandem, tat geheimnisvoll. Sie fuhr nach Boston, und sie hatte Männer zum Abendessen da. Ich konnte das nicht verstehen – warum verstehe ich es jetzt? –, aber auf andere Weise verstand ich vollkommen. Ich wollte sie in Ruhe lassen. Ich wollte nur nicht allein sein.

Mein zweites Studienjahr brachte keine Besserung. Alles war beim alten geblieben: ein paar Freunde, ein paar interessante Kurse, eine Wohnung, die ich immer noch nicht mochte. Ich war neunzehn, und eigentlich sollte endlich etwas passieren. In meinem Alter war meine Mutter verheiratet und hatte ein Kind.

Alle meine Freunde waren beschäftigt, vielleicht nicht ganz

zufrieden, aber doch irgendwie engagiert. Janey studierte Literatur und las mit Leidenschaft Dinge, die ich mit vierzehn gelesen hatte. Aaron war den Computern und der höheren Mathematik verfallen, und meine Freundin Sonia übte den ganzen Tag Klavier. Ich machte meine Hausaufgaben, putzte die Wohnung und wurde manchmal gevögelt. Es gab einen Kunstprofessor, der in diesem Herbst ein paarmal vorbeikam, bis seine Frau aus der lesbischen Kommune in West Virginia zurückkehrte, in die sie aus Neugier gegangen war.

Das Studium fiel mir nicht schwer, und ich hatte viel freie Zeit. Ich verbrachte zuviel von dieser Zeit damit, durch die eisigen Straßen von Durham zu stapfen, einer langweiligen Kleinstadt, und nachmittags lange zu schlafen. Ich wachte auf, wenn es dunkel wurde, und war sofort wütend, daß der Tag vorüber war, daß Licht und Wärme mir wieder genommen waren. Wütend pflegte ich alle Lichter in der Wohnung einzuschalten, und die Wut verging nur sehr langsam.

Dann, spät in der Nacht, wenn es in allen Wohnungen ringsum still geworden war, nahm ich das alte Exemplar von *Freude am Kochen* zur Hand, das meiner Großmutter gehörte, und machte Schokoladentrüffel oder ein Schokoladensoufflé. Die Trüffel mußten zwölf Stunden ruhen, aber wenn ich das Soufflé zubereitete, weckte ich Janey auf, damit sie es mit mir aufaß. Sie hatte nichts dagegen, aus diesem Anlaß geweckt zu werden. Ich saß ihr dann gegenüber und erklärte genau, wieviel Schokolade man gefahrlos einem Rezept hinzufügen kann und welche Marken man benutzen muß, und sie hörte benommen zu, während sie aß, als sei das, was ich sagte, sehr kompliziert, etwas, das sie sich niemals würde merken könnnen, sich aber trotzdem anhörte, um mir einen Gefallen zu tun. »Das ist toll«, sagte sie schlaftrunken. »Du bist eine fabelhafte Köchin.«

»Nächstes Mal werde ich ein bißchen Kahlúa zugeben.« Ich blieb auf, nachdem sie wieder zu Bett gegangen war, und stellte im Kopf eine Liste aller interessanten Variationen des Rezepts auf, die mir einfielen. Ich kam mir albern vor, weil ich mich an diese Fertigkeit aus meiner Kindheit klammerte, während alle anderen sich auf eine Karriere vorbereiteten. Ich betrachtete Kochen nicht als Karriere; ich dachte, ich würde vielleicht Auslandskorrespondentin werden oder Astrophysikerin. Das würde Großmutter beeindrucken. Ich belegte Physik und Journalismus, und in beiden Fächern war ich gut, obwohl ich zeitlebens erröten werde bei dem Gedanken an die fetten Polizisten auf der Polizeistation, wo ich hinging und nach Neuigkeiten fragte, und man mir nach einer langen Pause, während derer man mich schamlos musterte, sagte, ich sei die zehnte Person aus meinem Kurs, die sie heute belästige.

Aber ich interessierte mich nicht wirklich für eine Karriere. Ich wußte, daß ich jederzeit einen Job bekommen konnte. Ich hatte das in den beiden letzten Sommern getan und als Kellnerin gearbeitet. Solange es nichts gab, was ich tun wollte, konnte ich auch nichts verpassen.

Was ich vermißte, war Liebe. Es tat mir weh, Paare zu sehen, die einander berührten. Ich war froh, daß ich Aaron für ein so kümmerliches Exemplar der männlichen Spezies hielt, daß meine Eifersucht auf Janey abstrakt blieb. Sie war alles, was ich hatte, sie und Großmutter. Und doch mußte ich unwillkürlich daran denken, daß die Liebe von Frauen nicht genug war, nicht einmal ausreichend, um mich am Leben zu erhalten, und daß ich wie eines dieser magischen Wesen war, die vergehen, wenn man nicht an sie glaubt.

Ich weiß noch, wie ich diesen Vergleich in eines meiner Notizbücher schrieb und dann trocken auflachte. Von magisch konnte keine Rede sein, ich war träge, und von Vergehen konnte auch keine Rede sein, ich war nur zu greifbar da. Es war eine Anstrengung, meinen Körper in Kurse zu schleppen, ihn zu baden und zu ernähren. Ich fühlte mich wild. Ich wußte nicht genau, was das bedeutete, aber ich fühlte es – wild. Etwas Einsames, in der Schwebe und auf dem Sprung.

TEIL 3

11

Teo hatte sich nicht geirrt. Ich liebte Kalifornien vom ersten Augenblick an. Das ganze Gerede über die Westküstenkultur hatte mich nicht vorbereitet auf die Gärten von Berkeley voller purpurroter Iris und stachliger Kakteen, auf viktorianische Häuser mit Türmchen, auf Eukalyptusbäume, auf blaue Buchten und kahle, grüne Hügel. Die erste Woche verbrachte ich damit, benommen herumzulaufen, verblüfft über die Farben und die Andersartigkeit.

Ich antwortete auf eine Annonce im *Eastbay Express* und zog mit einer gleichaltrigen Frau zusammen, die Callie hieß. Sie lebte in einem weißen Holzhaus in der Ellsworth Street, das einen Zaun, ein Tor und einen Garten hatte. Von meinem Schlafzimmerfenster aus blickte ich auf einen Zitronenbaum und fünf rosa Rosenbüsche. Ich konnte in den Nachbargarten schauen, in dem ebenfalls ein Zitronenbaum stand und unser Nachbar Yoga übte. Er saß mit gekreuzten Beinen auf einem schlanken Ast, trug weiße Shorts und war umgeben von seinem halben Dutzend Katzen.

Mit Callie kam ich gut aus. Sie war ruhig und gefällig, und als ich sagte, ich koche gern, bot sie sich an, den ganzen Abwasch zu machen. Eines Tages, kurz nach meinem Einzug, nahm sie mich mit zum Berkeley Bowl-Lebensmittelmarkt, wo sie als Kassiererin arbeitete. Erstaunt starrte ich auf die Berge von Früchten und Gemüsen in der Mitte des Ladens. Es gab alles in mehreren Variationen, und vor allem gab es viele Dinge, die ich nicht einmal beim Namen kannte: tropische Früchte, prachtvolles grünes Blattgemüse, blumenähnliche Pilze.

Ich kaufte von allem etwas – oder fast von allem –, trug es nach Hause und legte es dekorativ auf den Küchentisch: meine zarten jungen Bohnen, dicken Pfirsiche, massiven Sellerieknollen, meine Broccoli wie aus einer anderen Welt.

An diesem Abend kochte ich eine Gemüsesuppe, die mich

zum ersten Mal Metaphern wie »kosmische Suppe« oder »Schmelztiegel« verstehen ließ. Jeder Vorgang von Bedeutung muß sich auf diese Weise vollziehen: All die verschiedenen Kreaturen berühren einander in einer sanft köchelnden Brühe, teilen ihre Aromen mit, kosten die Säfte ihrer Nachbarn und finden sich selbst darin wieder.

Callie und ich aßen eine Woche lang Suppe. Und ich nahm einen Job in einem Restaurant an.

Es war nicht schwer, die Stelle zu bekommen. Ich log über meine früheren Erfahrungen, was einfach war, da ich sagte, alles habe sich in New York abgespielt. Die meisten Kalifornier wollen mit dieser korrupten Stadt nichts zu tun haben, und Mrs. Quinlan war da keine Ausnahme. Sie hielt mir einen Vortrag über den Unterschied zwischen der Küche der Ostküste und der der Westküste, aber als ich ihr meine Reaktion auf den Berkeley Bowl-Lebensmittelmarkt beschrieb, war sie zufrieden.

Das Thema von Mrs. Quinlans Restaurant war das Ei. »Jahrtausende altes Symbol von Fruchtbarkeit und Ganzheit«, wie sie es ausdrückte. Alles auf der Speisekarte bestand aus diesen abgetriebenen Föten, wie wir sie in der Küche nannten, da Mrs. Quinlan darauf bestand, daß ihre Symbole befruchtet waren. Omelettes, Soufflés, Quiches, Pasteten, Frittata, Waffeln, Broccoli mit Hollandaise, pochierte Eier mit Hollandaise – es konnte einem wirklich übel werden. Ich sah mehr als einen Gast still davongehen, nachdem er die Speisekarte gelesen hatte, die dottergelbe Serviette auf den Boden werfend.

Es gab drei Köchinnen in der Küche, und das waren zwei zuviel bei der Arbeit, die anfiel. Wir waren schon früh am Tag quietschvergnügt, versteckten Eier in unseren Handtaschen, in der Küche und auf dem Klo, benahmen uns wie betrunkene Eltern am Ostermorgen. Mrs. Quinlan war verwirrt, als sie Eier in den unbenutzten Toilettenpapierrollen oder im Stroh eines Besens fand. Vielleicht dachte sie, die schlauen Dinger seien allein dahin gelangt, schließlich waren sie ja voller Leben. Sie wagte nicht, Jocasta, die mexikanische Oberköchin, oder Renee, die sarkastische Nichte von Mrs. Quinlans zweitem Ehemann, zu fragen, und da ich neu war, fiel auf mich kein Verdacht. Auf jeden

Fall steckte sie die gefundenen Eier zerstreut in ihre Jackentasche, wo sie tagelang bleiben konnten.

Ich lernte genug über das Kochen im Gastgewerbe, um mir nach drei Monaten einen anderen Job zu suchen. Ich wollte ein Lokal, in dem ich tun konnte, was ich wollte. Ich wußte, zu diesem Zeitpunkt war das viel verlangt, aber ich war wild entschlossen. Und ich war gut, ich war erstaunlich gut.

Als ich *The Vineyard* betrat, ein Restaurant, das George Mainwaring besaß und leitete, wußte ich, daß ich den richtigen Platz gefunden hatte. Es war ein hübsches Restaurant, klein, mit einem Kamin und grünen Vorhängen. Aber das war es nicht, was mich anzog. George stand in der Mitte des Speiseraums, gestikulierte verzweifelt mit seinen langen, unglaublich muskulösen Armen und schimpfte auf Leo ein, der sich die Brust kratzte und eine Winston rauchte. Judy war halb hinter Leo verborgen und küßte seinen Nacken. Ramon deckte die Tische und summte vor sich hin.

»Wie, zum Teufel, soll ich einen Koch finden, wenn du nicht mal die Anzeige in die Zeitung setzt? Was ist mit dir los?«

»Ich bin Kellner, nicht Sekretär«, sagte Leo und beugte den Kopf ein wenig als Reaktion auf Judys Küsse. Er hatte ein langes, blasses Gesicht und glattes braunes Haar. Von Judy konnte ich nicht viel sehen, außer, daß ihr Haar dunkel und lockig war und daß sie Mokassins trug.

»Du bist ein Trottel! Judy, warum hast du dieses Arschloch geheiratet?«

»Sie wollte einen BMW«, sagte Leo. »Ihr Vater versprach ihr einen zur Hochzeit.«

»Hat ihn mir aber nicht gegeben, der Bastard. Sagte, das Fest wäre zu teuer gewesen.« Sie schob ihr Gesicht neben Leos und legte das Kinn auf seine Schulter. Es war ein scharfgeschnittenes, gutwilliges, blauäugiges Gesicht.

»Dabei habe ich dir doch einen guten Preis gemacht, Süße«, sagte George. »Kein anderer Partyservice hätte diesen Job auch nur mit der Zange angefaßt. Die Hälfte der Leute auf salzarmer Diät, die andere Hälfte koscher; ein paar Diabetiker, deine

Mutter Vegetarierin und die ganze Familie deines Vaters bekehrte Alkoholiker. ›Keine Weinsauce, bitte.‹ Mensch, wirklich. Das war kein Empfang, das war ein verdammtes Krankenhaus!«

»Du hast Besuch, George.«

Er fuhr herum und sah mich an. Sein Gesicht war lebhaft und hübsch. Er hatte eine große Nase, ein eckiges Kinn und grüne Augen. »Ja?«

»Ich bin die neue Köchin. Ich habe die Annonce in der Zeitung gelesen.«

»In der Zeitung war keine Annonce.«

»Das ist komisch. Ich hätte schwören können. Dann muß es *Chez Panisse* gewesen sein.« Ich drehte mich um und wollte gehen.

»Schon gut, schon gut. Sie haben also von dem Job gehört. Ich nehme an, Sie kennen diese Typen hier?«

»Nein. Mein Name ist Stella James.« Ich trat vor und streckte die Hand aus.

Leo grinste und nahm sie zwischen seine Hände, die warm waren und ein wenig feucht, wie gebutterter Toast. »Leo Karman. Nett, Sie kennenzulernen.«

Ich schüttelte Judys feingliedrige Hand.

»Judy Epping-Karman. Guten Tag, Stella.«

»Guten Tag.« Ich lächelte sie an, und sie zwinkerte.

George verschränkte die Arme vor der Brust und beobachtete uns ungeduldig. Als ich ihn wieder anschaute, bellte er: »Wo haben Sie gearbeitet? Was können Sie? Verraten Sie mir, warum ich Sie direkt von der Straße weg engagieren sollte.«

Ich beantwortete seine Fragen, während Leo und Judy sich in einer Ecke küßten und Ramon uns mit dem Staubsauger um die Füße fuhr. Ich kam in Fahrt, als ich ihm die Gerichte beschrieb, die ich ausprobieren wollte. George hörte aufmerksam zu, und als ich fertig war, sagte er: »Okay, Blondie, ich versuch's mit Ihnen.«

Die Speisekarte in *The Vineyard* war einfach – Suppen, Salate, gegrilltes Fleisch und Fisch, ein paar Spezialitäten. Mit Georges

Hilfe bei den Vorbereitungen am Nachmittag und einer Assistentin namens Allison am Abend gelang es mir, die Küche reibungslos zu führen. Sobald der erste Gast eintraf, fiel ich in einen Arbeitsrhythmus, bei dem sich die ganze Küche – mit Ausnahme von Ramons Geschirrspülmaschine – wie eine Ausdehnung meines Körpers anfühlte. Je mehr Bestellungen ich vor mir hatte, desto glücklicher war ich. Leo und Judy wurden gute Freunde, ich kam mit den anderen Kellnern klar und hörte mir geduldig die sexuellen Probleme von Seth an, unserem Dessertchef. Der einzige Mensch, den ich nicht mochte, war Allison. Sie war langsam und mürrisch, und deswegen machte es mir großen Spaß, sie herumzuscheuchen.

George und ich wurden Freunde und dann ein Liebespaar. Nachmittags arbeitete er neben mir und bestritt die Unterhaltung: Scherze, Klagen, Beleidigungen. Er war ein guter Koch, hauptsächlich, weil er durch Betasten und Riechen feststellen konnte, wie ein bestimmtes Stück Fleisch schmecken würde. Uns wurde gute Ware geliefert, aber es gab immer Unterschiede, und George brachte mir bei, wie man sie erkennt. Er hielt eine Schalotte gegen das Licht oder zog die Haut von einer Hühnerbrust zurück, und während er dozierte, fühlte ich mich unglaublich professionell, wie ein junger Arzt in einem Operationssaal.

Dann erzählte er vielleicht eine schmutzige Geschichte über meine ehemalige Chefin, die Eierfrau, oder eine über die japanischen Frauen im Berkeley Bowl-Lebensmittelmarkt. Er erarbeitete sich den Weg zu mir. Ich fragte mich, an welches rohe Tier mein Fleisch ihn erinnerte. Er sah gern zu, wenn ich Saucen rührte und eine Prise von diesem und eine Prise von jenem zugab, wie Großmutter es getan hatte. Wenn es ans Würzen ging, fühlte George sich unzulänglich; dazu sei das Fingerspitzengefühl einer Frau notwendig, sagte er. Ich ließ ihn von meinem Finger probieren und bekleckerte seine Lippen mit Butter- und Kräutersauce. Er sagte mir, ich solle aufpassen, sein Mund sei eine erogene Zone. Ich wartete darauf, daß er auf die Idee kam.

Als er es eines Nachmittags tat, nachdem ich gerade zur Arbeit gekommen war, fuhr er mit weinduftenden Lippen auf mich nieder und raubte mir mit ausgestreckter Zunge einen Kuß. Ich erwiderte den Kuß, und er schien überrascht. Er hielt inne, wich zurück und sah mich mit seinen großen, leuchtendgrünen und leicht blutunterlaufenen Augen an.

Ich lachte. Er faßte mich unter den Hintern, hob mich hoch und klatschte mich gegen seinen Körper wie einen Hamburger auf den Grill. Ungefähr so wurde auch unsere Beziehung.

George war verheiratet und hatte drei Kinder. Ich sah seine Familie nie, ausgenommen später seine Tochter Lisa. Es war ein anderes Leben, das ich mir nicht ganz vorstellen konnte, denn er schien in seinem Restaurant so völlig zu Hause. Jeden Tag traf er vor Mittag ein und blieb, bis der letzte Gast gegangen war, manchmal länger. Er trank mit jedem, der mit ihm trinken wollte. Wenn er sehr betrunken war, pflegte er mich manchmal vor den Kellnern, die ihn ignorierten, zu umarmen und zu küssen. Nur Ramon sah uns zu und sagte zu George, es sei sehr schlecht, mich zu küssen, obwohl er kicherte, während er das sagte.

Vor den Gästen war er nie betrunken. Er war liebenswürdig. Die Leute mochten ihn sofort. Die Frauen flirteten, die Männer fragten, ob er im College Football gespielt habe. Er haßte die Frage. Erstens hatte er kein College besucht, und zweitens hatte er in der High School Football gespielt, war von seinem Trainer und seiner Mutter gezwungen worden, wie er behauptete. Er hatte den physischen Kontakt mit anderen Jungen widerwärtig gefunden und fühlte sich von Cheerleadern abgestoßen. Er stand, wie er sagte, auf blasse, intellektuelle Mädchen, die samstagnachmittags allein aus der Bibliothek nach Hause gingen.

Er war stolz darauf, daß er nie Sport trieb, und er behauptete, Wein und Sex seien verantwortlich für seine gute Gesundheit. Für mich war es kein Geheimnis, wie er sich fit hielt – er eilte von Markt zu Markt, oft zu Fuß, da ihn der dichte Verkehr in Berkeley ungeduldig machte, schwer mit Lebensmitteln beladen. An den Dienstagen, an denen das Restaurant geschlossen war, fuhr er über Land, suchte nach verkäuflichem Terrain und träumte von seinem eigenen Weinberg.

Und natürlich der Sex. Wir waren beinahe gewalttätig miteinander. Er rang mich zu Boden unter dem Vorwand, ich müsse unterworfen werden, und ich wehrte mich mit Nägeln und Ellbogen und Zähnen, froh über die Gelegenheit, meine Schnelligkeit und meine Schlauheit an seiner Masse zu erproben. Mir gefiel es, daß ich mich im Kampf mit ihm erschöpfen konnte und er doch noch da war, unverletzt. Gewöhnlich lachend. Ich liebte es, wenn er mich in seine Arme nahm und sich darüber beschwerte, daß ich so mager sei und nichts wiege; ich fühlte mich, als würde ich auf einem Floß auf hoher See schwimmen, und dann beugte sich dieses große, rote Gesicht zu einem Kuß über mich.

Außerhalb des Restaurants sah ich George nie. An meinen freien Abenden blieb ich zu Hause oder gabelte Männer auf. Letzteres war für meine Mitbewohnerin Callie ein gewisser Schock, aber sie gewöhnte sich daran. Ich kaufte ihr ein Schloß für ihre Tür und versprach, sehr wählerisch zu sein. Es gefiel ihr zwar auch dann noch nicht, aber sie mochte mich, und ich brachte die Männer nur selten mit in unser Haus.

Entweder waren die Männer in Kalifornien anders, oder ich hatte mich verändert. Ich hatte nicht mehr dieses starke Gefühl von Abenteuer, wenn ich auf die Jagd ging. Es war, als esse man mit alten Freunden zu Mittag, und der große Reiz wollte sich nicht einstellen. Es hätte mich traurig gemacht, wenn ich in Berkeley hätte traurig sein können, aber statt dessen genoß ich die Vorteile eines solchen Lebens und verteidigte es Callie gegenüber als einzige Art, auf die eine Frau im Umgang mit Männern frei sein kann – indem sie sie so gründlich kennenlernt, daß sie, wenn sie sich verliebt, was Callie sich wünschte, weise und gut wählt.

Mein wirkliches Leben aber fand im Restaurant statt, beim Kochen. Ich hatte die Freude an der Arbeit entdeckt, die mir in meiner ganzen Schulzeit entgangen war. Aufsätze über Yeats zu schreiben, war kein Problem gewesen, die Mathematikprüfung zu bestehen, eine Erleichterung, aber dies hier war aufregend. Ich konnte mich gar nicht satt sehen an der Schönheit roter Paprikaschoten, dachte beim Anblick eines Lachssteaks zärtlich an den dahinschnellenden Körper und wollte Ingwer an jedem Gericht ausprobieren.

Obwohl *The Vineyard* beliebt war, war es nie wirklich populär. Ab und zu blieben mysteriöserweise die Gäste aus, und selten gab es genug Geld auf der Bank. Was bedeutete, daß George immer auf der Suche nach Geldgebern war oder sich mit denen, die er hatte, herumstritt, das Finanzamt um Aufschub bat oder die Gehälter schuldig blieb. Doch nirgends hätte ich lieber gearbeitet. Ich wußte die Freiheit zu schätzen, die George mir gab, und unsere gemeinsame Leidenschaft für Speisen war mir wichtig. Georges Leidenschaft bezog sich vielleicht ein bißchen mehr auf seine hervorragende Weinkarte, die zu lesen eine gute halbe Stunde dauerte, aber er wußte, was es für mich bedeutete, auf den Schränken Pilze, Artischocken, Perlzwiebeln, gelbe Bohnen, japanische Auberginen und Kirschtomaten aufzubauen und zu wissen, daß ich alles benutzen, verwandeln, kosten konnte. Er war bereit, meine Fehler mit mir zu essen. Ich tat es als Strafe, doch er hatte wirkliches Vergnügen daran, sich an versalzener Suppe oder Krabben zu delektieren, die in einer Sauce aus Senf und trockenem Chardonnay weinten.

Wenn mir ein Gericht besonders gut gelungen war, tat er noch etwas Besseres: Er überredete jedermann, davon zu kosten, selbst ein Paar, das bereits sein Dessert gegessen hatte. Warum nicht mit Safran gewürzte Meeresfrüchte nach einer Schokoladenmousse? Er schalt sie, daß sie so früh gekommen waren, ehe die Spezialitäten ganz fertig waren, gab ihnen zu bedenken, wie lange es noch bis zum Frühstück dauern würde. Und die kleine, krummbeinige Frau und ihr Mann, der vorstehende Zähne hatte, aßen schließlich große Portionen Meeresfrüchte, sagten, das seien die besten, die sie je gegessen hätten, kamen in die Küche, um mir das zu sagen, und gingen dann Hand in Hand fort, entzückt über ihre eigene Originalität.

12

Ich setzte Häufchen roter Paprikabutter auf Lachsfilets und arrangierte grüne Nudeln auf den Tellern, als ich aufsah und direkt in eine Kamera blickte, deren Verschluß klickte. Ein weiteres Bild wurde aufgenommen, dann noch eines. Diese Seite, jene Seite, aus der Nähe, aus größerer Entfernung. Es war, als würde ich von Insekten umschwirrt. »Schon in Ordnung«, sagte ich zu dem Burschen hinter der Linse, schlank, blond, mit schwarzer Jacke und Turnschuhen. »Was soll das bedeuten?« Er machte noch ein paar Aufnahmen und nahm dann die Kamera runter.

Ich war verblüfft. Sein Blick wirkte nach innen gekehrt, als habe er ein Geheimnis mit sich selbst, etwas, das mit Vergnügen zu tun hatte und ihn von anderen unterschied. Und doch wirkte dieser Blick auch offen. Der Bursche lehnte sich an den Tresen und betrachtete mich aus hellbraunen Augen. Sein Gesicht war schmal und spitz, er war vermutlich ein paar Jahre älter als ich, und er hatte die Nase eines Renaissancefürsten.

»Ich wollte Sie unbemerkt aufnehmen. Die Köchin in ihrer Küche. Ich fotografiere jetzt Küchen. Eine ältere Frau in dem Raum, in dem sie den größten Teil ihres Lebens verbracht hat. Ein Kerl vor einem offenen Kühlschrank. Alle Hunde in einer Reihe stehend, wie sie darauf warten, gefüttert zu werden. Meistens Privatküchen, aber ich dachte, ich sollte auch mal was anderes ausprobieren. Sie sind jünger, als ich erwartet hatte, und das ergibt einen schönen Effekt mit all diesem Zeug.« Er deutete auf die Ansammlung von technischen Geräten. »Ihr Chef, wie hieß er noch gleich, George, hat mir erlaubt, Aufnahmen von Ihnen zu machen.«

»Dazu hatte er kein Recht.«

»Er schien das aber doch zu glauben.« Das konnte ich mir gut vorstellen. George lachte über meine Abneigung gegen zusätzliche Leute in der Küche. Er neckte mich damit, wenn er Gäste nach hinten brachte, die mir zusehen wollten.

»Was werden Sie mit den Bildern machen?« fragte ich. Sein Blick war so intensiv, daß es mir kalt den Rücken hinunterlief.

»Kommt drauf an.« Sein Ton war abrupt, aber diese Abruptheit kränkte mich nicht. Im Gegenteil. Ich schaute auf die Kamera, die ihm an einem Riemen um den Hals hing, und stellte mir vor, wie meine Bilder geisterhaft durch den schwarzen Plastikkasten fuhren, um sich in sein Fleisch zu graben.

»Möchten Sie kosten, was ich mache?«

»Okay.«

Ich hielt ihm einen Finger hin, den ich in die würzige rote Butter getaucht hatte, und er leckte ihn ab. »He, das ist gut. Kann ich noch ein bißchen haben?« Ich streckte nochmals den Finger aus. »Danke. Normalerweise muß man mich nicht füttern. Ich heiße Frank Mardano.« Ich sagte ihm meinen Namen, und wir gaben uns die Hand, was mir ein bißchen absurd vorkam, nachdem er meinen Finger abgeleckt hatte. »Haben Sie was dagegen, daß ich hier hinten bin?«

»Wollen Sie bleiben?«

»Ich würde Ihnen gern zusehen.«

»In Ordnung.«

»Ich werde Sie nicht stören.« Das tat er natürlich doch. Seine Augen folgten jeder meiner Bewegungen, und ich wurde verlegen. Ich vergaß, wie lange es dauerte, eine Hühnerbrust zu garen, ich konnte nicht mehr mit den Gemüsen umgehen. Und doch war es eine angenehme Verlegenheit. Ich wollte langsamer arbeiten und meine Fehler genießen. Aber ich mußte die Essen ausgeben. Um seine Aufmerksamkeit von meinem Körper abzulenken, begann ich zu reden. Ich erzählte ihm von der Küche meiner Großmutter. Plötzlich war mir klar, daß mein Leben aus einem Guß war. Wie konnte ich etwas anderes werden als Köchin, nachdem ich dort aufgewachsen war? Plötzlich wurde mir bewußt, wie lebhaft mir diese Jahre in Erinnerung waren. Ich dachte nicht wehmütig an diese Zeit zurück, sondern war dankbar, daß sie immer mir gehören würde. Frank hatte mit seiner Aufmerksamkeit bewirkt, daß mir dies bewußt wurde. Es war sein Geruch, den ich gerade noch wittern konnte – nach Holz und Kräutern, den herben Kräutern des Monats September. Vielleicht verliebte ich mich am meisten in seinen Geruch.

»Tomaten wurden früher Liebesäpfel genannt«, sagte ich, während ich einige kleinschnitt, um sie zu sautieren. »Jungfrauen durften sie nicht essen. Ist das nicht eine herrliche Idee? In der Hochzeitsnacht ein Mahl aus Köstlichkeiten zu essen, die man nie zuvor probiert hat?«

Er antwortete nicht, sondern lächelte nur, als wollte er sagen: Hochzeitsnacht? Fest? Köstlichkeiten? Als wolle er mir bewußtmachen, wie warm und süß sein Mund aussah, seine blühende Haut. Meine Verlegenheit kam zurück, und ich tauchte wieder in meine Kindheit ein. Frank hörte zu, den Kopf verträumt geneigt, als lese ich ihm eine Geschichte vor. Ich erzählte ihm Dinge, an die ich mich selbst kaum erinnerte: Meine Mutter und ich sammelten Pilze in den Wäldern und trugen sie in einem Korb zu Großmutter, die sie klugerweise wegwarf.

»Waren sie giftig?«

»Wer weiß? Meine Mutter liebte Risiken. Sie pflegte in ihrem Schlafzimmer Kerzen anzuzünden und einzuschlafen, während sie noch brannten. Sie brachte mir bei, wie man schnell mit dem Finger durch die Flamme fährt.«

»Eine gefährliche Dame.«

»Sie war schön.«

»Das sind Sie auch«, sagte er, und für einen Augenblick klang seine Stimme anders. Feurig. Er warf mir einen verstohlenen Blick zu.

Ich zögerte. »Sie auch.«

Wir redeten weiter. Einmal kam George in die Küche und war überrascht, Frank immer noch bei mir zu sehen. Frank sagte nichts zu ihm, und ich sagte auch nichts. Er warf uns einen vielsagenden Blick zu und ging wieder nach vorne. Ich konnte seine Stimme ärgerlich anschwellen hören, und Judy und Leo gingen kichernd hin und her. Wir alle lachten, wenn George mürrisch wurde, denn es schien die Reaktion zu sein, die er wollte.

Um elf schaltete ich den Grill und die Herde ab, räumte die Lebensmittel weg und wischte die Messer ab. Es war ein ruhiger Abend gewesen, und ich war dankbar dafür. »Kann ich Sie nach Hause fahren?« fragte Frank.

»Wehe, wenn Sie das nicht tun.« Ich ging nach vorn, um mich zu verabschieden.

»Trink ein Glas Wein, Goldlöckchen«, sagte George und streckte seinen massiven Arm nach mir aus.

»Nein, danke.« Mein Ton ließ ihn aufhorchen, und er schaute hinüber zu Frank, der an der Küchentür wartete. Vielleicht hätten wir durch die Hintertür hinausgehen sollen, dachte ich. George wandte heftig den Kopf ab. Leo zog eine Augenbraue hoch und grinste mir zu. Ich zuckte die Achseln. George wußte, daß ich mit anderen Männern schlief. Wir machten oft Witze darüber. Ich sagte gute Nacht und ging, nicht ohne zu bemerken, daß Geroge an seinem Ehering nagte.

»Wissen Sie«, sagte ich, als ich in Franks schwarzen Chevy kletterte, »Sie sehen eigentlich wie der Typ aus, der ein Fahrrad fährt.

»Nein, ganz daneben. Ich bin in New York aufgewachsen, und da haben die Leute keine Fahrräder. Das heißt, einmal hatte ich eins, aber das wurde mir am nächsten Tag gestohlen. Nein, normalerweise fuhr ich mit der U-Bahn. Ich empfinde es als großen Luxus, ein Auto zu haben. Ich fühle mich wie ein König.«

Ich lachte über die Mischung aus Aufrichtigkeit und Selbstironie in seinem Ton. Daß er sich wie ein König fühlte, konnte man sehen – oder vielmehr wie ein New Yorker Junge, der es zu etwas gebracht hat, der sich zurücklehnt und mit zwei Fingern fährt, den linken Ellbogen auf den Fensterrand gestützt. Unter seiner schwarzen Jacke trug er ein weißes Button-down-Hemd und eine schmale schwarze Lederkrawatte, die locker gebunden war. Ich hatte schon Besitzergefühle gegenüber diesen Kleidungsstükken. Ich wollte meine Wange an das kühle Leder seiner Krawatte legen, meine Zunge zwischen die Knöpfe seines Hemdes schieben – und mir gefiel auch die Koketterie des Abstandes zwischen uns. Ich fühlte, was ich nie zuvor gefühlt hatte – nicht das Verlangen, der Abend solle auf eine bestimmte Weise verlaufen, sondern einen Wunsch, zu spielen und weiter zu spielen, meinen Kopf in seinen Schoß zu legen oder auch nicht, in eine Bar unten am Wasser zu gehen und etwas zu trinken, nach Hause zu fahren, zu ihm zu fahren, die ganze Nacht zu fahren.

Als hätte er meine geheimsten Wünsche erraten, begann er, langsamer zu fahren. Er legte seine linke Hand auf das Steuerrad und griff mit der rechten nach meiner Hand. Ich hielt seine Finger, kühl, schlank und trocken, und schaute in einer Art Trance aus dem Fenster auf die vertrauten Straßen des südlichen Zentrums von Berkeley, wo die Häuser bunt gestrichen sind, die Hunde ohne Leine über die Gehsteige laufen und die Pflaumenbäume ihre gelben Früchte fallen lassen, die eine so süße, dicke Marmelade ergeben. »Fahren Sie oft in die Hügel hinauf?« fragte Frank.

»Nein, ich habe kein Auto.«

»Ich bin dauernd da oben. Was wäre Berkeley ohne die Hügel?« Er war plötzlich begeistert. »Es gibt sogar Kühe da oben.«

Ich lachte. »Ich habe in meinem Leben jede Menge Kühe gesehen. Ich bin in New Hampshire aufgewachsen.«

»Tja, nun, ich habe nie Kühe gesehen. Einmal fuhren wir nach New Jersey und kamen an ein paar Pferden vorbei, und ich sagte: ›Schaut euch bloß mal die Kühe da an.‹ Damit necken sie mich noch heute.«

»Hört sich auch ziemlich dämlich an«, sagte ich scherzend. »Ich meine, Sie hätten den Unterschied wenigstens von Bildern her kennen müssen.«

»Ja, und ich wußte, wie Pferde aussehen. Ich hatte im Central Park welche gesehen. Aber ich war einfach so darauf erpicht, Kühe zu sehen.«

Wir waren bei meinem Haus angelangt, und ich bat ihn herein. Er war zerstreut – er folgte mir, als sei er schon hundertmal dagewesen –, als ich ihn durch den Flur in den Wohnraum führte. Callie saß auf der Couch und las ein Comicheft. Ich bin nicht einmal sicher, daß Frank sie sah, als sie sich davonmachte.

Ich setzte mich. Er ging eine Minute lang im Zimmer umher, hob seine Kamera und richtete sie hierhin und dorthin. Ich stellte mir vor, dies sei sein wahres Gesicht – ein glänzendes schwarzes Objektiv und eine Glaslinse. Er hätte mir trotzdem gefallen. »Machen Sie die Bilder beruflich?«

»Sie meinen, ob ich dafür bezahlt werde? Ich habe schon welche verkauft und war auch in ein paar Ausstellungen vertreten. Es spielt keine Rolle. Irgendein Idiot denkt, das Stück gehöre ihm und hängt es an die Wand... na und? Sobald es einmal gemacht ist, ist es Geschichte. Uninteressant. Das müßten Sie doch wissen.«

»Meine Arbeiten werden nach ein paar Stunden sehr uninteressant«, sagte ich trocken. Er lachte und legte einen Arm um mich, wobei er sich über meinen Sessel beugte.

»Kann ich etwas zu trinken haben?« sagte er in mein Ohr. Sein Atem war wie ein Geist, wie ein Kobold, der in mein Gehirn schlüpfte.

»Ja«, sagte ich, so gedehnt ich konnte. »Möchten Sie gern ein Glas Wein?«

»Nein, nichts Alkoholisches. Haben Sie Limonade?«

»Ich kann welche machen.«

»Ich werde Ihnen helfen.« Wir gingen in die Küche, und als ich das Licht einschalten wollte, legte er eine Hand auf mein Handgelenk. »Wir brauchen nicht mehr Licht.« Ich hielt inne und sah aus dem Fenster. Zwischen den Zweigen des Zitronenbaumes ging der Mond auf.

»Sehen Sie diesen Baum?« fragte ich. »Nachmittags ist er voll mit kleinen schwarzen Mädchen. Ungefähr drei von ihnen kommen regelmäßig und stehlen die Zitronen. Sie sind schamlos. Meine Mitbewohnerin Callie versucht, ihnen Angst einzujagen, aber sie ist nicht sehr furchterregend.«

»Ich glaube, ich habe diese Mädchen gesehen.«

»Sie lachen und schwatzen, schauen uns durch die Fenster an und pflücken unsere Rosen, wenn sie gehen.«

»Und wenn sie um die Ecke sind, verwandeln sie sich in Amseln«, sagte er.

Ich nahm einen Krug vom Regal und gab ihm vier Zitronen und ein Messer. »Ein Koch, der im Dunkeln arbeitet und der Berührung und dem Geruch der Dinge vertraut«, sagte er nachdenklich.

»Ich kann sehen. Können Sie nicht sehen?« Der Mond schien durch die dünnen weißen Vorhänge. Die Zitronen lagen als schattige Flecken auf der glänzenden Platte. »Die Zitronen sind so hell.«

»Sie sind eigenartig hell. Sie sehen aus, als würden sie brüten«, sagte er.

»Nein, eine Zitrone ist kein Ei. Eine Zitrone denkt in Tropfen und neigt zur Hexerei. Sie hat auch ihre erotische Seite und wird gern über dem Haar junger Mädchen ausgepreßt, die blond sein möchten.«

»Sie hatten das nie nötig.«

»Nein.«

»Sie haben schönes Haar. So lang.« Er nahm es in beide Hände und ließ es durch seine Finger gleiten, während ich still dastand, unfähig, mich zu bewegen. Dann lehnte ich langsam den Kopf zurück, und er umschloß ihn mit seinen Händen. Ich wollte mich nach hinten fallen lassen, ihm völlig vertrauen.

Ich sagte: »Es gibt ein Märchen über lange Haare, das ich liebe. Immer, wenn das Haar der Prinzessin geschnitten wird, wächst es doppelt so schnell nach. Bald ist es viele Meilen lang.«

»Wie endet das Märchen?«

»Oh, das habe ich vergessen. Etwas mit einer Fee, die hereinkommt und alles in Ordnung bringt. Dann reicht ihr das Haar nur noch bis auf die Füße, und sie heiratet.«

»Sie klingen enttäuscht«, sagte er.

»Nun, sie hätte ihren Kopf aufs Fensterbrett legen können. Mit einem Kissen darunter, und ihr Haar wäre im Wind geflattert.«

Nachdem ich das gesagt hatte, folgte ein Schweigen. Wir wußten beide nicht so recht, wie es weitergehen sollte. Schließlich hob Frank seine Hand, die klebrig von Zitronensaft war, und ich legte meine dagegen. Fingerspitzen gegen Fingerspitzen. Wir lächelten einander an, als unsere Hände zusammenklebten, und lösten sie dann mit einem schmatzenden Geräusch voneinander.

»Sollen wir zurück ins Wohnzimmer gehen?« sagte ich.

»Nein, ich bin lieber in Ihrer Küche.«

Es war eine hübsche Küche. Callie hatte sie gelb gestrichen, und ich hatte auf einem Flohmarkt einen kleinen, abgenutzten Eichentisch gekauft. Es gab viele Fenster und ein altmodisches, hohes Spülbecken, groß genug, um ein kleines Kind darin zu baden. Großmutter hatte mir ein paar von unseren Kupfertöpfen geschickt, und ich hatte geblümte Krüge, blaue und weiße Dosen, ein Waffeleisen und eine Eismaschine besorgt. Im Halbdunkel sahen sogar die Kunststoffplatte und der Linoleumfußboden gut aus, gaben dem Raum einen gewissen Glanz.

Wir setzten uns mit unseren Limonadengläsern an den Tisch. Franks Gesicht lag im Schatten. Alles, was ich sehen konnte, waren der weiße Schimmer seines Hemdes und seine blonde Mähne. Ich stellte mir vor, ich wäre eine Köchin in einem großen Haus, verbrächte meine Tage in diesem Zimmer und empfinge nachts meinen Liebhaber hier. Ich würde für ihn Obst und Fleisch aufheben. Wir müßten flüstern, damit die Dame des Hauses uns nicht hörte. Und wir würden nicht auf die anderen Menschen im Haus hören, würden uns nicht um sie kümmern.

Natürlich kannte ich ihn nicht wirklich. Ich kannte ihn fast gar nicht. Der Gedanke verursachte mir Unbehagen, als ob meine Aktivitäten des letzten Jahres ihn mir fremd bleiben lassen könnten. Ob er dasselbe Unbehagen spürte oder ob es der Schutz des Schattens war, weiß ich nicht, aber er begann zu sprechen.

»Meine Mutter war eine lausige Köchin. Ich glaube, sie fürchtete sich vor der Küche. Mein Vater kaufte dauernd Geräte, die sie nicht benutzen wollte. Er regte sich über die Gerichte auf und weigerte sich, sie zu essen. Sie schüttete dann alles in den Mülleimer, und er ging mit uns Eis essen. Etwa auf halber Strecke – nein, wohl weniger – auf dem Heimweg von der Eisdiele gab es etwas, das er ›Test‹ nannte. Er fuhr irgendwohin, griff dann nach hinten, öffnete die Autotür und ließ meine Schwester Marva und mich in einem fremden Viertel aussteigen. Dann fuhr er weg. Wir waren allein. Egal, auf welche Weise wir nach Hause kamen, es war ihm immer recht, solange wir nicht in Panik gerieten. Das war der entscheidende Punkt, darin wurden wir getestet. Ich glaube, er hat sich irgendwo versteckt, uns beobachtet und jede Träne auf unseren Gesichtern gesehen. Einmal wurde Marva beinahe vergewaltigt. Wir haben es ihm nie erzählt, sondern angenommen, das gehöre zum Test.«

»Hat Ihre Mutter nicht versucht, das zu verhindern?«

»Sie hatte Angst vor ihm. Ich glaube, sie hatte sogar Angst vor uns.« Er beugte sich vor und warf mir über den kleinen Tisch hinweg ein schiefes Lächeln zu. Wenn ich ihm näher gewesen wäre, hätte ich seine Wange gestreichelt.

»Und dann, eines Tages, 1965, gab es den großen Stromausfall in New York. Marva und ich kamen von irgendwo zurück. Beide Eltern waren bei uns. Wir waren in der U-Bahn-Station, als es passierte. Wir faßten uns sofort bei den Händen. Ich hörte meine Mutter schreien und meinen Vater fluchen. Er begann, nach Streichhölzern zu rufen. Ich hatte immer Streichhölzer bei mir. Marva und ich schlichen einfach auf Zehenspitzen davon. Wir fanden die Treppe und gingen nach oben. Auf der Straße zündete ich die Streichhölzer an, und da waren auch andere Leute, die Streichhölzer anzündeten – es war wie bei irgendeiner wunderbaren Zeremonie. Kleine gelbe Flammen und Autoscheinwerfer. Das war alles. Häuser, Gebäude, Schulen lagen im Dunkeln, die Leute riefen sich gegenseitig Dinge zu. Wo wir waren, gab es keine Plünderungen, nur Leute, die versuchten, nach Hause zu gelangen oder die ganze Sache zu genießen. Wir fanden ein Trio alter Trunkenbolde. Einer von ihnen hatte eine Kerze. Gott weiß, woher er sie hatte. Wir zündeten die Kerze an und setzten uns mit ihnen in einen Hauseingang. Sie boten uns von ihrem Schnaps an, und wir bekamen einen Schwips. Bald sangen wir alle unsere Schullieder. Ich hoffte, meine Eltern würden nie aus der Untergrundbahn herauskommen. Der Wunsch entsetzte mich, aber wir amüsierten uns so prima ohne sie.

Marva lernte an diesem Abend einen Jungen kennen, einen Rekruten von der Polizei, mit dem sie sich zwei Jahre lang heimlich traf. Er brachte uns gegen Mitternacht nach Hause. Meine Mutter lag im Bett, und mein Vater war wütend. Er war nicht sicher, ob wir sie absichtlich zurückgelassen hatten, aber er war sehr mißtrauisch. Zwei Stunden lang nahm er uns ins Gebet. Er wußte, daß ich Streichhölzer gehabt hatte.

Am nächsten Tag erklärte mir Marva – sie war damals fünfzehn und las psychologische Bücher –, daß unsere Eltern verrückt seien und daß wir mit Sicherheit auch verrückt werden würden, wenn wir uns ihnen nicht an allen Fronten widersetzten. Schuldgefühle würden uns zerstören. Sie war wunderbar überzeugend, und sie war der lebende Beweis dafür, daß man tatsächlich älter wurde, daß ich eines Tages frei sein würde.

Die nächsten vier Jahre verbrachte ich wie ein Gefangener, der sich auf einen Ausbruch vorbereitet. Im Ernst. Ich dachte so. Ich knüpfte Kontakte mit der Außenwelt – hing mit anderen Kindern herum –, lernte, soviel ich konnte, über das Überleben, und als die Zeit zum Weglaufen kam, war ich nicht überrascht, wie einfach es war. Marva hatte die Gefahren des Lebens bei meinen Eltern so lebhaft geschildert, daß daneben alles andere ungefährlich und einfach erschien.«

»Und was tat sie?«

»Sie lebte bei ihnen, bis sie ihren High School-Abschluß hatte. Als sie dann ins College ging, ging ich auch. Ich ging ins East Village. Dort verbrachte ich ein paar Jahre mit Betteln und Drogenhandel, bis ich die ganze Szene satt hatte. Es war nicht mehr wie in den sechziger Jahren. Ich suchte mir einen Job. Erst als Hilfskellner, dann als Schlosserlehrling. Das war fabelhaft. Ich mochte den alten Mann, den Vater meines besten Freundes Angelo, der mit Drogen zu viel Geld verdiente, um selbst in das väterliche Geschäft einzusteigen. Angelo senior schickte mich zu allen jungen Frauen, die neu aus dem Mittelwesten angekommen waren. Ich verbrachte eine Stunde oder so damit, ihre Sicherheitsschlösser und Fenstergitter zu installieren, und dann boten sie mir ein Bier an, und bis ich wieder ging, hatte ich gewöhnlich eine Verabredung.«

»Mit erwachsenen Frauen?«

»Sie müssen verstehen, ich war ein ziemlich cooler Junge. Immer noch sauer auf meine beschissene Kindheit, aber ich fühlte mich als harter Bursche, weil ich allein lebte. Ich hatte vor, mein Leben damit zuzubringen, andere Leute zu beobachten, einfach zu beobachten, und von einem Tag zum nächsten zu leben. Ich brauchte niemanden, nur einen Platz zum Schlafen und etwas zu essen... Ich meinte das ganz ernst.«

Er lächelte mir zu, als sei das alles lange her. Ich lachte. Er lachte auch. »Ja, sie fanden mich faszinierend, weil ich so aufrichtig war – von aufrichtiger Gleichgültigkeit der Welt gegenüber, aber bereit, über diese Gleichgültigkeit die ganze Nacht zu reden. Und in gewisser Weise stimmte das auch. Ich wußte noch nicht, was ich wollte, und ich fürchtete mich vor gar nichts. Meine Familie waren die einzigen Menschen gewesen, die wirklich einen Eindruck auf mich gemacht hatten, und Marva war in Maine, und meine Eltern sah ich nie... Also schlief ich, wann immer ich wollte, mit einer Menge verschiedener Frauen. In vieler Hinsicht das perfekte Leben für einen Jungen dieses Alters. Ich dachte, es würde immer so weitergehen.«

»Und was passierte?«

»Ich wurde von einem Auto angefahren.«

»O nein!« Ich starrte ihn an, als sei er plötzlich vor meinen Augen lahm geworden.

»Ich hatte beide Beine gebrochen. Einen Monat lang lag ich im Krankenhaus. Meine Mutter fand das heraus und kam mich besuchen. Die ganze Stunde, die sie da war, verbrachte sie damit, sich darüber zu beklagen, daß ich sie im Stich gelassen hätte, über ihre Arthritis zu jammern und über die anderen Frauen meines Vaters herzuziehen... Wie auch immer, entscheidend ist, daß ich den Typ verklagte, der mich angefahren hatte – Angelo hat mir diesen wirklich knallharten Anwalt besorgt –, und fünfzigtausend Dollar bekam. Er machte einen wirklich traurigen Fall aus mir, einen kleinen Ausreißer auf Krücken. Ich war achtzehn, sah aber jünger aus. Nachdem ich dem Anwalt seinen Anteil gegeben hatte, blieben mir immer noch etwas über dreißigtausend. Ich wußte nicht, was ich damit machen sollte. Ich wußte nur, daß ich es nicht vergeuden wollte. Eigentlich wollte ich es überhaupt nicht ausgeben. Also redete ich mit ein paar Burschen in einer Bar, Typen in Geschäftsanzügen, wissen Sie, und fragte sie, wie ich das Geld investieren sollte. Die meisten rieten mir zu Aktien, aber dazu hatte ich keinen Bezug. Einer meinte, ich sollte es in Gold anlegen. Das war 1975. Ich dachte also eine Weile darüber nach, kaufte dann das Gold und außerdem eine hölzerne Piratentruhe, um es aufzubewahren.«

»Sie haben doch nicht so viel Gold in Ihrer Wohnung aufgehoben?«

»Am Fußende meines Bettes. Die Piratentruhe hatte ich aus einem Geschäft für Theaterbedarf. Sie war mit gekreuzten Knochen und einem Totenschädel bemalt, der im Dunkeln leuchtete.« Er grinste.

»Hatten Sie keine Angst, man könnte Sie bestehlen?«

»Eigentlich nicht. Meine Bude war ziemlich sicher. Angelos Vater hatte sie für mich verbarrikadiert. Sicher war es ein Risiko, aber Sie können sich nicht vorstellen, wieviel Spaß es machte, das Gold zu haben: manchmal mitten in der Nacht aufzuwachen und aufzustehen, nur um diesen Schädel anzusehen, der mich in der Dunkelheit anstrahlte. Ich fand es herrlich.«

»Haben Sie es nie jemandem gezeigt?«

»Manchmal Frauen. Ich ließ sie schwören, daß sie nicht darüber reden würden. Das war aber nicht nötig. Sie glaubten nicht, daß es echtes Gold war. Sie meinten, ich spielte mit ihnen.«

»Haben Sie das nicht getan?«

Er lehnte sich zurück und schaukelte mit seinem Stuhl. »Ich weiß nicht. Ich wollte es verstecken, aber gleichzeitig wollte ich, daß alle davon wußten. Ich wollte Goldmünzen in die Menge werfen und konnte mich trotzdem nicht davon trennen. Ich arbeitete weiter. Aber je länger ich es hatte und je beschissener die Jobs wurden, die ich bekam, desto weniger erschien es wie Märchengold. Es war wirklicher Reichtum.«

»Natürlich. Und dann stieg der Goldpreis, und Sie haben es verkauft?«

»Ja. Und bin ein reicher Mann geworden.« Er lächelte mir zu, und ich verstand, warum Leute gern mit erfolgreichen Spielern zusammen sind. Vielleicht brachte ich meine Empfindungen durcheinander, aber ich glaubte, ich könne das Glück sehen, das ihn umgab, die Gegenwart einer in ihn vernarrten Fortuna spüren.

»Also haben Sie jetzt kein Gold mehr.«

»Nein, jetzt habe ich Aktien und Anleihen.«

»Ein richtiges Kapitalistenschwein.«

»Besser, als für eines zu arbeiten.«

»Wahrscheinlich. Wie fühlt man sich, wenn man so viel Geld hat?«

»So, als wenn da oben jemand sagen würde: ›Überarbeite dich

nicht, Jack.‹« Er lachte. »Wenn ich mein Gold noch hätte, würde ich Ihnen eine Halskette machen, passend zu Ihrem Haar.«

Ich stellte mir eine Halskette aus Goldmünzen vor, schwer wie ein Pferdegeschirr. Ich konnte das kalte, runde Gewicht an meinem Hals fühlen. Aber er hatte kein Gold mehr, er hatte nur noch Geld, und das brauchte ich nicht. Er begann mir zuzulächeln, mit diesem absichtlich sexy wirkenden Lächeln, und ich fühlte mich plötzlich eingeengt durch den Tisch zwischen uns. Ich stand auf.

»Gehen wir nach oben.«

Er sah verblüfft aus, dann folgte er mir. Ich ging schnell, und er holte mich erst auf dem Treppenabsatz ein. Er drehte mich um und zog mich in seine Arme. Ich vergrub mein Gesicht an seinem Hals. Ich fühlte sein Herz klopfen, während sein Penis sich regte und sich gegen mich drückte. Ich liebe diesen Augenblick: Er ist lebendig. Wir standen so, umarmten uns heftig, dann gingen wir in mein Zimmer. Das Fenster stand offen, und ein leichter Windhauch hüllte uns ein.

Ich zog mich aus und setzte mich aufs Bett. Frank kniete vor mir, sein Gesicht zwischen meinen Schenkeln. Ich beugte mich über ihn, mein Haar floß über seinen Rücken, mein Gesicht lag an seiner Wirbelsäule, und ich fühlte mich merkwürdig allein in diesem kühlen Raum. Dann wanderten meine Hände zu seinen Brustwarzen, zu seinem Bauch und seinem Penis, und da war er ganz warm und gegenwärtig.

Plötzlich legte ich mich zurück. Er hob den Kopf, sah mich an, und dann lag er mit einem Satz neben mir, sein Bein über meinen. Sein Atem war in meinem Mund, als er sagte: »Ich möchte dich ficken.«

»Niemand hindert dich daran«, antwortete ich und ließ den Kopf zurücksinken, so daß er mir folgen mußte, seinen Mund auf meinem. Unsere Zungen trafen sich zu einer langsamen, süßen Begegnung. Sein Schwanz glitt in mich wie ein Boot ins Wasser.

Während wir vögelten, redete und küßte er abwechselnd. Er sagte: »Dein Gesicht sieht aus, als hättest du seit hundert Jahren gefickt.« Er sagte: »Ich werde dich hundert Jahre lang ficken.«

Ich umschlang ihn mit den Beinen und starrte in sein Gesicht, das von Schweiß glänzte. Seine Lippen bebten, und ich wußte, daß ich ihn mit Leidenschaft, Charme und Zärtlichkeit umgeben mußte, mit allem, was ich hatte.

13

Ich wachte bei strahlendem Sonnenschein auf. Das Fenster stand noch immer offen, und ich konnte auf der Straße Gelächter hören. Irgendwo im Zimmer summte eine Fliege. Ich war unvernünftig glücklich... Frank war hier. Ich drehte mich um, um ihn anzusehen, erinnerte mich an jede Einzelheit seines Körpers, aber das Bett war leer. In diesem Augenblick schrumpfte die Nacht zu einer Kerzenflamme zusammen, die flackert und versucht, gegen die Sonne anzuleuchten. Ich kannte dieses Gefühl: Ein sexuelles Abenteuer war ein Traum, eine Gutenachtgeschichte für Erwachsene, in der sich alle Sehnsucht und Gewalt des Tages auflöst. Morgens schlich ich mich aus fremden Häusern, und wenn der Mann bei mir war, wurde ich ihn schnell los. Diejenigen, die ich mitbrachte, waren die, die ich leicht loswerden *konnte,* die Kalten, die, wenn ich jetzt darüber nachdenke, Callie eine merkwürdige Vorstellung von meinem Geschmack vermittelt haben müssen.

Ich stand auf, ging ins Badezimmer, wusch mir das Gesicht und rieb mir Parfum hinter die Ohren. Ich betrachtete mich im Spiegel: das Gesicht war aufmerksam, glatt wie Sahne, beherrscht von großen, glänzenden Augen. Langsam ging ich nach unten, stellte mir vor, wie Frank Kaffee trank, und gestattete mir ein bißchen Verstimmtheit. Ich erwartete, daß er verstand, wie notwendig seine Anwesenheit bei meinem Erwachen war. Ich erwartete, daß er alles verstand.

Er war nicht in der Küche. Callies Teetasse mit den nassen Pfefferminzblättern stand auf dem Tresen. Sonst war nichts da. Ich füllte den Kessel, stellte ihn auf den Herd, setzte die Kaffeemühle in Gang. Vielleicht war er schon vor Stunden gegangen.

Callies Kater Esteban kam in die Küche. Ich hob ihn auf und vergrub mein Gesicht in seinem orangefarbenen Fell. Er legte seine Pfoten auf beide Seiten meines Halses und drückte seine Krallen hinein, wobei er mißbilligend miaute. »Du miesepetriger Macho«, sagte ich und warf ihn auf den Boden. Er rollte sich auf den Rücken, ein zufriedenes Grinsen auf dem einfältigen Gesicht: Esteban mochte die rauhe Tour. Ich gab ihm einen leichten Tritt und ließ ihn dann in meinen Fuß beißen, den er mit der Vorderpfote festhielt, während seine Hinterbeine versuchten, ihn wegzuschieben.

»Genug«, sagte ich und riß meinen zerkratzten Fuß los. Der Schmerz pulsierte angenehm, ein Geschenk an mein Selbstmitleid, während ich Kaffee machte und mir eine Tasse eingoß. Alles war still. Vermutlich hat er eine Verabredung gehabt, dachte ich, aber warum hat er keine Nachricht hinterlassen? Er war einfach grausam. Es gefiel ihm, eine fremde Frau in sich verliebt zu machen. Ich verdiente es nicht besser, oder? Aber ich hatte nie solche vielversprechenden Blicke, solche Pausen, solche Tricks benutzt.

Als ich mit meiner zweiten Tasse Kaffee fertig war, kam Frank herein. Er trug eine Tortenschachtel, eine braune Papiertüte und zwei rosa Nelken. Er war kleiner, als ich ihn in Erinnerung hatte, und konzentrierter; sein Körper wirkte so lebendig, daß ich ihn beinahe durch die Kleidung hindurch sehen konnte. Sein adlernasiges Gesicht mit den hohen Wangenknochen beugte sich liebevoll zu mir herunter.

»Guten Morgen«, sagte er. »Ich wollte zurück sein, bevor du aufwachst, aber ich hatte vergessen, daß die Bäckerei erst um zehn öffnet.« Er legte alles auf den Tisch und öffnete die Schachtel: ein Stück Erdbeerkuchen, ein Stück Kiwikuchen und zwei Croissants lagen darin. Dann ließ er ein Stück Brie aus der Papiertüte gleiten.

»Ich dachte, du wärst verschwunden«, sagte ich traurig, als er so nahe kam, daß ich ihn riechen und berühren konnte.

»Warum sollte ich?« Er küßte mich auf den Mund.

»Ich weiß nicht. Sieht toll aus. Wo hast du es gekauft?«

»In der Bäckerei in der College Avenue. Wo sind die Teller?«

»Im Schrank über dem Ausguß. Möchtest du Kaffee?«
»Ja, bitte.«
Ich deckte den Tisch, goß Kaffee ein und stellte die Nelken in Wasser. Er setzte sich, und ich setzte mich auf seinen Schoß. »Du hast heute frei«, sagte er. »Was machen wir mit dem Tag?«
»Woher weißt du, daß ich heute frei habe?«
»Ich habe George getroffen.«
»Mein Gott, wo?«
»In der Bäckerei.«
»Habt ihr über mich gesprochen?« Ich nahm den Kiwikuchen und biß hinein.
»Er sagte mir, daß du Kiwis magst.«
»Hast du ihm gesagt –«
»Er wußte es. Er nahm das Ganze ziemlich gelassen, aber mit einem hintergründigen Schmunzeln auf.«
»Hintergründig nur deshalb, weil es noch so früh am Morgen ist.«
»Hast du ein Verhältnis mit ihm?«
»So ungefähr.«
»Eine ernste Sache?«
»Nein. Ich sehe ihn nur bei der Arbeit; hierher habe ich ihn noch nie mitgebracht.« Das fühlte sich wie ein Verrat an, aber entsprach der Wahrheit. Ich hatte George nie als »ernste Sache« betrachtet. Frank umfaßte mich etwas fester. »Du gibst einen guten Stuhl ab«, sagte ich. »Ich wünschte, ich hätte mehrere.«
»Reicht einer nicht?«
»Oh, ich hätte gern sechs rund um einen Eßtisch. Stuhlmänner. Nackt natürlich. Dann würde ich alle meine Freundinnen zum Abendessen einladen.«
»Möchtest du's ausprobieren? Nackt?«
»Okay, aber laß mich erst noch Kaffee holen.« Ich ging zum Herd, wo ich eine weitere Tasse Kaffee eingoß, während Frank seine Hose auszog.
»Soll ich mein Hemd ausziehen?« fragte er.
»Nein, aber in Zukunft möchte ich, daß du eines dieser T-Shirts trägst, die aussehen wie ein Smoking.«
»Komm her.«

Ich ging. Er zog meinen Morgenrock hoch, und ich wartete nicht, sondern schob mich selbst auf ihn, dachte an Kletterseile und Fahrräder, an weiße Hengste und die alten, grauen Äste von Apfelbäumen. Ich schlürfte meinen Kaffee. »Alles, was ich jetzt noch brauche, ist eine Zeitung«, sagte ich, während ich Kaffee schlürfte.

»Oder die Morgenpost.« Er stieß zu, und ich stellte hastig meine Kaffeetasse ab. Dann wurde ich, mit den Händen auf den Knien nach vorn gebeugt, über den Überresten meines Frühstücks gefickt. Mein Haar fegte alle Krumen auf, und als Frank kam, trat er gegen das Tischbein, wodurch die Nelken samt Vase in unseren Schoß gestoßen wurden. »Ich glaube, für eine Dinnerparty ist das keine so gute Idee«, keuchte er.

»Gehen wir nach oben.«

Das taten wir. Es war gegen elf, und die Sonne schien hell auf mein ungemachtes Bett. Endlich zog ich meinen Morgenrock aus, und Frank sein Hemd. Ich liebte seine haarlose Brust, der eines Indianers ähnlich, und seine runden, sommersprossigen Schultern. Seine Brustwarzen waren so braun wie seine Augen, wenn auch nicht ganz so hübsch, denn nichts war so hübsch wie seine Augen – braun, vollkommen oval, voller Optimismus. Ich fühlte mich so zärtlich, so zärtlich. Ich kannte tausend Liebkosungen. Ich streichelte ihn mit Beinen und Füßen und Brüsten. Ich hob das Haar aus seiner Stirn und küßte die blasse Haut. Ich küßte seine Lippen. Ich küßte ihn, bis er still lag, sein Herz heftig klopfte und sein Penis langsam gegen meinen Schoß pulsierte. Dann hörte ich auf.

»Jetzt bist du an der Reihe«, sagte ich und schaute in seine braunen Augen. Seine Hände, die leicht auf meinen Hüften lagen, begannen zu kneten, bewegten sich auf und ab und vor und zurück und fanden mehr Fleisch, als ich zu haben glaubte. Als er mit seinen Beinen meine Beine auseinanderschob, schienen meine Schenkel davonzufließen und über das Laken zu schwimmen.

Als er in mich eindrang, spürte ich meinen Mittelpunkt. Ich schlang meine Beine über seine und lauschte entzückt seinem gefangenen, heiseren Atem. Mein Geliebter, mein Liebling.

»Ich gehe nach unten«, flüsterte ich. Er schlief und antwortete nicht. »Ich bin gleich zurück.«

Callie war in der Küche und wusch unser Frühstücksgeschirr. Sie hatte Franks Jacke in den Schrank gehängt. »Oh, Stella!« sagte sie. Sie war beeindruckt, weil ich ihn noch nicht losgeworden war.

»Oh, Callie«, antwortete ich und lächelte sie liebevoll an. »Da ist doch noch ein bißchen Soave, oder?«

»Ja, eine halbe Flasche.«

Ich nahm sie aus dem Kühlschrank und schenkte zwei Gläser ein. »Also, sag mir, was du denkst. Er ist süß, nicht?« Ich steckte die Flasche in den Abfalleimer.

»Ja, sehr süß. Ich habe ihn nur eine Sekunde lang gesehen, aber ich finde, er sieht aus wie du.«

»Nein.«

»Ja, er ist blond, nicht viel größer als du, und er lächelte wie du.«

»Na ja, so, wie ich mich jetzt fühle, ist das wohl ein echtes Kompliment.«

»Oh, das ist herrlich, Stella!« Sie strahlte, als hätte ich unsere Hochzeit angekündigt. »Ich freue mich so für dich.«

»Danke.« Ich nahm die Gläser und ein paar Orangen mit nach oben. Frank öffnete die Augen, als ich ins Zimmer kam. »Sie meint, daß du aussiehst wie ich«, sagte ich.

»Was für ein Kompliment.«

»Das hab ich auch gesagt.«

Wir tranken Wein, und ich wurde beschwipst, wie immer, wenn ich morgens trank.

»Und was machen wir jetzt?« sagte er, als der Wein ausgetrunken war.

»Hierbleiben.«

»Nein, ich muß mich bewegen.« Kaum hatte er das gesagt, sprang er aus dem Bett und ging im Zimmer auf und ab.

»Was möchtest du machen?« fragte ich.

»Gehen wir in den Tilden Park, und ich fotografiere dich.«

»Oh, das möchte ich nicht.«

»Es wird dir gefallen, komm.«

Der Tilden Park liegt oben auf den Hügeln von Berkeley, fünftausend Morgen groß, und das meiste ist Eukalyptuswald. Eukalyptusbäume mit ihren grausilbrigen Blättern und der papierenen Rinde erinnern mich immer daran, wie Bäume an der Ostküste aussehen, wenn man unter LSD steht. Die Assoziation war so stark, daß ich immer high wurde, wenn ich nach dort oben fuhr. Das und der Wein in meinem Blut, der Geruch nach Wintermorgen kombiniert mit einem blauen kalifornischen Tag, das alles machte mich ebenso übermütig wie den aufgekratzten, verrückten Fotografen neben mir. Ich zog meine Kleider aus, und er schoß Bilder: eine Hand, die hinter einem Baum hervorkommt, ein Bein auf einem Baumstumpf. Er fotografierte mich von hinten, laufend, eine winzige Figur zwischen den Bäumen.

Ich fühlte mich befangener als jemals beim Sex. Gewöhnlich fühle ich mich nicht nackt, wenn ich nackt bin, aber Franks Kamera schüchterte mich ein. Er bemerkte das natürlich.

»Rede, Stella. Erzähl mir etwas. Erzähl mir vom College, wo ich nie war. Hast du da etwas Nützliches gelernt?«

Wie eigenartig, dachte ich, mit nacktem Hintern auf einem Stein zu sitzen und meine Collegetage zu beschreiben – diesen Wirbel von Einsamkeit und Depression nach der Geschichte mit Tobias. In den Nächten blieb ich bis drei Uhr auf und machte Schokoladentrüffel, die sich Janey am nächsten Tag auf dem Weg ins College in die Taschen stopfte.

Während ich sprach, war Frank überall um mich, und jedes Klicken der Kamera war wie ein weicher Stoß eines Liebhabers und bereitete mir ein leicht perverses Vergnügen. Meine Erinnerung an das College war so sinnlich, weil ich so unglücklich gewesen war. Meine unerfüllten Wünsche waren ausgelaufen und hatten auf alle Tage abgefärbt: rosige Klassenzimmer, goldene Einsamkeiten.

Endlich ließ Frank seine Kamera sinken und setzte sich neben mich. »Du hast Glück, einen Liebhaber zu haben, der deine Schönheit festhalten kann«, sagte er. »Es wäre ein Verbrechen, keine Bilder von jedem Stadium deines Lebens zu haben. Und du wirst sehen, ich mache gute Bilder. Du wirst zufrieden sein.«

»Das werde ich sicher«, sagte ich, obwohl es mir egal war, wie die Bilder aussahen. Ich legte meinen Kopf auf seine Schulter und fühlte durch sein Hemd die Wärme aufsteigen.

»Jetzt bist du entspannt«, sagte er. »Nackt hier oben, wo jeder kommen kann, und du bist so ruhig, als würdest du dich beim ersten Laut eines Fremden in einen Baum zurück verwandeln. Er würde nach dieser schönen Frau, die er sah, suchen und suchen, und du würdest unbemerkt dastehen und deine langen, beblätterten Äste schütteln.« Er legte den Arm um mich. »Verwandle dich nicht in einen Baum zurück.«

»Dann komm zu mir. Zieh dich aus. Ich kann all diese Kleider an dir nicht ertragen.«

Nackt war er so weiß wie eine geschälte Mandel. Wir taumelten in die schlüpfrigen Eukalyptusblätter und liebten uns zur fernen Begleitung von Kinderlachen. Frank war unermüdlich, er stieß und stieß, bis ich fast eifersüchtig wurde auf seine Fähigkeit einzudringen. Als wir Seite an Seite lagen – seine Wimpern auf meiner Wange, sein Atem an meinem Hals –, wußte ich, daß wir einander nie nahe genug sein konnten.

Wir fuhren den Hügel hinunter und nahmen ein spätes Mittagessen in einem Café an der College Avenue ein. Während wir aufs Essen warteten, fühlte ich mich zum ersten Mal als Teil eines Paares. Es war ein eigenartig selbstgefälliges Gefühl. Teo war immer mit seinem Schnaps verbunden gewesen, Tobias hatte mir nie gehört, aber Frank, der mir gegenüber noch immer vor Energie sprühte, hatte sich an mich gebunden. Ich spürte das Flüstern seiner Fingerabdrücke auf meinem ganzen Körper.

14

George war da, als ich im *The Vineyard* ankam. »Also bist du doch gekommen«, sagte er.

»Wieso nicht?«

»Du hättest ja auch beschließen können, den ganzen Tag im Bett zu bleiben.« Er lehnte am Tresen und sah sehr gut aus in seinem roten Hemd.

»Frank sagte mir, daß er dich in der Bäckerei getroffen hat. Du meinst also vermutlich meine Nacht mit ihm?«

»Du vermutest richtig. Eine Nacht?«

»Zwei.«

»Die wahre Liebe?«

»Vielleicht.«

Er sah mich einen Augenblick nachdenklich an, dann sagte er: »Machen wir uns an die Arbeit. Was gibt es zum Abendessen?«

»Ich weiß nicht. Was hast du eingekauft?«

»Du weißt es nicht, du weißt es nicht. Du weißt, was auf dem Markt ist«, sagte er. »Hast du keine Ideen?«

»Doch, natürlich.«

»Also?«

»Blumenkohlsuppe«, sagte ich von oben herab. »Mit roten Paprikaschoten und Wermut. Gegrillter Thunfisch mit Tomaten und Zwiebeln.«

»Hältst du Blumenkohl für ein Frühlingsgemüse? Wir schreiben April, Stella. Die Leute wollen grünes Zeug. Ich habe keinen Thunfisch gekauft.«

»Warum nicht?«

»Weil er beschissen und überteuert ist, was denn sonst?«

»Ich finde, wir sollten unsere Zielsetzung ändern, George, und nur ekelerregendes Essen servieren, aber auf originelle Art. Das wäre ein wirklicher Test für diejenigen, die Kochen als Kunst bezeichnen. Sieh dir an, wohin wir es in Literatur und Malerei gebracht haben.«

»Sieh dir an, wohin ich es mit dir gebracht habe.«

Danach arbeiteten wir schweigend, aber es herrschte keine feindselige Stimmung. Ich war erleichtert, daß er nicht versucht hatte, mich zu berühren, daß er sofort gewußt hatte, daß Frank kein Mann für eine Nacht war. Und ich glaubte zu wissen, wie enttäuscht er war.

Als alles fertig war, ging George in den Speiseraum, um sich um den Wein zu kümmern. Ich legte Deckel auf alle meine Töpfe, deckte den Salat mit einem Tuch ab und schloß mich ihm an. Er schenkte mir ein Glas Wein ein, nahm meinen Haarzopf in die Hand und hielt ihn lose in der Faust.

»Nun, Blondie, ich kann nicht sagen, daß ich den Burschen mag, aber ich habe mich erkundigt.«

»Was?«

»Nach Frank. Zum Teufel, du bist eine Freundin von mir. Ich wollte einfach mal sehen.«

»Und was hast du herausgefunden? Daß er kreditwürdig ist?«

»Mit Geschäftsleuten habe ich nichts zu tun«, sagte er in beleidigtem Ton. »Die meisten meiner Freunde sind Künstler und Schriftsteller.«

»Okay, okay.«

»Dein Bursche scheint in Ordnung zu sein. Eine Menge Leute mögen ihn. Sieht so aus, als habe er ein paar gute Taten vollbracht. Er hat Mary Hendersons Sohn dazu überredet, sich nicht der Moon-Sekte anzuschließen, und ihre Tochter davon abgebracht, zur Army zu gehen. Er hat sie auch beschwatzt, Berkeley zu verlassen, was eine verdammt gute Sache ist, wenn man sich ihre Eltern ansieht. Er ist jedenfalls ein richtiger Samariter. Ein bißchen eigenartig –«

»So?« Ich war überrascht und doch nicht. Diese »guten Taten« paßten irgendwie zu ihm, und ich ahnte, daß er nicht darüber reden wollte.

»Und er ist natürlich reich.«

»So reich auch wieder nicht.«

»Er braucht für seinen Lebensunterhalt nicht zu arbeiten. Er ist reich.«

»Okay.« Ich räumte das ein, als sei es ein Makel. »Du bist also einverstanden? Du gewährst ihm meine Hand?«

Er sah mich ironisch an. »Ist es dahin gekommen mit mir? Vaterfigur für das kleine Mädchen?« Ich errötete, denn er hatte nicht ganz unrecht. George trank sein Weinglas leer und sagte traurig: »Glaubst du, daß Judy mich mag?«

»Judy ist verheiratet.«

»Ich auch.«

»Aber deine Frau arbeitet nicht hier.« Manchmal fragte ich mich, ob Georges Frau überhaupt existierte. Sie rief nie an. »Ich glaube nicht, daß Leo das schätzen würde.«

»Er braucht den Job.«

»Verrate Judy nicht, daß ich es dir gesagt habe, aber sie hält dich für ein reaktionäres, sexistisches Schwein.«

»Ich weiß, aber Leo wird allmählich kahl.« Wir lachten. »Er holt dich heute nacht ab, nehme ich an?«

»Ja«, sagte ich und spürte übermütige Freude in mir aufsteigen.

Ich machte kalte Gurkensuppe und Gazpacho, geeiste Artischocken und kalten Lachs mit Pesto. Entgegen dem, was man immer sagt, gibt es in Kalifornien Jahreszeiten, zwar Mini-Jahreszeiten, aber immerhin. Sie können eine Stunde dauern oder eine Woche und in keiner bestimmten Reihenfolge auftreten. Ein Herbsttag, drei Sommertage, eine Woche Frühling, ein Sommermorgen – alles außer Winter. Jetzt war Sommer, schon seit ein oder zwei Wochen. Das Restaurant war überfüllt.

Meine Suppe entlockte den Gästen Entzückensschreie. George schenkte selbst kalten Weißwein aus und strahlte über die Menge, die getrunken wurde. Jungen mit lauten Radios gingen draußen vorbei, und es störte keinen. Ein betrunkener Mann stolperte auf der Suche nach der Toilette in die Küche, und eine Strähne meiner Haare fing an seiner Zigarette Feuer: es gab eine kleine Flamme. Ich fluchte und ein paar angesengte Haare kräuselten sich um mein Gesicht. George brachte mir ein Glas Wein, um mich zu beruhigen, aber ich brauchte keine Beruhigung und goß den Wein in die Suppe. Eine Frau lobte laut das Resultat, und ihre Nachbarin beschwerte sich, weil in ihrer Suppe kein Wein gewesen war. George brachte ihr eine zweite Schale, und sie lächelte, wie er sagte, mit der Gier reicher Leute, die etwas umsonst bekommen. George konnte reiche Leute immer erkennen, selbst wenn sie ganz normal aussahen.

Als ich von der Arbeit kam, stand Frank draußen unter der Laterne. Er trug alte weiße Cordjeans, Mokassins ohne Strümpfe und ein UC-Berkeley-T-Shirt. »Hallo, mein Schöner«, sagte ich. »Was kostest du?«

»Polizei«, sagte er. »Sie werden mich begleiten müssen, Miß.« Er nahm mein Handgelenk in seine Hände.

»Genau, was ich mir vorgestellt hatte. Für einen Bullen bist du wirklich süß. Wo ist deine Pistole?«

»Werd nicht frech.«

»Küß mich.« Er tat das, während wir die Straße überquerten, seine Arme fest um mich geschlungen. So gingen wir nach Hause und rannten nach oben ins Bett.

Dort verbrachten wir den größten Teil des folgenden Monats. Es war das reine Glück, nach jeder noch so kurzen Trennung wieder zusammenzukommen. Wir erforschten uns, hielten bei jedem Glied inne, um zu küssen, zu saugen, zu beißen, zu kosten und einzudringen. Solche Variationen waren möglich, Variationen, die die Vorstellungen von männlich und weiblich verwischten; und es gab Zeiten, zu denen ich Franks Körper als neugeschaffenes Ding ansah. Ich drückte das elastische Fleisch seiner Hüfte und den scharfen Knochen, ich ließ meinen Finger über sein Gesäß gleiten, erklomm den runden Hügel und fuhr hinunter in die angesammelte Wärme, den runden Mund, den ich öffnete. Im gleichen Sinn kostete ich das saure Schmalz seiner Ohren und zog die tote Haut von seinen Fußsohlen. Ich spürte nur Sinnlichkeit, hatte kein Gefühl für den Gegensatz der Geschlechter. Alles war Farbe, Geruch, Lust. Und nicht Weiblichkeit, sondern das Leben strömte durch meine Adern. Frank jedoch berührte meinen Körper zielbewußt, ganz gleich, wie schlaff und schläfrig wir waren. Und sein Ziel wurde bald auch meines.

Wir blieben jede Nacht lange wach und standen früh auf. Frank brachte das Frühstück aufs Zimmer: eine Kanne Kaffee, sehr stark aufgegossen, Toast, Honig, Orangen oder Trauben oder Melone. Ich hatte etwas von dem blauweißen Porzellan aus Großmutters Haus und ein paar Silberlöffel, daher war das Tablett immer hübsch.

Ich fühlte mich matt, noch wund vom Sex, wenn ich mich im Bett aufsetzte und Toast mit Honig aß. Frank pflegte mich anzusehen und vielleicht eine Hand auszustrecken, um mein Nachthemd aufzuknöpfen, und ich genoß es, betrachtet zu werden – ich spürte einen Stolz, als hätte ich diesen Körper selbst geformt. Ich erzählte ihm dann meine Träume, wenn ich welche gehabt hatte, und er hörte so aufmerksam zu, daß ich das Gefühl hatte, alle Nächte meiner Vergangenheit strebten den Nächten unserer Zukunft zu. Als würde ein Teppich von zwei Seiten her gewoben.

Natürlich hörte er nicht nur zu. Während ich mehr Kaffee trank und noch eine Scheibe Toast mit dem guten griechischen Honig bestrich, erzählte mir Frank Geschichten aus seiner Zeit als Schlosser. Pale Violet aus Milwaukee, die mit keiner Seele gesprochen hatte, seit sie in New York angekommen war, ausgenommen ihrem ältlichen Arbeitgeber. Sie sagte, sie sei zu schüchtern, um Freunde zu finden, und setzte daher persönliche Anzeigen in die Zeitungen, in denen ein Liebhaber gesucht wurde. Wenn die Briefe kamen, las sie sie wieder und wieder, antwortete aber nie. Frank sagte, sie habe einen Schuhkarton voller Briefe gehabt, die sie ihm zeigte. Da gab es Stevie aus dem zwölften Stock, der Fenstergitter gegen Dämonen haben wollte, und Caroline, die wegen ihrer Zimmergenossin anrief, die ans Bett gekettet war.

Er erzählte mir von Dorothy, seiner ersten Liebe.

»Ich lernte sie in England kennen. Das war, als ich ungefähr einundzwanzig war und ein paar Tausender übrig hatte, für die ich kein Gold gekauft hatte. Ich hatte vor, um die Welt zu reisen, aber ich kam nur bis London. Dorothy war Amerikanerin, älter als ich, und sie nahm Schauspielunterricht. Eine schöne Frau. Ich verliebte mich sofort. Das war ein Schock, denn ich hatte keine Ahnung gehabt, daß ich fähig war, mich zu verlieben. Heute hört sich das komisch an. Ich war ein ziemlicher Idiot, aber ich konnte nicht widerstehen. Ich folgte dieser Frau überall hin. Sie nahm mich hauptsächlich in Kathedralen mit. Sie war verrückt nach Kathedralen. Wir gingen hinein, wenn niemand sonst da war, und standen still in der Mitte, die Augen geschlossen. Lauschten den Steinen, wie sie sagte. Dann umarmte sie mich, und wenn ich sie wieder zurück ins Bett brachte, war sie verrückt. Es überwältigte mich, aber ich liebte es. Ich liebte sie.«

Ich hörte das mit mehr als nur ein bißchen Eifersucht, aber es war auch beruhigend. Ein Mann, der noch nicht so geliebt hatte, wäre mir komisch vorgekommen. »Und was passierte dann?«

»Sie bekam mich satt. Sie wollte eine größere Herausforderung.« Er warf mir ein schiefes Lächeln zu. »Sie lief mit einem verheirateten portugiesischen Maler und seinen fünf Kindern davon.«

»Armer Frank!«

»Mir brach es das Herz. An diese Möglichkeit hatte ich nie gedacht. Und ich hatte eine Ehefrau am Hals, die nicht einmal Englisch sprach. Sie schlug sich dauernd an die Brust, und ich konnte nicht herausfinden, was sie damit meinte. Daß ihr elend war? Daß sie ihre Kinder vermißte? Endlich ging sie – reiste ihnen nach, vermute ich, war damals der Überzeugung, daß wir Kinder hätten haben sollen. Irgendwie gefiel mir die Idee, daß fünf kleine Abbilder von mir herumlaufen würden.«

»Ich wollte der Liebe wegen nie Kinder«, sagte ich. »Es scheint, daß sie dabei nur im Weg sind.«

»Es gibt so viel, was man für sie tun kann, so viel mehr als für Erwachsene. Erwachsene sind irgendwie schmutzig.« Ich zog eine Augenbraue hoch. »Nein, nicht du. Du bist schön.«

»Ich bin nicht schön.«

»Natürlich bist du das.«

»Das hat noch nie jemand gefunden.«

»Erzähl mir von den Idioten, die das nicht fanden.«

Also erzählte ich ihm von Tobias, die ganze Geschichte, jede Einzelheit, und er lachte mit mir und sagte: »Arme Stella.« Und er schaute mich an, sein Gesicht ganz dicht an meinem. Er hatte eine Art, seinen schmalen Kopf so zu neigen, daß seine große Nase sein Gesicht nach unten zu ziehen oder zu verankern schien, und dann saugte sich sein Blick an meinem fest, und ich hatte das Gefühl, er dringe geradewegs in meine Seele ein. Franks Interesse war grenzenlos. Es war beinahe erschreckend, aber dennoch verführerisch. Wie konnte ich solche Intimität ertragen. Tag um Tag? Wie konnte ich ohne sie leben?

Wenn ich zu reden aufhörte, öffnete ich das Fenster. Der Wind blies über uns, und wir lagen Seite an Seite. Wenn ich ihn küßte, gingen mir alle Gedichte wieder durch den Kopf, die Tobias mir je vorgelesen hatte. Dann fühlte ich mich großherzig und zeitlos, fähig, für immer zu lieben. Frank erwiderte meinen Kuß, und seine Glut erstaunte, überraschte mich aber nicht.

In diesem Sommer kochte ich wunderbar: kalte Pilzsuppe mit gehacktem hartgekochtem Eigelb und Estragon, in Portwein geschmorte Ente, Huhn mit Mandeln und weißen Trauben, perfekt gebackene Auberginen. Wenn George sich über meine Leistungen ausließ, antwortete ich träumerisch: »Alles ist Fleisch.« Er lachte dröhnend. Ich lächelte huldvoll. Mir war es recht, wenn mein Zustand ihn amüsierte. Ich war froh, daß er nicht böse war, weil ich mit ihm gebrochen hatte. Oft erinnerte ich mich lebhaft an unsere Abenteuer, an ihre scharfe, planvolle Energie.

Ausgelassenheiten. Für so etwas war ich jetzt zu matt, und das Restaurant war meine Zuflucht vor der Leidenschaft. Ich brauchte noch immer das Alleinsein.

15

Nach einigen Wochen schlug ich vor, eine Dinnerparty zu geben. Ich hatte noch keinen seiner Freunde kennengelernt, noch nicht einmal Rodney, mit dem er zusammen wohnte. Rodney war ein Psychiater, der vor zwei Jahren erblindet war; ein paar Monate nach seiner Erkrankung zog seine Frau Clara aus und wurde lesbisch. »Sie ist eine Künstlerin«, sagte Frank, »eine wilde Frau. Sie würde dir gefallen.« Obwohl Frank mehr mit Clara als mit Rodney befreundet gewesen war, war er bei ihm eingezogen, um ihm zu helfen, und jetzt standen er und Rodney sich sehr nahe. Zumindest sagte er das. Immer, wenn ich dort anrief, hörte ich laute Jazzmusik, und Frank war zerstreut.

»Ich würde Rodney gern kennenlernen«, sagte ich.

»Okay. Sollen wir Clara auch einladen?« Wir führten dieses Gespräch in der Badewanne, unsere Beine um die Taille des anderen geschlungen, und Frank grinste mich an, als sein Penis im Wasser zwischen uns schwamm.

»Macht ihnen das nichts aus?« fragte ich, füllte den Deckel einer Shampooflasche mit heißem Wasser und goß es über seinen Penis. Er verdickte sich leicht, eine Blutansammlung wie eine kleine Menschenmenge, die sich um den Schauplatz einer Schlägerei sammelt.

»Nein. Sie sind Freunde. Clara bespricht ihre sexuellen Besonderheiten mit Rodney.«

»Werden wir das jemals tun?«

»Tun wir es nicht schon?« Er sah mich fragend an. Ich lächelte und ließ mich unter Wasser sinken. Alle Geräusche verstummten. Kalte Strömungen zogen vorbei. Ich fühlte mich wie eine Göttin, bevor die Schöpfung Form annahm. Franks Zeh stieß mich leicht an: Hier war ein anderer Körper, mein erstes Verlangen. Ich tauchte wieder auf und beugte mich vor, um mir einen Kuß geben zu lassen.

»Wir werden Callie auch einladen müssen«, sagte ich.

»Und Claras Freundin Annie.«

»Du bist wohl wild entschlossen, einen seltsamen Abend daraus zu machen, oder?«

»Sie kommen gern zusammen. Es ist keine große Sache. Manchmal glaube ich, daß sie am Ende wieder heiraten werden. Auf jeden Fall wolltest du ja meine Freunde kennenlernen.«

Das wollte ich wirklich. Gemeinsame Freunde, so dachte ich, würden die milde Süße unserer Liebe nicht verringern, wohl aber die gelegentlich furchterregende Intensität. Ich stellte mir diesen blinden Psychiater väterlich und weise vor, als einen Mann, der für so viele physische Hilfsdienste auf Frank angewiesen war und sich dafür mit Ratschlägen revanchierte.

»Ich denke, ich werde Huhn servieren«, sagte ich.

Die Dinnerparty fand am Donnerstag statt. Nachmittags pflückte ich Blumen, stahl ein paar aus jedem Nachbargarten, Callie half mir dabei. Das ist die einzige Art von Diebstahl, die sie nicht als verwerflich ansieht. Als wir die Blumen in Vasen arrangierten, sagte sie: »Ich hoffe, es wird heute abend keine Schwierigkeiten geben.«

»Wie meinst du das?«

»Dieser Mann, der da kommt... und seine Ex-Frau... und deren Geliebte...«

»Nun ja, Rodney ist blind, das weißt du ja«, sagte ich fröhlich. »Vielleicht wird er Annie gar nicht bemerken.«

»Stella!«

»Mach dir keine Sorgen. Wenn Frank sagt, daß es in Ordnung ist, dann ist es in Ordnung. Sie sind seine Freunde.«

»Ja, aber manchmal sind die Leute –«

»Manchmal gehen die Leute zivilisiert mit solchen Sachen um«, sagte ich kühl.

»Armer Mann«, sagte sie. Callie war die Art von Person, die, wenn sie in einem Buchladen einen Behinderten sieht, seinem Rollstuhl folgt, bis derjenige sich von ihr ein Buch aus einem hohen Regal reichen läßt.

»Es wird prima klappen«, sagte ich. »Verdirb mir nicht die Party.«

»Oh, ich wollte nicht –«

»Ist schon gut«, sagte ich.

Als Frank kam, gingen wir nach oben, um uns umzuziehen. »Was ziehst du an?« fragte ich. Franks Garderobe bestand aus fünfzehn Paar Turnschuhen, einigen T-Shirts, ein paar mageren Krawatten, einem Dutzend Jacken aus Billigläden und einer Blue Jeans. Und einer Shorts, die er anzog, wenn er seine Sachen wusch.

»Ich habe meine schwarze Leinenjacke und eine schwarze Krawatte mitgebracht.«

»Kannst du mir erklären, warum du Krawatten zu T-Shirts trägst?«

»Soll ich?«

»Vergiß es.« Ich sah zu, wie er sich anzog, während ich mich mit Bodylotion eincremte. Er band sich die Krawatte lose um den Hals und sie sah aus wie etwas, das er vielleicht später zu brauchen meinte: eine Leine oder eine Peitsche. Er kämmte sein Haar, wodurch es nicht anders aussah, und zog seine Jacke an. Sie war ihm zu groß, also rollte er die Ärmel auf. »Du bist so süß«, sagte ich.

»Ich weiß, ich kann nichts dafür.«

»Was soll ich anziehen?«

»Etwas, das sexy ist.«

»Wie wär's hiermit?« Ich zog ein indisches Baumwollkleid mit einem Batik-Blumenmuster in Rot und Orange heraus.

»Perfekt. Zieh keinen Büstenhalter drunter an.«

»Wirklich nicht? Es ist so dünn.«

»Ich sehe gern deine Brüste gegen den Stoff schwappen.«

»Meine Brüste schwappen nicht.« Ich zog das Kleid an.

»Doch, tun sie. Wie Wellen.«

»Oh, wie Wellen...«

Ich betrachtete mich im Spiegel. Das Kleid war ausgeschnitten und saß eng um die Hüften, wurde aber unterhalb der Knie weiter. Es war so lang, daß meine Füße nicht zu sehen waren, wenn ich stillstand. Ich sah aus wie eine Seejungfrau, die auf ihrem Schwanz balanciert.

Wir gingen nach unten ins Wohnzimmer, und er bewunderte den Blumenstrauß, den ich auf den Couchtisch gestellt hatte. Es gab purpurne Iris, rosa Rosen, weiße Rosen und Ringelblumen, außerdem einige kleine Wildblumen in Purpur und Gelb, deren Namen ich nicht kannte. Die Schönheit der Blumen fiel in dem schäbigen Raum ins Auge. Vor allem die Couch war abgenutzt, ihr Blau war zu einem gräulichen Ton verblichen. Ich hatte einen Einfall und nahm meinen Schal aus dem Regal im Wandschrank. Er war aus cremefarbiger chinesischer Seide, hatte aufgestickte zarte Blumen und einen langen Fransensaum. Ich legte ihn über die Rückenlehne der Couch, wo er die schlimmsten Flecken verdeckte. »Da.«

»Er ist schön«, sagte Frank. »Woher hast du ihn?«

»Er gehörte meiner Urgroßmutter. Ich habe ihn als Andenken mitgebracht. Er gehört mir nicht.«

»Deine Großmutter hat ihn dir überlassen? Er sieht sehr wertvoll aus.«

»Ist er vermutlich auch. Er ist alt. Außerdem gehört er ihr auch nicht.«

»Wem gehört er denn?«

»Meine Urgroßmutter, Isabelle, hat ihre ganzen Habseligkeiten dem Haus hinterlassen.«

»Einem Haus kann man nichts hinterlassen.«

»Sie hat es aber getan. Niemand erhob Einwände.«

»Wem hat sie das Haus vererbt? Gehörte es ihr?«

»Ja, ihr Mann starb zuerst. Sie vererbte es natürlich meiner Großmutter.«

»Dann gehört ihr auch der Schal.«

Ich war ärgerlich. »Nein. Juristisch vielleicht. Aber Großmutter versteht den Unterschied. Die Sachen gehören dem Haus.«

»Wie konntest du ihn dann mit nach hier bringen?«

»Das Haus hat nichts dagegen.«

»Oh, ich verstehe«, sagte er.

»Eigentlich habe ich den Schal immer als Eigentum meiner Mutter betrachtet. Sie pflegte ihn zu tragen. Vielleicht habe ich ihn deshalb mitgenommen... Ich weiß noch, wie sie dastand, die Arme angewinkelt, um den Schal zu halten, der ihr von den Schultern gerutscht war. Wenn ich ihr nahe kam und ihr Parfum roch, dachte ich immer, das sei der Duft der Blumen.«

Ich stand ganz im Bann dieser sinnlichen Erinnerung. Meine Mutter war in meiner Haut, ihr Körper streifte mich leicht wie Seidenfransen, die über einen Arm streichen. Die Tapete seegrün, verblaßt...

»Ich möchte ihn an dir sehen«, sagte er und griff nach dem Schal.

»Nein!« sagte ich und versuchte, das Verfliegen der Erinnerung zu verhindern. Meine Mutter schrumpfte zu einem Stecknadelkopf zusammen.

»Warum nicht?« fragte er gekränkt. Ich fühlte mich schuldig und dann wütend. Der Augenblick war dahin, und mit ihm diese köstliche Gegenwart. Warum wußte er nicht sofort, wann er den Mund halten mußte?

»Laß ihn da liegen«, sagte ich. »Ich will ihn nicht tragen, ich will ihn auf der Couch. Gehen wir in die Küche, ich muß mich um das Essen kümmern.«

Rodney traf als erster ein. Frank machte uns miteinander bekannt, und ich nahm die Hand, die mir hingestreckt wurde. Sie war weich und geschäftig, die Finger tasteten meine nach Hinweisen ab, von denen ich nicht sicher war, ob ich sie geben wollte.

»Sehr erfreut, sie kennenzulernen«, sagte er, und seine Stimme war selbstsicher und einschmeichelnd – sexy, wenn man so etwas mochte.

Ich mochte es nicht.

Er war sehr groß, hatte ein schmales, aristokratisches Gesicht und silbergraues Haar, obwohl er erst Anfang Dreißig war. Er trug einen gutgeschnittenen Tweedanzug und eine Seidenkrawatte. Die teuren Kleider ärgerten mich. Auf meinen eigenen Partys war ich gern die, die am besten angezogen war.

»Kommen Sie ins Wohnzimmer«, sagte ich und nahm seinen Arm. Die kratzige Wolle seines Ärmels war unangenehm, ebenso die Festigkeit, mit der er mich hielt. Langsam gingen wir hinein, Frank auf der anderen Seite gab Rodney eine fortlaufende Beschreibung der Möbel, ihrer Größe und Anordnung. Nachdem Rodney in seinem Sessel saß, ging ich in die Küche, um den Wein zu holen. Ich hörte, wie Frank beschrieb, was ich anhatte.

Callie kam nach unten in einem blauen Baumwollkleid mit einer Schärpe und einem mit Applikationen besetzten Mieder. Frank machte sie mit Rodney bekannt, und sofort begann sie, mit ihm über Krebs zu reden. Das tat sie mit jedem Arzt, dessen sie habhaft werden konnte. Soweit ich wußte, hatte Callie keine persönlichen Erfahrungen mit Krebs, aber seine Existenz verletzte sie zutiefst. Sie erzählte von einer neuen Heilmethode nach Art von Norman Cousins, von der sie gelesen hatte. Aufgeregt beugte sie sich vor, und ihr Gesicht war erdbeerrosa über dem schürzenähnlichen Vorderteil ihres Kleides. Ich fragte mich, wieviel von ihrer Stimmung Rodney an ihrer Stimme hören konnte. Vermutlich alles. Zweifellos kannte er den genauen Erregungszustand ihres Körpers.

Er schien nicht sehr beeindruckt von der Heilmethode, die sie beschrieb. »Aber stellen Sie sich doch eine Welt ohne Krebs vor«, sagte sie leidenschaftlich.

»Es gäbe immer noch Armut, Hunger und Krieg«, sagte ich. »Ganz zu schweigen von Klitorisbeschneidung, Zwangssterilisation und Vergewaltigung in der Ehe«, sagte jemand von der Tür her.

»Hallo, Clara«, sagte Rodney.

»Hallo, Rodney.« Sie lächelte und trat ins Zimmer. »Die Tür war offen, also kam ich herein.« Sie war groß, schlank und hatte bernsteinfarbene Augen. Sie trug Wildlederhosen, Cowboystiefel und ein ausgeschnittenes, kaffeebraunes Seidenhemd. Ihr honigblondes Haar fiel ihr glatt auf die Schultern. »Hallo Frank und Stella und Callie.«

»Hallo«, sagten wir, und Callie errötete. Claras Blick war sehr direkt.

»Annie parkt den Wagen, sie kommt in einer Minute.« Frank schenkte ihr ein Glas Wein ein, das sie, noch immer stehend, annahm. »Stella, Sie haben wundervolles Haar.«

»Danke.«

»Und so viel davon.«

»Zuviel. Manchmal fühlt mein Kopf sich schwanger an.«

»So fühle ich mich oft.« Sie lächelte mir zu und neigte den Kopf zur Seite. »Drosseln, denke ich.«

»Wie bitte?«

»Wenn Ihr Kopf schwanger wäre. Drosseln würden herausfliegen – im psychologisch richtigen Moment – und sich auf Ihren Zehenspitzen niederlassen.«

»Sie sind eine Künstlerin«, sagte Callie höflich. »Malen Sie realistisch?«

»Ich mache Masken. Aus echten Materialien. Rodney wird mir seine Augen geben.« Callie erbleichte.

»Was soll das?« fragte Frank.

»Ich werde ihm ein Paar schöne Glasaugen suchen, und dann gibt er mir seine, und ich setze sie in eine Maske. Natürlich für ihn.« Callie streckte eine Hand nach Rodney aus und zog sie dann mit zitternden Fingern wieder zurück.

»Warum sollte ich Glasaugen wollen? Ich mag meine eigenen gern. Es gefällt mir, daß ich nicht weiß, wie sie jetzt aussehen.«

»Sie sehen aus wie marmorne Ostereier, nur ohne den Glanz. In der Küche zischt etwas.«

»Oh!« Ich stand auf und ging hastig hinaus. Das Huhn mußte

umgedreht werden. Ich begoß es und fügte noch etwas Wein hinzu. Während ich die gelblichen Brüste betrachtete, die Seite an Seite in der Kasserrolle lagen, mit Fett überglänzt und getupft mit Basilikum, tat das Huhn mir leid. Es war so hübsch, es würde wunderbar schmecken, aber wem würde man das Verdienst zuschreiben? Mir. Niemand hatte Respekt vor Hühnern, von ihrem so fein angelegten Fleisch.

Clara fragte von der Tür her: »Kann ich helfen?« Ihr Ton machte deutlich, daß sie nicht in erster Linie helfen, sondern bei mir in der Küche sein wollte.

»Kommen Sie rein. Mir tat gerade das Abendessen leid.«

»Weil wir es essen werden?«

»Ja.«

»Wir müssen es ja nicht essen. Wir können es eine Zeitlang auf dem Tisch bewundern und dann eine Pizza essen gehen.«

»Das würde den Hühnern nichts nützen.«

»Ach, Sie denken an die Hühner. Ich dachte, es täte Ihnen leid, daß Ihr Meisterwerk verzehrt werden wird.«

»Nein. Nur, daß wir mehr wie die Indianer sein sollten – den Tieren für ihr Fleisch danken.«

Sie stand neben mir und betrachtete das schmorende Gericht. »Soll ich es tun?«

»Sicher.«

»Danke, kleine Hühner, für eure rosige Brust. Von allen Wonnen der höchste Genuß. Er bereitet uns vor für alle übrige Lust.«

»Danke«, sagte ich. »Ich glaube, sie wußten das zu schätzen.«

»Gern geschehen... Sie sind also in Frank verliebt?«

»Ja.«

»Wahnsinnig?«

»Ja«, sagte ich vorsichtiger. »Warum?«

»Er ist ein guter Mann zum Verlieben. Er ist solide.«

»Ich weiß.«

»Er liebt Sie sehr.«

»Er hat geredet, nicht?« sagte ich mit gespieltem Zorn.

»Männer können das Thema nicht umgehen. Er hat mir keine Geheimnisse erzählt. Ich weiß, Sie mögen nicht, daß er redet. Sie wollen, daß er geheimnisvoll lächelt, wenn seine Freunde ihn fragen, warum er nie mehr zu Hause ist, warum er vor Freude so erschöpft aussieht, wenn sie ihn treffen.«

»Tut er das?« Unwillkürlich gefiel mir das, obwohl ich nicht gern daran dachte, daß andere Leute über uns spekulierten. Vor allem nicht heute abend, wo ich mich so auf dem Präsentierteller fühlte.

»Ich habe noch nie einen Mann so verliebt gesehen. Außer natürlich diejenigen, die in mich verliebt waren.« Sie ließ ihre Wimpern flattern. »Ich dachte immer, meine Liebhaber müßten anders sein als die anderer Frauen – soviel klebriges Gefühl.«

»Kommt Frank Ihnen nicht klebrig vor?«

»Nein. Bei ihm scheint es ganz süß zu sein. Obwohl ich im Augenblick nicht so für die Liebe bin. Ich ziehe Unabhängigkeit vor.«

»Ich möchte beides haben.«

Sie sah mich an. Sie war ungewöhnlich schön. Ihre Augen waren harzig, fast golden, in der Farbe ganz ähnlich wie ihr Haar. Sie trug goldene Kreolenohrringe, an denen Rubine hingen, einen Ehering – am falschen Finger –, einen Perlenring, einen Topasring und eine Halskette, die zu ihren Ohrringen paßte.

»Hallo?« rief jemand.

»Das ist Annie«, sagte Clara, und ich folgte ihr nach draußen, wo eine kleine, schwarzhaarige Person vor der Tür stand.

»Kommen Sie herein«, sagte ich. »Ich bin Stella.«

Sie zögerte einen Augenblick auf der Schwelle. »Annie McKinney«, sagte sie und streckte die Hand aus. Ich nahm sie und spürte, wie Clara hinter mir mit ihrer Geliebten flirtete. Frank war inzwischen auch herausgekommen, begrüßte Annie und lächelte mit einer Wärme zu ihr hinunter, die Annie verlegen zu machen schien. Ich sah, daß sie ihn mochte, das aber nicht für angebracht hielt. Einen Moment lang machte sich ein Unbehagen breit.

Als wir ins Wohnzimmer gingen, wurde es noch schlimmer. Es war klar zu sehen, daß Annie nicht den Wunsch verspürte, Rodney kennenzulernen. Ich ärgerte mich und dachte, sie hätte nicht kommen sollen, doch bald richtete sich mein Ärger gegen Rodney. Er bombardierte sie mit Fragen, erkundigte sich nach ihrer Tätigkeit, nach ihrer Herkunft, nach ihrem Alter. »Weil ich Sie nicht sehen kann«, sagte er zur Erklärung der letzten, geschmacklosen Frage.

Annie warf Clara einen empörten Blick zu, ehe sie antwortete, sie sei neunundzwanzig. Rodney hätte wohl weiter gefragt, aber Frank lenkte ihn ab. Er nahm seine Kamera vom Tisch und begann, Schnappschüsse zu machen. Clara fing sofort an zu posieren, streckte ihren löwinnenhaften Körper auf der Couch aus. Annie sah trotzig in die Kamera, das Kinn erhoben, die Schultern gerade, Callie bemühte sich, aus dem Bild zu rutschen, und Rodney seufzte.

»Immer dasselbe. Er überredet meine Patienten dazu, sich mit mir fotografieren zu lassen. Ich halte das für keine gute Idee.«

»Es ist eine sehr gute Idee«, sagte Frank hinter seiner Kamera. »Ihre Gesichter sind wunderbar. Sie sehen aus, als wärst du ihr toter Gott. Sie können nicht recht glauben, daß du sie nicht siehst.«

»Ich sehe sie«, sagte Rodney. »Ich sehe sie viel klarer, als jemand sie jemals gesehen hat.«

»Aber du magst sie nicht, oder?« fragte Clara. »Es geht über meinen Verstand, wie ein Mensch sich jeden Tag dieses ganze Elend anhören und dann nach Hause kommen und Witze machen kann.«

»Wäre es dir lieber, wenn ich emotional beteiligt wäre? Sie nie vergessen, mich in sie verlieben würde?« Sein Ton wurde ärgerlich.

Clara lächelte sanft. »Was ist gegen die Liebe zu sagen, Frank? Was ist gegen die Liebe zu sagen?«

»Gegen die Liebe ist nichts zu sagen«, sagte Frank. »Ich fand immer, Psychiater sollten ihre Patienten mehr lieben. Das fehlt ihnen doch, oder? Sie wissen schon, was mit ihnen los ist, aber sie müssen sich geliebt fühlen, ehe sie sich diesem Wissen stellen können.«

»Aber wie können Psychiater so viele Menschen lieben?« fragte ich.

Er zuckte die Achseln. »Das ist ihre Sache. Die wirklichen

können es. Einige von ihnen, wie zum Beispiel Rodney, wissen natürlich nicht, daß sie es können.«

»Frank ist Amateurpsychologe«, sagte Rodney mit einem etwas affektierten Lächeln. »Er hat keine Ahnung von den Gefahren unangebrachter Liebe.«

»Ich habe nie welche gesehen.«

Das wunderte mich. »War noch nie eine Frau hinter dir her, die du nicht ausstehen konntest?«

»Erstens ist das gewöhnlich keine Liebe. Das ist etwas anderes. Aber wenn es Liebe ist, warum sollte ich etwas dagegen haben? Sie täte mir vielleicht leid, aber nicht allzu leid. Es ist gut für die Menschen, verliebt zu sein.«

»Du bist ein Romantiker«, sagte Rodney, und es klang, als meinte er: Du bist ein Idiot. Frank lächelte leicht und knipste weiter. Callie fragte Rodney, wie lange bei ihm durchschnittlich eine Therapie dauere.

»Ich weiß nicht. Bis jetzt ist noch niemand damit fertig.«

Clara lachte schallend. »Irgendwann wird Rodney die endgültige Abhandlung über die menschliche Seele schreiben. Wußtet ihr das nicht? Sobald es ihm einmal gelungen ist, jemanden zu heilen. Wie es wirkt und warum es wirkt. Ohne Liebe, natürlich. Ich bin sicher, daß er in diesem Augenblick seine Beobachtungen anstellt.«

Annie runzelte die Stirn und nippte an ihrem Wein. Rodney lächelte schwach, und Callie hatte sich heftig vorgebeugt, die Ellbogen auf den Knien, die Hände fest um ihr Weinglas gelegt. Sie betrachtete Clara mit solcher Abneigung, daß ich es für besser hielt, sie in die Küche mitzunehmen.

Ich stand auf und sagte: »Callie, würdest du mir für eine Sekunde helfen?« Wir gingen aus dem Zimmer. »Gerade rechtzeitig, bevor du sie beleidigen konntest, was?«

»Ich hätte es ihr nicht ins Gesicht gesagt«, antwortete Callie. »Tut mir leid, aber ich finde sie eitel.«

»Das ist sie ganz entschieden.« Ich setzte Wasser auf. »Aber mir gefällt sie. Sie ist interessant.«

»Vielleicht ist sie eine gute Künstlerin, aber ich möchte nicht in sie verliebt sein.«

»Das verlangt ja auch niemand von dir.« Ich nahm die Kasserolle aus dem Ofen und goß den Bratensaft in einen Saucentopf.

»Für Rodney muß das sehr schwer gewesen sein.«

»Ja, aber er ist doch hier, oder? Also kann er sie nicht allzu sehr verabscheuen.«

»Er ist gekommen, weil Frank sein Freund ist. Sie hat ihn verlassen, weil er nicht mehr sehen konnte, wie schön sie ist.«

»Du magst Rodney, nicht?« fragte ich mit besonderer Betonung auf *magst*. Das klang höflicher als ihr offen zu sagen, sie wolle ihn vögeln. Das schiefe Lächeln bei der Erwähnung seines Namens war bei ihr eindeutig ein Merkmal von Lust.

Man überschüttete mich mit Komplimenten, fand das Huhn besonders gelungen. Frank öffnete eine weitere Flasche Wein: Wir waren jetzt bei der billigeren Sorte angelangt. Annie wurde bei Essen und Trinken lockerer und erzählte Geschichten aus der Frauenkneipe, wo sie an der Bar bediente. Ich konnte sie mir da gut vorstellen, klein und forsch und präzise mit den Getränken. Ihr Vater hatte eine Bar besessen, wie sie erzählte, und sie hatte ihr Geschäft von der Pike auf erlernt. Der Beaujolais schien ihr beim Sprechen ins Gesicht zu steigen, bis ihre Haut so rot war wie die Bluse, die sie trug. Ihr schwarzes Haar war kurz geschnitten, glatt aus der Stirn gekämmt und lag eng um ihren Schädel, vor Öl glänzend wie die Federn einer Ente. Ihre eher groben Züge waren in ihrem Gesicht wie zusammengedrängt und gaben ihr ein verletzliches Aussehen, als sei sie einmal so einsam gewesen, daß Augen, Nase und Mund sich zum Trost aneinanderschmiegen mußten. Das Weinglas in der Hand, schilderte sie die Anzahl und Heftigkeit von Schlägereien während ihrer Arbeit. Ich war sehr froh, daß ich Callie nicht hatte Clara beleidigen lassen.

Dann gab ich ein paar Geschichten über *The Vineyard* zum besten. Ich erzählte, daß dort nichts weiter Dramatisches passierte, nur das gelegentliche Poltern eines Betrunkenen im Waschraum, einmal ein Paar, das die ganze Mahlzeit mit den Fingern gegessen hatte... und hielt verlegen inne: Rodney aß mit den Fingern. Er aß manierlich, manierlicher als wir anderen, nahm Hühnerstücke auf, stippte sie in die Sauce, wischte sich zwischen jedem Bissen die Finger ab, und doch war es mir peinlich. Clara begegnete meinem Blick und zwinkerte mir zu, schüttelte dann den Kopf und lächelte verträumt. Es kümmert ihn nicht, er stand über diesen Dingen.

Ich erwiderte Claras Lächeln. Ich verstand, daß sie froh war, daß diese Art der Kommunikation möglich war. Es war nichts anderes als das, was Leute auch normalerweise tun – in der Öffentlichkeit private Botschaften zu übermitteln –, aber in dieser Offenheit war es bizarr, als säßen wir nicht mit anderen gemeinsam an einem Tisch.

Nachdem alle mit dem Essen fertig waren, räumten Annie und ich den Tisch ab. Ich setzte Kaffeewasser auf, schaltete die Kaffeemühle ein, und sie sagte: »Rodney macht mich schaudern. Es kommt mir vor, als sei er absichtlich blind.«

»Er tut, was er kann«, sagte ich zweideutig und nahm das Speiseeis aus der Tiefkühltruhe. »Könnten Sie ein paar Teller und Tassen aus dem Schrank nehmen?«

»Ich weiß, daß er nicht den Blinden spielen könnte. Aber ich traue ihm einfach nicht«, antwortete sie, während sie das Geschirr aus dem Schrank nahm. »Was sieht ein Junge wie Frank eigentlich in Rodney?«

»Ich weiß nicht. Frank kümmert sich gern um das Haus.« Ich löffelte Eis auf die Teller und richtete alles auf einem Tablett an.

»Frank ist einfach zu nett zu den Leuten. Da müssen Sie auf der Hut sein.«

»Soll ich ihn zu Hause festhalten, damit er nur zu mir nett sein kann?«

»Warum nicht? Ich meine nicht, daß er zu Hause bleiben sollte, er sollte arbeiten. Aber solche Typen wie Rodney brauchen Sie nicht in Ihrer Nähe. Ich versuche, Clara von Rodney fernzuhalten. Ich bin nicht eifersüchtig, ich weiß, daß sie nicht mit ihm schläft, aber er bringt ihre schlechtesten Seiten zum Vorschein. Wenn sie mit ihm zusammen war, ist sie immer irgendwie zynisch und gehässig.«

»Wieso sind Sie dann gekommen?«

»Sie wünschte es. Und vermutlich wollte ich selbst mal sehen, wie er ist. Denken Sie nicht, daß dieser Abend für mich furchtbar ist. Ich mag Sie sehr, Sie und Frank, Sie sind nette Menschen.«

»Danke, Annie«, sagte ich, überrascht von der Wärme in ihrer Stimme.

Ich trug das Tablett ins Wohnzimmer, und Annie brachte die Kaffeekanne. »Die Eiskremkönigin«, sagte Frank, stand auf und nahm mir das Tablett ab.

»Welche Sorte?« fragte Clara.

»Ingwereis.«

»Oh, herrlich.«

»Stella macht das beste Eis«, sagte Callie.

»Als ich zum ersten Mal hausgemachtes Eis gegessen habe«, sagte Frank, »war ich acht Jahre alt. Meine Kusine Josie hatte es gemacht. Sie war sechzehn oder siebzehn und sehr sexy. Kurvenreich und voller Sommersprossen. Ich lief ihr nach wie ein junger Hund. Sie machte Erdbeereis, und wir pflückten die Erdbeeren gemeinsam im Garten ihrer Eltern in Long Island. Es war im Juni, und sie trug kurze Hosen und ein rotes T-Shirt. Sie pflückte die meisten Beeren selbst, während ich dicht genug bei ihr kauerte, um sie zu riechen, ihre Brüste wippen und ihre scharfen Zähne in die kleinen reifen Beeren beißen zu sehen.«

»Du liebe Güte«, sagte Clara, »jetzt wird's spannend.«

Frank lächelte und schlürfte seinen Kaffee. »Nach einer Stunde oder so hatten wir genug. Sie war rosig und verschwitzt und bat mich, sie mit dem Gartenschlauch abzuspritzen, ehe wir ins Haus gingen. Ich zielte abwechselnd auf ihre verschiedenen Körperteile, während sie dastand, Arme und Beine gespreizt, die Augen geschlossen, das Haar nach hinten gespült.« Er hielt inne, um einen Löffel Eis zu essen. »Wißt ihr, als sie naß war, klebten ihr die Kleider am Körper.«

»Ja, wir wissen«, sagte Annie, und wir lachten alle.

»Wir waren allein im Haus. Ich zerdrückte die Erdbeeren, spritzte mich voll mit ihrem Saft, während sie Sahne und Eier und Zucker verrührte. Dann schüttete ich die Beeren dazu. Josie kostete, und die rosa Masse floß ihr von den Fingern über das Kinn und den Hals.

Wir rührten das Eis scheinbar stundenlang. Josies Arm drehte und drehte sich, und mir wurde ganz schwindlig, weil ich zusah, wie ihre Brüste sich ebenfalls drehten. Dann war es fertig, und wir aßen es. Josie aß so viel, daß sie ihr Hemd auszog, damit ihr Magen Platz hätte. Wie sie sagte.«

»Was für eine verrückte Geschichte«, sagte Rodney.

»Sie sah natürlich mein Interesse und entschied, ich müsse etwas über Mädchen lernen. Also durfte ich sie anfassen. Ich war im Himmel, das könnt ihr euch vorstellen. Erdbeereis und Titten, und alles an einem Nachmittag.«

»Was war dir lieber?« fragte ich.

»Schwer zu sagen. Ich war noch ein kleiner Junge, der auf Süßes versessen war, und die Titten verwirrten mich, als ich sie in der Hand hielt. Was sollte ich mit ihnen anfangen? Sie müssen mir großen Eindruck gemacht haben, weil ich seither kein Eis mehr essen kann, ohne an sie zu denken. Ich denke an die verschiedenen Geschmacksrichtungen wie an verschiedenfarbige Frauen.« Wir lachten.

»Wofür steht Pistazieneis?« fragte Annie.

»Schulmädchen vom Mars«, antwortete er prompt.

»Reagiert er so auf alles, was Sie machen?« fragte Clara. Ich lächelte und blickte in die Runde. Alle waren entzückt von der Geschichte. Ich hätte mich geschmeichelt fühlen sollen wegen dieser Begeisterung für das Weibliche... und tat es auch. Doch etwas störte mich, eine gewisse Verschwommenheit der Linie zwischen Lust und Sentimentalität.

»Möchte jemand noch Eis?« fragte ich.

»Natürlich.«

Ich verteilte die zweiten Portionen, und Frank legte seine Hand auf meinen Schenkel. Ich schob sie weg und trank meinen Kaffee.

Annie und Clara aßen mit übertriebenem Genuß, rollten das Eis im Mund herum, leckten ihre Löffel ab und lächelten einander zu. Sie erinnerten mich an kleine Mädchen bei einer Geburtstagsparty, beste Freundinnen, die nicht in der Lage sind, auch nur einen Augenblick ihre private und ausschließliche Bindung zu vernachlässigen – die Welt war zu komisch. Rodney aß jetzt mit dem Löffel, und gerade ließ er einen Brocken Eis herunterfallen. Callie, immer wachsam, fing ihn mit ihrer Serviette auf, ehe er auf seinen Schenkel traf. Rodneys Löffel wedelte noch immer durch die Luft, als denke er, das Eis könne nach oben geflogen sein. Wir alle hielten inne und sahen zu.

»Ich hab's aufgefangen«, sagte Callie leise. Sie hielt das schmelzende Eis in der weißen Serviette in ihrer Hand. Ihr Gesicht war heftig gerötet.

»Danke«, sagte Rodney und richtete seine blinden Augen auf sie. Einen Augenblick lang dachte ich, er suche das Eis. »Das muß schnell gegangen sein. Ich bin froh, Sie neben mir zu haben.« Er sagte das mit so starkem Besitzerton, daß ich verblüfft war. Konnte er wirklich an Callie interessiert sein?

Clara versuchte, sich das Lachen zu verbeißen. Frank warf ihr einen strengen Blick zu. Callie war noch immer rot, nahm ihre Serviette, um ihren Mund zu verdecken, und tat so, als tupfe sie sich die Lippen ab. Natürlich machte die Serviette es nur noch komischer, und bald kicherten Clara und Annie hilflos.

»Ich glaube, wir müssen die Kinder vom Tisch schicken«, sagte ich.

»Warum setzen wir uns nicht alle rüber und trinken einen Brandy?« schlug Frank vor.

»Hast du Zigarren im Haus?« fragte Clara mit anmutiger Pose und sah aus, als sei sie sieben Jahre alt. Sie traf Annies Blick, und beide begannen wieder zu lachen und mit den Lippen das Wort »Zigarre« zu formen.

Callie half Rodney vom Tisch aufzustehen. Er hatte Clara nicht beachtet, und Callie bemühte sich, das ebenfalls nicht zu tun. Ihr Gesicht hatte einen pflichtbewußten, törichten Ausdruck.

»Wir gehen ins Badezimmer«, verkündete Clara und faßte mit festem Griff Annies Arm. Annie, betrunken und zerzaust, sah aus wie jemand, der im Flugzeug angesprochen worden ist und damit rechnet, auf der Toilette gevögelt zu werden. Doch während sie nach oben gingen, ließ Clara ihren Arm los, und sie verfielen in den eiligen Gang von Frauen, für die das Badezimmer eine Zuflucht ist.

Als Frank seinen Arm um mich legte und flüsterte: »Sollen wir als nächste raufgehen?« lächelte ich abwesend.

Callie fragte Rodney, wie er es geschafft habe, mit seiner Erblindung fertig zu werden. »Zuerst war es sehr schwierig«, sagte er. »Ich mußte die Anordnung von Zimmern auswendig lernen, mir Entfernungen merken. Das erforderte große Konzentration. Oft vergaß ich es für einen Augenblick – und das reichte auch schon, um gegen irgend etwas zu laufen.«

»Wie schrecklich«, sagte sie.

»Ich vermisse noch immer meine alten Gewohnheiten, mehr als alles andere.«

»Mehr als Schönheit?« fragte ich.

»Natürlich wünsche ich mir, ich könnte die Gesichter und Körper von Frauen noch sehen. Aber andere Dinge haben das kompensiert. Stimmen, Gespräche... Clara und Annie beispielsweise«, sagte er angeberisch, »reden darüber, wie gut ihnen Stella gefällt und wie schauerlich Annie mich findet.« Er lächelte. »Und jetzt vertraut Clara ihr an, daß auch sie mich immer schauerlich gefunden hat.«

Frank und Rodney lachten. Ich fühlte mich alarmiert. Hatte er auch alle Gespräche in der Küche mitangehört? Was hatte ich gesagt? Ich beschloß, niemals eine Nacht in seinem Haus zu verbringen, und war froh, daß mein Instinkt mich bisher davon abgehalten hatte.

»Ich kann mir nicht vorstellen, wie er mit ihr gelebt hat«, flüsterte Callie mir zu, während wir ins andere Zimmer gingen.

»Du brauchst nicht zu flüstern, er kann alles hören, was du sagst«, antwortete ich gereizt. Warum lebte ich mit einer so dummen Pute zusammen?

»Nicht alles«, sagte Rodney und drehte sein großes Gesicht nach Callie um, die etwas erschrocken aussah.

»Mehr als genug«, antwortete ich und war empört darüber, daß dies in meinem Haus stattfand.

»Mehr als genug was?« fragte Clara. Sie und Annie standen in der Tür, sauber und glänzend, frisch gekämmt und wieder nüchtern.

»Rodney hat jetzt das absolute Gehör«, sagte ich. »Er gab gerade Ihre Unterhaltung im Badezimmer wieder.«

»O Scheiße«, sagte Annie. Clara lächelte liebenswürdig und ging auf Zehenspitzen zu Rodney hinüber.

»Ich höre dich kommen«, warnte er. Sie nahm eine Rose aus der Vase auf dem Couchtisch und ließ Wasser in seinen Nacken tropfen.

»Nicht«, sagte Callie. Er schwang einen Arm. Clara sprang aus seiner Reichweite und fuhr ihm mit der Blüte durchs Gesicht. Daraufhin saß er still, lächelte leicht, und sie pickte ihn einmal mit einem Dorn der Rose und warf ihm die Blume dann in seinen Schoß.

Sie ließ sich in einen Sessel fallen und sagte zu mir: »Das Spiel verliert mit der Zeit seinen Reiz.«

»Das hoffe ich doch«, sagte Rodney. Er nahm die Rose aus seinem Schoß, wo sie einen nassen Fleck hinterließ, und hielt sie vor sich hin, damit jemand sie ihm abnehme. Callie stand auf, ging zu ihm, nahm die Rose und steckte sie zu den anderen Blumen in die Vase zurück.

Am liebsten hätte ich alle gebeten, nach Hause zu gehen. Alle, auch Callie, die hier wohnte – sogar Frank. Ich dachte voller Sehnsucht an das Haus meiner Großmutter. Was würde sie an meiner Stelle tun? Nach oben gehen und lesen, kein Zweifel. Ihre Gäste allein lassen, ratlos, ob sie gehen sollten. Ob sie gehen dürften. Ich hatte sie das schon mit Gästen tun sehen, hatte gesehen, wie die verwirrten Leute ihr in die Bibliothek nachgegangen waren, um sich zu verabschieden, und sie halb gutmütig, halb maliziös von ihrem Astronomiebuch aufblickte und vielleicht einen oder zwei von ihnen aufforderte, sich eine besonders schöne Illustration anzusehen. Ich erinnere mich noch, wie ihr spitzer Fingernagel auf die glänzenden Seiten trommelte, während eine ihrer vom Wein benommenen Kusinen zweiten Grades mit Lippen und Augenbrauen zuckte und nicht wußte, was sie sagen sollte.

»Wirst du müde, Liebes?« fragte Frank. Ich war ärgerlich, daß er mich in diese Gesellschaft zurückholte, wo mich alle ansahen, außer Rodney. Für Frank war das vermutlich eine normale Dinnerparty. Die meisten seiner Freunde waren zweifellos noch eigenartiger.

»Nein«, sagte ich.

»Aber Sie möchten, daß wir gehen«, sagte Clara. Sie wartete nicht auf meine Antwort, sondern stand auf, und Annie folgte augenblicklich ihrem Beispiel. »Es war ein wunderbares Essen, und ich freue mich, daß ich Sie kennengelernt habe. Sie müssen einmal vorbeikommen und mein Atelier ansehen.«

»Ja, gern«, sagte ich. »Es war schön, daß ich Sie beide kennengelernt habe.«

»Danke gleichfalls«, sagte Annie, und sie lachten. Ich merkte, daß ich sie wieder ganz nett fand und wollte noch mehr sagen, aber plötzlich fühlte ich mich auch betrunken. Sie verabschiedeten sich von den anderen, die alle standen – Rodney zog seinen Mantel an, Callie half ihm –, und dann gingen sie. Ihre Stimmen wurden lauter, nachdem die Tür sich hinter ihnen geschlossen hatte.

»Ich bringe Rodney nach Hause«, sagte Frank zu mir. »Manchmal ist er verwirrt, wenn er getrunken hat.«

»Mir kommt er ganz helle vor«, murmelte ich und sagte dann: »Warum schläfst du nicht drüben? Ich bin müde, ich möchte am liebsten allein schlafen.«

Er sah überrascht aus. »Ist alles in Ordnung mit dir? Tut mir leid, wenn etwas zu –«

»Nein, alles bestens. Ich bin nur müde.«

»Willst du wirklich nicht, daß ich zurückkomme? Soll ich dich anrufen?«

»Nein. Ich rufe dich morgen an. Ich möchte einfach allein sein.«

»Gut, wir sehen uns morgen.«

Er küßte mich, und ich erwiderte seinen Kuß. Ich verabschiedete mich von Rodney, ging zurück ins Wohnzimmer, kuschelte mich in eine Ecke der Couch. Auf dem Tisch stand noch ein halbes Glas Brandy. Ich nahm es und trank es aus, denn ich erinnerte mich an Teos komplizierte Erklärung, wie man bestimmte Höhepunkte der Trunkenheit dadurch überwinden konnte, indem man weiter trank; der höhere Intoxikationspegel sei ein ruhigerer Platz, ein Plateau.

Callie schloß die Tür hinter den Männern und schaute schüchtern zu mir ins Wohnzimmer. »Ich habe ja gleich gewußt, daß es keine gute Idee ist, die beiden zusammen einzuladen«, sagte sie.

»Geh schlafen, ich mache den Abwasch morgen.«

»Das Essen war sehr gut.«

»Es war Scheiße.«

»Oh, Stella, das stimmt nicht! Wie kannst du das sagen?«

»Vergiß es.«

»Es war köstlich.«

»Ich weiß. Geh schlafen.«

»Ich gehe, wann ich will. Du bist nicht meine Mutter.«

Ich stand auf, wickelte mich in den Schal meiner Großmutter und ging aus der Tür. »Stella«, rief sie mir nach. »Komm, sei kein Baby.«

»Ich mache einen Spaziergang«, rief ich zurück. »Ich bin nicht verrückt, und ich bin kein Baby.« Ich bückte mich, um meine hochhackigen Schuhe auszuziehen, und rannte dann auf dem dunklen Gehsteig in die entgegengesetzte Richtung wie Frank. Es fühlte sich wunderbar an, allein zu sein. Warum hatte ich je jemanden bei mir haben wollen?

Ich war nicht mehr wütend, obwohl ich Callie für eine dumme Pute und Rodney für ein Ekel hielt. Ich war nur froh, sie alle los zu sein, und begann in mädchenhafter Verschwörung mit mir selbst zu lachen. Die Nachtluft war erfrischend kalt, obwohl sie mich nicht ganz ernüchterte, denn dazu hatte ich zu viel Wein getrunken. Doch als ich langsamer ging und tief atmete, zwang mich die Kälte, darauf zu achten, wohin ich ging. Ich wollte nicht mit Callie in unserem Haus sein, ich wollte nicht bei Frank sein, ich wollte in niemandes Haus sein. Es war zu spät für *Moe's* oder das *Mediterranean.* Blieben nur noch die Bars. Das erschien mir eine sehr gute Idee. Ich blieb stehen und zog meine Schuhe an. Ich war an der Ecke Shattuck und Bancroft, die *Bancroft Lounge* lag also am nächsten. Das ist nicht die Art von Bar, die Leute wie mich anzog, aber im Augenblick hielt ich nicht Ausschau nach Leuten meines Schlages. Was ich suchte, darüber dachte ich nicht nach. Ich ging einfach in die Bar, setzte mich auf einen Hocker und bestellte einen Brandy.

Am Tresen saßen zwei einzelne Männer, einer groß und gut

angezogen mit weichen Händen, der andere betrunken; seine blauen Augen rollten wie Murmeln unter seiner eckigen Stirn. Er war jung und sah gut aus, hatte einen hübschen, sinnlichen Mund. Sein Haar war hellbraun und lockig, und er trug einen Schlips mit der Aufschrift I LOVE NY. Ich lächelte ihm zu. »Hier ist Kalifornien«, sagte ich leise zu ihm.

»Wollen Sie wissen, wo ich herkomme? Columbus, Ohio. Immer, wenn ich Columbus, Ohio, verlasse, bin ich betrunken. Was macht das also für einen Unterschied? Hier drinnen ist es dunkel. Wollen Sie was trinken?«

»Ich habe etwas.«

»Oh, ja, sicher. Okay, wollen Sie dann mit mir reden?« Ich lachte. »Sie wollen also mit mir reden«, sagte er. »Gut. Ich heiße Neil Poster. Ich bin seit ein Uhr mittags in dieser Bar. Ich war mit diesen Burschen...« Er winkte mit dem Arm.

»Haben die Sie hier allein gelassen?«

»Na ja, ich wollte nicht mit ihnen gehen, verdammt. Sie waren miese Typen.« Er beugte sich zu mir herunter. »Polyesteranzüge, wissen Sie. Genau wie ich. Aus Columbus, Ohio.«

»Na, jetzt sind Sie in Berkeley, also regen Sie sich nicht auf. Sie müssen ja nicht dahin zurück.«

»Wollen Sie wissen, wie es da ist?«

»Ja. Erzählen Sie's mir.« Er erzählte mir von seiner Arbeit, die darin zu bestehen schien, Reisen zu machen, bei Terminen möglichst nüchtern zu bleiben und Formulare auszufüllen. Er erzählte von seinem Arzt, der ihm wegen seiner Trunkenheit Valium gab, mit dem er seine Freundin fütterte, damit sie entspannt genug war, um mit ihm zu schlafen, und von seiner Mutter, die ihn jeden Morgen um halb acht anrief, um ihn zur Arbeit zu wecken. »Bleiben Sie hier und fangen Sie ein neues Leben an«, schlug ich vor.

»O, nein, das könnte ich nicht.«

»Warum nicht?«

»Es wäre dasselbe. Ich bin eben so ein Typ. Ich habe immer diese Art Jobs und immer Freundinnen wie Nancy.«

»Sie könnten Ihrer Mutter entkommen.«

»Aber man braucht eine Mutter.« Er trank sein Glas leer,

schüttete sich den letzten Tropfen auf die Zunge und sah sich suchend nach einem weiteren um. Der Barkeeper stellte es vor ihn hin, Bacardi on the rocks, und Neil führte es fast hastig an die Lippen wie ein Pflanzenfresser, der zum Wasserloch gleitet.

»Sie sollten wenigstens versuchen, etwas von Berkeley zu sehen, solange es hell ist.«

»Ich werd's versuchen.«

Er lächelte mir freundlich zu; in seinen blauen Augen standen lebenslänglich gute Vorsätze geschrieben. Er sah wirklich sehr gut aus mit seinem breitgebauten Körper und seiner hellen, feuchten Haut. Eine Weile saßen wir schweigend da. Der große Mann an der Bar beobachtete mich, wartete, wie mir schien, daß Neil zu betrunken würde, um zu reden. Dann würde er herüberkommen. Ich wußte, wie er sein würde: glatt und verlogen. Er würde mir Drinks kaufen, und seine wulstigen Finger würden die Dollarscheine hinblättern wie Fahrkarten. Neil summte vor sich hin, während er trank. Seine Schultern schwankten. Ich dachte, ich sollte ihn besser nach Hause schaffen, ehe er bewußtlos zu Boden sinken und zweifellos in Columbus, Ohio, aufwachen würde.

»Gehen wir«, sagte ich.

»Zu Ihnen?« fragte er und legte einen Arm um mich.

»Nein, zu Ihnen. Wo wohnen Sie?«

»Ich weiß nicht mehr. Irgendwo, nicht weit von hier.«

Der Barmann sah mit mildem Interesse zu, wie ich ihn aus der Tür führte. Ich stellte mir vor, daß sie sich fragten, was ich mit einem so betrunkenen Mann anfangen würde. Seit Teo hatte ich mich nicht mehr zu diesem Typ Mann hingezogen gefühlt – man weiß nie, wann man sie wieder los wird. Aber heute abend machte mir das nichts aus. Ich genoß die Ungewißheit sogar. Ich wollte gleichzeitig allein und mit jemandem sein.

Neils Arm um mich war überraschend fest. Ich dachte an den Alkohol, der mit seinem Körper kämpfte. Wer würde stärker sein?

»Hier entlang«, sagte er und ging um die Ecke.

»Das Berkeley Motel?«

»So ähnlich«, stimmte er zu.

Unterwegs erzählte er mir von den Sommernächten in Columbus, seinem ersten Bier, seiner Euphorie, dann, ohne Übergang, waren Jahre vergangen, er war betrunken, hatte sich in seinem eigenen Viertel verirrt, stürzte und brach sich das Bein, und seine Mutter weigerte sich, ihn im Krankenhaus zu besuchen. Er lachte und hielt mich fester, und einen Augenblick lang fühlte ich mich wie eine alte Freundin, jemand aus der Grundschule, der sich diesen Bericht über das Elend anhört, das einen als Erwachsenen treffen kann.

Er brauchte eine Weile, um seinen Schlüssel zu finden. Ich stand da, eine Hüfte gegen das Haus gelehnt, als ein Auto vorbeifuhr; kurz sah ich Scheinwerfer, dann rotierende Reifen, eine lange, rote Flanke und den baumelnden Arm einer Frau. Ich hatte immer Schuldgefühle, wenn ich Männer aufriß, allerdings keine allzu großen. Diejenigen, die das mißbilligen könnten, standen meinem eigenen Leben so fern. Selbst Callie war fern in dem Sinne, daß ich ihre Meinungen nicht ernst nehmen konnte. Aber Frank war mir nicht fern, wenn ich heute nacht auch so tat, als sei er es.

Neil wandte mir sein freundlich triumphierendes Gesicht zu: Die Tür war offen. Wir gingen hinein. Das Zimmer war klein und wurde von einem großen Fernsehapparat dominiert. Ich half Neil, den Koffer vom Bett zu nehmen. Er breitete ein weißes Taschentuch aus und schüttete eine halbe Dose Cashew-Kerne darauf aus. Als ich mich an eine Seite setzte, öffnete er warme Cola-Dosen für uns.

»Was machst du hier?« fragte er plötzlich.

»Ich mag fremde Männer.«

»Im Ernst?«

»Was glaubst du? Meinst du, ich spionierte für deine Freundin?«

»Nein. Sie verläßt Ohio nie.«

»Gefällt es dir nicht, fremde Frauen aufzugabeln?«

»Habe ich noch nie gemacht. Ist gefährlich.«

»Ach, komm. Wovor solltest du Angst haben?«

Er aß eine Nuß. Dann lächelte er mir zu. »Vor dir wahrscheinlich nicht.«

»Ich bin diejenige, die sich Sorgen machen muß. Ich habe hier einen Freund.«

»Ist er eifersüchtig?«

»Ich weiß nicht. Wahrscheinlich. Was, wenn er mich dann nicht mehr sehen will?« Ich wußte schon, daß ich es Frank schließlich erzählen würde.

»Ich habe dich ja schon danach gefragt. Was machst du hier? Aber nimm's mir nicht übel. Geh nicht weg.«

»Ich gehe nicht. Wir haben über solche Dinge nie gesprochen. Ich möchte das Gefühl haben, frei zu sein.«

»Niemand ist frei.«

»Du hast leicht reden. Du kommst aus Ohio.«

»Du bist auch nicht aus Kalifornien, oder?«

»Nein, ich bin in Neuengland geboren.« Ich trank meine Cola. »Ich weiß, daß ich nicht frei bin im absoluten Sinn, aber trotzdem –«

»Liebst du deinen Freund?«

»Ja. Aber du gefällst mir auch.«

»Du kennst mich nicht mal«, sagte Neil.

»Doch, sicher. Du kommst aus Ohio, du trinkst gern, du haßt deinen Job, du bist nett –«

»Ist dein Freund nicht nett? Er muß netter sein als ich. Willst du, daß ich den Mund halte? Ich weiß nicht, warum ich darüber rede.«

»Schon gut. Er ist auch nett, er ist sehr nett, aber mir gefällt das eben, im Dunkeln auszugehen. Ich habe das Gefühl – habe das Gefühl, daß das nichts mit regulärem Sex in einer Beziehung zu tun hat. Es ist eine andere Sache, eine Sache für sich.«

»Eine Sache für sich«, sagte er. Wir lachten. »Also gut, Stella, ich verstehe das nicht, aber ich denke, es ist deine Sache. Dein Freund wird doch nicht in der Bar nach dir suchen, oder?«

»Nein. Mach dir keine Sorgen«, sagte ich und rollte über die Cashew-Kerne auf ihn zu.

»Du liegst auf dem Essen«, sagte er gedankenverloren, als er seine Arme um mich legte.

»Ich mußte was tun. Du wirst zu schnell nüchtern.«

»Was meinst du damit?«

»Betrunken gefielst du mir. Du warst in einer anderen Welt.«

»Okay.« Er griff in die Schublade des Nachttisches und holte eine Taschenflasche Bacardi heraus. Ich trank mit ihm, wenn auch nicht so viel, und wir küßten uns und beträufelten uns mit Rum und kicherten. Es machte Spaß, ihm nahe zu sein. Als seine Augen glasig wurden, zog ich ihn aus und fuhr mit den Händen über seinen massiven, muskulösen Rumpf. Er lag da wie sinnlos betrunken, aber als ich fertig war, hatte er einen Ständer. Ich zog mich aus, weich vor Alkohol und spätnächtlicher Lust, und legte mich glücklich auf ihn. Sein Körper roch nach Ohio und nach Rum. Warum bin ich hier, dachte ich, als er in mich eindrang. Ich bin hier, weil ich hier sein muß. Das ist der Weg, der hell erleuchtet ist.

16

Es war fast hell. Ich zog mich rasch an und betrachtete mit distanzierter Neugier seinen zusammengerollten Körper. Du bist gut im Bett, dachte ich, weißt du das? Jemand sollte es dir sagen. Dann würdest du häufiger Mädchen aufgabeln, auf deinen Reisen ein paar Abenteuer mehr erleben. Ich erwog, einen diesbezüglichen Zettel zu hinterlassen, hielt dies dann doch für keine gute Idee. Bevor ich ging, prägte ich mir aus der Nähe seine kräftige Nase ein, die Wölbung seiner geschlossenen Augen, den geschwungenen Mund, die hellen Locken, den großen Penis.

Draußen auf dem kalten Motel-Parkplatz war niemand zu sehen, und alle Fenster waren dunkel. Ich mußte langsam gehen wegen meiner hohen Absätze, und ich fror, aber ich fühlte mich wohl. Ich wickelte mich eng in den Schal meiner Urgroßmutter. Der helle Fransensaum fiel über meine Handgelenke. Ich ging heim, vorbei an Häusern, wo Katzen auf den Türstufen miauten, um eingelassen zu werden, vorbei an Lastwagen, in denen Männer saßen und Kaffee tranken, vorbei an einer herumirrenden alten Frau, die mit sich selber sprach.

Als ich nach Hause kam, zog ich die Schuhe aus und ging barfuß durch den in der Morgendämmerung graugrünen Garten. Auf der Veranda stand eine kleine Holzbank, wo ich mich hinsetzte und mir vorstellte, im Haus meiner Großmutter zu sein.

Großmutters Haus kannte ich, und das Haus kannte mich. Meine Affäre mit Tobias hatte ihm besonders gut gefallen, dachte ich, da es so viele Jungfrauen und verheiratete Frauen gesehen hatte. Die Woche, in der ich um meinen ersten Liebhaber trauerte und Teetassen auf der Treppe verteilte, gab den Räumen einen Hauch von Kummer und Selbstmitleid. Selbst jetzt, wenn ich mit Großmutter telefonierte und ihr meine kalifornischen Abenteuer beschrieb, erkundigte ich mich immer, in welchem Raum sie gerade war. Ich war sicher, daß die einsamen Zimmer im zweiten Stock meine Leidenschaft für Fremde verstanden und auch verstehen würden, warum Frank nicht all mein Verlangen an sich hatte binden können.

Und doch überrollte mich eine Welle von Zuneigung, als ich an ihn dachte. Ich erinnerte mich, wie ihn gestern abend alle gemocht hatten, auch wenn sie aufeinander böse oder eifersüchtig waren – sogar Annie, die Männer nicht liebte, und Callie, die er nicht gern hatte. Vielleicht fiel ein bißchen von dem Wohlwollen, das er anzog, auch auf mich ab.

Ich trat ins Haus. Callie hatte bereits das Geschirr gewaschen, alles aufgeräumt und saß mit ihrer Teetasse am Tisch.

»Hallo«, sagte sie. »Bist du bei Frank gewesen?«

»Nein, ich war in der *Bancroft Lounge*. Ich habe einen Mann kennengelernt.« Ich füllte Kaffeebohnen in die Mühle.

»Stella, sag, daß es nicht wahr ist!« rief sie über den Lärm der Kaffeemühle hinweg.

»Was?« sagte ich und löffelte Kaffee in den Filter.

»Du hast doch nicht?«

»Doch, ich habe. Warum nicht? Es war nicht das erste Mal.«

»Ich dachte, es wäre dir ernst mit Frank.« Sie stellte ihre Tasse ab und beobachtete mich ängstlich.

Ich stellte den Kessel auf den Herd und schälte eine Banane. »Ist es auch.«

»Und?«

»Und was? Es kann mir ernst sein mit ihm, und ich kann trotzdem mit anderen Männern ins Bett gehen.«

»Das verstehe ich nicht.«

»Dein Problem. Schau, Callie, ich bin nun mal so.«

»Wirst du's ihm sagen?«

Ich zuckte die Achseln. »Ich weiß nicht. Wahrscheinlich nicht sofort. Ich geh nicht hin und sag: ›Rat mal, was ich letzte Nacht gemacht habe?‹«

»Du wirst also lügen?«

»Vielleicht. Vielleicht sag ich's ihm, früher oder später.«

»Früher oder später kommt er dahinter, und was ist, wenn er mit dir Schluß macht?« Callie war den Tränen nahe. Ich goß kochendes Wasser über den Kaffee und aß das letzte Stück der Banane.

»Ich weiß nicht. Ich will ihm nicht weh tun. Vielleicht macht es ihm nichts aus. Das ist so dumm – Treue. Es hat nichts mit mir zu tun.«

»Doch, jetzt schon«, sagte sie. »Stella, er ist so ein guter Mann. Es würde ihn umbringen, wirklich.«

»Ach, um Himmels willen, sei nicht so melodramatisch. Er ist kein viktorianischer Ehemann, weißt du. Er hat genausoviel herumgevögelt wie ich. Nun ja, vielleicht beinahe genausoviel.«

»Ja, aber jetzt tut er es nicht mehr, oder?«

»Woher soll ich das wissen? Vielleicht haben er und Rodney eine Frau aufgegabelt und heute nacht einen flotten Dreier geschoben. Und Frank hat dabei dauernd beschrieben, wie sie aussah.«

»Du weißt genau, daß er das nicht getan hat.«

Ich nahm eine Schüssel mit übriggebliebenem Thunfisch aus dem Kühlschrank. Die Mayonnaise war geronnen und hing in kleinen Kugeln am Rand der Schüssel. Ich rührte sie mit dem Finger wieder glatt, dem Finger, der zum Abschied Neils Eier gestreichelt hatte.

»Stella, ich weiß, daß wir da unterschiedlicher Meinung sind. Ich habe nie verstanden, warum du mit fremden Männern ins Bett gehst. Nun, das ist deine Sache, aber du mußt daran denken, was auf dem Spiel steht. Die meisten Leute sind besitzergreifend und eifersüchtig. Und Eifersucht ist ein dumpfer, nagender Schmerz, den niemand lange aushalten kann.«

»Ich weiß. Was soll ich also tun?«

Sie sah mich besorgt an. »Ist es eine Sucht? Meinst du, daß du professionelle Hilfe brauchst?«

»Wenn es eine Sucht ist, dann hilft ein Psychofritze auch nicht. Aber das ist eine Idee. Vielleicht gehe ich zu Rodney.«

»Stella!«

»Ich weiß, Callie. Glaub mir, ich nehme das ernst. Ich weiß, daß du recht hast und daß es Probleme geben wird. Ich weiß nur nicht, was ich dagegen tun soll. Es macht mir eben Spaß.«

»Dann wirst du vermutlich mit ihm reden müssen«, sagte sie resigniert. »Kann ich den Rest von diesem Thunfisch haben?«

»Sicher. Viel ist es nicht mehr.« Ich ging mit einer Tasse Kaffee und einem Haferkeks nach oben.

Ich rief an. Beim ersten Läuten nahm er ab. »Hallo Schatz«, sagte ich.

»Hallo Liebling. Schön, deine Stimme zu hören.«

»Was machst du?« Ich lehnte mich zurück und schob den Hörer zwischen mein Ohr und das Kissen.

»Nicht viel. Rodney hat einen Kater, und ich versorge ihn mit Bloody Marys und schwarzem Kaffee.«

»Ich hatte ja keine Ahnung, daß er so betrunken war.«

»War er auch nicht. Wir sind auf dem Heimweg noch eingekehrt.«

»Ach so. Eiskrem-Soda mit Alka-Seltzer ist gut. Habe ich immer für Teo gemacht. Wann sehe ich dich?«

Ich hörte, daß er Rodney etwas zurief. Dann sagte er: »Ich glaube, auf deinen Vorschlag hin mußte er sich übergeben. Was machst du gerade?«

»Nichts. Willst du vorbeikommen?«

»Ich habe gehofft, daß du das sagen würdest.«

Er kam in einer himmelblauen Nylonjacke und einem rosa Hemd mit zwei Gänseblümchen im Knopfloch.

»Du siehst aus wie ein Lämmchen, das über eine Blumenwiese hüpft«, sagte ich. »Wohin gehen wir zum Essen?«

»Ich führe dich, wohin du willst.«

»Wohin möchtest du?«

»Du entscheidest.«

»Ich mag nicht entscheiden.«

»Gut, dann laß uns in den Tilden Park gehen und ein Picknick machen. Brot und Käse und Wein.«

»Okay.« Binnen weniger Minuten waren wir aus dem Haus. Wir fanden eine Stelle in den Wäldern in einem Hain aus Eukalyptusbäumen. Frank zog seine Jacke und sein Hemd aus und legte sich auf den Rücken.

»Wir sollten ein Ziegenfell für den Wein haben«, sagte ich, »dann könnte ich ihn dir in den Mund spritzen.«

»Immer hast du Tiere im Kopf«, sagte er. »Lämmer, Ziegen, was noch?«

»Löwen und Tiger und Bären.«

»Keine Schweine?«

»Noch nicht. Kann ich auch meine Bluse ausziehen?«

»Tiere und Brüste«, murmelte er. »Deine tierischen Brüste.« Ich beugte mich über ihn. »Du brüstiges Tier.«

»Du kannst Adam sein«, sagte ich, »und ich bin eines der Tiere, denen du Namen gegeben hast.«

»Du kannst mich nicht täuschen. In Wirklichkeit bist du ein verkleideter Gott.«

»Es ist furchtbar. Ich versuche, alles perfekt zu machen und verstehe nicht, warum dauernd alles schiefgeht. Ich hätte wahrscheinlich das College zu Ende besuchen sollen.«

»Was brauchst du denn?«

»Dich.«

»Na, das ist kein Problem.«

Später sprachen wir über die Party. Frank entschuldigte sich für Rodneys und Claras Benehmen, schien sich darüber aber nicht aufzuregen. Das tat ich auch nicht mehr. Alle diese verwikkelten Emotionen – Eifersucht, Besitzanspruch, das Verlangen, dem anderen immer um eine Nasenlänge voraus zu sein –, was hatten sie mit mir zu tun? Hier oben auf den sonnigen Hügeln konnte ich nicht glauben, daß wir wirklich ein Problem hatten. Unsere Liebe war so mitfühlend, unsere Lust so großzügig. Als es Zeit für mich wurde, zur Arbeit zu gehen, fühlte ich mich so durchtränkt von ihm wie eh und je. Ich fühlte mich matt und glühend wie nach anstrengendem Sport – obwohl unser Sex sanft gewesen war –, und als er mich vor dem Haus zum Abschied küßte, spürte ich seine Lippen so lange, daß ich überrascht war, ihn schon einen Block entfernt zu sehen.

George war in aufgeräumter Stimmung und kam in die Küche, um mir beim Kochen zu helfen. Er sprühte vor Optimismus, denn der Sommer hatte endlich begonnen, und die Leute waren bereit, sich eine schöne Zeit zu machen. Er band sich eine Schürze um und schälte Garnelen für mich, wobei er jede dritte roh aß, heruntergespült mit einem abscheulichen Getränk, das er erfunden hatte: Bier, in dem Knoblauchzehen mariniert worden waren. Er plante, es während der Knoblauchwoche zu servieren, Berkeleys Antwort auf Erfindungen wie den Großelterntag. Im *Chez Panisse* gab es Knoblaucheis, und George wollte nicht ins Hintertreffen geraten.

»George«, fragte ich, »hat Eva je gewußt, daß du mich gefickt hast?«

Er starrte mich erstaunt an, den Schwanz einer Garnele zwischen den Zähnen. Er biß ihn durch, stippte das Ende in Currypulver, aß es und sagte: »Natürlich nicht. Dieser Frau würde ich überhaupt nichts erzählen.«

»Ich weiß, aber hatte sie keinen Verdacht?«

»Warum sollte sie? Ich ging nachts immer nach Hause, soweit ich mich erinnern kann. Du hast mir nie gestattet, über deine jungfräuliche Schwelle zu treten.«

»Ich ging davon aus, daß du diskret sein wolltest.«

»Wirklich?« Er lachte und drückte eine weitere Garnele so heftig in das Currypulver, daß es über den Tresen stäubte.

»Mach keine solche Schweinerei, ich will nicht an allem Curry haben. Und gib mir nicht die Schuld, wenn du etwas nicht bekommen hast, wonach du nie gefragt hast.«

»Ich gebe dir keine Schuld. Ich verstehe dich. Du wolltest den Chef vögeln oder vielleicht den, der die Lebensmittel lieferte. Vielleicht war es ein Fruchtbarkeitsritus.«

»Vielleicht. Aber was ist mit der Vergangenheit? Hat sie deine anderen Affären geahnt? Hast du andere Affären gehabt?«

»Als es zwischen uns mies wurde, habe ich mit anderen Frauen angefangen. Ich bin ja kein Idiot, ich binde meinen Schwanz nicht an den Bettpfosten.«

»Und sie wußte das?«

»Ja. Eine Zeitlang plärrte sie herum, aber es war zu ihrem eigenen Wohl. Sie wollte nicht mehr mit mir vögeln.«

»George, ich verstehe nicht, wieso du noch immer verheiratet bist.«

»Meinst du, ich lasse meine Kinder allein mit jemand, der Fikken haßt?«

Sein Gesicht war gerötet, und ich bereute, daß ich das Thema angeschnitten hatte. Jeder im Restaurant wußte, daß George unglücklich verheiratet war, aber wir hatten nie wirklich darüber gesprochen. Ich hatte angenommen, daß die Schmähungen über seine Frau nicht ernst zu nehmen waren. Niemand konnte den Menschen, mit dem er zusammenlebte, so sehr hassen. Es war angsterregend.

»Was soll das alles überhaupt?« fragte er. »Wir vögeln nicht mehr, also machst du dir sicher keine Sorgen wegen Eva. Und Frank weiß Bescheid. Er scheint mich deswegen nicht zu hassen.« Er sah mich scharf an. »Du warst mit einem anderen zusammen, nicht?« Er lachte und kniff mich. »Kannst es nicht lassen, was?«

»Wahrscheinlich nicht.«

»Weiß Frank Bescheid?«

»Nein.« Aber alle anderen, dachte ich ängstlich.

»Wirst du's ihm erzählen?«

»Was meinst du, was ich tun sollte?«

»Alles abstreiten.«

»Aber es gibt nichts abzustreiten.«

»Gut. Dann laß es dabei. Erzähl nie einem Mann, daß du herumschläfst. Das ist gefährlich.«

»Ach, komm.«

»Eifersucht ist gefährlich. Nicht nur bei Männern, weißt du. Hab ich dir je von meinem Großvater erzählt?«

»Nein.«

»Trieb sich mit anderen Weibern rum. Einmal nahm er eine mit nach Hause. Seine Frau erschien – er dachte, sie wäre bei ihrer Schwester – und erwischte die beiden im Bett.« Er hielt inne.

»Und?«

»Sie nahm einen Schürhaken und stach ihm ein Auge aus.«

»Wirklich?«

»Er war mein einäugiger Großvater. Sie war ein winziges Persönchen, keine einssechzig. Kicherte immer, wenn sie die Geschichte erzählte. ›Ich habe das wandernde Auge kuriert!‹ sagte sie.«

»Oh, George, das glaube ich dir nicht.«

»Es stimmt aber. Mein ganzes Leben lang hatte ich Angst vor Frauen, ihretwegen.«

»Ha, ha!«

»Wenn ich dich mit diesem Messer sehe, kriege ich eine Gänsehaut.«

»Ich bin nicht deine eifersüchtige Frau. Ich halte nichts von Eifersucht.«

»Ich halte von einer Menge Sachen nichts. Aber mir ist nicht aufgefallen, daß die Welt sich darum schert.«

»Na ja, ich rede nicht von der Welt.«

»Okay, du meinst, du und Frank könnten es anders machen als andere Leute. Vielleicht, aber es wird nicht einfach sein. Wie ich schon sagte, er scheint mich nicht zu hassen, aber auch nicht sonderlich zu lieben. Und du und ich, wir haben doch zur Zeit gar nichts miteinander.«

»Ich weiß. Glaubst du, ich bin verrückt?« fragte ich traurig.

»Zum Teufel, nein. Du hättest dich einfach nicht in ihn verlieben sollen. Vorher ging es dir prima.«

»Ich bin gern verliebt«, sagte ich leise.

Er schwieg eine Minute lang. »Du solltest bloß keine Kinder kriegen. Dann fängt der Alptraum erst richtig an.« Ich legte mitfühlend die Arme um ihn. »Und jetzt laß mich in Frieden. Machen wir uns an die Arbeit.«

George lungerte den ganzen Abend in der Küche herum, probierte jedes Gericht, das ich zubereitete, und fischte sogar die Radieschen aus dem Salat, was Allison zur Weißglut trieb, denn Salat war das einzige, für das ausschließlich sie zuständig war.

Gegen zehn Uhr kam George von einem seiner Rundgänge durch den Speiseraum zurück und sagte zu mir: »Da draußen ist eine unglaublich schöne Frau. Sie sieht aus wie eine Kreuzung zwischen Lauren Bacall und Marilyn Monroe. Sie hat nach dir gefragt. *Und sie ißt mit den Fingern!*«

»Hat sie eine kleine, dunkelhaarige Frau bei sich?«

»Ja.«

»Das ist Clara«, sagte ich und nahm meine Schürze ab. »Hier, übernimm du, ich möchte ihr guten Tag sagen. Mach dir nicht die Mühe, mir zu folgen. Sie ist eine eingefleischte Lesbe.«

Ich stand in der Tür und überblickte den Raum. Clara und Annie saßen in der entgegengesetzten Ecke und teilten sich zwei Portionen sautierten Tintenfisch und eine Flasche Champagner. Clara winkte mir mit fettigen Fingern zu. Sie sah hinreißend aus in ihrer weißen Corsage und einem engen weißen Rock. Ihr nackter Hals und ihre nackten Arme waren mit einem halben Dutzend silberner Halsketten und doppelt so vielen Armbändern geschmückt. Ihr Haar hatte sie zu einem Knoten aufgesteckt, durchwebt mit weißem Band, und ihr Mund war ebenso fettig wie ihre Finger.

Ich ging zu ihrem Tisch. Clara nahm gerade einen Tintenfischring, ließ ihn von ihrem Zeigefinger baumeln, tauchte ihn dann in die Sauce auf dem Teller und ließ ihn mit einem leisen, saugenden Geräusch zwischen ihren Lippen verschwinden. Annie errötete. Sie aß mit der Gabel.

»Stella! Also hat er Ihnen gesagt, daß wir hier sind.« Clara strahlte mich an.

»Sie hätten sich diskreter ankündigen können«, sagte ich lächelnd.

»Setzen Sie sich, trinken Sie ein Glas Champagner mit uns.«

Ich setzte mich, und Annie schenkte mir ein. »Was feiern Sie?«

»Den Vollmond. Die weibliche Glorie am Himmel. Das Licht der Mondsüchtigen, der Herrin über Gezeiten und Wölfe, der

Göttin des Blutes, die verlorene Jungfräulichkeit wiederherstellt.«

»Ich möchte meine Jungfräulichkeit nicht zurück«, sagte ich. »Ich ziehe die Weisheit der Erfahrung vor.«

»Was ich meine, ist eine spirituelle Jungfräulichkeit«, sagte Clara. »Jene, die die Männer zerstören wollten, indem sie so viel Aufhebens um die andere Art machten. Wissen Sie, Artemis fickte genauso gern wie alle anderen Frauen. Aber sie war eine Jungfrau, weil sie die Jägerin war und nie die Beute. Niemand konnte sie vergewaltigen.«

»Sie reden in der Vergangenheitsform«, sagte ich.

Clara warf den Kopf zurück und lachte. »Aber Sie müssen zugeben, daß der Mond voll ist.«

»Er ist wunderschön«, stimmte ich zu.

»Darauf möchte man Champagner trinken«, sagte Annie und schenkte sich das letzte Glas ein.

»Und Tintenfisch essen«, sagte Clara.

»Warum Tintenfisch?«

»Er kommt aus dem Meer, ist weiß und hat Ringe wie der Muskelring am Eingang der Vagina.« Annie stocherte leicht angewidert in dem Tintenfisch auf ihrem Teller. Einige Leute mögen den Gedanken nicht, das zu essen, was sie lieben.

»Aber ein ganzer Tintenfisch sieht einem Mann ähnlicher«, wandte ich ein. »Lange Tentakel, runder Sack mit Eingeweiden.«

»Kastrierte Männer werden Frauen«, antwortete Clara. »Sie kehren zum ursprünglichen Zustand zurück. Jeder Arzt, der Geschlechtsumwandlungen macht, kann Ihnen das bestätigen.«

»Mir vergeht der Appetit«, sagte Annie. »Wie wär's mit einer zweiten Flasche Champagner?«

»Nein, wir können uns noch nicht betrinken. Wir haben eine lange Nacht vor uns.«

»Was machen Sie?« fragte ich.

»Wir gehen zu einem Vollmondfestival. Eine Gruppe lesbischer Werwölfinnen trifft sich jeden Monat in Dianas und Cynthias Haus in der Euclid Avenue. Sie sind zwei reiche ältere Töchter der Sappho, wie sie sich selbst nennen, mit vielen Artemis-Objekten im Haus und einer Menge Wein, Kokain und jungen Schmarotzerinnen. Gar nicht so übel, wirklich. Und es gibt ein paar ausgewachsene Hexen, die der Sache mehr Farbe geben.«

»Und was machen Sie da?«

»Das ist ein geheimes Ritual, aber es schließt Trunkenheit und obszöne Tänze ein.«

»Und Wünsche«, sagte Annie. »Jede Frau nennt der Mondgöttin einen Wunsch, der in Erfüllung gehen soll. Sie sagt ihn laut, damit die Gruppe ihn hören kann.«

»Daher kann sich Cynthia nicht wünschen, daß Diana stirbt und ihr die Exxon-Aktien hinterläßt«, kicherte Clara.

»Die Wünsche sollen nicht unmöglich sein, sondern eher etwas, was jede Frau in diesem Monat erreichen möchte.«

»Bei Annie wirkt es«, sagte Clara. »Bei mir noch nicht.«

»Du hast dir gewünscht, schwanger zu werden«, sagte Annie anklagend.

»Sie wollen ein Kind?«

»Sie schläft nicht mit Männern«, sagte Annie.

»Ich will eine kleine Ausgabe von mir selbst«, sagte Clara. »Will das nicht jeder? Also warum sollte ich einen Mann vögeln und die Gene vermischen? Ich vertraue auf die Göttin. Ich bin sicher, daß ›Jungfrauengeburten‹ andauernd vorkommen. Die Männer glauben bloß den Frauen nie, die davon sprechen. Sie glauben nichts von dem, was wir sagen, wenn es ihr Gefühl für ihre eigene Wichtigkeit kränkt.«

Annie sagte: »Du wünschst dir bloß deshalb nichts, was möglich ist, weil du Angst hast, es zu bekommen und dann daran glauben zu müssen.«

»Was haben Sie bekommen, Annie?« fragte ich.

»Sie hat sich wahre Liebe gewünscht«, sagte Clara zärtlich. »Und dann hat sie mich kennengelernt.«

»Gehen die Wünsche immer in Erfüllung?« fragte ich.

»Meistens«, sagte Annie ernsthaft.

Clara lächelte mir zu und leckte das Innere ihres Sektkelches aus. »Wir haben Spaß dabei. Wir kleiden uns alle in Weiß und Silber, wie Sie sehen. Holly und Jean spielen Flöte, wir trinken aus Silberbechern… Was noch?«

»Alle ziehen sich aus«, sagte Annie.

»Im Mondlicht rezitieren wir die Anrufung, die die Dichterinnen unter uns geschrieben haben. Wir beschwören den Mond auf uns herab.«

»Mir wird jedesmal ganz schwindlig«, sagte Annie. »Ich kann die Macht des Mondes fühlen, die mich irgendwie einhüllt. Innen. Wie Wasser in einem Schwamm.« Sie wirkte überrascht über das Bild und zögerte. »Manche lassen sich nicht wirklich darauf ein, für die ist es nur eine Party, und in Wirklichkeit ist es so viel mehr. Scheiße, früher habe ich die Jungfrau Maria immer gehaßt. Meine Mutter nahm mich mit in die Kirche. Beichte. Ich habe diesem Arsch nie etwas gesagt, und trotzdem ließ er mich zehn Ave Marias beten. Als ich ein Teenager war, dachte ich daran, sie zu vergewaltigen. In meiner Phantasie war die Statue lebendig geworden. Sie war kleiner als ich, ich hätte sie leicht überwältigt.«

»Falls ihr nicht der Heilige Geist zu Hilfe gekommen wäre«, grinste Clara.

»Vielleicht fühlte ich mich bloß zurückgewiesen, weil sie nur artige Mädchen mochte.«

»Und Annie ist ein sehr unartiges Mädchen«, sagte Clara mit einem anzüglichen Lächeln.

»Die Jungfrau ist anders. Sie ist zäh.«

»Kommen Sie mit«, sagte Clara. »Ich bin sicher, Diana wird Ihnen eine silberne Tunika leihen. Obwohl sie wahrscheinlich versuchen wird, Ihr Haar zu kaufen.«

»Es ist nicht verkäuflich«, sagte ich.

»Nicht mal, um Ihrem Liebhaber ein kleines Schmuckstück zu kaufen, ein kleines, sagen wir, Unterpfand Ihrer Wertschätzung?« Annie kicherte, und Clara fuhr fort, gab ihrer Stimme einen öligen Ton, sprach mit einem Südstaatenakzent: »Sie sind jung, Sie sind *so* jung, es wird nachwachsen – wie der Mond, meine Liebe, während mein Haar, oh, mein Haar – es ist für immer dahin.« Ihre Stimme erstarb, während sie die Augen kummervoll auf mich richtete. »Was würden Sie sich wünschen, Stella?«

»Oh, ich weiß nicht.«

»Sind Sie glücklich mit Ihrer wahren Liebe?«

»Ja.«

»Das klingt nicht sehr überzeugt.«

»Ich hätte nichts dagegen, zu so einer Veranstaltung zu gehen, aber ich würde mich unwohl fühlen unter lauter lesbischen Frauen. Ich hätte gerne eine mit Hetero-Frauen.«

»Hetero-Frauen sind zu verklemmt«, sagte Annie und fügte dann nach einem schnellen Blick auf mich entschuldigend hinzu: »Jedenfalls die meisten von ihnen.«

»Warum?«

»Das macht das Kinderkriegen«, sagte Clara. »Oh, ich weiß, Kinder sind schön. Sie sehen süß aus in ihren Strampelanzügen und riechen wie Milch, und es gibt wohl auch keinen anderen Weg, die Art zu erhalten, neue Geister zu schaffen und all das, aber –«

»Ja?«

»Aber sie sind trotzdem der Tod ihrer Eltern. Deshalb will ich eigentlich kein Kind. Die Verantwortung ist eine solche Last, du entkommst ihr nicht, und sie frißt dich auf.«

»Ich selbst will keine Kinder«, sagte Annie, »aber es muß schön sein, für jemand diese Gefühle zu hegen.«

»Hunger«, sagte Clara. »Mütter, Väter haben Hunger. Ein Kind zu haben, bringt das chemische Gleichgewicht des Gehirns durcheinander, und danach sucht die unglückliche Mutter immer nach etwas. Sie weiß nicht, was es ist. Sie denkt, das Kind hätte es.«

»Diese Woche hat sie's ungeheuer mit den Gehirnchemikalien – seit sie über irgendwelche Endodingsbums gelesen hat, die angeblich die Jogger bekommen.«

»Endorphine«, sagte Clara. »Überlegen Sie es sich.«

»Was?«

»Ob sie mal mit uns kommen. Wir könnten Sie zur Lesbierin ehrenhalber ernennen. Masturbieren Sie?«

»Sicher.«

»Na, dann haben Sie ja schon eine Frau geliebt. Kein Problem. Was wollen Sie, Stella, im Mondlicht tanzen, während nackte Männer mit Geschenken sie umringen?«

»Sicher«, sagte ich wieder.

»Annie wird bei der Göttin ein gutes Wort für Sie einlegen. Ich nehme an, Sie wünschen sich das zusätzlich zu ihrer wahren Liebe, nicht wahr?«

Sie lächelte mir zu. Der elastische Baumwollstoff folgte den Rundungen ihrer Brüste, ihre nackten Schultern schimmerten im Kerzenlicht. Ich stellte sie mir nackt unter dem Vollmond vor: Annie, Clara, andere Frauen mit üppigen oder flachen Hintern, kräftigen oder dünnen Beinen. Der Kontrast gefiel der Göttin, die nach dem Anblick ihrer Kinder hungerte, wie ihre Kinder danach hungerten, betrachtet zu werden.

»Ja«, sagte ich. Sie gingen nach vielen Abschiedsgrüßen und hinterließen unter der Champagnerflasche ein großzügiges Trinkgeld. Ich ging zurück in die Küche, wo George gerade die Reste einer Haselnußtorte aufaß. »Meine Freundinnen gehen zu einer Vollmondzeremonie«, sagte ich. »Heidinnen, Hexen, weißt du.«

»Ich wollte als Junge immer ein Zauberer sein«, sagte George.

»Na ja, auf deine Art bist du ja einer«, sagte ich.

»Das dachte ich auch. Ich dachte das wirklich, verdammt. Es ist erstaunlich, wie Leute den Mumm haben, sich zu verheiraten, Kinder zu kriegen, ein Geschäft aufzumachen.«

»Ich tue das nicht.«

»Dir fehlt es nicht an Mumm, sondern an Gefühl.«

»George!« Ich war überrascht.

»Das stimmt. Du hast eine gesunde Art von Egoismus, die ich bewundere. Bleib dabei, krieg bloß keine Schuldgefühle, mach keine Kompromisse.« Er sagte das sehr ernsthaft, während er die letzten Krumen aus der Kuchenform holte und sich die Finger ableckte.

»Nun ja.« Mir war unbehaglich zumute. Die Welt besteht aus Schuldgefühlen und Kompromissen. Jungfrauentänze bei Vollmond oder das Gegenstück dazu – Abenteuer für eine Nacht – hatten nur die Kraft, die ich ihnen gab, lebten von reiner Vorstellungskraft. »Auf Schuldgefühle kann ich verzichten, aber Kompromisse sind etwas, was ich lernen sollte – meinst du nicht?«

»Nein. Ja. Ich weiß nicht. Natürlich mußt du das lernen. Du

willst zuviel, um nicht hinterher dafür bezahlen zu müssen. Aber du brauchst nicht den vollen Preis zu bezahlen. Sieh zu, daß du billiger davonkommst.«

»Das klingt aber anders als der Rat, den du mir vorhin gegeben hast. Da schienst du die Sache hoffnungslos zu finden.«

»Oh, bist du immer noch bei Frank und deinem Herumschlafen? Ich weiß nicht. Was, zum Teufel, weiß ich schon? Du solltest deine Freundinnen um Rat fragen.«

»Callie hält mich für eine Schlampe, und Clara wird die Göttin bitten, zu meinen Gunsten einzugreifen.« Plötzlich war mir nach Weinen zumute. All das war Unsinn. Ich wollte bloß geliebt werden. Ich würde Frank das einfach erklären. Wie konnte er eifersüchtig sein, wo er doch wußte, wie sehr ich ihn liebte? Er würde mich verstehen, und darum ging es eigentlich: eins zu werden, diese Vereinigung auszuhalten. Die Prüfung in der Liebe ist nicht Treue, sondern Wissen.

»Geh nach Hause, Blondie, ich mache hier alles fertig.«

»Danke.«

»Stella?«

»Ja?«

»Viel Glück.«

17

Ich setzte mich mit Frank an den Küchentisch und erzählte ihm alles. Er hörte aufmerksam zu. Seine Augen wanderten über mein Gesicht und mein Haar und die Wand hinter mir. Ich begann mit meinen Erfahrungen in New York, dann hier in Kalifornien, bevor ich ihn kennenlernte, und dann kam Neil. Ich erklärte, wie es angefangen hatte und warum es weiterging, schilderte, was mein Körper und mein Geist während meiner Abenteuer empfand. Ich sagte, es seien Abenteuer, Vorstöße in die Dunkelheit, oder, wie mit Neil, etwas Liebes und Heilendes: weibliche Magie, um mich zu befähigen, ihn weiter zu lieben. Ich erzählte nicht alle Einzelheiten, aber was immer ich sagte, es klang nicht richtig. Meine Stimme war dünn und nervös. Ich begann, über Freiheit zu reden, obwohl ich schon lange erkannt hatte, daß dies alles mit Freiheit nichts zu tun hatte.

Dann saßen wir schweigend da. Schon sah sein Körper für mich anders aus, irgendwie schief. Diese Veränderung regte mich schrecklich auf. Frank zog plötzlich die Schultern hoch, und ich sah seinen Kummer, hundertmal schlimmer als mein eigener. Ich war nicht fähig, mich zu bewegen oder etwas zu sagen. Schließlich sah er mich an, und ich fuhr zusammen: Sein Gesicht hatte sich auch verändert, war kleiner, gedrungener, häßlicher.

»Tut mir leid, das ist alles zuviel für mich«, brach es aus ihm heraus.

»Warum?« fragte ich verzweifelt.

»Es demütigt mich. Nicht, was du tust, sondern wie ich mich fühle. Ich bin eifersüchtig.« Und nach einer Pause fuhr er fort: »Vielleicht könnte ich theoretisch sogar deiner Meinung sein, aber ich kann es nicht ertragen, eifersüchtig zu sein.«

»Es wird vergehen«, sagte ich schwach.

»Nein.«

»Bist du wütend auf mich?«

»Natürlich.«

»Sei das bitte nicht.«

»Ich liebe dich«, sagte er, und ich begann zu weinen. Plötzlich war er zornig. »Fang nicht damit an! Du sagst, du könntest dich nicht ändern. Wieso soll ich mich dann ändern? Du wußtest, daß es mich treffen würde. Du hättest mit mir darüber diskutieren können.«

»Das ist keine Sache, über die man vorher diskutiert.«

»Ach, nein? Jetzt macht es dir auch keine Schwierigkeiten, darüber zu diskutieren.«

»Glaubst du, das falle mir leicht?«

»Nein.« Er schwieg, wich meinem Blick aus. »Du hast beschlossen, mich zu testen«, sagte er schließlich leise. »Wolltest du sehen, was ich tun würde?«

»Nein!« Ich war wütend über seine Annahme, alles habe mit ihm zu tun. »Ich habe es doch nicht geplant.«

»Warum dann also?« fragte er, aber es war keine Frage. Er

blickte auf den Tisch hinunter und faltete die Hände. Ich erkannte plötzlich, wie viele Dinge unausgesprochen blieben, und das machte mich wild. Wenn er mir doch nur alles sagen würde, dachte ich. Ich hatte versucht, es ihm zu sagen, und doch hatte ich das Gefühl, in einem Schauspiel mitzuwirken, in dem wir nur unseren vorgegebenen Text sprechen konnten, nicht mehr.

»Ich weiß, wie sich Eifersucht anfühlt«, sagte ich. »Aber ich weigere mich, ihr nachzugeben. Sie ist keine natürliche Schranke wie die Lichtgeschwindigkeit. Man kann was dagegen tun.«

Er antwortete nicht, sondern saß da mit abgewandtem Gesicht, die Lippen fest aufeinandergepreßt. Lange Zeit herrschte Schweigen, und ich spürte, wie ich immer zorniger wurde.

»Eifersucht ist so ein mieses Gefühl, siehst du das nicht ein?«

»Vielleicht sind alle Gefühle mies«, sagte er mit schmalen Augen.

»Oh, bitte«, sagte ich, »ich bin keins von deinen New Yorker Mädchen, die dem Schlosserlehrling lauschen.«

Ein weiteres Schweigen folgte. »Vielleicht sollten wir Schluß machen.«

»Das will ich nicht!« wimmerte ich.

»Ich auch nicht.« Er griff über den Tisch und nahm meine Hand. Ich klammerte mich an seine. »Stella, ich weiß, was du sagen willst, aber ich bin immer noch wütend, ich bin immer noch eifersüchtig, und ich will nicht anfangen, dich zu hassen.«

»Du kannst mich nicht hassen, du liebst mich. Ich werde nicht zulassen, daß du mich haßt.«

»Hör zu«, sagte er und knetete meine Hand, bog die Finger, als wolle er sie brechen, »ich gehe jetzt nach Hause. Ich muß allein sein. Ich komme morgen früh vorbei.«

»Wohin gehst du?«

»Ich gehe nach Hause«, sagte er geduldig.

»Wirst du wiederkommen?«

»Ja.« Er stand auf. Plötzlich wirkte er so fremd. Es war, als hätten wir uns nie kennengelernt, als hätte ich mich nur flüchtig in ein Gesicht in der Menge verliebt.

Er ging, und ich zog mich nach oben zurück. Ich empfand einen gewissen Groll, weil er nicht bereit war, Schmerz zu ertragen. Ich begann sogar zu argwöhnen, er liebe mich eigentlich gar nicht, habe mich nie geliebt, und es werde ihm nicht allzu schwer fallen, ohne mich zu leben. Er hatte eine Formel dafür, wie eine Frau sein sollte. Ich war nicht so, und deshalb würde er mit mir Schluß machen.

Aber ich wollte es ihm so schwer wie möglich machen. Ich hatte die ganze Nacht Zeit, mir meine Strategie zurechtzulegen. Ich zog mich aus, schlüpfte in mein lavendelfarbenes Nachthemd, schaltete das Licht aus und setzte mich mit gekreuzten Beinen mitten auf das Bett.

Als erstes schwor ich mir, unglaublich verführerisch zu sein, unwiderstehlich zu werden. Ich würde ihn umgarnen. Das wäre gar nicht so schlecht. Er würde bis zur Erschöpfung unsere sinnlichen Freuden genießen, und dann würde er blaß davongehen. Wut und Angst schäumten in mir hoch, ich fühlte mich benommen. Alles im Zimmer war in Bewegung: Lust war in die Nähte des Vorhangs gewebt, der sich im Wind bauschte, und die Dunkelheit drängte herein wie eine Horde geiler Dämonen.

Die Wahrheit war, daß ich mich nicht erinnern konnte, wie ich es geschafft hatte, glücklich zu sein, bevor ich Frank kennenlernte. Ich versuchte, mir mein ganzes Leben vor Augen zu führen. Das Ergebnis war erschreckend. Ich konnte mich an keine lebhafte Empfindung erinnern. Meine Mutter, mein Vater, meine Großmutter, Tobias – alle waren zusammen von geringerer Bedeutung als eine Nacht mit Frank. Sie hatten keine Macht, nur ich hatte Macht – eine ganz kleine, weil er mich liebte. Weil er sagte, daß er mich liebte.

Ich saß in der Dunkelheit auf dem Bett und dachte an ihn, dachte all die Dinge, die er je gesagt und getan hatte. Dann sah ich ihn mit meinem inneren Auge an – alles, was ich über ihn wußte, war da, war in diesem Porträt. Ich sah, daß er auch Fehler hatte. Zwar zog er Menschen an mit seiner Fähigkeit zuzuhören, aber er gab sehr wenig von sich preis. All die Geschichten, die er mir erzählt hatte, gingen nicht ganz auf. Seine Nähe zu seiner Schwester, die schrecklichen Eltern, seine rastlose Jugend. Was hatte das mit den Bildern zu tun, die er machte und die mich verblüfften? Er fotografierte alles als etwas Üppiges, Wildes. Seine Welt war sinnlich, schön, emotional, aber wenn ich die Bilder ansah, hatte ich das Gefühl einer gewissen Übertreibung. Als sei all diese Schönheit eine Ablenkung.

Und doch sah er die Dinge so. Und ich liebte ihn dafür. Allein schon der Klang seiner Stimme reichte aus, um mich zu verzaubern. Mich zu verzaubern und zu erregen, eine Art Verzückung zu schaffen, in der es keine Gefahr gab. Oder doch? Es gab die Gefahr, daß ich ihn verlieren könnte. Er war so leicht verletzlich. Eifersucht demütige ihn, hatte er gesagt. Meine Eifersucht auf Tobias war so kindisch gewesen, so voll von reinem Selbstmitleid, aber ich hatte mich durch sie nie gedemütigt gefühlt. Gedemütigt hatte mich Tobias, nicht die Eifersucht. Ich verstand, daß es jetzt anders sein würde: Ich würde das Gefühl nicht einfach hinnehmen, sondern würde es besiegen und mich dabei stark fühlen. Offensichtlich empfand Frank anders. War das ein Fehler? Vielleicht.

Aber ich wußte, daß ich ihn für immer lieben würde, und ich wußte, daß er mich liebte, ganz gleich, wie eifersüchtig ich ihn machte.

Einer von uns mußte nachgeben, einer mußte es tun. Kaum hatte ich das gedacht, spürte ich Eisengitter, die sich um mich schlossen, und ich blickte zwischen den Stangen hindurch auf die Lippen und Augen fremder Männer, deren Lippen keine außerordentlichen Geheimnisse bargen, die einen Tag nach dem anderen auf die gleiche Weise verbrachten, sich auf den Tod zubewegten, aber so zugänglich waren. Man konnte einfach auf sie zugehen, sie wegführen und küssen.

Ich hatte das alles gehabt, und vielleicht würde ich es wieder haben. Für den Augenblick konnte ich darauf verzichten. Ich wollte Frank. Mehr als das, ich konnte es nicht ertragen, ihn aufzugeben.

Um fünf Uhr morgens kam Frank zurück. Ich erwachte vom Geräusch seiner Schritte auf der Treppe und schaltete das Licht an.

Er sagte nichts, sondern stand da, sah auf mich herunter und zog sich aus. Das Zimmer war grau in der Morgendämmerung, und der Schein der Lampe auf meinem Nachttisch gab ein eigenartiges Licht. Mit einer weiten Armbewegung öffnete ich die Laken.

Er kletterte ins Bett, zog mir das Nachthemd aus und warf es auf die Seite. Sein Schwanz war sehr steif. Frank legte seine kalten Hände auf meine Hüften und spreizte meine Beine.

Nachdem er in mich eingedrungen war, begann er zu weinen. Ich war enttäuscht, denn ich spürte eine gewisse Wildheit, der ich gern nachgegeben hätte.

»Liebling«, sagte er unter Schluchzen und hielt mich fest. Seine Beine lagen lang und knochig auf meinen.

»Es ist gut«, sagte ich beruhigend, »es ist gut.«

»Nein, ist es nicht.«

»Ich schlafe mit keinem anderen, ich versprech's dir. Ich habe mich entschieden. Alles ist gut.« Unwiderrufliche Worte, dachte ich, auf die sein Schwanz mit heftigem Stoßen reagierte.

»Bist du sicher?« fragte er und sah mir ins Gesicht. Seine Augen waren gerötet, aber sie hellten sich schon auf. Bereit, mich in Grund und Boden zu starren, dachte ich, jetzt, da ich es mir selbst angetan habe.

»Es gehört der Vergangenheit an. Jetzt ist alles in Ordnung.«

»Ich liebe dich«, sagte er.

»Ich liebe dich auch.« Codeworte, die ich äußerte wie eine Schauspielerin, obwohl es die Wahrheit war.

»Ich brauche dich so. Ich könnte es einfach nicht aushalten, dich zu teilen oder dich aufzugeben, ich könnte es nicht ertragen.«

»Es ist alles gut, mein Liebster.« Ich schloß die Augen und ließ alles hinter mir bis auf das, was ich hatte – Frank, seinen Körper in mir, seinen Atem an meinem Hals. Ich spürte Wut, Mitleid, Lust. Es ist so viel einfacher für den, der seinen Willen bekommt, dachte ich, und ich ließ es zu. Sanft hielt ich ihn und öffnete meinen Mund für seine Küsse.

18

Es folgten ein paar Wochen, in denen wir ständig etwas unternahmen. Wir fuhren nach North Beach, um Jazz zu hören, wir machten ein Picknick auf dem Berg Tamalpais, wir gingen ins Kunstmuseum und probierten neue Lokale aus. Ich merkte, daß Frank versuchte, meinen Verlust der fremden Männer dadurch auszugleichen, daß er mein Leben unterhaltsamer gestaltete. Und ich unterhielt mich. Es gefiel mir, als Paar auszugehen und Franks Freunde zu treffen.

Doch ich vermißte unsere unschuldigen Tage. Vor allem die Zeiten vor und nach dem Sex, Stunden, in denen Frank mir ein Glas Wein an die Lippen hielt oder mitten in der warmen Nacht das Fenster öffnete, so daß der Rosenduft hereinwehte, und es in der Morgendämmerung wieder schloß, indem er sich über mich beugte, die er schlafend wähnte, bis er meinen Kuß auf seinen Rippen spürte. Diese Rippen, das glatte Fleisch und die harten, aber dennoch zerbrechlichen Knochen. Meine eigenen feuchten Lippen, die sich teilten.

Dieses Glück wäre auch von allein verblaßt, das wußte ich. Andere Bedürfnisse wären aufgetaucht, hätten sich breitgemacht. Wir konnten so nicht ewig leben, niemand konnte das. Niemand, den ich kannte.

Also amüsierten wir uns. Wir gingen mit Annie und Clara aus, meistens ins Bars, und einmal zog Clara ihre Bluse aus und schlürfte eine ganze Weile barbrüstig Bier, bis man uns hinauswarf. Wir trafen uns zu einem späten Frühstück mit Callie und Rodney, die angefangen hatten, sich zu treffen, und redeten über das Leben nach dem Tod, wobei alle außer mir der Meinung waren, daß ein Leben ohne Körper überhaupt nichts wert wäre. Wir brachten einen Stapel Comics zu Leo, der sich von einer Mandeloperation erholte, und blieben den ganzen Nachmittag in seinem Haus, um sie zu lesen; dabei hörten wir alte Platten von den Beach Boys und aßen Schokoladeneis.

Wir hatten Sex. Der hatte sich am wenigsten verändert. Meine Sehnsucht wich, wenn ich Arme um mich spürte und meine eigenen Arme eng um jemanden legen konnte. Sein Körper war mir so lieb; je vertrauter er wurde, desto mehr Geheimnisse hatte ich mit ihm.

Nun, vielleicht veränderte sich der Sex doch. Wir verbrachten weniger Zeit mit Küssen und mehr mit Vögeln. Unsere Vögeleien waren freundlich. Sie waren eine nette, familiäre Unterhaltung zwischen Körperteilen und Persönlichkeiten. Seine Eichel bezog Stellung zwischen meinen Schamlippen, fuhr zeremoniell auf und ab, und wir bewunderten ihre Größe und Farbe. Dann drang sie weiter vor, und meine Hüften beschrieben einen langsamen Kreis, zeigten ihre weiblichen Rundungen und ihre besondere Kunstfertigkeit. Meine Vaginalmuskeln saugten ihn ein. Wir fanden unsere Orgasmen, einen, zwei, drei, ein halbes Dutzend. Wir amüsierten uns. Und hinterher schlief Frank sofort ein. Ich lag wach mit dem schrecklichen Gefühl, den Sinn des Lebens auf der Zungenspitze zu haben und zu wissen, daß er nie näher kommen würde. Wie war ich von der üblichen postkoitalen Traurigkeit in diese schlimme Notlage gelangt?

Ich verspürte nun öfters den Wunsch, allein zu sein. An meinen freien Abenden sagte ich Frank, er solle ohne mich ausgehen und mich bei Rodney oder Clara entschuldigen.

Ich blieb zu Hause, trank Tee und grübelte. Ich muß Frank zugute halten, daß er nie auf die Idee kam, ich könnte zu einer Begegnung mit einem Fremden schleichen. Er respektierte mein Bedürfnis, allein zu sein, betrachtete es nicht als Kränkung. Er gab mir dann einen langen Abschiedskuß, ging fröhlich fort und sagte, er beneide mich um einen ruhigen Abend, und nach einer kurzen, wilden Freude über seine Abwesenheit wurde ich unzufrieden. Ich dachte daran, wie er sich amüsierte, und wünschte, ich wäre mitgegangen.

Manchmal rief ich dann meine alte Zimmerkollegin aus dem College an, Janey. Sie war inzwischen an der Columbia-Universität, hatte mit ihrer Doktorarbeit begonnen und erholte sich von einer dritten Abtreibung. Sie behauptete, es helfe, zur Examenszeit schwanger zu sein – sie war durchtränkt von einem psychologischen Wohlgefühl und stand alles spielend durch bei der Vorstellung, in Zukunft nur noch Windeln waschen zu müssen. Die schlimmen Depressionen, die den Abtreibungen folgten, ihre Verzweiflung über ihre unauslöschliche Fruchtbarkeit und ihre Wut über die Unzulänglichkeit der Methoden zur Geburtenkontrolle – all das kannte ich auch, aber darüber sprach sie selten.

Sie war fest entschlossen, ein gutes Studium zu absolvieren, und ich bewunderte sie dafür, obwohl jeder Tag fern der Universität mich froh machte. Sie lauschte meinen Problemen und erinnerte mich daran, daß sie früher schlimmer gewesen waren. Sie berichtete mir Neuigkeiten über Teo, der es jetzt mit den Anonymen Alkoholikern versuchte, und ihre Stimme mit dem Lachen, das sich wie ein unterirdischer Fluß anhörte, vertrieb die Düsternis, die mich überfiel, wenn ich daran dachte, daß ich mit meiner Vergangenheit gebrochen hatte.

Wenn Frank dann zurückkam, war ich ehrlich froh darüber. Ich erinnerte ihn daran, daß er vergessen hatte, Milch oder Kaffee mitzubringen und bestand darauf, daß er nicht nochmals fortging, sondern mich küßte. Dann, am Morgen beklagte ich mich wieder. Es gefiel mir, gleichzeitig zu verführen und mich zu beklagen.

Frank nahm es gutmütig hin. Er dachte, ich sei noch immer wütend, weil er gewonnen hatte, und das war ich auch. Was ich vom Verlust unserer ersten Liebe und des Prickelns beim Sex hielt, erwähnte ich nicht, da es so traurig schien.

An einem Tag Anfang Juli ging ich zur Arbeit und fand George im Speisezimmer auf und ab gehend. Er hielt eine Weinflasche beim Hals gepackt und schwenkte sie wütend.

»Was ist los?« fragte ich.

»Das Scheißfinanzamt.«

»Was wollen sie?«

»Was glaubst du denn, was die wollen? Einen nassen Kuß? Geldgeldgeldgeld.«

»George, das ist mir klar. Ich meinte, wieviel und wann?«

»Achttausend in zehn Tagen. Scheiße! Die Hälfte davon könnte ich zusammenkratzen, obwohl dann keiner bezahlt würde, aber ihr seid ja alle loyal. Aber die ganze verdammte

Summe! Ich habe ihnen gesagt, wenn sie mir den Laden zumachen werden, werde ich das Geld wohl kaum aufbringen. Das ist der springende Punkt, *comprende*? Sie sitzen da wie Zombies – ich glaube, sie stellen die in ihren Laboratorien her. Sagen mir, sie könnten nichts tun… Nein, sie können den Laden schließen, aber sie können nichts tun. Der Kerl sagt: ›Vielleicht können Sie sonst noch Geld auftreiben.‹ Soll ich vielleicht eine Bank ausrauben? Meine Mutter ausnehmen?«

»Du hast eine Mutter?«

»Ich habe eine Mutter. Sie lebt in Florida.«

»Na ja, kannst du von ihr Geld leihen? Von ihr oder von sonst jemandem?«

»Scheiße, nein. Wie stellst du dir vor, daß ich diesen Laden bisher in Gang gehalten habe? Das Blöde ist, daß wir es beinahe geschafft haben. Noch einen Sommer! Wir sind eingeführt, wir haben gelernt, was geht, du bist eine bessere Köchin als Sandy –«

»Danke, George.«

»Spar dir deinen Dank. Ich rede. Ich wußte, als es anfing, daß es ein paar Jahre dauern würde. Ich wußte aber nicht, wieviel das kosten würde – ist das ein Verbrechen? Wir hatten das ganze Frühjahr über zu kämpfen, was soll ich also mit dem – wenn man es überhaupt so nennen kann – ›Gewinn‹ gemacht haben?«

»Glaubst du wirklich, daß sie das Lokal schließen?«

»Ja, sie kommen und kleben ein verdammtes Siegel an die Tür.«

»Kannst du nicht noch eine Hypothek auf dein Haus aufnehmen oder so?«

»Das würde Eva nicht zulassen.«

»Will sie denn, daß du das Restaurant verlierst?«

»Sicher. Sie findet, ich sollte einen ordentlichen Job annehmen. ›Nahrungsmittelmanagement‹. In einer dieser Firmen, wo das Zeug, in kleine Pappschachteln geschweißt, ausgeliefert wird.«

»Könntest du so einen Job kriegen?« fragte ich neugierig. Ich konnte mir nicht vorstellen, daß eine Firma George anstellen würde.

Er zuckte die Achseln. »Früher habe ich solchen Scheiß gemacht.«

»Das hast du mir nie erzählt!«

»Und das tue ich auch jetzt nicht. Ich zahle mir selbst ein Gehalt, Eva hat bisher nichts zu leiden gehabt. Also soll sie den Mund halten. Aber das Haus steht nicht zur Debatte, denn es gehört auch ihr. Diese Folter muß ich ganz allein durchstehen, Blondie.«

»Nein, mußt du nicht. Ich bin auf deiner Seite. Das sind wir alle.«

»Glaubst du etwa, Ramon würde mir seine Ersparnisse borgen?«

»Mitgefühl ist auch etwas wert. Außerdem würden wir unsere Jobs verlieren.«

»Ja, ich weiß. Tut mir leid. Nun ja, du hast wenigstens einen reichen Freund. Glaubst du, er würde mir das Geld geben?«

»Ich kann ihn fragen.«

»Nein, danke.« Er nahm einen Schluck aus der Flasche. »Willst du Wein?«

»Nein. Willst du mir beim Kochen helfen?«

»Meinst du, das würde mich von meinen Problemen ablenken?« fragte er sarkastisch.

»Vielleicht.«

»Sicher, Blondie. Ich sehr dir gern zu, wie deine Finger ein Filet vögeln.«

»Ach, das kannst übrigens du machen.« Also spickte George das Fleisch und schob Knoblauchzehen hinein, während ich Schalotten marinierte, Gemüse kleinschnitt und Hühnerbrüste mit Ingwerwurzel einrieb.

Wir hatten einen guten Abend, nahmen mehr als tausend Dollar ein, und George schien vorerst getröstet. Natürlich war das Problem immer gewesen, daß wir nicht dauernd gute Abende hatten. Aber er entschied, daß unser Glück von jetzt an anhalten würde. Ich vermutete, daß er sich etwas ausgedacht hatte, etwas, von dem er mir noch nichts erzählen wollte.

Als ich nach Hause kam, rief ich Großmutter an, um ihr zum Geburtstag zu gratulieren. Sie wurde siebenundsechzig. »Danke für den Champagner«, sagte sie.

»Oh, hast du ihn bekommen? Ich fürchtete schon, es werde nicht klappen. Hast du ihn denn schon probiert?«

»Ja, ich habe vorhin eine Flasche getrunken. Er war sehr gut. Es war eine wunderbare Feier.« Ich wollte gern fragen, mit wem sie gefeiert habe, aber ich fürchtete, sie werde antworten ›mit niemandem‹. Vielleicht war Champagner nicht das richtige Geschenk für jemanden, der allein lebte.

»Was hast du gemacht?«

»Meine Reise geplant.«

»Was für eine Reise? Kommst du mich besuchen?« Ich hatte sie schon mehrmals eingeladen, aber sie fand immer Entschuldigungen.

»Nein, das noch nicht. Mich zieht es nicht nach Kalifornien.«

»Aber ich lebe hier!«

»Ich hoffte, du würdest mich besuchen, bevor ich fahre. Ich werde ziemlich lange fort sein.«

»Wohin fährst du?«

»Indien, Malaysia, Afrika.« Ihre trockene Stimme zog die Namen in die Länge, und zwar auf eine fast altmodische Weise, als gehe es um etwas Exotisches, das sie kannte und das ich nie finden würde, für das ich zu spät geboren war.

»Alles auf einmal?«

»Nun ja, der Welt scheint die Zeit auszugehen. Wenn ich Löwen und Tiger und Elefanten sehen will, muß ich mich beeilen.«

»Ich wußte nicht, daß du sie so dringend sehen willst«, sagte ich langsam, erstaunt über den lebhaften Neid, den ich empfand. Ich war nicht besonders scharf darauf, Löwen und Tiger zu sehen.

»Als ich ein Mädchen war, haben die Leute sie zum Spaß geschossen. Mein Vater tat das. In den zwanziger Jahren war er mit Baron Blixen unterwegs. Meine Mutter schickte ihn fort, um sich zu erholen, nachdem meine kleine Schwester tot zur Welt gekommen war. Ich glaube nicht, daß es ihm gelungen ist, etwas zu schießen. Aber worum es mir geht – jetzt, da sie so schnell verschwinden, spüre ich einen starken Drang, sie zu sehen.«

»Aber wie lange wirst du fort sein?«

»Vielleicht ein Jahr. Vielleicht länger. Ich fange an, mich hier zu langweilen. Und Ernest – kennst du Ernest?«

»Deinen Beau?«

»Ja. Also, er macht eine ähnliche Reise. Unsere Routen werden sich kreuzen.«

»Warum reist ihr dann nicht zusammen?«

»Nein, das besser nicht. Ich würde ihn satt bekommen. Wir werden uns ab und zu treffen.«

»Sei vorsichtig. Wann reist du ab?«

»Ende August. Möchtest du mich nicht vorher noch besuchen?«

»Ich weiß nicht, ob ich kann. Nun ja, vielleicht könnte ich. Vielleicht gibt es *The Vineyard* bis dahin ja gar nicht mehr.«

»Wieso denn das?«

»George hat nicht genug Geld fürs Finanzamt, aber wenn er es auftreibt, und irgendwie glaube ich an ihn, dann sollte ich wirklich hierbleiben. Der Sommer ist unsere Hauptsaison, weißt du.«

»Ja, natürlich. Nun, ich werde dir eine Flugkarte schicken, wenn du dich entschließen solltest.«

»Wie wär's, wenn ich dir eine Flugkarte nach Kalifornien schicken würde?«

Sie lachte. »Vielleicht... wir werden sehen.« Ich argwöhnte, daß sie gern sagen würde, sie sei rund um die Welt gereist, habe aber noch keine Zeit für Kalifornien gefunden. Sie hatte den typischen Hochmut der Leute von der Ostküste.

»Großmutter, wer kümmert sich um das Haus, während du weg bist? Du kannst es doch nicht einfach leerstehen lassen.«

»Natürlich nicht. Tobias ist hier.«

»Tobias... was meinst du damit?«

»Tobias, dein alter Freund. Habe ich dir das nicht gesagt? Er wohnt schon eine Weile hier.«

»Was? Seit wann? Nein, das hast du mir nie gesagt, und das weißt du sehr genau.«

»Ich dachte, ich hätte es dir gesagt. Vielleicht habe ich vergessen, den Brief zur Post zu bringen.« Ihre Stimme hatte einen amüsierten Unterton – in letzter Zeit war sie dazu übergegangen, die zerstreute alte Dame zu spielen. »Ach, weißt du, er gab vor etwa drei Monaten eine Lyriklesung hier in der Stadtbibliothek. Ich bin aus Neugier hingegangen. Ich war überrascht, wie gut er ist, wirklich. Stella, du hast mir nie erzählt –«

»Sprich weiter.«

»Jedenfalls kamen wir ins Gespräch, und er erwähnte, daß er keine Bleibe hatte. Also bot ich ihm ein Zimmer an.«

»Einfach so?«

»Es hat ganz gut geklappt. Er stört mich nicht, und ich brauche eine Hilfe.«

»Du hättest mich zuerst fragen sollen.«

»Warum?«

»Was ist, wenn ich zu Besuch komme? Das wird sehr peinlich, um es milde auszudrücken. Hast du denn überhaupt nicht an meine Gefühle gedacht?«

»Du bist doch inzwischen über ihn hinweg, oder? Er ist kein Objekt der Begierde mehr, das kann ich dir versichern.«

»Natürlich habe ich ihn überwunden... was meinst du mit ›Objekt der Begierde‹?«

»Na ja, er ist so überaus sonderbar. Keine Gefahr mehr für junge Mädchen.«

»Ich glaube nicht, daß ich ihn sehen möchte. Das würde mich deprimieren.«

»Nein, das bezweifle ich, er ist ein ganz anderer Mann geworden... Vorige Woche hat er die Fenster geputzt.«

»Das kann ich nicht glauben.«

»Er hat den Keller gesäubert und das Wohnzimmer gestrichen. Nicht sehr gut, aber schließlich ist er ein Dichter. Ich kann nicht klagen.«

»Du Glückliche. Trotzdem, Großmutter –«

»Meine Liebe, er ist ein reizender Mann. Und er hat dich sehr gern. Natürlich war er damals im Unrecht, aber du warst auch zu unschuldig für ihn. Manche Männer sind nicht dazu gemacht, Frauen zu lieben.«

»Vielen Dank. Ich meine, es ist meine Vergangenheit, die du wieder auferstehen läßt.«

»Dasselbe hast du mit mir gemacht. Ich hatte nie damit gerechnet, noch ein Kind großzuziehen.«

»Oh, Scheiße!« Sie hatte jahrelang darauf gewartet, diese Zeile loszuwerden, dachte ich.

Sie lachte. »Du siehst, du kannst nicht mit mir streiten.«

»Das ist kein faires Argument.«

»Natürlich nicht.«

»Na, ich hoffe, der Bastard klaut deine silbernen Löffel.«

»Wünsch dir das nicht. Ich vererbe sie alle dir.«

»Ich kann es einfach nicht glauben«, sagte ich am nächsten Tag zu Frank.

»Ach, irgendwo hat sie recht. Sie braucht wirklich jemanden.«

»Jemanden, ja.«

»Mit wie vielen Leuten würde sie auskommen? Wer würde ihr nicht auf die Nerven gehen?«

»Ich weiß nicht, aber trotzdem... Tobias. Das ist einfach nicht fair. Er nützt sie aus.«

»Ich denke, deine Großmutter ist sehr großzügig.«

»Allerdings. Bist du nicht mal eifersüchtig?«

»Weshalb?«

»Wenn ich Großmutter besuche, wohne ich in einem Haus mit ihm.«

Er lachte. »Er ist schwul, Stella. Ich mache mir keine Sorgen.« Er streckte eine Hand aus und streichelte faul mein Haar. Ich entzog mich ihm.

»Früher hatte er mich ganz gern.«

»Die Leute verändern sich, nicht?«

»Manche Leute.« Ein Schweigen folgte.

»Weißt du, viele schwule Männer versuchen's in der Jugend mit Frauen. Wenn sie älter werden, wissen sie, was sie wollen.«

»Du bist so weise. Vermutlich die Weisheit des Straßenjungen.«

»Über dich und Straßenjungen könnte ich einiges sagen.«

»Nur zu.«

Er schüttelte den Kopf mit einem Lächeln, das mich wütend machte. »Willst du diesen Burschen immer noch?«

»Nein.« Aber ich war nicht sicher. Ich vermutete, daß ich ihn nicht wollen würde, wenn ich ihn wiedersähe, und doch war ich in gewisser Weise froh, daß er da war. In meinem Haus. Sicher. Ich dachte an die Phantasien, die ich früher hatte: Tobias in meiner Gewalt. »Herrgott, du bist schrecklich. Du bist eifersüchtig, wenn ich es nicht will, und wenn ich es will, bist du es nicht.«

»Ich dachte, du bist gegen Eifersucht?«

»Warum sollte ich dir widersprechen? Ich habe keine Wahl.«

»Du hast immer eine Wahl.« Sein Ton war plötzlich ernst.

»Ich bin eifersüchtig auf deine Vergangenheit. Ich stelle mir oft vor, Dorothy hätte dich nicht verlassen. Ich hätte nie eine Chance gehabt.«

»Selbst wenn sie geblieben wäre, hätte ich sie nicht mehr geliebt, nachdem ich dich kennengelernt hätte.«

»Woher weißt du das?«

»Ich weiß es.« Er sah mich unverwandt an.

»Du hast magische Augen, weißt du.«

»Ja, das sagen mir alle meine Freundinnen.«

»Sei still.« Ich nahm seine Hände und hielt sie gegen meine Wangen. Ich schaute an seinen Armen hinunter in die Beuge seiner Ellbogen. »Weißt du, im Traum oder vielmehr kurz vor dem Einschlafen, da stellt man sich vor, daß man einen endlosen Hügel runtergleitet. Oder zumindest stelle ich mir das vor. Du siehst aus wie dieser Hügel. Ich würde gern für immer auf deinen Armen entlanggleiten.«

»Dann komm.«

»Küß mich.«

»Küß *mich.*«

Wir blieben einen Augenblick so, auf Armeslänge voneinander entfernt, und beugten uns dann beide vor. Als unsere Lippen sich trafen, erinnerte ich mich, wie mir als kleines Mädchen Wein schmeckte. Süß. Fruchtig. Zutiefst erwachsen.

19

In *The Vineyard* war Georg dabei, Hühner zu zerlegen. Ich war überrascht, denn gewöhnlich ließ er das vom Fleischer machen. Einen Augenblick lang sah ich ihm von der Küchentür aus zu. Er hob das Hackmesser, ließ es mit bösartiger Kraft niederfallen, das Huhn war halbiert, die Klinge steckte im Holz. Er riß sie los und hob sie erneut.

»Was ist jetzt los?« fragte ich. In den letzten paar Tagen war er fröhlich gewesen und hatte hart gearbeitet, um das Geld für die Steuer aufzubringen. »Das Finanzamt?«

Er drehte sich um und lächelte mich säuerlich an. Über dem linken Auge hatte er einen blauen Fleck. »Nein.«

»Was dann?«

»Willst du's wissen?« Er hob wieder das Hackmesser und legte sich einen kleinen Vogel zurecht. »Eva will sich scheiden lassen.« Er schwang das Hackmesser.

»Warum?«

»Weil ich das Geld für Lisas Collegeausbildung fürs Geschäft verwende.«

»Oh. Ist es dein Geld? Wie alt ist Lisa überhaupt?«

»Sie ist sechzehn. Es ist mein Geld. Ich habe das meiste davon verdient, und der Rest stammt aus dem Vermögen meines Vaters. Es sollte für ihr College sein, aber wir müssen schließlich essen. Ich kann nicht bankrott gehen, bloß weil sich Eva einbildet, ihre Tochter müsse auf ein schickes College.«

»Und wie soll eine Scheidung dein finanzielles Problem lösen?«

Er lachte kurz. »Darum geht es nicht, sie sagte, sie hätte jetzt endgültig die Schnauze voll.«

»Was erwartet sie denn von dir?«

»Daß ich das Geschäft schließe, mich bei allen entschuldige, die mir Geld geliehen haben, und mir einen Job suche.«

»Daß du eingeschweißte Lebensmittel verkaufst?«

»Ja. Aber ich hab mich geweigert.«

»Na ja, vielleicht ist eine Scheidung gar nicht so schlecht. Du magst sie ohnehin nicht.«

»Ich kann sie nicht ausstehen! Aber ich bin nicht gegangen. Was gibt *ihr* das Recht zu gehen? Ich habe mehr gelitten als sie, und meine Söhne haben beide denselben sentimentalen kleinen Mund wie sie. Widerlich.«

»Ich verstehe allmählich, warum sie dich verlassen will.«

Er starrte mich an. »Zufällig haben wir Kinder zusammen. Ich weiß nicht, was in mich gefahren war, daß ich glaubte, sie heiraten zu müssen, aber wir taten es und haben drei Kinder. Himmel! Sie macht nie auch nur die geringste Anstrengung, die Dinge aus meiner Sicht zu sehen. Ich bin nur ein Mittel, um ihren Ehrgeiz zu befriedigen – schicke Schulen, neue Autos, die ›richtigen‹ Freunde. Wenn eins der Kinder Probleme hat, deckt sie alles zu, damit die Nachbarn nichts erfahren. Sie hat die Seele einer... Kakerlake. Meine armen Kinder tun mir so leid, wenn sie allein mit dieser Hure aufwachsen.«

»Aber George, du kannst deine Kinder doch weiter sehen, wenn du dich scheiden läßt.«

»Ich führe ein Restaurant, hast du das vergessen? Ich arbeite abends. Sie sehen mich ohnehin nur an Wochenendvormittagen. Ich kann ja nicht gut Besuchsstunden zwischen acht und elf Uhr morgens vereinbaren.«

»Sicher könntest du das.«

»Das würde nicht klappen. Sie würde nach Connecticut ziehen oder so was, das weiß ich. Sie ist sauer, weil ich nicht genug Geld verdiene, weil ich nicht da bin, um mit ihr auf ihre dämlichen Partys zu gehen. Sie hat nie auch nur einen Fuß in dieses Lokal gesetzt. Ich sage dir, Stella, sie hat mich in den letzten zehn Jahren wie einen Hund behandelt. Schlimmer als einen Hund. Sie hat drei verdammte Bluthunde, die sie in ihrem Bett schlafen läßt. Sie lungern herum, haarig und stinkend, mit diesen häßlichen Augen. Und es sind wirklich Bluthunde! Einmal habe ich einen dabei erwischt, wie er auf einem ihrer Tampons herumkaute. Vermutlich hat er ihn aus dem Abfalleimer geholt, aber wer weiß, vielleicht hat sie ihm den auch gegeben. Ich habe sie gerufen, damit sie sieht, was dieses Ungeheuer da auf dem Teppich macht, und sie kommt herein, ein kleines Lächeln auf dem Gesicht, als habe sie die ganze Zeit gewußt, daß das ein besonderer

Leckerbissen für ihn war. Wenn ich ins Bett steige, auf die Seite, die voll ist mit Hundehaaren, dann stapelt sie zwischen uns Bücher auf wie eine Wand. Sie liest nachts und nimmt die Bücher nie weg. Ständig rolle ich über eine illustrierte Geschichte Afrikas oder so was. Sie hat sogar den verdammten *Oxford English Dictionary* im Bett. *Und* das Vergrößerungsglas. Vermutlich lesen die Hunde das gern. Sie tut so, als sei sie intellektueller als ich, aber soweit ich sehen kann, sind es seit fünf Jahren dieselben Bücher. Über ihre Brille weg redet sie mit mir mit dieser heiseren, quiekenden Stimme. Fragt mich nach Geld. Oder ob ich glaube, daß die Hunde krank aussehen. Nie nach den Kindern. Die sind *ihr* Besitz. Mein Rat wird weder gesucht noch beachtet. Wenn eines von den Kindern ins Zimmer kommt und uns was fragt, ob sie vielleicht auf eine Party gehen können oder so, dann ignoriert Eva alles, was ich zu sagen versuche. Sie fixiert die Kinder mit ihren Knopfaugen, und sie gehorchen ihr. Lisa, meine älteste Tochter, hört auf mich, aber die Jungen nicht. Die Jungen und ihre Mutter haben einen Pakt, daß ich nicht existiere. Ich bin sicher, sie erneuern ihn, wenn ich nicht da bin. ›Schaffen wir uns Daddy vom Hals.‹ Ich weiß, sie wollte, daß ich derjenige bin, der auszieht. Sie hat seit Jahren darauf hingearbeitet, damit sie die verlassene Mutter spielen kann.«

»Woher hast du den blauen Fleck?«

»Sie hat Carls Butterbrotdose nach mir geworfen.«

»Hast du sie geschlagen?«

»Nein. Ich habe sie kranke Fotze genannt.« Er sah ein bißchen beschämt aus. »Ich bin widerlich, ich weiß, aber sie ist schlimmer. Sie sagte: ›Du hast deinen Spaß gehabt‹, als sei dies Lokal hier ein Kinderspiel, und ich müsse jetzt zurück zu Mami, um was über die wirkliche Welt zu lernen. Was ich über die wirkliche Welt weiß, ist, daß man für das verdammte Ding kämpfen muß! Je mehr Scheiße du frißt, desto mehr tischen sie dir auf. Das konnte man wirklich bei ihr lernen. Wozu soll ich meine Tage elend verbringen und alle im Stich lassen, die mich unterstützen, bloß damit Lisa auf irgendein Scheißcollege gehen kann, wo man ihr beibringt, wie sie im Bankgeschäft was wird. Das ist sowieso alles, was sie einem heutzutage noch beibringen. Verdammt noch mal, ich werde ihr hier einen Job geben.«

»Hier?«

»Klar. Sie kann diesen Sommer hier die Sache lernen und das Geschäft übernehmen, wenn ich mich zurückziehe.«

»George, du bist erst vierzig, und außerdem gefällt es ihr hier vielleicht nicht.«

»Sie wird sich ihr College eben erarbeiten. Ich werde ihr jedenfalls helfen, selbst wenn ich bankrott gehe und in einer chinesischen Fleischerei Hühner zerschneiden muß.«

»Denen würdest du vermutlich angst machen. Das ist ja ein Gemetzel!«

Er schnitt ein paar weitere Beine ab und betrachtete sein Werk. »Sie machen's sowieso mit Kung Fu. Hast du das je in einem chinesischen Restaurant gesehen – du bestellst Peking-Ente, und der Kellner kommt mit der ganzen Ente an und haut mit bloßen Händen Stücke von der Brust ab?«

»Nein. Bist du sicher, daß das wirklich ein Ultimatum ist? Vielleicht gibt Eva nach, wenn sie merkt, daß du nicht nachgibst. Wenn das Geld dir gehört…«

»Ich weiß nicht, was zum Teufel sie eigentlich denkt. Aber ich glaube, diesmal wird es nichts mehr. So haben wir uns seit zehn Jahren nicht mehr vor den Kindern angeschrien. Sie hält mich einfach für ein sinkendes Schiff. Ich schaffe es nicht, daß das Geschäft sich rentiert, also bin ich ein Jammerlappen, und außerdem bin ich ihr auch persönlich zuwider. Das würde sie ertragen, wenn ich mehr Geld hätte, aber so, wie die Lage ist… Sie hat es eilig, da herauszukommen. Sie wird jede Minute älter und häßlicher.«

»George, hör zu. Ich sag das nicht gerne, aber Eva hat recht. Du solltest dich scheiden lassen. Du bist verrückt, so zu leben.«

»Na ja, es passiert ja.«

»Bist du ausgezogen?«

»Nicht, ehe sie einen Gerichtsbeschluß hat.«

»Deshalb bleibst du? Nur, um sie zu ärgern?«

»Nein, ich muß mit den Kindern reden, bevor festgelegt wird, daß sie bei ihrer Mutter bleiben.«

»Du hast doch gesagt, daß sie wegen deiner Arbeitszeit nicht bei dir leben können.«

»Na ja, Lisa könnte vielleicht. Sie ist sechzehn, sie könnte abends allein bleiben. Oder sie könnte herkommen und helfen.«

»Was meint sie dazu?«

»Sie war sehr durcheinander. Fragte, ob wir uns nicht versöhnen könnten. Ich würde es tun, ihr zuliebe. Eva meint, Lisa hänge zu sehr an mir, aber sie meint auch, sie hänge zu sehr an ihrem Freund. Sie kann einfach keine Frau verstehen, die tatsächlich Männer gern hat. Hunde vielleicht, aber keine Männer.«

»Dann wäre es doch fair, wenn du Lisa bekämst und deine Frau die Jungen.«

»Ja.« Er legte das Hackmesser hin. »Lisa ist sechzehn, also kann sie eigentlich selbst entscheiden. Die Gerichte lassen ein Kind dieses Alters gewöhnlich wählen. Sie ist so ein mitfühlendes Mädchen.«

George sprach noch lange über seine Familie. Ich kochte und hörte zu und versuchte, mir aus seinen Worten ein Bild von Eva zu machen. Alles, was dabei herauskam, war eine Hexe. War George mit einer Hexe verheiratet? Trotz seiner gewalttätigen Reden war er ein liebevoller Mann, ich konnte mir nicht vorstellen, daß er ohne guten Grund haßte. Vielleicht war die Ehe als solche Grund genug, dachte ich. Achtzehn Jahre mit der falschen Frau, und beide zu störrisch, um zu gehen.

In dieser Nacht betrank George sich heftig. Allison und ich schenkten ihm abwechselnd Brandy ein und stimmten ihm zu, daß Eva eine bösartige Schlampe sei. Irgendwann rief Lisa an, und George sagte ihr mehrmals, er liebe sie. Als er auflegte, drehte er sich erstaunt zu uns um.

»Sie sagt, ich wäre betrunken. Was hat das damit zu tun?«

Am nächsten Tag hatte er sich wieder in der Gewalt. Er trug ein dunkelblaues Hemd und eine weiße Hose und sah sehr ordentlich aus. »Sie wird vorbeikommen«, sagte er zu mir.

»Eva?«

»Nein, Lisa. Sie wird bei mir wohnen. Sie hat es so gut wie zugesagt. In ihrem Alter sind kleine Brüder eine Qual. Sie wird zeitweilig hier arbeiten. Was meinst du?«

»Sie kann nicht Kellnerin sein. Sie ist noch nicht alt genug, um Alkohol zu servieren.«

»Sie könnte bei dir in der Küche arbeiten.«

»Ich brauche nicht noch eine Hilfe. Nicht, solange Allison da ist.« Das stimmte nicht, aber ich wollte Lisa nicht. Nicht hier.

»Wir werden uns etwas ausdenken. Vielleicht schmeiß ich dich raus, zum Teufel, ich hätte dich rausschmeißen sollen, als du aufgehört hast, mich zu ficken.«

»Willst du diese Spicknadel in den Hintern kriegen?«

»Klar. Soll ich selbst die Hose ausziehen, oder machst du das für mich? Ich meine, du brichst mir das Herz, und ich lasse dich weiter arbeiten, als ob nichts wäre.«

»Wovon redest du?« Er saß auf einem Hocker neben mir und trank Rotwein. Er lächelte und zuckte die Achseln. »George, ich weiß, daß es dir leid tat, als wir aufhörten, aber...«

»Du machtest dir keine allzu großen Sorgen, weil ich so zäh bin.«

»Na ja, damals warst du's«, sagte ich gereizt. Ich wollte darüber nicht reden.

»Ach, Blondie, es braucht mehr als diese Nutte –«

»Und nenn mich nicht Blondie. Es hört sich dämlich an.«

»Findest du, daß es dich dämlich macht oder mich?«

»Hauptsächlich dich.«

»Dachte ich mir. Das gehört zu meiner Anziehungskraft auf dich.«

»Deine Anziehungskraft läßt gerade nach«, sagte ich, und dann tat es mir leid. Tatsächlich fühlte ich mich sehr zu ihm hingezogen. Eine Minute lang sagte er nichts, dann warf er sein Glas aus der offenen Tür, und es zersprang auf einem Stein. Er gab mir einen Kuß auf den Scheitel und schlenderte davon.

Ich betrachtete den Stapel gekochter Hummer vor mir und wünschte, sie wären nicht gekocht. Ich brauchte etwas Lebendiges, mit dem ich reden konnte. Wie dämlich ich bin, dachte ich. Natürlich hatte ich immer gewußt, daß George mich mehr als ein bißchen mochte, und ich hatte mir um ihn keine Sorgen gemacht, weil ich ihn für zäh hielt.

Okay, es stimmte, dachte ich. Ich hatte meinen Bruch mit George auf die leichte Schulter genommen. Alles war so glattgegangen, und ich hatte nicht einmal darüber nachgedacht, warum es so glattging. Ich hatte ihn verletzt, ohne dem große Beachtung zu schenken.

Ich stand am Herd und hatte Schuldgefühle. Ich war schwer und verschlossen, und der Gedanke, daß Frank mich liebte und George mich liebte, ließ mich zusammenzucken. Das war zu viel. Ich würde bestraft werden.

Als George zurückkam, waren alle anderen auch da, und wir konnten nicht reden. Im Laufe des Abends gab er seine Anweisungen herrischer als sonst, und Ramon schüttelte mit wissender Bauernschläue den Kopf, während er Georges leere Flaschen einsammelte, um sie wegzuwerfen. Ich stellte ein wunderbares Gericht aus Hummer, Sahne und Cognac zusammen, und mir wurde bewußt, wie nutzlos diese Fertigkeit eigentlich war. Gekochter Hummer hätte gereicht. Der Rest verursachte bloß Magenschmerzen, vor allem, wenn man den ganzen Abend Wein trank.

»Der Alte war heute sicher betrunken«, bemerkte Frank, als wir nach Hause gingen.

»Er hat in letzter Zeit viel getrunken.«

»Meinst du, daß er seine Frau immer noch liebt?«

»Nein. Er haßt sie leidenschaftlich.«

»Leidenschaftlich?«

»Ja, nach so vielen Jahren.«

»Sicher. Das ist hart.«

Ein paar Minuten gingen wir schweigend. Ich hatte es ihm also nicht gesagt. Ich hatte gedacht, ich könnte es vielleicht tun. Schließlich war er mein bester Freund. Ich dachte an den Kuß, den George mir gegeben hatte, nachdem er das Weinglas zerbrochen hatte.

Später, als Frank schon schlief, ging ich nach unten, schenkte mir ein Glas Wein ein und rief im *The Vineyard* an. Beim siebten

Läuten meldete sich George, und ehe ich ein Wort herausbringen konnte, schrie er in den Hörer: »Um Himmels willen, du Nutte, laß mich in Ruhe.« Ich legte auf. Es war ohnehin eine dumme Idee gewesen.

An den darauffolgenden Arbeitstagen kam George spät und vermied es, mit mir allein zu sein. Ich kochte wie besessen, schuf immer kompliziertere Gerichte. Schließlich kam ich an den Punkt, wo ich überhaupt keine einzelnen Speisen mehr machen wollte. Ich wollte nur noch alles in einen Topf werfen: Würste und Huhn und Krabben und Lammfleisch, Pilze und grüne Bohnen und Weißwein, rote Paprikaschoten und Zwiebeln und Knoblauch und Reis. Dann begann ich zu würzen. Ich ließ Leo probieren, aber er sagte, das sei nicht koscher.

»Na, heute abend gibt es nichts anderes zu essen. Ich habe alle Zutaten verwendet, die da waren.« Das stimmte nicht ganz. Es gab noch Steaks und Forellen.

»George wird sauer sein«, sagte Leo, fischte eine Krabbe aus dem Kessel und tauchte sie in chinesischen Senf.

»Wetten, daß er nichts sagen wird?«

Judy kam in die Küche, probierte meine Kreation und bezeichnete sie als Gulasch für Gefräßige. Sie meinte, das wäre eine gute Mahlzeit für eine Frau, die mit Zwillingen schwanger ging. George bemerkte überhaupt nichts, nicht einmal, als mehrere Teller davon nahezu unberührt wieder abserviert wurden.

Trotzdem schien er guter Laune zu sein. Er erzählte allen von seiner bevorstehenden Junggesellenschaft, und bald flirtete die Hälfte der weiblichen Gäste mit ihm, wie Judy berichtete. Ich antwortete, das sei gut fürs Geschäft. Sie lachte, und ich merkte, daß ich eifersüchtig war.

»Ich kann es einfach nicht ausstehen, wenn es so dramatisch wird«, sagte ich zu Judy, die nickte, obwohl sie nicht wußte, was zwischen uns vorgefallen war. »Warum kann er sich nicht einfach beruhigen?«

»Oh, mein Gott«, sagte sie, durch die Küchentür spähend. »Mrs. Attley küßt ihn zum Abschied.«

»Sie ist immer betrunken, wenn sie hier weggeht.«

»Jetzt hält er Mr. Attley umarmt.«

»Laß mal sehen.« Ich trat neben ihr an die Tür und sah zu, wie George das tattrige alte Paar zur Tür geleitete. »Tolles Kleid hat sie an«, sagte ich. George lächelte ihnen zum Abschied strahlend zu und durchquerte den Speisesaal. »Er sieht aus, als sei er gerade von einem verdammten Pferd gehüpft«, sagte ich.

»Oder sonst von einem verdammten Etwas.« Sie kicherte und ging in die Küche zurück.

Lisa kam vorbei, hatte vor, hier zu arbeiten, wollte häufig hier sein. Sie sah sich alles genau an, bewunderte mich sehr und überredete George, uns häufiger frischen Kaffee aufgießen zu lassen. George fand Kaffee nicht gut. Er meinte, ein guter Cognac sei das, was die Leute nach dem Essen bräuchten. Doch er gab seiner Tochter nach, offensichtlich entzückt, das zu tun, und alle Kellner stimmten darin überein, daß Lisa ein großer Gewinn sein würde. Ich sagte nichts.

Lisa war sehr hübsch. Sie hatte sanfte Augen, lange Glieder und so eine Art, George das Glas aus der Hand zu nehmen und es etwas weiter wegzustellen. Er schien daran gewöhnt, seine Hand schob ihre weg und griff nach dem Glas, ohne daß er sein Gespräch unterbrach. Sie seufzte dann und sagte »Daddy« in einer bittenden, nur leicht aufgebrachten Stimme, und er tätschelte ihre Schulter, nur leicht ärgerlich.

Ich hatte George nie als starken Trinker betrachtet, da der Alkohol seine Persönlichkeit zu intensivieren statt abzubauen schien. Vielleicht war es auch nur so, daß ich keine Schwäche an ihm sehen wollte. Doch selbst als ich erkannte, daß er es vielleicht übertrieb, fand ich, Lisa sollte ihn in Ruhe lassen. Es stand ihr nicht zu, ihm zu sagen, was er tun sollte.

Dann fragte sie mich, ob ich ihr das Kochen beibringen würde. »Meine Mutter ist eine lausige Köchin«, sagte sie mit einem Lächeln.

»Aber dein Vater ist ganz gut.«

»Von ihm könnte ich es nie lernen. Er ist zu ungeduldig.«

»Ich bin auch ganz schön ungeduldig. Ich weiß nicht, wie man Kochen lehrt, ich habe das nie gemacht.«

»Wie haben Sie es gelernt?«

»Einfach, indem ich es getan habe«, log ich. »Ich habe es schon immer gemocht, verschiedene Nahrungsmittel zu kombinieren und etwas zu machen, das keiner der Zutaten mehr ähnlich sieht. Ein Gericht ist eine Art Symphonie von Aromen.«

»Ja, ich weiß, was Sie meinen. Ich habe Essen auch immer geliebt. Sie haben also ganz allein angefangen?«

»Ja. Ich habe das Gefühl, immer zu wissen, wie ich es machen muß. Ich glaube, das ist angeboren. Noch heute verwende ich keine Rezepte. Die Zutaten sind so unterschiedlich, weißt du.« Ich erhaschte einen Blick auf Leo, der mich von der Küchentür her angrinste, und errötete. Verdammter Mist, dachte ich, ich werde nicht fürs Unterrichten bezahlt.

»Kann ich Ihnen von jetzt an zusehen?« fragte sie.

»Ach, ich bin gleich fertig. Die Küche schließt in fünfzehn Minuten.«

»Ich meine, immer, wenn ich komme.«

»Mmmh. George hat vermutlich einiges für dich zu tun.«

»Er sagte, ich kann machen, was ich will.«

»Das ist nett von ihm.«

»Er ist okay«, sagte sie. »Allerdings glaube ich nicht, daß ich für ihn arbeiten wollte, wenn er nicht mein Vater wäre.«

Frank holte mich wie üblich um elf ab. Ich schwieg auf dem ganzen Heimweg und dachte daran, daß Lisa von jetzt an mit mir in der Küche sein würde. Selbst wenn George wieder mit mir reden würde, könnte er nicht wirklich mit mir sprechen. Nicht privat. Ich hatte in den letzten paar Tagen gemerkt, wie sehr ich Georges Gesellschaft mochte, wie stark ich davon abhängig geworden war. Er war neben Frank mein einziger verläßlicher Freund, und er war älter. Ich respektierte ihn. Ich hatte viel zu verlieren.

Frank fragte mich, was los sei. Ich sagte: »Georges Tochter will, daß ich ihr das Kochen beibringe. Ich habe keine Lust dazu.«

»Warum nicht? Magst du sie nicht?«

»Nein. Oh, sie ist schon okay. Ich will es ihr einfach nicht beibringen. Sie sollte nicht einfach davon ausgehen, daß ich es tue.«

»Sie geht ja nicht davon aus, oder? Sie hat dich gefragt.«

»Es ist unangenehm, nein zu sagen. Ich meine, ihr Vater ist mein Chef.«

»Ich bin sicher, George wird dich entscheiden lassen, ob du ihr das Kochen beibringen willst oder nicht. Er ist vielleicht ihr Vater, aber er ist auch dein Freund.«

»Ja, aber er wäre verletzt, wenn er meinte, daß ich sie nicht mag. Er hält sie für die tollste Sechzehnjährige auf der Welt.«

»Was hast du gegen sie?«

»Nichts. Ich mag nicht mehr darüber reden.«

»Okay«, antwortete er.

20

Ich machte Suppe aus Kopfsalat. Junger Kopfsalat aus Boston, Hühnerbrühe, Sahne, Chablis, etwas Kardamom und weißer Pfeffer. Die Suppe hatte eine schöne blaßgrüne Farbe, wie das Blut eines zerbrechlichen Knaben, des letzten Erben eines dekadenten Herrschergeschlechts, der den ganzen Tag auf einer Couch liegt und seine Venen einem Vampir anbietet, der Diät hält. Ich schaltete den Recorder ein. George hatte ihn neulich von zu Hause mitgebracht. Er behauptete, in einer Zeit wie dieser brauche er Frank Sinatra.

Ich hörte »Strangers in the Night«, während ich die Forelle mit Krabben füllte, »Come Fly With Me«, während ich die Wildhühner bratfertig machte, »That's My Baby« beim Klopfen des Kalbfleischs, und als »I'm Getting Married in the Morning« ertönte, tanzte ich dazu, bis George hereinkam und mich auslachte.

»Sei still«, sagte ich. »Probier das.« Ich gab ihm einen Löffel Suppe. Ich freute mich, daß er so früh gekommen war. Er mußte mir verziehen haben.

»Nicht schlecht. Stell dir vor, alles ist geregelt. Lisa wird bei mir wohnen, sobald die Schule anfängt. Ich habe sogar eine Wohnung gefunden.«

»Ich dachte, du wolltest so lange wie möglich in deinem Haus bleiben.«

»Scheiß drauf. Ich brauche den Ärger nicht. Eva war wütend, aber sie kann nichts machen. Ich gebe zu, daß es nicht nur meinetwegen ist. Lisa weiß, daß sie bei mir mehr Freiheit haben wird. Prima. Ich will, daß sie unabhängig wird.«

»Das Finanzamt hat angerufen.«

»Keine Sorge«, sagte er überschwenglich und schlürfte noch einen Löffel Suppe. »Ich habe das Geld jetzt. Und mach dir keine Gedanken um Lisa – sie ist so gescheit, daß sie ein Stipendium bekommen kann, wenn es nötig ist.«

Gescheit, und fünf Zentimeter größer als ich. Das war etwas, was ich an Allison mochte; sie war klein. So wirkte es nur natürlich, wenn ich sie herumschickte. Ich fragte mich, was George sagen würde, wenn ich ihm erklärte, als Chefköchin müßte ich die Vollmacht haben, meine Untergebenen anzuheuern – zumindest müsse ich bei Neueinstellungen gefragt werden. Ich beschloß, es nicht zu riskieren. Lisa konnte Kaffee mahlen und Georges Weinglas nachfüllen.

»Du hattest recht, Baby, ich hätte diese Scheidung schon lange einreichen sollen. Ich fühle mich fabelhaft.«

»Was für eine Veränderung!«

»Ich sag dir, mein Kopf wird wieder klar. Sie hatte mich unter einem Bann.« Er drehte die Musik lauter. »Darf ich um diesen Tanz bitten?« Er sah so glücklich aus, daß ich nicht widerstehen konnte und in seine Arme kam.

Ich hatte vergessen, wie er sich anfühlte. Er war soviel massiver als Frank. Er schwenkte mich herum und krähte förmlich vor guter Laune. Mir wurde schwer ums Herz, und ich bekam Sehnsucht nach den guten alten Zeiten mit George und mit Teo. Damals war in meinem Leben Platz für Musik. Frank und ich hörten nie Musik.

»The summer wind/ came blowing in/ across the sea/ lingered there/ to touch your hair…« George sang mit, und ich lachte, an seine Brust gedrückt. *»I lost you to/ the summer wind.«*

Ich sah zu ihm auf, und er küßte mich. Es war ein leichter Kuß, der nicht mehr ausdrücken sollte als Bedauern, aber das Lied ging weiter, über Herbst und Winter und Einsamkeit, und ich weiß nicht genau, was ich dachte – etwas wie »Nimm, solange du kriegen kannst«. Ich erwiderte seinen Kuß leidenschaftlich. Er zögerte eine Sekunde, dann packten seine Hände meinen Hintern, und jeder Finger preßte sich einzeln ins Fleisch. Während seine Zunge alle Winkel meines Mundes erforschte, wurde er hart. Ich fühlte mich so wohl in dieser gierigen Umarmung. Ich löste mich von ihm und zog meine Bluse hoch. Er bedeckte meine Brüste mit kleinen, schmatzenden Küssen, wie man ein Baby küssen würde, und öffnete den Reißverschluß seiner Hose. Ich lachte.

»Ich kann das nicht glauben«, sagte ich.

Er lächelte breit und zog seine Hose aus. Dann machte er sich an meiner zu schaffen. Ich sah anerkennend an ihm herunter. Ich hatte diese behaarten Schenkel vermißt.

»Du hast dich nicht verändert«, sagte ich.

»Nein.« Er schob seine Hand zwischen meine Beine. »Du auch nicht.«

Ich ließ ihn eine Weile in diesem vertrauten Terrain schwelgen, dann wich ich zurück. Ich hatte mich verändert. Ich ging halb durch den Raum, die Jeans auf die Schenkel geschoben, drehte mich dann um und führte ihm einen Striptease vor, bei dem ich eine Erotik an den Tag legte, die ich ihm nie zuvor gezeigt hatte. Wir waren immer rauh und beiläufig miteinander umgegangen. Als ich nackt war, stand ich ganz still. Dann warf ich ihm mit aller Kraft mein Verlangen zu.

Er fing es auf. Ich konnte sehen, wie es sich festsetzte. Seine Haltung veränderte sich, wurde sicherer und erregter. Er knöpfte sein Hemd auf und legte es über die Stuhllehne. Sein nackter Körper wirkte massiv. Auf Zehenspitzen ging ich vorwärts. Ich zog die Haarnadeln aus meinem Haar und schüttelte es los, schüttelte auch meine Brüste und sah mich selbst mit seinen Augen. Und ich sah ihn, der mich sah, und alle Bilder flossen ineinander, während ich mit träumerischer Schwere dachte: »Das ist falsch, ich habe versprochen, es nicht zu tun.« George stellte die Musik noch lauter.

Er streckte die Hände aus und hob mich hoch. Mühelos ließ ich mich auf seinen Schwanz gleiten – wir kannten beide den

Weg. Meine Arme lagen um seinen Hals, seine Hände hielten mich. Er hatte die Füße gegen den Boden gestemmt, den Rükken an die Wand gelehnt. Die Musik – inzwischen Janis Joplin – ertränkte meine Schreie, und wir fickten, fickten durch »My Way«, »The Lady Is a Tramp« und »Blue Heaven«. Ich fühlte wollustähnliche Macht, etwas, das mich vorwärts trieb, bis es so aussah, als müsse ich in seinen Körper klettern. Es war so unmöglich zu befriedigen, daß ich mich davor zurückzog im gleichen Augenblick, in dem ich am weitesten innen war. Ich sah zu, wie es sich zu einem ungeheuren Orgasmus auswuchs, die Lust traf mich wie ein Schock, und ich fühlte mich auf gelassene Weise verantwortlich, wie man sich fühlt, wenn man etwas nicht wirklich unter Kontrolle hat, aber trotzdem besitzt.

Dann kam George, und langsam glitt ich von ihm herunter, auf die Knie, und trocknete seinen Schwanz mit meinem Haar.

»Jesus«, sagte er verwirrt, »heute gehst du aber ran. Es gibt keine, die besser ist, das sag ich dir. Wieso so liebevoll?«

»Ohne Grund«, sagte ich und freute mich über die Wirkung. Ich stand auf und fühlte mich sofort traurig. Ich begann mich anzuziehen. Ich kam bis zur Bluse, da zog George mich auf seinen Schoß. »Ich habe dich vermißt«, sagte er. Das Band war zu Ende, und es war sehr still.

»Ich weiß.«

»Mehr, als ich gedacht hatte. Diese Küche wird nie wieder dieselbe sein. Ist es dir wirklich ernst mit diesem Jungen?«

»Das weißt du doch.«

»Er ist nicht dein Typ.«

»Doch, das ist er.«

»Er ist zu gehemmt für dich. Er ist eifersüchtig. Er versucht, dich zu beherrschen.«

»Ich bin auch eifersüchtig, auf andere Art. George, sprich nicht über ihn. Es hat nichts mit mir und dir zu tun, wirklich.«

»Außer, daß es uns am Ficken hindert. Ich erwähne nicht mal, an was es uns sonst noch hindert. Ich weiß ja, daß ich schuld bin, wenn es nie weiter ging.« Nein, es war meine Schuld. Ich hatte es nicht gewollt.

»Ja«, sagte ich. Ich fühlte mich wohl auf seinem Schoß, wohl und liebevoll, aber noch immer schrecklich traurig.

Er sagte: »Du hast dich also jetzt wohl entschieden. Aber was passiert nun? Wirst du dies hier für dich behalten?«

»Ja.«

»Gut. Ich werde nicht fragen, ob du mich noch einmal willst. Wenn du willst, kannst du es mich wissen lassen. Gib mir noch einen Kuß, bevor ich mich anziehe.« Ich legte meine Arme um ihn und küßte ihn sehnsüchtig. Wenn doch bloß, dachte ich und wußte nicht einmal, was.

»Du bist süß«, sagte ich, und er lachte.

»Ja.«

»Ich mein's ernst. Ich meine –«

»Okay, Blondie, ich weiß, daß du mich magst. Und nun lupf deinen Arsch.«

Ich ging hinüber zum Becken und dachte, ich sollte mein Haar waschen, ehe ich mit der Arbeit anfing. George zog seine Hose an und ging in den Speisesaal. »Was zum Teufel? Was zum Teufel machen Sie hier?«

Ich rannte nach draußen. Ich wußte es schon. Frank saß an einem der Tische und sah mich an mit einem Ausdruck, der gleichzeitig heiß und kalt war, trotzig und zu leidenschaftlichem Mitleid herausfordernd.

»Tut mir leid, daß ich gelauscht habe«, sagte er. »Ich konnte nicht widerstehen. Man hat selten die Chance, solche... Sachen zu hören.«

George wurde scharlachrot, aber ich fühlte mich nun sehr schwach, als hätte ich nichts als meine Salatsuppe in den Adern. Mein erloschenes Herrschergeschlecht. Die aussterbende Linie.

»Raus«, rief George. Er sah mich entschuldigend an, und ich berührte seinen Arm.

»Nur einen Augenblick«, sagte ich, als Frank aufstand. »Warte auf mich.« Er wartete und schaute zur Decke, während ich meine Hose und meine Schuhe anzog. Wir gingen aus der Tür, ich zuerst, sagten nichts, und wir gingen in einem halben Meter Abstand die Telegraph Avenue entlang.

»Du bist also mit mir gekommen«, sagte er.

»Natürlich. Es tut mir leid, weißt du.«

»Ja, aber *du* weißt, daß George recht hatte. Ich bin zu eifersüchtig für dich. Ich kann damit nicht umgehen, Stella. Vielleicht möchte ich es können. Und ich kann dich nicht festbinden, obwohl ich das vielleicht sollte. Also was kann ich machen, verdammt? Warum mußt du so sein?«

»Du klingst, als wäre ich eine Art Ungeheuer.«

»Nein. Nur eine Frau, die nicht will, was ich will.«

Ich war zu müde, um mit ihm zu streiten. Ich glaubte noch immer nicht, daß es nicht irgendwie in Ordnung gebracht werden könnte. Und doch schämte ich mich schrecklich, auch weil er mich zu George hatte sagen hören, ich würde ihm, Frank, nichts sagen. Das ist das Schlimmste von allem, dachte ich, aber ich wußte, daß er es nicht erwähnen würde. Er verstand nur zu gut, warum ich ihn hatte hintergehen wollen, und was konnte ich tun? Ich konnte versprechen, mich zu ändern, und ich konnte mich vermutlich daran halten, wenigstens für eine Weile, aber ich wußte, daß er mir nicht glauben würde.

»Hör zu«, sagte er, »ich will dir nicht weh tun, aber ich muß mit dir Schluß machen.«

»Nein, das mußt du nicht«, sagte ich.

»Stella, Stella.« Er schüttelte den Kopf, als werde er nachgeben. »Sei nicht unvernünftig.«

»Ich bin nicht unvernünftig.« Ich beobachtete sein Gesicht. »Okay, ich bin unvernünftig. Aber ich weiß einfach, daß es falsch ist – für dich genauso wie für mich.«

»Ich kam auch ohne dich zurecht.« Er sprach kühl, sah mich mit einem kleinen, verzerrten Lächeln an und blieb dann stehen. »Ich glaube, ich gehe jetzt. Auf Wiedersehen.«

»Warte eine Minute. So kannst du nicht gehen. So schnell. Laß uns etwas trinken oder so.«

»Ich will nichts trinken.«

»Eine Tasse Kaffee?«

»Nein, danke.«

»Ein Hamburger?«

»Hör auf zu weinen. Dir wird es gutgehen. George ist in dich verliebt.«

»Scheiß auf George! Das ist nicht dasselbe. Du weißt, daß es nicht dasselbe ist!«

»Ich weiß«, sagte er ruhig. »Aber es ist zu ähnlich. Auf Wiedersehen, Stella.«

»Küß mich.« Ich gab ihm keine Gelegenheit abzulehnen, sondern legte meine Arme um ihn. Er küßte mich, zuerst steif, aber dann leidenschaftlich. Ich schloß die Augen und nahm alle sexuelle Macht zusammen, die mir geblieben war, aber es war nicht viel; ich rief die weibliche Magie des Universums an. Sie kam zu langsam. Er löste sich von mir. »Auf Wiedersehen«, sagte ich und ging.

Als wir einen Block auseinander waren, begann ich zu schluchzen. Ich weinte, bis ich zu Hause war. Meine Hand zitterte so, daß ich kaum den Schlüssel ins Schloß stecken konnte. Ich brauchte ein paar Minuten, um die Tür zu öffnen. Dann schlug ich sie hinter mir zu und schrie, bis meine Kehle rauh war.

Ich setzte mich an den Küchentisch. Dort saß ich drei Stunden, sah das Tageslicht verblassen und glaubte allmählich, daß er möglicherweise meinte, was er gesagt hatte. Vielleicht war es vorbei. Mein Geliebter.

Gegen elf ging ich ins *The Vineyard* zurück. Ich trat durch die Hintertür, und Judy war in der Küche. Sie legte mir einen Arm um die Schultern und drängte mich zu einem Stuhl. »Setz dich, setz dich, du siehst furchtbar aus. George hat uns erzählt, was passiert ist. Das ist wirklich Pech. Ist er sehr wütend?«

»Es ist aus«, sagte ich, überrascht, daß George es ihr gesagt hatte.

»Nein, wirklich? Was für ein Bastard! Männer sind einfach zu besitzergreifend. Ich bin überrascht, daß sie sich morgens von ihrer eigenen Scheiße trennen können.«

»So ungefähr fühl ich mich.«

»Nein, Stella, du bist bloß eine leidenschaftliche Frau. George ist ein toller Kerl, ich gebe dir keine Schuld. Frank ist natürlich auch toll. Hast du deinen Kopf gegen die Wand geschlagen?«

»Gegen den Tisch.«

Sie nickte und schenkte mir ein Glas Wein ein. Ramon lächelte und sah mich von der Geschirrspülmaschine her kopfschüttelnd an, und Leo, der in der Küche ein und aus ging, grinste mich an, als wolle er sagen: Tut mir leid, Kleine, was kann ich für dich tun? Nur Allison beachtete mich nicht, sondern kochte sich teilnahmslos durch die Bestellungen, die sich anhäuften.

»Wo ist George?« fragte ich. »Wieso ist er nicht hier? Allison kann nicht alles allein machen.«

»Er ist nur Eis holen gegangen. Heute ist es überfüllt. Ich habe ihr geholfen.«

»Wer ist im Speisesaal?«

»Nur Leo und Simon.«

»Dann geh du auch raus. Ich kann arbeiten.«

»Bist du sicher? George sagte, wenn du wiederkämst –«

»Mit George werde ich schon fertig«, sagte ich. Ramon kicherte. »Essen die Gäste meine Suppe?«

»So viel Wind um eine Suppe«, sagte Allison mit ihrer weinerlichen Stimme.

»Sie lieben sie«, sagte Judy. »Sie wollen sie für einen Preis nominieren.«

»Meine arme Suppe«, sagte ich traurig. »Manchmal wünschte ich, ich könnte sie behalten.«

»O mein Gott, jetzt hat sie eine Krise«, sagte Leo und klopfte mir auf die Schulter. »Wie geht's, Schätzchen?«

»Ich überlebe. Ich habe keine Krise, ich will kochen.«

»Auf die Seite, Leute, die Dame will kochen. Ja, sie wird heute wirklich kochen. Die Presse wartet schon, ABC, NBC, Calvin Trillin...«

»Judy, schaff deinen Mann hier raus, er bringt mir meine Küche durcheinander.«

»Aber sicher, Chefin!«

»Hört auf!«

»Was ist hier los?« George stand im Türrahmen, eine Eistüte in der Hand. Er schien sehr froh, mich zu sehen.

»Sie hänseln mich.«

»Jeder, der Stella hänselt, wird gefeuert.« Allison rollte mit den Augen, und ich streckte ihr die Zunge heraus. George trat hinter mich und rieb meinen Rücken. »Bist du okay?« Die anderen trollten sich.

»Ja... nein... es ist aus.«

»Es tut mir wirklich leid, Stella, ich hätte nicht –«

»Entschuldige dich nicht, es war nicht deine Schuld. Warum hast du es allen erzählt?«

»Ich weiß nicht. Wahrscheinlich hatte ich Schuldgefühle.«

»Das solltest du nicht. Was dich betrifft, bereue ich nichts. Es war schön.«

»Und doch bereust du, Süße. Du wünschst, es wäre noch immer gestern abend, und deine Feengroßmutter stünde an deinem Bett und würde dich warnen.«

»Früher oder später wäre es doch passiert. Können wir ein bißchen Musik machen?«

»Da draußen sind Leute, Stella.«

»Na ja, Leute hören doch Musik.«

»Nicht in meinem Restaurant. Hintergrundmusik ist unpassend.«

»Stell sie ganz leise.«

»Okay, okay. Was willst du hören?«

»Summer Wind.« Er warf mir einen eigenartigen Blick zu, aber er spielte es. Ich hörte zu, verlangte es noch einmal, trank ein weiteres Glas Wein und wendete ein paar Entenbrüste in schäumender Butter.

Ich wurde sehr betrunken. George lud mich ein, die Nacht in seiner neuen Wohnung zu verbringen, aber ich lehnte ab. Ich dachte, Frank hätte es sich vielleicht anders überlegt. Vielleicht hatte er sich auch betrunken und wie durch Zauberei die Lösung gefunden: Wir würden einander einfach noch mehr lieben, bis die Eifersucht verschwände.

Leo, der mich nach Hause fuhr, sagte, mein Fehler wäre gewesen, daß ich nicht länger gewartet hätte, ehe ich herumschlief. »Als Judy es zuerst gemacht hat, wurde ich fast wahnsinnig. Ich wollte sie umbringen, aber ich dachte nicht mal daran, sie zu verlassen. Sie gehörte inzwischen zur Familie.«

»Du hast mich drei Monate lang nicht gevögelt«, sagte Judy vom Rücksitz.

»Aber wir sind immer noch zusammen«, sagte er triumphierend.

»Hast du noch immer Liebhaber?« fragte ich sie. Sie hatte nie einen erwähnt.

»Natürlich hat sie die«, sagte Leo. »Ich muß die verfluchte Sonntagszeitung mit ihnen teilen, und nicht einer von ihnen kann Kaffee kochen.«

»Blödsinn«, kam Judys verschlafene Stimme von hinten. Wir waren inzwischen bei mir angekommen, und ich fragte nicht, was von dem Gesagten Blödsinn war.

Frank war nicht da. Aber er war dagewesen und hatte seine Sachen geholt. Ich ging ins Bett und zog mir die Decke über den Kopf. Ich war wütend. Verdammt, er hatte gesagt, er liebe mich, er behauptete, mich zu verstehen. Was erwartete er? Meine Fehler waren nicht schlimmer als seine. Ich war nicht grausam zu ihm, ich vernachlässigte ihn nicht. Ich betete ihn an, amüsierte und inspirierte ihn. Ich wußte, was unsere Liebe wert war, und ich hatte dafür genausoviel getan wie er. Er wollte Vertrauen, und er bekam es. Ich hatte geglaubt, er werde mich nie verlassen. Es war unverzeihlich. Auf keinen Fall konnte mein Fick mit George – ein Fick: diese unschuldige, süße Sache – dem Verbrechen gleichkommen, mich zu verlassen.

21

Ich wachte mit einem Kater auf, der aus einer Serie von Schaudern bestand – Schauder, als meine Zunge meinen Mund schmeckte, Schauder, als ich mich an alles erinnerte, Schauder, als meine Hände das Haar berührten, das mir schmerzhaft aus dem Schädel wuchs. Ich zog meine Kleider an, knöpfte sie langsam und vorsichtig zu wie ein Kind, eine Gewohnheit, die immer dann zurückkommt, wenn das Leben besonders niederschmetternd ist. Unten öffnete ich eine Dose Bier, stellte sie aber nach einem Schluck wieder weg. Ich hatte ohnedies schon genug Schwierigkeiten.

Ich ging früh zur Arbeit. George war da und wartete auf mich. Ich sagte, ich hätte einen Kater, und er machte mir eine Bananenmilch, drückte mir kalte Kompressen auf die Stirn und zog mir die Kleider aus. »Aber ich habe so lange gebraucht, bis ich sie anhatte«, sagte ich kläglich.

»Du hattest deine Bluse sowieso verkehrt herum an.«

»Deshalb war sie so schwer zu knöpfen.« Er legte seinen Mund auf meine heiße Haut und sog den Schmerz des Katers aus. Es fühlte sich an, als sänken seine Lippen in mein Fleisch, untersuchten jede falsch angeordnete Zelle und richteten sie wieder aus. Die Medizin des Kusses heilte mich. Dann wurde der Kuß stärker, brachte mir die sinnliche Freude der Rosenkönigin, an der eine Biene saugt. Während sein Mund weiter wanderte, kam der Schmerz zurück, aber ich merkte bald, daß ich meine Aufmerksamkeit auf die Stelle richten konnte, wo sein Mund war. Der Rest meines Körpers existierte nicht. Mein Geist existierte kaum, war nur ein Gefäß, um meine Lust aufzunehmen.

Dann legte er mich auf den Tisch und drang in mich ein. Sofort spürte ich einen Schwall von Menschlichkeit, allerdings nicht meine eigene spezielle Menschlichkeit. Es war wie einer dieser Drogenzustände, in denen man erkennt WIR SIND. WIR SIND EINS. ALLES IST WIRKLICH. Ich war dem Universum dankbar für diese Offenbarung.

Nachher wischte er mich ab und gab mir ein Glas Wein. Ich setzte mich ruhig hin und trank, noch immer das Geschirrtuch wie eine Windel zwischen den Beinen. Für den Augenblick war ich zur Ruhe gebracht.

»Bist du okay?« fragte er. »Du wirkst irgendwie lustlos.«

»Mir geht's gut.«

»Du bist nicht gekommen. Möchtest du?«

»Nein, ich fühle mich gut. Wiederhergestellt.«

»Ich hab deinen Kater kuriert, nicht? Schön zu wissen, daß man eine Funktion im Leben hat.«

»Du hast mich getröstet.«

»Okay.« Eine Weile arbeitete er schweigend, putzte Tintenfische. »Möchtest du, daß ich ihn anrufe und ihm sage, daß es das einzige Mal war?« fragte er endlich.

»Nein, das weiß er. Er hörte unser Gespräch, erinnerst du dich?«

»Was haben wir gesagt? Scheiße, das macht mich sauer, wenn jemand sich so versteckt.«

»Du hast mich gefragt, ob ich es ihm sagen würde, und ich habe nein gesagt. Er konnte nichts dafür. Weißt du, es war ein Schock für ihn.«

»Scheiße, Blondie, du solltest wütend werden. Das würde dir guttun.«

»Ich hab's versucht. Aber ich halte es nicht lange durch. Dann werde ich wieder deprimiert.«

»Trink noch etwas Wein«, sagte er besorgt.

»Ich trinke ja. Keine Sorge, von jetzt an werde ich mich oft betrinken.« Ich seufzte. »Ich möchte wissen, ob es wirklich endgültig ist. Ob er wirklich vorhat, nicht zurückzukommen. Ich weiß, daß er glaubt, er täte es nicht.«

»Du solltest darüber nachdenken, ob du willst, daß er zurückkommt.«

»Darüber brauche ich nicht groß nachzudenken. Außer, daß ich an nichts anderes denke.«

Er schwieg eine Weile, ehe er sagte: »Warum setzt du nicht deinen Arsch in Bewegung und hilfst mir?«

»Ich dachte, du würdest mich den ganzen Tag hier sitzen lassen.«

»Kommt nicht in Frage, Blondie, kommt nicht in Frage.«

Ich seufzte, trank meinen Wein aus und glitt vom Hocker, um ihm bei den Tintenfischen zu helfen. An diesem Abend machten wir aus der Tinte schwarze Fettucine. Sie waren schön, glänzend und dunkel. Wir nannten sie Vampir-Pasta, richteten sie mit lippenförmigen Scheiben von roten Paprikaschoten, Olivenöl und Anchovis an und servierten sie mit einem kostenlosen Glas Schnaps. Es war ein bißchen viel für die meisten unserer Kunden, die kalten Tintenfischsalat mit Kichererbsen vorzogen. Also aßen George und ich sie um Mitternacht auf, fütterten uns gegenseitig mit schwarzen Nudeln und taten so, als seien wir hohe Regierungsbeamte, die sich an den Eingeweiden niedriger Dämonen gütlich tun.

Die nächsten drei Wochen vergingen wie ein einziger langer Tag. Ich meine nicht, daß ich nicht schlief – ich schlief, ich wurde sogar ein paarmal ohnmächtig, aber der Schlaf schien nicht ein Ende oder einen Anfang zu markieren. Meist lebte ich im *The Vineyard.* George brachte seine restlichen Bänder mit, und wir lauschten Otis Redding und Ray Charles, »You Don't Miss Your Water (Till Your Well Runs Dry)«, »Lonely Avenue« und »Mr. Pitiful«. Ich drehte die Lautstärke auf, bis die Luft so mit Musik getränkt war, daß wir hindurchschwimmen mußten. Und ich spielte mit George. Wir machten gern Ringkämpfe – das hatten wir immer gemacht –, aber jetzt ließ er mich gewinnen. Wenn ich ihn auf den Rücken geworfen hatte, zog ich ihn aus und fuhr mit den Händen über die breite Brust und die massiven Schultern. Ich maß, wie viele Handbreit jeder Teil seines Körpers ausmachte, wie viele Fingerlängen, und rechnete seine Proportionen aus. Ich freute mich sogar über die Spuren des Alters auf seinem Fleisch, denn sie bedeuteten, daß er schon länger ein Mann gewesen war. Das reichte noch immer nicht, aber es half. Ich hatte von Riesen geträumt, von ganzen Bergen von Fleisch, die ich mühsam erklomm. Ich pflegte mit der Bewußtseinsverschiebung zu erwachen, die typisch ist für betrunkenen Schlaf, und mein zittriger, empfindlicher, verkaterter Körper spürte unersättliche Armeen von Riesen. Den Kampf mit diesen Armeen nahm George auf sich, und er ließ sich von mir liebkosen, wie ich wollte.

Dann pflegte er mich langsam zu küssen, und er saugte an meinen Lippen, meiner Zunge und meinen Brustwarzen, bis ich ihn drängte, weiterzumachen. Ich gab ihm einen Tritt, um ihn anzufeuern. Er sagte mir dann, ich solle meine blöde Klappe halten, und ich lachte. Ich lachte weiter, bis er mich fickte, wobei ich häufig zu weinen anfing. Keiner von uns erwähnte meine Tränen. Er machte weiter, wütend, während ich schlaff und matt dalag. Ich war wie tot, während George sich abmühte, und falls ich kam, war es etwas anderes, erschien aus einer unerwarteten Ecke und löste eine kleine, heiße Explosion aus. Dann kam auch George mit viel Lärm – er wurde von Tag zu Tag lauter –, und ich schnappte schwach nach Luft wie ein Fisch.

Nach und nach belebte die Musik mich wieder. Dann wollte ich tanzen. George war dazu bereit und streckte die Arme aus. Ich legte meine Wange auf seine Schulter, betrachtete seinen geröteten, verschwitzen Hals, die Fleischpolster zu beiden Seiten seines Rückgrats, die braunen Muttermale mit dünnen Härchen und die kleine Fettrolle um seine Taille. Ich wußte, ich würde seinen Körper lieben, ganz gleich, wie alt, fett, haarig und leberfleckig er würde.

Wir tanzten unbeholfen. Ich wollte wie ein Kind an seiner Brust gehalten werden, und er versuchte es, griff mit einer Hand unter meinen Hintern und stolperte im Takt der Musik. Unweigerlich wurde er dann wieder geil und stieß mich fragend an. Ich willigte ein, nicht aus Verlangen, sondern weil ich es einfach wieder tun wollte. Es war fast so gut, wie wenn ich mit dem Kopf gegen die Wand schlug.

Früher oder später machten wir uns natürlich an die Arbeit. George hatte Allison gesagt, sie solle nicht vor sechs Uhr kommen – und zu Lisa, sie solle überhaupt nicht kommen –, aber es war nicht nur die Intimität des Vögelns, die wir wollten. Es war gut für mich, hart arbeiten zu müssen und nicht annähernd genug Zeit zu haben, um alles zu schaffen. George verstand das, denn ihm ging es genauso. Wir säuberten um die Wette Krabben oder hackten Fleisch, und einmal schaffte ich es, schneller als George ein Dutzend Gurken in Scheibchen zu schneiden, und dabei benutzte er einen Gurkenhobel. Hinterher zitterten meine Hände vor Erschöpfung so sehr, daß ich die Weinflasche über dem Schmortopf in Wellen ausleerte – und dann weitergoß, weil ich zu müde war, um die Flasche wieder aufzurichten.

Im *The Vineyard* dachte ich nicht oft an Frank, dafür sorgte ich, aber ich litt an einem schrecklichen Juckreiz. Ich wußte, das lag daran, daß mein Körper ihn vermißte. George sagte, es käme vom übermäßigen Trinken, und kratzte mich mit einer langen Fleischgabel, aus sicherer Entfernung für den Fall, wie er sagte, daß plötzlich Wanzen aus meiner Haut kämen. Er machte mir rote Streifen von den Schultern bis zu den Handgelenken und fügte dem Jucken Schmerzen hinzu. Wenn es schlimm wurde, verschränkte ich die Arme und grub die Fingernägel in mein wundes Fleisch. Dann hörte ich in meinem Inneren die Worte »Arme Stella, arme Stella« wie eine ferne Feenstimme aus den Wäldern, eine Stimme ohne jegliches Mitgefühl.

Zu Hause war es anders. Zu Hause dachte ich immer an Frank. Da war natürlich mein Schlafzimmer mit all den Assoziationen, und da war Callie, die fest mit Rodney befreundet war und Frank täglich sah. Ich gestattete mir nicht, direkt nach ihm zu fragen. Ich hatte das ein einziges Mal getan, und sie hatte gesagt, er sei »unbeirrbar« – ein Wort, das ich nicht gern hörte. Ich erzählte ihr von meinem Elend und hoffte natürlich, er würde davon erfahren. Sie schlug vor, ich solle einen Psychiater aufsuchen.

»George würde mich wahrscheinlich feuern, wenn er wüßte, daß ich dafür mein Gehalt ausgebe«, sagte ich scherzhaft.

»Das wäre vielleicht keine schlechte Idee«, antwortete sie, und ihr Gesicht mit den Apfelbäckchen starrte mich intensiv an. Sie hatte eine neue Art, Leute anzuschauen, seit sie mit Rodney zusammen war, so, als sehe sie für ihn mit. Ich fand das unhöflich. »Was glaubst du, wie Frank es findet, daß du immer noch da arbeitest?«

»Wenn er will, daß ich das erfahre, kann er mich ja anrufen und es mir sagen. George ist mein bester Freund.«

»Dann solltest du ihn vielleicht heiraten«, sagte sie boshaft, »jetzt, da er sich scheiden läßt.« Callie hatte George nie gemocht.

»Nein, danke«, sagte ich. »Ich würde nie einen geschiedenen Mann heiraten. Wer will schon Zweite sein?« Sie sah betroffen aus, und ich lächelte, als ich aus dem Zimmer ging.

Eva rief George jetzt jeden Abend im *The Vineyard* an und drohte, wie sie ihm das Leben sauer machen würde, wenn er ihr nicht gäbe, was sie wollte: das Haus, das Auto und zweitausend Dollar im Monat. Er gestand ihr die beiden ersten Forderungen zu, sagte aber, mehr als vierhundert Dollar im Monat könne er sich nicht leisten. Wehe, du bringst das Geld nicht auf, kreischte sie, ich weiß genug über dich, um dich in dieser Stadt zu ruinieren. Er sagte, dann werde er überhaupt nichts zahlen. Sie zischte, dann werde er die Kinder nie wiedersehen. Er bellte, sie werde sie wohl auch nie mehr sehen, sobald sie volljährig geworden seien.

»Wie diese Frau eine Stelle behalten kann, geht über meinen Verstand«, sagte er zu mir. »Sie wird hysterisch, wenn sie ihren Willen nicht bekommt. Ich hätte sie schon vor Jahren anbrüllen sollen. Sie kann das nicht aushalten. Ich war immer zu nett zu ihr. Das wollte sie, Nettigkeit. ›Laß uns das in einem vernünftigen Ton diskutieren‹, und dabei blies sie mir über den Tisch ihren Rauch ins Gesicht. Hörst du, wie ihre Stimme zittert, wenn sie schreit?« Ich hörte es.

Wenn sie einmal in Fahrt war, legte er den Telefonhörer auf den Tresen, und sie giftete den Broccoli an, während er sich einen stärkenden Drink zurechtmachte. »Sie ist dem nicht gewachsen – irgendwann kriegt sie einen Herzanfall.« Er fuhr fort und zählte alle möglichen grotesken Arten auf, auf die sie sterben könnte. Am liebsten war ihm die Version, ihre Hunde würden sie in berechtigtem Ekel anfallen und ihr die Kehle durchbeißen. Ich erfuhr mehr über ihr Leben und ihre Sünden, als ich zu wissen ertrug.

»Sie ist zu dem geworden, was sie am meisten haßte, als sie zwanzig war. Wenn ihr damals irgend jemand die Zukunft vorhergesagt hätte, hätte sie das alles für einen Alptraum gehalten.«

»Du ja auch.«

»Ich hätte sie während der Flitterwochen erwürgt. Jetzt haben wir Kinder, und ich kann's nicht tun.«

»Wie schade. Du kommst nicht einmal ins Gefängnis.«

»Ich bin schon im Gefängnis, Blondie, das kannst du mir glauben. Siehst du nicht, daß ich sie für den Rest meines Lebens auf dem Hals haben werde? Wir werden zusammen auch noch Enkelkinder haben.« Wild ließ er seine Fingergelenke knacken.

»Vor ein paar Wochen wolltest du noch nicht mal eine Scheidung.«

»Vor ein paar Wochen war ich ein Arschloch.«

Es empörte mich, ihn so reden zu hören. Es war, als bereite er sich auf lebenslangen Haß vor, eine Art Anti-Ehe statt einer Scheidung. Ich wußte, es war nicht seine Schuld, daß er an Eva gebunden war, und ich erwartete nicht von ihm, ihr Wohlwollen entgegenzubringen. Aber es ermüdete mich. Ich war nicht so stark wie er. Ich begann sie ebenfalls zu hassen, und das nicht wegen der Dinge, die sie tat, sondern nur, weil sein Gefühl ansteckend war. Es war gewalttätig, es riß uns alle mit. Selbst die Kellner fingen damit an, bezeichneten unangenehme Gäste als Evas und verzogen hämisch die Gesichter, wenn sie ihre Anrufe entgegennahmen. Ich war froh, daß ich George nicht heiraten oder mit ihm leben wollte. Ich zog es vor, mir meine eigenen Feinde zu machen.

Endlich nahm ich mir einen Abend frei. Ich hatte mehr als zwei Wochen ununterbrochen gearbeitet, und ich dachte, ich würde so weitermachen, bis irgend etwas geschah, aber ich wurde lediglich müde. Alles, was ich wollte, war im Bett liegen und lesen.

Als Callie wegging, um Rodney zu besuchen, und sich fast schuldbewußt in ihrem neuen Kleid aus der Tür schlich, machte ich meine Schlafzimmertür zu und stieg ins Bett. Ich nahm einen Roman zur Hand und fing an zu lesen. Ich hatte kaum damit begonnen, als das Telefon klingelte. Es überraschte mich. Ich war meiner totalen Einsamkeit so sicher: zu Hause, oben im Bett unter der Decke. Zuerst wollte ich den Hörer nicht abnehmen. Es könnte für Callie sein. Es könnte George sein, der sich nach mir erkundigen wollte.

»Hallo?«

»Bist du das?«

»Frank?« Ich ließ das Buch fallen und rollte mich um das Telefon zusammen, die Decken rutschten von meinem nackten Körper, mein Haar hing über den Nachttisch, und eine Strähne fiel in mein Glas mit Eiswasser und wurde dunkel.

»Nein, eh, hier ist Robert. Ist Shona da? Kann ich sie bitte sprechen?«

»Sie haben die falsche Nummer gewählt«, sagte ich matt.

»Sind Sie sicher? Wissen Sie nicht, wo sie ist? Ich muß sie sprechen.« Er klang, als habe Shona die Angewohnheit, sich am Telefon verleugnen zu lassen.

»Hier wohnt keine Shona. Hier wohne ich.«

»Okay. Entschuldigung.« Er legte auf. Ich nicht. Die Leitung blieb für eine Minute offen, dann für eine weitere. Wenn er wieder versuchte, Shona zu erreichen, würde er das nicht können, weil er mit mir verbunden war. Wie war es möglich, daß seine Stimme der Franks so ähnelte, während meine wie jene der Frau klang, die er anrief? Warum hatte er nicht bemerkt, wie eigenartig das war? Ich hätte es ihm nicht sagen sollen, daß er die falsche Nummer gewählt hatte.

Die Verbindung wurde unterbrochen. Jetzt konnte er durchkommen, wenn er die richtige Nummer wählte. Shona. Ich stellte sie mir mit gewelltem braunem Haar mit einer Silbersträhne vor. Sie war groß und vollbusig und stand dicht vor einem, wenn sie sprach. Sie roch nach Aprikosen, hatte große Rehaugen und perfekte Zähne. Sie trug enge Strickkleider. Robert rief sie jeden Abend und manchmal auch morgens an. Sie war nie länger als eine Stunde allein. Dann trank sie ein Glas Amaretto und lag auf dem Diwan, Gurkenscheiben auf den Augen.

Ich stand auf und ging im Zimmer umher. Hier war ich umgeben von Gegenständen – Möbeln, Kleidern, Büchern, Decken, Vorhängen –, und was sollte das alles? Dieses Zimmer war so häßlich und unordentlich: verfaulendes Obst, schmutzige Unterwäsche, Pullover, die wie abgehäutete Hüllen herumlagen, Kaffeetassen und Staub.

Ich zog mich an und ging aus. Ich wollte nur im *Med* einen Espresso trinken gehen und vielleicht eine Schachtel Zigaretten kaufen. Seit der High School rauchte ich gelegentlich, wenn die Welt mich anwiderte. Ich erinnerte mich, wie Cathy mir von ihren reinen weißen Lungen erzählt hatte, und es gefiel mir, meine zu einem Grau zu verdunkeln.

Ich ging eine Weile und fragte mich, was Frank in diesem Augenblick wohl tat. Ich wußte, daß er fast jeden Abend mit Callie und Rodney aß. Callie ging zu ihnen hinüber, um zu kochen. Ich glaubte, sie betrachtete es als angebrachter, Rodney nicht in unserem Haus zu empfangen, ihr Glück sozusagen nicht zur Schau zu stellen. Aber ich war nicht eifersüchtig auf ihr Glück. Ich war eifersüchtig darauf, daß sie Frank so oft sah, daß sie ihm zum Abendessen Speisen kochte, deren Rezepte sie mir gestohlen hatte. Jeden Abend fehlte ein anderes Buch aus meinem Regal: Julia Child, Madhur Jaffey – das Mädchen war ehrgeizig. Der Weg zum Herzen eines Mannes... besonders eines blinden Mannes. Sie hatte sogar ein paar Pfund zugenommen, solche Essensorgien spielten sich offensichtlich dort ab.

Ich stellte mir Frank am Tisch vor, blaß und hohläugig, wie er gedrängt wurde, noch eine Portion zu nehmen. »Ich habe es selbst zubereitet. Es tut dir gut.« Er kam jeden Abend nach Hause, um mit ihnen zu essen. Irgendwie schaffte Callie es immer, das zu erwähnen. Natürlich würde Rodney einiges über mich zu sagen haben. Daß er schon immer so etwas geahnt hätte. Daß es gewisse Wahrheiten gibt, die man nicht ignorieren durfte: die klare Gefahr der Kastration, die von riesigen Mösen ausgeht, die alle Männer verschlingen.

Tatsächlich hatte ich keine Ahnung, was Rodney über mich dachte. Vermutlich war ich ihm auch egal, er sorgte sich nur um seinen Freund, wies Callie an, feine Gerichte für den leidenden Mann zuzubereiten, und ließ freundlich durchblicken, daß das Leben immer noch lebenswert sei. Und Frank war dafür vermutlich dankbar. *Tröste mich mit Curry, denn ich bin krank vor Liebe.*

Aber war er das? Oder brannte er nur auf Sparflamme und bereitete sich auf seine nächste große Romanze vor? Erst Dorothy, dann ich. Treulose Frauen. Aber er würde nicht aufgeben, er würde die vollkommene Frau schon noch finden. Callie hatte mir erzählt, daß seine Schwester ihn vorige Woche besucht hatte. Marva, von der Frank gemeint hatte, ich werde sie bestimmt mögen – und ich hatte keine Chance, sie kennenzulernen. Callie war von ihr sehr beeindruckt. Eine Karriere, drei Kinder, und so nett, so interessiert an allem.

Welchen Rat würde sie ihrem kleinen Bruder gegeben haben? Vergiß diese Frau, du verdienst eine bessere. Schwängere sie, dann hat sie keine Zeit mehr zum Herumvögeln. Such dir einen Job.

Ich erreichte das *Med* und schaute hinein. Es war fast leer, wie häufig im Sommer, und der Mann hinter der Theke starrte mich unverschämt an. Arschloch, dachte ich, sieh mich nicht an. Ich bin diejenige, die hier beobachtet. Ich ging schnell weiter.

Ich erreichte Bancroft und wandte mich nach rechts, den Hügel hinauf. Frank traf sich nicht mit einer anderen Frau, das wußte ich. Niemand berührte diesen glatten Körper, niemand lauschte verträumt seiner Stimme oder las seine Gedanken – wie ich es mir vorgestellt hatte, wenn wir nebeneinander lagen. Oder vielmehr, wir waren einander so nahe gewesen, daß es mir vorgekommen war, als könnte ich es, wenn ich es nur versuchte. Ich hatte es nur nie versuchen müssen, denn er sagte mir, was immer ich ihn fragte, teilte mir bereitwillig Träume, Erinnerungen, Meinungen, Hunger, Durst, Verlangen mit. Dieses Vertrauen, das mein einziger Zugang war, erschien damals grenzenlos. Warum auch nicht? Ich würde meine Liebe nicht zurücknehmen.

Jetzt wünschte ich, ich hätte gelernt, wirklich seine Gedanken zu lesen, heimlich, aus der Entfernung. Das wäre ein unmoralischer Akt, daran gab es keinen Zweifel, aber ich würde der Versuchung nicht widerstehen können. Ich würde sein wie der Vogel im Märchen, der nachts geflogen kommt, um die Früchte aus dem Garten des Prinzen zu kosten.

Als ich die College Avenue erreichte, wandte ich mich wieder nach rechts. Ich war jetzt sehr müde und dachte, ich würde inzwischen schlafen können. Meine Einsamkeit hatte sich aufgelöst. Ich fühlte nur noch Trauer. Keine sehr gute Gesellschaft, aber sie würde reichen.

Dann traf ich Clara. Sie stand allein mitten auf dem Gehsteig und lachte. Ihre ambrafarbenen Augen strahlten mich an, und sie legte ihre weiche weiße Hand auf meine Schulter. Ihr Haar war heute abend ganz lockig. »Stella! Was machen Sie draußen in so einer Nacht?«

»Ich laufe mir meinen Kummer vom Leib.«

»Armes Herz! Ist er noch immer nicht klug geworden?«

»Nein.« Sie nahm meinen Arm, und ich roch den Duft ihres Parfums: exotisch, würzig, mit einem Hauch von Ausschweifung. Sie trug einen roten Seidenpullover und weiße Hosen, goldene Armbänder an den Handgelenken und eine goldene Kette um den Hals. Ihr Haar war unordentlich und ihr Lippenstift verschmiert.

»Ich sehe schlimm aus, nicht? Hab mich in Bars herumgetrieben.« Sie rieb sich die Lippen. »Ist es so besser?«

»Ja. Wohin gehen Sie?«

»Das wollte ich Sie gerade fragen. Ich habe keine Ahnung. Eine sehr langweilige Frau hat mich hier abgesetzt. Ich habe ihr gesagt, ich würde in diesem Haus wohnen.« Sie wies auf ein großes, stattliches viktorianisches Haus. »Sie kommt in einer Viertelstunde zurück, also muß ich hier verschwinden. Wollen Sie mit zu mir nach Hause kommen?«

»Ich bin müde.«

»Ich mache Ihnen Tee.«

»Gut.«

Es war so angenehm, mit jemandem zusammenzusein, der mich beim Arm hielt und mit mir sprach. Sie erzählte mir von den Freundinnen, mit denen sie in der Frauenbar in Oakland getanzt hatte, wer mit wem flirtete, wer eifersüchtig war, und die Tatsache, daß ich keine von ihnen kannte, machte es angenehm, als würde ich über die Scheidungen von Fernsehstars lesen, deren Sendungen ich nie anschaute.

Die Eingangstür ihrer Wohnung führte direkt in die Küche, wo sie mir einen Drink machte statt einen Tee. Das schien im Augenblick genau das richtige zu sein: Rum, Zitronensaft, Zucker, Brandy. Ihr Studio nahm den Rest der Wohnung ein. In einer Ecke des Raumes stand ein Hochbett.

Es war ein verblüffender Anblick. Die Wände waren mit Masken aller Art bedeckt – Hunden, Teufel, Affen, Hexen, alten Männern, glubschäugigen Babys, Ratten. Sie waren aus Pappmaché gemacht und in lebhaften Farben bemalt. Es war wie die Illustration der Evolutionstheorie durch einen verrückten Wissenschaftler: Die Tiere unterliegen der Menschheit, die immer weiterkämpft, nach und nach schlägt der Kampf fehl, die Tiere kommen zurück, geläutert durch ihre lange Abwesenheit, tierischer denn je.

»Sie sind phantastisch«, sagte ich.

»Ein bißchen überwältigend zuerst, ich weiß.« Sie schlürfte ihren Drink. »Annie haßt den Raum. Sie fühlt sich beobachtet.«

»Das kann ich verstehen.« Natürlich wurde ich beobachtet,

aber es machte mir nichts aus. Die Masken kümmerten sich ohnehin nicht sonderlich um mich. Sie brüllten und schrien einander quer durch den Raum an.

»Sie sind meine Lieblinge«, sagte sie und streichelte die Schnauze eines wildäugigen grünen Hundes. »Das Problem ist bloß, daß sie nach einer Weile ihr Leben verlieren. Dann muß ich neue machen. Diese – sehen Sie? – sind tot. Ich habe sie letztes Jahr gemacht.«

»Für mich sehen sie lebendig aus.«

»Aber nicht für mich. Ich sollte sie loswerden. Die hier ist jetzt mein Baby.« Sie nahm eine Affenmaske mit entblößten weißen Zähnen und großen, fanatischen Augen herunter.

»Wenn ich das sehe, verstehe ich den Totemkult. Ich selbst würde lieber von einem Bären oder einem Wolf abstammen.«

Sie lachte. »Etwas Edleres, ja. Aber *daher* kommen wir. Von den Affen. Das einzige Tier, das im Zoo gern vor einem Publikum herumturnt... Einen einzigen schönen Affen habe ich gemacht. Ein Weibchen. Sie hatte ganz mysteriöse, seelenvolle Augen. Ich habe sie Frank geschenkt.«

»Wann haben Sie sie ihm gegeben?«

»Vor kurzem. Ich merkte, daß er einsam war. Jetzt hängt sie über seinem Bett. Ich flüsterte ihr Ihren Namen ins Ohr, damit sie ihn, wenn er schläft, in sein Ohr flüstern kann.«

»Bis jetzt scheint das nicht zu wirken«, sagte ich.

»Vielleicht sollten Sie es selbst versuchen.«

»Wie meinen Sie das?«

»Sich nachts in sein Schlafzimmer schleichen. Ihn langsam mit Küssen wecken. Ich habe das einmal bei jemandem gemacht, der sich von mir trennen wollte. Er war bezaubert.« Sie benutzte das Wort in seiner alten Bedeutung.

»Ich glaube nicht, daß ich das könnte. Außerdem will ich, daß er mich vermißt.«

»Er vermißt Sie ja, aber er ist sehr dickköpfig. Er denkt an die Zukunft. Er will sichergehen, daß er für alle Ewigkeit die richtige Frau gewählt hat.«

»Ich weiß. Wie kann ich ihn überzeugen?«

»Sind Sie sicher, daß Sie das wollen? Er ist schrecklich verliebt.« Sie streichelte ihrem wilden Affen die Ränder der Augenhöhlen.

»Ich auch.«

»Diese Art von Liebe engt Sie ein, wissen Sie, selbst wenn er schließlich gestattet, daß Sie mit anderen Leuten spielen dürfen.«

»Ich glaube nicht, daß sie mich einschränken wird. Ich will gar nicht mehr so sehr andere Männer, zumindest nicht auf dieselbe Weise. Ich fühle mich, als hätte ich das meiste von dem herausgefunden, was ich wissen wollte. In emotionalen Momenten natürlich – ich meine, ich bin nicht bereit, Treue zu schwören.«

»Aber Sie werden es tun. Sehen Sie, er hat Sie schon eingeschränkt. Jeder kann lernen, sich mit einer Umarmung statt mit einem Fick trösten zu lassen, wenn es dafür einen Grund gibt, aber die Erregung des Unbekannten aufzugeben...« Sie kniff die Augen zu einem Schlitz zusammen und lächelte mir zu.

Ich dachte darüber nach, ob ich die Erregung aufgegeben hatte. Es stimmte, daß der Sex jetzt mehr mit meinem wirklichen Leben verbunden schien, weniger ein Vordringen in die Wildnis bedeutete, aber er war nichts, was durch eine Umarmung ersetzt werden könnte. Trotzdem konnte ich mir inzwischen vorstellen, ohne das auszukommen. Es nicht Franks wegen aufzugeben, sondern meinetwegen. Vage vermutete ich, daß ich irgendwann eine »fortgeschrittenere« Art von Leben führen würde.

»Wo ist Annie heute abend?« fragte ich.

»In Yosemite. Sie ist böse auf mich. Ich glaube nicht, daß wir noch lange zusammenbleiben werden.«

»Tut Ihnen das leid?«

»Ach, ein bißchen. Nicht allzusehr. Ich bekam sie satt. Sie war so eifersüchtig und wollte immer jede Nacht mit mir verbringen.«

»Arme Annie.«

»Ich habe ihr gesagt, sie solle sich nicht in mich verlieben.«

»Clara! Sie wissen, daß Sie versuchen, jeden in sich verliebt zu machen.«

»Nur bis zu einem gewissen Punkt. Wenn es so aussieht, als sei es wirklich ernst, warne ich die Leute.«

»Ich kann mir nicht vorstellen, daß Ihre Warnungen wirken.«

»Bei Frank haben sie gewirkt. Aber ich glaube auch, daß er nicht wirklich in mich verliebt war.«

»Wann war das?«

»Unmittelbar bevor Sie die Szene betraten. Ich wollte eine kleine Affäre mit ihm haben. Aber ich mußte ihm sagen, daß daraus nicht mehr werden würde, und da wollte er nicht mehr mit mir ins Bett gehen.«

Ich lachte. Ich hatte ihm in unserer ersten Nacht nichts versprochen. Aber wie oft kann man sich weigern? Er war kein unnachgiebiger Mann, nicht bei mir.

Clara lächelte. »Tatsächlich dachte ich, er würde nachgeben, aber dann lernte er Sie kennen, und es war vorbei. Er ist sehr süß. Ich mag Männer einfach nicht für lange. Ein paar Nächte, dann habe ich es satt.«

»Ich kann mir nicht vorstellen, es satt zu bekommen.«

»Haben Sie je eine Frau gehabt?«

»Nein.«

»Haben Sie sich das je gewünscht?«

»Ich habe daran gedacht.«

»Frauen sind wirklich viel befriedigender. Ihre Schönheit und Weichheit, die Kurven ihres Körpers, ihr Geschmack. Und ihr Verstand ist natürlich subtiler. Sie wissen, wie man gleichzeitig liebt und wild ist. Sie sind leidenschaftlicher und interessanter im Gespräch. Ganz zu schweigen davon, daß sie gewöhnlich auch im Bett besser sind.«

»Ich weiß, was eine Frau ist.«

Sie gab mir die Rumflasche, und ich trank. Wenn sie mich verführen wollte, dachte ich, würde ich lieber ein bißchen betrunken sein. Entweder das oder jetzt fortgehen, und ich wollte nicht gehen. Mir mißfiel der Gedanke, allein zu schlafen.

Sie legte eine Platte auf – brasilianische Musik –, dann betrachteten wir die übrigen Masken und ein paar erotische Figurinen, die sie gemacht hatte. Sie erregten mich nicht, sondern ließen mich eher Zuneigung für die ungeheure obszöne Energie menschlicher Wesen empfinden. Männer mit so großen Hoden, daß sie sie mit beiden Händen stützen mußten, grinsend in närrischem Stolz. Eine fette Frau, die an ihrer eigenen Brust saugte. Ein Hund, geritten von einem nackten Mädchen, beide lachend.

Dann legte sie den Arm um mich und küßte mich auf die Wange. Ich atmete wieder ihr Parfum, jetzt gemischt mit dem Duft ihres Körpers, der ebenfalls würzig und exotisch war, aber auf durchdringendere Weise. Sie hielt einen Moment inne und küßte mich dann auf den Mund. Ihr Lippenstift war fast weggewischt, nur ein schwaches Aroma war davon geblieben. Ich mochte den Geschmack, er erinnerte mich daran, daß dies Frauenlippen waren, die ich jetzt leidenschaftlich küßte, wobei ich mir einen Augenblick lang vorstellte, ich sei ein Mann. Dann trafen sich unsere Zungen, und ich war schockiert, wie schlangenhaft und wendig sich ihre Zunge anfühlte. Subtil, ja. Geschickt. Fast zu sehr.

Clara trat zurück und lächelte mich an, während sie sich das Haar aus dem Gesicht strich. »Netter Kuß«, sagte sie.

»Nicht übel«, antwortete ich. Wir lachten beide, und sie nahm einen Schluck aus der Rumflasche.

»Sollen wir weitermachen?«

Ich dachte darüber nach. Die Situation hatte Schwung, ich war neugierig, ich war geil und einsam. »Nein.«

»Zu schade. Du bist heute abend so sexy.«

»Ich glaube nicht, daß ich in Stimmung wäre.«

»Ich wette, daß ich dich in Stimmung bringen könnte.« Sie streckte spitz die Zunge heraus und krümmte ihren kleinen Finger.

»Das könnte eine Karotte auch.«

Sie lachte schallend. »Hast du je eine Karotte benutzt?«

»Einmal, als Teenager.«

»Ich könnte meinen Dildo umbinden. Eine Männermaske tragen. Mich aufspielen. Nein?«

»Nein.« Ich setzte mich auf ihre Couch und goß mir ein Glas Rum ein. Sie schien überhaupt nicht gekränkt. »Warum hast du aufgehört, Männer zu mögen?« fragte ich. »War es wegen Rodney?«

»Hat dir Frank erzählt, daß ich Rodney verlassen habe, als er blind wurde?«

»Ja.«

»Und du denkst, ich sei eine schreckliche Person?«

»Nicht unbedingt.«

»Ich konnte einfach nicht damit fertig werden. Ich war so wütend auf ihn. Ich ertappte mich dabei, daß ich ihm dauernd Gesichter schnitt, wenn er sprach. Ich konnte nicht aufhören. Ich lief nackt herum, und er merkte es nicht.«

»Das war wohl kaum seine Schuld.«

»Ja, aber siehst du, ich merkte, daß er mich nie gesehen hatte. Nicht wirklich. Männer können Frauen nicht sehen. Das ist nicht ihre Schuld, es liegt in der Natur der Sache. Deswegen wird Sex so schändlich, als putze man sich für den Spiegel auf, wenn man nicht vorhat, irgendwo hinzugehen. Weil sie uns nicht sehen können, stellen wir uns zur Schau, fordern sie heraus, uns zu erkennen. Und sie tun dasselbe.« Sie hatte sich mir gegenüber gesetzt und ließ ihre nackten Füße kreisen. Sie trug blau glitzernden Nagellack auf den Zehen.

»Aber ist es nicht das, was die Sache aufregend macht – der Versuch?«

»Das ist die allgemeine Ansicht. Aber nachdem ich einmal gemerkt hatte, daß nichts passieren würde, verlor ich das Interesse. Ich mag meine Abenteuer noch immer gern, aber ich erwarte nicht, daß sie ewig dauern. Das Geheimnis des Sex ist wie das Geheimnis Gottes: Was ist, wenn du entscheidest, daß es keinen gibt?«

»Aber du kannst nicht ernsthaft leugnen, daß Sex existiert«, sagte ich.

»Ficken existiert. Das leugne ich nicht.«

»Keine sexuelle Anziehung, kein Begehren, keine Liebe?«

»Die fühle ich, aber wie gesagt, nicht für lange. Ich akzeptiere sie als Gefühle, Empfindungen, nicht als etwas, dem ich mein Leben widme.«

»Nicht mal mit Frauen?«

»Mit Frauen ist es einfacher, weniger kompliziert. Aber ich verliebe mich auch nicht in sie.«

»Mir ist nie die Idee gekommen, daß Liebe vielleicht nicht ›existiert‹. Ich denke einfach nicht in diesen Begriffen. Selbst wenn ich mich nie wieder verlieben würde, würde ich immer noch glauben, die Liebe sei irgendwo da draußen.«

Sie war da draußen. Ich fand sie, wann immer ich wollte. Diese Nächte hielten nicht lange an – aber meine Liebe zu Frank war aus demselben Stoff gemacht wie meine Leidenschaft für Fremde. Der Unterschied bestand darin, daß unsere Verbindung nicht nur eine Verbindung der Seele war – der der Körper in allen Dingen folgt –, sondern eine des Geistes. Unser Geist war da, wo wir einander kannten. Seelen können nicht kennen, sie können nur wiedererkennen. Wie ich dieses Wiedererkennen liebte, wie ich mich danach sehnte.

»Ich weiß, daß du denkst, daß sie da draußen ist«, sagte sie. »Das war das erste, was mir an dir auffiel. Deswegen bist du so sexy.«

»Nun ja, wenn dich das anzieht, solltest du es vielleicht selbst noch mal probieren. Laß dich drauf ein.«

»Habe ich. Ganz und gar. Das hier ist übriggeblieben.«

Sie lächelte mich an mit ihrem roten Mund, dessen Farbe in ihrem roten Pullover wiederkehrte, und seine Wölbung hatte ein Echo in ihren Wangen, ihrer Stirn, ihren Locken. Ich fühlte mich ihr in so vieler Hinsicht ähnlich, aber ich würde nie mit ihrem Leben zufrieden sein. Liebhaber und Kunst und Schönheit und Fröhlichkeit – mich würde das nur einsam machen.

»Ich habe eine Idee«, sagte sie.

»Was?«

»Machen wir eine Schlummerparty.«

»Ich war noch nie auf einer Schlummerparty.«

»Ich dauernd. Sieben oder acht Mädchen, manchmal die ganze Klasse. Wir schliefen alle unten im Wohnzimmer, wo wir die Möbel an die Wände geschoben hatten. Der Fußboden war bedeckt mit Schlafsäcken und Kissen, und wir blieben die ganze Nacht wach. Zumindest hatten wir das vor. Wir erzählten uns Geheimnisse. Es ist besser, Geheimnisse im Dunkeln zu erzählen.«

»Können wir etwas essen?«

»Natürlich. Jede Menge Essen. Jede Menge Rum.«

»Und Tee.«

»Machen wir alles fertig und nehmen es mit nach oben.«

»Du meinst, die Leiter hoch?«

»Ja. Wenn du nach all diesen Drinks noch hochkommst, gewinnst du einen Goldstern.«

Wir füllten ein Tablett mit Weintrauben, Kirschen, Käse, Süßigkeiten, Nüssen, Tee, Zitronen und der Rumflasche. Clara kletterte geschickt die Leiter hinauf, ich reichte ihr das Tablett nach oben und folgte ihr. Die Matratze war in eine Ecke geschoben und nahm fast die ganze Fläche ein. Auf zwei Seiten lief ein Sims an der Wand entlang. Darauf lagen Zigaretten, Marihuana, ein roter Dildo und eine Lederpeitsche. Sie packte die Peitsche, den Dildo und das Gras in eine kleine geschnitzte Holzkiste am Fußende der Matratze.

»Meine Güte, das ist eine Schlummerparty, keine Orgie«, sagte sie.

»Benutzt du die Peitsche wirklich?«

»Geht dich nichts an... nein, nicht wirklich. Aber es macht Spaß, sie in der Luft knallen zu lassen. Macht manchen Leuten angst.«

»Kann ich mir vorstellen.«

Sie zündete Kerzen an und schaltete das Deckenlicht aus. Sofort dominierten unsere Schatten den kleinen Raum. Sie waren lang und hexenartig, als wir Trauben, Kirschen und Süßigkeiten an die Lippen hoben. Ich fühlte mich, als wäre ich draußen im Wald an einem Lagerfeuer, und die Geschichten, die wir erzählten, sollten uns Mut machen. Wir lachten viel.

Clara sagte, wir seien erst elf Jahre alt und könnten nicht mehr über Sex reden, nur so, wie Elfjährige das tun würden, und das machten wir dann für eine lange Weile. Ich wünschte, sie wäre meine Schwester.

Endlich schliefen wir. Ich wachte mitten in der Nacht auf und sah, daß sie den Arm um mich gelegt hatte. Ihr Gesicht war dicht an meinem, und sie lächelte so, als wolle sie gleich etwas sagen. Dann schlief ich wieder ein und erwachte erst am nächsten Mittag.

22

Als ich nach Hause kam, läutete das Telefon. Es war Großmutter. Sie hatte schlechte Nachrichten für mich. Ihre Stimme war kühl. Sie hielt inne, damit ich mich sammeln konnte, und sagte mir dann, meine Eltern seien tot. Sie waren am Vortag bei einem Autounfall umgekommen. Eine Sekunde lang dachte ich, sie hätte die ganze Zeit gewußt, wo sie waren, und sich nicht die Mühe gemacht, es mir zu sagen. Dann berichtete sie, sie sei benachrichtigt worden, nachdem der Besitzer des Motels in einem Vorort von Memphis, in dem meine Eltern in den letzten sechs Monaten gewohnt hatten, ihre Adresse unter den Habseligkeiten meiner Mutter gefunden hatte.

Sie sagte, ich solle so bald wie möglich nach Hause kommen. Sie sagte noch viel mehr, aber es drang nicht bis zu mir vor. *Sie kamen nicht zurück, sie nahmen mich nicht mit, ich möchte auch gehen, oh, ich möchte auch gehen,* schluchzte eine Stimme in meinem Kopf. *Es war so lange her, achtzehn Jahre, wie konnte ich so viel Zeit vergehen lassen seit dem einen Augenblick, in dem ich laut genug hätte weinen sollen, um alles zu ändern.* Dieser Augenblick war, als ich am lebendigsten war. Aber nicht lebendig genug. Auch nicht wütend. Nicht wütend genug. Ein jämmerliches kleines Mädchen hinter den Büschen, aber *das war ich, und meine Mami und mein Daddy lagen im Sterben, sie starben, sie sind tot. Warum kamen sie nicht davon? Warum gingen sie nicht an einen sicheren Ort? Wenn sie zu Hause geblieben wären, hätte ich sie betreut, bis sie alt geworden wären, nicht wahr. Ich hätte treu an ihrem Bett gesessen. Ich hätte ihnen die Augen zugedrückt und sie zum Fluß getragen. Ich hätte sie bei Neumond flußabwärts treiben lassen, hätte sie von der Strömung und den Felsen zerschmettern lassen.*

Ich sagte, was zu sagen war, und legte den Hörer auf. Mein Gesicht war naß von Tränen, es fühlte sich alt und geschwollen an und doch auch so jung. Ich stand auf, schwankte ein wenig, tat ein paar Schritte, um zu sehen, ob ich noch gehen konnte. *Es ist nur die Vergangenheit, bloß die Vergangenheit,* sagte ich, laut murmelnd, als ob das Kind in mir durch die Erwachsenheit meiner jetzigen Stimme getröstet werden könnte. Ich beruhigte mich, aber nicht für lange. Ja, sie waren fortgegangen. Nein, sie hatten mich nicht mitgenommen. Ja, es war lange her. Doch jetzt im Augenblick lagen sie tot in Tennessee, von einem Betrunkenen angefahren, ihre Körper nach vorn gegen die Windschutzscheibe geschleudert. Blut, Glassplitter in ihrem Haar, auf ihren Augenlidern, eingebettet in Wangen und Lippen. Ich erinnerte mich an meine Mutter in einem ärmellosen blauen Kleid, wie sie sich zwanghaft immer im Kreis drehte, bis sie auf die Couch fiel, zusammensank und sagte: »Ich langweile mich so.« Mein Vater übte in seinem Zimmer, und dann, wenn meine Mutter das Haus verließ, ging er Saxophon spielend nach unten in die Küche, wo Agnes einen ihrer Kräutersäfte zubereitete. Er setzte sich auf einen Hocker und spielte für sie, während die Wurzeln kochten. Großmutter bürstete das Haar meiner Mutter, als sie Grippe hatte, ihr Kopf sank nach vorn wie eine welke Blume, während sie sich über Fieber und schlechte Träume beklagte. Ihr Flanellnachthemd glitt ihr von den Schultern und rutschte an den Schenkeln hoch. Mein Vater im Eßzimmer, wo er sie eines Tages von hinten packte und nicht losließ, sie kniff, als sie zu schreien drohte, ihre Brüste und ihren Bauch mit Händen drückte, die, wie ich nie zuvor bemerkt hatte, so viel stärker waren als die einer Frau.

Diese beiden Menschen waren tot, ich brauchte nicht länger nach ihnen zu suchen. Aber wann hatte ich je nach ihnen gesucht? Ich hatte es nie getan, nicht ein einziges Mal. Ich dachte, mein Leben suche insgeheim nach ihnen, lenke mich nach hier und dort. Ich folgte meinen Impulsen nach New York, nach Kalifornien, ich spielte meine Rolle. Aber hatte ich je an meine Mutter gedacht? Manchmal vielleicht in meinem Haus, an einem strahlend sonnigen Morgen, wenn ich auf den Verandastufen saß, formte ich sie aus meiner Erinnerung und setzte sie ins Gras. Ich ließ sie nichts sagen und schickte sie fort, wenn es Zeit für mich wurde, zur Arbeit zu gehen. Und doch hielt ich Berkeley für den perfekten Ort für eine magische Wiedervereinigung. Die Gärten waren üppig, die Jahreszeiten unnatürlich, die Leute freundlich und leichtgläubig. Wo sonst konnten sie erscheinen als hier? Warum nach Tennessee gehen? Ausreißer sollten nach Westen laufen, zum Pazifik, wie die Pioniere, wie Frank…

Ich verließ das Haus. Ich lief die Stufen hinunter, ging rasch durch das Tor und wandte mich nach rechts: Das war der Weg zu Franks Haus. Die vertrauten Blocks trieben mich weiter. Ich kam an einem kleinen schwarzen Mädchen vorbei, das über ein Springseil hüpfte und mir ein verstohlenes Lächeln zuwarf – das Lächeln einer Zitronendiebin, einer Schulschwänzerin.

Ich dachte an die Liebesnächte mit Frank, die langen Nächte am Anfang, und dann an die Liebe zwischen meinen Eltern. Ich dachte an ihre Intimität, ihre Wonne, und doch konnte ich es mir nicht vorstellen. Nicht als etwas Reales, das dem Tod unterworfen ist. Ihre Gesichter, als ich sie kannte, alterslos wie die, bei denen man nicht glauben kann, daß sie je Kinder waren, waren nun alt, verbraucht, zerrissen, verwundet, bald verbrannt. Großmutter ließ sie morgen früh zu sehr früher Stunde verbrennen. Ich hatte daran gedacht, dagegen zu protestieren, aber ich wollte sie eigentlich nicht mehr sehen. Nicht einmal ihre Särge. Sollten sie sich verstecken. Darin waren sie so geübt.

Ich erreichte Franks Haus und klopfte an die Tür. Ich wußte, daß er zu Hause war, er mußte mich einlassen. Ich klopfte schneller, mit beiden Fäusten, während mein Atem alarmierend anstieg und sank. Das Entsetzen kam zurück, strömte aus dem Holz der Tür wie etwas, das seine Kräfte zum Angriff sammelt.

Er öffnete die Tür. Bei meinem Anblick verhärteten sich seine Züge. Er war blaß und herzzerbrechend schön: die Art, wie das blonde Haar ihm in die Stirn fiel, die feste Haltung seiner Schultern. Dann veränderte sich sein Gesicht wieder, eine schwache Röte stieg in seine Wangen, und er trat vor. »Was ist los?« sagte er und faßte meinen Arm.

Ich zitterte. Ich riß mich los und ging vor ihm her weiter und weiter ins Haus hinein, bis in den hintersten Winkel, wo ich auf eine schwarze Ledercouch sank. Er kniete neben mir und nahm meine Hände.

»Was ist?«

»Meine Eltern sind tot. Meine Großmutter hat mich angerufen. Sie starben in Memphis, Tennessee, bei einem Autounfall.« Die Worte klangen falsch, voll übertriebenem Selbstmitleid, als seien sie schon vor Jahren gestorben, und ich erinnerte mich schicklicherweise erst jetzt daran. Ich sah bittend zu Frank, großes Mitgefühl stand in seinem Gesicht geschrieben, und mehr als Mitgefühl.

»Oh, Liebling«, sagte er und nahm mich in die Arme. *In seine Arme*. Das linderte allen Schmerz.

»Ich fühlte mich so allein«, stammelte ich.

»Natürlich.«

»Nicht jetzt. Aber – vor einer Minute. Vor einer Stunde. Gestern. Als ich ein kleines Mädchen war. Ich dachte immer, ich würde sie eines Tages finden.«

»Ich weiß.«

»Ich dachte, es sei egal, wie lange es dauern würde. Sie würden immer irgendwie dieselben sein. Jetzt werde ich nie erfahren, wie sie wirklich waren.«

»Ich weiß, Liebes, es ist nicht fair.« Ich schwieg eine Minute, lauschte der Zärtlichkeit in seiner Stimme. Er liebte mich noch immer. Natürlich tat er das. Wie könnte sich das je ändern? Wie könnte sich irgend etwas je ändern?

»Ich vermisse sie genauso, wie sie waren. Sie *waren* dieselben. Ich vermisse sie.«

»Ich weiß.«

»Du weißt nicht, wie sie waren. Mein Vater spielte Saxophon.«

»Das hast du mir erzählt.«

»Ich dachte, alle Männer hörten sich so an. Wie brüllende Löwen. Sie tun es.«

»Ich auch?«

»Ja. Ich liebe dich.«

»Wirklich? Stella, wirklich?«

»Ja.«

Sein Gesicht strahlte in wilder Freude. »Ich bin so glücklich, daß du zu mir gekommen bist.« Ja, ich war gekommen, und er hatte mich eingelassen. Ich hatte gedacht, ich warte darauf, daß er zu mir käme, aber das war nicht so. Ich hatte darauf gewartet, zu ihm zu kommen. Für einen Augenblick schien das alles zu sein, alles war getan. Stille war zwischen uns, als er mich hielt.

Dann fing ich an zu weinen. Frank hielt mich sanft, streichelte mein Haar. Nach einer Weile war ich tränenleer, und ich hob ihm meinen Mund entgegen, drückte meine salzigen Lippen auf seinen süßen, vollen, so lange ungeküßten Mund.

Als er seine Hände auf meine Brüste legte, sah ich plötzlich das Haus meiner Großmutter vor mir: leer, mit offenstehenden und herunterhängenden Läden. Das Haus sank dem Fluß entgegen, der schneller und grauer floß. Alles war von einem dunklen, dichten Grau. Ich versuchte, Lichter herbeizuzwingen, und sie kamen, glühten schwach in der Dunkelheit, flakkerten und erloschen.

»Was ist?« sagte Frank, während seine Hände an meinem Hals hochglitten.

»Nichts.«

»Sag's mir. Du mußt mir jetzt alles sagen.«

»Jetzt alles?«

»Von jetzt an. Vorher hast du das nicht getan.«

»Ich kann mich nicht erinnern, etwas verheimlicht zu haben.«

»Du hattest Geheimnisse. Deine Eltern waren ein Geheimnis, du hast alles über sie in einer kleinen Schublade aufbewahrt.«

»Aber ich habe dir alles gezeigt!«

»Du wolltest mich zum Beispiel nicht den Schal deiner Mutter anfassen lassen. Du mußtest einen Gegenstand unberührt lassen, nicht?«

Sein Ton war anklagend und erwartungsvoll. Ich fühlte mich hineingezogen in eine Wärme, die ich mir kaum vorstellen konnte, und sagte mit gespieltem Widerstand: »Sie war meine Mutter.«

In ihren gelben Sandalen, in ihrem gelben Kleid.

»Aber ich bin dein Liebhaber. Es ist mir inzwischen egal, ob du mit anderen Männern schläfst, denn nur ich werde dein Liebhaber sein. Dein wirklicher Liebhaber, den du am meisten liebst und zu dem du vollkommen aufrichtig bist. Es sei denn, du willst mich nicht.« Seine Augen glänzten mit einem unerbittlichen Ausdruck, und ich glaubte ihm. Es wäre ihm egal. Er hatte einen anderen Weg gefunden, mich zu binden.

»Ich will dich. Du kannst den Schal meiner Mutter haben.« Ich meinte es ehrlich. Was hatte sie getan, um meine Loyalität zu verdienen? Frank verlangte vielleicht viel, aber irgendwie erschien mir diese Eifersucht sinnvoll. »Ich bete dich an, weißt du das? Für immer und ewig.«

Er war so glücklich. Er war zuversichtlich, wie ich ihn nie zuvor gesehen hatte. Ich hatte nicht gemerkt, daß sie fehlte, aber jetzt strahlte er eine Sicherheit aus, die sehr anders war als sein früheres, jungenhaftes Vertrauen.

»Sag mir, woran du dachtest«, sagte er bittend, voller Zuversicht.

»Ich habe dir noch nicht alles erzählt. Ich habe einen Bruder.«

»Stella! Deine Eltern bekamen noch ein Kind?«

»Er heißt Oliver. Er ist sechs Jahre alt.«

»Wurde er bei dem Unfall verletzt?«

»Ich habe nicht daran gedacht, danach zu fragen. Aber nein, das kann nicht sein. Großmutter hätte es gesagt. Sie ist jetzt dort und holt ihn ab.«

»Aber das ist ja phantastisch! Ein kleiner Bruder... ob er dir wohl ähnlich sieht?«

»Nein, es sind zu viele Jahre vergangen, seit ich geboren wurde.«

»Ich glaube nicht, daß das einen Unterschied macht«, sagte er mit einem liebevollen Lächeln.

»Alles macht einen Unterschied.«

»Bist du nicht gespannt, ihn kennenzulernen?«

»Ich glaube, ich bin eifersüchtig.«

»Er hatte nicht mehr Zeit mit ihnen als du.«

»Ich war fünf, als sie weggingen«, sagte ich prompt.

»Liebes –«

»Ich weiß. Ich weiß. Aber trotzdem –«

»Was hast du mir gesagt? Eifersucht ist ein klägliches Gefühl?«

»Aber ich weiß nicht, wie man eine Schwester ist«, sagte ich bekümmert.

»Du weißt mehr als meine Schwester, als sie vier Jahre alt war und man ein Baby nach Hause brachte.«

»O Gott, muß ich mit deiner Schwester konkurrieren? Ich weiß, daß du sie für vollkommen hältst.«

»Du wirst mit deinen Eltern konkurrieren. Oliver hat auch noch nie eine Schwester gehabt.«

»Er wird mich mögen. Meine Eltern haben ihn vermutlich vernachlässigt. Jetzt wird er aufwachsen, wie ich aufgewachsen bin, mit Großmutter.«

»Wann fahren wir?«

»Was?«

»Zu deiner Großmutter? Heute abend oder morgen früh?«

»Du kommst mit?«

»Darum geht es doch, oder? Wir gehören zusammen.«

»Vielleicht morgen. Ich bin so müde.«

»Ich kann es gar nicht erwarten, das Haus zu sehen, in dem du aufgewachsen bist. Dein Schlafzimmer, die Küche – die Felder...«

»Nun ja, du wirst es sehen. Wir müssen dort nichts weiter tun als dasein. Die Gesellschaft wird allerdings ein bißchen eigenartig sein. Sie hat Agnes in ihrem Schlafzimmer, in einer Zinndose. Sie hatte vorgehabt, die Asche zu begraben, aber sie sagte, sie könne sich nicht davon trennen. Ich frage mich, wohin sie meine Eltern stellen wird. Vielleicht auf den Kaminsims im Wohnzimmer, in zwei Urnen, auf denen steht: ›Sie versuchten, davonzukommen‹.«

Ich begann zu lachen, und Frank nahm mich in seine Arme und beruhigte mich, bis ich erkannte, daß er mich für hysterisch hielt. Vielleicht war ich es. Ich konnte nicht aufhören, daran zu denken, wie sie sich aus dem Gartentor geschlichen hatten, wie meine Mutter den Flieder pflückte, die gelben Sandalen, und dann eine Szene aus irgendeinem Film, ein alter Mann mit einem Stock, der in der Asche herumstochert und einen Ehering sucht...

Ich lachte, und dann weinte ich, und als ich genug geweint hatte, fühlte ich mich schwach. Frank machte mir ein Bett auf der Couch und stellte eine Schüssel Erdbeeren hin. Dann rief er die

Fluggesellschaft an, um unsere Tickets zu reservieren. Wir bekamen einen Flug, der Oakland um zehn Uhr vormittags verließ.

23

Wir kamen um sechs Uhr abends in Boston an. Ich war müde, aber erfüllt von einer seltsamen Heiterkeit, die ich schon bemerkt hatte, als ich an diesem Morgen aufgewacht war. Zuerst schrieb ich sie meiner Versöhnung mit Frank zu und belohnte ihn mit vielen Küssen und Liebeserklärungen. Doch als wir zum Flughafen von Oakland fuhren, durch so dichten Nebel, daß man die Umgebung kaum erkennen konnte, und weiße Schwaden an den Fenstern vorbeizogen, erkannte ich, daß nicht Frank die Ursache dieser Heiterkeit war, sondern der Tod meiner Eltern. Ich fühlte mich frei. Jetzt konnten sie nicht mehr zurückkommen, durch das Gartentor treten, noch immer so jung, und ihre kleine Tochter holen, um mit ihr ein Zigeunerleben auf den kalten Straßen zu führen.

Statt dessen flog ich nach Hause zu Großmutter, die ich ganz plötzlich vermißte. Im Flugzeug erzählte ich Frank Geschichten über sie, alles, woran ich mich erinnern konnte, und es war eine Freude, ihn zuhören zu sehen, zu wissen, daß sie in seinem Kopf Gestalt annahm.

Sie warteten bei der Gepäckausgabe. Ich sah Oliver sofort. Im Gegensatz zu den anderen Kindern im Raum versuchte er nicht, auf das Kofferkarussel zu klettern, er sah es nicht einmal an. Ordentlich und gefaßt stand er neben der Tür. Er trug einen blauweißen Seersucker-Anzug, sein Haar war dunkel mit rötlichem Schimmer, und sein Gesicht war eine Mischung aus den Gesichtern meiner Eltern: die tiefliegenden Augen und rosigen Wangen meiner Mutter, die gebogene Nase und das feste Kinn meines Vaters.

Dann sah meine Großmutter uns und kam herüber. Ich umarmte sie lange wortlos. Sie sah viel älter aus. Ihre Haut war sehr weiß, und sie hatte einen schwachen medizinischen Geruch an sich. Ihr Körper aber fühlte sich stark und sehnig an, und als ich zurücktrat und sie erneut anschaute, sah ich, daß ihre Augen, obwohl gerötet und in der Farbe verblaßt, unbesiegt waren. Ich machte sie mit Frank bekannt, und sie machte mich mit Oliver bekannt.

»Ich habe viel von Ihnen gehört«, sagte sie zu Frank.

»Das mit ihrer Tochter tut mir sehr leid«, sagte er, und ich sah sofort, daß sie ihn sympathisch fand. Was wäre gewesen, wenn sie ihn nicht gemocht hätte?

»Wie alt bist du?« fragte mich Oliver.

»Dreiundzwanzig«, sagte ich.

»Ich bin sechs. Ich habe am zwanzigsten November Geburtstag.«

»Und ich am zwanzigsten Oktober.«

»Wirklich? Das ist super.«

»Wir haben auch dieselbe Nase.«

»Nein«, sagte Großmutter, »die von Oliver ist steiler. Und er hat Madelyns Augen.« Sie sprach mit gepreßter Stimme.

»Mami trug nilgrünen Lidschatten«, sagte Oliver. »Ich habe ihn in meinem Koffer.«

»Apropos Koffer«, sagte Frank. »Da kommen unsere.«

»Wir sind heute früh aus Memphis gekommen«, sagte Großmutter. »Ich habe den Tag damit verbracht, Oliver die Stadt zu zeigen.« Ich hatte ihren Stolz auf Boston vergessen, einen Stolz, der auf Bostons Einbahnstraßen, dem Mangel an Parkplätzen und auf Restaurants basierte, die um neun Uhr schlossen.

»Du siehst gut aus, Stella. Kalifornien scheint dir zu bekommen.«

»Ja, ich fühle mich eigentlich wohl dort.« Ich konnte Olivers schmale, glänzende Augen auf mir fühlen, obwohl er so tat, als sehe er Frank beim Kofferholen zu. Ich hatte nicht erwartet, daß er so gelassen sein würde. Als unsere Eltern *mich* verlassen hatten, hatte ich ein paar Tage lang Fieber gehabt. Agnes hatte mir viele Tassen Enziantee gebracht. »Aber im Moment fühle ich mich richtig desorientiert, weißt du.«

»Ja. Wir müssen über vieles reden.«

»Ihr könnt ruhig vor mir reden«, sagte Oliver zu Großmutter. »Das tun die Leute oft.«

»Wir sind keine ›Leute‹. Wir sind deine Verwandten und natürlich werden wir über dich in deiner Gegenwart reden. Wir werden aber auch reden, wenn du im Bett bist, was die ›Leute‹ früher sicher auch getan haben.« Er lächelte sie an, als wäre sie ein wunderbares, lustiges altes Geschöpf, das zu finden er Glück gehabt hatte.

TEIL 4

24

Wir leben jetzt seit einem Jahr hier, zu viert. Wieder ist Sommer. Ich koche mittags in einem Restaurant in Boston, einem Lokal, das nichts vom Charme des *The Vineyard* hat, aber ich koche dort in Ruhe wunderbares Essen und werde gut bezahlt. Frank und Tobias bleiben zu Hause und kümmern sich um Oliver. Tobias arbeitet an seinem Schöpfungsgedicht, während Frank unzählige Bilder aufnimmt. Er hat sich im zweiten Stock in einem der alten Jungenzimmer eine Dunkelkammer eingerichtet, und es ist eigenartig, wenn man von draußen die verdunkelten Fenster sieht. Großmutter schreibt uns lange Briefe, in denen sie wunderbare Landschaften und entsetzliche soziale Bräuche beschreibt, aber sie verliert kein Wort über ihre Rückkehr. Ihr Freund, der Gentleman, ist seit sechs Monaten zurück und ruft häufig aus Cambridge an, um sich bekümmert zu erkundigen, wann sie nach Hause kommt. Ich versichere ihm, daß er es erfahren wird, sobald ich es weiß.

Ich stehe morgens früh auf, wenn Frank noch schläft. Zuerst versuchte er, mit mir aufzustehen, aber als er merkte, daß ich daraufhin nur noch früher aufstand, gab er auf. Ich sehe ihn gern auf dem Rücken liegen, die Decke ordentlich unter den Armen festgesteckt. Als ich früher hier lebte, dachte ich nie daran, in diesem Bett einen Liebhaber zu haben; Liebhaber waren für die Welt draußen.

»Fertig zum Abmarsch, Kleiner?« fragte Frank Oliver, als er zurückkam.

»Wir sind fertig«, sagte mein Bruder stolz und sah sich um.

»Ja«, sagte Großmutter. »Der Wagen steht draußen.«

»Sie kriegt keine Strafzettel«, sagte Oliver. »Wir haben heute geparkt, wo wir wollten, und kein Polizist hat ihr einen Strafzettel gegeben.«

»Der Wagen ist zu alt, niemand interessiert sich dafür«, sagte ich. »Weißt du, wenn sie dir einen Strafzettel geben, dann kostet das nur so viel, wie Strafzettel kosteten, als du dein Auto gekauft hast. Und als Großmutter ihr Auto kaufte, waren Strafzettel *sehr* billig.«

»Du bist wie Daddy«, sagte Oliver, als wir in den Wagen stiegen. »Er hat mir gesagt, wenn man tagsüber ein Auto sieht, das mit Licht fährt, dann deshalb, weil es von einem Blinden gefahren wird.«

»Das stimmt«, sagte ich, entzückt über dieses zufällige Zusammentreffen – war es wirklich ein Zufall? – von Scherzen.

»Und er sagte, Autos mit Chauffeuren wären nur für tote Leute.«

Ein Schweigen folgte. Großmutter und Frank saßen vorne, Oliver und ich hinten. Ich fragte mich, wo die Asche war.

»Mami und Daddy brauchen keinen Chauffeur, weil ihre Körper verbrannt wurden. Ich bin froh. Jetzt können sie in andere Körper gehen und wiedergeboren werden. Mami möchte ein Junge sein und Daddy ein Adler.«

»Wann haben sie dir das gesagt?« fragte ich.

»Ich weiß nicht. Mami legte sich selbst Tarotkarten und sagte, sie könnte keine Zukunft sehen, was sie nicht überraschte, und sie hoffte, nächstes Mal würde sie als Junge geboren. Daddy sagte, er würde ein Adler sein und sie wegtragen.«

»Was hat sie dazu gesagt?«

»Weiß ich nicht mehr. Ich bin müde.«

»Oh, ja, sicher bist du das. Willst du dich ausstrecken und deinen Kopf auf meinen Schoß legen?«

»Okay.« Er legte sich hin und schlief sofort ein. Sein Kopf war schwerer, als ich erwartet hatte. Ich sah, wie seine Augen sich unter den Lidern bewegten, und schaute in die rosa Windungen seines Ohrs. Mein Bruder, eine aus mehreren Millionen möglichen Kombinationen von Gabe und Madelyn... Wie konnte ich bei so vielen Möglichkeiten irgend etwas über ihn vorhersagen? Die Mutter seines Vaters war eine religiöse Fanatikerin, der Vater seiner Mutter liebte Sport und Kinder und Krieg, bis man ihm in den Kopf schoß. Seine Eltern liefen gern von zu Hause weg.

Großmutter sagte: »Laßt euch von Olivers Verhalten nicht täuschen. Ich brauchte zwei Stunden, um ihn zu überreden, mit mir das Motel zu verlassen. Ich glaube nicht, daß er registriert hat, daß seine Eltern tot sind. Er willigte erst ein, mit mir zu gehen, als ich ihm ein Foto von Maddy aus meiner Brieftasche zeigte. Und er bestand darauf, daß ich Mrs. Chisholm meine Adresse gab, für alle Fälle.«

»Woher sollte er das wissen? Sie hätten ja auch eine Fremde sein können, die ihn entführen wollte«, sagte Frank mitfühlend. »Hatten sie lange dort gewohnt?«

»Nur sechs Monate. Ich glaube, er ist daran gewöhnt, allein zu sein und auch daran gewöhnt umzuziehen. Maddy hat Mrs. Chisholm erzählt, daß sie in den letzten paar Jahren ein dutzendmal umgezogen waren. Sie arbeitete als Kellnerin in einem Restaurant und legte für ein paar Dollar Tarotkarten.«

»Hat sie Mrs. Chisholm irgendwas von uns erzählt?«

»Nein. Sie sagten beide vermutlich nicht viel über ihre Vergangenheit. Sie erwähnten nur, daß sie den Süden bereist hätten und dort dieselbe Arbeit gemacht hätten: Maddy als Kellnerin, Gabe als Saxophonist und Barkeeper... Sie meint, er hätte ein paar Jahre als Zeitungsreporter gearbeitet, aber sie weiß nicht, wo oder wann. Bei ihren Sachen gab es keinerlei Hinweise.«

»Wo sind ihre Sachen?«

»Ich habe sie zu uns nach Hause schicken lassen. Es gab nichts außer Kleidung und ein paar Haushaltsgegenständen. Vielleicht war mehr im Auto, aber das war nicht mehr zu retten. Das Auto verbrannte nach dem Unfall.«

»Hast du sonst noch jemanden gesprochen? Freunde?«

»Ich habe mit der anderen Kellnerin gesprochen und mit den Musikern, mit denen Gabe spielte. Zu mehr hatte ich keine Zeit. Ich wollte Oliver nach Hause bringen. Sie waren alle sehr bestürzt. Dein Vater wurde als Musiker respektiert, zumindest sagten sie das. Er war ehrgeizig, wollte irgendwann eine Platte aufnehmen. Ich glaube, Maddy war sehr unglücklich, obwohl die kleine Kellnerin das nicht direkt gesagt hat. Offensichtlich hatte sie ziemlich viele Kunden für ihr Tarot. Ihre Vorhersagen waren immer traurig, sagte das Mädchen. Aber die Leute kamen trotzdem.«

Das konnte ich mir nur zu leicht vorstellen. Diese weichen,

kühlen Finger, die die Karten umdrehten, ihre Lippen, die sich zum Sprechen anschickten und dann nicht sprachen, als ob die Worte in ihrem Mund verweilten, und wenn sie endlich etwas sagte, waren ihre Augen unstet. Daß ihre Vorhersagen traurig waren, muß überaus hilfreich gewesen sein. Man konnte darauf vertrauen, daß meine zarte Mutter den Kummer im Leben sah. Ich stellte mir vor, wie ihre Kunden sie in ungewöhnlich empfindsamer Stimmung verließen, aber doch froh über ihre eigene Robustheit waren und daran zweifelten, daß die Dinge so schlimm standen, wie die hübsche Maddy, die Frau des Saxophonisten, gesagt hatte.

»Was ist mit Daddys Saxophon?«

»Ich habe es dir mitgebracht.«

»Oh.« Ich war sicher gewesen, sie würde sagen, es sei vergessen worden oder sei im Auto verbrannt. Was würde ich damit machen? Vielleicht Oliver geben. Er würde auf dem Land aufwachsen, wie ich, mit Großmutter, deren Liebe so viel stärker war als die meiner Eltern. Er würde sich nicht vorstellen, daß sie wiederkämen, und dadurch glücklicher sein als ich. Statt dessen würde er sich auf meine Besuche freuen, die, wie ich beschloß, häufig und lang sein würden. Irgendwie würde ich das mit George schon arrangieren.

Als wir das Haus erreichten, fuhr Großmutter in die Einfahrt und hielt den Wagen an, statt wie sonst hinter dem Haus zu parken. Ich war seit ein paar Jahren nicht mehr im Sommer hier gewesen und hatte das helle, zarte, fast meerhafte Grün der Weiden und Johannisbrotbäume vergessen. Die Apfelbäume und Fliedersträucher blühten nicht mehr, aber vor der Vordertür entfalteten weiße Pfingstrosen und flammenfarbene Rosen ihre Pracht. Die Wiese zwischen der Straße und dem Haus war wilder denn je, beinahe kniehoch. Die steinernen Hunde, die früher die Haustür bewacht hatten, standen jetzt draußen im Gras und lächelten schwach, als könne unser Erscheinen ihre Flucht nur kurz aufhalten.

»Wohin gehen sie?« fragte ich und zeigte auf die Hunde.

»Ich weiß nicht. Eines Morgens fanden wir sie da. Ich glaube, ein paar Jungen haben versucht, sie zu stehlen, aber sie waren wohl zu schwer.«

»Oder zu wild.«

»Ja«, sagte sie und stieg aus dem Wagen. Ich weckte meinen Bruder, und wir stiegen ebenfalls aus, Oliver zuerst schlaftrunken, dann aufgeregt, als er sich umschaute.

»Habt ihr hier Pferde und Kühe?« fragte er Großmutter.

»Nein.«

»Können wir welche anschaffen?«

»Nein.«

»Kann ich mich allein umsehen?«

»Ja.« Er lief davon, und als er den Anfang des Apfelgartens erreichte, war ich plötzlich neidisch, weil er noch jung genug war, um auf diese Bäume zu klettern. Ich erinnerte mich, wie ich an Sommernachmittagen glücklich auf einem der Äste gelegen hatte. Großmutter nahm meine Hand und hielt sie einen Augenblick. Ihre Finger waren so trocken, daß sie sich fast gläsern anfühlten.

»Schön ist es hier«, sagte Frank und schaute begeistert über die Wälder und Felder. Ich wußte, was er dachte. Das war das Echte. Das Land.

»Juli ist die beste Zeit«, sagte Großmutter. »Früher hatte ich den Herbst am liebsten – damals, als du ein Kind warst, Stella.«

»Ich erinnere mich.«

»Dann den Frühlingsanfang. Ich freute mich den ganzen Winter über auf die erste Maiwoche. Jetzt bin ich im Sommer am glücklichsten. Selbst die Mücken lassen mich in Ruhe. Sie lassen sich auf meiner Haut nieder, dann fliegen sie wieder weg.«

»Sie wissen, mit wem sie es zu tun haben.«

»Wenn die Insekten anfangen, einen zu respektieren, weiß man, daß man zu lang an einem Ort gelebt hat«, sagte sie. Sie machte keine Anstalten, ins Haus zu gehen, und wir standen mit ihr da und atmeten die warme Juliluft ein. Von ferne konnte ich das Brummen eines Rasenmähers hören. Es war halb acht und noch taghell.

»Wann wurde das Haus gebaut?« fragte Frank.

»Achtzehnhundertfünfzig. Mein Urgroßvater baute es, als er

heiratete. Er war eines von sieben Kindern und wollte selbst auch viele Kinder haben. Es gab für jedes von ihnen ein Schlafzimmer: vier Jungen und drei Mädchen. Die Zimmer der Jungen waren im Dachgeschoß, die Zimmer der Mädchen im ersten Stock neben denen der Eltern. Nur ein Junge wurde geboren, der den zweiten Stock für sich allein hatte, und ein Mädchen, das im Bett ihrer Mutter schlief, nachdem mein Urgroßvater vom Dach gefallen war. Seither hat es keine großen Familien mehr gegeben.«

»Das hat wahrscheinlich dazu beigetragen, den Besitz ungeteilt zu erhalten«, sagte Frank, und sein Ton drückte beinahe Besitzerstolz aus.

»Vermutlich. Aber es ist traurig, nicht?«

»Hättest du mehr Kinder gewollt?« fragte ich.

»O ja, wenn Bobby nicht im Krieg gefallen wäre.« Ich stellte sie mir vor, umgeben von Söhnen, groß und stark und leidenschaftlich loyal.

Ohne ein weiteres Wort zu sagen ging Großmutter plötzlich zur Vordertür. Gerade, als sie sie erreichte, kam Tobias heraus. Das Blut stockte mir in den Adern, als ich ihn sah, und mir zitterten die Knie. Dann, als er Großmutter begrüßt hatte und die Stufen herunterkam, fühlte ich mich wieder stärker. Er war nur noch ein Mann, den ich einmal gekannt hatte. Sein Haar war dünner geworden, und seine Haut hatte einen Stich ins Gelbliche. Er trug schwarze Hosen, die die Fußknöchel freiließen, senfgrüne Socken und ein braunes T-Shirt, das mir bekannt vorkam. Statt eines Gürtels hatte er sich eine Wäscheleine um die Taille gebunden.

»Stella«, sagte er, »ich freue mich so, dich wiederzusehen.«

»Hallo, TB«, sagte ich, denn seit unserer Trennung war dies mein Name für ihn. Er hatte mich damals angegriffen wie eine Krankheit. Jetzt sah er so aus, als sei er tatsächlich krank.

»Ist es so schlimm?« fragte er, hob einen Arm und betrachtete ihn. »Ich weiß, daß ich ziemlich verfallen bin. Ich habe Alpträume. Letzte Nacht habe ich geträumt, ich hätte ein schreckliches Gewächs am Hals, sehr schmerzhaft, und als ich zum Spiegel ging, entschlossen, es abzureißen, sah ich, daß es eine winzige Christusfigur am Kreuz war, die sich da durch meine Haut schob. Diese unverkennbare Form. Endlich war es ganz draußen und hing da wie eine Art Blutegel.«

»Reizend«, sagte ich fröhlich.

»Es war erschreckend. Was wollte er von mir?«

»Weiß Gott, vielleicht ist es Zeit, daß du deine Sünden bereust.«

»Ich hab's versucht.« Er sah aus, als wolle er noch mehr sagen, doch statt dessen lächelte er Frank zu, der ihn fasziniert beobachtet hatte. »Und das ist dein Freund?«

»Ja. Frank, das ist Tobias, Tobias, das ist Frank.«

»Schön, Sie kennenzulernen«, sagte Frank und schüttelte ihm die Hand. »Ich habe so viel von Ihnen gehört.«

Tobias grinste. »Freut mich auch.«

»Nach Stellas Beschreibung hätte ich Sie allerdings nicht erkannt.« Sie lachten beide schallend, und ich fühlte mich ausgeschlossen. Ich konnte nichts dafür, daß er einmal fabelhaft ausgesehen hatte. Dann riß Tobias sich zusammen. »Ich möchte dir mein Beileid aussprechen, Stella, zum Tod deiner Eltern.«

»Danke.«

»Ich hoffe, du hast nichts dagegen, daß ich hier wohne?« fuhr er fort und warf Frank verschwörerische Seitenblicke zu.

»Das ist nicht mein Haus. Nein, Scheiße, ich habe nichts dagegen. Es ist schön, dich zu sehen. Ich nehme an, du warst Großmutter eine Hilfe.« Er ist sicher nicht so fremd, wie er auf mich wirkt, dachte ich. Die Leere in meinen Gefühlen, wo einst Liebe war, mußte meine Wahrnehmung verzerren.

»Ich mag sie sehr. Ich schreibe ein langes Gedicht über die Erschaffung des Universums, und sie hat mich auf viele Ideen gebracht.«

»Ja. Haben Sie ihren Freund kennengelernt?«

»Corky? So nenne ich ihn. Ein wirklicher Gentleman. Trägt einen Spazierstock, wissen Sie. Und sagt dauernd ›ahem‹.«

»Wo hat sie ihn kennengelernt?« fragte Frank.

»Ach, er ist ein ehemaliger Klassenkamerad ihres Mannes. Sie hat in der Zeitung die Todesanzeige seiner Frau gesehen und ist zur Beerdigung gegangen.«

»Sie hat Männer nie gemocht«, sagte ich. »Das ist seltsam.«

»Sie war verheiratet«, sagte Frank.

»Ja, aber ich habe immer gedacht, das wäre sozialer Druck gewesen oder so was. Warum hat sie nicht wieder geheiratet oder sich zumindest mit Männern getroffen, als sie jünger war? Sie kann Männer nicht wirklich gemocht haben, sonst hätte sie das getan.«

»Vielleicht mag sie einfach alte Männer«, sagte Tobias. »Wenn sie harmlos sind. Zahnlose Tiger, die nur noch ihren Portwein und ihre Zigarren wollen. Bereit, jederzeit ins Grab abzuschwirren.«

»Arnold Popper«, sagte ich.

»Was?«

»Arnold Popper. Ich habe dir von ihm erzählt, am ersten Tag, als wir uns kennenlernten, und du hast mich gefragt, wie er abgekratzt ist.«

»Ich kann mich nicht mehr erinnern. Wer war er?«

»Ach, nur ein Typ, der auf dem Friedhof begraben war.«

»Ich erinnere mich an den Friedhof, und ich sehe dich noch dort sitzen mit deinem Buch, ein Bild verdorbener Unschuld.«

»Ich beneide Sie«, sagte Frank.

»Oh, sie war entzückend.«

»Das hast du mir nie gesagt.«

»Ich hatte Angst. Du warst so intensiv.« Frank legte seinen Arm um mich und drückte mich an sich. Tobias sah uns an und trat dann lächelnd zurück.

Oliver kam von der anderen Seite um das Haus herum. Aus der Entfernung sah er meinem Vater sehr ähnlich – die Form seines Kopfes, die Art, wie er ging und dabei mit sorgfältiger, heiterer Aufmerksamkeit die Büsche, das Gras, die Wolken betrachtete –, aber mein Vater hatte nie so einen forschenden Blick gehabt wie den, den Oliver Tobias zuwarf, als ich sie bekannt machte. Es war der Blick eines Elfenprinzen, der entscheidet, ob dieser Drache getötet oder geblendet werden soll.

»Ich lebe hier bei deiner Großmutter«, sagte Tobias zu ihm.

»Bist du ihr Freund?«

»Nein.«

»Bist du der Butler?«

»Findest du, daß ich wie ein Butler aussehe?«

»Ja. Du siehst aus wie ein verrückter Butler.«

»Ich bin Dichter.«

»Ich weiß. Sie hat es mir gesagt. Aber du könntest auch ein Butler sein. Es sollte hier einen geben«, fügte er gedankenvoll hinzu.

»Stimmt«, sagte ich. »Sicher kannst du den jungen Herrn zu seinem Zimmer führen, TB.« Oliver lachte entzückt, weil ich ihn als »jungen Herrn« bezeichnet hatte, und wieder sah er wie mein Vater aus.

»Welches Zimmer?« fragte Tobias.

»Ich weiß nicht. Frag Großmutter.«

»Meine Großmutter«, sagte Oliver. »Hier«, sagte er zu mir und nahm eine gelbe Rosenknospe aus seiner Tasche. Er gab sie mir ganz beiläufig, und unsere Finger berührten sich. Ich roch an der Knospe und steckte sie in mein Knopfloch, und er lächelte mich an und steckte dann die Hände in die Taschen. Ich konnte sehen, daß er dort noch andere Dinge versteckt hatte. Er hatte kaum Zeit gehabt, den Garten zu durchqueren, noch weniger die Wälder, hatte nichts erforschen können, und doch hatte ich das Gefühl, er habe die wichtigsten Dinge gesehen, das Land ausgekundschaftet und für gut befunden. Er würde nicht nachts aus dem Haus schleichen und per Anhalter zum Motel fahren.

Frank und ich sahen zu, wie sie hineingingen, dann zeigte ich ihm das Grundstück. »Das war mein liebster Apfelbaum, auf dem lag ich die ganze Zeit. Ich wollte mir ein Baumhaus bauen, aber Großmutter sagte, das Holz sei nicht stark genug, ich solle die Eiche nehmen. Ich mochte die Eiche aber nicht. Hier ist der Garten. Nach den Gärten in Berkeley sieht er sehr zart aus, nicht?«

»O Gott, ja«, sagte er. »Er hat so viel mehr Würde.« Er sprach mit solcher Inbrunst, daß ich ein bißchen Mitleid mit meinem vernachlässigten Garten in Berkeley empfand. Der Zitronenbaum. Die kleinen schwarzen Mädchen. »Hier ist alles schöner. Man kann das Alter des Ortes sehen – wie bei diesen Wäldern, die seit Hunderten von Jahren da sind.«

»Sind sie gar nicht. Diese Wälder sind jung – siehst du, wie dünn die Bäume sind? Wie so viele Wälder in Neuengland waren sie vor hundert Jahren noch Weideland.«

»Wahrscheinlich verstehe ich nicht viel davon. Aber hier überkommt dich so ein Gefühl...«

Er sah sich verträumt um, und ich führte ihn sanft ins Haus. Seine Begeisterung rührte mich und machte mich dankbar. Großmutter hatte mir so viel gegeben.

Oliver und Tobias waren in der Küche und bereiteten das Abendessen. Oliver schälte Kartoffeln. Tobias zupfte Salatblätter auseinander. Auf dem Tresen stand eine Flasche mit fertiger Salatsauce, und ich wandte die Augen ab. Sie tranken bei der Arbeit Cola aus Großmutters Sherrygläsern. Frank bewunderte den alten Eichentisch mit seinen vielen Schubladen und den großen bäuerlichen Ausguß, der allein in der Ecke stand. Ich zeigte ihm die Kammer, in der Agnes' Medizin aufbewahrt wurde: Rosenöl gegen Kopfschmerzen, Päoniensamen gegen Alpträume, Wermut gegen Durchfall. »Früher war hier viel mehr«, sagte ich. »Tee, Salben, Sirups und Gelees.«

»Du mußt dich aufs Kranksein gefreut haben.«

»Nicht wirklich. Agnes überwachte mich so genau, daß es eine Qual war. Sie war sich nicht all ihrer Heilmittel sicher, weißt du. Sie argwöhnte, *Culpepper's Kräuterhandbuch* aus dem Jahre 1650 könnte ein bißchen veraltet sein. Teile daraus las sie voller Verachtung laut vor – ich erinnere mich an einen Absatz darüber, daß Skorpione sich im Gehirn festsetzen, wenn man den Duft von Basilikum einatmet – und sagte dann, mehr könne man ja nicht erwarten, denn das Buch sei von einem Mann geschrieben, und die glaubten alles.«

»Sie experimentierte mit dir, was?« fragte Tobias.

»Vermutlich.«

»Wie kommt es, daß du heute keines ihrer Heilmittel mehr benutzt?« fragte Frank.

»Ich weiß nicht. Vielleicht habe ich gedacht, in Kalifornien würden sie nicht wirken.«

»Du mußt mir alles über Kalifornien erzählen«, sagte Tobias.

»Du solltest es dir selbst ansehen.«

»Nein, ich möchte es mir lieber vorstellen. Ich glaube nicht, daß ich je von hier weggehe.«

»Aus diesem Haus?«

»Ja. Es hat eine wunderbare Atmosphäre, findest du nicht?«

»Doch.«

»Ich fühle mich jetzt mit dir verwandt, Stella. Ich würde gern dein Onkel sein, wenn ich darf.«

»Schwelgst du in einer kleinen rückschauenden Perversion, Tobias?« Ich wußte nicht, wie ich das aufnehmen sollte. Natürlich grollte ich ihm, aber ich freute mich auch, daß er den Zauber des Hauses sah. Als ich ihn liebte, hatte ich immer gefürchtet, er werde ihn nicht sehen. Das war der Hauptgrund, warum ich ihn nie mitgebracht hatte.

»Das war immer da, nicht? Deine Jugend.«

»Deine Verdorbenheit.«

»Vielleicht würde Oliver mir dann erlauben, sein Onkel zu sein.« Er wandte sich an Oliver. »Deine Schwester traut mir nicht, aber ich versichere dir, ich bin harmlos.«

»Ich weiß«, sagte Oliver sachlich. »Aber hast du Geld?« Frank lachte laut auf, und ich grinste. Tobias sah nur leicht betroffen aus.

»Ein bißchen. Geld ist bei einem Onkel nicht so wichtig, Oliver. Was zählt, ist die Bereitschaft, es auszugeben. Das Geld, das du dir wünschst, könnten fast alle Erwachsenen aufbringen. Aber sie tun es nicht, weißt du. Sie sind von Natur aus geizig, wenn es um Kinder geht. Sie nehmen ihnen ihre Lebensfreude übel.«

»Während du«, sagte ich, »einen Weg gefunden hast, dich davon zu ernähren.«

»Sich an der Freude der anderen zu freuen, ist eine Tugend, Stella.«

»In deinem Fall eine zweifelhafte.« Frank beobachtete uns mit verschränkten Armen, lächelnd, und Oliver schälte noch immer methodisch Kartoffeln.

»Für einen Dollar in der Woche kannst du mein Onkel sein«, sagte er, als er mit der letzten fertig war.

»Einverstanden«, sagte Tobias.

»Ich werde etwas mehr berechnen«, sagte ich.

»Na, ich weiß nicht, ob ich dich brauche, da ich doch jetzt mit Oliver verwandt bin.«

»O doch, du brauchst mich sehr wohl.«

»Dann laß mich deinen Preis wissen.«

»Ich werde darüber nachdenken.«

Ich zeigte Frank den Rest des Hauses. Überall glaubte er meine Spuren zu entdecken. Das war zwar schmeichelhaft, aber ich dachte, etwas entginge ihm. Dieses Haus war nicht so sehr ich als vielmehr meine Großmutter. Hier waren ihre Kindheit, ihre Ehe, ihre Mutterschaft. Hier arbeitete sie in der Küche, las sich durch den langen Winter, stellte sich ferne Galaxien vor.

Zum Schluß kamen wir in mein Schlafzimmer. Da gab es nicht viel zu sehen, da die meisten meiner Sachen in Kalifornien waren. Wir betrachteten die Aussicht – grüne Felder, Wälder, Steinmauern und eine graue Katze, die an den Pfingstrosen schnupperte – und legten uns dann hin und küßten uns, bis Oliver uns zum Abendessen holte.

Das Abendessen war nicht schlecht. Tobias hatte Roastbeef gemacht, und Großmutter öffnete eine Flasche Burgunder. Sie fragte Frank nach seiner Familie, und er sagte die Wahrheit. Das schien ihr zu gefallen. Sie war überzeugt, daß keine Familie außer unserer Loyalität verdiente. Tobias erkundigte sich bei Oliver nach den Büchern, die er gelesen hatte, und er nannte einige und fing dann an, Titel zu erfinden. Ich erinnere mich an *Tage Toter Hunde* und *Krieg der Autos*.

Nachher brachten Frank, Tobias und ich Oliver ins Bett. Er schlief in Agnes' Zimmer. Er zog sich vor uns aus, nicht im mindesten verlegen, zog einen blauen Schlafanzug an, kletterte ins Bett und zog sich die Decke bis zum Kinn hoch.

»Sing mir ein Lied«, bat er.

»Ich werd's versuchen.« Ich sang »Summertime«, das einzige Lied, das ich kannte, das entfernt an ein Schlaflied erinnerte. Als ich fertig war, liefen ihm Tränen über die Wangen, die Frank abwischte. Oliver schloß die Augen.

»Ich möchte jetzt allein sein«, sagte er mit ferner Stimme.

»Bist du sicher?« fragte Frank. Er klang so väterlich, daß es mich verblüffte.

»Ich möchte an meine Mami und meinen Daddy denken.« Frank stand auf und schaltete die Nachttischlampe aus. Ich konnte mich nicht rühren. Ich wollte auch an meine Mami und meinen Daddy denken, wollte bei ihm bleiben. Er war ihnen so nahe. Es war fast, als seien sie im Zimmer und flüsterten in sein Ohr.

Frank legte die Hände auf meine Schultern, und ich stand langsam auf. »Gute Nacht, Oliver«, sagte ich. Er antwortete mit einer Stimme, die noch weiter weg war. Wir verließen das Zimmer. Tobias ging die Treppe zu seinem eigenen Schlafzimmer hinauf – um zu beten, wie er sagte –, während Frank und ich wieder nach unten zu Großmutter gingen.

Sie war gerade mit dem Abwasch fertig, als wir hereinkamen. »Das hätten wir doch machen können«, sagte ich, während sie die Geschirrtücher zum Trocknen aufhängte.

»Ich bin absolut in der Lage, Geschirr zu waschen. Schläft Oliver?«

»Nein. Er denkt an sie. Er wollte allein sein.«

»Ja, das überrascht mich nicht. Ich werde nie begreifen, wie Madelyn es geschafft hat, Kinder mit so viel Selbstvertrauen zu haben.«

»Findest du, daß ich Selbstvertrauen habe?«

»Findest du das nicht?«

»Ich weiß nicht.« Ich lächelte Frank zu. »Ich glaube nicht.«

»Ihr zwei seid euch eurer Sache also ganz sicher?«

»Ja«, sagte ich.

Sie sah Frank an. »O ja«, sagte er. »Ich liebe sie sehr.«

»Das freut mich. Mir liegt sehr an ihr.« Sie legte jedem von uns eine Hand auf die Schulter. Sie sah aus wie eine große alte Schauspielerin. »Dann möchte ich mit euch beiden reden.«

»Ja, das sagtest du vorhin schon.« Ich war überrascht über diese Einleitung. So etwas tat sie sonst nie.

Sie setzte sich an den Küchentisch, und wir setzen uns rechts und links neben sie. Ich weiß nicht, was ich erwartete, vielleicht einige Tatsachen über meine Eltern. »Stella, du weißt, daß ich diese Weltreise geplant habe.«

»Ja.«

»Nun, ich möchte sie machen. Ich bin zu viele Jahre hier gewesen. Ich hänge an diesem Ort, aber ich habe so viele andere Orte noch nicht gesehen: Indien oder Tibet oder China. Vielleicht ist es nur die Rastlosigkeit des Alters, aber ich möchte auf Wanderschaft gehen.« Ich wußte natürlich, was das bedeutete, und es erschreckte mich. »Worum ich dich bitte«, fuhr sie fort, »ist, Oliver großzuziehen. Du bist nicht mehr so jung, du kannst das. Es wird gut für ihn sein, besser, als wenn er von einer alten Dame aufgezogen wird.«

»Du bist keine alte Dame.« Wie könnte ich besser für ihn sein als sie? »Natürlich, Großmutter, ich werde es tun – aber ich weiß nicht, wie.«

Sie lachte. »Hast du deine eigene Kindheit ganz vergessen?«

»Natürlich nicht.«

»So mußt du es machen – es sei denn, du beschließt, es anders zu machen.«

»Ich werde dir helfen, Stella«, sagte Frank. »Du wirst eine wunderbare Mutter sein.«

»Schwester«, verbesserte ich. »Wann reist du ab?« fragte ich Großmutter.

»In einer Woche. Ich werde dir Geld für Oliver hierlassen.«

»Nein, danke. Ich kann mir einen Job suchen.«

»Ich dachte, du hättest schon einen Job.«

»Ich bleibe hier«, sagte ich. »Oliver wird hier aufwachsen. Du kannst gehen, wohin du willst, und wiederkommen, wann du willst, aber wir werden hier sein.« Ich hatte nicht daran gedacht, bis ich es sagte, aber ich wußte sofort, daß es richtig war. In Berkeley könnte ich kein Kind großziehen. Hier konnte ich mich erinnern, was zu tun war, wie Großmutter gesagt hatte. Sie sah sehr erfreut aus.

»Und Sie?« fragte sie Frank. »Was ist mit Ihrer Arbeit?«

»Für mich ist das kein Problem. Ich kann überall arbeiten.« Über den Tisch hinweg griff er nach meinen Händen.

Großmutter lächelte und sagte: »Wollt ihr meine Reiseroute sehen? Ich beginne in Paris. Ich freue mich auf die Gemälde. Ich habe die Impressionisten immer so gemocht.«

Wir folgten ihr in die Bibliothek und blieben in dieser Nacht lange auf, blätterten im Atlas und tranken Brandy. Viel Brandy. Zum Teufel, dachte ich betrunken, ich kann immer noch weglaufen.

25

Ich gehe nach unten und durch das Haus, während das Licht der Morgendämmerung gnädig auf die abgenutzten Teppiche und freudig auf das alte Holz fällt. Die soliden Bohlen unter meinen Füßen trösten mich. Als Großmutter fortging, fürchtete ich, alles würde verkommen, aber ich kümmere mich um die Dinge, und sie kümmern sich um mich.

In der Küche mache ich Tee, süße ihn mit viel Honig, und das stimmt mich ein auf den Klang des Sommermorgens, die Blumen, die sich öffnen, kletternde Spinnen, Vogelgezwitscher und winzige, transparente Flügel, die durch die Luft wimmeln. Meine Stimmung hebt sich und funkelt. Ich spreche mit den Fliegen, die durch die offene Tür hereinsummen. Wir müssen das Fliegengitter reparieren lassen, sage ich ihnen. Frank wird das machen. Oliver wird ihm zusehen, ich werde ihm danken, und Tobias wird es wahrscheinlich wieder kaputtmachen, indem er mit bewundernswerter Kraft, aber kläglicher Zielgenauigkeit einen Baseball hineinwirft. Die Fliegen summen zur Antwort, landen auf meinem honigbedeckten Löffel. Manchmal spüre ich Traurigkeit darüber, daß ich Tobias nicht mehr liebe. Je sonderbarer er wird, desto mehr frage ich mich, wie es gewesen wäre weiterzumachen. Natürlich begehrt er Frauen nicht mehr, und er will mir nicht sagen, wann sich das geändert hat, lächelt nur geheimnisvoll.

Meine zweite Tasse Tee nehme ich mit auf die Veranda und sitze da, die Füße im Gras. Es ist schon warm. Die Felder haben im Sommer ein Spitzenmuster, das mich an die mexikanischen Röcke meiner Mutter erinnert, die immer wehten, wenn sie tanzte. Sie besaß allerdings nie einen in diesem Grünton, denn er hätte ihr nicht gestanden. Ich glaube, mir würde die Farbe stehen. Vielleicht werde ich ein Kleid aus Blättern und verwebten Wildblumen machen – etwas, um Frank zu erstaunen, der mich jetzt schon als Naturkraft betrachtet und hier immer verzauberter wird.

Nach einer Weile kommt Oliver zu mir. Obwohl er gerade erst aufgewacht ist, sind seine Augen hell vor Aufmerksamkeit. Er ist bereit, schwimmen zu gehen. Ich stelle meine Tasse ab, und wir gehen die paar Schritte zum Fluß.

Oliver patscht mit den Füßen über die Steinstufen und gleitet hinein. Seine Shorts läßt er am Ufer zurück. Er schaut eine Minute zu mir hoch, dann verschwindet er. Es gefällt ihm, sich sinken zu lassen, zu fühlen, wie das Wasser sich über seinem Kopf schließt. Es gefällt ihm, seinen Körper abwärts taumeln zu lassen und sich dann, wenn es unangenehm wird, mit einem großen Satz zu retten. Ich sehe zu, wie er in dem glatten, friedlichen Fluß versinkt, und frage mich, ob er wirklich wieder hochkommen wird. Ich habe ihm erzählt, daß ich als Kind glaubte, es gäbe im Fluß eine Schlange mit grünen und goldenen Schuppen, die mich unter Wasser meilenweit bis in eine Höhle schleppen würde, wo ich entweder gefressen oder angebetet werden würde. Er antwortete, es gäbe da keine Schlange, sonst wüßte er das, aber andere Sachen. Was für Sachen? Sachen halt.

Er kommt lange nicht wieder hoch, und ich denke daran, ihn vor dem Ertrinken zu retten. Ich würde es gerne tun. Dann schießt er aus dem Wasser hoch, sein Haar ist tropfnaß, und unsere Blicke treffen sich. Er lacht und fällt zurück, läßt sich müßig flußabwärts treiben. Ich ziehe mich aus und folge ihm. Das Wasser hüllt mich ein. Ich gehe unter, und mein Haar umschwebt mich in grünlichen Ranken, ich spüre das matte Streicheln der Schlange, während ich schwimme. Oliver ist weit vor mir, hält die Arme still und tritt mit den Füßen Wasser. Ich habe ihm das Schwimmen beigebracht, aber er schwimmt lieber auf seine Weise, erfindet eine Methode, über Wasser zu bleiben und vorwärts zu kommen, ohne zum langweiligen Rhythmus von Brustschwimmen oder Kraulen Zuflucht zu nehmen. Manchmal ragen seine Beine in den Himmel, während sein Kopf nach unten sinkt, und ich frage mich, ob diese zappelnden Füße gelernt haben, die Luft einzusaugen. Dann winken sie und stehen still. Er macht einen Handstand, taumelt vorwärts durch den Schlamm und winkt mit den Füßen.

Wir schwimmen nie sehr weit. Weder Oliver noch ich verlassen gern unseren Teil des Flusses, und er hat sogar etwas dagegen, daß Leute in Kanus vorbeipaddeln. Aber das geschieht nicht um diese Zeit. Wir sind allein, und wir schwimmen im Kreis. Unsere nackten Körper streifen Wurzeln und Gräser. Er stellt mir Fragen. Warum haben meine Eltern mich zurückgelassen? Hatte ich meine Großmutter lieber? Ich sage ihm die Wahrheit, aber die Wahrheit hat sich verändert, seit ich ihn getroffen habe, da ich etwas über das Leben unserer Eltern erfahren habe. Ich kann sie nicht mehr als romantische Abenteurer betrachten, und gleichzeitig kann ich diese Vorstellung nicht aufgeben. Ich beschreibe einfach, was ich noch weiß, ich wiederhole das Gespräch im Garten an diesem Tag im Juni. Mir wird klar, daß dies Geschichte ist, jetzt, da ich es jemandem erzähle, für den es um seiner selbst willen wichtig ist, und das erschreckt mich ein bißchen. Vielleicht habe ich es mir nur eingebildet. Aber das glaube ich nicht, und Oliver glaubt es auch nicht.

Ich tue ihm leid. Er erklärt, unsere Mutter habe oft Dinge zurückgelassen und sie schrecklich vermißt, habe aber nie zurückgehen wollen. Immer gab es etwas – einen Motelangestellten, der sie nicht mochte, einen kläffenden Hund, Kakerlaken –, dem sie nicht begegnen konnte und wollte, und so lebte sie ohne diese Dinge weiter. Er sagt mir, er hätte mich gern bei sich gehabt, aber er sagt nicht, er sei einsam gewesen. So etwas sagt er nie. Er verlangt nach weiteren Geschichten aus meiner Kindheit, über Großmutter und Agnes. Ich erzähle ihm alles. Er will sicher sein, daß ich wirklich hier gewohnt habe, daß ich wirklich seine Schwester bin, daß uns dieses Land und dieses Haus und dieser Teil des Flusses gehören, daß meine Großmutter uns nicht wegschicken wird, wenn sie zurückkommt.

Ich vertraue ihm meinen Verdacht an, daß sie nie zurückkommen wird. Ich sage, ich sei vielleicht dazu bestimmt, von meiner Familie verlassen zu werden, da sie einer nach dem anderen einer Wanderlust erliegen, die stärker ist als meine eigene. Oliver mag das Wort *Wanderlust.* Er fragt, ob es auch das meint, was man für seinen eigenen Besitz empfindet, wenn man gern um ihn herumwandert. Seine Füße – saubere, braune Füße, die genau in meine Hände passen würden – beschreiben Kreise im Gras. Ja, sage ich, warum nicht? Zuerst gehst du einen Weg, dann einen anderen. Bis ich groß bin, sagt er, bin ich alle Wege gegangen, die es hier gibt. Du kannst keinen einzigen entbehren, sage ich. Nein, keinen einzigen, stimmt er mir zu. Ich stelle ihn mir vor, wie er nachts draußen durch die Felder geht, wie er ganze Nachmittage in den Wäldern verbringt und auf jedes abgefallene Blatt tritt, wie er so dicht an das Haus kriecht, daß er aus den Fenstern nicht zu sehen ist.

Bis wir zum Haus zurückkehren, ist Frank aufgestanden. Ich mache Frühstück, Pfannkuchen mit Obst und Joghurt oder ein Omelett, und Frank trinkt die drei Tassen schwarzen Kaffee, die er braucht. Oliver trinkt Pfefferminztee. Sie reden, werden im Verlauf der Mahlzeit immer lauter, und ich höre kaum zu, um diese Tageszeit denke ich an meine Arbeit, daran, was ich für all diese hungrigen Stadtmünder kochen soll. Es überrascht mich manchmal, daß es so anders ist als das Kochen zu Hause. Zu Hause mache ich Fehler.

Frank erzählt beim Frühstück gern große Geschichten. Oliver weiß nicht recht, ob er glauben soll, daß Frank einmal eine Wohnung in New York hatte, in der alles aus Gold war. Er zweifelt daran, aber für die Geschichte sprechen die Schecks, die ungefähr jeden Monat kommen, obwohl Frank offenkundig nichts tut, um sie zu verdienen. Er lauscht begierig, wartet auf die guten Stellen: wie die goldene Toilette an einen Araber verkauft wurde, der sie auf dem Kopf trug, wie während des berühmten Stromausfalls 1965 Frank und Marva von Banditen in die Tunnels der Untergrundbahn verschleppt wurden, wo sie monatelang lebten, mit Pistolen die Züge anhielten und so ihr Vermögen machten.

Dann gehe ich zur Arbeit. Immer, wenn ich fortgehe, habe ich Angst, daß etwas mich daran hindern wird, zurückzukommen. Oder daß ich zurückkomme und das Haus verlassen vorfinde.

Trotzdem genieße ich meine Tage in Boston. Ich würde nicht zu Hause bleiben wollen.

Ich bereite kunstvolle Salate zu und arrangiere sie auf den Tellern wie Gemälde, so, wie mein Chef es mir gezeigt hat. Er will, daß der erste Gang aussieht wie ein blühender Mandelbaum. Ich bin enttäuscht. Ich hatte gehofft, er habe ein wirkliches Gemälde im Sinn – den *Garten der Lüste* vielleicht –, das eine Herausforderung gewesen wäre. Weiße Pilzscheiben stellen die Blüten dar, die Petersilie in der Sauce die Blätter, ich mache rote Vögel aus Paprikaschoten, und als der Kellner den Teller abholt, wird mir klar, daß den Kunden das gefallen muß: ein Beweis, mit welcher Hingabe der Koch jedes einzelne Gericht anrichtet.

Gewöhnlich komme ich gegen sechs oder sieben nach Hause. Sobald ich den Highway verlasse, beginne ich zu leben. Der Abend ist die beste Zeit. Ich fahre Agnes' zwölf Jahre alten Cadillac, und das langgezogene Tier gleitet geschmeidig den Hügel zu unserem Haus hinauf. Ich bewundere unseren weißen Zaun, den Frank und Oliver kürzlich gestrichen haben, und die neuen Pflanzen bei der Garage: Ringelblumen und Sonnenblumen.

Ich parke den Wagen, ziehe die Schuhe aus und gehe ums Haus. Frank sitzt im Gras mit einem Krug Limonade, die etwas warm ist und die ich durstig trinke. Oliver ist unten am Fluß und läßt ein selbstgemachtes Boot schwimmen. Frank nimmt meine Füße in seinen Schoß. Es ist so heiß, daß ich schläfrig bin.

Oliver wirft sich zu unseren Füßen ins Gras. Er möchte wissen, ob ich ihm aus Boston etwas mitgebracht habe. Ich sage ihm, im Auto sei ein Stück Erdbeerkuchen, und er ist zufrieden. Solange etwas da ist, ist ihm egal, was es ist. Ich frage ihn, was er heute gelernt hat, und er antwortet ausführlich. Oliver ist sehr lernbegierig, er kann addieren, subtrahieren, multiplizieren, dividieren, bruchrechnen, und Tobias konstruiert ausgeklügelte Wortaufgaben für ihn.

Nach der Mathematikstunde lasen Tobias und Oliver ein paar Kapitel aus dem *Dschungelbuch,* und Oliver schrieb einen Aufsatz darüber, was alles nicht geschah. Dann hielt Tobias einen Mittagsschlaf oder was immer er tut, um sich zu erholen, und Frank und Oliver aßen zu Mittag und brachen zu ihrem täglichen Spaziergang auf. Das ist der Höhepunkt des Tages – jedenfalls von Franks Tag: Sie brechen auf wie zu einer Reise, Olivers Hand in der von Frank. Vorigen Sommer, bevor ich zu arbeiten anfing, pflegte ich sie zu beobachten und war sicher, daß Franks Aufmerksamkeit gegenüber Oliver und der Landschaft nachlassen würde, daß sie teilweise dazu diente, mich zu verführen. Aber dem war nicht so. Manchmal bin ich eifersüchtig.

Sie lernen, die Bäume und Pflanzen zu bestimmen, die sie sehen, und sie bringen alle möglichen Blumen, Blätter und Steine mit, die ihnen gefallen. Sie klettern auch auf Bäume, waten durch den Fluß, hacken sich ihren Weg durch Brombeergebüsch, und natürlich machen sie Bilder. Sie kommen nach Hause mit Studien von Flechten, die mich an die Oberfläche einer Suppe erinnern, wenn sie zu kochen beginnt. Frank zeigt mir Bilder, die er »Porträts von Gegenden« nennt – Stellen im Wald, wo die Bäume hoch, die Luft frisch und die Felsen glatt sind; Stellen, wo die Luft verdorben ist und die Bäume bleich und verkrüppelt; Stellen, wo die rundgliedrigen Birken eine weibliche Heiterkeit in die Luft atmen. Er will unbedingt sehen, ob ich diese Stellen erkenne, und ist so eifrig, daß ich lachen muß. Ja, ich erkenne die Stelle, sage ich, aber dieser Zweig war nicht immer abgebrochen, und die Wespen haben nicht immer hier genistet. Frank spricht begeistert davon, welchen Wert es hat, durch die Wälder zu streifen, und sie zu beobachten, und ich stimme allem zu, was er sagt. Ich weiß, daß Oliver in manchen Nächten dorthin zurückgeht, um seine Aufgabe zu erfüllen, unseren Besitz allein zu durchwandern.

Tobias und Frank nehmen Olivers Erziehung sehr ernst. Tobias hat eine Leseliste aufgestellt, und Frank unterrichtet Oliver in Geschichte, erzählt Anekdoten über bizarre Charaktere, und beschreibt seltsame Bräuche. Oliver erfährt gern, wann und warum Dinge erfunden wurden und was die Menschen vorher benutzten. Noch hat er wenig Sinn für die Chronologie von Ereignissen und nur ein vages Verständnis für Geographie. Frank versichert mir, das werde später kommen, aber jetzt im Augenblick verwirrt es mich, sie von Gladiatoren und Pionieren und Königin Ginevra reden zu hören, als lebten sie alle noch irgendwo in der Nähe, vielleicht im Wald. Tobias hat vorgeschlagen, wir sollten Oliver niemals die Chronologie beibringen, er sei der Realität so, wie er jetzt ist, näher. Wenn ich zu Hause bliebe und zuhörte, würde ich das verstehen.

Aber ich glaube nicht, daß wir eine große Wahl haben. Da gibt es die Schulbehörde, und die Frage ist, ob sie unsere private Erziehung zulassen wird. Tobias hat ein Gesuch geschrieben, Oliver für das nächste Jahr von der Schulpflicht auszunehmen. Voriges Jahr haben wir einfach gelogen und gesagt, er sei noch nicht sechs. Ich zweifle daran, daß wir Erfolg haben werden, und ich glaube nicht, daß es Oliver schaden wird, zur Schule zu gehen. Früher oder später muß er uns satt bekommen.

Tobias und Frank denken da natürlich anders. Sie haben so viele Ideen, sie übertreffen einander. Tobias las mir ein Kapitel von Ouspensky über die vierte Dimension vor und fragte mich, wie alt Oliver wohl sein müsse, um das zu verstehen. Da ich es selbst nicht verstand, sagte ich, ich hätte keine Ahnung. Vielleicht mit dreizehn, murmelte Tobias, in sechs Jahren.

Wenn Oliver fertig ist mit seinem Bericht über das, was er gelernt hat, ist es Zeit zum Abendessen. An diesen heißen Abenden essen wir im Wohnzimmer, das der kühlste Raum des Hauses ist. Unsere Mahlzeit ist einfach: frisches Brot, das Frank und Oliver backen, Käse und Salat.

Tobias kommt in seinen Mönchskutten zu Tisch, denn er ist seinen eigenen Worten zufolge in eine religiöse Phase eingetreten. Die Kutten, die er vor langer Zeit gestohlen hat, sind ihm zu groß, und er hat sie purpurrot gefärbt. Ich wies ihn darauf hin, daß die Farbe der Könige kaum geeignet ist für einen geringen Diener Gottes, und er antwortete, die ursprüngliche Erdfarbe habe seinen Geist stumpf gemacht – seinen Geist, der neptunisch ist, wie er behauptet: Poet und Magus. Er hat seine alten okkulten Überzeugungen nicht aufgegeben, sondern das Christentum einfach hinzugefügt, das ihn hauptsächlich wegen der Möglichkeit geistiger Sünde anzieht. Die ist so viel einfacher und bequemer zu begehen, und sie verschafft ihm Material für die Erniedrigung und Reue, seine Art, sich dem Übernatürlichen auszusetzen. Wenn ich ihn ansehe in seiner roten Kutte, das Gesicht beschattet, dreieckig und von einer kranken Goldfarbe, die Augen ständig in einem Tränenfilm schwimmend, der ab und zu ausläuft und über seine Wangen rinnt, dann denke ich, wenn es einen Gott gäbe und er Tobias wollte, könnte er ihn haben.

Diese religiösen Anfälle hat er nur ab und zu, etwa einmal im Monat, und wenn es vorbei ist, wenn seine Tränen getrocknet sind und die Kutten in der Wäsche auf alles andere rot abfärben, dann verkriecht er sich für eine Woche oder mehr in seinem Zimmer und arbeitet besessen an seinem Gedicht. Dann ist er der Tobias von früher, der keine Zeit für uns hat, es sei denn, wir wären bereit, ein paar Gedichtzeilen zu lauschen, die wieder und wieder vorgelesen werden.

Ich glaube, das Gedicht ist wunderbar, obwohl er mir den Anfang nicht vorgelesen hat und es anscheinend kein Ende hat. Es enthält nichts als Sterne, Licht, Planeten, Raum und Feuer, aber es ist voller Emotion und erweckt ein tiefes Gefühl für Zeit, für immerwährende Zeit, für die lebendige Ewigkeit. Wenn ich ihm zuhöre, beginne ich die Verzückungen der Mystiker zu verstehen, und ich frage mich, warum Tobias, wenn er das schreiben kann, mehr will. Er sagt, er sei nicht zufrieden mit Schönheit, er müsse im Universum etwas Persönliches finden. Nur ein winziges Stückchen Persönlichkeit.

Ich verstehe das wirklich nicht. Da sind Menschen, Milliarden Menschen, so viele Persönlichkeiten, wie sich jemand nur wünschen kann. Spielt es eine Rolle, woher wir kommen oder warum?

Frank ist mitfühlender. Er ist noch weniger religiös als ich, steht aber vermutlich aus diesem Grunde den Religionen unkritisch gegenüber und scheint nur darum besorgt, daß Tobias die richtige findet. Er spricht von der Notwendigkeit, neue Götter zu schaffen, um mit den Besonderheiten der westlichen Psyche des zwanzigsten Jahrhunderts fertig zu werden. Ich sage ihm, er solle aufpassen, denn nur den Gläubigen ist es gestattet, Gott zu finden – die übrigen finden Scheiße.

Er stimmt mir zu – und beobachtet weiter Tobias, widmet ihm viel mehr Aufmerksamkeit als ich. Er bemerkte als erster, daß Tobias in Oliver verliebt war. Tobias' Augen sind ständig bei meinem Bruder, und wenn er ihm vorliest, ist seine Stimme voller Pathos.

Das ist gewiß meine Rache, denn Oliver wird seine Liebe nie erwidern, und Tobias wird ihn niemals unaufgefordert berühren. Ich glaube ohnehin nicht, daß er scharf auf ihn ist. Er liebt ihn romantisch, obwohl sein Vorrat an Romantik eigentlich erschöpft ist. Das macht ihn nervös. Seine Hände flattern gewaltig, wenn Oliver im Zimmer ist, seine Finger verkrümmen sich zu Krallen, aber Krallen, die zärtlich und bitter an sich halten.

Jede Woche leiht sich Tobias einen Dollar von Frank, um ihn Oliver als Taschengeld zu geben. Er hat kein eigenes Geld. Die Zeremonie der Überreichung des Dollars wird immer in die Länge gezogen. Er sucht in all seinen Taschen, während mein Bruder wartet, entfaltet den Schein, prüft ihn, läßt ihn dann los und sieht zu, wie Oliver ihn in seine eigene Tasche steckt. Das ist das Geld, für das Oliver Tobias Onkel nennt, obwohl ich nicht glaube, daß es Tobias noch gefällt, Onkel genannt zu werden.

Oliver weiß, daß er Macht hat, obwohl er nicht versteht, worauf sie beruht. Das erheitert ihn. Oft ignoriert er Tobias und antwortet nicht, wenn er angesprochen wird. Dann zieht Tobias sich zurück und gibt seiner Liebe eine noch subtilere Form. Bald wird er ein echter Lehrmeister sein, der sein Leben dem Schüler widmet, der ihn übertreffen wird – aber vielleicht bilde ich mir Dinge ein. Tobias ist ein Dichter, ein sehr guter Dichter, und was Oliver ist, das kann ich nur vermuten.

Tobias geht es nicht allzu schlecht. Er hat einen Liebhaber, einen neunzehnjährigen Jungen, der ihn nachts besucht. Tony ist groß und schwarzhaarig, hat ein starkes, offenes Gesicht und blaue Augen, die sich weigern, mich anzusehen. Er ist schüchtern, nehme ich an, oder eifersüchtig. Es gibt keinen Grund, warum Tobias ihm von unserer Affäre hätte erzählen sollen, was nicht bedeutet, daß er es nicht getan hat.

Ich sagte Tobias, Tony könne nicht mehr durchs Haus kommen, weil er, um Tobias' Zimmer im zweiten Stock zu erreichen, an Olivers Zimmer vorbeigehen muß, und Oliver schläft immer bei offener Tür. Was soll er denken, sagte ich, wenn er mitten in der Nacht aufwacht und diesen großen Fremden vorbeitrotten sieht, der morgens verschwunden ist? Er würde natürlich gar nichts denken, und das weiß Tobias sehr genau. Aber das ist mein Äquivalent für Olivers wöchentlichen Dollar, und Tobias hat nicht protestiert.

Ich schlug vor, eine Leiter an sein Fenster zu stellen. Wie hätte er widerstehen können? Nachts im Bett zu liegen und darauf zu warten, daß der dunkle Kopf über dem Fensterbrett erscheint. Ich stelle mir Tobias in seinem alten grünen Morgenmantel vor, der offen ist und an seinen Seiten liegt wie zwei Blätter, sein schlanker Körper nur vom Mond erhellt, lauschend, was von draußen hereinkommt. Tony, seine unnatürliche Liebe – und doch natürlicher für ihn, als ich es war. Das Duplikat seines eigenen Fleisches, seines eigenen Verlangens. Ich wünschte, ich wüßte, wie diese Anziehung funktioniert.

Also steht die Leiter da und lehnt Tag und Nacht am Haus. Oliver gefällt sie. Er klettert mit Geschenken auf und ab: Vogelnestern, Steinen, Keksen. Tobias nimmt sie huldvoll an. Ich habe Oliver an einem Nachmittag fünfzehnmal hinaufsteigen sehen, erstaunt und aufgeregt über den Empfang, der seinen Gaben zuteil wurde. »Hier«, sagte Frank, »gib ihm das«, und er reichte ihm ein Pamphlet der Zeugen Jehovas. Es wurde akzeptiert. »Probier's damit«, sagte ich und gab ihm eine leere Bierdose und eine zerbrochene Sonnenbrille. Als Oliver mit seinem Fahrrad wegfuhr, flogen diese Gegenstände auf unsere Köpfe herunter.

Nach dem Abendessen gehen wir wieder nach draußen. Hinter den Hügeln jenseits der Straße geht die Sonne unter. In den Wäldern sehen wir Streifen von rosigem Licht, und das Gras, auf dem wir sitzen, hat sein eigenes Licht. Frank legt einen Arm um mich, Tobias setzt sich ein wenig weiter weg, Oliver legt sich vor uns hin. Das ist unser Kino, das wir mit naiven Erwartungen besuchen und das uns nicht enttäuscht. Frank hat Oliver erklärt, daß die Sonne jeden Tag ein Stückchen weiter südlich untergeht, und wir prüfen nach, ob diese Regel noch immer gilt. Ich möchte wissen, warum die Farben von Abend zu Abend verschieden sind. Frank spricht von atmosphärischen Bedingungen, Tobias von Launen der Engel. Oliver lächelt mich breit an und sagt nichts. Er wird es herausfinden.

Tobias beginnt, Shakespeare zu rezitieren: »Soll ich dich einem Sommertag vergleichen?/ Du hast mehr Liebreiz und mehr Mäßigkeit/ Die zarten Knospen müssen rauhen Winden weichen/ Und allzu kurz nur währt des Sommers Zeit...«

Oliver fragt, was *Mäßigkeit* bedeutet. Tobias erklärt es ihm und begnügt sich nicht mit der Bedeutung bei Shakespeare, sondern holt weit aus. Oliver hört aufmerksam zu, wobei er gleichzeitig einen Grashalm kaut, sich einen Mückenstich aufkratzt und den Sonnenuntergang im Auge behält. Tobias' Worte sind für ihn eine Art Fluß, in dem er ab und zu fischt. Frank und mir schenkt er mehr Aufmerksamkeit.

Wir sind seine Eltern, soweit das möglich ist. Frank ist auch der Außenseiter, und ich dieses geheimnisvolle Ding, eine Schwester. Doch die meisten Abende verbringen wir als Eltern. Während wir ihn bei seinen Purzelbäumen beobachten, bestaunen wir die glatten braunen Glieder, die Wölbung seines Rückens, den weichen Flaum in seinem Nacken. All das ist größer als letztes Jahr. Seine Füße haben alle paar Monate eine neue Größe. Dieses neue Gefühl macht uns schwach, und wir fragen uns, wie Leute es aushalten können, tatsächlich ein Kind zu bekommen.

Dann ist die Sonne untergegangen, und Frank geht mit Oliver nach oben, damit er sein Bad nimmt. Ich wasche das Geschirr und lausche dem Gelächter von oben. Tobias schließt sich mir an. Er sitzt am Tisch, neigt seinen goldenen Kopf und fragt mich, wen ich in Boston treffe. Ich erfinde Erfahrungen, von denen er weiß, daß sie erfunden sind, doch als ich die verlangten Einzelheiten liefere, werden sie für uns beide real, und wir teilen einen erotischen Augenblick miteinander. Alphonse, der Kellner mit der haarigen Brust, Raoul, der Rechtsanwalt mit Beziehungen zur Unterwelt. »Seine Haut ist dunkel, und seine Augen sind blau.«

»Und sein Haar?«

»Sein Haar ist schwarz, und er streicht es sich mit einer herrischen Geste aus dem Gesicht.«

»Herrisch?«

»Überaus herrisch.«

Tobias beugt sich vor und streichelt meine Knie. »Wenn du doch nur ein Mann wärst.«

»Wenn *du* doch nur ein Mann wärst«, antworte ich und gehe nach oben. Ein paar Minuten später kommt auch Tobias.

Oliver liegt feucht und rosa im Bett, gut zugedeckt, das lockige Haar auf dem Kissen ausgebreitet. Frank ist vorne ganz naß und hat ein Handtuch über dem Arm. Tobias sagt Oliver gute Nacht und gibt ihm einen liebevollen Klaps, und Oliver lächelt schläfrig. Ich lege meine Wange an seine runde Backe und küsse ihn auf die Stirn. »Nacht, mein Süßer.« Nur abends darf ich ihn so nennen.

Frank küßt ihn kräftig auf den Mund und sagt: »Schlaf gut«, mit einer Stimme, der man gehorchen muß. Er geht als letzter hinaus, schaltet das Licht aus und läßt die Tür angelehnt. Tobias sagt uns gute Nacht. Ich beobachte seinen Hintern, der traurig zuckt, als er die Treppe hinaufgeht. »Tony wird kommen«, sagt Frank, der meine Gedanken liest.

»Er liebt Tony nicht.« Ich drehe mich um und küsse ihn leidenschaftlich. Dann löse ich mich aus seinen Armen und gehe ins Badezimmer. Frank geht wieder nach unten, um die Türen zu verschließen und die Lichter zu löschen.

Nackt tappe ich durch den dunklen Flur, durch unser Zimmer und ins Bett. Der Himmel ist von einem hellen Königsblau, noch unberührt von Sternen. Wir gehen hier früh zu Bett, ehe wir zu müde sind, um es zu genießen. Als Frank die Treppe hochgeht, knarren all die vertrauten Dielen. Er öffnet die Schlafzimmertür, und das Licht aus dem Gang fällt ins Zimmer. Er schließt sie, und ich höre das Klirren seines Gürtels und seines Kleingelds. Dann ist es still, während er sich weiter auszieht, obwohl ich mich anstrenge, die Kleider fallen zu hören. Sein Körper erscheint neben mir, und ich öffne die Laken. Ein plötzlicher Wind weht raschelnde Blätter gegen mein Fenster und übertönt unser Ausatmen, als wir uns umarmen und aneinanderschmiegen, uns festhalten, als würden wir uns nie wieder trennen.

Hexenherz

ROMAN

Aus dem Amerikanischen
von Elke vom Scheidt

Die amerikanische Originalausgabe erschien unter dem Titel
»Me and You« bei Soho Press, New York

1

»Der Mann, den ich mal heirate«, verkündete ich im Alter von sieben Jahren, »wird ein Zigeuner sein, ein Pferdedieb und heimlicher Prinz.«

»Solange er ein Gentleman ist«, sagte meine Mutter unbestimmt. (Der Begriff hatte sich im Laufe ihres Ehelebens etwas verschlissen.)

»Solange er ein Mann ist«, gab mein Vater zurück, womit er meinte: kein Südstaatler. Kein Verwandter meiner Mutter. Kein allzu glatter, allzu beredter, allzu höflicher Mann. Mein zartgliedriger und eleganter Vater legte großen Wert auf seine rauheren Seiten.

»Ach, wirklich«, sagte meine Mutter. »Glaubst du, daß sie wählen kann?«

Ein Jahr vor der Hochzeit meiner Schwester lebte ich in einem mit Zedernschindeln gedeckten Haus in Berkeley, Kalifornien. Ich verbrachte meine Tage damit, Stephen King zu lesen und die Sesamstraße anzuschauen. Der Ehrgeiz, eine große Künstlerin zu werden, war mir irgendwie abhanden gekommen, wann, wußte ich nicht genau. Kalifornien war eine andere Zeitzone; das versicherte ich jedem, der fragte. Ich hatte Geburtstag, und mein Freund Lenny wollte kommen, um mich zum Dinner auszuführen. Zwar führte er mich jeden Abend zum Dinner aus (keiner von uns konnte kochen), aber wir taten so, als sei es etwas Besonderes. Sonst hätte er mir ein Geschenk kaufen müssen, und er sagte immer: »Eins weiß ich, Frauen kann man es nie recht machen.«

Es war spätnachmittags, die Dämmerstunde, in der der Kater allmählich vergeht und alle Zellen arbeiten und sich still wieder auffüllen. Das Kopfweh ist gewichen, der Magen hat sich beruhigt, die Haut gewinnt ihre jugendliche Frische zurück: Eine hübsche Frau kommt zum Vorschein.

Neunundzwanzig, dachte ich. Die allerletzte Chance, meine Jugend zu nutzen. Ich trank ein Glas Mineralwasser und packte meine Geschenke aus. Von meiner Mutter ein Seidenpullover und ein Ring aus Jade. Von Lucy ein Haufen Bücher. Ich sah sie nicht einmal an. Ich konnte nur Horrorromane lesen, obwohl ich davon Alpträume bekam. Irgendwie trösteten die Alpträume mich. So schöne, große, unheimliche Monster.

Die Tür schlug zu, und Lenny kam herein. »Hallo«, sagte ich. Einen Augenblick schwiegen wir beide. Diese Art Schweigen beunruhigte mich immer. Ich dachte, er setze zu einem Ausspruch an wie: Weißt du, was du letzte Nacht gemacht hast? Himmel, erinnerst du dich nicht? Aber es war nur Lennys Art, dafür zu sorgen, daß meine Aufmerksamkeit völlig von dem abgelenkt wurde, was ich getan oder gedacht hatte, bevor er hereinkam. »Aaah«, sagte er schließlich. »Scheiße, Scheiiiße.«

Er stand da und sah mich nicht an, während der Ekel des Tages von ihm abfiel und sich in meiner Küche breitmachte. Seine Hände fingen an, sich rastlos zu bewegen und die Luft zu durchschneiden. Auch wenn er sich selbst immer als netten jüdischen Jungen beschrieb – mit seinen großen Händen wirkte er wie ein Cromagnonkoloß. Es war seine Art zu stehen, vornübergebeugt, mit lose hängenden Armen; es war sein breiter Unterkiefer, es waren die kleinen, gelblichen Zähne – obwohl er tatsächlich schöne Augen hatte, braun und traurig, die er sehr effektvoll einzusetzen wußte. Es gibt nichts Schöneres, als von einem muskulösen Mann umarmt zu werden, einem Mann mit Launen und Wutanfällen, während er mit großen, sanften Augen und leicht bedrohlichem Unterton erzählt, wie verwundbar er sei und wie leicht man ihn verletzen könne.

»Okay«, sagte er. »Laß mich duschen, Baby, und ein sauberes Hemd anziehen, und dann gehen wir irgendwo schick essen.« Die Dusche rauschte, Lenny sang. Ich legte langsam mein Make-up auf. Mein Gesicht sah so sauber und frisch aus wie das eines unschuldigen Kindes. Ich empfand Bedauern über das, was ich tun würde, aber das Bedauern konnte meiner Vorfreude nicht standhalten. Der Alkohol wartete überall in der Stadt auf mich – in seinen bauchigen Flaschen, dunkel oder hell, süß oder bitter, lebendig und schillernd geheimnisvoll.

Da draußen warteten die Gläser mit Wein, mit Whisky, mit Cognac, die starken Schnäpse. Ich legte Lippenstift auf und kämmte mein Haar. Das Trinken ist kein Zwang, sagte ich zum Spiegel, es hat eher etwas von einer großen Leidenschaft.

Wir gingen zu Giovanni, wohin wir immer gingen. Steaks und Whisky – wir liebten es einfach. Die Kellner dort waren an uns gewöhnt und räumten meinen Teller kommentarlos weg. Lenny aß sein Steak ganz auf und drückte dann seine Zigarette in dem Fett aus. Das tat er immer, ich konnte es ihm nicht abgewöhnen. Der Kellner zog eine Grimasse, aber das merkte Lenny nicht. Er erzählte mir gerade, wie reich er irgendwann in der Zukunft sein würde. Ich hörte nicht genau zu, aber seine eifrige Stimme füllte den Raum zwischen meiner Anwesenheit am Tisch und meiner inneren Rastlosigkeit. Ich wollte Wein. Ich trank Wein. Ich wollte mehr. Ich trank mehr. Ich wollte noch mehr. Immer dasselbe Verlangen ohne Befriedigung, obwohl meine Trunkenheit wuchs. Immer wieder der gleiche monotone Ablauf: die Hand heben, die Lippen bewegen, schlucken – Erregung und Lust stiegen. Denn im Geschmack dieser blutroten Flüssigkeit war Lust. Diese blutähnliche Flüssigkeit, diese nahrhafte Speise. Lust war da, aber sie verblaßte langsam, ebenso wie die Erregung. Ab einem bestimmten Punkt gab es kein Gefühl mehr und erst recht kein Denken, aber trotzdem war ich bei Bewußtsein und wußte, wer ich war (obwohl man das eigentlich auch nicht als Wissen bezeichnen konnte).

Und Lennys Stimme sprach weiter, prahlte und plante. Er wollte Geschäfte machen, er brauchte nur eine kleine Finanzspritze. Hundert Riesen oder so. Ich hörte zu und fühlte mich froh und überlegen.

Ich wußte, daß es ihm in seinem Job besser ging, als es ihm als reichem Mann je gehen würde. Dann würde er nämlich merken, daß die Leute ihn immer noch nicht ernst nahmen. Selbst wenn er tausend Angestellte hätte, würde es jemanden geben – seine Sekretärin, seine Frau –, der ihn nicht ernst nahm. Jetzt aber war er jung und floß über vor Hoffnung und Gerissenheit. Er befürchtete, es würde nicht klappen, deshalb hielt er gern Monologe, und ich befürchtete, daß überhaupt nichts klappen würde, deshalb ließ ich ihn weiterreden.

Wir aßen einen Nachtisch, oder besser: Lenny aß. Er bestand darauf, Kuchen zu bestellen, weil ich Geburtstag hatte, und als ich den Kuchen nicht wollte, aß er mein Stück auch. Ich rauchte ein paar von seinen Zigaretten. Auf dem Tisch stand eine ungeöffnete Weinflasche – auf jedem Tisch stand eine –, die ich ärgerlich betrachtete. Die Idee, Wein als Dekoration zu verwenden, gefiel mir nicht. Dieselbe Flasche auf dem Tisch, Abend für Abend! Natürlich hätte ich sie öffnen lassen können, aber dann hätten sie nur eine neue hingestellt, wenn sie den Tisch frisch deckten. Es ärgerte mich: das Restaurant geschlossen, dunkel, leer, und auf jedem Tisch eine einsame Weinflasche.

Während Lenny diskret die Rechnung bezahlte (er nahm den Kellner beiseite und drückte ihm Scheine in die Hand), schob ich die Flasche in meinen Rockbund. Langsam stand ich auf und trottete hinaus, die Flasche an den Bauch gedrückt. Es kam mir gar nicht in den Sinn, daß man mich hätte erwischen können. Ich dachte, ich wäre unsichtbar, wann immer ich wollte.

Im Wagen zeigte ich Lenny die Flasche, indem ich meine Bluse hob und ihm vorführte, wo ich sie versteckt hatte. Er brüllte vor Lachen. Er fand mich wundervoll, kühn, anbetungswürdig. Er öffnete sie für mich mit seinem Schweizer Armeemesser, und wir fuhren in die Hügel hinauf, ich aus der Flasche trinkend, Lenny zwischen meinen Schenkeln fummelnd. Ich war ziemlich glücklich – ich hatte das Stadium erreicht, in dem mich die im Wind schwankenden Bäume, das viele Grün und die Dunkelheit hypnotisierten –, aber Lenny hörte nicht auf, detailliert zu beschreiben, was er gerade tat.

Ich sagte ihm, das Thema langweile mich.

»Mich langweilt das nie«, sagte er ehrfürchtig. »Nie.«

»So geht es mir mit dem Trinken.« Ich drückte den kühlen Mund der Flasche an meinen. Ein aromatischer, fruchtiger Chianti. Welche Macht er über mich hatte! Er ließ mich eine Flasche nach der anderen trinken. Ich mochte es, so süchtig zu sein, ich fand es magisch. Zumindest dann, wenn ich betrunken war.

»Ich sag's ja immer – wir zwei sind vom gleichen Schlag.«

»Macht's dir nichts aus, daß ich Sex langweilig finde?«

»Warum sollte es? Du fickst ja trotzdem mit mir.«

Lenny hatte zu trinken aufgehört, als wir das Restaurant verlassen hatten, und ich machte allein weiter, schwamm durch die trunkene Nacht, während er in seiner Sexwelt war, mich nach Hause fuhr, mir die Kleider auszog, mein Glas nachfüllte und sich ans Werk machte. Ich hatte nichts dagegen; seine verrückte Leidenschaft, seine Hände, die meine Oberarme umklammerten, boten eine Ablenkung. Inzwischen hatten sich alle meine Organe aufgelöst, mein Fleisch befand sich im Chaos. Wenn ich nüchtern war, dachte ich nicht darüber nach, wo in meinem Körper ich mich befand, aber wenn ich betrunken war, mußte ich das. Ich verirrte mich und wußte nicht einmal, wo ich eigentlich sein sollte. Mühsam versuchte ich, mich zu erinnern, wie Muskeln und Blut funktionierten, aber ich saß nicht im Kontrollraum, deshalb hätte es, selbst wenn ich mich erinnert hätte, nichts genutzt. Man konnte nichts tun, und doch mußte ich etwas tun – ich empfing diese Botschaft; wie Schwerter, die in meine Füße stachen: Atme! Denke! Laß dein Blut zirkulieren.

Lennys Körper auf meinem half mir, mich zu orientieren; er war etwas, worauf ich mich konzentrieren konnte. Der ganze Vorgang war eine Imitation, aber die Imitation hatte ihre eigene Macht. Sie enthielt unsere Geschichte und war eine Art Vertrag, obwohl ich keine Ahnung hatte, worüber wir einen Vertrag abgeschlossen hatten.

Am nächsten Morgen weckte mich das Telefon. Es läutete, bis ich den Hörer abnahm. Als ich ihn in der Hand hielt, dachte ich daran, wieder aufzulegen, aber ich fühlte mich einsam und schmiegte mein Kinn daran. »Hallo«, sagte ich sanft, als spräche ich mit dem Hörer, diesem armen, schwarzen, gekrümmten, unbelebten Ding.

»Nachträglich herzlichen Glückwunsch zum Geburtstag«, sagte meine Schwester. »Ich wollte dich gestern abend anrufen, aber du warst nicht da.«

»Ja.«

»Hast du schön gefeiert? Hast du die Geschenke bekommen, die ich dir geschickt habe?«

»Ich denke schon. Die Bücher, nicht? Danke.«

»Wie geht's dir denn? Wir haben uns ewig nicht gesprochen, du bist nie da, wenn ich anrufe. Du solltest dir einen Anrufbeantworter anschaffen.« Wenn ich das täte, Lucy, dachte ich bei mir, hätte ich nicht dieses ganz besondere Vergnügen, in meinem Schaukelstuhl zu sitzen, ein Glas Wein in der Hand, und zu hören, wie das Telefon wieder und wieder vergeblich läutete. Wenn man den Hörer nicht abnimmt, kann man sich am anderen Ende der Leitung jeden vorstellen, den man will.

»Ich weiß nicht, wie's mir geht. Ich fühl mich irgendwie komisch, aber es tut nicht weh. Hast du jemals einen Kater ohne Schmerzen gehabt? Eine tolle Idee, man sollte sie patentieren. Eine Sekunde.« Ich legte den Hörer hin und ging ins Badezimmer. Zündete mir eine Zigarette an. Öffnete eine Dose Bier. Als ich den Hörer wieder aufnahm, hatte sie beschlossen, mich zu besuchen. Ihre Stimme klang deutlich besorgt, und ich fand das unangebracht. Schließlich hatte ich Geburtstag gehabt. Ich machte ein paar Versuche, sie von ihrem Vorhaben abzubringen, aber ohne Erfolg. Sie sagte, sie wollte mich sehen. Sie wollte Lenny kennenlernen. Ich hatte ihr nur deshalb von Lennys Existenz erzählt, weil man etwas sagen muß, wenn man von seiner Schwester gefragt wird, was es Neues gibt.

Sie würde in einer Woche kommen und vier Tage bleiben. Dann fing sie an, über ihr Leben zu reden – sie hatte gerade einen Mann namens Malcolm kennengelernt –, und ich hielt den Hörer etwas von meinem Ohr entfernt.

Lenny. Konnte ich binnen einer Woche mit ihm Schluß machen? Oder würde er weiterhin herkommen, gegen die Tür schlagen, sie aufbrechen? Wahrscheinlich war es, daß er uns auf der Straße auflauerte und mich anbrüllte, bis ich schreiend auf dem Gehsteig liegen würde. Wir hatten bisher nur einen ernsthaften Krach gehabt. Das war, als ich ihn einen Neandertaler genannt hatte. Er schlug mich nicht, aber er schrie so laut, daß ich dachte, meine Trommelfelle würden platzen, und dann brach er in Tränen aus, so daß ich, zittrig und elend, aufstehen und ihn trösten mußte, bis er wieder ein Mann war. Er war vollkommen aufgelöst. Er sagte, er wisse, daß ich ihn nicht liebe, aber ob ich es nicht versuchen könne, ob ich nicht so tun könne als ob? Ich strich ihm übers Haar und murmelte vor mich hin. Innerlich dachte ich: »Du mieser, elender Scheißer. Du Wurm. Du Kleinkind. Du dummer, stinkender, debiler Fettsack, du lästige Ratte...« Dann lächelte ich, kicherte sogar, verwandelte das Kichern in ein liebevolles Lächeln und setzte mich auf seinen Schoß.

Aber was sollte ich machen? Ich brauchte ihn. Es gab sonst niemanden mehr – keinen einzigen Freund. Früher hatte ich Freunde gehabt. Das Problem war, daß ich niemanden wollte außer dieser Kanalratte. Lennys normale Gefühlslage war der eines Betrunkenen verwandt – weinerlich, argwöhnisch und infantil. Wir paßten zusammen. Lucy brauchte uns nur zu sehen, um das Schlimmste zu wissen.

Sie kam am Freitag nachmittag. Ich konnte sie nicht vom Flughafen abholen, weil ich kein Auto mehr hatte. Nachdem ich einmal zu oft vergessen hatte, wo ich es geparkt hatte, vergaß ich es einfach ganz. Ich bekam eine Rechnung fürs Abschleppen, die ich ignorierte, und damit war die Sache erledigt. Der Wagen war sowieso nicht viel wert gewesen, und, wie Lenny sagte: »Baby, du bist besser dran, wenn du mich fahren läßt.«

Am Freitag morgen putzte ich das Haus, fand monatealte Spinnweben und Brotkrumen, Weingläser in den merkwürdigsten Ecken, alle mit ihrer schwärzlichen, getrockneten Wunde. Es überraschte mich, daß das Haus so schmutzig war; und auch, wie schön es aussah, als es sauber war. Ich hatte mir für den Anlaß eine neue Seidenbluse gekauft, in einem Goldbraun, das zu meiner Haarfarbe paßte. In Wahrheit sah diese Farbe am besten an Lucy mit ihren lebhaften Brauntönen aus; vielleicht hatte ich sie deshalb gewählt. Vielleicht dachte ich, wenn ich aussähe wie sie, würde sie nicht merken, daß ich ich war.

Sie mußte jeden Moment eintreffen. Unwillkürlich war ich aufgeregt. Ich saß am Küchentisch, der mit dem Silber meiner Großmutter gedeckt war, eine Vase mit Mohnblumen in der Mitte, und trank ein Glas Chardonnay. Ich hatte so lange mit niemandem mehr ein gutes Gespräch geführt. Allerdings war ich gar nicht mehr in der Lage zu guten Gesprächen. Aber trotzdem, dachte ich, würde es ein Vergnügen sein, sie zu sehen, das liebe, vertraute Gesicht, die Schwester meiner Kindheit, unserer wilden Jugendnächte. Wer von uns wohl zuerst sterben würde, fragte ich mich. Mit ziemlicher Wahrscheinlichkeit würde ich das sein; wie traurig sie dann wäre! Aber durch irgendeinen Unfall könnte auch sie diejenige sein. Ich würde nie aufhören zu trauern. Selbst in diesem Augenblick könnte sie einen Autounfall haben.

Sie verspätete sich. Ich goß mir Wein nach und prüfte die Kalbskoteletts. Der Herd war nicht eingeschaltet, es war unnötig, nach ihnen zu sehen, aber ich tat es trotzdem. Sie lagen ruhig in der Pfanne, Seite an Seite, und verursachten keinerlei Probleme. Was noch? Der Kopfsalat war gewaschen und getrocknet, die Gurke in Scheiben geschnitten, das Brot auf dem Tisch. Ich konnte ein Abendessen kochen, wenn ich mir wirklich Mühe gab. Wieso verspätete sie sich? Ich hatte eine weitere Flasche Wein im Kühlschrank, ein halber Liter Jim Beam war im Badezimmer hinter der Waschmaschine versteckt. Daß ich gezwungen war, den Whisky zu verstecken, hatte in mir eine solche Sehnsucht nach Lenny geweckt – ich war versucht gewesen, ihn anzurufen und ihm zu sagen, ja, ich heirate dich, ich ziehe in deine scheußliche Eigentumswohnung.

Aber ich freute mich, daß sie kam. So lange schon hatte ich kein gutes Gespräch mehr gehabt – ich hörte einen Wagen in der Einfahrt halten, und mein Herz klopfte in Panik.

Sie trug eine schicke Jeans, einen weißen Pullover und das Haar zu einem Zopf geflochten. Sie sah so hübsch aus, so gesund und vor allem so tüchtig. Ich spürte, daß mein Gehirn zu schmelzen begann. »Oh, Gwennie«, rief sie, »wie schön ist das hier. So viele Blumen!« Ja, es gab viele Blumen. Sonnenschein, Blüten, grünes Gras. Ein Gefängnis mit Country-Club-Atmosphäre. Sehr hübsch.

Ich bat sie herein, setzte mich an den Tisch und schenkte uns Wein ein. Aber es gab nicht genug Wein, das war das Problem, es war einfach nicht mehr genug da. Kaum ließ meine Anspannung einmal nach, stieg sie auch schon wieder an; das war anstrengend, es war schwer, aufzupassen. Und ich mußte aufpassen. Lucy wußte, daß ich zuviel trank, aber sie hatte noch nicht alle Beweise gesehen. Mir schien es, als beginne jetzt mein Prozeß.

Sie fragte mich, was ich den ganzen Tag mache. »Du hast seit einem Jahr keine Arbeit mehr. Malst du?«

»Eigentlich nicht.«

»Warum nicht? Du bist so begabt, und wenn du sonst nichts tust...«

Ich goß Wein nach und schaltete den Herd ein. »Neulich hab ich tatsächlich ein Bild gemalt. Für Lennys Mutter. Ein Porträt von Elsinore, ihrem Hund.«

»Hat sie dich dafür bezahlt?«

»Es war ein Geburtstagsgeschenk.«

»Von dir?«

»Von Lenny. Er hat ihr nichts von mir erzählt. Er glaubt nicht, daß wir uns mögen würden.«

»Findest du das nicht kränkend?« Ihr Ton war viel zu scharf, und ich trank meinen Wein aus. Hier in Kalifornien reden wir nicht so, wollte ich sagen. Wir respektieren den Freiraum des anderen. Ich drehte die Koteletts um, goß Wein in die Pfanne, goß Wein in mein Glas. Trank.

»Es kränkt mich nicht. Sie mag nur Juden, sagt er. Es ist nicht meine Schuld, daß ich keine Jüdin bin. Außerdem ist es mir ganz recht so, warum sollte ich seine Mutter kennenlernen wollen?«

»Wenn es dir ernst ist mit ihm...«

»So ernst auch wieder nicht. Nicht entfernt so ernst.«

»Wann lerne ich ihn kennen?«

»Morgen«, seufzte ich. »Er nimmt uns zu einer Weinprobe mit.« Er hatte darauf bestanden, er wollte sie unbedingt kennenlernen. Eine seiner Lieblingszeitschriften hieß »Kesse Schwestern«, in ihr waren nackte Zwanzigjährige mit Pferdeschwänzen und Lutschern abgebildet.

Lucy erzählte mir von Malcolm. Wie wunderbar er sei, daß sie denke, er sei der Richtige, und so weiter. Ihre zwei Gläser Wein hatten sie aufgelockert, ihre Augen wurden größer und glänzender. Ich bemerkte, wie weiß und ebenmäßig ihre Zähne waren, ganz anders als meine. Natürlich trank ich zuviel Rotwein, aber sie waren schon immer gelb, und ich hatte sie zwar begradigen lassen, doch das hielt nicht an. Ich stellte ihr Fragen, erfuhr alles über ihren Redakteur und dachte an den jungen Arzt, zu dem ich gegangen war.

»Sie haben einen Leberschaden, wissen Sie. Noch nicht irreversibel. Aber bei Frauen kommt es schneller zum Alkoholismus, und er richtet mehr Schaden an. Er greift die Fortpflanzungsorgane an.« Er verzog den Mund zu einem kurzen Lächeln und drehte den Stift zwischen den Fingern. Ich weiß nicht, warum ich mich untersuchen ließ. Er gab mir ein paar Merkzettel zu lesen: die zehn Anzeichen für Alkoholismus. Er sagte, viele Leute leugneten ihre Krankheit, und sah mich dann hoffnungsvoll an.

»Ich leugne sie nicht«, sagte ich. »Ich weiß es, seit ich siebzehn bin.«

»Aber warum hören Sie dann nicht auf?« Er platzte mit der Frage heraus und wurde dann rot, als kenne er die Antwort. Als könne ich sie ihm sagen. Ich lächelte geheimnisvoll und verließ sein Sprechzimmer. Ich fühlte mich verworfen, als ich am Empfang darauf wartete, meine Rechnung zu bezahlen. Meine Adern sind voller Schleim, dachte ich, ich habe ein Hexenherz.

Ich servierte meiner Schwester das Abendessen. Wir aßen schnell, wie immer. Ich erinnerte mich an einen Abend, an dem Lucy und ich in der Wohnung meiner Mutter ein doppeltes Rendezvous hatten, während Mutter und Roy auf einer Party waren. Wir luden die Jungen zum Essen ein, und sie aßen so langsam, daß sie immer noch kauten, als Lucy und ich in die Küche gingen, um die Nachspeise zu holen. Dort angekommen, hatten wir plötzlich den Einfall, durch die Hintertür zu verschwinden. Die Jungen waren nicht so unterhaltend, wie wir uns vorgestellt hatten. Also gingen wir tanzen und ließen die beiden Unglücklichen verwirrt und gesättigt in der Wohnung warten, bis unsere Eltern kamen. Roy hatte sie wütend angefahren, wie wir später herausfanden. Er machte sich Sorgen, was wir allein draußen in der Stadt alles anstellen könnten.

Ich legte eine Kassette der Rolling Stones ein und goß Cognac ein. Sie trank ihren langsam und fragte, was in Berkeley bei der Frauenbewegung los sei. Ich sagte, ich hätte nicht die leiseste Ahnung.

»Bist du denn überhaupt nicht daran interessiert?«

»Ach, weißt du, ich glaube dieselben Sachen wie du. Ich kann mich bloß nicht aufraffen, was dafür zu tun.«

»Was benutzt du denn zur Zeit zur Verhütung?«

»Warum schaust du nicht in mich rein und guckst selber nach?« Lucy hatte mich einmal überredet, mit einem Spekulum meinen eigenen Gebärmutterhals zu betrachten. Das sollte ich regelmäßig tun, aber mir gefiel der Anblick all des hilflosen rosa Fleisches nicht.

»Bedeutet das, daß du ein Diaphragma nimmst? Du trägst ja wohl keine Spirale. Ich nehme jetzt ein Diaphragma mit Spermizid und ein Kondom, wenn ich glaube, daß ich fruchtbar bin.«

In Wahrheit nahm ich gar nichts. Ich hatte seit neun Monaten keine Periode gehabt und war auch nicht schwanger. Vielleicht war das der Grund, warum ich zu dem jungen Arzt gegangen war, irgend so etwas.

»Es gibt hier in der Gegend eine feministische Frauenklinik, da kannst du dich informieren, wenn du willst.«

»Ja, werd ich. Warum bist du so feindselig?« Ich griff nach der Flasche.

»Gwennie, nicht!«

Ich ignorierte sie, nahm einen großen Schluck, mehr, als ich eigentlich wollte, aus Angst, sie würde mir das Glas wegnehmen, und fragte ins Leere: »Also was macht Malcolm?«

»Ich hab's dir doch gerade erzählt... Morgen wird dir schlecht sein.«

»Mach dir darüber keine Sorgen.«

»Was denn sonst? Gwennie, was denn sonst?«

Lucy kann so unvermittelt dramatisch werden, sie überrascht

mich damit immer wieder. In ihren großen braunen Augen schwammen Tränen, ihre warme Hand umklammerte mein Handgelenk. Ich schüttelte sie ab und rauchte meine Zigarette. Ich fühlte mich scheußlich betrunken und weit jenseits irgendwelcher menschlichen Beziehungen. (Und trotzdem nicht betrunken genug, nicht annähernd betrunken genug.) Sehr bald begann sie zu weinen, und genau das hatte ich die ganze Zeit vorhergesehen.

»Genau davor hatte ich Angst«, sagte sie. »Und es ist wahr, es ist wahr.«

»Okay, okay.« Ich goß den Cognac in den Ausguß. »Siehst du? Laß uns schlafen gehen.«

»Es ist *nicht* okay«, sagte sie. »Was machst du, wenn ich nicht hier bin? Dann schüttest du ihn nicht aus.«

Das fand ich etwas stark. Wenn mich irgend jemand sonst am Trinken hindern wollte, wurde ich sehr böse. Jetzt war ich honigsüß, es war wie ein Drahtseilakt. Ich umarmte sie und sagte, sie habe ja recht, natürlich tränke ich manchmal zuviel, aber so schlimm sei es nicht. Ich hätte mich nur heute abend hinreißen lassen.

»Ich habe Angst, daß du Lenny nicht mögen wirst«, sagte ich. »Ich respektiere deine Meinung wirklich, und ich mach mir Sorgen.«

Sie beruhigte sich und sagte, ich solle mir keine Sorgen machen, sie sei sicher, sie würde ihn mögen, und ich erwiderte, in Ordnung, und sie sagte, sie wünsche, Malcolm wäre hier, und das entnervte mich. Schließlich meinte sie, wir sollten zu Bett gehen, und das taten wir. Ich trank etwas Jim Beam, während ich mir die Zähne putzte, aber nicht sehr viel.

Lenny kam am nächsten Vormittag um elf. Er trug ein lachsfarbenes Button-down-Hemd und eine elastische braune Hose, die um den Hintern herum etwas zu knapp saß. Er sieht gar nicht schlecht aus, dachte ich, als ich ihn kritisch betrachtete, und er ist groß, was unter den gegebenen Umständen ein Vorteil zu sein schien. Ich erinnerte mich, wie er mich vom Fußboden hochgezogen hatte, als ich gefallen war, und selbst in meinem trunkenen und schmerzlosen Auflösungszustand hatte ich es zu schätzen gewußt, leicht wie eine Feder wieder aufs Bett geschubst zu werden. Aber Lucy würde wohl nicht verstehen, daß das seinen Reiz hatte, oder? Sie war mehr auf dem Frauen-mit-eigener-Kraft-Trip.

»Angenehm«, sagte Lenny und quetschte die Hand meiner Schwester. Sie murmelte etwas, und die Überraschung stand ihr in den Augen geschrieben. Woran liegt das? fragte ich mich. An dem goldenen Ring, den er trägt? Dem Rasierwasser? Oder einfach an all dem schwarzen Haar, das unter seinem Hemd hervorschaut, so dicht und lockig, daß man die Nester kleiner Vögel darin vermutet. »Ich werde euch Mädchen zum Mittagessen in ein tolles Lokal führen. Außer mir und ein paar anderen kennt es keiner. Französische Küche und kalifornischer Wein. Gibt's was Besseres?«

»Mexikanische Küche und französischen Wein«, sagte Lucy, die gern Widerworte gab, wenn jemand sie als Mädchen bezeichnete.

»Sie machen wohl Witze! Dieses scharfe Zeug kann man doch nicht essen. Nichts als Fett, das bringt einen ja um.«

»Was glauben Sie denn, woraus französisches Essen besteht? Butter und Sahne. Nichts als Fett.«

»Sahne ist was anderes als Fett«, sagte er, als sei damit alles entschieden, und so ging es den ganzen Tag. Ich saß auf dem Beifahrersitz und schaute schweigend aus dem Fenster. Dunkelgrüne, geschwungene Hügel, grünes Moos, das von den Bäumen hing, ein paar wuschelige weiße Schafe und viele graue Steine, die wie Schafe aussahen.

»Wir sollten öfter aufs Land fahren«, sagte ich und unterbrach damit eine ihrer monotonen Streitereien.

»Mann, eines Tages haben wir hier ein Haus. Baby, verlaß

dich drauf.« Lucy schauderte, und wieder wollte ich Lenny beinahe heiraten. Lucy und ihren kleinen Redakteur einladen: Thanksgiving in unserer versoffenen Festung. Nach dem Abendessen könnten die Männer vor dem Kamin Ringkämpfe austragen.

Ein paar Minuten später hielten wir bei den ersten Weinbergen und begannen mit der Besichtigung. Lucy versuchte noch immer, gute Miene zum bösen Spiel zu machen; fröhlich beteuerte sie, wie interessant das doch alles sei. Lenny hingegen nahm die Besitzer der Weingärten in Beschlag und redete von Mann zu Mann mit ihnen. Diese Typen sind klassische Kalifornier; entweder behäbig und rundlich und große Kenner von Ziegenkäse, oder aber bleistiftdünn, von schüchterner Ernsthaftigkeit und in ihre Gerätschaften verliebt. Lenny konnte mit beiden Arten gut umgehen. Er legte seine Ellbogen aggressiv auf die Theken und hielt sie beschäftigt, während ich Gamay und Pinot Noir, Weißen Zinfandel und Grauen Riesling trank.

Nach einer Weile fing meine Schwester an, sich Sorgen zu machen. Ich gab mir keine Mühe, sie zu beruhigen; die Spannung zwischen ihr und Lenny bewirkte, daß ich mich unwirklich fühlte. Sie waren so lebhaft und zornig, ich konnte sie nicht erreichen, und ich wollte es auch nicht. Ich trank den Wein, als bestünde ich selbst aus Wein, als sei ich der Ozean, der den Regen willkommen heißt.

»Ich glaube, es ist Zeit, daß wir irgendwo essen gehen«, sagte Lucy. »Wir haben so viel Wein getrunken.« Ich wußte, daß wir bereits an Lennys Restaurant vorbeigekommen waren, aber er hatte beschlossen, uns nicht hinzuführen. Wahrscheinlich meinte er, Lucy verdiene es nicht.

»Hast du Hunger, Gwen?« fragte er. »Ich hab keinen Hunger. Kommt, Essen würde uns nur müde machen. Und ihr wollt doch nicht, daß ich am Steuer einschlafe, oder?«

»Ich kann fahren.«

»Meinen Wagen fahren Sie nicht. Eiserne Regel.«

»Darf niemand Ihren Wagen fahren? Oder nur keine Frau?«

»Keine Frau, die sagt, sie hätte zuviel Wein getrunken.«

»Sie haben mehr getrunken als ich.«

»Ich vertrage das.«

»Nur, weil ich vernünftiger bin als Sie –«

»*Empfindlicher* ist das richtige Wort. Bei Ihnen wirkt der Wein wie bei Ihrer Schwester. Ich muß mich um euch beide kümmern.«

»Ich weiß, welches Wort ich meine. Ich schreibe nämlich.«

»Ich weiß. Sie schreiben über Mösenkrankheiten, damit die Weiber denken, daß sie alles wissen, und nicht zum Arzt gehen.«

»Ich habe nie empfohlen, nicht zum Arzt zu gehen. Ich bin sicher, daß Sie sowieso noch nie was von mir gelesen haben.«

»Doch, hab ich. Gwen hat mir einen Artikel gezeigt. Haben Sie überhaupt eine Vorstellung davon, wie schwer es war, die Medizin zu einer wissenschaftlichen Praxis zu machen? Wie viele Frauen früher im Kindbett gestorben sind? Ich behaupte ja nicht, daß jetzt alles perfekt ist, aber die Rückkehr zu Hebammen und Wunderheilern bringt's ganz sicher nicht, meine Gnädigste.«

»Reden Sie absichtlich so rüde, um abgebrüht zu wirken? Mir ist es doch scheißegal, wie Sie reden.«

»Eindeutig.«

»Eindeutig was?«

»Ihre eigene Ausdrucksweise ist auch nicht die feinste.«

»Sie können mich mal.«

»An der nächsten Ecke biegen wir nach rechts ab«, sagte ich. »Da gibt's Champagner.«

Was nach dem Champagner passierte ist, weiß ich nicht mehr genau. Ich erinnere mich nur, wie Lucy sagte, sie müßten mich nach Hause bringen.

»Sie lächelt«, sagte Lenny. »Also ist sie glücklich.«

»Sie ist betrunken, Sie Idiot.«

Ich wollte keinen Wein mehr probieren. Ich wollte mich irgendwo auf eine Wiese legen und mich in einen grauen Stein verwandeln – das friedliche Leben eines grauen Steins. Endlich wendete Lenny den Wagen, und wir fuhren zurück. Ich sagte, mir sei heiß, und er zog mir die Bluse aus. Lucy fing an zu schreien, sie ließe nicht zu, daß ihre Schwester jedem vorbeikommenden Fahrer ihre Titten zeige, und Lenny solle verdammt noch mal sie fahren lassen. Lenny fuhr absichtlich wie ein Verrückter und lachte und betatschte mich. Ich weiß noch, daß Lucy drohte, sie werde ihn umbringen, und ich erinnere mich auch an die Erregung in seiner Stimme, als er sagte: »Versuch's doch, Baby.«

Ich erwachte davon, daß Lucy mir mit einem nassen Waschlappen das Gesicht abwischte. »Wie fühlst du dich?«

»Okay«, sagte ich müde.

»Das bezweifle ich«, antwortete sie. »Das bezweifle ich sehr.«

»Ist alles in Ordnung?«

»Das kann man nicht gerade sagen. Auf was bezieht sich denn die Frage?«

»Hm, na ja, was ist denn los?« Ich fing an, mich an den Vortag zu erinnern, aber bevor ich mir darüber Sorgen machte, wollte ich sichergehen, daß nichts Schlimmeres in meinen Erinnerungslücken lauerte. Als ich die ersten Blackouts hatte, pflegte ich einen Notizblock auf meinen Nachttisch zu legen, damit ich alles, was passiert war, aufschreiben konnte, bevor ich bewußtlos wurde. Gelegentlich funktionierte das, aber meistens fand ich beim Aufwachen ein unleserliches Gekritzel. Ein paar Wörter, Weinflecken, Zigarettenasche – und diese paar Wörter waren schlimmer als nichts: »Angerufen.« Angerufen? Wen? Was gesagt?

Ich versuchte, das Telefon auszustöpseln, bevor ich abends ausging, aber mein betrunkenes Ich durchschaute den Trick. Es stöpselte den Apparat wieder ein und tätigte seine mysteriösen Anrufe. Es fing an, mir Notizen auf dem Block zu hinterlassen. *Es ist der Mühe wert, Gwen, der Mühe wert,* und das mehrmals unterstrichen, bis der Bleistift abbrach.

»Du bist eine Säuferin, und dein Liebhaber ist ein psychopathischer Scheißkerl«, sagte Lucy.

»Oh.«

»Was willst du dagegen tun?«

»Ich muß ins Bad.«

»Der Jim Beam ist weg, daß du's weißt. Du hast davon getrunken, dann bist du von der Toilette gefallen, und ich hab den Rest ausgeschüttet.« Ihr Ton war sachlich.

»Ich muß pinkeln. Willst du, daß ich ins Bett mache?«

»Tut mir leid, Gwen. Ich liebe dich. Das weißt du. Ich liebe dich. Du bist meine einzige Schwester.«

»Bitte«, sagte ich und schleppte mich ins Badezimmer. Als ich wiederkam, hatte sie das Bett gemacht. Sie gab mir einen Morgenrock. Ich band den Gürtel fest und ging in die Küche. Ich glaubte, nicht aufrecht stehen zu können, aber eigentlich spielte es keine Rolle, wo ich war. Ich konnte auch auf dem Küchenboden ohnmächtig werden oder mich im Flur übergeben, welchen Unterschied machte das schon. Es war das Ende. Sie würden kommen und mich einsperren. In eine dieser verdammt teuren Kliniken an der Ostküste, wo ich sicher Selbstmord begehen würde. Ich kann es nicht ertragen, eingesperrt zu sein. Ich kann es nicht ertragen.

Ich dachte bereits darüber nach, wie ich es machen würde – Messer, Pistole, Strick, wie ein Kinderspiel –, als sie sagte: »Ich finde, du solltest nach New York zurückkommen und zu den Anonymen Alkoholikern gehen.«

»Aha. Und was ist, wenn es nicht funktioniert?« Interessanterweise merkte ich, daß die Verachtung und die Angst, die ich früher dieser Organisation gegenüber empfunden hatte, verschwunden waren. Das einzige Treffen, das ich besucht hatte, eine Versammlung von pathetischen Schwachköpfen, schien in der Erinnerung so beruhigend wie ein Kindergarten.

»Es wird funktionieren. Du bist stark. Du bist eine so tolle Person, Gwennie! Wirst du's versuchen?«

»Ich glaub schon.«

»Ich denke, wir sollten einfach fahren. Einpacken und fahren. Dann kannst du dich in meiner Wohnung erholen. Du brauchst dir über nichts Sorgen zu machen, du kannst zu den Versammlungen gehen und wirst wieder gesund. Okay?«

»Natürlich«, sagte ich skrupellos. »Kann ich im Flugzeug einen Drink haben?«

»Im Flugzeug kannst du dich vollaufen lassen. Aber das ist das letzte Mal.«

»Ich muß Lenny sehen.«

»Nein, das mußt du nicht. Er wird dich bloß wieder vergewaltigen.«

»Er vergewaltigt mich nicht«, protestierte ich schwach. Was war letzte Nacht passiert?

»Wie nennst du es denn sonst, wenn du bewußtlos bist? Bezeichnest du das als Einverständnis?«

»Na ja – ich gebe meine Einwilligung im voraus.«

»Es ist trotzdem Vergewaltigung. Für ihn könntest du auch tot sein. Sag's ihm telefonisch. Vom Flughafen aus.«

Ich lag auf der Couch, während sie Sachen einpackte und mit einem Nachbarn vereinbarte, sie uns nachzuschicken. Wie konnte Lenny mich vögeln, während Lucy da war? Hatte sie uns beobachtet? Nein, sie mußte versucht haben, ihn daran zu hindern, und er mußte sie ausgesperrt haben. Ich war überrascht, daß sie nicht die Polizei gerufen hatte, aber vielleicht hatte sie angenommen, sie würden auf seiner Seite sein...

Ich war fasziniert von der Vorstellung, tot zu sein. Die Bullen würden sagen: »Sie haben eine tote Frau gevögelt, Meister?« Und Lenny würde antworten: »Woher sollte ich das wissen, sie ist immer so.« Dann würden sie ihn abführen.

Wir fuhren zum Flughafen und bestiegen die Maschine. Ich habe Lenny nicht angerufen. Ich habe ihm auch nie geschrieben. Ich freute mich mit so intensiver Gier auf die Nüchternheit, erlebte sie dann so bewußt, daß mich nichts anderes mehr interessierte.

2

Es war ein schöner Tag für eine Hochzeit. Der erste Mai mit weißen Schäfchenwolken am blaßblauen Himmel. In der Östlichen Sechsunddreißigsten Straße wehte eine nach Pfirsichen duftende Brise. Die Fenstertüren im Wohnzimmer meiner Mutter standen zum Garten hin offen, und auf der ganzen sonnigen Fläche wimmelte es von Gästen.

Ich stand allein unter einem der blühenden Hartriegelbäume. Normalerweise ist die Ausstattung hier draußen eher sparsam, ein gußeiserner Tisch und Stühle und ein paar Töpfe mit Geranien, die regelmäßig eingehen. Aber jetzt war alles wie verwandelt! Die hübschen neuen Bäume reihten sich entlang der Grundstücksgrenze – wie ein Bühnenbild für den *Kirschgarten*, ein Theaterstück, mit dem sich meine Mutter beharrlich identifizierte, obwohl das Haus ihrer Vorfahren beim Tod ihrer Eltern verkauft worden war, und zwar nicht aus Notwendigkeit, sondern um eines dicken Gewinns willen. In den Bäumen hingen Lichterketten, die später eingeschaltet werden würden, und ein Gitarrenspieler saß ziemlich trostlos auf einem Stuhl und spielte Lieder, denen niemand zuhörte. Soweit ich erkennen konnte, handelte es sich ausschließlich um Balladen von unglücklicher Liebe. Vor der Mauer stand eine Bar, besetzt mit drei alten schwarzen Barkeepern – ein Hauch von Nostalgie –, und die Ballettklasse der Nichte meines Stiefvaters, gekleidet in rosa und grüne Tutus und glitzernde Silberslipper, servierte die ersten Hors d'œuvres.

Die Zeremonie hatte merkwürdige Gefühle in mir hervorgerufen, und in meiner Müdigkeit und Freude darüber, daß die ganze Sache überstanden war, stellte ich mir die dunkelhaarige Lucy als Schneewittchen vor, die jeden Moment in den Wäldern verschwinden würde. Aber wir waren hier, die Party hatte gerade erst begonnen. Es war acht Uhr und noch immer sonnig, als wolle der Tag nicht vergehen. Meine kleine Schwester stand mitten in der Menge, man redete mit ihr und küßte sie, und ich dachte an die Vierzehnjährige, die bei der Hochzeit unserer Mutter einen Toast ausbrachte: »Wir glauben zwar, daß die Ehe nichts weiter als die legale Versklavung von Frauen ist, ein Ausdruck archaischer Eigentumsrechte an menschlichem Fleisch, die in der nächsten Generation aussterben werden, aber wir wünschen euch trotzdem Glück.«

Natürlich waren auch ihre Überzeugungen dem Wandel unterworfen. Und ich hatte nichts gegen die Ehe als solche. Ich hatte nur nicht gedacht, daß Lucy als erste heiraten würde. Allerdings hatte ich in letzter Zeit auch nichts unternommen, und so mußte sie mich überholen. Vielleicht würde ich nie irgend etwas tun, während ihr Leben weiterging, Jobs und Kinder, und sie jeden Tag unsere geheimnisvolle Macht, jung zu sein, verriet.

Ich hatte nichts gegen Lucys frischgebackenen Ehemann. Malcolm war nett, er war intelligent, er hatte einen guten Job als Herausgeber einer Computerzeitschrift. Aber es gab eine Zeit, in der Lucy und ich gedacht hatten, wir genügten einander. Als ich mit siebzehn wegen Trunkenheit aus dem Internat geworfen wurde, war Lucy aus ihrer Schule hundert Meilen weit zu mir getrampt und kurz vor meiner Mutter und Roy angekommen. Die Eltern vergeudeten nicht viel Zeit damit, mit mir zu schimpfen – meine Mutter war immer mehr für die stillen Methoden gewesen –, und sie halfen mir auch nicht beim Packen, wobei sie in meinem Wandschrank Lucy entdeckt hätten. Sie parkten den Wagen draußen vor dem Schlafsaal und gingen den Hügel hinunter zum Verwaltungsgebäude. Meine schlaue Lucy hatte Ersatzschlüssel.

Wir fuhren mit dem Cadillac durch die hintere Ausfahrt, an den Scheunen der Meierei vorbei, dann in die Stadt, auf den Highway, den wir bei der nächsten Ausfahrt wieder verließen. Wir hielten an, um Cola zu kaufen und meinen Kater zu lindern. »Tut es dir leid, daß du rausfliegst? Wie steht's mit Evan?«

»Scheiße, nein, es tut mir nicht leid. Evan ist vorige Woche geflogen, ich hab dir einen Brief geschrieben. Es ist ein richtiger Scheißkrieg. Sie wollen beweisen, daß sie keine Hippie-Schule sind, diese Arschlöcher.« Meine Englischlehrerin war eine Hexe namens Wanda, die rote Miniröcke trug und mit Bäumen redete, und unser Französischlehrer ließ uns den Marquis de Sade übersetzen. »Ich hatte sowieso die Nase voll. Die spinnen alle.«

Lucy und ich verbrachten einen hinreißenden Tag. Es war Ende April, eine Jahreszeit, in der in Vermont der Schnee oft noch meterhoch liegt. Aber er war geschmolzen, die Bäume schlugen aus, und in den grünenden Wiesen standen Pfützen mit Regenwasser. Lucy saß selbstsicher am Steuer des riesigen Wagens, sie hatte die runden Arme nonchalant um das Steuer geschlugen, und ihr gestiefelter Fuß trat mit kompetenter, kraftvoller Freude auf das Gaspedal.

Nervös wegen der Polizei, hielten wir uns von den Highways fern und fuhren durch kleine Städte. Dabei sangen wir alle Reiselieder, die uns einfielen, von »King of the Road« bis »Route 66«. Lucy zündete einen Joint an, reichte ihn an mich weiter, und die Landschaft enthüllte ihren märchenhaften Zauber. Die Flüsse schlängelten sich und brodelten, die Hügel rollten, in den Schluchten spiegelte sich auf nassen, glatten Felsen das Sonnenlicht. Vermont wurde zu New Hampshire, und wir glaubten, den Unterschied ausmachen zu können. »Die Wachposten haben sich verändert«, sagte Lucy mit ihrer bekifften Stimme, die ich so liebte. Hinter jeder Straßenbiegung erwartete uns die Landschaft, Steine und Bäume zitterten von der Anstrengung, an ihrem Platz zu bleiben.

»Meine Englischlehrerin behauptet, von einer langen Ahnenreihe von Hexen abzustammen«, sagte ich und verzieh ihr in diesem Moment ihre unermeßliche Dämlichkeit.

»Die Vererbung läuft über die weibliche Linie«, sagte Lucy. Bald sangen wir wieder. »I don't want a pickle / just want to ride on my motorsickle / and I don't want to die / just want to ride on my motorcy / cle.«

»And she'll have fun, fun, fun / till her daddy takes the T-bird away«, sang ich.

In Hampton Beach hielten wir auf eine Portion Hummer und Bier an. Die Kneipe hieß »Hummerfalle« (oder »Piratenstube« oder »Kapitänskajüte«), und die holzgetäfelten Wände waren mit Seilen und Netzen behängt. Die gelangweilte Kellnerin freute sich, uns bedienen zu können, obwohl wir offensichtlich minderjährig waren, und als wir zu Ende gegessen hatten, machte sie uns mit ihrem Vetter bekannt. Walt war fünfundzwanzig. Ihm fehlten ein paar Zähne, seine Jeans rutschte ihm von den mageren Hüften, und seine Zigaretten waren alle zerbrochen und ließen an den Rändern den Rauch entweichen. Er redete und lächelte mit schlafwandlerischer Behaglichkeit; Bier und Mädchen entspannten ihn fast in den Schlaf. Er hörte anerkennend meinen Internatsgeschichten zu und kannte alle Typen, von den Drogenhippies über die vegetarischen Hippies und die Jesus-Freaks bis zu den Unschuldigen. Während ich trank und flirtete und neue Höhen hellsichtiger Zusammenhanglosigkeit erklomm, hob er seinen verkrümmten Finger (»Mein Vater hat ihn mir zerschlagen«), um neues Bier zu bestellen.

Schließlich lud Walt uns ein, und wir beschlossen, mit ihm zu seinem Wohnwagen in den Wäldern zu gehen. Wir nahmen den Caddie, da nur Lucy nüchtern war, und setzten uns zu dritt auf den Vordersitz, ich in die Mitte. Erst vor ein paar Stunden, dachte ich verwundert, war ich trocken, verkatert und mißmutig; dann Lucys Rettungsaktion, unsere magische Fahrt, ein älterer Mann. Ich spürte, wie meine Liebe zur Welt aufwallte, den Wagen füllte, aus den Fenstern strömte; mit einem Gefühl von absoluter Weiblichkeit ließ ich mich in Walts Umarmung sinken.

Als wir seinen Wohnwagen erreichten, der auf Zementblökken ruhte und mit orangefarbenem Teppichboden und Schokoriegeln eingerichtet war, setzte Walt sich zwischen uns beide auf die Couch vor dem Fernseher und küßte uns abwechselnd. Die Küsse, die er Lucy gab, waren Küsse neunten Grades, laut auf ihre geschlossenen Lippen geschmatzt; dann steckte er mir seine lange Zunge in den Hals. Sie schmeckte nach Monaten von Zigaretten und Bier, was mir recht war. Nach einer Weile gingen Walt und ich ins Schlafzimmer, um etwas ernsthafter zu fummeln, und Lucy machte Tee, ließ die Katze herein, rief unsere Mutter an und versicherte ihr, wir seien weder bekifft noch tot.

Den Rest des Frühjahrs verbrachten wir zu Hause in New York in Ungnade. Wir wurden um acht Uhr morgens vom Lärm des Staubsaugers unter unseren Betten geweckt und abends von den aufgeregten Telefonaten unseres Stiefvaters, bei denen es um Millionengeschäfte ging, an den Rand des Wahnsinns getrieben. Roys kapitalistische Überschwenglichkeit beleidigte uns auf eine Weise, wie es der unaufdringliche Reichtum unserer eigenen Familie nicht tat. Außerdem hatte Mutter bereits genug Geld... Roy schien nicht zu bemerken, in welcher Zeit er lebte. Man schrieb das Jahr 1972, und er machte aus Wiesen Einkaufszentren. Er war so unbekümmert, daß er gar nicht auf die Idee kam, wir könnten ihn nicht mögen. Ihn störten unsere Sprüche und unsere Kleidung nicht. Selbst nach der Geschichte mit dem Auto bezeichnete er uns als »die süßen kleinen Mädchen meiner Frau«.

Ich war hübsch. Ich trug durchsichtige Blusen und Augen-Make-up und ein antikes Silbermedaillon voller Haschisch. Aber Lucy war anders. Ihr schwarzes Haar fiel ihr in einem

Zopf auf den Rücken, sie trug hohe schwarze Stiefel und führte stets ein Jagdmesser bei sich. Die runden Wangen und der rosige Mund ihrer Kindheit waren noch da, verblaßten aber hinter ihrem Kinn und ihrem forschen Auftreten. Ihre Nase bog sich, ihre Knochen wurden fester. Sie erstaunte mich. So rauh und zäh, selbst wenn das teilweise aufgesetzt war. So rebellisch, so klug.

Damals entwickelte Lucy ihre feministischen Positionen, und ich pflegte mich auf ihr Bett zu kuscheln und zu lauschen, zu rauchen und zuzusehen, wie der Schein der Schreibtischlampe ihr großflächiges Gesicht erhellte. Eigentlich war das nicht überraschend. Der Feminismus hatte ihr gegeben, was sie sich immer gewünscht hatte, nämlich das Wissen, mit dem sie sich ihre Unabhängigkeit schaffen konnte. Als Kind war sie im Nachteil gewesen, aber jetzt konnte sie selbst denken, und das war eine große Erleichterung für sie. Lucy hat einen logischen Verstand, und was sie brauchte, war eine Struktur, etwas Einleuchtendes und Revolutionäres, das ihr und ihrem Intellekt die Richtung wies. Sie hatte das Glück gehabt, genau zur richtigen Zeit jung zu sein, denn nichts war für sie so gut geeignet wie der Feminismus, und zwar der Feminismus der frühen siebziger Jahre.

Was mich überrumpelte, war die Sexualität dieser Verwandlung, das rauhe, zähe Mädchen mit ihren Stiefeln und ihrem Messer. So wäre auch ich gewesen, dachte ich, wenn ich mich nicht so fatal zur weiblichen Rolle hingezogen gefühlt hätte, wenn es mir nicht solchen Spaß gemacht hätte, mich aufgeputzt im Spiegel zu betrachten. Ich weiß noch, daß Lucy einmal sagte, Make-up sei ein Symbol für die Knechtschaft der Frau. Ich antwortete, mir gefalle das Gefühl eines Lippenstifts auf meinem Mund. Sie grinste, nahm ihr Messer aus der Scheide und fuhr sich mit der stumpfen Seite über die Unterlippe. Das erregte mich, ich dachte, sie würde einen Rocker mit nach Hause bringen. Aber sie brachte niemanden mit nach Hause, sie blieb während der ganzen High-School-Zeit Jungfrau. Einmal trafen wir im Park eine Bande von Mädchen, aggressive Lesben, die drohten, uns zusammenzuschlagen. Lucy mit ihrer feministischen Rhetorik redete ihnen das aus, schmeichelte und imponierte ihnen mit der Art, wie sie das Wort »Frau« aussprach.

Auch mir schmeichelte sie auf diese Weise. »Schau dich an, Gwen, du bist nicht unterwürfig, du nimmst dir, was du haben willst. Du bist stolz, du bist eine Frau.« In der Tat. Ich befaßte mich mit meiner Sexualität (vögelte herum), widerstand jeder Indoktrination (hörte nie auf meine Mutter) und lebte genau nach dem berühmtesten Slogan der Zeit: *Schwesternschaft ist Macht.* So war es. Auch Lucy hatte Power. Die hat sie immer noch, aber sie trägt jetzt kein Messer mehr. Sie trägt auch keine schwarzen Stiefel mehr. Doch macht sie sich noch immer ihre eigenen Gedanken. Sie schreibt, worüber sie schreiben will – präventive Medizin, gynäkologische Behandlungen für mittellose Frauen, unser aller Recht, über unseren eigenen Bauch zu bestimmen. Sie schreibt für die feministische Zeitschrift *Frau und Gesundheit*, die keine Anzeigen für Sportmode und Anti-Falten-Cremes veröffentlicht. In den letzten paar Jahren hat sie außerdem einen Telefondienst für vergewaltigte Frauen eingerichtet, Zeit und Geld für ein Frauenhaus geopfert, in einem Prozeß zugunsten einer lesbischen Bekannten ausgesagt und im Radio über Abtreibung gesprochen. (Meine Mutter rief an und fragte mich: »Warum redet sie, als hätte sie ein Dutzend Abtreibungen hinter sich, wo sie doch nicht mal eine einzige hatte?« – »Das ist ihr einfach peinlich, Mutter – sie will dazugehören.« »Ach, sei nicht so töricht.«) Ich bin stolz auf sie, sie gibt mir das Gefühl, extrem faul und träge zu sein, und ich vermisse die alte Lucy, das Mädchen, das sie höchstens für ein paar Jahre war, das ich aber gesehen und gewählt und seither nie wieder losgelassen habe – meine wahre Schwester, meine schwarzhaarige, freche Lulu, meine einfache und explosive kleine Schwester.

Meine Mutter funkelte mich von der anderen Seite des Gartens her an. Norah verstand das so zu tun, daß es niemand bemerkte: Ihr rundes Gesicht lächelte, und ihre Augen waren groß und blau wie die von Tenniels Cheshire-Katze. Sie neigte ihren Pfirsichbusen zuerst dem einen und dann einem anderen Gast zu – oh, meine schöne Mutter –, aber ich sah das Zucken an ihrer Schläfe, das kurze Verengen der großen Augen; ich wußte, was es bedeutete. Ich sollte mit süßer, weiblicher Grazie durch die Menge gleiten, hier und da auf ein paar Worte, einen Kuß stehenbleiben, Fremde mit Freunden bekannt machen und diejenigen ablenken, die zu lange mit meiner Schwester redeten.

Aber ich hatte das eine Stunde lang gemacht und keine Lust mehr. Jeder Augenblick dieser Feier war äußerst schmerzhaft gewesen. Dafür sind Hochzeiten natürlich bekannt. Nicht, daß die Leute unbedingt zuviel trinken, aber als ehemaliger Alkoholiker erinnert man sich, was das für ein perfekter Vorwand ist, wenn das Fest einmal mit unserer Sucht übereinstimmt. Alkoholiker sind groß im Feiern. Das gelingt uns sogar bei einem schlichten Drink nach der Arbeit; und mit unseren ungewöhnlichen Festivitäten handeln wir uns endlose Schwierigkeiten ein.

Ich war fast ein Jahr lang trocken und machte überhaupt keine Probleme mehr. Ich war höflich zu den Freundinnen meiner Schwester, den feministischen Yuppies mit ihren Perlen, und zu Malcolms Freunden in ihren Anwalts-, Arzt- oder Bankiersklamotten. Ich war höflich zu den Freundinnen meiner Mutter, deren Lieblingsfrage war, wann ich denn heiraten würde. Sie fragten in einem verschmitzten und scherzenden Ton, als habe Lucy einen Coup gelandet. Ich erwiderte ihre Scherze, während ihre alkoholgetränkten Küsse meine Lippen benetzten, und sagte, ich hätte heimlich geheiratet, aber mein Mann sei ein Spinner und wolle sich nicht in der Öffentlichkeit zeigen.

»Und wie alt bist du jetzt?«

»Neunundzwanzig«, antwortete ich, und darauf folgten weitere Scherze über den dreißigsten Geburtstag. Ich stand da und lächelte und fühlte mich immer unbehaglicher. Dreißig, einunddreißig, fünfunddreißig. Neununddreißig, vierzig. Warum konnte es nicht einfach passieren? Das Jahrzehnt fiel über mir zusammen wie ein Kartenhaus: Bube, Dame, König; es war wie die Berliner Straßenszenen von Kirchner. Ich hatte zu trinken aufgehört, um mein Leben zu retten, aber mein Entsetzen über eine Vergangenheit, an die ich mich kaum erinnern konnte, war nichts gegen meine Angst vor dem, was sich hinter dem Horizont verbarg. Was sich sogar schon jetzt zeigte. Nüchternheit. Das klingt so vernünftig. Es klingt nach einem unitarischen Geistlichen, der im Kirchenwald seinen Spaziergang macht. Es klingt nach Sicherheit, aber das ist es nicht, natürlich nicht. Warum sonst hätte ich getrunken?

Dann war Lucy neben mir. »Komm, o ehrenwerte Brautjungfer! Du mußt mit auf die Bilder.«

Sie zog mich durch den Garten zu dem langhaarigen Fotografen. Er schenkte uns ein bekifftes Lächeln, dieser Liebling von Mutters Freundeskreis, dessen lockere Hippieaufmachung in seltsamem Gegensatz zu seinem unterwürfigen Gerede steht. Er erinnerte die alternden Matronen an die Jugend ihrer Kinder, an diese erschreckende, unwillkürliche Frechheit, über die sie jetzt als Veteranen eines interessanten Krieges Geschichten erzählen. Keiner hier hat – bis jetzt zumindest – ein Kind durch Drogen, Gefängnis, Ritualmord oder dauerhafte Entfremdung verloren. Sie sind alle zurückgekommen, die meisten nach Manhattan; die Frauen werden schwanger und führen endlose Telefongespräche mit ihren Müttern. Das erzählt mir jedenfalls Lucy; sie hält den Kontakt mit diesen etwas älteren Kindern der Freunde meiner Mutter, denen wir damals nacheiferten und deren Beziehungen sie jetzt nutzt. »Jean French arbeitet bei der *Times*«, sagt sie mir etwa, und ich sehe das Glitzern in ihren Augen; sie hat eine neue Quelle. Selbst Sachen, deren Nutzen nicht sehr wahrscheinlich ist, freuen sie. »Ich bin Reporterin«, sagt sie, »ich muß alles wissen.«

»Schön«, sagte der Fotograf und ließ unser Haar langsam durch seine Finger gleiten, während er unsere Köpfe in den richtigen Winkel drehte. Lucys Haar ist fast schwarz, meines ingwerfarben. Ihre Augen sind braun, meine blau. Ihre Nase ist länger und ihr Kinn eckiger, aber wenn wir lächeln, sehen wir uns ähnlich; ein gewisser Eigenwille verrät sich, der Funken, der zwischen unseren Eltern sprühte.

Der Fotograf stellte uns erneut auf, diesmal mit Malcolm in der Mitte, der seine Arme um unsere Taillen legt. Malcolm käme nie darauf, daß er mir meine Schwester stiehlt. Da er selbst keine Geschwister hat, heiratet er Lucy mit großer Sehnsucht nach einer Familie. Beim Abendessen delektieren mich die beiden mit den Namen ihrer zukünftigen Kinder. »Macht nicht so viele«, bitte ich, als sie mit der ältesten Tochter, dem ältesten Sohn, den Zwillingen durch sind.

»Warum nicht?« fragt Malcolm; dies ist sein liebster Tagtraum.

»Keine Sorge«, sagt Lucy. Ich mache mir keine Sorgen. Ich fühle mich bloß unwohl; Tante Gwendolyn, denke ich, das geht ein bißchen zu weit.

»Was ist mit Tante Gwendolyn passiert?« werden die Kinder fragen. »Ihr habt ihr Bild auf dem Kaminsims stehen, bitte erzählt's uns.«

»Sie verschwand am Abend unserer Hochzeit und wurde nie wieder gesehen. Manche denken, sie sei ertrunken, manche, sie sei verbrannt –«

»Und manche denken, sie fiel in den Kuchen und wurde aus Versehen gegessen«, werden die Kinder rufen.

Ich gönnte mir eine Pause. Schlenderte fort von dem glücklichen Paar, zurück unter den Hartriegelbaum. Wenn meine Gedanken einen bestimmten Grad von Negativität erreichen, merke ich, daß ich nicht denken muß. Keiner verlangt es von mir. Ich schloß für eine Minute die Augen, und als ich sie wieder öffnete, betrachtete ich den Empfang wie ein Gemälde. Das ist ganz einfach. Man fixiert den Blick, atmet tief und langsam, und schon erscheint selbst eine lebhafte Menschenmenge still, und jede Bewegung wirkt ausgeglichen. Wenn ich sehr aufmerksam bin, kann ich jede Geste vorhersagen, und so geschieht sie gewissermaßen nicht als Leben, sondern als Kunst: die endgültige oder perfekte Form der Szene steht immer vor meinem geistigen Auge.

Das ist die richtige Lebensweise, diese fließende Losgelöstheit ist so ungeheuer sinnlich. Sie macht die Welt zärtlich. Ich sehe die Muster, die sich bilden und wieder auflösen, die Kinder und die Sommerkleider, ich sehe alles, und es spielt keine Rolle, welche Beziehung ich dazu habe. Sehen ist genug. Wenn es nur so bleiben könnte.

Ein Kellner blieb mit einem Tablett Champagner vor mir stehen, hielt es der Dame hin, damit sie sich entscheiden könne. Die Gläser glänzten wie Sonnenkringel auf der Meeresoberfläche, sprühten Tropfen in die Luft, die meine Nase und meine Lippen erreichten. Ich wußte, was ein Schluck Champagner anrichten würde. Binnen Augenblicken würde ich mich in so unsagbarer Schönheit sonnen, daß sie fast gewichtslos erschien; ich würde kaum merken, wie ihr Gewicht zunahm. Ich würde mich nicht mehr mit Schauen begnügen, sondern so tun, als sei die Welt meiner Vorstellungskraft entsprungen, als hätte ich diesen symbolischen Stoff ausgeworfen, um die Wildnis mit Landschaft zu füllen. Jeder Mann und jede Frau wären mein Mann, meine Frau: mein Ich und seine Abkömmlinge, die nur zum Scherz beiseite treten. Niemand ist so gefährdet wie diejenige, die so denkt, die nur sich selbst sieht und darum blind durch die Welt geht. Was vermißte ich mehr – die Kraft, Schönheit zu entdecken, oder die Kraft, sie zu zerstören?

In meiner Konzentration auf den Champagner war mir entgangen, daß ich nicht mehr allein war. Direkt hinter mir hörte ich eine Stimme – Jack Price, Malcolms Vater –, ein heller Bariton, auf komische Art befangen. Er schien so vertraut, als würden wir uns seit Jahren kennen. »Ich fühle mich wie ein Hund, wenn ich aus diesen Gläsern schlabbere. Warum servieren sie das Zeug nicht in Bierkrügen?«

»Soll ich Ihnen einen Bierkrug holen?«

»Nein, danke, Gwendolyn.« Ich drehte mich um und prallte gegen ihn. Er streckte die Hand aus, um mich zu stützen, und etwas Wein spritzte auf meinen Arm. »Entschuldigung«, sagte er. Ich spürte das kalte Brennen des Alkohols auf meinem Arm; der Kellner entfernte sich. Natürlich brennt Champagner nicht wirklich, aber bei mir schon.

»Sie sollten sich nicht so anschleichen.«

»Ich dachte, dies sei eine gesellige Veranstaltung. Oder irre ich mich da?«

Ich hielt mich nicht mit einer Antwort auf. Ich betrachtete das Glas in der Hand, mein Blick wanderte seine Arme hinauf zu seinem strahlenden, amüsierten Gesicht, und dann an seinem Körper hinunter. Er hatte schmale Handgelenke, runde Schultern und eine tonnenförmige Brust. Leichter Bauchansatz. Dikkes, gelocktes schwarzes Haar. Die Locken irgendwie unnatürlich, sehr sanfte, aufmerksame Augen.

»Amüsieren Sie sich?« fragte ich. Wir hatten beide an der Zeremonie teilgenommen. Jack war Trauzeuge, ich Brautjungfer. Während der Geistliche sprach, hatte Jack mich die ganze Zeit aus den Augenwinkeln beobachtet; ich hätte beinahe laut losgelacht. Niemand sonst kann sehen, dachte ich, was so klar auf seinem Gesicht geschrieben steht.

Er seufzte. »Gestern morgen war ich in Mexiko. Sie machen da unten einen Film aus einem meiner Bücher und waren so gütig, mir zu erlauben, dort herumzulungern. Irgendwo in ihren benebelten Hirnen ist ihnen klar, daß ihr Drehbuch nichts taugt, und sie wollen, daß ich es in Ordnung bringe. Allerdings sagen sie das nicht. Noch nicht; erst ungefähr zehn Minuten vor

Drehbeginn. Darum lag ich einfach am Strand und trank Margaritas, und ich mußte wegen dieser Sache hier zurückkommen.«

»Niemand hat Ihnen eine Pistole an die Schläfe gehalten«, bemerkte ich. Jack Price schrieb Science-fiction. Mit seinen Helden nahm es immer ein böses Ende; sie zündeten ihre Zigaretten an den verkohlten Ruinen der letzten Stadt an oder fanden sich in einer verlassenen Raumstation im Andromedanebel eingesperrt. Aber er hatte eine wunderschöne Art zu beschreiben: den Sternenregen draußen vor dem Fenster, das Atmen der Kohle unter dem Gestank brennender Leichen.

Er lachte. Sein Mund, der in Ruhestellung kaum auffiel und dessen gesunde Röte in den Mundwinkeln verblaßte, erwies sich beim Lächeln als großzügig, breit und geschmeidig.

»Natürlich wollte ich kommen, was denken Sie denn? Mein einziger Sohn, den ich gekannt habe, seit er ein Baby war...« Seine Stimme war weich, sogar wehmütig. Ich fühlte mich angezogen. »Früher hatte ich eine bestimmte Methode, wenn er sein Gemüse nicht essen wollte. Ich sagte ihm, wenn er verheiratet sein würde und ich ein alter Mann, dann könne er mir zu essen geben, was er wolle. Die Idee hat ihm sehr gefallen! ›Saure Milch!‹ hat er dann geschrien. ›Schmutzige Socken!‹«

Ich konnte mir Malcolm nicht als Kind vorstellen. Ich konnte auch Jack nicht in der Rolle des Vaters sehen. Wenn man sie zusammen erlebte, sah man deutlich, daß sie eine Beziehung zueinander hatten, aber ihre Beziehung war merkwürdig, eigenartig, als sei Jack gerade von einer viel längeren Reise als seinen zwei Wochen in Mexiko zurückgekommen. (Es war ein einfaches Eingeständnis, das er mir da machte: Ich möchte nicht hier sein, ich möchte hier sein. Trotzdem reichte es aus, um mir das Gefühl zu geben, ich könnte es vielleicht ertragen, hier zu sein, dem Trinken und Flirten zuzusehen, ohne mich zu oft daran zu erinnern, wie es früher war, wie es niemals war, wie es niemals sein wird.)

»Glauben Sie, daß die beiden miteinander glücklich werden?« fragte ich. (Nicht ganz so einfach war meine körperliche Reaktion auf ihn. Er war zu nah, das machte mich benommen. Der Geruch, sein massiver Körper, das Haar auf seinen Handgelenken und Armen. Dies war eine Tatsache, keine alkoholisierte Phantasie. Aber ich hatte keine Ahnung, wie man mit Tatsachen umging.) Er sah mich scharf an. »Warum fragen Sie das? Sicher haben Sie dazu eine eigene Meinung. Oder ist das nur eine höfliche Frage, wird von uns allen erwartet, daß wir über ihr Glück spekulieren?« Er ist ein bißchen angeheitert, dachte ich. Das störte mich nicht. Ein bißchen angeheitert war okay.

»Nein, es war nicht bloß eine höfliche Frage. Ich weiß es wirklich nicht, für mich ist das alles ganz neu. Natürlich mag ich Malcolm, wer würde ihn nicht mögen?«

Er seufzte. »Er ist so liebenswürdig.« Es hörte sich an, als sei er in Trauer.

»Er ist süß, und Lucy ist auch süß. Sie ist treu. Aber ich bin es nicht gewöhnt, daß Leute heiraten. Außer meiner Mutter natürlich. Keiner meiner Freunde hat... allerdings habe ich keine wirklichen Freunde mehr.«

Er sah mich an, lächelte, schüttelte leicht den Kopf. »Sie sind gerade nach hier zurückgekommen, nicht?«

»Vor zehn Monaten. Ich kenne alle diese Leute, aber ich will sie gar nicht unbedingt kennen.«

»Ich weiß, wie sich das anfühlt. Heiraten... offen gesagt, mir ist nicht klar, was sie heutzutage damit meinen. Vor zehn Jahren dachte ich, wir hätten die Institution Ehe begraben. Ich dachte, nie wieder würde jemand heiraten.« Er hielt inne. »›Sollte ich heiraten? Sollte ich brav sein? Das Mädchen von nebenan mit meinem Samtanzug und meiner faustischen Kapuze verblüffen?‹«

»›Führe Sie nicht ins Kino, sondern auf Friedhöfe, erzähle ihr alles über Werwolfbadewannen und gespaltene Klarinetten‹«, setzte ich das Zitat fort.

»Erstaunlich.« Er strahlte mich an. »Sehr erstaunlich.«

»Das ist alles, was ich weiß«, warnte ich ihn. *Marriage* von Gregory Corso. Ich hatte es während meiner Beatnik-Phase gelesen, als ich mir wünschte, in den fünfziger Jahren in der MacDougal Street zu leben, schwarze Ballettslipper und einen blonden Jean-Seberg-Haarschnitt zu tragen.

»Früher konnte ich das ganze Ding auswendig hersagen. Ich trug es meiner Frau an unserem zweiten Hochzeitstag vor, aber sie schlief vor dem Ende ein.« Seine Frau, Ruth, war Lucys Idol. Eine prominente Feministin, die an der Universität von New York lehrte und wichtige Bücher geschrieben hatte.

»Vielleicht hätten Sie's ihr vor der Hochzeit aufsagen sollen«, wagte ich zu sagen. Er sah mich an, senkte die Augenlider und lächelte. Das Bewußtsein seines Charmes schien ihm neu, als hätte er ein Dutzend Jahre nicht mehr geflirtet. Bei mir schien es genausolange her zu sein.

»Es erschien erst 1960. Da war ich schon Vater.«

Ich sagte nichts. Sein dunkler, würziger Duft erinnerte mich an Sandelholz, an überreife Pflaumen, an einen Freund, den ich hatte, als ich sieben war. Wir schlossen uns einmal im Wandschrank ein und küßten uns, bis seine Mutter die Feuerwehr rief.

»Ehe...« Seine Stimme klang versonnen, er versuchte, die Konversation fortzuführen. Ich habe bemerkt, daß die Leute das automatisch tun. Sobald man aufhört, sich darüber Sorgen zu machen, daß man schweigt, stellt man fest, daß andere die Arbeit für einen tun. »Wissen Sie, zu meiner Zeit war die Ehe ein Glücksspiel. Man übernahm die Verantwortung für eine Familie, das heißt, der Mann tat das, und die Frau hatte das Risiko, ob der Bursche, den sie gewählt hatte, auch dazu imstande war. Man heiratete eine Frau und fragte sich nicht: Kann ich sie lieben? Man fragte bloß: Kann ich sie mir leisten?« Er nahm ein neues Glas Champagner von einem Tablett und leerte es in einem Zug. Farbe stieg ihm ins Gesicht.

»Heutzutage ist die Ehe etwas Tröstliches«, sagte ich. »Etwas Beruhigendes.«

»Beruhigend? Ich hatte an meinem Hochzeitstag vor Angst die Hosen voll. Ich hatte damals erst ein einziges Buch verkauft – *Mutanten auf dem Mond* –«. Er schaute mich von der Seite an, seine schlangengleichen Augenbrauen hochgezogen.

»Toller Titel«, sagte ich.

Er lachte. »Es war die Zeit, wo jeder Hinweis auf gute Literatur sicher im Inneren des Buches versteckt werden mußte. Man mußte hoffen, daß es niemand bemerken würde, und das allein war schon ein Trick, der mich ziemlich amüsiert hat. Wie auch immer, ich war alles andere als wohlhabend, der Ladenpreis meines ersten Romans betrug genau einen Vierteldollar. Und Ruth war schwanger. Ich rechnete mir aus, daß ich alle achtunddreißig Tage ein Buch schreiben müßte, nur um durchzukommen. Ich stand da und knobelte aus, wie viele Worte pro Stunde, pro Minute.«

»Wünschen Sie sich, daß Malcolm in dieser Situation wäre?« fragte ich ironisch.

»Nein, mir geht bloß der Mund über. An einem Tag wie heute soll ein Mann sich erinnern dürfen. Ach, die guten alten Tage, als ich jung und arm war und Windeln über der Toilette ausleerte. Die Windeln haben wir immer noch, Ruth benutzt sie als Staubtücher. Warum nicht? Wegwerfwindeln sind vielleicht das, was diesem Planeten den Rest gibt.«

»Was?«

»Nichts, nichts. Ich sehe, daß das kein Thema ist, das Sie interessiert. Werden die beiden glücklich? Ich mache mir Sorgen darüber. Das sagt nichts gegen Ihre Schwester, aber ich mache mir wirklich Sorgen. Wissen Sie, als er plötzlich zehn Zentimeter größer war als ich, ahnte ich, daß er kein kleiner Junge mehr ist, aber... Ich besuche ihn in seinem Büro, er wirbelt in seinem Stuhl herum, alle Telefone läuten –«

»Ich weiß«, sagte ich. »Er hat da unheimlich viel zu tun.«

Er sah mich pfiffig an. »Hier dagegen, andererseits – nun ja, es ist eine Hochzeit. Ihre Mutter hat das fabelhaft arrangiert.« Die Kellner belagerten uns mit Kaviar und Shrimps, Scheiben von Knoblauchtoast, belegt mit Ziegenkäse und sonnengetrockneten Tomaten. »Tolles Fest. Tolle Umgebung.«

»Das meiste davon ist Roys Geld«, murmelte ich. Nicht, daß er gefragt hätte. Ich schäme mich unseres Reichtums, noch heute, Mitte der achtziger Jahre. Natürlich ist das meiste davon wirklich Roys Geld. Meine Mutter, Lucy und ich haben nur so viel, daß wir gerade zurechtkommen.

»Und welches Verbrechen hat er begangen?« fragte er spontan; ich wußte, daß ich die Frage provoziert hatte.

»Er macht Grundstücksgeschäfte.«

»Himmel, das hat Malcolm mir nicht gesagt. Wo heirate ich da ein?«

»Sie«, sagte ich scharf, »heiraten nirgends ein.« Und doch spürte ich ein leises Bedauern, als ich merkte, daß das nicht stimmte. Unsere Familien waren verbunden; wir waren in diese Bindung einbezogen; ich wußte, was ich wollte, und das war nicht eine Art Schwiegervater. O weh, o weh, o weh, dachte ich. Aber ich widerstand seiner Anziehung nicht.

»Sie wissen, was ich meine. Trotzdem – der Mann wirkt ganz normal.« Sein Ton war konziliant, beschwichtigend; ich lachte.

»In dieser Familie heiraten wir nur nette Männer«, sagte ich großspurig.

Er zog eine Augenbraue hoch. »Also deshalb sind Sie noch ledig.«

Ich stürzte in Verlegenheit wie in einen Brunnenschacht. So eine dumme kleine Bosheit, und sie traf. Ich wurde rot; wie konnte ich damit aufhören, während er mich ständig ansah?

»Sie sind in Ordnung«, sagte er sanft.

Ich tat mein Bestes, um sarkastisch zu klingen. »Danke, ich hab mir wirklich Sorgen gemacht.«

»Tja, ich weiß, wie das ist. Man sieht in den Spiegel und sagt sich: Sieht aus wie ein menschliches Wesen. Man hebt einen Arm, schnüffelt und sagt: Riecht wie ein menschliches Wesen. Aber ist es eins? Ist es eins?« Er machte eine richtige Story daraus, er war sehr komisch, spähte vor sich hin wie in einen Spiegel, und meine Schüchternheit verschwand.

»Sie sahen nicht glücklich aus, Gwendolyn, als Sie so allein hier standen. Ich dachte, ich hätte einen verwandten Geist entdeckt. Als ich ein Kind war, nahmen meine Eltern mich oft zu riesigen Partys mit. Aus irgendeinem Grund bildete ich mir immer ein, sie suchten ein anderes Ehepaar, das mich adoptierte. Sie stellten mich überall vor: ›Und das ist Jack.‹ Ich hätte einen Wutanfall kriegen oder in die Hose pinkeln müssen, um sie zu entmutigen.«

»Wissen Sie, was ich gerade erlebt habe? Genau die entgegengesetzte Situation. Ich war auf einer Kinderparty. Roys Nichte hatte Geburtstag. Es war herrlich; achtzehn kleine Mädchen umschwärmten mich und wollten meinen Lippenstift ausprobieren.«

»Kann ich nächstes Mal mit Ihnen gehen?«

»Im Ernst?«

»Ich weiß, was Sie meinen. Ich hatte ein Kind.«

»O Gott, erinnern Sie sich an den Absatz in Ihrem Buch, wo der Mann Zellen von seinem toten Sohn nimmt und ihn klont, und als der Sohn zwölf wird, bringt er ihn um und fängt von vorne an, weil er nicht ertragen kann, daß er groß wird?«

»Er kann nicht ertragen, daß der geklonte Sohn groß wird. Sie haben also meine Bücher gelesen? Ein gebildeter Bewohner Manhattans wie Sie, und noch dazu eine Frau? Es geschehen noch Zeichen und Wunder.«

»Ich hab sie gelesen, als ich in Berkeley wohnte.«

»Das erklärt alles. In Berkeley ist Sciene-fiction Literatur. Himmel, sie ist schon fast eine Religion. Wenn ich dort bin, werde ich überall herumgereicht, zum Essen eingeladen, soll Vorträge halten und denke, daß ich jemand bin; dann komme ich wieder hierher zurück, und sobald ich aus dem Flugzeug steige, fühle ich mich als Niemand.«

»Warum kommen Sie dann zurück?«

»Zufällig unterrichtet meine Frau hier. Aber vielleicht macht es mich auch irgendwie stolz, ein Niemand zu sein. Es ist irgendwie komisch, daß ich, nachdem ich dreißig Jahre meinen Lebensunterhalt verdient und sechzehn Bücher geschrieben habe, immer noch nicht als richtiger Schriftsteller gelte. Es macht nichts... wenn ich ins Grübeln verfalle, brauche ich nur meine Fanpost zu lesen.«

»Ich habe Ihnen mal einen Fanbrief geschrieben«, sagte ich, »aber ich hab ihn nicht abgeschickt.« Seine Bücher, die ich meist in zutiefst verkatertem Zustand gelesen hatte, hatten mich oft aus meinen düsteren Schuldgefühlen gerissen. Irgendeine Leichtigkeit darin hatte mich angetrieben, aus dem Bett aufzustehen, mein Haar zu kämmen und einen Spaziergang zu machen. Daß diese Spaziergänge häufig bei einem Glas Wein in einem sonnigen Café endeten, war wohl kaum Jacks Schuld.

»Tatsächlich? Was stand drin? Warum haben Sie ihn nicht abgeschickt? Wissen Sie nicht, daß man sich bei Leuten bedanken soll, die einem eine Freude gemacht haben?«

Sein Gesicht war meinem plötzlich so nahe. Eine Freude. Die Freude an einem Buch ist eine sehr private Sache. Seine Bücher, die in meinem Bett zwischen halb gegessenen Sandwiches, schmutziger Unterwäsche, Zeitschriften und Bonbonpapier herumlagen.

»Ich weiß nicht mehr, was drinstand.«

»Ach, kommen Sie.«

»Nein, wirklich nicht.«

»Natürlich wissen Sie's. Flüstern Sie's mir ins Ohr.«

Ich lachte und schaute auf sein zu mir geneigtes Ohr. Kein kleines Ohr, leicht orangefarben, gummiartig, sauber, umgeben von drahtigen schwarzen Locken. Es schien ein sicherer Platz zu sein, Jacks Ohr. Aber sogar die Vorstellung von Sicherheit –

Sicherheit war ein warmer Raum mit einem für zwei Personen gedeckten Tisch, einer Flasche weizengoldenem Wein. Also stell es dir nicht vor, sagte ich zu mir und blieb stocksteif stehen.

Ein Augenblick verging, während sein Ohr wartete. Hatte ich es nicht bis an den Rand mit Unausgesprochenem gefüllt? Er schien so etwas zu vermuten. Er schüttelte leicht den Kopf wie ein Mann, der aus dem Wasser kommt, und wechselte das Thema. »Was tun Sie sonst noch, außer Briefe nicht abschikken?«

»Ich male Hunde.«

»Mir gefällt, wie Sie das sagen. ›Ich male Hunde.‹ Natürlich tun Sie das, das wußte ich schon vorher. Was für Hunde?«

»Hunde, deren Frauchen für ein Porträt bezahlen. Reinrassige Hunde.«

»Wahrscheinlich muß man schon ein Rassehund sein, damit Frauchen ein Porträt in Auftrag gibt«, sagte er, und ich wurde von der Vorstellung überrumpelt, daß er nackt in meinem Studio stünde. »Malen Sie sie in ihrem Wohnzimmer, oder erfinden Sie eine Landschaft für sie?«

»Sie meinen, so was wie ein schwarzer Hund, der in der Dämmerung durch die Wüste läuft, der gelbrosa Strahl eines Scheinwerfers, das Auto in der linken Ecke fast unsichtbar?« Das Bild kam ganz spontan, als Gegenstück zu der anderen Vorstellung.

Er lächelte mich einen Augenblick an: Mir wurde schwindlig vor Glück. »Ja.«

»Nein.«

»Vielleicht sollten Sie.«

»Vielleicht sollte ich«, stimmte ich zu.

Die Autotür offen – die Art, wie Autotüren schief in den Angeln zu hängen scheinen. Blau. Morgen würde ich damit anfangen und die dummen Porträts aufgeben. Ich würde wieder eine Künstlerin sein, die ganze Nacht malend, strenge Vorstellungskraft, unverdorben vom Markt. Einen Augenblick lang blühte sie auf, meine Hoffnung und meine Begeisterung, die ganze Brillanz meiner Jugend. Es war, als betrachte man einen Sonnenaufgang.

Dann war ich plötzlich so traurig, wie ich glücklich gewesen war. Kummer durchfuhr mich wie ein Messer, das mir in den Rücken gestoßen wurde. Lucys Heirat, meine Einsamkeit, eine ganze Oper von Gegensätzen, von Entbehrungen. Ich wurde von meinen Gefühlen mitgerissen und glaubte, mein Körper würde sich nie davon befreien.

»So«, sagte er.

»So?« Ich lächelte schwach. Es war dunkel geworden. Vielleicht sollte ich gehen und mit jemand anderem reden. Trotzdem wußte ich, daß ich mich nicht von ihm fortbewegen würde.

Wir standen ein paar Augenblicke schweigend da und beobachteten die Menge, die Männer in ihren hellen Sommeranzügen und mit glattfrisierten Haaren, die schlanken, glitzernden Frauen. Was fühle ich, fragte ich mich. Es ist nichts. Nur eine Laune. Es war nicht überraschend, daß ich Verlangen empfand; er war attraktiv, er beachtete mich, und ich hatte mehr als zehn Monate lang keinen Sex mehr gehabt. (Diese leeren Nächte sammelten sich um mich wie hungrige Kinder: Gib uns zu essen, Mama, gib uns zu essen, Mama. Mama. Seid still). Ich war bestimmt nicht das, was er wollte, falls er überhaupt etwas wollte außer einem harmlosen Flirt. Er hatte getrunken, fiel mir ein. Sein Sohn hatte gerade geheiratet.

Lucy und Malcolm lachten und hielten einander im Arm. Sie sah so gesund aus, so sorglos. Wie war sie so geworden?

»Malcolm hat mich Ihrer Tante Agatha vorgestellt. Sie ist ein eigener Charakter, nicht? Sie erzählte mir von Ihrem Vater. Soweit ich verstanden habe, war er im Verlagsgeschäft, Kinderbücher, oder? Es klang nicht so, als sei er der Typ für Kinderbücher.«

»Mein Vater war davon überzeugt, daß Kinderbücher subversiv sein sollten. Provokativ, extrem, sogar grausam. Er drängte seine Autoren immer, den Stoff düsterer zu machen. Kennen Sie die Art von Geschichte, wo man am Ende feststellt, daß alles ein Traum war, daß das Kind schlafend im Bett liegt und Mami das Frühstück bringt? Solche Schlüsse haßte er. Meine Mutter sagte immer zu ihm: ›Ned, die Leute lesen ihren Kindern abends vor, damit sie einschlafen‹, und dann ging er in die Luft. Er erzählte uns oft, wie er als Junge *Huckleberry Finn* gelesen hatte und dann von zu Hause weggelaufen war. Da war er neun.«

Ich sprach ruhig, obwohl es mir schwerfiel, seinen Namen auszusprechen. Ich dachte, er würde von meinen Lippen springen und fliehen, ein heißes, helles Bündel aus Zähnen, Pelz und Krallen. Welchen Schaden würde es, einmal dort draußen, anrichten? Mühsam unterdrückte ich den Gedanken; meine Ruhe vertiefte sich und gewann einen unheimlichen Glanz. Ich hielt die Augen fest auf Jack gerichtet, während ich meine Fassung vervollkommnete; er schien gleichzeitig merkwürdig harmlos und vollkommen unerreichbar.

»Er rannte mit neun Jahren weg? Das ist ziemlich eindrucksvoll – obwohl mir einleuchtet, warum Ihre Mutter anderer Meinung war. Ich hätte einen Herzinfarkt bekommen, wenn Malcolm das getan hätte.«

»Ach, manchmal bekamen seine Eltern ihn zu sehen. Er pflegte sich in die Küche zu schleichen und Eßbares zu stehlen. Sein Vater drohte, er würde ihn einfangen und ihm eine Tracht Prügel verpassen, aber er tat es nie. Mein Vater kam aus eigenem Willen wieder zurück.«

»Und – bekam er die Tracht Prügel?«

»Wahrscheinlich. Sie werden Tante Agatha fragen müssen.«

Tante Agatha war die älteste Schwester meines Vaters und hatte mich an diesem Nachmittag beiseite genommen, als ich die Cocktails zum Lunch ablehnte, und mir Geschichten über alle Trunkenbolde der Familie erzählt. Die Autounfälle, die finanziellen Katastrophen, die zerbrochenen Ehen. Ich hatte das merkwürdig tröstlich gefunden. Es ist eine Krankheit, nicht mein Fehler.

»Sie sagte mir, er sei gestorben, als Sie noch Kinder waren. Das muß hart gewesen sein.«

»Ich war sechzehn, Lucy fünfzehn. Vermutlich waren wir Kinder.« Ich zögerte, aber es war einfacher, es herauszulassen, als es für mich zu behalten. »Er fiel die Treppe herunter. Er war betrunken. Damals lebte er schon allein, sie ließen sich scheiden, als ich zwölf war.«

Immer wenn ich das erzähle, möchte ich lächeln. Es ist mir peinlich. Gewiß ist etwas so Dramatisches nicht mir passiert; ich denke an all die Schichten von Annahme und Verweigerung, von Sehnsucht und Erleichterung, von Erinnerung und dem, was ich damit gemacht habe. Tränen können etwas so Kompliziertes nicht ausdrücken, dachte ich. Nur ein Lächeln.

Trotzdem sah mich Jack so freundlich an und stellte weder Fragen, noch wechselte er das Thema. Sympathie – wozu ist sie gut? Ich wußte, daß seine täppische Pfote den Splitter nicht herausziehen würde. Aber da war noch etwas, etwas, das mit der Trauerarbeit zu tun hatte, die ich nicht geleistet hatte. Es war in den letzten dreizehn Jahren dagewesen wie ein Riß in der Wand. Eine Stelle, an der der Wind eindringt; ich hatte mich hartnäckig dagegen gestemmt.

»Irgendwann erzähle ich Ihnen mal davon«, sagte ich träumerisch. Ich hatte vergessen, daß wir uns gerade erst kennengelernt hatten.

»Irgendwann?« Der Klang seiner Stimme rief mich wieder zurück.

»Na ja, nicht jetzt. Das hier ist eine Hochzeit. Meine Schwester hat meinen Vater gehaßt, wissen Sie.«

»Ich glaube, daß ihr an mir auch nicht viel liegt.«

Ich sah ihn an, die Art, wie seine alte Jacke sich seinem Körper angepaßt hatte, seinen hellblauen Pullover. Er war der einzige Mann auf der Hochzeit, der keinen Anzug trug. Mir gefällt es, wie ein Pullover an einem Mann wie Jack aussieht, der sowohl durch seinen Körperbau als auch seine Neigungen massiv wirkt. Er füllt seine Kleider gut aus. Selbst seine Schuhe fanden meine Zustimmung.

»Nein, nicht viel.«

»Wundert Sie das nicht? Was hab ich eigentlich getan?« Seine Stimme war rauher geworden; ich bereute sofort. Ich hatte vergessen, daß ihn das vielleicht kränken würde.

»Sie neigt dazu, Männer jenseits eines bestimmten Alters nicht zu mögen. Sie hat eine Art Vaterkomplex.« Das Schulmädchen mit den runden Backen und den zarten Schläfen, das erstaunt zusieht, wie ich an ihrem Klassenzimmer vorbei ins Büro des Direktors gehe. Irgendwie habe ich sie immer für kleiner als mich gehalten. Aber das ist sie nicht, sie ist größer, sie ist stärker, sie verdient mehr Geld.

Jack lächelte skeptisch. »Ich glaube, es ist etwas Persönliches, Gwen. Kommen Sie, sagen Sie's mir. Sie haben ja schon damit angefangen.«

»Na ja, zum einen sind Sie zu lange in Mexiko geblieben. Das hat sie verletzt.« (Erst am Morgen der Hochzeit zurückzukommen, hatte sie gesagt. So ein Arschloch. Und sieh dir an, wie er angezogen ist. Er ist Schriftsteller, sagte Malcolm. Ja und, erwiderte sie, was glaubst du wohl, was ich bin?)

»Ich weiß, ich weiß. Sie hat recht. Scheiße.« Er seufzte schwer. »Da hängt noch mehr dran. Meine Frau –«

Deine Frau spricht auch gegen dich, dachte ich. Lucy hatte mir einige von Ruths ätzenden Kommentaren wiedergegeben.

»Hören Sie«, sagte er abrupt. »Haben Sie Lust, von hier zu verschwinden?«

Ich war verblüfft, dann plötzlich lebendig vor Verlangen. Jack Price mit seinen schlangenartigen Augenbrauen und seinen schwarzen Locken, der mit dem Kleingeld in seiner Tasche klimperte und vorschlug zu gehen. Jack Price in seinem hellblauen Pullover, der mich einlädt, mit ihm davonzuschleichen.

Die Nacht draußen erschien mir plötzlich so riesig und chaotisch wie das Meer und war, wie die See oder das Chaos, nach einem geheimen Muster geformt. Ihr schmelzendes Röhren klang so fern und vertraut, als sei Jack eine Muschel, die ich ans Ohr gedrückt hatte, als sei ich die Muschel. Wie konnten wir uns hier einsperren lassen? Ich lächelte ihn zärtlich und dann mit einem Hauch von Zweifel an. Was hatte er mit meiner explosiven Reaktion zu tun? Was hatte er überhaupt mit dieser Einladung gemeint? Weg von hier?

»Ach, vergessen Sie's, machen Sie sich nichts draus, eine dumme Idee.«

Nein, wollte ich sagen, warten Sie eine Minute, gar nicht dumm, aber da hörten wir von der anderen Seite des Gartens seinen Namen rufen. Ruth kam auf uns zu, eine große Frau mit intelligentem Gesicht und schmalen Augen, mit afrikanischen Juwelen und rostbrauner Seide geschmückt. Ihre Schlüsselbeine ragten aus gelblicher, faltiger Haut; ihr Blick, das wußte ich aus Erfahrung, würde nie ganz auf mir ruhen.

Sie wollte ihn mit jemandem bekannt machen. Irgendein junger Science-fiction-Autor, ein Freund von Lucy. Er reichte mir zum Abschied die Hand und ging mit ihr, langsamer als sie, so daß sie sich entnervt umdrehte. Seine Augenlider waren gesenkt, und er wirkte gleichzeitig gleichgültig und spöttisch. Dann wandte er sich nach links – seine Locken glänzten unter den Lichtern in den Bäumen, und auch seine alte Jacke, die er schon ein Dutzend Jahre trug.

Ich berührte meine Hand da, wo er sie ergriffen hatte. Ich spürte den Druck eines jeden Fingers, konzentrierte mich darauf, ihn zu fühlen. Ich wollte diese Hand. Ich wollte sie von seinem Handgelenk abdrehen. Mit ihr unter meinem Kopfkissen schlafen. Morgens würde sie fröhlich über meinen Körper klettern.

Ich blieb noch eine Stunde auf dem Empfang. Ich aß drei Stücke vom Hochzeitskuchen und tanzte mit Malcolm und einigen seiner Freunde. Die Party war nach drinnen verlegt worden, und Jack war immer anderswo. Einmal sah ich ihn mit Roy, der von Mann zu Mann mit ihm redete. Er verschwand mit Mrs. Farnsworth in der Bibliothek. Ich wollte ihn nicht verfolgen. Ich dachte dauernd, er würde zurückkommen und mit mir reden. Aber wie sollte ich es ertragen, wenn er es täte – diese lächerliche Verschossenheit? Ein verheirateter Mann, der Schwiegervater meiner Schwester. Warum quälst du dich, fragte ich mich. Warum nicht, antwortete ich, warum nicht? Ich habe nichts Besseres zu tun.

Ich ging gegen elf. Ich schlich mich davon, ohne mich von jemandem zu verabschieden. Wunderbarerweise waren Flur und Vorraum leer. Diese Leere oder der weiche lavendelfarbene Teppich, die Blumendrucke in ihren schweren Rahmen, der Kirschholztisch mit seinem rosigen Schimmer beruhigten mich, und ich fragte mich, ob ich nicht bleiben sollte. Setz dich doch hin und iß noch ein Stück Kuchen. Der Hochzeitskuchen hatte eine Mokkaglasur und grüne Blätter aus Zuckerguß. Er wurde mit Himbeer- und Zitronensorbet serviert. Nein, nein, dachte ich, raus aus dem Hexenhaus. Ich schloß die Haustür hinter mir. Ich brauche keine Hochzeitsnacht. Hier gibt es nichts, was ich brauche.

Eine kurze Erheiterung – dann die Stimme in mir, so unerwartet, so wissend. Oh, Mädchen, sagte sie, ich hab dich, ich hab dich an einer langen Leine. »Einige nennen es Krankheit«, sagte neulich ein Schwarzer bei einem AA-Treffen mit Stentorstimme, »aber ich nenne es den Teufel.«

3

Zwei Tage nach der Hochzeit malte ich in meinem Atelier. Es stabilisiert mich, mein Talent zu nutzen, einen Pinsel zur Hand zu nehmen und zu spüren, wie er sanft über die Leinwand fährt. Ich liebe es, die Farben zu verstreichen, wie man einen Körper streichelt. Karmesinrot, Siena, Indigo. Ganz, ganz sorgfältig. Wie kann jemand Farbwalzen benutzen? Oder die Farbe einfach aufspritzen? Wie kann man diese zarte Berührung mit den Fingern nicht lieben? Man muß die Schönheit langsam herauslassen, als führe man ein Kind an der Hand über die Straße. Es spielt keine Rolle, daß ich es für eine Kundin tue. Es überhaupt zu tun ist ein Fest.

Ich arbeitete an Mrs. Fishbeck-Perrys Dobermann. Er ist kaum mehr als ein Hundebaby, tolpatschig und schmächtig, erstaunt, dazusein – meinst du mich, sagen seine Augen, ich lebe, ich? –, aber schon jetzt ein schönes Tier. Sie könnte ihn ausstellen, wenn sie wollte, aber sie will nicht; sie hat ihn gekauft, um ihn zu lieben. Sie ist eine winzige alte Dame mit weißem Haar und weißen Händen, und sie hat mir Vanillewaffeln und Ginger Ale serviert. Der Hund hatte Kopf und Vorderpfoten auf ihren Schoß gelegt und sah sie an wie ein Kind, das weiß, daß es bald sprechen können wird. Das Porträt war fast fertig. Gewöhnlich bedauere ich das, aber an diesem Tag war es anders. Hoffnung, Abenteuer, Glück – alles befand sich in dem rosa und elfenbeinfarbenen Sofa, auf dem mein Sujet lag, in seinem jungen Kopf, der wie ein Flügel in die Luft gereckt war. Ich malte den ganzen Tag, langsamer und langsamer, und hielt mehrere Minuten mit erhobenem Pinsel inne.

Ich bin froh, diese Arbeit zu haben. Sie ist so anders als die Jobs, die ich früher in Galerien, Museen oder Buchhandlungen annahm. Auf jede Arbeitsperiode folgte eine lange Periode des Nichtstuns. Dann reiste oder malte ich und lebte von Schecks aus dem Treuhandvermögen unserer Familie. Bis mir das Geld ausging und ich mich ans Telefon setzte und jeden anrief, den ich kannte, um nach einem Job zu fragen. Ich mache alles, sagte ich, mir ist das egal. Drei oder vier Monate lang sammelten sich dann die Schecks an, und die Routine des Jobs wurde immer uninteressanter. Am Anfang gefällt es mir immer: früh aufstehen, sich der Welt des Arbeitstages zugehörig fühlen, die Kameraderie der Kollegen, das Vergnügen der Mittagspause. Dann fing ich an, die Werbeanzeigen für billige Flüge nach Europa zu lesen. Erinnerungen an fremde Straßen überfielen mich: Hotelzimmer mit Balkons, die fremdsprachige Beschriftung auf Kekspackungen, das schnelle Spanisch auf den Plätzen von Madrid. Französische Schuhgeschäfte, italienische Landschaften, das verliebte Murmeln eines griechischen Jungen, der kein Englisch sprach. Nach einer Weile hörte ich zu reisen auf; ich blieb zu Hause und trank. Ich schnorrte Geld von meiner Mutter, und die unbezahlten Rechnungen stapelten sich.

Heute ist es mir unvorstellbar, ohne Arbeit in New York zu leben, und es macht mich dankbar, daß ich mich von meiner Kunst ernähren kann. Noch nie habe ich etwas als so befriedigend empfunden, nicht einmal, als ich einfach so malte. Ich war immer unentschlossen und wußte nie, was ich malen sollte. Es gab zuviel Auswahl, zu viele Inhalte und Stile, und zu viele meiner Leinwände waren am Ende zentimeterdick. Wenn ich nach einer durchzechten Nacht nach Hause kam, betrachtete ich meine Arbeit verzweifelt, nahm meinen Pinsel und verbesserte sie zu Tode.

Dieses Problem habe ich nicht mehr. Ich bin kein Genie mehr. Ich bin eine Hofmalerin, geschickt, talentiert und verdiene meinen Lebensunterhalt. Alle paar Wochen trinke ich

Tee bei einer Dame – es ist immer eine Dame –, die durch ihre Freunde von mir gehört hat. Ich zeige ihr meine Dias und lerne das Tier kennen, wir diskutieren den Preis, und schon ist sie vorbei, die Stunde der ängstlichen Ungewißheit, wegen der ich meine Schecks wirklich zu verdienen glaube. Das Malen ist ein Vergnügen. Es kam vor, daß der Kundin das Werk nicht gefiel, dann malte ich ein anderes und behielt das abgelehnte. Ich habe einen Labrador, einen Akita und einen Neufundländer in meinem Wandschrank. Manchmal nehme ich sie heraus, um sie zu betrachten; wenn ich mich einsam fühle, mehrmals am Tag. Sie haben etwas gemeinsam. Sie alle sind alte Hunde und zu dunkel gemalt, ihre Augen schimmern vor trübem Hintergrund, dunkle Köpfe – sie haben zuviel Pathos in den Augen. Ich mag sie so.

Was kann es schon bieten, das Leben eines Stadthundes? Sie sind Gefangene, gekauft, um die Einsamkeit der anderen um den Preis ihrer eigenen, noch absoluteren Einsamkeit zu lindern. Diese schönen Nasen und Ohren dürfen nie frei und wild sein, außer vielleicht am Wochenende oder im Sommer, was ihnen eine verzweifelte Leidenschaft einflößt, die sich, wenn sie älter werden, in verzweifelte Nervosität verwandelt. Ich habe sie gesehen, wenn sie vom Land zurückkamen, ich habe den Hunger gesehen, den sie an ihre Herrin, ihr Gesicht, ihre Hände vergeuden. Sie sagt: »Er kann es nicht ertragen, von mir getrennt zu sein. Er würde mir überallhin folgen.« Und das Tier drückt seinen Körper an sie, als könne er mit ihrem fremdartigen, zu häufig abwesenden Fleisch verschmelzen.

Meine Kundinnen sind beeindruckt von meiner Beziehung zu ihren Tieren. Wenn ein hochbeiniges Afghanenweibchen seinen Kopf in meinen Schoß legt, wenn ein verwöhnter Pudel mich mit seinen schwarzen Augen beobachtet und nicht unterbricht, denken die Besitzer, sie hätten es mit jemand Besonderem zu tun, einer wirklichen Künstlerin, einer Zauberin. Sie wollen, daß ich ihnen von allen Hunden erzähle, die ich hatte, also erfinde ich ein paar. Ich sage ihnen nicht, daß ich niemals einen Hund haben könnte, weil ich kein Haus auf dem Land mit vielen Wäldern und Hügeln besitze, weil ich mit einem häuslichen Leben nicht zufrieden wäre und weil ich nicht glaube, daß mein Leben ewig so weitergehen wird. Hunde wollen Frieden, Sicherheit und Zuneigung, wenn sie ihre Arbeit getan haben. Arbeit ist das, was sie brauchen, um am Leben teilzuhaben. Arbeit und auch Wildheit, denn sie sind weder Wölfe noch Menschen, sondern Hunde.

Um vier läutete das Telefon. Ich nahm den Hörer ab, ehe der Anrufbeantworter sich einschalten konnte. Ich sollte das nicht fühlen, dachte ich, ich sollte das nicht wissen. Wenn man schon weiß, wer anruft, noch ehe man Hallo gesagt hat, wenn man sich genau vorstellen kann, was dann kommen wird, sollte man dann nicht klüger sein? Nein.

Jack lud mich zum Abendessen ein. Ich nahm an. Einfach so.

Ich hängte auf, saß auf meiner rosa Couch und schaute durch das Fenster auf die Frau im Haus auf der anderen Straßenseite. Sie bügelte. Abends bügelte sie immer; es sah geruhsam aus. Ich stellte mir vor, das Hemd eines Mannes zu waschen und zu bügeln für das Privileg, es ihm ausziehen zu dürfen, all diese Knöpfe aufzuknöpfen, was unendlich lange dauert, und den ehrlichen Schweiß...

Wir wollten uns in einem Lokal namens Astray Café treffen. Das war mein Vorschlag, es liegt gleich um die Ecke. Jack hatte gekichert, als ich ihm den Namen des Restaurants nannte, dann hielten wir beide schweigend den Hörer in der Hand. Ich grübelte über das seltsame Phänomen, daß ich seinen Atem in meinem Ohr spüren konnte, als er sagte: »Okay, wir treffen uns dort«, und dann auflegte.

Ich überlegte, was ich anziehen sollte. Mein Schrank war voll mit schönen Kleidern, aber ich fühlte mich irgendwie zu verworren, um eines anzuziehen. Ich sah wieder aus dem Fenster, diesmal nach links, wo der Block sich öffnete und kantige Dächer, Himmel und ein paar grüne Zweige zu sehen waren. Mir war, als entfalte sich mein Herz wie ein japanischer Fächer. Meine ganze Brust leerte sich, um für ihn Platz zu machen; die gemalten Blumen vibrierten in der stillen Luft. Wie vorsichtig ich sein mußte. Ich nahm ein Bad, kämmte mein Haar, zog mich für meine Verabredung unauffällig an und hielt diese exquisite Stimmung fest. Ganz ruhig verließ ich meine Wohnung, schob den Schlüssel in meine Jeans. Noch war nichts passiert. Nicht wirklich. Das frühabendliche Sonnenlicht auf der Straße erinnerte mich an tausend Tage in der Vergangenheit, niemand beobachtete mich. Ich war eine Frau, fast dreißig Jahre alt und fähig, meine eigenen Angelegenheiten zu bestimmen. Sich irren heißt leben, dachte ich, und das Wort »irren« schien tröstlich, es war kürzer als »Schrecken«.

Jack war schon da. Ich war dankbar für seinen Eifer, für die Art, wie er aufstand und mich anstrahlte, für sein kariertes Hemd, dessen Kragen offen war. Warum, dachte ich, sollte ich mich angezogen fühlen von einem plumpen, kraushaarigen, fünfzigjährigen Science-fiction-Autor... und vergaß die Frage. Sein Hemd war rot, sein Haar war schwarz, seine Hände waren warm, als ich sie rasch ergriff und wieder losließ. »So«, sagte er, und ich lächelte, kuschelte mich in meine Schüchternheit, als sei sie ein behagliches Nest. Ich fühlte mich durch und durch weich, weich und wach. Der Tisch zwischen uns, der freundliche, hochgewachsene Kellner, Brot und Butter. Und es war Juni, und Lucy war nicht in der Stadt, und ich fühlte mich wohl in meinem nüchternen Körper; ich hatte vergessen, daß Verlangen sich mit so etwas wie Gesundheit verbündet.

Ich bestellte Perrier, er bestellte Scotch. Der Kellner ging, und Jack sagte einfach: »Es ist wunderbar, Sie wiederzusehen. Sie sind neulich abends gegangen, ehe ich mich verabschieden konnte. Ich sah Sie die Stufen hinunterlaufen, als freuten Sie sich, endlich wegzukommen.«

Es überraschte mich immer, daß Leute mich sehen, wenn ich

sie nicht sehe; ich spüre dann ein absurdes Entzücken, als hätte ich entdeckt, daß ich einen Zwilling habe, von dem ich schon lange Gerüchte gehört hatte.

»Tat ich auch. Ich habe für den Rest des Jahrhunderts genug Hochzeitswitze gehört.« Wie klug er gewesen war, dachte ich, nicht später noch einmal mit mir gesprochen zu haben. Wieviel besser das hier war.

»Sie sind so hübsch«, sagte er.

»Sie aber auch.«

»Ich will Sie nicht in Verlegenheit bringen, ich bin nur so froh, daß Sie mit mir ausgehen. Überrascht, vermutlich, ein alter, verheirateter Mann wie ich.«

»Sie brauchen mir nicht zu sagen, daß Sie verheiratet sind, Jack, das weiß ich schon«, sagte ich mit sinkendem Mut. Dieser kleine Stich von Schuldgefühl in seiner Stimme konnte mich nur allzuleicht treffen. »Und wo ist Ihre Frau heute abend?«

»Ruth ist in der Sowjetunion.« Er lächelte breit. »Glauben Sie mir, ich hatte nichts damit zu tun, es war ihre Entscheidung.« Er lachte und schaute mich von der Seite an, um zu sehen, ob ich diese Situation zu schätzen wußte. Das tat ich.

»Was macht sie da?«

»Sie ist unterwegs, um Fakten zu sammeln.«

»Hat sie schon welche gefunden?«

»Ich hab noch nichts gehört. Sie ist gestern erst abgereist.«

»Wie lange bleibt sie fort?«

»Sechs Wochen.«

Wir verbrachten eine Weile mit dem Studium der Speisekarte. Ich habe noch immer Schwierigkeiten, eine richtige Mahlzeit zu essen. Eine Mahlzeit nicht als Entschuldigung für Wein, nicht als Vorspiel zu Drinks nach dem Essen, sondern als etwas, das man um seiner selbst willen tut, um sich zu ernähren und zu genießen. Die Leute, mit denen ich aß, waren selbst Trinker gewesen, und die Mahlzeit erschien auf dem Tisch wie ein unwillkommener Gast. Wie hinderlich es war, zu schneiden, zu beißen und zu kauen, wo doch unsere Münder nur das leichte Schlucken liebten. Noch heute ermüdet es mich, drei Gänge nacheinander zu essen. Noch heute fällt es mir schwer, zu erkennen, wann ich hungrig bin – das leere Gefühl in meinem Inneren erinnert mich zu sehr an Kummer.

Der Kellner brachte unsere Getränke, und ich nippte an meinem Perrier. Mir wurde klar, daß ich, wenn ich Jack küssen würde, den Scotch auf seiner Zunge schmecken würde. Wäre das ein Rückfall? Niemand von den AA hatte das als Problem erwähnt. Ich wollte ihn küssen – seine nackten Unterarme, die Kurven seines Fleisches, das lockige Haar an seinen Hand- und Fingergelenken, die eckigen Fingerspitzen –, aber ich konnte warten.

»Soll ich eine Flasche Wein bestellen?« fragte er. Ich zögerte. Als könnte ich anders antworten, eine andere Frau sein. Eine Gwendolyn, die nie ein Alkoholproblem gehabt hatte. Diese Frau schien mir so greifbar, als sei sie wirklich da. Wie diese Nächte in der Kindheit, wenn ich aufwachte und fühlte, daß ein Geist im Zimmer war, direkt neben meinem Bett, und wenn ich die Augen öffnete – aber ich öffnete sie nicht, ich schloß sie noch fester und wiederholte den Text eines Beatles-Songs, irgendeinen, der mir gerade einfiel.

»Ich trinke nicht«, sagte ich.

»Oh?«

»Es kam so weit, daß ich es aufgeben mußte.«

»Kein Wunder, daß Sie sich neulich abends unbehaglich fühlten.«

»Ja, solche Sachen rühren wirklich alles wieder auf. Aber so ist das Leben. Es geht darum, das Verlangen umzulenken.« Das Verlangen, das grenzenlos ist. Formlos. Ein Loch in meinem Leben, das mich anzieht wie ein Versprechen, aber es gab nie ein Versprechen; es ist eine dumpfe Leere, und nur, wenn ich vor ihr stehe, erkenne ich, daß ich hätte versuchen sollen zu entkommen.

»Wie machen Sie das?«

Gute Frage. Ich hatte mein Verlangen noch nicht so recht umgelenkt, sondern eher geplant, das zu tun. Ich hatte es in Schach gehalten, während es unbefriedigt brüllte und aus den Sitzungen der AA Gerüchte über andere Entzücken strömten. »Gott ist ein beliebter Ersatz. Alkoholiker verlieren gern die Kontrolle, und Gott verlangt Hingabe. Sie stellen sich gern bloß, und er sieht alles. Sie haben gern jemanden, mit dem sie mitten in der Nacht reden können.«

»Das tu ich auch gern, aber mir ist es lieber, wenn sie antwortet.« Er grinste. Ich wurde rot. Das war natürlich die andere Möglichkeit. Das war natürlich das, was ich hier machte.

»Tut mir leid«, sagte er. »Fahren Sie fort. Ich höre zu.« Ich zuckte die Achseln. »Natürlich«, fuhr er fort, als er merkte, daß ich nicht reden würde. »Es stimmt, daß man irgendeinen Ersatz finden muß. Man kann ja nicht einfach ein anderer Mensch werden.«

»Oh, warum nicht?« fragte ich: jemand, der hohl und kühl war, anmutig, dunkel, mandeläugig und eine fremde Sprache beherrschte. Ich beugte mich vor, er nahm meine Hände in seine und hielt sie locker.

»Warum nicht? Wissen Sie, Gwen, ich brauche nur einen Mann zu sehen, der auf der Straße vor mir her geht, und ich bin verloren, ich bin in seinem Leben. Irgendein dürrer, hinkender Kerl oder einer von diesen entsetzlichen großen Kahlköpfen. Ein puertoricanischer Portier, der dienstfrei hat und eine Zigarette raucht. Irgendwer. Obwohl es gewöhnlich, um ehrlich zu sein, jemand Neutraler ist, jemand, bei dem ich gar nicht erklären könnte, wieso er mir auffiel... für eine halbe Stunde bin ich in seinem Leben, male es mir bis ins letzte Detail aus, gebe seiner Katze einen Namen –«

»Nein«, sagte ich. »Das liegt nur daran, daß Sie Schriftsteller sind. Ich meine, Sie stellen es sich nicht nur vor, sondern Sie sind jemand ganz anderer.«

»Doch, man stellt sich etwas vor«, beharrte er. »Das muß man.«

»Ja, vielleicht. Aber man hat höchstens eine ganz leise Ahnung.« Er lächelte mich lange an. Ich fragte mich, was ich wohl jetzt richtig gemacht hatte.

»Das also meinen Sie mit Gott?« fragte er. »Sie können es mir gegenüber ruhig zugeben, ich bin auf meine Art ein ziemlich spiritueller Mensch.«

»Welche Art ist das?«

»Ach, sagen wir, ich habe das Gefühl, ich müßte mich für die menschliche Rasse entschuldigen. Das setzt voraus, daß es jemanden gibt, bei dem man sich entschuldigen kann, oder? Den Großen Geist, diese Figur, die ab und zu herunterschaut und dann brummelt: ›Was zum Teufel macht ihr jetzt schon wieder?‹ So, wie ich das sehe, ist vor ein paar Milliarden Jahren alles aus der richtigen Bahn geraten.«

»Und wenn es nicht aus der Bahn geraten ist? Wenn diese Welt so sein *sollte*?«

»Sie meinen die Bettler auf den Straßen, die Babys, die mit Aids zur Welt kommen, um mal das Nächstliegende zu nennen? Das meinen Sie?«

»Ja, das meine ich. Was dann?«

Er schüttelte den Kopf. »Das kann ich nicht akzeptieren. Ich weiß, ich weiß, Schmerz und Leid gehören einfach dazu, und es ist unsere Sichtweise, die verdreht ist. Das funktioniert, wenn Sie an einem Sommernachmittag im Bett liegen und Lao Tse lesen. Ein paar Heilige und Weise der Weltgeschichte konnten vielleicht denken, alles, was geschieht, sei gut, aber was ist mit dem Rest der Welt? Religion ist ein bemerkenswertes Werkzeug. Sie kann die Leute in die Lage versetzen, Elend und sogar Folter standzuhalten, ganz zu schweigen von allen Kulturgütern und Kunstwerken, die von ihr beeinflußt wurden. Natürlich muß so etwas einen Sinn haben. Doch es unbesehen hinnehmen – Gott ist groß, Gott ist gut –, das kann ich nicht.«

»Sie finden es einfacher, Gott als Stümper zu sehen?«
»Absolut.«
»Und was ist dann mit dem Gefühl, Sie müßten sich entschuldigen?«
»Entschuldigen Sie sich nicht bei den anderen Stümpern in Ihrem Leben?« fragte er mit einem schiefen Lächeln.
Ich spürte einen Ansturm von Gefühl, der mich erschreckte. »Nein«, sagte ich. »Doch, ja, natürlich, aber mit Menschen ist es etwas anderes. Und überhaupt, was ist mit den Augenblicken, in denen die Welt einem so erscheint, wie sie sein sollte?«
»Dann ist man glücklich. Dann genießt man sie.«
Ich schwieg einen Moment. »Ist es wirklich nur eine Frage des Glücks? Gibt es da nicht noch was?«
»Ich bin zu alt, Gwendolyn, um nach etwas anderem als Glück zu suchen.«
Diese Bemerkung schüchterte mich ein. Ich wandte den Blick ab. Der Kellner kam, um unsere Bestellung aufzunehmen. Ente für Jack, Fisch für mich. Etwas Glattes, das durch meine Kehle gleiten würde. Jacks Finger hielten meine noch immer, oder vielmehr spielten sie mit ihnen – rieben sie, beugten sie. Es war halb erotisch und halb komisch. Glück, dachte ich. Die Idee stand vor mir wie ein Berg, den ich ersteigen mußte.
»Manchmal habe ich bei AA-Versammlungen das Gefühl, als hätte die Hälfte der Leute dort einen unsichtbaren Vertrauten, der ihnen auf der Schulter sitzt, ihren eigenen kleinen Gott, zu dem sie mit der einfältigen Hingabe beten, die man sich bei mittelalterlichen Bauern vorstellt. Ich meine, sie verhalten sich wie Kinder, die ihre Eltern bestürmen, sie bitte lange aufbleiben zu lassen, ihnen bitte ein Fahrrad zu kaufen –« Ich brach ab. Niemand verlangte von mir, an eine solche Kreatur zu glauben. Trotzdem konnte ich nicht anders, ich wünschte sie mir. Irgendein fuchsähnliches, katzenähnliches Tier mit grünen, hypnotischen Augen.
»Was erwarten Sie anderes? Die mittelalterlichen Bauern

hatten wahrscheinlich einen ausgefeilteren Gottesbegriff als die meisten von uns. Wir leben in Amerika. Wir sind an den Nikolaus und Ronald Reagan gewöhnt.«

Ich nahm seinen Spott nicht übel, er war sogar tröstlich.

»Bei den AA sagen sie: Gott, so wie du ihn verstehst. Aber was ist, wenn man nicht den Hauch einer Vorstellung hat? Man braucht irgendein Bild, auf das man sich konzentrieren kann, eine Richtung... und die Auswahl ist einfach zu groß. Christliche Schuld zum Beispiel. Hinduistisches Laissez-faire. Heidnische Genußsucht.«

»Ich glaube, es läuft eher so, daß wir gewählt werden.«

Er lächelte mir liebevoll zu, aber er hatte meine Finger losgelassen, um eine Scheibe Brot mit Butter zu bestreichen. Zu alt, hatte er gesagt. Ich war zu jung. Ich fühlte mich wie fünfzehn. Kein Außenstehender wird verstehen, wie es ist, wenn eine dreißigjährige Frau, die mit Schnaps großgeworden ist, die alles durch Trinken gelernt hat, unweigerlich in ihre Jugend zurückrutscht. Als sei ein Zauber aufgehoben worden; sie wacht benommen auf. Der Glanz und die Tricks lösen sich auf, »Erfahrung« wird von innen nach außen gekehrt. Das muß seine Vorteile haben, dachte ich. Wünscht sich nicht jeder, er könnte noch einmal von vorn anfangen und es diesmal richtig machen?

Einige der großen AA-Versammlungen, die, wo all die schwarzbejackten jungen Künstler hingehen, sind genau wie die Treffen in der High School. Die coolen Burschen, die an die Wand gelehnt stehen, die zänkischen Mädchen, die sich in alles einmischen, die Zusammenbrüche und Liebesaffären, der Klatsch, die Routine. Nur, daß wir freiwillig da sind und uns gegenseitig unterrichten. Nur, daß es unter uns nicht diese unbegreiflich geradlinigen Typen gibt.

Ich strich mir eine Haarsträhne aus dem Gesicht. »Ich glaube, ich kann mich nicht darauf verlassen, gewählt zu werden. Ich meine, ich habe mich immer meinem Schicksal ergeben, und wohin hat mich das gebracht? Ich kann mir keine weiteren Fehler leisten, ich habe so viel Zeit verschwendet, mein ganzes Leben –« Ich seufzte und wußte, daß ich mich wieder irrte. Als ob ich eine Wahl hätte. Aber ich war so verängstigt. Der Anblick von Jacks Glas auf dem Tisch und seine neugierigen Augen machten mich fertig. Später würde ich nackt mit ihm im Bett liegen. Diese Bilder der Lust, ja allein die Vorstellung von Lust ließ mich frösteln, selbst als ich lächelte, mich zurücklehnte, damit mein Teller vor mich hingestellt werden konnte, aß und ihm beim Essen zusah. Ich fühlte mich abgeschnitten. Zweifelte daran, im strengen Sinn des Wortes lebendig zu sein. Fühlte mich unfähig, irgendeiner hochfliegenden Intuition, irgendeiner Hoffnung auf den Fluß der Dinge zu trauen. (Es ist der Wein, der fließt. Strömt. Am Nebentisch plätschert er in das Glas, dazu bestimmt, zu leuchten und zu erregen – mich, sich selbst, die ganze durstige Welt.)

»›Mein ganzes Leben‹«, äffte Jack mir nach und schüttelte den Kopf. »Himmel, es ist herrlich, wenn Kinder, die noch keine dreißig sind, davon reden, sie hätten ›ihr ganzes Leben‹ vergeudet. Ich hab dann das Gefühl, es gäbe keinen Grund zur Eifersucht. Sie haben ihre Jugend und finden sie beschissen. Warum sollte ich mir Sorgen machen, daß sie vielleicht mehr Spaß haben? Daß sie vielleicht mehr erreichen?« Er sah mich verschmitzt an, während er sich mit der Gabel Bissen in den Mund schob. Seine Augen leuchteten.

Einen Augenblick fühlte ich mich verletzt, dann plötzlich nicht mehr. Auch nicht mehr ängstlich. Überhaupt nicht ängstlich. Er war fünfzig; er erwartete von mir, jung zu sein.

Ich fing an zu lachen. »Sie sind so voller Scheiße«, sagte ich zärtlich.

»Ich? Wie meinen Sie das?«

»Sie sind es einfach. Und darüber haben Sie Entenfedern.«

»Schätzchen, diese Ente ist gründlich gerupft worden. Soviel ist sicher.« Er wischte sich den Mund ab. »Was meinen Sie mit Entenfedern?«

Seine Verwirrung ließ mich lauter lachen. Ich legte den Kopf auf den Tisch und kicherte. Was ich meinte, war, daß alles so einfach schien, so sauber und unkompliziert. Er verzehrte sein Abendessen wie ein Wolf seine Beute, er aß, weil er hungrig war. Ich fühlte mich, als sei ich voller Helium. Mein ganzes Inneres tanzte. Jack schüttelte den Kopf, als ich meine Wange zitternd auf das weiße Tischtuch legte.

»Ich verstehe jetzt, warum Sie nicht trinken. Sie haben es gar nicht nötig. Würden Sie mir das bitte erklären? Vermutlich gibt es irgendeine esoterische Bedeutung, die ich nicht kenne... Entenfedern? Gwen?«

»Es ist nichts«, keuchte ich. »Ich kann es nicht erklären... Sie haben diese Ente gegessen...« Ich begann wieder zu kichern, dann richtete ich mich auf und sagte: »Ich mag Männer, die mich zum Lachen bringen können.«

»Freut mich, Ihnen gedient zu haben, Miss.« Er nahm seine Gabel auf und aß einen Bissen. »Ist es das, was Ihnen gefällt? Himmel, Ihnen kann man leicht eine Freude machen. Kommen Sie doch einfach jeden Morgen vorbei und sehen mir zu, wie ich mein Frühstück esse. Bei Spiegeleiern bin ich ganz groß. Schweinefleisch und Bohnen sind auch nicht schlecht. Heiße Würstchen –«

»Hören Sie auf«, sagte ich. Ich versuchte ebenfalls zu essen.

Aber er machte weiter. »Ist es das, was man als alkoholischen Flashback bezeichnet?« Seine Stimme stieß mich an, schob mich hierhin und dorthin, jeder Satz wie ein leichter Schlag, der einen Abdruck auf meinem Fleisch hinterließ. Wie die Ringkämpfe früher auf dem Spielplatz, mit Jungen, heißen, verschwitzten Zehnjährigen, die mir die Arme hinter dem Rücken festhielten. Sie waren damals nicht stärker als ich; ich konnte aufspringen und sie auf den Rücken werfen. Jack sah mir in die Augen. Seine Augen glänzten, er wandte den Blick nicht ab.

»Ich habe keinen Hunger mehr«, sagte ich. »Könnten wir nach Hause gehen?«

Jetzt war er es, der lachte. Ich beobachtete ihn zufrieden; falls mein Kichern ihn gekränkt hatte, war das jetzt vergessen.

»Sie springen wirklich von einem Thema zum anderen«, sagte er nach einer Weile. »Wie Sie Ihr Leben vergeuden, wie Sie meine Art zu essen verrückt macht, und jetzt wollen Sie ins Bett.« Er wandte den Blick von meinen Augen und ließ ihn langsam über meinen Mund und meinen Hals zu meinen Brüsten gleiten. Ich spürte, wie sich meine Brustwarzen aufrichteten. »Na ja, das ergibt einen gewissen Sinn.«

Er hielt inne. Ich aß eine Olive. Ich wollte eigentlich gar nicht ins Bett; ich wollte mit ihm durch Baumkronen turnen. Wie beschränkt wir doch in diesem Leben sind.

»Ich werde die Rechnung kommen lassen.«

Ich nickte und lehnte mich in die Ecke der Nische. Er aß weiter. Meine Gedanken schweiften ab, ich hatte Angst, zu albern zu werden. Eine Erinnerung überfiel mich und war verschwunden, bevor ich wußte, worum es ging. Plötzlich fühlte ich mich isoliert. Ich sah Jack an.

Sein Teller war leer. Er hatte ein Dauerlächeln aufgesetzt wie eine der Buddhastatuen im Museum. Ich spitzte die Lippen zu einem Kuß. Er sah aus, als sei er im Begriff, mich über den Tisch hinweg zu packen. Ich wäre am liebsten unter den Tisch gerutscht, um zwischen seinen Beinen loszulegen.

Der freundliche, bärtige Kellner erschien. So ein gemütliches Lokal, das Astray Café. »Wir möchten kein Dessert«, sagte ich zu ihm. »Zu schade, es ist so nett hier, aber wir müssen gehen.«

»Sie werden sicher wiederkommen.«

Jack bezahlte die Rechnung mit einer Kreditkarte. Es wirkte so unnormal. Geld, Banken, die ganze finanzielle Struktur seines Lebens, die dieses Kichern in Restaurants ermöglichte. Und wie verdiente er sein Geld? Zweifellos, indem er an seiner Schreibmaschine kicherte.

Der Kellner wünschte uns Gute Nacht, ebenso der Barkeeper und der Besitzer und ein paar der Gäste an der Bar. Es überraschte mich nicht, ich war sicher, daß wir einen Glanz ausstrahlten. Arme Welt, die nicht er und ich sein kann.

Draußen auf der Straße nahm Jack meinen Arm. Ich kuschelte mich eng an ihn; der Duft seines Körpers machte mich glücklich, so glücklich, daß ich traurig war. Traurig, weil meine Stimmungen sich so schnell ändern. Ich weiß, daß es in mir keine Mitte gibt, keinen Platz, an den ich einen Mann einladen könnte, sich hinzusetzen und zu bleiben. Früher stellte ich mir meine Psyche wie ein unterirdisches Königreich vor, voller Vögel mit Brüsten aus Feuer und rankendem, dunkelblättrigem Efeu. Ich war diejenige, die sich von Raum zu Raum bewegte, vom Garten zur Schlucht. Jetzt sehe ich das nicht mehr so. Ich weiß nicht, was sich bewegt, ich bin es jedenfalls nicht. Aber ich stehe auch nicht still.

Wir gingen die Westliche Vierte Straße hinunter, die erleuchtet war wie eine Filmkulisse. Seit sie angefangen haben, wieder in Manhattan zu filmen, ist die Gegend immer fotogener geworden. »Wohin gehen wir?« fragte Jack.

»Zu dir«, sagte ich.

»Warum nicht zu dir?«

»Können wir nicht zu dir gehen? Mein Appartement ist nicht sehr groß.«

Er zögerte. Ich spürte in mir Panik aufsteigen. Vielleicht würden wir über seine Frau diskutieren. Ich hatte kein Interesse daran. Sie war nicht da. Oh, Gwen, sagte ich zu mir selbst, die Frau existiert. Sie hat einen Namen. Ich konnte sie mir vorstellen, aber nicht im Leben. Sie war in etwa sechs Fuß durchsichtige Plastikmasse eingefroren, geräuschlos, geruchlos. Nur wenn sie mit dieser Silbe »Sie« gerufen wurde, rollte man sie heran.

»Wahrscheinlich können wir ebensogut zu mir gehen«, sagte er. »Wo ist der Unterschied?«

Wir gingen schweigend weiter. Er wohnte direkt beim Washington Square an dem Park, in dem Lucy und ich in unserer

Jugend herumgelungert hatten, wenn wir ganze Wochenenden vor unserer Mutter flohen. Die Häuser sind alt, etwa von 1830, und gehören zu den schönsten im Village. Wir schüttelten zwei Schwarze ab, die uns Stoff anboten, und sie grinsten Jack an und breiteten die Hände aus, als sei es nur ein Gruß gewesen.

»Ich kann mir nicht helfen, ich mag diese Burschen«, sagte er, während er die Tür aufsperrte.

Ich folgte ihm die Treppe des dreistöckigen Ziegelhauses hinauf. Das Gebäude war gepflegt, der blaßgraue Teppich so sauber und weich wie das Fell einer Katze. Kein Geräusch drang hinter den verschlossenen Türen hervor, an denen wir vorbeikamen, und der einzige Geruch in den Fluren war ein leichter Schokoladenduft.

Er blieb vor einer Tür im ersten Stock stehen, und ich war überrascht, weil ich den Drang hatte, weiter zu steigen. Es gibt eine Erzählung von Violette Leduc, in der die Liebenden ein Auto mieten und im Laufe einer Tagestour zum ersten und einzigen Mal miteinander schlafen. Sie haben Wein, Essen, ein ganzes Picknick, und der Chauffeur fährt. Ich bin gern unterwegs. Mir wurde im Auto nie schlecht, ich liebte es, nach Hause zu fahren und so zu tun, als schliefe ich, damit mein Vater mich aus dem Auto ins Haus trug.

In der Wohnung empfand ich sofort Panik. Er verriegelte die Tür, zog die Augenbrauen ein wenig hoch. Er sah so alt aus, wie er war, sein Fleisch war faltig, und ich spürte einen Anflug von Widerwillen. Ich streckte die Hand aus, um ihn da zu streicheln, wo sein Kinn in den Hals überging. Diese warmen Hautfalten mit ihren kleinen Bartstoppeln beruhigten mich; das Blut darunter strömte und schien unter meiner Berührung wärmer zu werden.

Jack legte eine Hand auf meinen Rücken und schob mich vorwärts. Wir gingen durch einen schmalen, von Bücherregalen gesäumten Flur, rechts war das Wohnzimmer mit dünnen Teppichen auf dem Parkettboden. Er hatte das Licht nicht eingeschaltet, die Wohnung lag im Halbdunkel. Am Ende des Ganges sah ich eine Küche, daneben einen kleinen Raum, dessen Tür angelehnt war, die geschwungene, niedrige Rückenlehne eines Bürostuhls. Er steuerte mich nach links in ein Schlafzimmer.

Ein Bett mit vier Pfosten, sauber gemacht, ein Schreibtisch, ein Stuhl. Der Raum war vollkommen schmucklos, und einen Augenblick lang fühlte ich mich siegreich. Was für eine Ehe war das, so ein leeres Zimmer? Dann merkte ich, daß es Malcolms Zimmer war, das leergeräumt worden war, als er auszog. Das gab mir ein seltsames Gefühl, als seien wir in einem Hotel, doch gleichzeitig gemahnte das Zimmer auch an Kindheit. Das Heiligtum des eigenen Schlafzimmers im Haus der Eltern: die geschlossene Tür, die fiebrige Einsamkeit.

Auch Jack schien verlegen. Weil es Malcolms Zimmer war? Er nahm mein Kinn in die Hand und küßte mich. Seine Lippen und seine Zunge waren aktiv und drängend. Er wollte dies hinter sich bringen, ich spürte seine energische Entschlossenheit. Ich legte die Arme um ihn und fühlte mich in diesem Augenblick nur hilfreich, aber es war eine solche Überraschung, sein ganzer Körper in meiner Umarmung.

Meine Hände glitten träumerisch an seinem Rücken auf und ab. Ich entzog mich seinem Kuß, um an seinem Hals und seinem Haar zu schnuppern. Er roch wie ein wildes Tier, dieser reine Wildduft, aber auch nach Seife und Baumwolle; sein Haar war zottig und glänzend, es hatte einen mächtigen, beschützenden Geruch. Er war wie ein hartnäckiges Kampftier, ein Dachs oder ein Eber, menschlich und weicher geworden, intelligenter und komplizierter. Ich atmete ihn ein wie Sauerstoff; ich spürte das weiche Kribbeln, mit dem meine Nerven erwachten. Ich öffnete den Mund, kostete seine Haut. Salzig, sauer, bitter, süß. Er erinnerte mich an alles.

Jacks Hände waren in meinem Haar, wühlten in seiner schweren, vom Wind zerzausten Masse; meine Kopfhaut zog sich vor Lust und einer Spur von Angst zusammen. Manchmal erschreckt es mich, wenn mein Kopf berührt wird. Ich küßte ihn wieder auf den Mund, schob eine Hand in sein Hemd. Er zog den Bauch ein: die Bewegung und das lockige Haar kitzelten meine Handfläche. »Stört dich das?« fragte er mit erstickter, ferner Stimme.

»Ganz und gar nicht.«

»Ich bin zu fett.«

»Mir gefällt das.«

»Ruth sagt immer –«

»Pssst«, sagte ich und ließ meine Zunge zwischen seine Lippen gleiten. »Verzeihung.« Wir standen eine Weile da, unsere Körper rieben und stupsten sich, drückten sich aneinander und trennten sich. Ich war vollkommen glücklich, meine Hüften bewegten sich in einem taumelnden Kreis. Doch plötzlich hatte ich das Gefühl, nichts geschehe. Nichts würde jemals geschehen. Alles hing von mir ab.

Ich war alarmiert. Ich sagte: »Schon genug. Mir tun die Füße weh.« Jack trat mit einem kleinen, überraschten Lächeln zurück – einem formellen Lächeln – und begann, sich auszuziehen. Ich war verlegen. »Laß mich«, sagte ich.

Meine Finger waren unbeholfen mit seinen Knöpfen. Es war schwer, ihm das Hemd auszuziehen. Er half überhaupt nicht mit, er beobachtete mich, und ich fühlte mich immer verlegener. Endlich sagte er: »An diese Art Behandlung könnte ich mich gewöhnen. Wo bist du mein Leben lang gewesen?«

»Rede nicht wie in einem Kitschfilm, das ist unser großer Moment.« Flirtend lächelte ich zu ihm auf; es war gespielt, ich war außerhalb meiner selbst, nicht sinnlich, aber voller Sehnsucht danach. Mir war, als täte ich etwas Kompliziertes, das lange dauern würde.

»Ich fürchte, du wirst gleich sehen, wie erregt ich bin.« Seine Stimme war weich, der spöttische Ton verhüllte kaum das echte Gefühl. Wieder fühlte ich mich träumerisch, kehrte in mein Fleisch zurück.

»Das ist kaum zu übersehen.« Nackt war er hoheitsvoll wie Rodins Balzac, die einzige Statue eines Männeraktes, die triumphierend körperlich bleibt.

»Ich muß dich aus diesen Klamotten befreien«, sagte er. Ich schaute weg und unterdrückte meine Erregung. Still ließ ich seine geschickten Hände arbeiten. »Ich kannte einmal einen Typ«, fuhr er im Konversationston fort, »einen meiner früheren Zimmergenossen, der gabelte in einer Kneipe eine Frau auf. Sie gingen nach draußen in ihr Auto, und stell dir vor, sie war überhaupt keine Frau.« Er hakte meinen Büstenhalter auf; ich genoß das Kitzeln seiner Finger an meinem Rückgrat.

»Darüber machst du dir Sorgen?«

»Oh, ich mach mir immer Sorgen.« Ich wußte, was er meinte. Mir war auch unwohl. Selbst als wir spielten, als seine Hände jeden Teil meines Körpers entblößten, jede Liebkosung mich die nächste, intimere gierig erwarten ließ, war ich nervös. Ich hatte so lange keinen Sex mehr gehabt, und die letzten Male war ich so oft betrunken und in meiner berauschten Phantasie versunken gewesen. Im Rausch waren Männer sowohl reines Fleisch als auch abstrakte Wesen, der Akt erzeugte nur die Idee eines Kontakts zwischen Mann und Frau. Es war unbefriedigend, aber auf eine perverse Weise lustvoll. Sex, auf Fragmente reduziert, gewinnt den Zauber von Kunst, einer Kunstform, deren Praktiker schon lange ausgestorben sind. Er hat einen nostalgischen Beigeschmack, selbst inmitten der ermüdenden Gefahren. (Bei meinen letzten Nächten mit Lenny hatte ich mich im Bett oft verletzt. Er verlangte, ich solle mich bewegen, und ich gehorchte langsam, versuchte, das Gleichgewicht zu behalten, verlor es immer. Ich wußte nie, wann mein Kopf gegen die Wand schlagen oder mein Körper, der sich umdrehen wollte, einfach weitermachen würde, bis er auf den Boden fiel. Lenny dachte, er könne solche Unfälle verhindern, und manchmal tat er das auch, hielt mich mit einem Arm vor dem Fallen zurück, aber ich neigte dazu, mich an unerwarteten Orten aufzulösen.)

Jack legte mich auf das Bett, und ich wollte wegrutschen, aussteigen, zur Tür hinaus. Wie halten Menschen soviel Neuheit auf einmal aus? Kein Hineingleiten, keine Benommenheit, nicht die trunkene Gewißheit, daß das Leben einfach ist oder wenigstens sinnlos? Statt dessen diese große, warme Kreatur, sein Penis wie ein in Wasser getauchtes Stück Holz. Die leichte, schwingende Bewegung in den moosigen Locken.

Ich versuchte, ihn in mich zu drängen, als wolle ich ihn vor einem Sturm in Sicherheit bringen. Er wollte sich nicht drängen lassen; ich konnte ihm kaum einen Vorwurf daraus machen. Wir waren der Lust wegen hergekommen, warum es also nicht gründlich machen? Aber ich fürchtete, das Verlangen würde vergehen, ich würde vergessen, wie man es machte. Ich wollte nicht in eine Stimmung fallen, in der sein Körper obszön oder erschreckend wirken würde, während er mit seinen methodischen, genüßlichen Zärtlichkeiten fortfuhr. Trotzdem hatte ich keine Wahl, als ihm oder dem zu vertrauen, was mich zu ihm geführt hatte; als er die Lampe neben dem Bett einschaltete (wie sehnte ich mich nach Dunkelheit), schickte ich ein stummes Gebet aus: Laß mich hier sein. Wenn man das verlangt, was man hat, ist es überraschend, was alles passieren kann.

Ich lag in einem Lichtkreis wie ein Versuchstier auf einem Tisch. Die ganze Schuld meiner Trinkerzeit kam wieder hoch – kein Versuchstier, sondern eine Verdächtige beim Verhör. Dann sagte er: »Das ist zu hell, nicht?« Er schaltete das Licht wieder aus; die Dunkelheit glitt über mich wie eine Zunge.

Ich schlang meine Beine um ihn, drückte mit den Händen seinen Rücken nieder. »Bist du aber ungeduldig«, flüsterte er. Ich drückte fester, und er drang mit einem Stöhnen ein – dieses Geräusch und seine Umklammerung, während ich mich anspannte und hochwölbte, schwemmten all meine Abwehr davon; ich fiel in den Sex, schwindlig und verloren. Nach einer Weile sagte er, über meine kichernde Verzückung spottend: »Weißt du, eigentlich solltest du oben sein, du bist jünger.«

»Aber du bist der Mann. So hat meine Mutter es mir beigebracht. Männer öffnen Türen, nehmen dir den Mantel ab, und sie tun alle schwere körperliche Arbeit.«

»Ja? Und was tun Frauen?«

»Frauen sagen: Oh, du machst es so gut! Du bist so stark! Mach's noch einmal!« Er grinste, ich lachte, und wir vögelten heftiger und schneller, und mein Lachen hörte nicht auf, bis es mir im Hals steckenblieb. Oh, Liebe, dachte ich, laß mich mich selbst vergessen – noch bevor wir wieder in unsere eigenen Körper, in unser eigenes Leben zurückkehren.

Ich blickte zu Jack hinüber. Die Spur eines Lächelns lag auf seinem Gesicht, sein Körper hatte rote Flecken. War es immer so wunderbar? Wo war die Schauspielerei der Vergangenheit, der grausame, beiläufige postkoitale Satz, der wie ein Schlüssel die Zärtlichkeit einsperrte? Ich fühlte mich verspielt und gelassen. Ich stupste ihn mit dem Fuß an. Er legte sein Bein über meins. »Na, was denkst du?« fragte er.

»Oh, ich denke, wir haben unsere Sache sehr gut gemacht.«

»So kann man's auch ausdrücken. Ja.« Er stand aus dem Bett auf, ging hinüber zu seiner Hose, die in einem Bündel am Boden lag, fischte ein zerdrücktes Paket Camels aus der Tasche und zündete sich eine an.

Ich schwieg. Ich stellte mir vor, wie unglücklich Jack und Ruth im Bett waren, ganz als übermittle er mir die Bilder. Ruth, die ihn gelangweilt zur Eile antreibt. Die schrecklichen Geräusche beim Sex, wenn man seinen Partner nicht mag.

»Verzeihung«, sagte er. »Kann ich dir irgendwas bringen? Was zu trinken? Eiskrem?«

»Hast du Schokolade?«

»Ja, Schokoladeneis.«

»Wunderbar.«

Während er das Eis holte, versuchte ich, mein neues Glück zu erforschen. Ich versuchte, mich ganz darin auszubreiten, statt nur am Rand herumzurutschen. Doch ein weiserer Teil meiner selbst wollte das nicht zulassen, ich schwebte hindurch und wurde abgelenkt; die Verkehrsgeräusche draußen vor dem Fenster, die Silhouetten der Bäume im Park, das Tappen von Jacks Füßen, das sich näherte.

»Lehn dich nicht so weit aus dem Fenster, Gwen, du machst mir angst.«

»Ich werd nicht springen.«

»Himmel, das habe ich auch nicht angenommen. Untersteh dich.«

Er setzte sich neben mich. Ich konnte nicht aufhören, ihn zu berühren. Seine Arme waren gleichzeitig muskulös und weich, seine Schultern breit und sommersprossig. Sein Bauch war das feste Oval, das Männer haben und das so anders ist als die niedrigere, wellenähnliche Wölbung eines Frauenbauches.

Ich hatte noch nie mit einem Mann seines Alters geschlafen. Ich war überrascht, wie fest seine Haut trotz ihrer Weichheit war, wie seine Hoden herabhingen wie Hängebrüste, die es zur Erde zieht. »Dein Eis wird schmelzen«, sagte er.

»Du schmeckst besser.«

Nach einer Pause bemerkte er: »Du brauchst dich nicht so anzustrengen.« Ich hörte mit dem auf, was ich gerade tat, und legte mich auf den Rücken, den Blick zur Decke. »Ich meinte, du hast mich schon erobert.«

»Ich strenge mich nicht an«, sagte ich. »Ich tue das zum Vergnügen.« Er legte sich neben mich und warf einen Arm über meinen Oberkörper. Ich hatte Lust, ihn abzuschütteln.

»Erzähl mir was«, sagte er.

»Was?«

»Irgendwas.«

»Nein, erzähl du mir was.«

Ein Schweigen folgte. Ich dachte an die Länge seines Lebens: all die gelebten Jahre, die geschriebenen Bücher, die gefeierten Hochzeitstage. »Was willst du wissen?« fragte er.

»Wo du aufgewachsen bist.«

»San Francisco.«

»Wirklich?«

»Gefällt dir das? Ja, ich bin Kalifornier. Geboren und aufgewachsen über einem italienischen Restaurant in North Beach. Es gab nicht viele Möbel, und die Mahlzeiten waren kärglich, aber es roch immer phantastisch.«

»Warum waren die Mahlzeiten kärglich? Warst du arm?«

»Nein, Gwendolyn, ich war nicht arm«, antwortete er, als hätte ich ihm etwas vorgeworfen. »Meine Mutter kochte nicht gern. Keiner von uns aß gern. Wir lebten von Zigaretten und Kaffee und Sachen, die wir von den Tellern anderer Leute stibitzten. Wir gingen auf viele zweitklassige Partys.«

»Was machten deine Eltern?«

»Sie waren Disc-Jockeys bei konkurrierenden Radiostationen«, sagte er grinsend. »Natürlich mußte ich so früh wie möglich ausziehen. Ich hörte ihre Stimmen jedesmal, wenn ich das Radio anmachte.«

»Hört sich an wie ein Alptraum.«

»Absolut. Ich wollte immer ein Buch darüber schreiben, aber dann schien es ein bißchen zu harmlos neben –«

»*Werwölfen im LSD-Rausch.*«

»Hast du das gelesen?«

»Ich glaube nicht, daß es dein bestes Buch war.« 1969. Die Werwölfe haben ihren großen Auftritt und werden wegen ihrer Monstrosität gefeiert. Die dummen Viecher glauben, LSD könnte vielleicht die Spaltung ihrer Natur beseitigen, aber niemand will ihnen welches geben, man bevorzugt sie so, wie sie sind.

Nach einer Pause sagte er: »Tja, die glücklichen Tage der Kindheit. Meine Mutter hatte eine Talkshow. Ich pflegte zu ihren Füßen zu sitzen und mit meinen Spielsachen zu spielen. Ratschläge für die Liebeskranken, die Impotenten, die Elenden. Weißt du, heutzutage empfehlen sie bei solchen Shows immer professionelle Hilfe. Meine Mutter pflegte lange Perioden der

Einsamkeit zu verordnen. Sie selbst war nie allein, aber anderen Leuten erzählte sie gern, sie sollten sich von allem lösen, in sich gehen, hinaus in die Natur gehen; sie verbannte sie förmlich. Gott helfe denen, die auf sie hörten. Sie hieß Ida. ›Ida möchte eine Zigarette‹, pflegte sie zu sagen, und ich lief und holte sie ihr. ›Ich habe einen Hauszwerg, der mir die Zigaretten anzündet‹, sagte sie ihrem Publikum; sie fand das niedlich. Wie auch immer«, fuhr er fort, und seine Stimme klang fröhlich, »ich ging von zu Hause weg, als ich siebzehn war, zog herum –«

Ich legte eine Hand auf seinen Schenkel. »Darf ich dich trotzdem berühren? Oder denkst du dann wieder, ich würde mich anstrengen?«

Er packte meine Schultern und zog mich auf sich. Ich spürte einen kurzen Schwindel wegen der Geschwindigkeit der Umarmung. »Versprich mir, Gwendolyn, daß du niemals zuhörst, wenn ich so rede.«

»Irgendwie«, sagte ich zwischen Küssen, »glaube ich nicht, daß ich das je tun muß. Ich glaube nicht, daß du es wieder machen wirst.«

Wir konnten in dieser Nacht beide kaum schlafen. Jedesmal, wenn ich einnickte, wachte ich fast sofort wieder auf. Ein fremdes Bett – wo? Nicht in welchem Haus, sondern wo auf der weiten Welt? Dieses Bett mit seinen hohen Kopf- und Fußteilen war wie ein kleiner Planet, seine warmen Laken der fruchtbare Boden zwischen hohen Wäldern. Dann fiel mir plötzlich alles wieder ein: Jack! Was tun – als wäre ein Krokodil in meinem Bett. Ich lauschte seinem Atem, spürte ihn in seiner ganzen Länge. Fremd, fremd (ich war ihm schon so nahe, aber er schien fremder als alle anderen).

»Gwendolyn, bist du wach?« Eine Stimme in der Dunkelheit, wie ein Seil, das heruntergelassen wird.

»Ich bin hier.«

»Ich kann nicht schlafen.«

Eine zärtliche und klagende Stimme. Es war aufregend, ihn

so klagen zu hören. Es gibt keine Erwachsenen, nur große Leute. Als Kind fragte ich meine Mutter: Was für Kleider werde ich tragen, wenn ich erwachsen bin? Du wirst die Kleider tragen, die du hast. Aber zuerst hab ich doch noch keine. Sie verstand das nicht. Ich dachte, das Erwachsenwerden würde über Nacht passieren, ich würde erwachsen zum Frühstück herunterkommen, in einem winzigen Kinderkleid.

»Woran denkst du?« fragte er.

»Dieses Bett ist wie ein Schiff, wir könnten davonsegeln.«

»Tun wir's.« Seine Hand ergriff meine, und ich spürte die Wärme, die zwischen uns hin und her schoß. »Wohin sollen wir segeln?«

»Irland.«

»Warum?«

»Aus irgendeinem Grund war ich nie da. Ich wollte immer hin.«

»Okay.«

»Wir werden in einem Schloß leben, und du kannst Bücher schreiben.«

»Und ich brauche keine Einkommenssteuer zu zahlen. Die Iren, Gott segne sie, verlangen von Schriftstellern keine Einkommenssteuer.«

»Damit ist der Fall entschieden«, sagte ich, und fast glaubte ich es wirklich. Wir waren große Leute, wir konnten tun, was wir wollten.

Ich erwachte wieder, als es noch nicht ganz hell war. Wieder die gleiche Abfolge von Gefühlen: Wo bin ich? Hier. Mit wem? Mit ihm. Ich spürte, wie seltsam all meine Annahmen und Wünsche in bezug auf das Leben waren, und wußte, daß mein ganzes Ich, dieses kleine Stückchen eines Ichs, nur ungefähr und willkürlich mit ihnen verbunden war. Ich war wie ein Samenkorn, das zwischen diesen Laken schwebte, die Art von Samenkorn, die tausend Jahre im Schlaf liegen kann.

4

Als ich am nächsten Morgen aufwachte, fand ich Jack an der Schreibmaschine, im gleichen Hemd wie gestern abend, sein Haar ungekämmt, eine Camel im Mund. Ich stand in der Tür und sah ihm zu. Was ich heute gern tun würde, dachte ich, wäre, Sachen für unser Schlafzimmer einzukaufen. In die Stadt fahren, zu Bergdorfs, durch die ruhige, wunderschöne Wohnabteilung schlendern, braune und indigofarbene Kissen kaufen, einen antiken Spiegel, eine geschnitzte Holzdose für seine Zigaretten und Streichhölzer. Neue Laken und eine Satindecke in der Farbe von Austernschalen. Ich würde ein lebensgroßes Porträt von ihm malen, nackt, ein Dreiviertelprofil vor dem Hintergrund gebauschter Vorhänge. Ich könnte das Bild betrachten, während er arbeitete. Und Skizzen von seinen Füßen und Händen – und niedrige, gepolsterte Sessel – und natürlich ein neuer Teppich, geknüpft, mit Vögeln, Tieren, Blumen und Symbolen des Orients.

Aber es war ja nicht meine Wohnung. Das machte ihren Zauber aus, ich wollte Zutritt zu seinem Leben. Wenn sie nur tot wäre, dachte ich, einbalsamiert in einem Sarkophag. »Ruth«, würde er sagen, »meine verstorbene Frau.« Und ich würde das kluge, faltige, gelbliche Gesicht betrachten und distanziertes Mitleid, Neugier, Interesse empfinden. Wie jung würde ich mich fühlen, wenn sie tot wäre.

Ich beobachtete Jack beim Tippen. Ich liebe deinen Rücken, dachte ich. Breit, gewölbt, gekleidet in ein schmutziges Rot, wie eine Wand, die ich erklettern konnte, eine von der Sonne getrocknete Ziegelwand. Aber so viel wärmer als eine Wand. In der Erinnerung zog ich ihm das Hemd aus. Ich hatte letzte Nacht seine Sommersprossen gezählt, war mit den Fingern über die weichen Fettpolster gefahren, wo er am kitzligsten war, die kleinen Hitzehorte. Ich hatte sogar seine Mitesser ausgedrückt, was ihm so peinlich gewesen war, daß er mich gebeten hatte aufzuhören. Doch ich drückte und preßte an ihm herum, bis er sauber war.

»Guten Morgen«, sagte ich.

Er stand sofort von seinem Stuhl auf und kam lächelnd auf mich zu. Ich fühlte mich verunsichert – waren wir wirklich zusammen im Bett gewesen? Was, wenn ich das nur geträumt hatte? Ich hatte mir nie vorgestellt, daß es Güte war, was ich wollte. Für einen Augenblick erschienen der Begriff, diese Eigenschaft, der Mann fast unheimlich. Jack legte seine Hände um beide Seiten meines Gesichts. »Hallo«, sagte er.

Er küßte meine Lippen, meine Wangen, meine Stirn. »Mach das nochmal«, sagte ich. Er zeichnete mein Gesicht mit Küssen nach. Der nasse Muskel seiner Zunge glättete meine Augenbrauen. Er hielt meine Nase zwischen den Zähnen; ich spürte seinen Atem in meinen Augen. Wie kann dies falsch sein?

(Du glaubst doch nicht, daß ich in diesem Zustand mit dir rede, oder? sagte die gelangweilte Stimme meines – wenn man es so nennen kann – Gewissens. Für wen hältst du mich, für einen Idioten?

Pssst, sagte ich. Sei nett zu mir.)

Jack trat zurück, lächelte breit, und ich senkte den Kopf. »Du arbeitest«, sagte ich. »Ich gehe nach Hause.«

»Willst du nicht zuerst frühstücken? Eier, Pfannkuchen, Haferflocken?«

»Nein, danke.« Schuld arbeitete in mir wie Hefe, ich mußte hier raus. Und er hatte mir nicht widersprochen, als ich gesagt hatte, er arbeite.

»Komm heute abend her.«

»Wenn du mich einlädst.«

Er sah mich an, als sei ich nicht ganz bei Trost. »Natürlich bist du eingeladen. Ich bestehe sogar darauf. Du mußt kommen.« Er legte die Hände auf meine Schultern und drückte sie, bis es weh tat. Ich ließ einen Arm an seiner Hose hinuntergleiten. Sein Penis gähnte und streckte sich, seine Augen – die eine gewisse Abwesenheit behalten hatten, selbst bei unseren Küssen, den entfernten Blick des Künstlers – begannen zu glänzen.

»Wiedersehn«, sagte ich und machte mich los.

»Hexe«, antwortete er, wandte sich aber sofort ab. Ich sah zu, wie er in sein Zimmer zurückging, einem geschäftigen Biber ähnlich.

Ich rannte die Treppe hinunter und fühlte mich aufgeregt und jung. Es macht Spaß, nüchtern zu sein, dachte ich, ich kann noch mal von vorn beginnen.

Ich ging zu einer Versammlung in einem kleinen Raum im West Village, weder Kirche noch ein Gemeindezentrum, sondern ein ehemaliger Laden, ein Raum, in dem sich die meiste Zeit Leute meiner Art aufhalten. Die Nachbarn beschweren sich über uns, weil wir auf den Gehsteigen herumlungern. Alte Säufer in billigen Mänteln, die ihre Zigaretten bis zum letzten Rest aufrauchen, müde Mädchen in ledernen Miniröcken, mütterliche Frauen mit Strickbeuteln, Aidspatienten, Lastwagenfahrer und kellnernde Möchtegernschauspieler. Ich setzte mich in den Hintergrund und sprach mit niemandem.

Der Vorsitzende schaltete die Lichter aus, bis auf eines, das hinter dem Stuhl des Sprechers schien. »Ich trank zum ersten Mal mit neun Jahren; das hausgemachte Bier meines polnischen Großvaters...«

Suchen Sie eine spirituelle Erleuchtung, hatte C.G. Jung einmal zu seinem Freund Bill Wilson gesagt. Das war auch der Auslöser einer Kette von Ereignissen, die mich schließlich hier landen ließen. Ich denke gern an die beiden, den weisen Carl Gustav und den braven Bill, den mystischen Doktor und den Quartalssäufer Bill, die im Himmel Seite an Seite herumwandern und diskutieren. »Das war ein guter Vorschlag von Ihnen, Carl.«

»Und Sie haben wirklich etwas daraus gemacht, Bill. Ich bin beeindruckt.«

»Danke, aber das Lob gebührt meinem höheren Wesen. Sie wissen, daß ich allein nichts vollbracht hätte.«

Ich wußte nicht, was spirituelle Erleuchtung war. Als ich jünger war, fühlte ich mich spirituell – oder magisch, wie ich es ausgedrückt hätte. Es hatte nichts mit Glauben oder Bedürfnis zu tun. In jenen Tagen, in meiner späten Adoleszenz, hatte ich eine Gabe. Einen kleinen Trick, meine Aufmerksamkeit zu konzentrieren; was immer ich betrachtete, war schön, und zwar im umfassendsten Sinne des Wortes. Die Straße, die Untergrundbahn, der Linoleumboden des Badezimmers enthüllten die Harmonie des Universums mit einer Bereitwilligkeit, die ich sowohl schmeichelhaft als auch beunruhigend fand. Der Hohn, daß sich diese ganze Harmonie im Freien befand! Blätter, die sich in leuchtender Fremdheit vom Himmel abhoben, das helle, neue Grün von Ruß befleckt.

Ich konnte in die Schönheit entkommen, wenn ich wollte. Wo immer ich war, und sogar wenn ich am unglücklichsten war, konnte ich den Trick mit meinen Augen machen und eine Minute oder fünf Minuten lang in einer unglaublich schönen Welt existieren. Ich konnte es in der Schule machen oder wenn jemand mit mir sprach. Wenn ich es da tat, wo ich es am angemessensten fand – auf dem Land, allein, in meinem ersten Collegejahr –, wurde die Realität einer anderen Welt so lebendig und das Gefühl eines Wissens jenseits der Vernunft so verzehrend, daß ich oft dachte, ich hätte eine Wahl. Dies oder das andere. Diese Welt oder jene Welt.

Es wurde unerträglich, weil ich nicht wählen konnte. Weil ich nicht darüber reden konnte. Und es erst recht nicht malen konnte; was ich eigentlich zu tun müssen glaubte. Meine herrlichen, wolkigen Leinwände spiegelten äußerste Leere wider.

Am Ende gab ich es schließlich auf, oder es gab mich auf. Lange Zeit vermißte ich es nicht; was gab es auch zu vermissen? Es hatte dort niemanden gegeben außer mir. Man sollte doch in einer solchen Harmonie Gesellschaft erwarten, oder?

Ich hatte bei den Anonymen Alkoholikern Monate gebraucht, um mich an die Geselligkeit zu gewöhnen. An die Slogans und das Händchenhalten, die tausend kleinen Bräuche. Jetzt bemerkte ich diese Dinge kaum noch, und wenn doch, dann bewunderte ich ihre Wirkung. Auf der einen Ebene waren sie bedrohlich, auf einer anderen tröstlich: Nichts hier war intellektuell, nichts erforderte einen besonderen Einsatz von Herz oder Geist. Dies war der Ort, an den wir kamen, um Gleiches durch Gleiches zu heilen. Wohin sonst kann man gehen, um die wirkliche Lebensgeschichte von Leuten zu hören? Die Ehrlichkeit übertraf alles, was ich je gehört hatte. Hier gab es die schrecklichen Eltern, die in ihren Kindern fortlebten; die Kämpfe und Verluste und die Zeiten des Versteckens; die eigenartigen Verwicklungen des Schicksals; den schrecklichen Augenblick, wenn die Waage zu Leben oder Tod ausschlägt.

»Ich wollte an diesem Weihnachtstag nicht trinken. Es war kein Schnaps im Haus. Mittags packte ich dann die Kinder zusammen und fuhr sie in ein italienisches Restaurant, gab vor, sie ausführen zu wollen. Sie tranken den ganzen Nachmittag Cola, und ich drängte sie dauernd, Eis zu essen, bis Andrew, mein Ältester, aus der Telefonzelle seinen Vater anrief. Ich merkte das erst, als mein Ex-Mann mit seiner neuen Frau im Schlepptau anmarschiert kam. Er fing an, mich anzuschreien. Alle Kellner beobachteten uns, und ich trank in raschen Schlucken meine Piña Colada, weil ich Angst hatte, sie nicht austrinken zu können. Die Kinder weinten. Bill – mein Ex-Mann – schleppte mich in sein Auto und fuhr mich nach Hause. Er nahm die Kinder mit. Später schluckte ich alle meine Schlaftabletten. In der Notaufnahme sagten sie zu mir: ›Wenn Sie noch ein einziges Mal herkommen, gute Frau, dann tun wir gar nichts mehr für Sie.‹«

Die Frau, die das erzählte, war eine strahlend schöne, große Blondine in einem weißen Kaschmirpullover. Goldene Ohrclips, ein goldener Anhänger in Form eines Löwenkopfes. Sie und ihre Tochter hatten jetzt zusammen ein Geschäft, eine kleine Kosmetikfirma, gegründet und machten ihre ersten Erfolge.

»Aber diese dramatischen Szenen waren nicht das Schlimmste. Das Schlimmste war das schwindende Interesse am Leben anderer Menschen. Das Absinken. Ich schrieb es dem Älterwerden zu, dem Verlust meiner Illusionen. Ich dachte, ich wüßte zu viel, während ich in Wirklichkeit immer unwissender wurde.«

Ja, dachte ich, das kenne ich. Wenn ich meinen eigenen Abstieg zum Stillstand gebracht hatte, dann wegen dieser Geschichten, dieser hypnotischen Erzählungen, die sich wiederholten und so suggestiv waren wie ein zeitgenössisches *Tausend und eine Nacht*. Es spielte keine Rolle, wer sprach, ich identifizierte mich mit allen. Ich hörte gierig zu und erinnerte mich, wie ich mit zehn oder zwölf Jahren gedacht hatte, es gäbe ein Geheimnis, das jeder außer mir kenne. Daß Englisch keine Sprache sei, sondern ein Code. Daß ich mit Sicherheit nicht normal sei, möglicherweise nicht einmal ein Mensch. Diese Angst, die ich nie verloren, sondern auf der ich aufgebaut hatte, löste sich jetzt auf, brach wie Zement, wenn die Erde ihn sprengt. Bruchstücke der Angst waren noch da, große Schotterhaufen, aber keine Berge mehr, nicht mehr unüberwindbar.

Jetzt wollte ich sprechen. Wollte die Hand heben wie die anderen und meinen Anteil an Freud und Leid ausgießen. Ich wollte der blonden Frau sagen, daß ich ihre Stärke bewundere, wollte erzählen, daß ich kürzlich bei einer Hochzeit gewesen war und mir sehnsüchtig einen Drink gewünscht hatte. Wollte sagen, ich sei verliebt und wisse nicht, was ich tun solle.

Doch so hungrig ich auch zuhörte, ich konnte nicht sprechen. Es ging einfach über meine Kraft, eine unmögliche Verhaltensweise. Ich stellte mir vor, wie mein Mund die Worte bildete und die Luft hart wurde; sie war wie der weiße Rumpf eines Schiffes, der mich unter Wasser drückte. Mir war kalt, und ich fühlte mich innerlich leer, aber meine Haut war so abnorm empfindlich, eine so verletzliche Hülle, daß ein Blick sie durchbohren konnte. Das Wissen, daß das nicht passieren würde, änderte überhaupt nichts. Ich durfte nicht einmal an die Möglichkeit und an den Schmerz denken. Wenn ich mich auf den Schmerz konzentrierte, würde ich aufgebracht dem Raum fernbleiben. So war es mir am Anfang ergangen. Ich sagte mir: Sprechen oder das andere. Und ›das andere‹ war: tagelang keine Versammlung, der immer wiederkehrende Drang zu trinken, bedrohlich und vielgestaltig, der all mein Denken verändern würde. Was man will, ist das, was zählt. Was man will, ist das, was man braucht. Oh, meine alten Freunde, die lebendigen Flaschen mit ihren sentimentalen Liedern und ihren Vertreterallüren!

Nur hier konnte ich mich an den Geschmack des Echten erinnern, den zu vergessen ich immer in Gefahr war. Ein Geschmack, nach dem ich mich sehnte, den ich mir aber gleichzeitig erwerben mußte. So etwas hatte ich noch nie getan. Es war verwirrend, und ich brauchte Hilfe. Ich wußte das. Aber allein der Gedanke daran! Der Kontakt, die Reaktion. Die Telefonnummern, die Vorschläge. Der Sog einer alles verwandelnden Umarmung. Es war wie ein Sprung in einen Brunnen; ich konnte es nicht. Ich konnte nicht sprechen. Wer würde mir antworten, würde mir jemand antworten, welche Worte würden sie sagen?

Jack rief mich um zehn Uhr an. »Was machst du da, du solltest doch hier sein?«

»Okay.«

»Hast du auf meinen Anruf gewartet, habe ich mich heute morgen nicht klar genug ausgedrückt?« Seine Stimme verblüffte mich mit ihrer Wärme und Vertrautheit. Nach einem

Dutzend Stunden war ich schon wieder zurück in eine alles durchdringende Einsamkeit gesunken. Ich fühlte mich, als müßte meine Stimme oder mein Geist eine lange Reise machen bis dahin, wo Gespräche möglich waren. Eine Reise, die wie immer meiner Natur zuwiderlief. Und doch war ich so aufgeregt, ihn zu hören! Es war, als hätte ich die richtige Farbe für ein Gemälde gefunden, das lange unvollendet geblieben war: das rötliche Braun, die brennende Erde, die ich ohne Grund mit ihm assoziierte, brachte alle meine Blaus und verborgenen Grüns zur Geltung und verlangte auch, wie ich mir einbildete, irgendwo ein violettes Rosa...

»Sag doch was«, sagte er.

»Ich komme so schnell wie möglich. Ich muß mich nur noch anziehen.«

»Nein, zieh dich nicht an. Laß mich zu dir kommen. Fünf Minuten.«

»Nein.«

»Warum nicht?«

»Ich möchte zu dir kommen. Ich möchte mich anziehen. Es wird dir gefallen«, versprach ich, plötzlich trunken vor Lust. Ich wünschte mir ein Kleid aus üppiger roter Spitze, mit weitem Rock, bodenlang. Ich hatte nichts Derartiges...

»Ja? Gut, aber mach schnell. Himmel, Gwen, ich warte seit sechs mit einem Ständer.«

»Erzähl mir davon.«

Er hielt inne. »Nein. Ich sehe dich bald.« Er legte auf.

Ich nahm mir Zeit beim Ankleiden. Zuerst das Parfum – *Paris* von Saint Laurent. *Paris* wegen seines Namens und seines würzigen, sinnlichen Duftes. Es riecht wie ein Parfum, das schon von einer so schönen Frau getragen wurde, daß man ihre abgelegten Dinge neuen vorzieht. Dann meine venezolanischen Perlen und meinen korallenroten Lippenstift. Meine hochhakkigen Sandaletten mit ihrem glänzenden Lackleder. Der Luxus all dieser Dinge machte mir Spaß, ich stöckelte herum und bürstete mein Haar, bis ich mich vollkommen unwiderstehlich fühlte.

Das Telefon läutete wieder. »Ja, bitte?«

»Ich glaube nicht, daß du wirklich kommst. Du bist eine von diesen weiblichen Schlangen, die Männer mit Sex ködern und dann nie wiederkommen, während wir vor Sehnsucht sterben.«

Ich lachte. »Keine Sorge, ich mache dich wieder lebendig.« Wozu die Eile? Vorfreude umgab mich, durchdrang mich wie ein Geist, der lebendig wird. Selbst die Luft pulsierte. Ich bot alles auf, rief alles herbei, und mein Blutdruck stieg. Das Gemälde auf der Staffelei zitterte, als spüre das Tier, wie Hunde das tun, die Anwesenheit eines Geistes. Es war nur Verlangen. Nur Verlangen!

Jack beklagte sich schon wieder. »Sei still, Süßer«, sagte ich und legte den Hörer auf. Ich erreichte seine Wohnung atemlos. Er stand in der Tür.

Er legte die Hände auf meine Schultern. Der Raum, den seine Arme und seine Brust bildeten, war eine Höhlung, in die ich kriechen konnte, unterstützt von seinen ungeduldigen Fingern, oben abgedeckt von seinem Kinn, das sich mit verliebtem Gemurmel in mein Haar senkte.

Dann schob er mich von sich und betrachtete mich kühl. »Bist du nicht die Kleine von gestern nacht? Ich habe diesmal eine Brünette bestellt, eine Orientalin.«

Ich streckte ihm die Zunge heraus, und er tat dasselbe. Unsere beiden Zungen trafen sich, und so standen wir eine Weile und berührten uns nur mit den Zungenspitzen. Dann zog er seine Zunge wieder zurück. »Komisch. Das hab ich seit der dritten Klasse nicht mehr gemacht.«

»Viel geschafft heute?« fragte ich.

»Wen interessiert das? Dieses Kleid ist nicht übel, aber ich hatte was Extremeres erwartet.« Ich zog es aus. Darunter trug ich Wäsche, die Lenny mir gekauft hatte. Jack fing an zu lachen, er beugte sich vor und stolperte rückwärts zur Couch. »Das mußt du in Kalifornien gekauft haben«, keuchte er.

»Süß, nicht? Aber es ist schrecklich heiß, macht's dir was aus, wenn ich es ausziehe?«

»Nur zu.«

Ich zog mich aus, warf ihm den Büstenhalter an den Kopf und setzte mich neben ihn, meine Beine über seinen Schoß gelegt. Sobald wir uns berührten, löste die spaßhafte Stimmung sich auf. Ich fröstelte in meiner Nacktheit und kuschelte mich enger an ihn. Er legte wieder die Arme um mich und küßte mich. Lange saßen wir da und küßten uns nur. Dann stolperten wir in Malcolms Schlafzimmer.

So etwas wie die folgenden paar Stunden hatte ich nie auch nur annähernd erlebt. Wir fingen an wie vielleicht jedes neue Paar, und die Dringlichkeit und der Erfindungsreichtum blieben im Bereich des Normalen, der zärtlich-heißen, süß-traurigen Dichotomie des Sex. Unmerklich gingen wir weiter, tiefer. Ich dachte, daß das nur an Jack läge; er sagte mir später, es habe an mir gelegen. Das Lachen war sicher wichtig – wie nach einer Runde solcher Späße, die besser werden, je weiter man sie treibt, fühlten wir uns beide offener, und die nächste Zärtlichkeit oder Frage, die nächste höfliche, besondere Bitte legte mehr Gefühle frei, als wir zu besitzen geglaubt hatten. Es stieg an wie eine Flut, und wir bauten keine Dämme; innerlich war ich erstaunt über dieses Fehlen von Hindernissen, erstaunt darüber, zu welchen Gefühlen auch Jack fähig war. Sein Humor und seine Glut verschmolzen zu einer einzigen Eigenschaft, die ihn durchströmte wie das Blut, das hell unter seiner Haut floß.

Ich fühlte mich, als seien wir zusammen in das Halbdunkel der Unterwelt geschleudert worden, aus der wir bestanden, als verwandele sich unser Fleisch durch den Genuß in Geist und als erzeuge dieser Geist das Rohmaterial der Lust. Ich erzählte Jack, wie all meine Ängste schwanden und zu Verlangen wurden, und er antwortete, daß man das fürchtet, was man sich wünscht, und daß das Wünschen der Schlüssel ist. Ich lag in meinen Wünschen wie in einem Blumenbeet im Frühling, kühl und erschauernd und lieblich, das erleuchtete Haus jenseits des Rasens. Er hatte so viel Kraft, daß er mich einholte. Ich wollte mich verstecken und gefunden werden. Er wollte angebetet werden.

Aber dann war es vorbei. Ganz plötzlich veränderte sich die Stimmung. Jeder Orgasmus, jede Pause hatte uns weiter in die Tiefe geführt; nun waren wir wieder draußen. Mir war, als würde mir das Leben entzogen.

Jack lag neben mir, verschwitzt und erschöpft; als ich ihn ansah, wurde ich immer ängstlicher, als würde ich ohne Entzükken sterben. Warum konnte ich nicht noch mehr haben?

»Heilige Scheiße«, sagte er, richtete sich zum Sitzen auf und griff nach einer Zigarette, »ich glaube, wir haben grade so was wie ein religiöses Erlebnis gehabt.« Er klang amüsiert und neugierig; ich konnte förmlich sein Gehirn klicken hören. »Findest du nicht, Gwen? Ich glaube, wir haben den sexuellen Pfad zur Erlösung entdeckt, zu dem viele berufen, aber nur wenige auserwählt sind.« Er kicherte und erzählte mir ein oder zwei Geschichten über seinen ehemaligen Zimmergenossen. Er sah aus wie ein Teufel, wie er so dasaß, mit seinem Bauch und seinem buschigen schwarzen Haar, und Rauch aus seinem Grinsen aufstieg.

Ich sagte nichts. Ich wußte nicht, ob er scherzte oder nicht. Ich begriff nicht, wie er scherzen konnte, aber in meiner Angst war nichts sicher. Und als er in seiner weitschweifigen Art weitermachte, über tantrischen Yoga und mißglückte Abenteuer aus den sechziger Jahren sprach, fing ich an, mich sehr allein und sogar gedemütigt zu fühlen. Was ich ihn hatte tun lassen – und ich wußte, es war falsch, es so auszudrücken, fühlte mich aber trotzdem im Recht –, das war unnatürlich für mich, es verletzte mein empfindliches Gleichgewicht.

Ich rollte mich auf die andere Seite, um aus dem Fenster zu

sehen. Dieser Akt, den ich als eine Art Kommunikation gedacht hatte, ein leichtes Schmollen, das um Trost bat, brachte mich plötzlich in Panik; ich wußte nicht mehr, wo ich war oder wer hinter mir war, ich konnte mich nicht bewegen. Der Schrecken hielt mich fest, mein Herzschlag verlangsamte sich; dies war die Ewigkeit, die Kälte hinter dem Schleier.

Jack ließ eine fleischige Hand auf meine Hüfte fallen und rollte mich herum. Träge folgte ich seiner Bewegung. Er sagte: »Okay, was ist los?« Ich sah flehend zu ihm auf. Noch immer erinnerte er mich an einen Teufel. Natürlich war es nur meine eigene Verrücktheit, der ich nicht entkommen konnte. Wie sollte ich Jack jemals erklären, was los war?

»Na gut, dann sei eine Sphinx«, sagte er. »Behalt all deine Gedanken für dich, du wirst schon sehen, ob es mir etwas ausmacht, geheimnisvolle Dame mit dem kastanienbrauen Haar.« Er ließ seine Finger durch dieses Haar gleiten und betastete meinen Schädel, als suche er die Stelle, die die Geheimtür öffnen würde. Ich wurde gereizt, entnervt durch die pulsierende, elektrische Energie dieser Finger.

»Nicht«, sagte ich.

»Nicht was?«

»Steck deine Finger nicht in meinen Kopf.«

Er lachte. »Das ist der Daumen, der schüttelt die Pflaumen, das ist der –«

»Was bin ich für ein Arschloch.«

Jack schwieg. Ich bin eine Hexe, das ist meine Natur, ich kann nichts dafür. Ich lauschte dem Echo meiner Worte: ein zittriges, schamvolles Prickeln. Aber alle machen das, dachte ich. Er würde jetzt böse sein, ich würde antworten. Diese Art von Gesprächen entrollten sich wie ein Seil, und dann kletterte man herunter. Natürlich gab es Nachwirkungen.

Er schwieg, und ich spürte wieder Panik. Ich sah ihn aus den Augenwinkeln an. Sein Gesicht war unbeweglich, sein wie gemeißelter Mund geschlossen, seine Augen schauten zur Decke.

Ich starrte auf seine Nase, dick und formlos, sein am wenigsten interessantes Merkmal, sie schien weniger anklagend als der Rest. O Nase, dachte ich, o Nase. Er wandte feierlich den Kopf und sah mich an. Ich erwiderte den Blick, gespannt, und er seufzte. »Was ist los?« sagte er.

Ich antwortete leicht schmollend und etwas zögernd: »Ich kann nur nicht ertragen, daß es vorbei ist. Weißt du, so, wie es sich angefühlt hat –«

»O Mann«, sagte er, »du bist deprimiert, weil es vorbei ist? Ich weiß, du bist mit allen Privilegien aufgewachsen, teure Schulen und silberne Löffel« – in seiner Stimme schwang unterdrückte Gewalt – »aber erzähl mir nicht, daß die Reichen jede Nacht so vögeln. Ich schwöre dir, dann drehe ich durch. Das war wirklich eine außergewöhnliche Erfahrung, oder? So was passiert doch nicht jeden Tag? Bitte sag nicht, daß ich mich irre. Ich sitze hier und fühle mich völlig abgehoben« – seine Stimme war jetzt rauh, ich verfolgte jede Nuance – »ich kann es kaum fassen, und du bist traurig, weil es vorbei ist. Es ist nicht vorbei, Schätzchen. Es hat grade erst angefangen.« Bei den letzten drei oder vier Worten schaffte er es, so zu klingen, wie er vielleicht die ganze Zeit hatte klingen wollen – einfach amüsiert; ich war erstaunt, meine Angst war dahingeschmolzen. Weil er wütend auf mich war oder weil er recht hat, fragte ich mich.

»Ich liebe dich mehr als irgendwas auf der Welt«, verkündete ich.

Jack war verblüfft; sein Gesicht veränderte sich mehrmals und nahm schließlich eine überwältigende Behutsamkeit an. »Gwen, du solltest solche Sachen nicht sagen.«

»Warum nicht?«

»Jemand könnte dir glauben.« Seine Stimme zitterte verlegen.

»Du meinst, das stimmt nicht?«

»Das hab ich nicht gesagt. Ich weiß nicht, ob es stimmt oder nicht, aber es ist gefährlich.«

»Was ist das Leben ohne Risiken?«

Er seufzte theatralisch. »Der Himmel.«

»Und der kommt, wie du dich vielleicht erinnern wirst, erst nach dem Tod«, sagte ich sarkastisch.

»Erzähl mir nicht, daß du auch daran glaubst«, stieß er aus sicherer Entfernung hervor; sein Kopf war von mir abgewandt, aber unsere Füße berührten sich noch. Sein großer Fuß lag schwer auf meinem; er sieht aus wie ein entwurzelter Baumstamm, dachte ich.

»Ich weiß nicht, ob ich dran glaube oder nicht. Der Gedanke, daß hinterher nichts ist, totale Leere, ist einfach zu anziehend, als daß ich ihm trauen könnte, weißt du?«

»Nein, ich weiß nicht. Gwen, Gwen, was sollen wir bloß mit dir machen?«

»Du bist selbst ganz schön verdreht, du alter Lustmolch.«

Er fing an zu lachen. »Du bist traurig, weil dir unsere Seligkeit zu kurz erscheint, aber du machst dir Sorgen, der Tod könnte nicht alles beenden. Findest du das vielleicht sinnvoll?«

»Und was denkst du?«

»Worüber?«

»Über alles.« Aber sie ist vorbei, dachte ich, unsere exquisite, bemerkenswerte, unerreichbare Stunde. Ich zweifelte, daß wir je wieder eine solche Stunde erleben würden.

»Ich habe da einen kleinen Trick. Ich denke nicht über alles nach. Ich denke immer nur an eine Sache auf einmal.«

»Ja?«

»Und im Augenblick denke ich grade ans Schlafen.«

Ich wollte nicht schlafen. Ich fürchtete mich vor dem Schlaf. Zwei Nächte waren schon vergangen; wie viele hatten wir? Drei Wochen, sechs Wochen, eine warme Zeithülle... hatte er auch nur eine Ahnung, wie kostbar sie war? Nur er und ich. Als ob überhaupt niemand außer uns existierte. Ich sah ihn an, als könne er etwas dagegen tun, die Nacht am Fortschreiten hindern.

»Erzähl mir«, sagte ich.

»Was?«

»Worum es in deinem Roman geht.«

»Ach richtig, du bist ja einer meiner Fans, nicht?«

»Ich bin ganz entschieden einer deiner Fans.«

»Ich muß wissen, was in diesem Brief stand.«

»Das stand drin: Lieber Mr. Price, ich liebe Ihre Bücher, und auf Ihren Fotos sehen Sie so süß aus, kann ich kommen und Sie vögeln? Mit freundlichen Grüßen etc.«

»Auf meinen Buchumschlägen war nie ein Foto von mir. Das erste Dutzend waren Taschenbücher, und dann dachte ich, was soll's. Wer will sich schon diesen Kerl ansehen?«

»Wenn du die Stirn runzelst, siehst du nicht hübsch aus«, sagte ich.

Er lachte leise und rollte sich näher zu mir. »Du bringst mich in Verlegenheit.«

»Du wirst dich dran gewöhnen.«

»Vielleicht. Vielleicht werde ich das. Du willst also wissen, worum es in meinem Roman geht?«

»Ich habe dich gefragt.«

»Manchmal fragen Frauen einen solche Sachen, und dann sieht man, wie sie hinter höflich vorgehaltener Hand gähnen.«

»Die acht Millionen Frauen, die hier ein und aus gehen?«

»Nein, die acht Millionen Frauen, die ich auf Cocktailpartys treffe.«

»Im Ernst«, sagte ich, »wie oft begehst du Ehebruch?«

»Nicht oft genug, um Übung darin zu haben.«

»Was soll das heißen?«

»Das soll heißen: erst einmal, in Chicago, als ich betrunken war. Ich erinnere mich nicht mal mehr an ihren Namen.«

»Was heißt erinnern? Vermutlich hast du nie danach gefragt.«

»Doch, ich glaube schon. Kommt mir wahrscheinlich vor.«

»Hat's Spaß gemacht?«

»Ich weiß nicht. Wahrscheinlich. Natürlich hat's Spaß gemacht.«

»Okay«, sagte ich. »Schieß los.«

Jacks Roman war eine ökologische Horrorstory. Alles, was wir seit zwanzig Jahren vorhersehen, bewahrheitet sich: Trokkenheit, Hungersnot, Krankheit, das Aussterben von Arten. Er war begeistert und beschrieb mit Genuß, wie die Dinge schiefgingen, wie menschliches Versagen durch die Kettenreaktionen der Natur ergänzt wurde. Es war eine Art Aufhänger-Geschichte, bei der jeder Fehler unvermeidlich zum nächsten führte. Der Held, der zu Beginn ein ganz gewöhnlicher Mann zu sein scheint und mit den Ereignissen wenig zu tun hat, wird nach und nach hineingezogen: seine Arbeit, seine Familie, seine Heimatstadt, seine früheren Geliebten, alles verwickelt ihn in irgendeiner Weise in das Desaster. Natürlich war das nur ein Stilmittel, aber es war auch das Thema. Und es schien am Ende eine eigenartig hoffnungsvolle Erzählung zu sein.

»Du glaubst also, daß es so kommen wird?« fragte ich. Ich lese keine Zeitungen mehr; alles erschreckt mich. Ich habe das Trinken aufgegeben: Die Katastrophen werden also über mich hereinbrechen. Ich weiß, das ist albern, aber ich habe einfach das Gefühl, daß die Götter mein Blut wollen, so oder so.

»Ja, sicher. Wir kommen mit dieser Scheiße nicht ungestraft davon. Nur Irre und Rauschgiftsüchtige glauben, wir kämen davon. Aber ich glaube auch, daß wir überleben werden.« Er hielt inne. »Ich möchte sogar sagen, daß es uns verdammt recht geschieht, obwohl natürlich wir, die wir am meisten verantwortlich sind, nicht diejenigen sein werden, die darunter leiden.«

»In jedem, der ein Verbrechen begangen hat«, sagte ich, »gibt es viele Ichs, die nichts damit zu tun hatten.«

Er warf mir einen Blick zu. »Du meinst die Menschheit als eine Art Super-Individuum? Ja, obwohl mir das ein bißchen wie eine Ausrede vorkommt.«

»Aber davon handelt dein Buch.«

»Vielleicht. Vielleicht. Ja, wahrscheinlich hast du recht, da führt es hin, aber –« Er grinste. »Vermutlich ist das der Grund, warum Ruth es nicht mag. Ich hab mir das vorher nie richtig klargemacht. Sie sagt, es sei nicht dramatisch genug, aber was sie meint, ist, daß die Bösewichter nicht böse genug sind. Sie denkt«, fügte er ironisch hinzu, »daß Science-fiction ein wunderbares Medium für Propaganda ist. Verstehst du, mein Job ist es, all diese Jungens im Teenageralter zu erreichen, die ihr nie zuhören würden.«

»Wie langweilig.«

»Langweilig? Ich weiß nicht. Das ist eine ziemlich rigorose Einstellung. Bloß stimme ich zufällig nicht damit überein.«

»Wenn ich dich richtig verstehe, sieht sie die Menschheit nicht als Super-Individuum?«

»Ich glaube nicht, daß ich sie so sehe. Aber Ruth? Machst du Witze?«

Ich erinnerte mich an den einen Anlaß, bei dem ich sie sprechen gehört hatte. Sie hatte ihre meist jugendlichen Zuhörer ermahnt, nicht das zu verlieren, wofür sie und ihre Generation gekämpft hätten. Ihre Rede war wütend, fast tyrannisch gewesen, und ihr Ego hatte so stark durchgeschienen, daß ich ihre Anziehungskraft verstand; dieser Glaube an sich selbst war beinahe hypnotisch. Im privaten Umgang war sie natürlich verbindlicher.

»Also wie ist das mit Ruth?« fragte ich. Während des Schweigens, das folgte, wurde mir bewußt, wie spät es geworden war. Die Straßen draußen waren still. Selbst die Betrunkenen und die Drogensüchtigen schliefen.

»Was soll mit ihr sein?« Er zog sich die Decke über die Beine. Ich wartete. »War nur so 'ne Frage«, sagte ich.

5

In dem Jahr, in dem ich zwölf wurde, ließen meine Eltern sich scheiden. Meine Mutter, Lucy und ich wohnten in der Vierundsiebzigsten Straße, unser Vater wohnte in Brooklyn. Es war seltsam und klaustrophobisch, daß er nicht in der Wohnung war. Meine Mutter sprühte plötzlich vor Heiterkeit. Sie holte uns von der Schule ab und nahm uns zu Einkaufsbummeln mit.

Ich wußte, was ich kaufen wollte: einen schwarzen Rollkragenpullover, einen gelben Minirock aus Vinyl, Strumpfhosen in Shocking Pink und Stiefel. Meine Mutter kleidete uns in wollene Faltenröcke, flache Halbschuhe und gestärkte weiße Blusen mit Bubikragen. Das war natürlich keine Überraschung, aber ich hatte diesen Wunsch, schöne Kleider zu tragen, nie so körperlich empfunden. Meine Beine sehnten sich nach Netzstrümpfen, und ich betete den Geruch von Leder an. Doch vor allem brauchte ich Farbe. Purpurrot war die Farbe der Könige und Zauberer, Marineblau die der Matrosen und repressiver Institutionen. Schwarz war erotisch, Weiß jungfräulich, Gelb prickelnd, Pfirsich klebrig. Blaßblau war schwachsinnig, Kastanienbraun ironisch.

»Du bist so ein hübsches Mädchen, Gwen, du willst doch nicht lächerlich aussehen.« Ich ließ die Einkaufstüten auf der Toilette von *Lord and Taylor* stehen und weigerte mich, zurückzugehen und sie zu holen. Lucy mußte gehen, und Lucy mußte sie tragen; ich konnte damit durchkommen, weil meine Mutter in der Öffentlichkeit keine Szenen machte. Zu Hause wurde ich mit dem Entzug von Eiskrem bestraft. Wie ich diese Methode verachtete!

»Glaubt ihr, ich will so fett werden wie ihr beide?« fragte ich, wenn sie nach dem Abendessen mit ihren Eisportionen auf dem Sofa saßen. Meine Mutter pflegte zu lächeln, sie glaubte, ich verstelle mich. Aber ich machte mir nichts mehr aus Süßigkeiten, ich betrachtete sie als kindisch. Ich ließ sogar manchmal das Abendessen aus, indem ich behauptete, mir sei übel, um diese Leere in meinem Magen zu spüren und darüber zu meditieren. Ich blieb lange auf, mit dem Radio auf meinem Kissen, und wurde leichter und leichter; meine Energie stieg mir zu Kopf. In meinem Hirn wimmelte es von Ideen und Phantasien, schrägen Dramen, die ich mir je nach den gespielten Liedern ausmalte und fallenließ, sobald die Geschichte klar war – mein Kopf war wach, und mein Körper träumte. Er träumte nicht einfach davon, dünn zu sein – ich weiß, man sagt, das liege daran, daß wir Kinder bleiben wollen –, er träumte davon, formbar zu sein, sich meinen Befehlen unterzuordnen. Ich, der Kopf, würde schon wissen, was damit zu tun war. Schönheit meißeln. Form finden. Wölbungen hier und da, möglicherweise Brüste – aber ich wollte erst die Entwürfe sehen, wollte ein Vetorecht.

Mein Körper berauschte sich an seinen Entbehrungen. Die Leere breitete sich aus, drückte gegen die Grenzen. Manchmal bekam ich das Gefühl, ich könnte herausschlüpfen. Ich brauchte nur die richtige Bewegung zu finden, um es zu tun, so wie es damals war, als ich lernte, mit den Ohren zu wackeln. Es war aber kein Muskel, das wußte ich; es war mehr etwas wie eine Richtung oder ein Vergessen. Ich mußte einfach vergessen, daß ich in der Falle saß, dann würde ich zur Decke aufsteigen. Von dort oben, aus den ruhigen Windungen meines Geistes, würde ich hinunterschauen auf meinen hilflosen Körper und fähig sein, ihm seine Unbeholfenheit und Schande zu verzeihen.

Unser Vater hatte das Recht, uns jeden zweiten Samstag zu sehen. Lucy und ich pflegten dann früh aufzustehen, zu baden, zu frühstücken und dann im Aufzug nach unten zu fahren, damit wir um viertel vor zehn in der Halle waren. Wir warteten in den grünen Ledersesseln, lächelten Leute an, die uns anlächelten, und streckten unsere Finger nach den Hunden aus. Meine Füße in ihren neuen Halbschuhen fühlten sich schwer an; ich war müde, weil ich so lange wach geblieben war. (Sehr spät in der Nacht hatte ich mir vorgestellt, die Stimmen im Radio seien in Wirklichkeit die Stimmen von Vampiren, die sich mit ihrem verrückten Geschnatter bei mir einschmeichelten, bevor sie mich aufforderten, das Fenster zu öffnen und sie hereinzulassen.)

Wenn ich wartend in der Halle saß, stellte ich mir den Strand vor. Wir waren diesen Sommer nicht ans Meer gefahren wie sonst jeden Sommer, hatten nicht für die üblichen vier Wochen im August das Haus in East Hampton gemietet. Ich vermißte den Ozean. Diese unendliche Palette von Blautönen – Indigoblau, Azurblau, Coelinblau, Eisblau –, das Eisblau sehr heißer Tage, an denen das Wasser daliegt wie Seide und die Wellen sich bescheiden im Sand brechen und ihr Inneres aus Muschelschalen, Schnecken und Krabben entblößen. Blau und stärkeres Blau, das Blau ferner Orte, das Blau der Güte, der Gewänder der Heiligen an einem anderen, wärmeren Meer.

Nachdem wir eine Stunde oder so gewartet hatten, pflegte Philip uns wieder nach oben zu schicken. Sein großes, joviales Gesicht blieb abgewandt, und er murmelte etwas wie, unser Vater sei wohl aufgehalten worden. Lucys Gesicht wurde dann rot und zuckte, sie konnte es nicht glauben, nicht einmal, als es wieder und wieder passierte. Sie stand zusammengekauert in der Mitte des Aufzugs und ging mechanisch in die Wohnung. Sie wollte nicht zu Mittag essen, sie wollte nicht mit unserer Mutter reden, sie ging einfach in ihr Zimmer und legte sich aufs Bett, und ihr Gesicht zuckte auf eine seltsame, stille, tränenlose Weise.

Ich war nicht so betroffen. Ich wußte, was passiert war. Unser Vater war mit einem Kater erwacht. Das stand außerhalb seiner

Kontrolle. Ich war vor allem auf unsere Mutter böse wegen des verächtlichen Zugs um ihren Mund, wegen der Besorgnis, mit der sie uns fragte, was wir an diesem Tag machen wollten. Natürlich tat Lucy mir leid. Sie war noch so unschuldig, es war grausam, was ihr zustieß. Die Dinge sollten so geregelt werden, daß Kinder geschützt sind.

Manchmal tauchte unser Vater doch auf. »Da ist euer Vater«, murmelte Philip dann, und Lucy und ich sprangen aus unseren Sesseln auf.

Seine leichten Schritte in der Ferne, sein lässiger Gang, während seine schmalen Schultern sich bewegten, als teile er ein Meer. Entschlossen, rhythmisch. Die Jacke alt, die Krawatte schief. Es ist Daddy... die Augen schließen, wieder aufmachen. Es ist Daddy, jetzt aus der Nähe. Lucy neben mir, nicht so glücklich, wie sie eigentlich sein sollte, nimmt meine Hand, und ich winke ihm zu, als ginge er vorbei, als sei er ein Schiff weit draußen am Horizont.

»Na, Philip«, sagte er dann. »Sie können mir jetzt die Mädchen überlassen. Ich nehme sie in Gewahrsam.«

»Schön, Sie wiederzusehen, Sir.«

»Oh, ich komme immer wieder wie ein falscher Fuffziger. Man kann mich nicht loswerden, was, Mädchen?«

Wir antworteten nicht. Wir starrten auf den dünnen, drahtigen Mann, der uns zugezwinkert hatte, der direkt vor uns stand, als hätte es nie irgendeinen Zweifel daran gegeben. Ja, wenn ich ihn wirklich sah, war auch ich erstaunt. Wieder auf den Beinen, das rote Haar gekämmt, die nervöse, knochige Hand nach meiner eigenen ausgestreckt.

Seine Hand war eiskalt, und ich berührte sie kaum. Sein Gesicht war bleich, fast weiß, und seine Kleider fingen an, an ihm herunterzuhängen. Dennoch kam er mir immer noch so groß vor, so warm, so überwirklich wie ein Schauspieler, wenn man zu nahe an der Bühne sitzt. An seinem Verhalten oder seinen Gesprächen war nichts Ungewöhnliches. Er redete über seine

Schwierigkeiten in der Arbeit, nachdem er nun endlich eine neue gefunden hatte, seine Müdigkeit und darüber, wie er uns vermißte. Er gab sich pathetisch, ein Mann, dem man übel mitgespielt hatte, den man des Trostes seiner Töchter beraubt hatte, und wir hörten zu, schweigend, geschmeichelt, aber ungläubig.

Er entschuldigte sich für die vorangegangenen Samstage. »Ich war krank, Kinder. Ihr versteht, was ich meine. Tut mir leid.«

»Schon gut«, sagten wir, und dann entspannte er sich, sein Charme gewann wieder die Oberhand. Er zählte alle Dinge auf, die wir machen könnten. Reiten im Park, das Museum für Naturgeschichte, die Botanischen Gärten. Aber wir gingen fast immer in den Zoo.

»Was meint ihr, Mädchen?« pflegte er am Ende seiner Liste zu sagen, und dann war ich an der Reihe.

»In den Zoo natürlich! Im Naturkundemuseum sind sie alle tot!«

»Wir könnten einkaufen gehen«, schlug Lucy vor, und ich war in Versuchung – aber ich wollte vor meinem Vater keine Kleider kaufen.

»Eure Mutter hat mein ganzes Geld.«

»Hat sie nicht«, sagte Lucy. Meine Mutter hielt seine unregelmäßig eintreffenden Schecks immer verächtlich in die Höhe. »Wann es ihm gerade paßt«, sagte sie. »Und er erwartet auch noch, daß ich dankbar bin.«

»Wir müssen in den Zoo, Daddy. Ich sehne mich nach den Schlangen.«

»Ah, Schlangensehnsucht, ja, ich weiß, was das heißt.« Er zog die Brauen hoch und lachte sich ins Fäustchen – die einzige Geste, die von jenem heiteren Nachmittag geblieben war, an dem er uns alle Redewendungen vorspielte, die uns einfielen.

»Was?« fragte ich lachend und hielt meine Arme eng an den Körper gepreßt.

»Oh, das ist sehr geheimnisvoll, meine kleine Gwendolyn, ich werde es dir nicht sagen. Eine Schlangensehnsucht, ja tatsächlich... sehr schwer, ihr zu widerstehen.«

»Das ist bloß albernes Zeug«, sagte Lucy zögernd.

»Was weißt du denn schon?« sagte ich.

»Oh, ja, ja, wir müssen in den Zoo«, sagte mein Vater. »Les Bêtes!« Er fuhr uns in seinem VW hin, den er sich kürzlich gekauft hatte. Mein Vater war ein schlechter Autofahrer, was ich komisch fand. Ich saß vorne neben ihm und durfte für ihn die Gänge einlegen, die knirschend einrasteten – »Kauf dir ein billiges Auto, und fahr es in Grund und Boden – das ist der Trick.«

»Ich will nicht in Grund und Boden gefahren werden«, sagte meine Schwester, die alles wörtlich nahm.

»Halt den Mund«, sagte ich.

Während Lucy im Zoo die Antilope betrachtete und ihre Zuckerwatte aß, pflegte mein Vater mir zu erklären, wie die Tiere in der Wildnis lebten. Er war ein Meister darin, die Welt eines jeden Tieres lebendig zu machen. Im Stehen schlafen, kaltblütig sein, seine Eier in den Sand legen – er zeigte mir, daß all diese Dinge tatsächlich Geschöpfen zustießen, die spüren und fühlen konnten. Ich liebte die Einsamkeit, die trotzdem eine Gemeinschaft war. Ich schwelgte in nostalgischen Gefühlen für die evolutionäre Vergangenheit, für die Wälder im Zwielicht, in denen noch keine Häuser gebaut worden waren, für die kühle Sicherheit eines Steins oder für Wasser, das mich zärtlich umschmeichelte. Alle Lebensformen gehörten mir, hatten mir gehört und waren mir genommen worden; und ich war jung genug, um zu meinen, was genommen worden war, müsse zurückgegeben werden. Eines Tages würde ich wie ein Löwe meine Beute anspringen; eines Tages würde ich das Löwenstadium hinter mir lassen. Mein Körper veränderte sich, und ich dachte darüber nach, aber mit größerer Erregung dachte ich an unmögliche Verwandlungen. Mädchen in Wolf oder Falke oder Wildkatze. Ich stellte mir jede dieser Verwandlungen mit solch überwältigender Sehnsucht und Hoffnung vor, als sei die Pubertät eine Halle, aus der viele Türen führten.

Die Einstellung meines Vaters zu den Tieren war abstrakter. Er sah sie als Symbole und Metaphern, obwohl ich damals meinte, das seien nur Redensarten von ihm. Er machte sie mit seiner Sprache lebendig, doch ihre Realität war nur wichtig, um Kontraste herzustellen. Der Mensch war schwächlich und haarlos, der Mensch war korrupt, der Mensch war der Schlaueste von allen. Zoos erinnerten ihn an seine Zugehörigkeit zur menschlichen Rasse, und dadurch fühlte er sich weniger gefangen in seinen speziellen Lebensumständen. Trotzdem gab er vor, sich mit den Tieren zu identifizieren. »Dieser Fuchs sieht mir irgendwie ähnlich, findest du nicht?« fragte er dann, und ich war verstört und verlockt durch die Frage. War er wie ein Fuchs? Er war rothaarig und zartknochig. Er hatte allerdings keine Fuchsaugen, seine Augen waren braun und vorquellend. Auf eigenartige Weise erinnerten sie mich an Fäuste. Als habe ein Mann mit zusammengeballten Händen seine Augen gerieben und dann, als er die Hände wegnahm, etwas zurückgelassen, eine aggressive, blinde Eigenschaft, mit der er durchs Leben ging, ohne es zu wissen.

Ein paarmal hatte mein Vater, als er spürte, daß unsere Aufmerksamkeit nachließ, den Zaun erklettert und einen Arm in den Tigerkäfig gesteckt. Er machte das so schnell und war so rasch wieder bei uns, daß er nie erwischt wurde, weder von einem Tiger noch von einem Wärter. Er hielt uns dann die Hand hin. »Hätte sie fast verloren, Mädchen. Was sagt ihr dazu?« Lucy sagte nichts, sondern starrte unseren Vater mit offenem Mund an.

»Ich will das auch machen«, sagte ich. Ich wollte meine Hand in den Tigerkäfig strecken, wollte, daß der Tiger auf mich losstürzte und angriff – und es sich dann anders überlegte, meine Finger leckte und sich zusammenrollte wie eine Schmusekatze.

»Nein, das geht nicht. Es ist nicht erlaubt.«

»Du hast es gemacht.«

»Verbote, Gwendolyn. Verbote. Verbote. Verbote.«

»*Le tigre m'aime.*«

»*Le tigre aime te manger.*«

»*J'aime manger le tigre.*«

»Oh, du böses Mädchen, du willst den Tiger essen, was? Weißt du, wie viele Tiger es auf der Welt noch gibt? Nicht sehr viele. In zwanzig Jahren wird es keine mehr geben. Verschwunden. Ausgestorben.«

»Warum?« fragte Lucy.

»Unseretwegen, meine Liebe, wegen der Zivilisation. Der Fortschritt ohne Ende. Wir werden erst aufhören, wenn sie alle tot sind – all die Tiere –«

»Aber was werden wir dann essen?« fragte sie besorgt.

»Himmel, genau wie deine Schwester. Willst du den verdammten Tiger essen.«

»Nein – ich meinte – du sagtest, alle Tiere –«

»Eine Kuh ist kein Tier. Eine Kuh ist eine Fleischmaschine.« Der Gedanke versetzte ihn in schlechte Laune. Er zündete sich eine Zigarette an und wandte sich von uns ab. Rachsüchtig kniff ich Lucy. Sie fing an zu weinen, mein Vater wurde gereizt. »Ich sehe euch Kinder so selten, warum könnt ihr euch nicht amüsieren?«, und mir tat alles leid. Ich wollte nicht, daß er auf Lucy böse war, Lucy hatte keine Schuld. Lucy war meine loyale Schwester, die aufwachte, wenn ich sie darum bat, wenn ich meiner Schlaflosigkeit müde wurde, und die nach unten ging und mir ein Glas Milch holte. Ich sagte ihr, ich hätte Angst vor der Dunkelheit.

Wenn ich auf Lucy böse war, dann nur, weil sie mich nervös machte. Weil sie so unglücklich war und sich nie verstellte. Weil sie Fragen stellte wie: »Kommst du nächstes Mal, Daddy? Ganz bestimmt?«

Sein Blick glitt zur Seite, er trat zurück und seufzte. »Ich tue mein Bestes. Du weißt das. Glaubst du, es sei einfach, den ganzen Weg von Brooklyn herzukommen, nur, um meine Kinder zu sehen? Wißt ihr noch, wie ich euch Gutenachtgeschichten erzählt habe, Kinder? Sie gefielen euch, nicht? Ich brachte euch zum Lachen, und ihr schlieft gleich ein. Warum erinnert ihr eure Mutter nicht an solche Sachen?«

»Mami ist langweilig«, sagte ich.

»Deine Mutter ist langweilig? Was habe ich für eine verrückte kleine Tochter. Du darfst nicht sagen, deine Mutter sei langweilig.« Er zwinkerte. »Aber ich weiß, was du meinst.«

Nach einem Tag mit meinem Vater war das Abendessen zu Hause unerträglich. Mutter stellte keine Fragen, sie beobachtete uns einfach, die Arme vor der Brust gefaltet, während wir unsere Steaks kauten. (Das Essen war immer perfekt an diesen Abenden, und sie aß nie einen Bissen davon. Heute wird mir klar, daß sie den ganzen Tag gegessen haben mußte.) Für den Rest des Abends ragte ihr Gesicht drohend auf, rund wie ein Käse, mit wachen Augen. Wenn ich mich an meinen Vater in dieser Zeit erinnere, höre ich seine Stimme – mittlere Lage, brüchig, voller Modulation und Gefühl –, während meine Mutter mir als visuelles Bild vor Augen steht: die fette Spionin, die blonde, leichtfüßige Bombe.

Vermißte sie meinen Vater? Ich habe sie nie gefragt. Sie sah viel fern – *Ben Casey, Dr. Kildare* –, und sie versuchte ungeschickt, seinen Platz auszufüllen. Sie führte mich in Museen, was immer ein Vergnügen für meinen Vater gewesen war. Wir pflegten ins Metropolitan zu gehen, während meine Mutter mit Lucy in ihren Sportclub schwimmen ging.

Ich liebte es, mit meinem Vater Gemälde zu betrachten. Ich schaute die Constables und Turners an und stellte mir vor, in die Bilder einzutreten. Wenn man einmal in einem drin war, konnte man alles übrige erreichen, so wie in Europa jedes Land mit dem Auto zugänglich ist. Und dort würde ich andere Reisende wie mich finden, die ich daran erkannte, daß sie irgendwie nicht hierher paßten, an einer bestimmten Rastlosigkeit und ihren glänzenden Augen. Zu dritt oder viert würden wir die Gemälde erforschen, mit unhörbaren Schritten unsichtbare Brücken überqueren und uns nicht von Äpfeln oder Kaninchen ernähren, sondern von Licht. Mein Vater erzählte mir Geschichten über die Künstler. Ihre verrückten, unerhörten Leben und wie sie es schafften, damit durchzukommen. Selbst diejenigen, die jung starben, kamen in seinen Augen irgendwie davon. »Sie mochten die Welt nicht, also haben sie sie verändert«, sagte er. Ich stellte sie mir vor, wie sie mit Pinseln über die Bäume und den Himmel malten. Häuser und Straßen und Leute anmalten.

Meine Mutter pflegte vor jedem Gemälde fünfundvierzig Sekunden stehen zu bleiben und es zu kommentieren. Sie wußte immer etwas Bedeutsames, aber es war nie bedeutsam in bezug auf Ästhetik oder Phantasie. Es verschloß das Gemälde wie eine Schachtel, und was man sah, die Farben und Formen, die noch immer da waren, war nur ein Bild des wirklichen Bildes, ein Werbeplakat.

Ich begann, auf ihre Kommentare mit subtilem Sarkasmus zu reagieren, mit einer übertrieben »klugen« und »interessanten« Bemerkung, es verschaffte mir ein geheimes Vergnügen zu wissen, daß sie den Tenor meiner Gespräche nicht begriff. »Was hatten wir für einen schönen Tag«, sagte sie dann am Abend, und ich lächelte und stimmte zu. Es war eigenartig, wie die Gemälde, flach und versteckt, wie sie in Gegenwart meiner Mutter waren, doch gleichzeitig eher bereit schienen, sich zu öffnen. Doch falls sie das täten, dachte ich, falls sie es dieses eine, wunderbare Mal täten, würde sie mich natürlich zurückhalten; sie konnte nicht einmal wissen, daß sie das tat.

Ich konnte mich nicht weigern, mit ihr zu gehen. Ich sah einen ganzen Herbst lang Gemälde an, während Lucy Basketball spielte. Ich ging mit ihr, und wir hatten es schön, und ich bat sie, mir zu Weihnachten einen Cézanne zu kaufen. Ich bettelte und bettelte, obwohl ich wußte, daß sie es nicht tun würde. Sie kaufte mir einen teuren Bildband mit Reproduktionen, und ich ließ ihn im Stadtbus liegen.

Mit der Zeit wurden die Besuche unseres Vaters seltener. Ich wußte nicht, ob er mehr trank oder andere Pläne hatte. Er erzählte uns nur sehr wenig von seinem Leben. Seine Wohnung sahen wir nie. Einer seiner wenigen Freunde hatte jemandem, der es meiner Mutter weitererzählte, gesagt, Vater hätte dort ein Feuer verursacht; er hätte eine brennende Zigarette liegen lassen und sei gerade noch rechtzeitig aufgewacht.

Ich träumte von diesem Feuer. Mein Vater stand lachend mittendrin. Ich schrie ihm zu, er solle fliehen, und er sagte, ich sehe dich Samstag, du weißt, daß ich immer auftauche.

Er wollte uns nicht in sein Appartement mitnehmen. »Es ist ein Dreckloch«, sagte er. »Ihr Mädchen würdet da nicht hinwollen.«

»Aber wie ist es? Wie sieht es aus?«

»Es ist ein Dreckloch.«

Ich fragte mich, ob er eine Geliebte hatte. Ich stellte mir vor, eine Geliebte würde den ganzen Tag im Bett liegen und Illustrierten lesen; es würde keinen Platz geben, wo wir uns hinsetzen könnten. Wir müßten verlegen in unseren Mänteln herumstehen, während sie sich in einem pfirsichfarbenen Negligé räkelte und sich die Nägel lackierte und mit unserem Vater in der sexuellen Geheimsprache redete, die ich von Neuntklässlern gehört hatte.

Ich hatte keinen Grund zu der Annahme, er treffe sich mit jemandem. Die einzige Frau, von der er sprach, war unsere Mutter. Er schien anzunehmen, auch, nachdem die Scheidung ausgesprochen war, es handele sich nur um eine vorübergehende Trennung: »Norah bestraft mich, das ist es. Na ja, ich kann's aushalten. Sie weiß nicht, wie viel ich aushalten kann. Ich kann jahrelang leben wie eine Ratte im Loch, wenn es das ist, was sie will. Aber sie tut sich nur selbst weh. Sie vergeudet ihre besten Jahre. Eine Frau wie sie braucht einen Ehemann, und sie ist immer noch mein Mädchen – ich weiß ein paar Sachen über Norah, bei denen sich euch die Haare sträuben würden. Kleine Miss Norah! Wenn sie nicht eure Mutter wäre –« sagte er mit einem Grinsen, zündete sich eine Zigarette an und schloß die Lider halb über den boshaften Augen.

Diese Bemerkungen beruhigten mich im Hinblick auf andere Frauen, aber sie machten mich auch sehr nervös. Als ich dreizehn, vierzehn wurde, begann ich zu befürchten, er könne verletzt sein. Meine Mutter fing an, sich mit Roy zu treffen. Ich konnte ihr kaum sagen, sie solle das nicht tun – wir sprachen ohnehin nie über Wichtiges –, aber ich war besorgt. Ich sah ihn so selten. Manchmal hörte ich monatelang nichts von ihm; alles konnte passieren. Oft rief ich samstags abends an und ließ das Telefon läuten. Vierzig-, fünfzigmal. Ich wußte, wenn er irgendwann nach dem zehnten Läuten abnehmen würde, würde ich auflegen, aber ich ließ es trotzdem läuten. Er meldete sich nicht.

»Vielleicht wohnt unser lieber alter Pa da nicht mehr«, sagte Lucy.

»Wo sollte er sonst leben?«

»Vielleicht ist er nach Kalifornien gezogen. Vielleicht ist er tot.«

»Mein Vater«, sagte ich, »würde mir eine Postkarte schicken, wenn er nach Kalifornien gezogen wäre.«

»Und wenn er tot ist?«

»Dann würde er dir als Gespenst erscheinen«, sagte ich, seine Stimme nachahmend. »Er würde aus dem Wandschrank kommen – ›Vermißt du mich nicht, Lucy?‹ – und dir mit seinen Leichenfingern den Rotz von der Nase wischen.«

»Du bist so unglaublich grob.«

»Mami würde aufwachen, und da wäre er, ein Skelett neben ihr im Bett. ›Norah, Norah, liebst du mich nicht? Oh, Baby, du wirst so fett, schau mich doch an, nichts als lauter Knochen, hi, hi, hi.‹«

»So was wie Gespenster gibt es nicht«, sagte Lucy belehrend. »Es gibt nur die Schuldgefühle der Lebenden. Und wenn Daddy stürbe, warum sollte Mami sich schuldig fühlen? Er hat sich alles selbst eingebrockt.«

Ich konnte nicht antworten. Ich konnte mich ihrer Philosophie nicht anschließen (ich fand sie in all ihrer Brillanz dumm), aber mich entsetzte der Gedanke, daß ein Mensch sich alles – alles? – selbst einbrocken konnte.

6

Lucy rief an, als sie von der Hochzeitsreise zurück war. »Ich bin's«, sagte die Stimme und wand sich behaglich durch mein Ohr.

»Willkommen daheim«, sagte ich. »Wie war's?« Sie waren in Puerto Rico gewesen, wo sie einen kleinen Dreizimmerbungalow am Strand gemietet hatten.

»Schön. Wir haben beide Sonnenbrand und Mückenstiche. Malcolm hat eine Art Ausschlag bekommen.«

»Ihr hättet mehr Zeit im Bett verbringen sollen.«

»Den Sonnenbrand haben wir uns am ersten Tag geholt, und danach konnten wir uns eine Woche lang nicht anfassen.«

»Oh, das tut mir leid.«

»Macht nichts. Wir haben geredet und uns wieder Namen für die Kinder ausgedacht. Was hältst du von Althea, Eliot und Jane?«

»Drei sind zuviel.«

»Oder von Martin, Renata und Chloe?«

»Wie wär's mit Tagespflege, Krankheit, Vormundschaft?«

»Die Stimme der Vernunft, auf dich ist einfach Verlaß. Aber du bist früh von meiner Hochzeit weggegangen!«

»Ich war müde. Ich wollte nicht zugucken, wie sich alle betrinken.« Das war nicht nett, aber plötzlich spürte ich tiefes Bedauern darüber, daß ich mich nicht betrunken hatte. Der ganze Champagner, für immer verloren.

»Ach, arme Gwennie. Später ist es nett geworden. Roys Kusine Jubie hat auf dem Tisch getanzt.«

»Ich wette, Mutter hat es genossen.«

»Oh, sie hat sich nicht darum gekümmert, sie segelte vorbei wie die englische Königin... es war Roy, der besorgt war, er dachte, sie könnte runterfallen und sich verletzen.«

Ich erinnerte mich an Jubie. Honigblonder Pferdeschwanz, der in einen honigblonden Ausschnitt fiel, Cowboystiefel. Sie erinnerte mich an jemanden, der ich einmal sein wollte.

»Es war eine tolle Hochzeit«, sagte ich.

»Du klingst nicht sehr überzeugend.«

»Mir hat's gefallen.« Ich fühlte mich merkwürdig desorientiert, als sei ich *wirklich* betrunken. Es war wie einer dieser Träume, in denen ich zu spät, nach unzähligen Schnäpsen, merke, daß ich das nicht mehr tue, daß ich seit Monaten nüchtern bin. »Du hast wundervoll ausgesehen, alle sagten das. Malcolm sah auch gut aus. Er wirkte richtig glücklich.«

Eine Pause trat ein. »Und was gab's sonst?«

»Nichts. Was soll es schon geben?«

»Ich finde, mit dir ist in letzter Zeit eine ganze Menge passiert. Und es würde auch jetzt was passieren, wenn du häufiger aus deiner Wohnung gehen würdest.«

»Ich habe gearbeitet«, sagte ich hastig, überwältigt von der Versuchung, es ihr zu erzählen. Die Worte stiegen in meiner Kehle auf: Ich liebe ihn, ich bin verliebt, Lucy, hör mir zu...

»Hundeporträts?«

»Das ist mein Beruf.«

Sie seufzte.

Ich glaube, sie mag Hunde nicht. Aber wie kann jemand Hunde nicht mögen? Sie sind so loyal, so tapfer und treu. Lucy ist irgendwie selbst wie ein Hund. Ihr fehlt nur diese letzte, wesentliche Qualität, nämlich, daß sie tut, was man ihr sagt.

»Wir haben ja schon darüber gesprochen«, fing sie an.

»Ja.«

»Aber es stimmt doch, Gwennie. Wozu willst du dieses Zeug machen? Du könntest halbtags arbeiten und deine eigenen Vorstellungen verwirklichen – vermutlich könntest du sogar ein

Stipendium kriegen. Die einzigen Leute, die du triffst, sind diese reichen alten Damen, die meinen, ihr Schoßhund sei ein Tausend-Dollar-Porträt wert.«

»Mrs. Fishbeck-Perry meint, Alexi, ihr Dobermann, sei eine Reinkarnation ihres verstorbenen Mannes.« Das war ein bißchen übertrieben – sie hatte bloß gesagt, Dearborn sei als junger Mann genauso hübsch gewesen –, aber vielleicht auch nicht. Vielleicht dachte sie das wirklich. Ich sollte sie fragen.

»Du findest solche Spinnereien also lustig«, sagte sie. »Okay, aber reicht das? Du langweilst dich, oder?«

»Eigentlich nicht. Nicht mehr.« Es waren ohnehin nicht meine Hunde, die mich langweilten, obwohl ich Lucy gegenüber einige Male zugegeben hatte, ich hätte nichts gegen einen Job, wo ich mehr Leute treffen würde. Das Problem war, daß ich mich nicht fit genug fühlte, um Leute zu treffen. Nicht die, die sie meinte, die Medienleute.

In Lucys oder Malcolms Büro fühlte ich mich wie in einem Bienenkorb. Alle schienen einander so nahezustehen, nicht intim, aber mit klebrigen, unsichtbaren Fäden aneinander gebunden. Die Arbeit wurde erledigt, die Beziehungen wurden erledigt, die persönliche Hygiene wurde erledigt, und alle halfen mit. Für alle Frauen war es zeitsparend, mager zu sein und kurze Haare zu haben. Nachmittags summte das Netz der Klatschereien in den Telefonleitungen und ergänzte das glatte, graue Wirken der Computer. Man brauchte nur eine Stelle zu berühren, und sofort wurde man eingesogen, oder das, was von einem bekannt war: die Referenzen, die Verbindungen, die eigenartigen persönlichen Angewohnheiten. Ich hatte Angst vor ihnen, fürchterliche Angst: Nicht das, was von mir bekannt war, würde eingesogen werden, sondern ich selbst, geschleift und zerfleischt in dieser glänzenden, waffeldünnen Welt.

Andererseits konnte ich mir mich selbst durchaus in einem Geschäftskostüm im Stil der vierziger Jahre vorstellen. Taillierte Jacke, Schulterpolster, enger Rock; das Ganze in Dunkelrot mit großen schwarzen Knöpfen. Schwarze Pumps mit Riemchen und ein schwarzer Kaschmirpullover. Und eine Uhr natürlich, ich würde anfangen müssen, eine Uhr zu tragen...

»Ich verstehe dich nicht.«

Das sagt sie immer, und sie sagt es so vernünftig, als gäbe es nur eine kleine Sache, die ihr zu erzählen ich vergessen hätte. »Bitte?«

»Warum willst du nicht nach deinen eigenen Vorstellungen arbeiten?«

»Nach wessen Vorstellungen arbeite ich denn sonst?«

»Nach denen deiner Kundinnen«, sagte sie prompt. Lucy ist von ihrer Meinung überzeugt, man kann sie nicht dazu bringen, Hundeporträts als Kunst anzusehen. Ich habe versucht, die lange Tradition der Tiermalerei anzuführen, aber sie hat es mir nicht abgekauft. Ich denke nicht über meine Beziehung zu anderen Künstlern nach, sagt sie, ich beachte die Gesellschaft nicht, ich habe keine Vorstellung von meiner Arbeit; ich sehe das, wofür ich bezahlt werde. Aber genau das gefällt mir. Es konzentriert mich so schön. Ich falle in mein Thema wie Alice ins Wunderland: nasse Nase, Kinnhaare, aufgestellte Ohren, Pfoten...

»Mach dir darüber keine Sorgen«, sagte ich.

»Ich will, daß du glücklich bist, fertig. Ich will nicht, daß du dich selbst vergräbst.«

»Ich bin noch nicht tot.«

»Eben, das meine ich ja.«

»Manchmal reicht es, einfach bloß zu leben.«

»Für eine Weile mag das ja zutreffen, Gwen, aber willst du den Rest deines Lebens damit zubringen, dich vom Alkoholismus zu erholen?«

»Das tun die meisten Leute.« Das tun tatsächlich die meisten Leute. Eine langfristige Erfolgsrate von 12% ist kein Grund, überheblich zu werden.

»Ja, aber sie haben inzwischen Jobs, nicht? Sie leben. Du hast

Glück, wir sind reich, aber das ist auch eine Gefahr. Schau dir Mutter an. Sie hat Kinder gehabt, aber sie hätte soviel mehr tun können.«

»Sie hätte Hundeporträts malen können«, stimmte ich zu, »nur, daß sie keinerlei Talent hatte.«

»Okay, okay, ich hör' schon auf. Aber irgendwann wirst du mir zuhören müssen...« Ihr Stimme klang verzweifelt und erregt. Verschwendete Energie. Warum lasse ich sie weitermachen, warum beende ich die Sache nicht mit einer wirklich sarkastischen Bemerkung? Das wäre nicht schwierig. Ihre Arbeit ist in letzter Zeit vager geworden, seit sie sich auf das Gebiet der Psychologie begeben hat. Ihr letzter Artikel über sexuelle Phantasien endete so: »Die Bedeutung Ihrer Phantasien ist nicht offenkundiger als die Bedeutung Ihrer Träume. Sie können sie genießen, wie sie sind, aber wenn sie Ihnen Sorgen machen, dann denken Sie daran, daß sie eine andere Sprache sprechen. Ihr Körper greift Sie nicht an, Ihr Körper will Ihnen nicht schaden.« Ach, ja?

Eine ganze Weile herrschte Schweigen am Telefon, ehe Lucy sagte: »Gwen, bist du noch da?«

»Ich bin da.«

»Ich wollte dich fragen, was du diese Woche machst.«

»Nichts.« Nichts, außer deinen Schwiegervater bumsen. Das mache ich jede Nacht, Lucy; ich ziehe meine hochhackigen Schuhe, mein Parfüm und ein Kleid an, und letzteres zieht er mir wieder aus. Ich gehe in meinen Schuhen herum, und dann fickt er mich, manchmal von vorne, manchmal von hinten, und es ist aufregend, aber meine Gedanken schweifen ab. Ich habe sexuelle Phantasien. Ich stelle mir vor, für immer in seinem Schlafzimmer eingeschlossen zu sein. Nackt und gedankenlos, schlafend, wenn er nicht da ist, bei seiner Ankunft wach. Ein Engel der Lust, eine nichtmenschliche Sache. Ich habe hundert Phantasien, Lucy, mich törnt alles, was ich mir vorstellen kann, an. Und ich versuche tatsächlich, diese Phantasien zu deuten, aber es scheint so viel leichter und natürlicher, mich von ihnen deuten zu lassen.

»Mutter will mit Malcolm und mir und seinem Vater zu Abend essen. Wir möchten, daß du auch kommst.«

»Wozu?« Wozu braucht ihr mich, Lucy, warum tut ihr nicht einfach so, als existierte ich nicht? Hör mir zu, Lucy. Geh weg.

»Ich weiß nicht, ich hab' ihr gesagt, sie solle warten, bis Ruth wiederkommt, aber sie hat diese Vorstellung, daß Männer allein nicht für sich sorgen können.«

»Vielleicht hat sie recht. Denk nur, was mit unserem Vater passiert ist.« Lucy schwieg. Früher pflegte sie solche vorsichtigen Erwähnungen im Gespräch mit verächtlichen Bemerkungen über »diesen verfluchten Säufer« abzutun, aber das kann sie nicht mehr, also sagt sie gar nichts. »Und wo soll das stattfinden?«

»Bei Mutter.«

»Warum nicht bei dir? Willst du nicht deine Hochzeitsgeschenke in Gebrauch nehmen? Deine kristallene Nußschale, deine schwimmenden Herzen?« Ich stellte mir vor, wie diese Dinge sich anhäuften, und das nahm Lucys Gewalt über mich irgendwie die Schärfe.

»Ich werde diesen Scheiß dem Frauenhaus spenden.«

»Da können sie das Zeug wirklich gut gebrauchen.«

»Elegante kleine Geburtstagspartys für die Kinder, warum nicht?«

»Babyfläschchen in den Flaschenregalen.«

»Windeln in Serviettenringen.«

»Krabbelkinder in der Mikrowelle.«

»Richtig. Du kommst also?«

»Wahrscheinlich«, sagte ich schwach.

»Fein, ich möchte gern, daß du kommst. Bei Jack bin ich mir da nicht so sicher.«

»Wie meinst du das?« Wollte ich das hören? Unwillkürlich spürte ich ein gewisses Prickeln, weil ich diejenige in der Mitte war, die alles wußte. Bloß hatte ich diese Position natürlich immer gehaßt.

»Nun ja, da sind schon mal diese dummen Bücher, die er schreibt.«

»Ich glaube nicht, daß er uns beim Abendessen daraus vorlesen wird.«

»Ich weiß, ich weiß, aber es ist irgendwie – na ja, peinlich. Sag Malcolm bloß nie, daß ich das gesagt habe, er hält seinen Vater für einen großen Schriftsteller, aber ich meine, verglichen mit Ruths Arbeit –«

Sollte ich etwas über Ruths Arbeit sagen? Darüber, wie schrill, tendenziös und unoriginell sie war? Ich beschloß, es nicht zu tun. »Seine Bücher sind eigentlich ganz gut. Du kannst bloß mit Science-fiction nichts anfangen.«

»Und du hast eine Vorliebe für Schund. Unter deinem Bett in Berkeley habe ich die Gesammelten Werke von Stephen King gefunden.«

Es ist nicht ihre Schuld, erinnerte ich mich, daß sie mich tödlich beleidigt. Sie weiß nicht, daß ich in ihn verliebt bin, und zwar aus dem einfachen Grunde, weil ich es ihr nicht gesagt habe. Das war leicht genug zu verstehen. Aber Schund?

»Und du schaust dir *Cagney und Lacey* an«, sagte ich.

»Nur, wenn ich sehr müde bin. Nein, das ist natürlich nicht mein eigentliches Problem mit Jack. Was geht mich an, was er schreibt? Ich finde bloß, daß er Malcolm vernachlässigt. Das hat er schon immer getan. Und er ist so respektlos. Diese Sache mit Mexiko zum Beispiel.«

»Er hatte da unten zu arbeiten, oder?«

»Er hätte früher zurückkommen können. All diese Partys, das Essen, das Tante Agatha für uns gab –«

»Ich habe gesehen, wie er auf der Hochzeit mit ihr gesprochen hat.«

»Darum geht es nicht. Er ist respektlos.«

»Du hörst dich an wie Mutter.«

»Na ja, Mutter hat nicht in allen Sachen unrecht, weißt du.«

Ich dachte daran, wie es in den letzten paar Monaten gewesen war. Ständige Telefongespräche, um sich über die Einladungen, die Blumen, die Speisenfolge zu verständigen, wobei unsere Mutter die Gelegenheit nutzte, uns über die Feinheiten der Etikette zu belehren, die wir in unserer rebellischen Jugend ausgelassen hatten. Natürlich hatte sie nicht in allem unrecht. Die Hochzeit war schön gewesen. Und doch – dieser Augenblick, als Jack gesagt hatte: Wollen Sie hier weg? Sein intensiv lächelndes Gesicht, oh, warum sind wir nicht einfach gegangen –

»Ich glaube, Jack findet, daß Malcolm mich nicht hätte heiraten sollen«, sagte Lucy in empörtem Ton.

»Vielleicht hat es nicht mit dir oder Malcolm zu tun. Vielleicht ist er in Mexiko geblieben, weil er Schwierigkeiten mit Ruth hatte.«

»Hat er dir das gesagt?«

»Nein, natürlich nicht, mir würde er das doch nicht sagen. Ich kenne den Mann ja kaum. Das ist nur so eine Idee. Verheiratete Leute haben einfach manchmal Schwierigkeiten miteinander.«

»Na ja, so komisch das auch scheint, es sieht so aus, als würden die beiden sich mögen. Vielleicht nicht gerade die wahnsinnige Leidenschaft, aber sie sind schon lange verheiratet. Malcolm hat mir erzählt, daß Jack Ruth einen Antrag gemacht hat, nachdem er sie erst ein paar Monate kannte. Sie haben in der Drive-in-Kapelle in Las Vegas geheiratet, stell dir das vor.«

»Ich kann's mir vorstellen«, sagte ich. Ruth, die es hinter sich bringen will, Jack, der leicht verzweifelt seinen Fehler auf die Spitze treibt und zu der schwangeren Ruth steht (wußte Malcolm das nicht?). Jack hatte es mir sehr bald erzählt – seine Berechnungen, wie er sie ernähren würde, während er vorgab, etwas Lustiges zu tun. Eine Drive-in-Kapelle für die Hochzeit, um Himmels willen. Ich war nicht überrascht, daß er mir dieses Detail nicht erzählt hatte.

»Na ja, wie auch immer. Er geht mir einfach auf die Nerven. Mutter mag ihn, das ist also okay. Natürlich mag sie alles, was Hosen trägt.«

»Tun wir das nicht alle?«

»Ich nicht. Und du bist wohl auch ein bißchen wählerisch, mein Fräulein, jetzt, wo du trocken bist. Ich habe dich noch nie so lange ohne Freund erlebt.«

Es schien ihr nicht in den Sinn zu kommen, daß ich nicht wählerisch war, sondern ängstlich. Daß eine Person, die gerade dabei ist, ihr ganzes Leben zu ändern, vielleicht nicht sonderlich für die Mühen einer Liebesaffäre geeignet ist. Aber darüber wollte ich nicht nachdenken.

»Ich hab's im Moment mehr mit der Sodomie«, sagte ich.

»Das würde mich nicht überraschen.«

»Oder flotte Dreier, mit reichen alten Damen.«

»Ich rufe dich an und sage dir, an welchem Tag das Essen stattfindet.«

»Tschüs«, sagte ich und legte auf. Ich hatte den Impuls, mir einen Drink zu genehmigen. Keine Gier, nicht einmal eine Versuchung, einfach der Gedanke daran, der mich aus dem Nichts anflog: ein großes Glas mit kaltem Gin. Meine Zunge würde sich hineinsenken wie ein Bein in einen Bergsee und bei der eisigen, köstlichen Berührung erschauern.

7

Als ich an diesem Abend zu Jack hinüberging, fühlte ich bereits Sehnsucht. Drei Wochen lang hatte ich meine Tage müßig verbracht, kaum gearbeitet und mich auf den Abend gefreut. Ich hatte ganze Vormittage lang *Vogue* und *Elle* gelesen und Eiskaffee getrunken. Dann war ich zu den Versammlungen gegangen und hatte mich dabei wie irgend jemand zwischen Matineebesucherin und Kirchgängerin gefühlt: eine einsame Frau am Nachmittag, die in einen dunklen, vertrauten Raum schlüpft, um sich an sich selbst zu erinnern, wenn ihre Gedanken kreisen und abdriften. Wenn ich danach nach Hause ging, durchwoben die Details eines anderen Lebens mein eigenes im Namen unserer gemeinsamen Krankheit – die Idee einer gemeinsamen Krankheit, die sie als »spirituell« bezeichneten, hielt mich irgendwie über Wasser. Eine untergründige Hoffnung, klar und kühl, und mein fiebriges, allgegenwärtiges Verlangen nährten mich.

Gegen sechs oder sieben pflegte ich ein Bad zu nehmen. Wenn ich meinen Körper einseifte, fiel es mir schwer, nicht seine Hände auf mir zu spüren, nicht nur als Erinnerung, sondern als etwas Okkultes. Ich erinnerte mich an die Bäder meiner frühen Jugend – Einsamkeit, Intimität, mein Kopf, der unter Wasser sank; ich stellte mir einen Mann so lebhaft vor, daß es war, als öffne sich eines der Fenster. Jetzt, mit fast dreißig, wählte ich Strümpfe aus dem Durcheinander auf dem Schrankboden – wie luxuriös wäre es mir früher erschienen, eine ganze Wohnung für mich allein zu haben – und staubte meine Schuhe mit einem alten Socken ab. Zog mir eines der feingewirkten

Seidenkleider an, die ich mit meinem ersten Erbschaftsscheck gekauft hatte, Kleider, die mich sicher durch viele Nächte magischen Vergessens begleitet hatten. Schwarz, weiß, grün, gelb waren die weich drapierten Ärmel, die weiten Röcke; die teefarbenen, weinfarbenen Spitzenränder alter Flecken, Spuren meines vergangenen Luststrebens, Lustbedürfnisses.

Der Teil Manhattans, den ich auf meinem Weg zu Jacks Wohnung durchquerte, eine Diagonale, die sich nach Süden zog, war wie ein breiter, im Licht schimmernder Fluß. Auf den Gehsteigen waren lange Stengel von tiefkehligen Lilien zum Verkauf ausgestellt; auf der Straße die eilige Erregung der Autos. Alle Versuchungen der Nacht boten sich an: das über eine Flasche spanischen Sekt gebeugte Paar, das einsame Mädchen mit ihrem Brandy, der Mann, der mit einem Bier an der Bar stand. Ich registrierte ihre Macht und ihre Schönheit und ließ sie gehen. Ich hatte etwas Besseres. Wenn ich wollte, konnte ich wilder, kühner und betrunkener sein: im nächsten Augenblick kühl und ruhig, getragen vom wunderbaren, regelmäßigen Puls der Gesundheit.

Vor einer Woche hatte Jack mir gesagt, daß er mich liebte. Ich hatte eine halbe Stunde lang gedacht, daß er das tun würde – hatte es eigentlich gewußt, aber ich war mir nicht sicher gewesen, ob man solcher Intuition vertrauen darf. Der Satz sammelte sich in der Luft zwischen uns, in der Art, wie sein Arm über meinen Brüsten lag, in dem entspannten Spreizen seines Schenkels. Seine Haut war dunkler als meine, braun, mit schwarzen, drahtigen Locken, die Muskeln, Sehnen und Fett verbargen und zu dem weichen, schmelzenden, merkurischen Gewicht seiner Hoden führten. Es war ein so befreiendes Gefühl, sogar das Alter an seinem Körper zu lieben, das Erschlaffen und Hängen und die wenigen grauen Haare. Für mich war er weniger ein Mann in den mittleren Jahren als vielmehr alterslos, als könne ein Körper, der fünfzig Jahre standgehalten hat, für alle Zeit standhalten.

Unsere Köpfe lagen nahe beieinander. Ich lehnte auf Kissen, mein Haar floß über seine Wange. Die Ruhe senkte sich immer tiefer über uns. »Ich liebe dich«, sagte er.

»Danke.«

Er lachte. »War mir ein Vergnügen.«

Später ließ er mich mit Malstiften auf seinem Körper zeichnen. Ich malte Seemonster und Meerjungfrauen, Schlangen, die sich um seine Arme wanden, und eine schöne nackte Frau auf seinen Bauch.

»Deine Schwester hat angerufen«, sagte er. Er hatte eine Zigarette im Mund. Die Reste eines gefrorenen Schokoladenkuchens standen auf dem Tisch und störten die übliche Aufgeräumtheit des Zimmers.

»Und?«

»Na ja, wahrscheinlich wegen dieser Dinnerparty, die sie im Sinn hat. Sie hat gefragt, an welchem Abend ich Zeit hätte. Was hätte ich sagen sollen?«

»Was hast du gesagt?«

»Ich sagte Freitag.«

Also Freitag war es. Noch drei Tage lagen vor uns, wie ein langes Wochenende.

Jack seufzte und tappte in die Küche. Ich folgte und setzte mich an den Tisch, während er sich ein Wurstbrot machte. Ich bewunderte die solide Skulptur seines Unterarms. »Gwen, ich kann nicht mit dir da hingehen. Ich muß anrufen und absagen.«

»Das kannst du nicht machen, du hast schon zugesagt.«

»Es ist der reine Wahnsinn. Wir werden uns beide elend und unbehaglich fühlen, und was ist – na ja, falls und wenn sie herausfinden, daß wir ein Liebespaar sind, werde ich dastehen wie ein Stinktier.« Falls und wenn. Das Falls regte mich auf, und das Wenn war auch erschreckend.

»Was immer auch passiert«, sagte ich fest, »sie brauchen nie zu erfahren, daß wir ein Verhältnis hatten.«

»Sie werden Verdacht schöpfen, wenn sie nicht jetzt schon einen Verdacht haben.«

»Was meinst du damit, jetzt schon einen Verdacht haben? Natürlich haben sie den nicht.«

»Warum laden sie mich dann ein? Warum warten sie nicht, bis Ruth zurückkommt? Das ist irgendwie suspekt.«

»Meine Mutter hatte die Idee. Sie meint, du müßtest einsam sein. Der arme Mann, von seiner Frau allein gelassen. Sie ist daran gewöhnt, im Sommer Strohwitwer einzuladen, wir blieben immer länger in der Stadt als die meisten ihrer Freundinnen. Wir waren im Juli hier, und die Typen kamen zum Essen, während ihre Frauen mit den Kindern am Strand lagen. Meiner Mutter hat das Spaß gemacht.«

Jack seufzte und antwortete nicht. Ich fuhr fort: »Außerdem will Lucy dich besser kennenlernen. Sie findet, daß das eine gute Gelegenheit ist, denn wenn Ruth dabei ist, sind die beiden immer so miteinander beschäftigt.« Warum habe ich das jetzt gesagt, fragte ich mich. Was könnte unwahrscheinlicher sein, als daß Jack und Lucy Freunde wurden?

Er schien das gleiche zu denken, denn er sah mich skeptisch an. »Deine Schwester hat bei der Hochzeit keine drei Worte mit mir geredet.«

»Na ja, du bist zu spät gekommen.«

»Zu spät? Ich war nicht zu spät.«

»Ich meine, du hast all die Partys vorher versäumt.«

»Wenn du es unbedingt wissen willst, es war Ruths Idee, daß ich in Mexiko bleiben sollte. Sie bat mich, mit einem Mann zu reden, einem der Produzenten dieses Stücks, unter dem mein Name stehen wird; über ein Projekt, das sie plante, einen Roman von Joanna Russ. Meine Frau, die Drehbuchautorin.«

»Welcher Roman?«

»Oh, das weiß sie nicht. Sie hat noch nichts dafür getan. Sie hat diese Ideen... sie kann es einfach nicht ertragen, Leute entkommen zu lassen, die ihr vielleicht nützlich sein könnten.«

»Und, hast du mit dem Mann geredet?« Es interessierte mich nur insofern, als daß wir über Ruth redeten. Ich brauchte mehr Informationen.

»Sie wollte nicht, daß ich mit ihm über dieses spezielle Thema redete, verstehst du, ich sollte mich nur mit ihm anfreunden, mich mit ihm zusammen betrinken. Tja, das habe ich gemacht, und wir sind ungefähr so gut befreundet wie ich und diese Feuertreppe.« Er seufzte. »Ich muß mir für deine Schwester eine gute Entschuldigung in letzter Minute ausdenken.«

»Das kannst du nicht machen.« Lucy würde ihm nie verzeihen. »Ich werde das machen. Ich kann anrufen und sagen, ich sei krank, das ist kein Problem. Wenn sie mir nicht glauben, ist es auch egal, sie glauben mir sowieso nie.«

Er sah zutiefst erleichtert aus. »Danke. Ja, das ist natürlich die beste Idee... Mein Gott, Gwen, da haben wir uns wirklich in eine Situation manövriert, was?«

»Scheiße«, sagte ich, »ich war schon früher in allen möglichen Situationen.«

Er grinste. »Ich weiß, ich weiß, *Pauline in Gefahr.*« Ich hatte ihm Geschichten aus meinen Trinkertagen erzählt, ausgeschmückt und verschönert. Ich hatte das Gefühl, wenn ich die Wahrheit kunstvoll verzierte, würde nie der Moment kommen, in dem er sich angewidert zurückzog. Und so war es auch; es schien ihm sogar Spaß zu machen. Ich konnte das verstehen, obwohl ich mich keineswegs darauf verließ.

»In Ordnung«, sagte er. »Erzähl mir von einer deiner Situationen.«

»Willst du eine Komödie, eine Romanze, Horror, Sciencefiction...«

»Eine Komödie. Heute abend ganz entschieden eine Komödie.« Er setzte sich zu mir an den Tisch, und ich nahm den letzten Bissen seines Sandwichs.

»Okay.« Ich hielt inne; mir fiel nichts ein. »Okay, ich bin in Paris; Paris in Frankreich. Ich habe diesen monumentalen Kater, und bis Mittag muß ich das Hotelzimmer verlassen haben. Sie haben es wieder vermietet. Aber jedesmal, wenn ich aus dem Bett aufstehe, wird mir schlecht, und ich muß mich wieder hinlegen. Da ist ein Fensterputzer, natürlich draußen auf dem Balkon, der meine Fenster säubert. Er späht durch die Gardinen und scheint mein Verhalten merkwürdig zu finden. Endlich gelingt es mir, aufzustehen und mich in einer Ecke anzuziehen. Er tut so, als beobachte er mich nicht. Ich lege mich wieder für einen Moment hin. Die Rezeption ruft an, um mir zu sagen, daß es zwölf Uhr ist. Ich stolpere nach unten. Ich habe ein kleines Problem – am Vorabend habe ich so viel für Wein ausgegeben und bin anscheinend aus einem weit entfernten Arrondissement mit dem Taxi gekommen –, nämlich nicht genug Geld für die Rechnung. Drei Francs fehlen. Die Frau keift und stöhnt; ich stehe da, bis sie mich gehen läßt.

Jetzt muß ich natürlich zur Bank und Geld umtauschen, bevor ich mir auch nur ein Mineralwasser kaufen kann. Ich schleppe mich mit meinem Koffer zur Bank. Lange Schlangen. Ich stelle mich an. Falsche Schlange. Ich warte in einer anderen Schlange. Ich fühle mich wirklich sehr krank. Die Zeit vergeht, und mir wird elender und elender, aber ich bin fast an der Spitze der Schlange. Endlich bin ich an der Spitze. Die Kassiererin lächelt so freundlich, daß ich sicher bin, sie ist eine wunderbare Frau. In dem Moment, in dem ich meinen Paß aushändige, beginnt mein Mund zu arbeiten. Ich werde mich übergeben. Sie sieht die Anzeichen und winkt mich hektisch nach hinten. Ich eile an allen vorbei, die in der Schlange stehen, all den gesunden Touristen mit ihren großen Turnschuhen und ihren Rucksäcken, durch die Tür in die inneren Büros. Alle Sekretärinnen springen kreischend auf. Sie reden Französisch, weißt du, aber ich begreife, was sie meinen. Sie dürfen das nicht, gehen Sie weg, schreckliche Amerikanerin; sie scheuchen mich, als sei ich ein Huhn oder ein Hund. Ich richte meinen Mund ein bißchen auf sie. *Mon dieu, mon dieu!* Sie sind sich alle einig, daß ich in die Toilette kotzen soll und nicht auf ihre Schuhe. Sie hämmern an die Toilettentür; eine Kollegin ist drinnen. Sie will nicht herauskommen. Hat zweifellos ihre Gründe. Jetzt wird es wirklich spannend. Die jungen Damen sind alle hysterisch, sie drehen am Türknopf, werden gleich die Tür aufbrechen. Endlich erscheint sie, ein dickes, grollendes, verärgertes Mädchen, das sich den Rock glattstreicht. Ich werde in die Kabine geschoben. Keinen Moment zu früh – ich kotze in das Waschbecken. *Le lavabo, le lavabo,* flüstern sie in ehrfürchtigem, erschrecktem Ton; die Tür ist natürlich angelehnt. Ich lasse etwas Wasser laufen, wische mir den Mund ab. Ein paar Gramm gelbe Galle haben diesen ganzen Aufruhr verursacht. Sie weichen zurück, um mich vorbeizulassen; ich gehe wieder an den Schalter und hole mein Geld ab.«

»Komödie?« fragte er.

»Vermutlich hättest du dabeisein müssen.«

»Mein armer Liebling, du hättest ihnen auf die Schuhe kotzen sollen.« Er grinste. »Tatsächlich irgendwie komisch... in einer Bank... in Paris...«

Er schüttelte sich vor Lachen und umarmte mich gleichzeitig; zum Teufel mit meiner Schwester, dachte ich. Zum Teufel mit ihnen allen.

8

Ich war immer Vaters Tochter gewesen und Lucy Mutters Tochter. Lucy war vom Temperament her friedlich, aber körperlich voller Energie; wie meine Mutter war sie gut in allen Sportarten. Mein Vater dagegen pflegte als Kind Nasenbluten zu bekommen, wenn er Sport treiben sollte. Er hatte, wie er mir sagte, einige Jahre lang jeden Tag Nasenbluten – und einmal, als er vor der Klasse sprechen mußte, wurde er so schrecklich rot, daß er in Ohnmacht fiel; er erwachte im Zimmer der Krankenschwester und verbrachte dort den Rest des Tages mit der Lektüre ihres Buches über Tropenkrankheiten. »Das tröstete mich, weißt du, das Wissen, daß wir in Indiana keine dieser Sachen hatten.«

Wir machten zusammen Spaziergänge. Nach dem Abendessen, vor allem, wenn meine Eltern sich gestritten hatten, gingen wir beide los, während Lucy vom Fußhocker vor dem Sessel aus meiner Mutter zusah. Meine Mutter pflegte dann ihr Haar zu bürsten, die lange Mähne, die immer verknotet war, so daß sie eine halbe Stunde lang mühsam und geduldig arbeiten mußten, um sie zu entwirren.

»Hol deine Jacke«, pflegte mein Vater zu flüstern, als sei unser Ausgang ein Geheimnis. »Ich brauche frische Luft.«

Draußen atmete er dann tief durch. »Weg sind wir.« Während er durch die Madison Avenue ging, am Drugstore und Starks Coffee Shop vorbei, wo die Eiskrem-Sodas in den letzten zwei Jahren doppelt so teuer geworden waren, so daß ich erfolgreich über mehr Taschengeld für Lucy und mich verhandeln konnte, an *Paraphernalia* vorbei, mit seinem Fenster voll hellem Vinyl, Metallgeweben und weichen italienischen Minikleidern aus Strickstoff, pflegte mein Vater zu reden. »Was meinst du, sollen wir einen Bus nehmen und aus der Stadt hinausfahren? Das würde sie erschrecken, nicht? Wir könnten eine von diesen Bustouren quer durchs Land machen – sechs Tage in einem Greyhound, ich habe das einmal gemacht. Du schläfst in deinem Sitz, wachst auf, wenn du in irgendein kleines Dorf kommst, gehst ein Bier trinken. Deine Zähne sind grün, weil du sie eine Woche nicht gebürstet hast, und diese Kellnerinnen mit den flachen Augen, sie haben schon alles gesehen...«

Ich hörte zu; ich hörte aufmerksam zu. »Du wachst auf und bist im Süden. Du kannst es riechen, all diese Düfte, einen Augenblick lang meinst du, du seist mitten in einer Gruppe von Frauen, als habe sich eine Gruppe Frauen um dich versammelt, während du schliefst...« Er kicherte leise. »Aber es sind nur die Blumen draußen vor dem Busfenster, du bist in Georgia oder irgendwo anders... Du weißt, wovon ich rede, oder?«

»Ja«, sagte ich.

»Deine Mutter versteht das nicht, sie will nie aus New York weg. Man könnte ihr sagen, sie dürfe nicht über die Sechsundachtzigste Straße hinaus oder nicht weiter als bis zur Vierzehnten, und sie wäre glücklich. Ich mußte sie anflehen, im Sommer wegzufahren. ›Um Himmels willen... du hast Kinder.‹ ›Norah‹, habe ich gesagt, ›du hast Töchter, für die das Schwimmen im Ozean gesund ist.‹ Sie meint, es sei vollkommen ausreichend, in einem Pool im Club zu schwimmen. Was für eine Frau, und sie ist noch nicht mal hier aufgewachsen. Was Reisen betrifft, das kannst du vergessen. ›Wozu‹, sagt sie. Die wirst du nie in einem Greyhound finden... Du wachst auf, wenn der Bus hält, du steigst aus, um dir die Füße zu vertreten, es ist dunkel, und du hast keine Ahnung, wo du bist, weißt nicht einmal, in welchem Staat. Nehmen wir an, der Mond scheint nicht, du stehst einfach da und mußt versuchen zu riechen, wo du bist... verstehst du?« sagte er.

»Ja«, antwortete ich, und fast verstand ich es. Ich spürte es noch deutlicher, das Prickeln anderer Orte, dunkler, leerer, verlassener Gegenden wie Indiana, wo er aufgewachsen war, wo immer Dämmerung oder Mitternacht war.

»Manchmal werde ich verrückt in dieser Wohnung, Gwen, und sage Sachen, die ich nicht meine.«

»Ich weiß.«

»Sie treibt mich dazu, sie hat immer recht. Was ein Mann nicht brauchen kann, ist eine Frau, die immer recht hat. Du findest doch, daß ich in Ordnung bin, oder?«

Er fragte mich das nur einmal; ich wußte nicht, was ich sagen sollte. Die Frage eröffnete Ausblicke, die zu seltsam waren, um sie zu betrachten. Und er wechselte sofort das Thema, nachdem er das gesagt hatte. Sein Blick war auf einen Bettler gefallen; er war zutiefst vernarrt in Bettler. Wir blieben immer stehen und redeten mit ihnen, mein Vater ernst und gedankenvoll, während er mir zuzwinkerte. Wenn wir uns verabschiedeten, tippte er an seinen Hut. Es machte ihm sogar Spaß, sich von Schlauköpfen einen Vierteldollar oder so abschwatzen zu lassen. Dann sah er mich wieder an.

»Mein Vater war auch so einer, der einen dazu überreden konnte, weißt du. Das ist ein nobler Beruf.«

»Aber du weißt doch, daß sie schwindeln«, sagte ich. »Du läßt es dir gefallen. Und du bist nicht arm.«

»Es ist deine Mutter, die das Geld hat«, sagte er. »Ich bin bloß ein armer Schlucker.«

Das waren unsere abendlichen Spaziergänge. Unsere Spaziergänge bei Tag waren anders. An den Wochenenden war mein Vater rastlos. Er pflegte den ganzen Tag zu nörgeln, während meine Mutter heiter ihren Aufgaben nachging, und selbst draußen blieb seine Stimmung mürrisch. Er führte mich in Geschäfte und kaufte mir Sachen.

Er sagte dann: »Mir gefallen die Schuhe nicht, die du trägst;

dir etwa? Natürlich gefallen sie dir auch nicht. Häßlich, häßlich. Ich weiß nicht, für wen Norah dich hält, für einen englischen Schuljungen? Du bist ein New Yorker Mädchen, und New York hat die hübschesten Mädchen der Welt. Hast du das gewußt? Französische Mädchen sind zu klein, englische Mädchen sind zu dick, kalifornische Mädchen haben kein Hirn. Für mich kommen nur die New Yorker Mädchen in Frage. Gehen wir hier rein.«

Er kaufte mir rosa Sandaletten. Meine Füße mußten gemessen werden, und der Verkäufer kniete nieder, während mein Vater zusah. »Ist das der Durchschnitt? Hat sie kleine oder große Füße? Sie ist neun Jahre alt.« Ich schaute auf meinen Fuß auf der Metallplatte hinunter. In ein weißes Söckchen gehüllt, allein vor dem grauen Hintergrund, sah er für mich gerade richtig aus. Ich wollte ihn weder größer noch kleiner. Ich wollte ihn nicht schmaler und nicht breiter. Nur wollte ich häufiger barfuß laufen, auf Bäume oder Felsen klettern, am unsichtbaren Grund des Ozeans Abenteuer suchen. Aber ich war ein New Yorker Mädchen, und barfuß ging ich nur ins Bett.

»Na, ich würde sagen, ihre Füße sind etwa durchschnittlich, ein bißchen schmal, aber sie haben einen schönen, hohen Spann – sehr hübsche Füße, um sie in Sandaletten zu zeigen... die kleine Dame könnte sogar ihre Fußnägel passend lackieren.«

Rosa Fußnägel! Zuckerrosa, Wassermelonenrosa, der schwindelerregende Geruch von Nagellack. Ich hatte ihn einmal gerochen, als wir unseren Babysitter besucht und den ganzen Nachmittag in ihrem Zimmer verbracht hatten. Sue Ollenburg, fünfzehn, dunkelhaarig und vollbusig, mit warmer, hauchender Stimme und großen, glänzenden Augen, zeigte uns jede Flasche, jede Tube und Puderdose, die auf ihrem weißgestrichenen, mit einem Spitzendeckchen versehenen Ankleidetisch stand.

»Nein, nein«, sagte mein Vater ärgerlich, als die Riemchen festgezogen wurden. »Es gibt da eine feine Linie, die Mädchen nicht überschreiten dürfen. Lackierte Fußnägel, finde ich, sehen nach Nutte aus.« Er starrte mich mit gerunzelten Brauen an, als könne er in meinem Gesicht den Teenager Gwen finden. Ich erwiderte aufmerksam seinen Blick.

»Vielleicht haben Sie recht, vielleicht haben Sie recht«, murmelte der Mann und erhob sich von den Knien, um das Geld meines Vaters in Empfang zu nehmen. Verkäufer stimmten meinem Vater immer zu. Sie hatten keine andere Wahl, das verstand ich. Und in gewisser Weise beruhigte mich das, obwohl mir das harte Pflaster unter meinen dünnen Söhlchen weh tat, als wir die acht Blocks nach Hause gingen.

Natürlich wollte Lucy auch rosa Sandaletten haben und bekam sie nie. Unsere Eltern stritten sich deswegen. »Deine absurde Eitelkeit.«

»Ich habe versucht, ihr eine Freude zu machen, etwas zu kaufen, was ihr gefällt.«

»Ich werde nicht zulassen, daß du Lucys Füße ruinierst, du wirst ihr was anderes kaufen müssen.«

»Kauf ihr selber was, du Besserwisserin.«

Abends wurde ich von meinem Vater zu Bett gebracht, Lucy von meiner Mutter. Lucys Decken wurden festgestopft, ihr Wasserglas wurde gefüllt und ihr Nachtlicht eingeschaltet, während mein Vater mir eine Geschichte erzählte. Tiere, sagte er, wilde, zahme und sogar ausgestopfte, kriechen mitten in der Nacht durch die Häuser, um zuzusehen, wie die Leute schlafen und ihre Gedanken zu lesen. Manchmal kommen sie zu nah heran, und die Berührung eines Katzenschnurrbarts weckt ein Kind auf. Dann kannst du an ihren geheimen Abenteuern teilnehmen, solange du ihnen gläubig folgst und keinerlei Lärm machst. Du kannst dich von Mami und Daddy davonschleichen, ins Freie, wo nicht Stadt ist, sondern ein Urwald oder eine wilde Ebene, wo es Schiffe gibt, Segelschiffe, die über das Gras streichen. Sie machen ein Geräusch wie Gesang, wenn sie segeln. Wer lenkt die Schiffe? Nicht die Eule und nicht die

Miezekatze. Seehunde, sagte mein Vater, alte Seehunde, die sich auf ihrem Hinterteil aufrichten und Pfeifen rauchen und deren Schwänze über die Reling hängen. Mäuse könnten sich daran hochziehen und in die Schiffe klettern, sagte ich.

Ja, und Ratten auch. Ratten gehen immer auf sinkende Schiffe, sagte mein Vater.

9

Freitag abend um halb sieben sah ich fern. Ich nehme dazu eine bestimmte Position ein: der Fernseher an einem Ende der Couch, wo er schwer im Gleichgewicht zu halten ist (es gehört zum Reiz der Sache, daß er umfallen kann), meine Beine untergeschlagen und ein Kissen an meinen Bauch gedrückt wie eine kugelsichere Weste. Helligkeit und Ton strahlten auf mich ein, und ich wandte ihnen mein Gesicht entgegen wie eine Pflanze.

Solche Stunden machten meinen Körper schwerer und ließen mein kraftloses Herz gleichzeitig gedämpfter und alarmierter schlagen; selbst in meinen Träumen vernahm ich diese fröhlichen, unwirklichen Stimmen, und das Tosen und Schreien von der Straße hörte ich wie einen anderen Kanal.

Fernsehen war mein Methadon. Es demütigte mich, es zu benutzen. Anfangs war es natürlich nötig; ich konnte keine Nacht schlafen. Jede Stunde, die ohne einen Drink verging, machte meinen Körper in seiner Auflehnung hektischer. Ich drehte mich um mich selbst wie eine Katze, die sich zwischen Menschenbeinen hindurchschlängelt: Ich will, ich brauche, ich will, ich brauche, ich werde keine Ruhe geben, bis du auf mich hörst. Tagsüber sagte ich: ein Tag nach dem anderen. Nachts wirkte das nicht mehr, es gab eindeutig keine Tage oder Nächte mehr, alles war ein Kontinuum. Vorbei waren die seidigen, geheimen Stunden, wenn die Familie schläft, wenn ein Teil der Stadt schläft, wenn man sein Bett oder sein Haus oder seine Zuflucht verläßt, wenn die bis dahin in der Versenkung verborgenen Träume in die Welt hinausströmen. Es gab nur noch das Fernsehen. Nackte Schwule in Nazihelmen, futuristische Musikvideos, alte Vampirfilme. Den Gastgeber der Nudistentalkshow, den Reklamekanal, bei dem man Waren bestellen kann, Benimmlektionen für Transvestiten.

Ich sah zu. Ich wartete. Zehn Monate vergingen.

Das nannte ich Nüchternheit. Ich dachte, es ginge mir langsam besser.

Und sie würden heute abend um den Tisch sitzen und reden und lachen. Manchmal, wenn meine Mutter trinkt, erinnert sie sich an ihre Kindheit. Sie ist in der Nähe von New Orleans aufgewachsen und hatte keine Geschwister, aber eine ganze Horde von Vettern. Sie war das einzige Mädchen ihrer Generation. Die Jungen brachten ihr bei, wie man schießt, wie man ein Auto fährt, wie man Whisky trinkt und daß man sich das nimmt, was man haben will. Was sie wollte, war New York, niemand weiß genau, warum, und für eine Weile wollte sie auch meinen Vater. Für mich klingt das ideal, aber sie verweilt gern bei den einsamen Nachmittagen, als alle Jungen in den Krieg gezogen waren, und bei denjenigen, die nicht nach Hause kamen: der gutaussehende Rafe, der sanftmütige, brillante Aidan. Wenn ich ihr zuhöre, bekomme ich nostalgische Gefühle für die Welt vor meiner Geburt. Sie hätte mir gehören sollen. Ich möchte in Gestalt eines Geistes rückwärts wandern. Ich möchte über den Straßen und Feldern schweben und sie beobachten, jeden privaten Moment, jede öffentliche Geste, die jungen Glieder und die Kleidung, die schon längst Geschichte ist.

Auf meine Mutter wirkt ihre eigene Melancholie anregend; wir schweigen alle, wenn sie erzählt. Sie redet, als wären wir ihre Freundinnen oder ihre Vettern; ihr Gesicht ist weich, ihr Blick schockierend direkt. Ihre Vettern wollten nicht, daß sie in den Norden ging. Sie mochten meinen Vater nicht. (»Einer dieser Bastarde«, pflegte dieser zu sagen, wenn sie einen Besuch vorschlug – der einzige Ort, wohin sie je reisen wollte –, »hat mich eines Nachmittags gegen vier Uhr für ein Opossum gehalten.«

»Falls sie dich erschossen hätten«, antwortete meine Mutter stolz, »hätten sie es absichtlich getan.«)

Ich ging ins Badezimmer und starrte mich im Spiegel an. Dieses Gesicht, das ich hatte, seit ich zwanzig bin, veränderte sich deutlich; ich begann, meiner Mutter zu ähneln. Ich begann, mir selbst zu ähneln. Ich legte Lippenstift auf: grellrot. Er sah zu meinem Bademantel eigenartig aus. Ich schüttelte den Bademantel ab, zog ein Kleid an. Ich tat das manchmal, putzte mich ganz für mich allein heraus, putzte mich heraus für eine Flasche Gin oder den Fernseher, für die Billie-Holiday-Platte oder das Geräusch der streitenden Nachbarn.

Ich zog meine Schuhe an, ging zurück ins Wohnzimmer und setzte mich hin. Es war sieben Uhr. Jack liebte mich; er hatte es mir gesagt. Das sollte reichen. Eine Weile saß ich still. Die Nacht draußen heizte sich auf, es war fünf nach sieben. Der Verkehr macht mich manchmal so wütend – all diese Leute, die in die Stadt einfallen und Vergnügen suchen. Die Autos voller Teenager, dröhnende Radios, man kann nie schlafen. Ich liebte, aber es fühlte sich nicht echt an. Ich ging ins Badezimmer und legte ein Armband um, kämmte mir das Haar. Das Falsche war weder ganz in ihm noch in mir; es floß hin und her; wie es finden, bekämpfen, damit leben, was?

Ich ging in die Küche, öffnete den Kühlschrank. Ich wußte, daß nichts darin war; ich lehnte mich gern gegen die Tür, ließ meine Augen über das Mineralwasser und den vertrockneten Reis in seiner Pappschachtel, über den weichen, braunen Apfel gleiten. Lucy hatte angerufen, um sich mit mir wegen des Menüs zu beraten. Das macht sie jetzt immer, obwohl sie weiß, daß es mir egal ist; ich esse Fertiggerichte und Gebäck, Schokoriegel und Eiskrem. »Etwas Gesundes«, schlug ich vor.

»So weit war ich selbst auch schon gekommen. Du hast Glück, daß ich dich hin und wieder bekoche. Ich muß mir etwas ausdenken, was alle Nährstoffe enthält, die dir gefehlt haben. Von was hast du gelebt, Pizza?«

»Hoffnung.«

»Richtig. Wie ein politischer Gefangener im Hungerstreik. Weißt du, Gwen –« Sie redete noch eine Weile weiter, während ich über ihren Vergleich nachdachte. War ich im Hungerstreik? Sollte ich mir also gestatten zu essen? Lange, schlaftrunkene Küsse auf seinen ganzen Körper, sein üppiges, süßes Fleisch. Wenn Jack eßbar wäre, dachte ich, würde er dann ein gutes Abendessen abgeben?

Schon war ich draußen, meine Wohnung brachte mich um. Ich muß ins Kino gehen, beschloß ich, irgendwas Sommerliches und Blödes. Zuerst mußte ich sie anrufen und ihnen sagen, daß ich nicht käme. Welche Krankheit sollte ich erfinden?

Nahrungsmittelvergiftung? Wie wär's mit: »Ich fühle mich einfach schrecklich, ich weiß nicht, was mir fehlt. Mir tut alles weh, der Kopf, das Herz, die Knochen…«

Wenn ich als Kind krank war, hat meine Mutter mich immer so gut gepflegt. Sie hatte ein Blechtablett, bemalt mit roten Tulpen, auf dem sie die heiße Suppe, das kalte Getränk, die Serviette in einem Serviettenring arrangierte. Sie maß mit einem Thermometer meine Temperatur, weil sie eine moderne Mutter war, aber nicht, ohne vorher ihre Hand auf meine Stirn zu legen, mich in ihrer Kühle zu baden, die Hitze wegzuschmeicheln. Sie brachte mir Eistee mit Minze, Ginger Ale mit einer Kirsche, manchmal Mineralwasser, das ich langsam trank, weil ich es für alchemistisch hielt. Kleine Kristalle von Rosenquarz würden in meinen Adern wachsen. Später, halb im Schlaf, hörte ich sie hereinkommen, um das Tablett zu holen. Sie strich dann mit ihren kühlen, cremigen Händen das Laken über mir glatt. Die Tür wurde leise geschlossen, ihre Schritte verklangen… ich wußte, daß ich sie jederzeit rufen konnte… es war still, bis auf das gelegentliche Läuten des Telefons.

Ich stand vor der Haustür. Ich würde sie von der Telefonzelle an der Ecke aus anrufen. Ich würde sagen, ich sei schon unterwegs und hätte gemerkt, daß ich es nicht schaffen würde. Lucy würde sagen, ach komm, das hast du dir ausgedacht, so schlimm kann es nicht sein. Ich würde sagen: Ich hatte einen epileptischen Anfall. Ich würde sagen: Der Krankenwagen ist schon unterwegs. Ich würde sagen: Ich bin überfallen worden, ihr könnt euch nicht vorstellen, in welchem Zustand ich bin –

Es gibt ein Übel in diesem Land, wie mein Lieblingspräsident einmal gesagt hat. Armer alter Jimmy, ich habe an ihn geglaubt. Er war echt. Er hat wirklich versagt. All diese Geiseln, und was tun? Besser nichts, damit nicht Unschuldige leiden. Die Unschuldigen leiden immer, warum muß das unsere Schuld sein?

Ich stecke die Münze in den Schlitz, schob mich durch die Sperre. Stadtlinie Nummer sechs, was für ein Zufall. Ich wollte nicht gehen. Ich wollte nicht gehen. Ich wollte nicht gehen.

In der Vierzehnten Straße hielt der Zug lange an. Ich hätte jetzt aussteigen können. Ich hätte den Abend damit zubringen können, heruntergesetzte Kissenbezüge und spanische Petticoats einzukaufen. Hätte durch die langen Reihen mit Wühltischen voll billiger Kämme und Shampoos streifen können, vorbei an den Kleidern, die an Mauern hängen, den Kinder-T-Shirts, die auf dem Gehsteig verkauft werden. So viele Ebenen der Armut in dieser Stadt, so viel Energie, die darauf verwandt wird, ihr zu entkommen, warum gebe ich nicht mein Geld weg und ziehe in ein Kloster. Irgendwas Ruhiges, im Norden, mit Nonnen. In meinem spanischen Petticoat.

Dreiundzwanzigste Straße; Vierunddreißigste. Er würde so wütend auf mich sein. Er hatte allen Grund; ich machte ihm nichts als Schwierigkeiten; dieser Gedanke ging mir zu Herzen. Ich hätte ihn ganz in Ruhe lassen sollen, geduldig und keusch sein sollen. Hätte diese Lust vergessen sollen. Aus und vorbei! War Lust nicht das einzige gewesen, was ich erlebt hatte? Es gab noch etwas, was ich erreichen mußte. Und dies konnte doch kaum der richtige Weg dazu sein? Nichts als Täuschungen, Verrat.

Doch plötzlich stieg in mir eine helle Wut auf diejenigen auf, die mich zurückweisen würden. Die mir genau das vorenthalten würden. Mein letzter Liebhaber war Lenny; vor ihm gab es Peter, einen Heroinsüchtigen, der Spuren seiner Sucht an Hals und Knien trug. Ich schämte mich so wegen dieser erbärmlichen Männer. Was ist das für eine Frau, die nichts Besseres finden kann? Eine Alkoholikerin natürlich! In den Versammlungsräumen waren sie alle wie ich. All die unverheirateten Frauen von 28 bis 42, die ihre Sexgeschichten wie lange, schmutzige Schleppen hinter sich herzogen.

»Drachenkleider«, wie Lucy und ich zu sagen pflegten, als wir klein waren: Mit ihnen fing man allen Schmutz auf.

Und was würden diese Frauen mir raten, wenn ich so kühn sein sollte zu fragen? Sie würden sagen: Gib die Täuschungen auf. Sie würden sagen: Keine Beziehungen im ersten Jahr.

Vergiß es. Es ist Jack, über den wir reden, nicht irgendein abstrakter, aufdringlicher Mann. Keine lauernde Kraft der Zersetzung, kein dunkles, sexförmiges Ding. Kein Drink und keine neue Verrücktheit aus den New Yorker Labors der achtziger Jahre; es war Jack, mein Geliebter, niemand anders.

Jetzt fiel mir wieder ein, wie ich in Gegenwart meiner Mutter niemals trinken konnte. Wenn ich mit achtzehn oder zwanzig vom College nach Hause zurückkehrte, meinen herzhaften gallischen Burgunder, meine Freundinnen und Freunde, meine Einsamkeit und meine Traumwelt vermißte, pflegte ich bedauernd ihre Flaschen mit teurem französischem Wein zu beäugen. Aufgereiht in der Speisekammer für das Festtagsessen: der Château-neuf-du-Pape, der Nuits St. Georges, der Chambertin. Da lagen sie, groß und dunkel, still, brüderlich, versiegelt. Wie ich mich danach sehnte, eine Flasche zu ergreifen und nach oben in mein Zimmer zu tragen. Den Flaschenhals mit einem feuchten Finger abzustauben, den Korkenzieher in den Korken zu senken, das erste Glas einzuschenken. So ein klares Karmesinrot. Der Duft steigt auf, das Glas fast voll. Ich trinke es bis zum Grund aus, bevor ich mir ein zweites einschenke. Ich habe es immer gehaßt, wenn jemand nachschenkte, ehe mein Glas leer war, das nahm den entscheidenden Reiz. Leer und dann voll. Wieder und wieder. Wann immer du willst.

Aber ich tat das nicht. Ich habe mich nicht um sechs Uhr abends leidenschaftlich betrunken, während die anderen sich ankleideten; oder am Tag vor Weihnachten, während die anderen Geschenke verpackten. Ich ließ die Flaschen in Ruhe. Ich verschränkte die Arme vor der Brust und erbot mich, Eis und Kerzen kaufen zu gehen. Ich erledigte alle Aufgaben, die ich mir ausdenken konnte, und trank dann zum Dinner ganz langsam ein einziges Glas.

Später, nachdem meine Mutter und Roy schlafen gegangen waren, tranken Lucy und ich ein bißchen mehr. Oder vielmehr, ich trank, und sie rauchte einen Joint und blies den Rauch aus dem Küchenfenster. Damals machte sie sich über mein Trinken keine Sorgen. Sie dachte, ich feierte. (Wie die süße Matrone mit den vorstehenden Zähnen in der Londoner Ausnüchterungszelle sagte: »Was feierst du denn, Kleine? Was hast du gefeiert?« Ich suchte vergeblich nach einer Antwort. So eine Blume wie Gwendolyn mit sechsundzwanzig in diesem verwahrlosten Loch! Sie brachte mir ein Glas Wasser. Sie warnte mich, mich nicht zu nah an die Männer zu setzen, diese unrasierten Geschöpfe mit blutunterlaufenen Augen, die sich kratzten, während sie auf den Richter warteten.)

Damals habe ich tatsächlich gefeiert. Lucy war nicht so dumm, das Glück nicht zu sehen, das der Alkohol mir schenkte. Die Welt hinter lauter bunten Bändern, die sich in Wärme auflösten, als wären wir alle flüssig und könnten einander durchdringen; oder wie gemalte Figuren, die miteinander an einem Ufer sitzen, keine vom Künstler bevorzugt, keine im einzelnen ausgemalt. Der kleine Hund in der Ferne, jedes Blatt am Baum. Im Alkohol war soviel warmes Licht; es wärmte auch sie. Sie mochte mich lieber, wenn ich ein bißchen beschwipst war, in den ersten Jahren…

Spät nachts pflegten wir über unsere Liebhaber zu reden. Unsere frühen *Sex- und Liebeskummergeschichten,* wie ich sie nannte. Ihre erschienen mir in ihren Strukturen sehr rein und klar, wie Kapitel in einem Meisterwerk über die Gefühlslehrjahre einer Frau. 1975. Ihr erster Liebhaber, etwas älter, gutaussehend, höflich und schlank, ist ein Schwarzer, ein Jurastudent mit cremeweicher Haut, kaffeefarbenen Augen und mit Frau und Kind. Er verführt sie unter einem Weidenbaum am Fluß. Sie ist fürchterlich schüchtern, aber glücklich – kein anderer war je so zärtlich, keiner hat mit ihr über Plato gesprochen, während er ihre nackte Brust streichelte. Einen Monat lang treffen sie sich täglich. Dann beginnt er, sich zu verspäten. Er schimpft mit ihr, weil sie einen Pickel am Kinn hat. Am Ende erscheint er eine Woche lang nicht, und schließlich sieht sie seine Frau – groß, langbeinig, in einem gelben Dashiki, ihren Sohn auf einer Hüfte tragend. Neben dieser Amazone sieht Eric nach überhaupt nichts aus.

Ihr nächster Freund ist Bob, verrückt und leidenschaftlich und gierig nach Liebe; er nimmt sie jedes Wochenende zum Zelten mit, bleibt die ganze Nacht auf Speed wach, verbreitet sich über die Vergewaltigung der Natur und die Größe der Frauen. Das Problem mit Bob ist nicht, daß er sie verläßt, sondern daß er sie nie verläßt. Er will sogar als »Ehrenfrau« mit zu ihrer Gruppe von Frauenrechtlerinnen gehen.

Was mich beeindruckte, war, wie Lucy aus ihren Erfahrungen lernte. Sie war naiv, aber sie machte nie zweimal denselben Fehler. Sie schien sich nicht einfach in die Arme irgendeines Mannes treiben zu lassen; wenn die nächste Stufe auf der Entwicklungsleiter nicht prompt sichtbar wurde, pflegte sie zu warten. »Natürlich werde ich scharf«, sagte sie, »natürlich fühle ich mich einsam.« Aber sie schien Männer nicht zu brauchen. Das konnte ich nicht verstehen. Ich empfand Ehrfurcht vor dem Sex, der alle Sehnsüchte meiner ersten zwanzig Lebensjahre in sich zu vereinigen schien. Solange ich unzufrieden war, konnte ich mir eine große und umfassende Befriedigung vorstellen, und solange ich glaubte, daß diese im Körper eines Mannes zu finden sei, waren Männer für mich die notwendigsten aller Wesen.

Männer wie Monroe, der zwischen zwei Freundinnen bei mir auftauchte, um mit mir zu trinken und mich zu ernsthafteren Schandtaten zu überreden; wie Tom, sexbesessen bis zum Schwachsinn: Eli, dessen Bedrohlichkeit ich nie ganz verstand, die jedoch aus seinem Fleisch aufstieg wie ein Parfum; und Henry und Alan und Doug. Von den drei letzten berichtete ich Lucy detailliert – wie direkt und aufrichtig sie seien –, bis sogar sie merkte, daß etwas nicht stimmte. »Nicht interessant genug für dich, Gwen.«

»Es gibt eine Menge, worüber ich mit ihnen nicht reden konnte«, stimmte ich zu.

»Liebe hat schließlich was mit Intimität zu tun, nicht?«

Oh, ja, natürlich. Als wir flach auf dem Bauch in dem Gebüsch hinter einem Haus lagen, in das wir einzubrechen versucht hatten (warum, weiß ich nicht mehr), während ein Mann mit einem Gewehr in der Nähe herumstrich, waren Monroe und ich uns nahe. In der Zweiundvierzigsten Straße, wohin er mich geführt hatte, um einen besonders vulgären Porno zu sehen, drückte ich mich so eng an Tom wie ein Schatten. Und Eli – Eli hatte gelbe Augen. Eli wollte jeden Gedanken kennen, der mir durch den Kopf ging.

Ich hatte Angst vor ihnen. Also wanderte ich in meinen Collegetagen ohne jede Pause von einem zum anderen. Nach dem College wurden die Pausen dann länger und länger. Ich hatte Zeit, mich zu erholen. Zeit zu verdauen. Zeit, an den Nachmittagen zu trinken, faul und golden wie mein unverdientes Geld, Zeit, nach Kalifornien zu ziehen, ohne einen anderen Grund als die Veränderung und vielleicht die Entfernung. Es war ein Wettrennen, das der Alkohol gewann. Ich lernte bald, mir selbst einen dämonischen Liebhaber heraufzubeschwören oder einen heimeligen Liebsten zu formen. Sie sprachen zu mir, sie lagen neben mir in diesem Körper, in den wir beide eingeschlossen waren. Ich machte das Beste daraus.

Das bleiche Licht des frühen Morgens war, mit den Augen meiner Trunkenheit gesehen, so kunstvoll wie das Licht der Kindheit, das mich mit der Schönheit bekannt gemacht hatte. Das Unheimliche, die Melancholie, der Schmerz des Alkohols erinnerten mich an die Ängste und Triumphe meiner Jugend. Das war Gefühl. Ich wollte nicht, daß es reifte oder sich festsetzte. Es schwebte vor mir in der Luft wie magische Bilder, Botschaften aus dem Jenseits, die nicht beantwortet werden mußten. Zwar war ich im Leben gescheitert, aber man erinnerte sich noch an mich, liebte mich noch. Ich malte; ich hatte Beziehungen, wie man sie vielleicht im Gefängnis hat.

Und in all der Zeit wurde meine Sehnsucht nicht geringer, sondern verfestigte sich eher. Sie stand im Vordergrund wie eine Statue der Jungfrau auf dem Rasen. Etwas, zu dem man nach ein paar Drinks hinausgeht, um es zu besichtigen. Nimm die Flasche mit, fang ein Gespräch an – bald wirst du schwören, du hättest gesehen, wie das verdammte Ding sich bewegte.

10

In der Sechsunddreißigsten Straße lief mir Malcolm über den Weg. »Wo kommst du her?« fragte er. Nachdem ich den Block zweimal umkreist hatte, war ich von der Second Avenue aus nach Westen gegangen.

»Ich war bei einer Versammlung«, sagte ich, »im Workshop in der Neunundsiebzigsten Straße, der liegt wirklich günstig für diese Gegend.« Ich war in meinem Leben nie dagewesen. »Wirklich tolle Versammlung, eine Menge erstaunlicher Leute, du würdest nicht glauben, was manche von denen durchgemacht haben; Gefängnis, Vergewaltigung, Krieg, und jetzt sind sie einfach unglaublich ausgeglichen.«

»Das ist ja prima«, sagte er. »Vor einem Dinner wie diesem ist das eine gute Idee.«

Ja. Es wäre eine gute Idee gewesen.

»Macht es dir was aus, wenn wir trinken? Ich habe Lucy gefragt, sie sagt, du müßtest dich daran gewöhnen, weil die Leute das eben tun, aber wenn es dich stört, Gwen, dann brauchen wir nicht zu trinken. Ich meine, uns ist es egal, ob wir vor dem Dinner ein Bier trinken oder nicht. Heute abend wird deine Mutter vermutlich Wein ausschenken, aber wenn du uns besuchen kommst...«

So ein lieber Junge, und ich bumse mit seinem Vater. So freundlich, so rücksichtsvoll, und ich bin dabei, seine glückliche Familie zu zerstören.

»Nein«, sagte ich, »es macht mir überhaupt nichts aus.«

Roy öffnete die Tür. »Gwen«, sagte er. »Malcolm. Ich dachte, du wärst mit der anderen verheiratet, ha, ha, ha.« Er trug einen aprikosenfarbenen Baumwollpullover und frisch gebügelte weiße Hosen. Auf der Wange hatte er sich mit irgend etwas Grünem beschmiert. Er stand einen Augenblick da und keuchte leicht vor Gastfreundschaft. Roy gibt einem nicht die Hand, wenn er nicht muß, und er küßt einen auch nicht. Er glaubt nicht, daß die Leute es wirklich mögen, berührt zu werden. Gelegentlich tätschelt er mir die Schulter, aber gewöhnlich fuchtelt er einfach in der Luft herum. »Lucy hat irgendwas mit Auberginen gemacht«, sagte er, während wir zu dritt hineingingen.

»Baba Ganoush«, sagte ich.

»Was?«

»Das mit den Auberginen. Es heißt Baba Ganoush.«

Roy stieß die Tür zum Wohnzimmer auf und trat dann beiseite, um mich eintreten zu lassen. Ich ging hinein und war sofort eingehüllt in die gedämpften orientalischen und Paisley-Muster, das glänzende helle Holz und den Duft von getrocknetem Lavendel, das weiche, blasse Rosa der Wände, an denen alte Spiegel hingen, dieselben, in die ich als Kind geschaut hatte, geschaut und geschaut in diesen noch ferneren und hübscheren Raum.

Jack wurde rot, als er mich sah. Nicht sofort – es dauerte eine Minute, dann stieg die Röte von seinem Hals aus auf. Ich beobachtete es mit bedrückter Zärtlichkeit. Ich durfte ihn nicht berühren. All die Stunden unserer Spiele, unserer intimen Gespräche. Die langen Nächte, in denen wir uns unter der Decke an den Händen hielten und die dichte Dunkelheit unsere Worte in sich aufnahm, sie bewahrte, uns verband; wenn das Bett unter uns und die kühlen Fenster Verbündete waren – all diese Stunden, unvergeßlich, unersetzlich, ließen sich doch nicht festhalten. Jeder von uns konnte sie mit einer Geste beiseite schieben. Aus dem Bett aufstehen und nicht wiederkommen.

Meine Mutter saß auf dem Zweiersofa, das blonde Haar umfloß sie wie Meereswellen. Neben ihr saß Lucy in einer rotgestreiften Bluse und schwarzen Jeans; sie stach gewollt von der Einrichtung ab. Ich stand vor ihnen und verdeckte Jack.

»Hallo, Liebling, du siehst hübsch aus, wo hast du dieses Armband her?« Meine Mutter nahm meine Hand und schob einen Finger unter das Armband, um sein Gewicht zu fühlen.

»Von einem Verehrer.« Ich war eines Morgens, nach einer Nacht, von der mir nichts in Erinnerung geblieben ist, aufgewacht und hatte es in meiner Handtasche gefunden. Vielleicht war es von einem Verehrer. Bin ich so verehrungswürdig? Vielleicht hatte ich es gestohlen.

Die Hand meiner Mutter verweilte warm auf meiner, während sie mein blaßgrünes Kleid, meine goldenen Sandalen, mein kupferfarbenes Haar inspizierte. Früher pflegte mich das zu stören, ihr ständiges Vergnügen an meiner äußeren Erscheinung, aber jetzt macht es mir eigentlich nichts mehr aus. Ich sehe sie so selten, und wenn ich sie sehe, spüre ich ein sinnliches Prickeln auf der Haut, als würde ich durch Pelz schwimmen. Als würde ich einschlafen. Warum sollte ihr etwas daran liegen, was ich denke? Sie hat meine Gedanken nicht geschaffen, sie hat sie nicht genährt oder gebadet oder abends zugedeckt. Aber der Körper, ach, der Körper – vermutlich erinnert sie sich an jede einzelne Mahlzeit, die sie während der Schwangerschaft gegessen hat, und auch an alles, womit sie mich gefüttert hat.

»Du kennst Jack Price«, sagte meine Mutter.

Ich drehte mich zu dieser störenden Gegenwart hinter meinem Rücken um. Er gehörte nicht hierher; ich spürte einen scharfen Stich der Freude. »Wie geht's?«

»Danke, gut. Und Ihnen?« Sein Ton war gefährlich ironisch. Er sah leicht irritiert aus, seine Augen hell, das Haar wirr, die Finger fest um das Whiskyglas geklammert. Ich erinnerte mich an den Geruch dieser Finger. Den Geschmack. Ich wollte sie liebkosen, die Finger, einen nach dem anderen, sie in meinen Körper aufnehmen und dort behalten, wie der König der Toten seine Seele unter der Erde hält.

»Im Zug war mir unwohl, und ich dachte schon, ich würde es nicht hierher schaffen«, antwortete ich träumerisch; die Worte schlängelten sich aus meinem Mund und durchquerten den Raum zwischen uns; ich beobachtete das Zucken seiner Gesichtsmuskeln.

»Was hat Ihnen denn gefehlt?« fragte er. Meine Mutter sah überrascht aus, daß ihr jemand die Besorgnis abnahm.

»Mir war schlecht.«

»Hoffentlich mußten Sie sich nicht in der Untergrundbahn übergeben.«

Meine Mutter rümpfte die Nase, Lucy sah beleidigt aus. Glänzend, Jack, dachte ich, glänzend. Er lehnte sich mit einem kleinen Lächeln in seinen Sessel zurück und zeigte dabei seine Zähne und seine Grübchen.

»Ich habe mich zusammengenommen.«

»Liebes, möchtest du dich vielleicht hinlegen?« fragte meine Mutter und beugte sich vor. Ich schlenderte davon, bewegte mich durch die dicke Suppe des Raums wie Roy – er machte sich an der Bar zu schaffen und summte vor sich hin. Ich drehte mich auf dem Absatz um und betrachtete sie in ihren weichen Sesseln; ich fühlte mich mager und kühl und jungenhaft.

»Nein, jetzt geht's mir wieder gut. Es war nur so ein Gefühl, und jetzt ist es vorbei.« Wie diese Nacht vergehen wird und dieses Leben und ihr alle: Eine Sekunde lang fühlte ich mich wie die Zeit oder vielleicht der Tod, beladen mit Vergänglichkeit.

»Du solltest nicht mit der Untergrundbahn fahren, kein Wunder, daß dir schlecht wurde. All diese Gerüche – und die Leute, die dort unten leben, es ist abstoßend. Ich weiß nicht, warum Bürgermeister Koch nicht was dagegen tut.«

»Weil es ihn einen Dreck interessiert«, sagte Lucy. »Er will, daß die Armen in der Untergrundbahn leben, damit seine Freunde die Stadt aufkaufen können.« Roy summte lauter. Er war vor zwei Jahren in Pension gegangen. Dies hatte nichts mit ihm zu tun.

»Ach, ich weiß nicht«, sagte meine Mutter.

»Aber ich. Du brauchst mir nur zuzuhören, dann ist alles in Ordnung«, sagte Lucy. Sie lächelten einander zu. Lucy hört sie zu. Wenn sie sich überhaupt die Mühe macht, jemandem zuzuhören.

»Gwen?« sagte Roy. Er gab mir einen Drink – Sodawasser mit Grenadine und einer Zitronenscheibe. Das gab er mir an dem Abend, an dem ich ihnen sagte, daß ich nicht mehr trank, und das gibt er mir seitdem immer. Meine Mutter hatte gesagt: »Aber du trinkst doch nicht zuviel, Gwen.« Dann war sie verstummt. Roy war in seinen blauledernen Pantoffeln an die Bar getappt und hatte fünf lange Minuten damit zugebracht, diesen Drink für mich zu erfinden.

»Ich hoffe, du bist nicht schwanger«, raunte er mir jetzt zu.

Ich brauchte eine Minute, bis ich verstand, was er meinte.

»Oh, nein, Roy, das bezweifle ich ernstlich. Außerdem war es ja nicht am Morgen.«

»Nur ein Scherz«, sagte er. »Wer ziemlich bald schwanger sein wird, ist deine Schwester.«

»Vermutlich.« Ich schaute zu Jack hinüber; er unterhielt sich mit Malcolm und sah mich nicht an. In seiner Haltung war etwas Einschmeichelndes, das mich ärgerte.

»Weißt du, Gwen«, sagte Roy, »ich freue mich auf die Kinder deiner Schwester. Weil sie mich als ihren Großvater ansehen werden, verstehst du? Ihnen wird es egal sein, daß ich nicht euer richtiger Vater bin.«

»Schön für dich, Roy«, sagte ich zerstreut, während ich Jacks Körper betrachtete, der von mir abgewandt war, seine dichte, vibrierende Fülle. »Die Kinder werden es toll finden, einen Großvater zu haben.«

»Na ja, *einen* echten werden sie ja haben«, sagte er feinfühlend. »Malcolms Vater wird ihr Großvater sein. Aber ich glaube nicht, daß er etwas dagegen haben wird, diese Aufgabe mit mir zu teilen. Nicht, Jack?«

»Was?«

»Sie werden nichts dagegen haben, Ihre Enkel mit mir zu teilen?«

»Welche Enkel?«

»Ich meine die Kinder, die Lucy und Malcolm bekommen werden. Ich werde ihr Stiefgroßvater sein; das hört sich schon etwas besser an als Stiefvater, oder?«

»Da werden Sie meine Frau fragen müssen«, sagte Jack laut. »In Familiensachen überlasse ich alle Entscheidungen meiner Frau.«

»Ein weiser Entschluß«, murmelte Roy, »da sie sie vermutlich ohnehin treffen würde.«

Sie lachten, zwei Männer zusammen. Jack saß breitbeinig in seinem Sessel, und Lucy stieß einen tiefen Seufzer aus. Dann fragte meine Mutter nach Ruth, und die Gesellschaft sprach eine ganze Weile über sie. Was sie dort in der Sowjetunion machte, war so interessant. Faszinierend. Und so wichtig. Ich saß allein auf einem harten Stuhl und sagte nichts. Ich könnte zu Hause im Bett liegen, dachte ich. Ich könnte masturbieren.

Sie redeten über Politik und die Umwelt. Fünf Leute in der gemütlichen Sitzecke meiner Mutter: weiche grüne Sofas, Kirschholztische, niedrige Tischleuchten mit Porzellanfüßen. Meine Mutter reichte mir einen mit Käse belegten Cracker. Als ich mich vorbeugte, um ihn zu nehmen, dachte ich, mein Körper würde mir entgleiten, sich dem Zugriff meiner Seele entziehen, zu Jack hinüberschlendern und sich mit der Unschuld des Fleisches einfach auf ihn legen... und noch immer redeten sie; ihre Diskussion war wie eine Spielzeugeisenbahn, die pausenlos im Kreis herumfährt. Was, wenn wir auf einer einsamen Insel gestrandet waren? dachte ich. Oder nach einem Flugzeugabsturz in den Anden? Meine Mutter und Lucy waren so dickschädlig, Roy gerissen und zäh, Malcolm zu gut, um umgebracht zu werden. Jack und ich würden diejenigen sein, entschied ich, die schließlich gegessen werden würden.

Er vermied es noch immer, mich anzusehen. Er sprach lauter und schneller: Statistiken; Beschreibungen, wie die Reichtümer der Welt ausgebeutet würden, die alle in meiner Lebensspanne verschwanden, als hätte ich etwas damit zu tun. Das Gewebe würde zerreißen, das Gleichgewicht zerstört werden.

»Jeder will sein eigenes Land«, sagte Roy, »mit seinen eigenen Grenzen und Gesetzen.«

»Die da drüben mögen uns nicht sonderlich«, bemerkte meine Mutter vage, obwohl sie, soweit ich das erkennen konnte, nicht über irgendein bestimmtes Land sprachen.

»Kann man ihnen das denn verdenken?« antwortete Lucy. »Kannst du den Bauern in Nicaragua zum Beispiel übelnehmen, daß sie uns nicht mögen?«

»Ach, weißt du, Neid tut dir selbst mehr weh als dem anderen«, sagte meine Mutter.

»Wir werden keine Wahl haben«, beharrte Jack. »Die Natur achtet Grenzen nicht und macht ihre eigenen Gesetze.«

»Der Regen fällt gleichmäßig auf Gerechte und Ungerechte«, bot ich mit einem süßen Lächeln an.

»Aber manche Leute haben Regenschirme«, gab Lucy zurück und vervollständigte damit die Runde.

Noch einen Drink, dachte ich, und wir könnten die nächste Runde einläuten. Wir könnten die ganze Nacht so weitermachen, wer sollte uns daran hindern? Regen, dachte ich, Regen, wie gern wäre ich draußen im Regen. Kühler, grauer, stetiger Regen, nasse Tropfen, die über mein Gesicht, in meinen Mund, in mein Haar rinnen. Draußen im Regen, unter offenem Himmel, Nebraska, Montana, irgendein Maisfeld, wo ein Bus anhielt, wo ich aussteigen, meine Stadtschuhe ausziehen und laufen könnte –

»Dad schreibt ein Buch über diese Sachen«, sagte Malcolm. Sofort schlug die Stimmung um, und wir alle sahen Jack erwartungsvoll an. Oh, rette uns, bitte, erzähl uns eine Geschichte. Ich konnte sowohl seine Verlegenheit als auch sein Vergnügen auf meiner Haut spüren. Ich war so ein empfindliches Instrument, so wunderbar auf ihn eingestimmt.

»Ein... äh... Roman, nicht?« fragte Roy höflich.

»Ja, Science-fiction.« Diese Schüchternheit in seiner Stimme; wessen mußte er sich schämen?

»Es gibt ein paar Leute, die mit Romanen ziemlich viel Geld verdienen, nicht? Dieser Mann, wie heißt er noch...« Wir alle warteten, aber Roy fiel sein Name nicht ein. »Millionenauflagen. Wie macht man das?«

»Fragen Sie mich nicht«, sagte Jack trotzig. Ich hätte ihm gern erklärt, daß Roy sich nur an das hielt, wovon er etwas verstand, und ihn nicht beleidigen wollte; aber dann war ich dessen nicht mehr sicher. Roy ist so höflich, daß man nie genau weiß, wie man bei ihm dran ist.

»Du weißt, wie sie es machen, Dad. Sie schreiben Bücher nach Schema F, und das hast du nie machen wollen.«

»Ich wäre vor Langeweile gestorben, noch ehe das Geld hereingekommen wäre. Wissen Sie, Science-fiction war früher das letzte Gebiet, auf dem man machen konnte, was man wollte. Ich konnte mich amüsieren, dies und das ausprobieren, alle möglichen erzählerischen Tricks und Winkelzüge, und trotzdem eine gute Geschichte schreiben – die Story konnte ausgehen, wie sie wollte, das spielte keine Rolle, solange sich etwas bewegte. Jetzt wird versucht, alles stromlinienförmig zu machen. Da gibt es die Star-Trek-Abenteuer-Masche, die Masche mit mittelalterlicher Fantasy, die Masche mit der Magie der Technik –«

»Dein Roman über die Umweltkatastrophe«, sagte Lucy und brachte ihn für volle dreißig Sekunden zum Schweigen.

»Ja, ja, ich weiß. Ich versuche etwas anderes...« Seine Stimme brach ab, und er rieb sich mit einer Hand das Gesicht.

Ich warf Lucy einen kalten Blick zu, aber sie war auf dem Weg in die Küche und sah es nicht. Nachdem sie fort war, herrschte Schweigen, und ich hatte das Gefühl, etwas tun zu müssen. Mich auf Jacks Schoß setzen, vielleicht. Meine Arme um seinen Hals legen, sagen: Mach dir nichts draus. Mach dir nichts draus, Schatz, es ist uns egal, was sie denken. Wie süß, wie süß, zu küssen und zu trösten – und wie leicht, sich ihn als eine andere Art Mann zu wünschen. Einen, der mich packen, einen nassen Kuß auf meinen Mund drücken und verkünden würde: Das hier ist mein Mädchen, Leute, ist sie nicht eine Wucht? Wir gehen jetzt, haben Sie vielen Dank, die Dame braucht ein bißchen frische Luft. Raus in einen Lastwagen, eine Sechserpackung Bier. Oder zwei Sechserpackungen Bier und ein Viertelliter Gin. Ziel: ein Motel irgendwo in Pennsylvania; zwischen uns im Fahrerhaus ein gelber Hund namens Sport.

»Ländliche Freuden«, sagte mein Vater einmal im Suff, »haben einen ganz eigenen Charme. Weißt du, was ich meine? Nein, natürlich nicht. Du wirst es nie wissen. Ich hätte dich in den Wäldern großgezogen, aber deine Mutter war dagegen.« Dann war er eingeschlafen, die weiche, blasse Hand im Schoß zusammengerollt, der Kragen des weißen Hemdes geöffnet.

Wie hätte mein Vater auf Lucy reagiert? Er hatte tausend Abwehrmechanismen. Das süße, breite Lächeln, das die verletzende Anspielung begleitete. Die kontrollierte Explosion, bei der mein Vater seine eigene Theatralik bewunderte und sich spreizte, während er sich immer wildere und eigenartigere Gegenbeschuldigungen ausdachte. Der Hundeblick, gekränktes Seufzen, erhobene Handflächen, feuchte Augen. Mein Vater konnte auf Kommando weinen, wie er uns eines Abends vorführte. Lucy hatte geschluchzt, weil unsere Eltern sich stritten, und mein Vater sagte scharf zu ihr, sie solle mit der »Heulerei« aufhören, weil sie davon ein »dickes Gesicht« bekäme.

»Was für ein abscheulicher Ausdruck«, sagte meine Mutter, die in bezug auf ihr Gewicht sehr empfindlich war.

»Aber so sieht das doch aus. Ihre Gesichter werden so verquollen und häßlich, wenn sie weinen. Sie wissen nicht, wie man es richtig macht.«

»Aber du weißt es, nehme ich an?«

Er stand da und grinste sie an, während zwei Tränenströme aus seinen Augen flossen. Dann hörte er auf. »Ich hätte Schauspieler werden sollen«, sagte er. »Keiner würdigt mich.«

Natürlich weiß ich heute, daß er nicht wirklich brillant war. Er war klug, er war schlau, er war ein eingefleischter Alkoholiker. Sein Alkoholismus war eine Kunstform, er kultivierte die Ausschweifung. Und doch... und doch... ich sah Jack an, der zusammengesunken in seinem Sessel saß. Es war, als seien wir hier festgefroren, für immer im Wohnzimmer meiner Mutter. Eigentlich bedurfte es nur eines einzigen Streiches, um uns zu befreien. Einmal die Wahrheit sagen, geläutert nach Hause gehen. Sofort fühlte ich Hoffnung. Was konnten sie schließlich sagen? Was konnten sie tun? Ich würde ihn hier hinausführen – hinaus in die warme, offene, großzügige Nacht. »Du hattest recht«, würde er erstaunt sagen und mein Gesicht drehen, um mich zu küssen. »Das war wirklich die beste Methode.«

»Das dachte ich auch«, würde ich bescheiden antworten. »Mir fiel plötzlich ein, daß es die beste Methode wäre.«

»Mein kluger Liebling. Wohin jetzt? Kalifornien? Irland?«

»Wohin du willst. Mit dir gehe ich überallhin.«

Lucy schnippte vor meiner Nase mit dem Finger. Alle anderen waren aufgestanden. »Das Dinner ist serviert, Madame.«

»Oh.«

»Du bist heute abend ja ganz verträumt«, bemerkte sie, während wir alle in das andere Zimmer gingen. »Wenn ich es nicht besser wüßte, würde ich sagen, du bist verliebt.«

»Aber ich bin verliebt.«

Weil wir nur zu sechst waren, hatte meine Mutter den Tisch nicht ausgezogen. Wir saßen eng beieinander, und als alle sich mir zuwandten, spürte ich eine solche Panik, daß sie fast köstlich schien. Was kümmert den Künstler schließlich die leidende Materie? Die Hormondrüsen setzen ihre Ströme von Stoff frei, und meine Glieder schmelzen, mein Gesicht wird blaß, meine

Augenlider flattern. Ein Meisterwerk des Schreckens, das ich durchaus zu würdigen wußte. Vielleicht sollte ich so bleiben, dachte ich, konserviert in meinem Schweiß, sowohl gebannt als auch zitternd, das Gesicht glänzend wie ein Spiegel, sie würden sich selbst darin sehen.

»Und, Gwen?« fragte Lucy. »Die Spannung bringt uns um.«

»Ich habe nie mit ihm gesprochen. Er sitzt bei den AA-Treffen allein in einer Ecke und hebt nie die Hand. Demnächst werde ich all meinen Mut zusammennehmen und ihn ansprechen.«

Während ich das erfand, konnte ich den Jungen fast vor mir sehen – schmächtig, hellhaarig, schüchtern, mit all seinen entsetzlichen Erfahrungen. Keine Anhaltertouren und Beinahe-Vergewaltigungen, sondern Prügeleien in Bars, nicht eine Nacht im Gefängnis, sondern Dutzende.

»Sei vorsichtig«, sagte meine Mutter, »diese Leute.«

»Die Hübschen in der Ecke erweisen sich selten als so interessant, wie man gedacht hat«, sagte Lucy.

Jack starrte mich nur mit empörtem Blick an. Ich konnte mich nicht überwinden, es ihm übelzunehmen; trotzig lächelte ich ihn an. Ich fühlte mich so vollkommen isoliert von allen. Ich wollte isoliert sein. Aber wenn ich jetzt sprechen könnte, aus meiner wilden Isolation heraus, wenn ich in einer Geste meine Liebe und meine Scham zum Ausdruck bringen könnte – aber dies war der Familieneßtisch, ich mußte mich gut benehmen. Höflich fragen, Verneinungen freundlich hinnehmen, mit der Geduld warten, die Kindern zukommt. Meine Mutter pflegte zu sagen: »Wenn du selbst Kinder hast, kannst du machen, was du willst.« Sie sagte das immer wieder. Welchen Unterschied macht das, wollte ich kreischen, ich wollte nicht diese weise Tochter sein, die ihre Gunst besaß. Aber ich verstand, was sie meinte; nach einer Weile verstand ich es. Macht ist der Lohn. Ich wollte sie nicht. Ich wollte Freiheit. Ich wollte die Freiheit noch immer – mehr denn je –, aber alles, was ich hatte, dachte ich, während ich sah, wie Jacks Augen wanderten, wie Lucy Essen auf meinen Teller löffelte, was ich im Überfluß hatte und mir nicht wünschte, war Macht.

Jack ging um zehn. Er gab mir einen trockenen, flüchtigen Kuß auf die Wange, den gleichen, den er auch meiner Mutter und Lucy gab. Er sagte uns in ernstem und gedämpften Ton gute Nacht.

Ich stellte mir vor, in seiner Wohnung anzukommen und vollkommen überrascht empfangen zu werden. »Meine Liebe. Was in aller Welt kann ich für Sie tun? Ist mit Malcolm etwas passiert?«

Ich würde es nicht wissen, ich wäre nicht sicher, ich würde mich verwirrt abwenden. Er würde meinen Abgang mit hochgezogenen Augenbrauen und ironischem Lächeln beobachten und mir, wenn ich halb die Treppe hinunter wäre, vielleicht nachrufen: »Seien Sie vorsichtig!«

11

Im Sommer vor der Scheidung lag mein Vater tagelang auf dem Sofa. Er trug einen blaßrosa Pyjama, der einst meinem Großvater gehört hatte, und trank Gin aus einem Glas, das auf der Fensterbank stand. Er wachte mittags auf, nahm einen Drink, aß ein wenig, schlief wieder. Er schlief den ganzen Tag und wachte nachts auf. Das machte er schon drei Monate, seit er seinen Job verloren hatte. Wir wußten nicht, ob er sich je wieder erholen würde.

Als wir ihn fragten, was los sei, sagte unser Vater: »Mein Blut ist müde, Kinder. Es hat eine Art Lähmung. Habt ihr je daran gedacht, wie unwahrscheinlich es ist, daß unser Blut ständig zirkuliert, Stunde um Stunde, Tag um Tag, daß es nie aufhört, sogar wenn ihr schlaft?«

Nein, daran hatten wir nie gedacht. Unser Blut war in Ordnung.

Manchmal waren es Kopfschmerzen. »Mein Kopf«, sagte er zu uns, »ist wie ein Stapel von übereinander gestelltem Geschirr, so, wie eure Mutter euch immer sagt, daß ihr es nicht machen sollt, Gläser, Löffel und Teller, immer höher aufeinander geschichtet, bis die leiseste Bewegung alles zum Einstürzen bringt. Wie Nitroglyzerin. Wißt ihr, was das ist?«

Ich wußte, was das war, aber ich war noch immer verwirrt. Sicher, er bewegte sich sehr langsam, er zuckte bei plötzlichen Geräuschen zusammen und sprach, ohne den Kopf zu bewegen, aber wie konnte ein Mensch wie Nitroglyzerin sein? Früher war er immer noch aufgestanden.

Er hatte immer viel getrunken. Gin und Bier, Whisky und

Cognac, das war schon immer der Geruch meines Vaters gewesen, leicht schwankend je nach der Jahreszeit. Aber jetzt war der Geruch schärfer, machte benommen – und sein Anblick noch mehr. Er war dünn, seine Haut hatte eine grünliche Blässe, und sein Gesicht war mit rostfarbenen Stoppeln bedeckt. Das veränderte ihn mehr als alles andere, diese feurige Schicht auf seinem Kinn. Er sah damit aus wie ein Bettler, weinerlich und grimmig; dieser Bart machte mir angst. Was, wenn er ihm über Nase und Wangen wuchern würde, über seine Zunge, über seine Augen – was wäre, wenn er sich von mir abwenden und sich dann wieder umdrehen würde und sein Kopf wäre noch derselbe, aber vollkommen von kupferfarbenen, schimmernden Haaren bedeckt?

Unsere Mutter sprach nicht mit uns darüber. Sie sagte nur, er sei betrunken. Welche Fragen wir auch stellten, sie wurden immer so beantwortet, kurz und bündig: »Nein, euer Vater ist betrunken.« – »Ich weiß nicht warum, er ist betrunken.« – »Fragt mich nicht, ich bin nicht betrunken.«

Unser Dienstmädchen Reba sagte: »Euer Daddy hat einen Freund in dieser Flasche, Kinder. Mehr ist es nicht.«

»Wir sind seine Freunde.«

»Nein, seid ihr nicht.«

»Warum nicht?«

»Darum.«

»Ich verstehe das nicht«, sagte Lucy.

»Das erwartet auch keiner von dir.«

Eines Nachts Ende Juni kam Lucy in mein Zimmer geschlichen, nachdem man uns zu Bett gebracht hatte. Sie trug ein langes weißes Nachthemd, und ihr loses dunkles Haar fiel ihr in einer Wolke um die Schultern. Sie kletterte zu mir ins Bett, aber ihre Haut war so schrecklich heiß, daß ich sie ans Fußende des Bettes verwies, wo sie mir gegenüber sitzen konnte, und sie wechselte die Position. Einen Augenblick lang schwieg sie, und ich wartete, seitlich in die Kissen gelehnt. Unten konnte ich meinen Vater herumgehen hören.

»Wird Dad wieder gesund?«

»Natürlich.«

»Bekommt er einen anderen Job?«

»Klar. Wenn er sich darum kümmert.«

»Aber die meisten Väter haben die ganze Zeit einen Job.«

»Unser Vater ist anders.«

Ich spürte eine Art Mitleid mit ihr, weil sie das nicht verstand. »Die meisten Väter« – das allein zeugte von ihrer Dummheit. Unser Vater, unsere Familie lebte nach eigenen Gesetzen; und Lucy, die arme Lucy, begriff das nicht; mein Vater war enttäuscht von ihr, das wußte ich (und sie wußte es auch).

»Wird er sterben?«

Ich war schockiert. Unser Vater, sterben? Tatsächlich war mir der Gedanke auch schon gekommen. »Vom Trinken stirbt man nicht«, sagte ich. »Man verliert bloß seinen Job und so.«

»Wenn es so schlecht um ihn steht, könnte er sterben.« Sie sah mich intensiv an, als wüßte ich wirklich Bescheid. Ihr Gesicht war blaß, ihre Augen so dunkel. Sie war zwar eigentlich nicht so hübsch wie ich, aber sie hatte ihren eigenen Liebreiz, an den ich nicht hinkam.

»Ich bin mir sicher, daß er nicht sterben wird«, sagte ich. Es war so einfach, so mit Lucy zu reden, daß ich mir manchmal selbst glaubte. »Er wird noch eine Weile so weitermachen, und dann wird's ihm besser gehen. Natürlich«, fügte ich hinzu, »wird er eines Tages sterben. Und Mami auch.«

»Wenn sie alt sind!« sagte Lucy leidenschaftlich, den Rücken geformt wie ein Bogen. Ihr weißes Gesicht hatte sich rosig gefärbt und war zur Decke gewandt. Sie glaubte mir. Das machte mir angst, obwohl es mir sehr gefiel. Wir wußten, daß unsere Mutter uns belog. Lucy dachte, sie habe ihre Gründe, Mütter müßten eben manchmal lügen, aber sie glaubte nie, was unsere Mutter sagte, ohne es vorher mit mir überprüft zu haben. Ich hatte die Fähigkeit, andere Erwachsene dazu zu bringen, mir Sachen zu erzählen, und vieles konnte ich mir zusammenreimen, aber manchmal wünschte ich mir, sie hätte nicht ein so unbedingtes Vertrauen in mich. Es tröstete mich nicht, daß ich bislang meist recht behalten hatte.

Wir konnten unseren Vater unten hören, das leise Tappen, mit dem sein Körper sich durch die Räume bewegte, die Schritte, das Stolpern, dann einen langen, sicheren Gang. Er stand nur nachts auf. Er irrte herum, er sprach mit sich selbst; wir konnten ihn hören, aber die Worte nicht verstehen.

Unser Vater war ein hoffnungsloser Fall. So nannte Eileen ihn, und Eileen, die klug und sarkastisch und sehr reich war, die beste Freundin unserer Mutter und auch eine Freundin von Gouverneur Rockefeller, sprach mit der Stimme der Welt.

»Kinder«, sagte sie zu uns, »heiratet nie einen Trinker.« Als sie das zum dritten oder vierten Mal sagte, sah Lucy ihr verächtlich in die Augen.

»Aber dein Mann ist fett.«

Eileen war verblüfft, obwohl es die schlichte Wahrheit war. Er war auch kahlköpfig und sprach in näselndem Ton, er hatte feuchte Hände und ein Gesicht wie ein Pudding. Unser Vater dagegen war sexy. Das wußten wir. »Mein liebes Kind«, sagte Eileen, »wenn du glaubst, daß es das Aussehen ist, was bei einem Ehemann zählt...« Sie hob eine Augenbraue. Lucy zuckte die Achseln. Unsere Mutter sagte nichts.

Daddy hatte mehr als sein Aussehen. Es war nicht einmal so sehr sein Aussehen, was zählte, denn er war nicht auf landläufige Weise gutaussehend. Sein Gesicht war zu mager und seine Nase zu gebogen. Erst wenn man ihn mit unserer Mutter sah, wußte man, daß er sexy war. Immer neckte er sie. Manchmal mochte sie das, manchmal nicht, manchmal war es nett, manchmal war es boshaft. Er neckte sie, weil sie reich war, immer bei den alten Gewohnheiten blieb, nicht gern gegen Regeln verstieß. Aber er stand auch dicht neben ihr, wenn sie kochte, und kitzelte sie im Nacken. Wenn er betrunken war, erzählte er uns die Geschichte, wie er sie im Bus auf der Fifth Avenue aufgerissen hatte, nachdem sie ihn höflich nach der Uhrzeit gefragt hatte. Er hatte ihr Zeit gelassen, sie zum Essen ausgeführt. »Ins Algonquin oder zu Pierre?« Er hatte nicht genug Geld, um die Rechnung zu bezahlen, aber drei Monate später waren sie verheiratet. »Ihr würdet nicht einmal existieren«, sagte er, »wenn eure Mutter nicht im entscheidenden Moment ihre Erziehung vergessen hätte.«

Es war leicht, diese Geschichte zu glauben. Wir hatten unseren Vater in der Öffentlichkeit gesehen. Immer, wenn er getrunken hatte, redete er mit Fremden. In diesem Punkt war er gerissen, wählte sorgfältig den Moment und das Publikum. Beim Anstehen vor dem Kino, beim Eiskaufen oder im Bus überraschte unser Vater die Menschen mit seinem Witz und seiner Freundlichkeit. Sie gingen mit einem Lächeln davon, und seine Meinungen hatten sich in ihre Gedanken eingeschlichen; er pflegte ihnen stolz und siegessicher nachzusehen. »Ich kann überall Freunde finden«, sagte er zu uns. »Habt ihr gesehen, daß ich dieser Frau gefiel? Erzählt das doch mal eurer Mutter.«

Wir sahen keinen Grund, es unserer Mutter zu erzählen. Natürlich konnte Daddy Freunde finden. Aber es waren keine wirklichen Freunde, leider. Wenn der Fremde zu lange redete und auf die unerwartete Wärme reagierte, pflegte unser Vater ungeduldig zu werden. Er machte sich davon, indem er uns als Entschuldigung vorschob. »Ich muß die Kinder nach Hause bringen, ihre Mutter erwartet sie zum Abendessen«, sagte er dann, unsere Hände fest in den seinen. Auf dem Heimweg pflegte er zu schweigen. Mir taten die Leute leid, die ihn mochten, aber nicht besitzen konnten. Mit seinem zurückgeschobenen Hut, dem glänzenden roten Haar, dem hinter ihm flatternden Regenmantel und seinem festen Handgriff war er der Mann, den jeder brauchte. Und doch mußten sie auf ihn verzichten; nur wir hatten ihn. Nur wir konnten ihn halten, einfach deshalb, weil wir seine Kinder waren, konnten die halbrunden Falten zu beiden Seiten seines Mundes als Klammern um eine beiseite gesprochene Bemerkung sehen, die nur für uns bestimmt war. »Erzählt das nie jemandem«, sagte er, »aber euer Vater ist ein sehr unzufriedener Mann.«

»Warum betrinkt er sich andauernd?« fragte Lucy mich. Sie hatte sich näher an mich gekuschelt, und ihre heißen kleinen Füße lagen auf meinem Schenkel. Es war nicht gesund, hatte ich ihr gesagt, so heiße Füße zu haben; die Füße von Menschen sollten so kühl sein wie Hundenasen. Meine Füße waren kalt. Meine Finger waren kalt, obwohl Sommer war. Das Geräusch des Verkehrs brach sich am Haus, diese langen Wellen von Autos, die nie versiegten, die meinen Vater wach und ruhelos hielten, während er trank. War er einsam? Welch köstlicher Gedanke, er durchdrang meine neue und fast schon erwachsene Seele. Meinen Vater bemitleiden!

»Wenn ich das wüßte, würd ich dir's sagen«, antwortete ich, obwohl ich mir dessen nicht sicher war. Vielleicht war es etwas, das sie nicht verstehen würde. Ich glaubte, es verstehen zu können, wenn ich nur genug Zeit hätte. Da war er jetzt, direkt unter uns. Was machte er? Schwache, knarrende Geräusche, dann Stille. Lucy lauschte mit auf die Schulter gelegtem Kopf. Sie sah aus wie eine Eule, wirkte plötzlich zu weise. Ich wollte, daß sie ging, aber ich konnte sie nicht vertreiben, das habe ich nie gekonnt. Sie war hierher gekommen, um getröstet zu werden, und ich war stolz darauf, das zu tun, stolz darauf, anders zu sein als unsere Mutter, die sich weigerte, noch einmal aufzustehen. Selbst Lucy mußte neuerdings allein zu Bett gehen. Ich fragte, ob ich ihr den Rücken massieren solle.

»Ja«, flüsterte sie und zog ihr Nachthemd hoch. »Gwen, ich habe Angst. Mami ist so wütend.«

»Mach dir um sie keine Sorgen.« Ich rieb ihren Rücken, wie Reba es mir beigebracht hatte, indem ich so tat, als bepflanzte ich einen Garten. »Jetzt pflüge ich den Boden, jetzt reche ich ihn glatt. Ich sammle alle Steine und baue eine Mauer daraus. Jetzt mache ich Löcher für die Samen und lege sie hinein. Wassermelonen und Kürbisse und grüne Bohnen und Erbsen...«

Sie seufzte vor Vergnügen, während ich ihren mageren kleinen Rücken knetete. Was würde geschehen, wenn es einen großen Wind gäbe, dachte ich, was, wenn er die oberen und unteren Bodenschichten und alle Felssteine wegblies? Dann gäbe es keine Lucy mehr. Aber ich wollte das nicht; nein, ich wollte das Kind nur in den Schlaf wiegen.

Als ich die Früchte geerntet und den Indianern zu essen gegeben hatte, trottete Lucy aus meinem Zimmer in ihr eigenes. Ich blieb noch stundenlang wach und horchte auf meinen Vater. Mir kam es so vor, als gehe er durch ein anderes Haus als unseres. Da waren die krachenden Geräusche – oder eher ein lautes Plumpsen – der Wände, die ihn überraschten, die Art, wie er plötzlich innehielt, und der Ton seines Lachens und Redens, das nicht begann oder endete, sondern für eine Weile in der Luft hing, als könne ich nur in diesem Moment sein anderes Leben wahrnehmen. Diese Idee faszinierte mich, besonders, als es später wurde. Mein Vater existierte an einem anderen Ort, in einer anderen Dimension, in einer Dämmerzone. Nicht die Dimension im Fernsehen, mein Vater sah nicht fern. Er las Bücher, wenn auch nicht mehr so viele wie früher, und hörte Radio. Er sagte, er ziehe die körperlosen Stimmen vor, weil sie mehr Raum für die Vorstellungskraft ließen.

Aber es war nicht nur der Gin. Auch andere Leute tranken. Sie redeten zu laut und wedelten mit ihren Zigaretten herum, doch sie schliefen nicht den ganzen Tag mit an die Brust gezogenen Knien, sie wachten nicht um Mitternacht auf und irrten auf verstörende Weise herum wie ein Geist, der überraschend wieder in seinen Körper zurückversetzt worden ist.

Ich fragte mich, wie es wohl sein mochte da unten im Dunkeln. Ich hatte mich an einem Weihnachtsmorgen einmal früh hinuntergeschlichen, um meine Eltern zu sehen, wie sie die Geschenke unter den Baum legten. Kein Weihnachtsmann weit und breit. Ich hatte mich nach unten geschlichen, wenn ich Freundinnen bei mir hatte, um Süßigkeiten und Erdnußbutter zu stibitzen. Doch mir schien, als hätte ich die Dunkelheit dort unten nie wirklich gesehen. Nicht so, wie er sie sah; nicht so, wie sie jetzt war.

Es war seine Dämmerzone, die sich über die vertrauten Räume legte wie eine neue Schicht Wasserfarbe über die alte. Manchmal, wenn ich malte, konnte ich nicht auf einen neuen Bogen Papier warten. Ich sah, daß der Baum leicht zu einer Frau und der Himmel zur Tapete des Zimmers werden könnte, in dem sie ihr Haar bürstete. Aber die braunen Zweige verliefen mit dem Spiegel, und der Spiegel floß aus seinem Rahmen. Bald war dichter Nebel im ganzen Zimmer. Wenn ich Geduld hätte, könnte ich noch immer ein Bild daraus machen. Das Braun trocknen lassen und mit Gelb abdecken. Viele meiner Aquarelle hatten diesen goldenen Glanz. Mein Vater bewunderte sie, er sagte, sie seien mystisch. Er sagte, ein Künstler entdecke auch an unerwarteten Stellen immer Licht und zeige es dann der Welt.

»Bin ich wirklich eine Künstlerin?« fragte ich ihn.

»Niemals wird jemand die Antwort auf diese Frage wissen«, sagte er und fixierte mich mit starrem Blick, den Kopf schräggelegt wie ein Vogel. Er lächelte, er war weiser, als ich es je sein würde. »Du kannst dein ganzes Leben darauf verwenden, ohne das je zu wissen.«

12

Vorsichtig schloß ich Jacks Wohnung auf. Es war noch früh, kaum elf. Ich war nur geblieben, um Lucy beim Abwasch zu helfen, und dann hatte meine Mutter mir zehn Dollar für ein Taxi nach Hause gegeben. Leise ging ich den Gang entlang und ins Wohnzimmer, wo er am Fenster stand und auf den Park hinunterschaute. Ich wußte, daß er mich hatte hereinkommen hören. Dieser plumpe und doch zarte Körper, dieser witzige, vorsichtige Mensch, dieser Mann über fünfzig, der Bücher mit düsteren Umschlägen schrieb, die von pickligen Teenagern im Lesesaal gelesen wurden – wie konnte er alle Wonne, alles Verlangen verkörpern? Es kam mir vor, als ob die Gefühle in mir – die ich, wie ich jetzt merkte, als alte Gefühle betrachtet hatte, welche seit meiner Kindheit, seit meiner Geburt aus mir strömten und sich ihm zuwandten, weil sie irgendwo hingehen mußten –, es kam mir vor, als seien diese Gefühle in Wirklichkeit ganz neu. Ich liebte Jack und fühlte mich plötzlich beunruhigend durchschaubar.

»Hi«, sagte ich.

Er drehte sich um.

»Liebling?« sagte ich.

»Warum bist du gekommen, Gwen?« Seine Stimme war klagend und leise. »Warum? Wolltest du mich vor deiner Familie zum Narren halten? Wolltest du sehen, wie ich zum Wurm werde?«

»Natürlich nicht.«

»Ich habe mich aber wie ein Wurm gefühlt.« Seine Stimme war ganz ruhig. Ich erinnerte mich, wie mein Vater war, wenn er stritt, wie seine Augen blitzten und seine Beleidigungen nur so hagelten. Er bezeichnete meine Mutter gern mit Insektennamen: Ameise. Mistkäfer. Sie sagte ihm dann, wie kindisch er sei. Ich hatte das Gefühl, als könne ich beide Rollen dieser Szene spielen. Aber das hier verwirrte mich. Ich fühlte ich vergiftet und töricht, zur Erwachsenen verkrüppelt. Ich schlüpfte mit einem Fuß aus dem Schuh und schlang ihn um den Knöchel des anderen Fußes.

Mein Schweigen regte ihn auf. »Was zum Teufel fiel dir ein, zu sagen, du seist verliebt? Der ganze Tisch wartete, und ich wäre fast gestorben. Gestorben! Jetzt packt sie gleich aus, und was zum Teufel soll ich sagen? Kannst du dir vorstellen, was das für ein Gefühl war? Es war schon schlimm genug, vor dreißig Jahren von Ruths Familie inspiziert zu werden. Ihr unbrauchbarer Vater, der große Zahnarzt, der in Kindermündern herumfummelte, angefangen bei seiner eigenen Tochter, der mich wie einen Fußabtreter behandelte, weil ich auf keinem College war. Aber ich war ein junger Mann, und ich hatte ernste Absichten. Aber mit dir? Deine reizende Mutter, dein charmanter Stiefvater – woher sie nur ihr Geld haben? –; ich genieße ihre Gastfreundschaft auf der Hochzeit und heute abend, und ich bin eine Ratte, ein verheirateter Mann, der heimlich ihre Tochter vögelt.«

»Darüber machst du dir Sorgen? Daß mein Stiefvater dich vielleicht nicht respektieren wird? Ich kann dir versichern, daß Roy das scheißegal ist. Welche Familienkrise du dir auch vorstellen kannst, Roy wird immer bloß zur Bar trotten und einen passenden Drink mixen. Sein ganzer Stolz ist, sich genau das auszudenken, was du in einer so besonderen Situation vielleicht trinken möchtest. Und wie er zu seinem Geld gekommen ist, geht dich nichts an.«

»Natürlich nicht. Das geht keinen was an.« Er lächelte sarkastisch und zündete sich eine Zigarette an. Er ging im Zimmer auf und ab und warf mir unter gerunzelten Brauen hervor scharfe Blicke zu. Ich vertrat meinen Standpunkt in gerechtem Zorn – Roy, um Himmels willen, er machte sich Sorgen wegen Roy –, doch die Kühle und Kraft seines Blicks begannen mich zu verunsichern. Wohin schaute er? Ich wollte nicht, daß er mich ansah. Ich war erschrocken angesichts seines berechtigten Zorns. Aber ich fand auch, daß der Zorn keineswegs berechtigt sei, nichts konnte ihn rechtfertigen, niemand durfte mir dieses Gefühl geben, weil –

Ach, ich war traurig, als ich da still in der Tür stand und mich fragte, wann ich zusammenbrechen würde. Wann meine Knochen zerbröseln und meine Nerven sich winden und reißen würden. Du blöde Kuh, murmelte ich, an mein Selbstmitleid gewandt, das mich durchströmte, du Ziege. Aber warum war er nicht netter? Warum war er nicht einfühlsamer, warum war ich nicht stärker, warum konnte ich nicht fliehen? Ich dachte daran, mich loszulassen, wie man sich losläßt, um einzuschlafen, sich fallenläßt in die warme Schwärze des Geistes. Dann plötzlich, als ich Jack betrachtete, der unglücklich in einiger Entfernung stand, änderte sich etwas in meinem Denken. Ich machte eine unerwartete Kehrtwendung: »Du hast recht«, sagte ich. »Es tut mir leid.«

Sein Zorn war verflogen. Einfach so, was ich nicht erwartet hätte. Früher hätte ich mich trotz meines Erfolges gedemütigt gefühlt oder höchstens einen sauren Triumph verspürt. Jetzt schien ich in der Luft zu schweben.

Eine Pause trat ein, während Jack meine Worte auskostete. Wieso weiß er, daß ich es ehrlich meine, fragte ich mich. Aber es war klar, daß er es wußte. »Warum hast du's dann gemacht?« fragte er.

»Ich fühlte mich ausgeschlossen.«

»Aber wieso wolltest du gern dabei sein? Ich verstehe das nicht.« Er war näher gekommen, ich wollte mein Gesicht an seines legen. Aber ich fühlte mich merkwürdig schüchtern, froh und verlegen.

»Ich wollte nicht dabei sein. Aber ich konnte es auch nicht ertragen, allein zu sein. So geht es mir immer mit ihnen«, sagte ich langsam und spürte, wie unzulänglich, wie ungenau die Worte waren. Doch er würde schon verstehen. Es gab genug Zeit, um alles zu sagen.

»Na gut, ich verstehe das Gefühl, ich hatte auch Eltern... aber das war eine so heikle Situation, Gwen.« Er schüttelte den Kopf. »Ich versteh's einfach nicht.«

Meine Enttäuschung war übertrieben. Ich konnte nicht sprechen. Ich dachte: Du erwartest immer zu viel. Ich war verwirrt, schämte mich meiner Gefühle. Welcher Gefühle? Ich wußte es nicht. Ich lächelte nervös. Jack ging wieder auf und ab, aber weniger energisch. Ich hatte ihn besänftigt, aber was bedeutete das? Er hing seinen eigenen Gedanken nach.

»Wenn mein Vater jemals so etwas getan hätte, hätte ich mich zu Tode geschämt. Mein alter Herr, der mit der Schwester meines Mädchens geht? Ich kann mir nichts Schlimmeres vorstellen. Er pflegte manchmal Bemerkungen zu machen – nicht über meine Freundinnen, das tat er bewußt nicht –, aber über die von meinem Freund Bob. Er sagte dann: ›He, Bob, wie kannst du mit einem so flachbrüstigen Mädchen ausgehen? Was soll das? Erzähl mir nicht, daß sie dich zwischen ihre Beine läßt.‹ ›Okay‹, sagte Bob, ›ich erzähl's Ihnen nicht.‹ « Jack schüttelte den Kopf. »Er war dafür bekannt. Manchmal forderten meine Freunde ihn heraus. ›Was halten Sie eigentlich von Jeanie, Mr. Price? Nicht übel, was?‹ Und was immer er sagte, sie lachten, sie waren auf eine krankhafte Weise fasziniert. Dieser Mann sprach im Radio, alle hörten seine Sendung.«

»Das kann man wohl nicht vergleichen«, sagte ich, und es gelang mir irgendwie, ruhig zu klingen. Sein Vater, sein Sohn. Ich fühlte mich durch ihre Gegenwart abgeschnitten und auf Abstand gehalten; warum konnten wir nicht allein sein?

»Ja, ich weiß, ich weiß. Ich versuche mir nur vorzustellen, wie Malcolm es sehen würde.«

»Das wäre ihm egal. Darum ginge es nicht.«

»Nicht nur, sicher. Aber er liebt seine Mutter. Er ist immer stolz gewesen, daß wir uns nicht haben scheiden lassen wie die Eltern so vieler Freunde von ihm.«

»Na ja, vielleicht werdet ihr euch ja auch nicht scheiden lassen.« Meine Stimme klang ruhig, es erstaunte mich, daß ich sie unter Kontrolle hatte. Wieso brachen die Worte nicht auseinander, wieso zerfielen die Laute nicht? Diese Spaltung zwischen dem, was ich fühlte, und dem, was ich sagte, ließ mich die Ferne von Jacks Denken nur um so schärfer empfinden, seine Erinnerungen, die mich ausschlossen; er stand aufrecht und alternd in seinem Fleisch wie in einer Rüstung, ein etwas abwehrendes Lächeln um die Lippen.

»Ach, der Junge hat mich ohnehin nie sonderlich gemocht.«

»Wieso meinst du das? Er betet dich an.«

»Er war immer Ruths Sohn. Als er drei war und ich mit ihm in den Park ging, um im Teich sein Schiff segeln zu lassen, hat er immer nach seiner Mutter geweint.«

»Er redet dauernd über dich.« Jack sah mich mit einem naiven, entwaffnenden Blick an, und mir wurde plötzlich schwindlig. Ich konnte ihn beruhigen. Ich konnte die Verletzung heilen. Eines wußte ich, Malcolm wünschte sich eine Familie. So groß wie möglich. Es konnte keine Rede davon sein, daß er seinen Vater je ablehnen würde. »Er liebt dich. Du solltest ihn häufiger sehen. Triff ihn allein, ruf ihn an und lade ihn zum Essen ein.« Meine Stimme war zärtlich und schmeichelnd, ich war mit mir zufrieden.

Jack seufzte. »Nicht, solange das hier andauert.«

Ich fühlte mich, als habe man mich geschlagen. Wie konnte ich den springenden Punkt unserer Situation vergessen? Natürlich konnte er ihn jetzt nicht anrufen, dafür würde ich sorgen. Du bist verrückt, flüsterte ich mir selbst zu, du dumme Ziege.

»Hör zu, Gwen, ich muß dir etwas sagen. Ich behaupte nicht, daß es richtig ist, aber so fühle ich nun einmal. Es hat nichts mit der Tatsache zu tun, daß ich dich liebe. Aber ich glaube – ich kann mir nicht helfen –, daß die Ehe ein Versprechen ist, das man halten muß. Heutzutage eine eigenartige Vorstellung, ich weiß... Ich versuche nicht, wie ein anständiger Mensch zu klingen, ich bin nicht einmal sicher, ob ich wirklich an das glaube, was ich glaube, falls das irgendeinen Sinn ergibt.«

»Oh, das ergibt durchaus Sinn«, sagte ich. »In solchen Dingen kenne ich mich aus.«

»Weißt du, es hat Zeiten gegeben – sehr oft sogar –, wo Ruth und ich nicht gut miteinander auskamen, aber ich wollte sie nicht verlassen und hatte Angst, sie würde mich verlassen. Ich kenne also das Gefühl: Der Gedanke, daß deine Ehe plötzlich zerbrechen kann, daß sie fortgehen und das Kind mitnehmen könnte und du nichts dagegen machen kannst – alles, was du im Laufe dieser vielen Jahre nur ihr und keinem sonst gesagt hast... Okay, heute liegen die Dinge anders, wir reden nicht mehr wirklich miteinander, und Malcolm ist erwachsen. Aber trotzdem, es sei denn, ich wäre sicher –«. Er hielt inne. »Tut mir leid. Warum war ich böse auf dich? Ich habe kein Recht, dir böse zu sein. Natürlich möchtest du, daß die ganze Sache an den Tag kommt, und das ist auch völlig in Ordnung.«

Ich war wie gelähmt. Wollte ich, daß es herauskam, oder wollte ich es tiefer und tiefer in die Dunkelheit mitnehmen? Ihn davonführen auf einem Weg, von dem er nicht wußte? Ich stellte mir vor, seinen trägen Körper durch die Straßen zu tragen. Und sie würde uns ihre Wölfe nachschicken, die weißen Wölfe der Rechtschaffenheit.

»Ich weiß nicht, was ich machen soll«, sagte er.

Erwartete er von mir eine Antwort? Ich lehnte mich mit den Schultern gegen die Wand und sah ihn an. Diesen Kopf mit der Masse der dichten, ergrauenden Locken, diese Augen. Ich konnte nichts für ihn tun. Einst hatte ich Vertrauen, Freude gefühlt. Ich hatte geglaubt, daß das, was in mir aufwallte, diese schmerzhafte Kraft, Liebe sei. Ja, das hatte ich geglaubt.

»Ich weiß nicht, was ich machen soll«, wiederholte er.

Das Telefon läutete. Wer anders konnte das sein als Ruth, die aus der Sowjetunion anrief. Jacks Stimme veränderte sich sofort, nahm eine Vertrautheit an, gegen die anzukämpfen ich nicht hoffen konnte. Er klang fast verschwörerisch, als er ihr Fragen über die dortigen Lebensumstände stellte, Fragen, die sie ausführlich beantwortete. Sein Körper war von mir abgewandt, aufgerichtet und nervös; er erinnerte mich an einen Jungen im Teenageralter, der mit einem Mädchen telefonierte.

Eine Weile beobachtete ich ihn; ich nahm das Wissen um meine Bedeutungslosigkeit in mich auf. Ich fühlte mich fast erfrischt: Das war die Wahrheit, die nackte Wahrheit. Ich verließ den Raum. Ich ging in ihr Schlafzimmer. Man konnte sich kaum einen Raum vorstellen, der sich mehr von Malcolms Zimmer unterschied. Wo sein Zimmer leer war, war dieses hier vollgestopft: mexikanische Teppiche auf dem Boden, rote Vorhänge vor dem Fenster, Bilder und Bücherregale. In einer Ecke ein großer Schreibtisch, Fotografien von Malcolm. Fotografien von Jack!

Ich ging hin, um sie mir anzusehen. So jung, mein Liebster, so jung. Dreiundzwanzig, ein Baby im Arm, fünfunddreißig. Ich fing an zu weinen, als ich sah, wie hübsch er gewesen war, ein so frisches Gesicht, so eifriger Charme. Nun, war er heute anders? Hatte er nicht etwas, das genauso gut war? Vielleicht versteckter; und ohnehin nicht für mich. Nicht wirklich für mich. Ruth hatte da sein ganzes Leben an der Wand hängen. Ein Foto von ihnen beiden, vielleicht vor fünf Jahren aufgenommen. Irgendwo draußen auf dem Land, sein Arm um ihre Schulter gelegt. Sie lächelte und trug einen formlosen Pullover. Er hatte eine Art Daunenweste über einem karierten Hemd an. Sein Gesicht sah fast genauso aus wie jetzt, aber es trug ein Lächeln, das ich nie gesehen hatte, das Lächeln eines Familienvaters.

Lange stand ich da und sog den Schmerz ein wie eine Medizin. Vielleicht nahm ich mehr, als ich brauchte? Ich habe immer von allem viel mehr genommen, als ich brauchte. Endlich öffnete sich die Tür, und Jack kam herein. »Gwen, was machst du hier, was machst du?« Er sprach sanft, beschwichtigte mich, als sei ich ein Pferd. Ich lachte über den Gedanken, ein Pferd zu sein. Er schob mich aus dem Zimmer, einen Arm um meine Schultern, und in Malcolms Zimmer. Ich fiel auf das Bett. Er schaltete das Licht aus und setzte sich neben mich. Sein Gewicht auf der Matratze, sein Geruch, so vertraut, so fremd, so unmöglich. Ich konnte mir nicht vorstellen, ohne ihn zu sein. Ich konnte mir nicht vorstellen, mit irgend jemandem zusammen zu sein.

»Warum hast du mir nicht gesagt, daß du sie liebst?« Ich wollte sie auch lieben. Ich wollte sie lieben oder auslöschen. Er seufzte und sagte nichts.

Ich schluchzte und konnte nicht aufhören. Ich wünschte, ich wäre nie geboren, flüsterte ich in das Kissen. In weiter Ferne verschob er sein Gewicht, seine Hand berührte leicht meine Schulter.

Ich konnte nicht aufhören zu weinen. Ich weinte einfach weiter; warum auch nicht, die Trauer hat kein natürliches Ende. Sie ist so weit wie das Meer und würde mich ertränken, wenn sie wollte. Wie sie mich schaukelt, wie sie mich zieht. Wie sie mich kennt, mich aufnimmt; wer bin ich, dagegen anzukämpfen?

Ich wollte mich nicht retten. Loslassen und irgend etwas anderes sein – glänzend und leer? Sogar jünger als ich, ohne jedes Wissen? Ungeboren, unerträglich. All die anderen waren so reich und erwachsen, so menschlich und wach. Sie wußten von der Welt und voneinander. Vielleicht nicht viel, aber – sei still, flüsterte ich. Fünfzehn Jahre unter dem Ansturm von Alkohol, du weißt weniger als nichts. Aber ich machte weiter Lärm, »heulte«, wie mein Vater es ausdrücken würde. »Die Gesichter der Kinder werden so häßlich.« Geh weg. Geh weg. Ich zog die Beine an und rollte mich zusammen.

»Gwen«, sagte Jack, »ich lasse mich von Ruth scheiden. Pssst, das steht fest. Es ist mein Entschluß. Ich sag's ihr, sobald sie zurückkommt. Nein, sag nichts, es steht fest.«

13

Mein Vater stand vor dem Spiegel im Flur und kämmte sich. Die strähnigen roten Haarbüschel wichen dem mit Speichel angefeuchteten Kamm und lagen glatt; sein schmales, hakennasiges Gesicht betrachtete sich selbst. Ich sah ihm von der dritten oder vierten Treppenstufe aus zu. Er summte eine Melodie von Mozart und schlürfte Gin aus einem kleinen, kristallenen Weinglas.

Er schlenderte ins Wohnzimmer und nahm eine Zeitschrift vom Couchtisch. Er setzte sich auf die Couch und blätterte darin. Ich trat zu ihm. »Gwendolyn.« Ich lächelte schüchtern. »Das ist interessant. Sie haben eine neue Droge entdeckt, mit der man Gott sehen kann. Was hältst du davon?«

»Ich wette, das funktioniert nicht.«

»Natürlich nicht. Natürlich nicht. Aber was wäre, wenn es funktionieren würde? Was würdest du dann sagen? Würdest du sie nehmen?«

»Ich weiß nicht.«

»Ich nicht. Hört sich gefährlich an. Wer weiß, ob Gott uns sehen will? Daran denken diese Wissenschaftler nie. Er könnte ganz schön böse werden. Und ihnen zeigen, wo es lang geht.«

»Glaubst du an Gott?«

»Wenn Gott an mich glaubt, dann glaube ich an ihn. Er hat es mich noch nicht wissen lassen. Norahs Mama geht immer in die Kirche. Ich fragte sie: ›Warum tust du das, Irene, glaubst du, du kommst in den Himmel? Mit all deinen schwarzen Hausmädchen?‹« Er zwinkerte mir zu. »Sie sagte – das kannst du dir denken: ›Ich erwarte gar nichts. Ich gehe zur Kirche, um meinen

Dank zu erweisen.‹ Natürlich, sagte ich mir, all die Knete... Sollten wir in die Kirche gehen, Gwendolyn, was meinst du?«

»Du schläfst zu lange, um in die Kirche zu gehen.«

Er lachte. »Ja, nicht wahr? Ich müßte in den Abendgottesdienst gehen.«

»So was gibt es nicht.«

»Oh, sei dir da nicht so sicher. Es gibt viele Dinge, von denen du noch nie gehört hast. Viele, viele Dinge.« Er schwenkte sein Glas in der Luft. Ein paar Tropfen verspritzten, ich konnte nicht sehen, wo sie landeten.

Ich wußte, daß es viele Dinge gab. Doch das war schon alles, was ich wußte, und das Gewicht meiner Unwissenheit bedrückte mich. Warum, dachte ich, muß man dieses schwere Gewicht tragen, wenn man jung ist, wo doch die Ignoranz, wenn man älter und stärker geworden ist, so leicht wiegt, daß man sie kaum bemerkt? Ist das der Grund, warum sie sich betrinken, diese seltsame Leichtigkeit auf ihren Schultern? Warum können sie nicht einfach mühelos durch die Welt schweben? Ich würde das tun, wenn ich erwachsen wäre. Wie eine Königin in einem Rosenkleid.

Mein Vater begann im Zimmer herumzugehen, und ich folgte ihm. Ich verstand seine Ruhelosigkeit. Er mußte sich einfach bewegen, aber was sah er mit seinem unsteten, gleitenden Blick? Blickte er mich an, als sei ich eine Lampe oder ein Stuhl? Als wäre ich nicht da? Trotzdem sprach er mit mir.

»Dies hier ist der Abendgottesdienst, zu dem die Tiere hinkommen, um zu beten, wo das Glas aus den Fenstern fällt und die Musik zu spielen anfängt, und der Wein verwandelt sich in Blut, weil sie es so mögen...« Er lächelte und wiederholte das.

Ich fühlte mich dem ausgesetzt, was meine Mutter die »Erfindungen deiner Phantasie« nannte. Es gab einen Traum, den ich oft hatte. Ich träumte von etwas Weißem. Mein Zimmer voller Mondlicht, dieses Ding schimmernd am Boden. Weiß wie ein Laken, dann stieg es flatternd auf, hing in der Luft. Nicht sehr hoch in der Luft, nur ein paar Zentimeter, schwebte, als wolle es das beschützen, was darunter lag. Es nahm Umrisse an, dieses glänzende Ding! Was? Schweißgebadet wachte ich auf, und der Fußboden war leer.

»Gwendolyn?« sagte er.

»Ja?« Aber er hatte schon vergessen, was er wollte, er stand still, das Glas an die Lippen gedrückt. Ein lächerlicher Mann – ja, ich konnte es so sehen. Wenn ich ihn mit den Augen von Eileen sah, der Freundin meiner Mutter. Aber dann würde ich niemals erfahren, was er mir zu sagen versuchte. Er war kein Künstler, der es der Welt offenbaren konnte.

Jede Nacht schlich ich nach unten; jede Nacht war es dasselbe. Mein Vater wachte gegen Mitternacht auf und betrachtete sich im Spiegel. Ich wußte nicht, wie er sich fühlte, wenn er sich mit der Hand durch die roten Haarsträhnen fuhr. Er schaute einfach eine Weile und genehmigte sich dann einen Drink. Jeden Abend wählte er ein anderes Glas – ein Cocktailglas, einen Champagnerkelch, einen Cognacschwenker. Ich wußte, wozu die meisten von ihnen da waren, aber in den Händen meines Vaters waren sie alle für Gin, dieses ölige, farblose Elixier, und ich konnte sehen, welchen Spaß ihm die Abwechslung machte. Seine Finger glitten an den Sektflöten entlang, umfaßten die Cognacschwenker, hielten die Rotweingläser locker umfaßt, als schüttelten sie die Hand eines anderen Mannes.

Manchmal hörten wir Musik. Er ließ sie leise und nur für einen Moment spielen. Ein Fetzen Jazz, ein Stückchen Beethoven, dann hob er den Arm, als habe er bekommen, was er wollte. Ich stellte mir vor, die Musik gehe in seinem Kopf weiter, habe seine Erinnerungen in Gang gesetzt. Dieselbe Musik wie auf der Platte? Oder eine ganz andere?

Er sah mich, wenn ich das wollte, wenn ich mich vor ihn stellte, und schien immer erfreut. Wir führten kurze, rätselhafte Gespräche, an die ich mich morgens nie erinnern konnte, dann schweifte seine Aufmerksamkeit ab. Er reagierte nicht auf meine Bemerkungen. Was ich mit ihm teilte, war sein Privatleben, und ich fühlte mich verloren in diesem Privileg.

Diese Verlorenheit tat weh und machte mir gleichzeitig manches klar. Ich wurde mir der Bedeutung des eigenen Denkens bewußt. Ich war so aufgeregt, als hätte ich Neuland entdeckt. Wälder, Lichtungen, Flüsse, was immer in dieser Betonstadt fehlte. Raum, Intimität. Ich sah, wie es sich sammelte. Die Einsamkeit war wie eine schützende Armee. Ich erkannte den Schmerz als eine Säule der Weisheit, die den Kosmos aufrecht erhielt. Mir war, als träumte ich im Wachzustand, durchdrungen von einem geschäftigen Bewußtsein. Jeder Atemzug war mir bewußt, die Besonderheit dieser Vision – der steigenden Flut der Intelligenz, die mich hochschwemmte.

Ich wollte meinem Vater das sagen, aber mir fehlten die Worte. Er irrte durch Türen, taumelte gegen Wände, trat in anmutiger, tänzelnder Trunkenheit zurück. Ich vertraute seiner eigenartigen Navigation. Ich hielt inne, wenn er am Fenster stehenblieb, um auf die Autos am Straßenrand zu schauen oder auf den Himmel, der in gelbem Licht schwamm. Mein Vater nahm einen Drink und noch einen. Ich wußte, daß er daran sterben konnte. Aber ich wußte noch etwas: Dies war schon sein anderes Leben. Dies war die Unterwelt.

Er trank sein Glas leer und glitt auf den Teppich. Er saß da, den Kopf gegen das Sofa gelehnt, und lächelte ekstatisch. Seine Augen waren trüber denn je, aber hellwach, und seine Hände hoben sich in die Luft und gestikulierten wie Blumen im Wind.

Wenn er sich nicht mehr bewegte und verstummte, schlich ich wieder in mein Zimmer. Je weiter ich nach oben kam, desto einsamer fühlte ich mich, aber wenn ich im Bett lag, schlief ich sofort ein. Ich schlief in einer Woge von Liebe und Dankbarkeit: mein Bett, mein Kissen, geliebtes Bett und Kissen!

14

Am nächsten Morgen erwachte ich mit dem Wunsch, Jack Geschenke zu kaufen. Ein Geschenk nach dem anderen, einen Berg von Schätzen. Ich sah auf ihn nieder; er schlief noch. Gewöhnlich stand er um sieben Uhr auf, und ich hörte ihn dann zwei Stunden in seinem Arbeitszimmer tippen, ehe ich aufstand. (Manchmal blieb ich zum Frühstück, und manchmal gingen wir auch wieder ins Bett.) Träumte er jetzt von seinem neuen Leben? Mein Geliebter, mein Schatz, mein Phantasiegebilde. Wie unschuldig er war! Nichts, was er falsch machte, konnte je falsch sein, ich würde ihn beschützen, sogar vor mir selbst.

Ich kroch leise aus dem Bett und verließ die Wohnung. Ein Freitagmorgen. Als ich noch zur Schule ging, waren die Freitage viel schöner als das eigentliche Wochenende. Ich saß den ganzen Tag tagträumend in der Schule herum, übersetzte falsch aus dem Lateinischen, zitierte Shakespeare falsch, schob die Glieder der Gleichungen, wie es mir gefiel. »Ich glaube, sie tut das absichtlich«, pflegten sie zu meiner Mutter zu sagen, wenn sie ihr bestimmte Anomalien erklärten.

»Aber du bist doch so intelligent, Gwen«, warf sie mir dann vor. Intelligent, vielleicht, und auch wieder nicht so intelligent. Ich hatte schon so viele Dummheiten begangen. Aber ich war fähig, mich zu amüsieren, das bestimmt, inmitten jedes beliebigen Unglücks immer in der Lage, etwas zu finden.

Ich kaufte Jack einen hellblauen Pullover aus einem Seiden-Baumwoll-Gemisch. Blau wie der Himmel, glatt wie Eiskrem. Ich probierte ihn an. Er war natürlich viel zu groß, fiel lang herunter und bedeckte meine Arme bis zu den Fingerspitzen. Der Verkäufer fand mich anziehend und begann, mit mir zu flirten. Aus weiter Entfernung, sicher in Jacks Pullover aufgehoben, flirtete ich zurück; ich hatte das Gefühl, nur mein Kopf sei sichtbar, der seine fröhlichen Bemerkungen machte.

Auf dem Heimweg kaufte ich Croissants und einen Strauß roter Tulpen. Ich gab einem obdachlosen Mann einen Dollar und blieb bereitwillig stehen, um seinen Segen in Empfang zu nehmen. Es ist heutzutage so leicht, in New York einen Segen zu bekommen. Überall auf den Straßen bieten uns Spendenbüchsen an, das Gewicht unserer Gier für den Preis einer Tasse Kaffee zu erleichtern. Es ist so bequem; sie warten vor der Tür. Das ist eines der Luxusgüter des Lebens, und keiner bemerkt es!

Einen weiteren Dollar gab ich einer Frau am Eingang der Untergrundbahn, und als ich um die Ecek ging, ließ ich noch einen Dollarschein aus der Hand fallen. Der Wind erfaßte ihn und trieb ihn auf dem Bürgersteig vor mir her. Wehend wie Zeitungspapier oder eine Kinokarte, wie ein Bonbonpapier, mein kleiner Dollar. Ich sah zärtlich zu, wie er dahinwirbelte und flog, wie er sich in einem Busch hinter einer schwarzen Einzäunung verfing. Gefangen und flatternd; er hätte dort Wurzeln schlagen können. Okay, kleiner Dollar, dachte ich; du bleibst da. Jemand wird dich finden und denken, daß du ein gutes Omen bist. Wenn ich Glück bringen kann, dachte ich, als ich den letzten halben Block laufend zurücklegte und die Treppe hinauf rannte, wozu brauche ich dann noch Kunst?

»Wo warst du?« fragte Jack. Er stand direkt hinter der Tür wie eine Schildwache, nur mit seinen Boxershorts bekleidet.

»Dir ein Geschenk kaufen, natürlich.« Ich legte meine Einkäufe auf den Tisch in der Diele; meine Freude erfüllte mich ganz; sie hing an mir fest. Er schien mich nicht zu hören. Sein Gesicht war zerknittert und verquollen, als habe er zu lange geschlafen.

»Ich wurde wach und habe dich vermißt. Ich habe mir Sorgen

gemacht.« Seine Stimme war brummig und verwirrt, und ich gab ihm einen flüchtigen Kuß auf die Wange und dann noch einen. Er drückte mich rückwärts gegen die Wand. »Mach das nicht, geh nicht weg.« Er senkte den Kopf und begann, meinen Hals und meine Brüste zu küssen. Sein Mund war grob und zerrte durch das dünne T-Shirt an mir. Es machte mir angst, es erregte mich, ich konnte den Unterschied nicht ausmachen. Sein Arm war zwischen meinen Beinen, dick und kraftvoll sein anderer Arm um meine Taille geschlungen, als er mich halb ins Schlafzimmer trug, halb zog. Ich schaute über die Schulter nach der Tüte auf dem Tisch, auf den Namen des Ladens in violetter Schrift. Mein schönes Geschenk. Warum wartete er nicht und probierte es an?

Ich lag flach auf dem Rücken, das Hemd um den Hals. Er Kniff und zog meine Brüste, seine Hände beschrieben Kurven wie die Wendungen von Haifischen in einem Bassin. Sein Gesicht war in einem ekstatischen Ausdruck erstarrt, als sei ich gar nicht da. Aber dann war sein Gesicht nahe an meinem, er starrte mich an, und er sagte immer wieder: Ich liebe dich ich liebe dich ich liebe dich, liebst du mich, immer wieder; die Worte prasselten auf mich ein wie Wind und Regen bei einem Sturm. Mein Körper reagierte mit einer Art Krampf, es konnte ein Schluchzen sein oder ein Weinen oder ein Lustschauer; es war wie Fallen und Aufstehen und wieder Fallen und Aufstehen, wie ein sterbender Vogel, der mit den Flügeln gegen den Boden schlägt. Ich war in Bewegung, und die Spannung löste sich. So etwas hatte ich nie unter Liebe verstanden.

Jack zog meinen Rock halb herunter, dehnte das Gewebe und betrachtete meinen bleichen Bauch und die Höhlung über meiner Scham. »Mein Liebling«, sagte er mit gutturaler, schmachtender Stimme, »meine kleine Liebste. Meine kleine Möse.« Ich rollte von ihm weg, aber nicht sehr weit; ich lag auf einer Hüfte, das Gesicht zum Kissen gewandt. »Zieh ihn aus«, sagte er. »Zeig dich mir.« Ich spürte den Impuls, in hysterisches

Lachen auszubrechen, aber dann gehorchte ich in nicht ganz erotischer Trance, während er zusah, sein ganzes Gesicht in Bewegung wie bei einem Erdrutsch.

Es war schwierig, meinen zusammengerollten Rock im Liegen auszuziehen, mich aus meinem feuchten Slip zu schälen; jede Bewegung meines Körpers spiegelte sich in seinem Gesicht wider. Seine Oberlippe hob sich, seine Lider zuckten. Ich ahmte seine rauhe Erregung nach, nahm sie in mich auf, aber dennoch spürte ich die Scham in meiner Lust wie den Kern in einer Frucht. Wo immer man ihn vergräbt, er wird aufgehen. Ich verstand beinahe.

Jack kniete über mir, seine Bauchmuskeln zitterten. Das Licht kam von hinten, sein Körper war dunkel. Ich betrachtete ihn träumerisch, diesen Rumpf und seine Spannung, und weil ich mich schämte, sah ich alles sehr genau. Ich sah die Trauer seiner Schultern, die immer die falsche Last getragen hatten, sah den Stolz seines Bauches, die selbstgefällige Abwehr. Ich sah das Verlangen seines Penis, nicht nur den Samen zu tragen, sondern auch zu prangen, in seiner Macht den muskulösen Beinen gleichzukommen, die den Mann tragen, die über die Erde schreiten. Ich ließ ihn eindringen.

Er kniete auf dem Bett, Schweiß tropfte von seinem Gesicht auf meines. Ich fühlte die Frau in mir – riesig und hell, zurückgelehnt und labyrinthisch. Ich würde mich von ihm zerstören lassen, wenn er wollte. Ich zog ihn auf mich herunter, drehte uns auf die Seite, fühlte mich wie ein Pferd, das auf sein Ziel zugaloppierte.

»Oh, Gott, ich kann's nicht ändern, ich komme gleich«, sagte er wieder und wieder, und ich ritt auf diesen Worten. Das Prikkeln der Anstrengung, der keuchende Atem und der Stoß; ich schloß die Augen und nahm die Energie seines Ergusses in mich auf.

Als er sich nicht mehr bewegte, löste ich mich von ihm. Ich wollte aufstehen und handeln. Eine Armee führen, eine Familie großziehen. Das Gewölbe des Himmels mit strahlenden Akten bemalen. Sex steigt im Rückgrat auf, fließt aus den Fingern, kleine Funken blauen Feuers – und die Stadt öffnet die Augen, und die Tiere werden lebendig.

Ich war aus dem Bett aufgestanden; Jack zog mich wieder herunter. »Du bist dran«, sagte er; seine Stimme klang halb amüsiert, halb noch in jener schmeichelnden Wollust gefangen, die ich haßte, der ich nicht widerstehen konnte. Ich wollte nicht dran sein.

Sein Gesicht neben mir war rot, glühend, suchend. Seine Finger suchten ihren Weg zwischen meinen Beinen, schoben mein Schamhaar zurück. Er berührte meine Klitoris leicht mit einem Finger. Ich zuckte zur Seite. Meine Brüste schmerzten noch immer von seinen Attacken, und sie vergrößerten den Schmerz, horteten ihn besessen.

Was tat er jetzt außer weiteren Gewalttaten? Seine Hand, die mich masturbierte, schien direkt in mein Gehirn einzudringen und dort alle Dramen des Sex zu inszenieren und neu durchzuspielen. Bei jedem Lustschauer krümmte ich mich ihm entgegen, all meine Gedanken und Phantasien wurden unter seinem Namen neu geschrieben.

Mit elf und zwölf Jahren wünschte ich mir am meisten eine Hand. Sie mußte natürlich einem Jungen gehören, aber im wesentlichen eine Hand. Ich bemühte mich, mir vorzustellen, wie sie sich anfühlen würde, diese fremde Berührung. Ich versuchte, meine eigene Hand zu benutzen, ohne damit zu fühlen, wollte meine Finger zwingen, taub zu sein, während sie sich über meine Schamlippen legten. Ich versuchte es erneut mit Gegenständen. Sie waren anders genug, kühl und hart und ohne jede Botschaft, aber es war klar, worin der Unterschied bestand. Was mich berührte, mußte fühlen, aber ich durfte nicht wissen, was es fühlte. Ich würde nie wissen, was es fühlte, also spielte es fast keine Rolle. Ich konnte so tun, als spiele es keine Rolle; ich bezeichnete es als Geheimnis.

Jack beobachtete mich und hielt den Kopf aufmerksam still. Plötzlich wurde mir klar, daß ich mehr wissen konnte, als ich mir vorgestellt hatte; ich konnte seine Gefühle bewohnen. Er konnte mich einsaugen. Erschreckt fuhr ich zurück. Ich drückte mich aufs Bett zurück, in die weichen, zerknitterten Laken, und seine Hand folgte. Seine Augen folgten, und sein Penis bewegte sich träge vor dem feuchten, dichten Haar seines Schenkels.

Ich bog ihm mein Becken entgegen, und er ließ zwei Finger in mich gleiten. Das Fenster stand offen, und ein Windstoß kam herein und strich an meinem Körper entlang. Ich schloß die Augen. Er zog seine Finger heraus und brachte noch mehr von mir an die Oberfläche. Wieviel konnte da sein? Es half überhaupt nicht, als er seinen Kopf zwischen meine Beine schob, seine Zunge weich und weiblich, sein Atem warm und feucht. Ich wollte, daß er mich in Stücke riß. Ich wollte es hinter mich bringen.

Ich zog seinen Kopf an den Haaren hoch. Er maulte. »Nicht so«, sagte ich.

»Verdammt«, murmelte er.

Dickköpfig kletterte ich auf ihn; er hielt mich mit beiden Händen fest um die Taille gepackt. Ich drehte mich in seinen Griff, in den Schmerz; ich liebte diesen Schmerz, er war so scharf und direkt. Er stieß kraftvoll, er drang zu tief ein, ich bewegte mich wilder und wilder, völlig aus dem Rhythmus. Er versuchte, mich so zu bewegen, wie er mich haben wollte, indem er meine Hüften packte, aber ich widerstand; trotzdem fühlte ich mich im Innersten so schwach, so schläfrig. Etwas näherte sich. Jack begann einen obszönen Monolog, er überspülte mich wie Meereswellen, die Art, die einen seitlich umwirft und dann nach draußen zieht. Etwas in dieser Flut aus Möse und Ficken und Liebling und Engel und Schlampe; etwas dahinter, unerschütterlich und zärtlich, liebend und so fordernd... Ich schaute hinunter in seine weitgeöffneten Augen, seine schwarze Iris, in mein eigenes Schluchzen vom vergangenen

Abend – und kam plötzlich mit einem kreisförmigen Mahlen, das mich hinabzog.

»Also, Gwendolyn, mein kleines Sexspielzeug, willst du mich heiraten?«

»Du weißt, daß ich alles auf der Welt für dich tun würde.«

Die kühle Übertriebenheit dieser Antwort ließ ihn die Stirn runzeln. »Eigentlich hatte ich das nicht als Gefallen gemeint, den du mir tun sollst. Willst du mich heiraten?«

Nein löste Ja aus löste Nein aus löste Ja aus. »Ich will's mal so ausdrücken«, sagte ich. »Ich will dich nie mehr verlassen.«

Als ich schließlich in meine Wohnung zurückkehrte, um frische Kleidung zu holen, fand ich drei Botschaften von Lucy auf meinem Anrufbeantworter. »Ruf mich an, Gwen, verdammt«, lautete die letzte. »Sag bloß, daß es dir gut geht.«

»Es geht mir gut«, sagte ich, als sie den Hörer abnahm.

»Scheiße, ich wünschte, du würdest meine Anrufe beantworten. Ist das so schwer?«

»Woher willst du wissen, daß ich zu Hause war?«

»Wo hättest du sonst sein sollen? Ich weiß, daß du dasitzt und zuhörst, wie ich auf deinen Anrufbeantworter spreche – du liegst zusammengerollt auf dem Sofa und hast einfach keine Lust aufzustehen. Dann denkst du daran, mich später anzurufen, bist aber einfach nicht in der Stimmung... richtig?«

»Du hast nur zur Hälfte recht. Ich kann nämlich das Telefon vom Sofa aus erreichen, das ist nicht das Problem. Im Augenblick liege ich nämlich auf der Couch, und ich war tatsächlich nicht da, als du anriefst. Ich war bei einer Menge Versammlungen.«

»Du hättest mich gestern zurückrufen können. Aber vielleicht sollte ich dankbar sein, überhaupt von dir zu hören.«

»Sei nicht dankbar, außer, wenn du es willst.«

»Was immer das heißen soll. Hör zu, ich habe angerufen, um

dich einzuladen, an deinem Geburtstag mit uns auszugehen. Malcolm und ich möchten dich zum Abendessen ausführen.«

»Oh, danke, aber an dem Abend habe ich was vor.« Ich wußte nicht, was ich vorhatte, aber ich hatte es mit Jack vor.

»Was denn?« Sie klang aufgebracht; ich hätte früher daran denken sollen. Wenn sie kann, verbringt sie meine Geburtstage gern mit mir.

»Ich gehe mit ein paar Leuten von den AA aus. Ich dachte an vergangene Geburtstage, und da erschien mir das als eine gute Idee.«

»Ich dachte, du redest dort mit keinem. Du hast mir gesagt, es sei hilfreich, den Geschichten zuzuhören, aber du hättest mit dem ganzen Gruppenkram nichts im Sinn.« Lucy glaubt an Gruppen – Bürgerrechtlergruppen, Therapiegruppen, politische Koalitionen. Doch obwohl sie mich selbst hingeschickt hat, hat sie Vorbehalte gegen die AA; sie mißtraut der Gottesmasche. Sie war immer froh, daß ich trocken geworden bin, ohne zum Freak zu werden. Ich spürte gerechten Zorn, bis mir einfiel, daß ich in Wirklichkeit nicht mit Leuten von den AA ausgehen würde. Da bekam ich einen Schreck und hätte gleichzeitig am liebsten gelacht.

»Manchmal ändert man seine Meinung eben. Es gibt da ein paar intelligente Leute, und sie sind ›gut drauf‹, wie wir in Kalifornien zu sagen pflegten... willst du mitkommen?«

»Nein, danke. Wenn du nachmittags bei mir im Büro vorbeikommst, gebe ich dir dein Geschenk.«

»Okay, mach ich. Tut mir leid mit dem Abend – es war wirklich nett von dir –«

»O Scheiße, meine Schwester wird dreißig. Endlich erwachsen. Das möchte ich gern sehen.«

»Ich auch«, seufzte ich.

»Gwennie, es freut mich, daß du mit diesen Leuten ausgehst. Wirklich.«

»Danke.«

»Bis bald. Malcolm läßt dich grüßen.«

»Danke, gleichfalls«, sagte ich und legte auf. Mir war schwach zumute, mein Körper war schweißgebadet. Na gut, dachte ich, als ich aufstand, um unter die Dusche zu gehen, ein Leben mit Lügen, was ist daran so neu? Sie versteht mich nicht, also verstehe ich mich auch nicht, wen stört's? Was passiert, passiert. Ich kann diesen Mist einfach nicht im Griff behalten.

15

Dann kam der September, der Sommer war vorüber. Wir waren nicht wie sonst nach East Hampton gefahren. »Dein Vater ist nicht in der Lage dazu«, sagte meine Mutter, und natürlich wollten wir ihn nicht allein lassen. Das Sandwich zu Mittag, das Abendessen, das auf den Couchtisch gestellt wurde – diese Gaben hielten ihn am Leben; wir fütterten ihn, und er blieb da, verschwand nicht ganz in einem anderen Leben.

Noch immer redete er ein paarmal in der Woche am Telefon. Seine Freunde riefen ihn an, und meine Mutter brachte ihm den Apparat an die Couch; sie setzte Hoffnungen in diese Anrufe. Sie fragte dann, was der Anrufer gesagt habe. »Bla, bla, bla«, pflegte er zu antworten und wedelte spöttisch mit den Fingern vor ihrem Gesicht herum. Hinterher tat es ihm leid. »Sag deiner Mutter«, krächzte er mir einmal zu, »daß ich mich einfach nicht erinnern kann.«

»Aber du hast das Gespräch gerade erst beendet.«

»Ich habe kein Wort von dem behalten, was der Kerl gesagt hat.«

»Mr. Abrams.«

»Wer auch immer.«

Aber ich sagte es ihr nicht. Ich hatte Angst, sie würde ihn in ein Krankenhaus bringen. Eileen hatte den Vorschlag gemacht, und meine Mutter hatte gesagt, sie denke darüber nach. Sie machte sich allerdings Sorgen, das könne in seine Akten aufgenommen werden; außerdem war er hier zu Hause vollkommen sicher, er ging niemals aus. »Das macht es nur schlimmer«, sagte Eileen, »siehst du das nicht? Der Mann ist verrückt.«

»Ach, das glaube ich nicht. Er tut nur das, was er tun will, er weiß, was er sich leisten kann. Er meint, ich könne ohne ihn nicht leben, und glaubt, er bringe mich in tödliche Verlegenheit. Wenn du schon denkst, daß er verrückt ist, was werden dann erst die Ärzte denken? Ich stecke ihn nicht in eine dieser Anstalten, wo sie ihn nie mehr herauslassen.«

»Vielleicht wäre das das Beste, was du für ihn tun könntest.«

»Warum sollte ich das Beste für ihn tun? Nein, im Ernst...«

Meine Mutter ging mit Lucy aus, um Schulkleidung zu kaufen. Ich wollte nicht mitgehen und sagte, ich litte unter dem Wetter. Sie sah mich aufmerksam an, während ich mir im stillen jede Sünde verzieh – Wetterfühligkeit konnte alles mögliche bedeuten. Hing sie nicht von der Art des Wetters ab? In East Hampton schwamm ich manchmal im Meer, wenn es regnete. Das sollte ich eigentlich nicht, aber wenn der Regen niederprasselte, lag ich gern am Strand im seichten Wasser und hielt den Atem an, während die Wellen mich wiegten. Der Regen rauschte herunter; unter Wasser schien er weniger naß; ich begann mir vorzustellen, ich könnte tatsächlich – ich hätte diese Fähigkeit irgendwo in mir – Wasser atmen. Ich probierte es nie aus, aber es gefiel mir, mit der seltsamen, coolen Idee zu spielen, daß ich, ja, daß ich nur zu glauben brauchte...

Meine Mutter bestand nicht darauf, daß ich mitging, sondern verließ das Haus ohne mich, nachdem sie mich angewiesen hatte, meinem Vater zum Mittagessen ein Sandwich zu machen.

Mittags hörte ich, daß er sich rührte. Inzwischen wußte ich, welche Schwierigkeiten ihm das Schlucken bereitete, und so gab ich Orangensaft, Milch und ein Ei in den Mixer. Das Ergebnis schmeckte köstlich – ich probierte immer wieder davon –, und ich trug es hinein. Er lag da, auf die Ellbogen gestützt, das Gesicht bleich und schweißnaß. »Ich habe dir einen Orangenmix gemacht«, sagte ich.

Er schnitt eine Grimasse. »Wie wär's, wenn du ein bißchen Gin reintun würdest?«

»Okay«, antwortete ich schuldbewußt. Er trank immer Gin zu seinem Sandwich, aber irgendwie schien es schlimmer, ihn in die Mahlzeit zu mischen.

»In der Küche ist eine Flasche«, sagte er. Ich wußte, wo sie war. Ich wußte alles über das, was er tat. Ich fragte mich, ob er das wußte, ob er sich wohl morgens an meine Anwesenheit am Vorabend erinnerte.

Ich trug sein Glas hinaus in die Küche, goß etwas Gin hinein und brachte es zurück. Seine Hände zitterten, als er danach griff. Er hob es an den Mund und trank. »Danke, Schätzchen«, sagte er.

»Mami und Lucy sind einkaufen gegangen«, sagte ich ihm. »Kleidung für die Schule.«

»Schule? Mitten im Sommer?«

»Montag ist Labor Day.«

»Der Ruhetag für die werktätigen Massen. Arme Schweine. Sie sollten es so machen wie ich, eine reiche Ziege heiraten.«

»Daddy.«

»Sie ist eine schöne Frau, Gwendolyn. Etwas ganz Besonderes.« Sein Ton war zweideutig. Was ich wissen wollte, war: Was ist mit mir?

»So schön ist sie nicht«, sagte ich. »Sie färbt sich die Haare.«

Mein Vater lachte; ein kurzes, lautes Bellen. »Nicht schön? Wie meinst du das? Also bist du auf meiner Seite? Komisches Mädchen.« Er sah mich an und schien etwas zu sehen, was er vorher nicht gesehen hatte. Plötzlich wollte ich kleiner sein, dünner, so wie im letzten Jahr, glatt und flach wie ein frisch geschälter Zweig. »Du wirst schöner werden als Norah, Süße«, sagte er. »Du bist es schon.« Einen Augenblick lang war es wie einer dieser Träume, in denen man auf der Busfahrt zur Schule merkt, daß man nackt ist; dann lächelte er eitel, und doch schmeichelhaft. »Natürlich schlägst du mir nach.«

Ich sagte: »Willst du noch was zu trinken?«

»Ja, ich glaube schon. Du bist ein liebes Mädchen.«

Ich trug sein Glas in die Küche und bereitete zitternd einen weiteren Drink. Ohne nachzudenken, machte ich auch einen für mich: Orangensaft und Milch und ein kleines bißchen Gin. Vielleicht stimmt es nicht ganz, wenn ich sage, ich hätte nicht nachgedacht, aber es war nicht die Art von Denken, an die ich gewöhnt war. Es war eine Versuchung, aber keine der Versuchungen, die ich kannte, gegen die ich ankämpfen konnte. Statt dessen gab es da einen süßen, flüssigen Haken in meinem Gehirn, der einen Impuls auf seltsam mechanische Weise mit Handlung verband. Flüssig, lebendig wie ein Fluß, aber dennoch präzise und unbeugsam. Meine Hand streckte sich nach dem Drink aus, und ich nahm einen Schluck, dann trug ich die Gläser ins andere Zimmer zurück.

Mein Vater schloß die Augen und trank. Als er fertig war, lächelte er. »Du machst einen fabelhaften Drink.«

Ich nippte an meinem Glas. Die Welt begann sich aufzulösen. Die Möbel verloren ihre Härte, die Luft nahm Form an. Alles ahmte meinen eigenen Körper nach, warm und atmend und unverletzlich. Ich saß eine Zeitlang da, während mein Vater leise schnarchte. Ich dachte daran, erwachsen zu werden und wie einfach es doch eigentlich war. Ich würde es einfach tun. Morgen.

Mein Vater öffnete die Augen. »Gwen-do-linn«, sagte er, »würdest du mir meine Flasche bringen, bitte, mein Goldstück?«

Ich stand auf und ging auf die Küche zu. Zuerst stolperte ich über meinen Sessel, dann prallte ich gegen die Wand. Nicht sehr fest, aber es war verblüffend – ich wußte nicht mehr, wo die Dinge waren. Danach ging ich sehr langsam, nahm jeden Durchgang in der Mitte wie ein Schiff, das sich seinen Weg zwischen Felsen hindurch sucht. Ich war erschrocken über diesen Mangel an Kontrolle, aber mir kam eine Einsicht über die

Angst: Sie hatte nichts mit mir zu tun, sie war ein Hund, ein schwarzer Hund, den man nur ab und zu treten mußte.

Ich brachte die Flasche hinein. Sie war fast voll von diesem Zeug, diesem Zauber, der so schnell wirkte. Ich war noch nicht sicher, ob ich ihn mochte, aber ich war beeindruckt. Selbst nachdem ich meinen Vater so lange beobachtet hatte, hatte ich nicht wirklich geglaubt – wie hätte ich das auch können –, daß mein Bewußtsein sich tatsächlich verändern könnte.

Ich goß puren Gin in sein Glas und dann auch ein wenig in meines. Ich trank die Hälfte, kostete das kalte, würzige Brennen des Schnapses, seine aus Hochgebirgskräutern destillierte Wildheit. Mein Kopf flog.

»Du trinkst Gin«, sagte mein Vater, und sein Ton war nichts weiter als fragend. »Du trinkst? In deinem Alter?«

»Ja.« Das Wort war lang, es war wie eine Froschzunge, die in die Luft schnellt. Ich spürte, daß er verweilte, noch an meinem Mund hing; alles verweilte, jeder kleinste Moment.

»Ich sollte dir sagen«, begann er und nahm einen großen Schluck, »daß es die Sache nicht wert ist. Nichts als Leid und Probleme, meine Süße, Leid und Probleme. Aber ist es das wert? Ich weiß nicht... manchmal, das gebe ich zu, glaube ich, daß es das wert ist. Aber du bist zu jung, du ungezogenes Mädchen.«

Er nahm mir das Glas aus der Hand und leerte es. Ich nahm es mir zurück und goß neuen Gin ein. Er nahm es mir weg und leerte es, ich füllte es nach, und so machten wir weiter. Mein Vater trank das meiste, aber bei weitem nicht alles.

Ich weiß noch, wie gütig er aussah. Sein rotes Haar leuchtete so heimelig wie ein Kaminfeuer. Seine braunen Augen, vom Schnaps gerötet, waren verschwommen und weich, schwammen in einem Gesicht, das nicht mehr zuckte, nicht mehr bleich war.

Wir redeten über alles. Seine Kämpfe mit meiner Mutter, meine Gefühle in bezug auf Jungen, meinen Wunsch, eine

Künstlerin zu sein. An das meiste von dem, was er sagte, kann ich mich nicht erinnern, aber die Tatsache, daß er mir antwortete – oder, wie ich es sah, daß ich gelernt hatte, was ich ihn fragen mußte –, war an sich schon befriedigend. Zum erstenmal erlebte ich diese gesellige Übereinstimmung, dieses tiefe Gefühl von Ähnlichkeit, das die Reife mit sich bringt.

Hand in Hand damit ging ein verstärkter Stolz auf mein Anderssein. Ich war Gwendolyn, aus dem gleichen Stoff gemacht wie er, wie alle, aber mit einem originellen Detail, das in eine Ecke eingewebt war. Ich konnte dort in meiner Einzigartigkeit verweilen, oder ich konnte hinausgehen in das allgemeine Gewebe, diese herrliche Tapisserie, die der Alkohol aus dem menschlichen Leben macht – all das war hier, gehörte mir.

Mein Vater verstummte, aber ich fühlte mich nicht allein. Er brauchte nicht mit mir zu sprechen. Unter der Oberfläche unserer Leben, unter allen Oberflächen war diese Verbundenheit, die zu spüren mich beseligte. Ich hatte Seligkeit schon früher empfunden, aber dies war das erste Mal, daß ich an ihren Triumph glaubte.

Ruhig entschwand der Nachmittag. Als meine Mutter und Lucy zurückkamen, lag ich quer über dem Couchtisch, ein leeres Glas zu meinen Füßen. Mein Vater schlief. Sie schrie natürlich, weckte ihn auf, schüttelte mich, schrie noch lauter. Ich weiß nicht, was sie sagte, weil ihr Eintreten in mir das dringende Bedürfnis auslöste, mich zu übergeben. Ich rannte nach oben, erbrach mich und beschmutzte das ganze Badezimmer. Lucy folgte mir mit großen Augen und sah zu. »Geh weg«, sagte ich.

»Was ist passiert?«

»Wie du siehst, habe ich mich betrunken. Geh weg.«

»Warum?« Ich antwortete nicht. »Hat Daddy das zugelassen? Wie konntest du dieses Zeug trinken? Gwen?« Ihre Stimme war weinerlich und verwirrt. Ich konnte den langsamen Schritt meiner Mutter auf der Treppe hören.

»Geh weg, geh weg, geh weg.«

»Du hast eine richtige Sauerei veranstaltet. Willst du das nicht aufwischen?«

»Sie wird später saubermachen«, sagte meine Mutter. »Jetzt geht sie zu Bett. Lucy, geh in dein Zimmer.« Meine Schwester gehorchte – tat sie das nicht immer? –, und meine Mutter stand da und sah mich an. Meine Wange lehnte an der Toilette, und ich merkte überrascht, welche Linderung diese unnachgiebige Kühle war. Ich war der Toilette dankbar.

»Steh auf, Gwen«, sagte meine Mutter.

Sollten Mütter sich nicht um einen kümmern, wenn man krank ist? »Mir geht's nicht gut«, flüsterte ich.

»Das kann ich mir vorstellen. Was hast du erwartet?«

Wieder erbrach ich mich heftig, und mein Körper zitterte, oder vielmehr mein Magen. Mein Magen fühlte sich blaß und kalt an, während mein Gesicht von einem stechenden Fieber gerötet war.

Meine Mutter verließ das Badezimmer. »Wasch dir das Gesicht und leg dich ins Bett, wenn du fertig bist«, sagte ihre distanzierte Stimme.

»Mami«, sagte ich, aber sie war schon gegangen.

Ich wusch mir das Gesicht und fing dann an zu weinen. Die Tränen waren scheußlich, sie schmeckten wie Gin. Am liebsten hätte ich mich wieder übergeben, aber ich roch das Erbrochene in meinem Haar, die Orangenstückchen und die saure Milch, und auf schwachen Knien wankte ich ins Bett.

Für unbestimmte Zeit lag ich still, erstaunt über das Ausmaß des Schmerzes, erstaunt über meine eigene Fähigkeit, ihn auszuhalten. Ich dachte, mein Herz, das mit lauten, unregelmäßigen Schlägen pochte, werde aus der Bahn springen wie ein Zug aus den Schienen. Es werde sich in meinen Rippen verfangen, seine Arterien zerreißen, untergehen; oder einfach anhalten, ein plötzliches, seltsames, aber, wie ich jetzt wußte, vollkommen mögliches Verstummen.

Es war schrecklich, allein gelassen zu werden. Ich hörte Schritte, Türen wurden geöffnet und geschlossen. Da waren Stimmen – die meiner Mutter, die meines Vaters, noch eine andere. Ein schrecklicher Durst dehnte sich von meinen Lippen bis in die Tiefe meiner Kehle hinab. Ich schaffte es, ins Badezimmer zu gehen, trank ein Glas Wasser und erbrach es. Sie wußte nicht, wieviel ich getrunken hatte. Ich könnte sterben.

Ich versuchte mir einzubilden, es sei nicht meine Schuld. Ich baute mir das Argument auf, daß ich nicht hätte wissen können. Aber hatte ich ihn nicht Tag für Tag auf der Couch liegen sehen? Wie hatte ich mir seine Gefühle vorgestellt? »Mein Kopf ist wie ein Stapel Geschirr...« Armer Daddy. Armer, armer Daddy...

Als ich am nächsten Morgen nach unten kam, war mein Vater fort. Meine Mutter sagte, sie ließen sich scheiden. Lucy weinte. Lucy hörte ein paar Wochen lang nicht auf zu weinen. Meine Mutter erklärte mir, sie müsse mich beschützen, das sei ihre Pflicht als Mutter. Mein Vater sei seiner Verantwortung nicht gerecht geworden, aber sie wolle das tun. Ich hatte nicht die leiseste Ahnung, wovon sie redete. Alles war meine Schuld, und wie konnte sie mich vor mir selbst schützen? Sie konnte niemanden beschützen; sie konnte nicht einmal dafür sorgen, daß Lucy zu weinen aufhörte.

16

Am Abend vor meinem Geburtstag bestand Jack darauf, in meine Wohnung zu kommen. Er rief mich nachmittags an und schlug es vor. Ich lag auf dem Teppich und las meine Zukunft aus den Tarotkarten. Ich hatte die Karten ausgelegt: den Teufel, die Zehn der Schwerter, den Turm. Ich kannte diese speziellen Karten so gut wie mein Spiegelbild. »Warum willst du herkommen?« fragte ich.

»Brauche ich einen Grund? Ich möchte sehen, wo du wohnst. Ich bin einsam hier bei mir. Worin besteht denn das große Geheimnis? Ich möchte in deinem Bett schlafen.« Er bot all das an, als trage er Malfarben auf; ich fühlte mich überrumpelt von seiner klagenden, hartnäckigen, sarkastischen, Wärme erzeugenden Stimme.

»Nach deiner Wohnung ist es ein Abstieg«, sagte ich.

»Meine Wohnung wird nicht mehr lange meine Wohnung sein.«

»Willst du sie ihr überlassen?«

»Natürlich.«

»Wieso natürlich? Sie verdient genausoviel wie du. Du solltest sie verkaufen und den Erlös mit ihr teilen.«

»Nein, Gwendolyn.« Sein Ton war bestimmt und geduldig, als müsse ich das verstehen.

»Wirklich«, sagte ich. »Was ist, wenn deine Bücher sich nicht mehr verkaufen? Du mußt an dich denken.«

»Mach dir um mich keine Sorgen, ich kann mich ernähren. Das habe ich immer getan und werde ich immer tun. Ich habe eine Frau ernährt, ich kann auch eine andere ernähren.«

»Das wird nicht nötig sein.« Eine Pause trat ein.

»Gut, sehen wir uns um sieben?«

»Okay.«

Ich legte den Hörer auf und sammelte die Karten ein. Die Gefahren, die vor mir lagen, würden nie verschwinden. Sie steckten in meinen Knochen; eine Zukunft, nie erreicht und nie erledigt. Mir wurde klar, daß ich das schon seit langer Zeit wußte. Meine eigene, unerbittliche Natur, meine Last aus Scham und Mitleid, mein Kopf, den ich den Sternen öffnen wollte. Ich konnte sie sehen, konnte mich sehen, wie eine Gestalt vor dem Hintergrund des Himmels: mit achtzehn Jahren betrunken, nachdem ich die Tarotkarten ausgelegt hatte. Ich sah mich, als ich auf die gestickten Blumen meines Bettüberwurfs blickte, die Rot- und Gelbtöne. Damals hatte ich gewußt, daß es in Ordnung war, solange es Rot- und Gelbtöne gab.

Aber ich hatte Angst. Jack würde das Böse unter meinem Bett spüren, das Unheimliche, das von den Schaltern des Herdes ausstrahlte. In all den Nächten, die ich allein hier verbracht hatte, war der Lärm der Geräte lauter und lauter geworden, als mache er sich darüber lustig, daß ich ihm nichts entgegenzusetzen hatte. Ich erinnerte mich dann an die kalifornischen Nächte – die Stille, die blütenduftende Luft, den Wein der Gegend, der nach Pinien und Zedern schmeckte, nach wilden Rosen, manchmal nach Blut. Ich pflegte an die Massai in Afrika zu denken, die das Blut ihres Viehs tranken, während ich eine Flasche Cabernet leerte, und wenn sie zu drei Vierteln leer war, spürte ich, wie sich der Krieger in mir rührte. Ich spürte seine Einsamkeit, seinen Stolz und sein Einssein mit der Natur, während ich in der kühlen blauen Nacht durch meinen Garten ging.

Aber ich war nicht mehr allein; ich mußte nie wieder allein sein. (Bis er starb, zumindest. Wie hoch ist die Lebenserwartung eines fünfzigjährigen Mannes? Der zuviel ißt, der raucht, der von mir geliebt wird.) Wir würden eine eigene Wohnung haben. Ein eigenes Schlafzimmer, ungestört vom Geist eines heranwachsenden Jungen. Ich mußte mit Jack über Malcolm reden. Es schien wichtig, dieser Sache auf den Grund zu kommen. Wie konnte er annehmen, Malcolm möge ihn nicht? Wie konnte er annehmen, er hätte eine Wahl?

Als Jack kam, fühlte ich mich befangen ihm gegenüber; schon an der Tür küßte ich ihn mehrmals, um es zu verbergen. Aber die Küsse machten es nur noch schlimmer: Mit jedem einzelnen nahm ich eine elektrische Ladung auf und gab sie an ihn weiter; als ich aufhörte, fühlte ich mich benommen und schwindlig, und er schien von Kräften besessen, die nicht menschlich waren. Gravitationskräfte, okkulte Kräfte. Ich fühlte mich unter seinem Einfluß, viel mehr, als er annahm. Aber wenn er es nicht weiß, dachte ich, wie kann es dann sein Einfluß sein?

Ich zeigte ihm meine drei kleinen Räume, die schrankgroße Küche, die Gitter an den Fenstern. Ich spürte seinen Körper, der sich durch meine Zimmer bewegte, in meinem Innenohr; er raubte mir das Gleichgewicht, ich fühlte eine gefährliche Verwirrung. Wenn zwei Menschen in einem Raum nicht deutlich voneinander getrennt bleiben können, wenn alles sich erhebt, um gleichzeitig beachtet zu werden – ich kämpfte gegen diesen Glanz, der von ihm ausging, diesen Zauber, und ich fürchtete, daß dies ein Kampf war, den ich verlieren wollte.

Lange betrachtete er schweigend meine Bilder.

»Das sind die, die abgelehnt wurden«, sagte ich.

»Du hast Glück, jetzt kannst du sie behalten. Mein Gott, das hier gefällt mir.« Er blieb stehen, um den alten Neufundländer zu betrachten, der trauervoll zurückstarrte, die weiche Schnauze von ergrauenden schwarzen Locken umkräuselt.

»Ich weiß, er ist auch mein Liebling. Manchmal rede ich mit ihm.« Manchmal glaubte ich, er antworte mir. Auch ohne Schnaps gebe ich mich spät nachts ziemlich meinen Phantasien hin.

»Sie sind wie Höhlenmalereien.« Seine Stimme klang bewundernd; ich empfand Verzweiflung. Ich konnte ihm nicht glauben. Eine Künstlerin sein – du kannst dein ganzes Leben damit zubringen und es niemals wissen. Jack richtete sich auf und lächelte. »Sie sind wunderbar, ich gratuliere. Weißt du, ich fühle mich unglaublich wohl in dieser Wohnung. Ich fühle mich phantastisch.«

Er schlenderte herum, sah sich alles an, und ich fühlte mich schuldig wegen meines Kummers, weil er uns trennte. Es war ein Fehler, ihn herkommen zu lassen, dachte ich. Ich hatte mich selbst vergessen, der Gedanke an Genesung hatte mich verführt. Aber so etwas wie Genesung gab es nicht. Nur noch verzweifeltere Phantasien, raffiniertere Illusionen. Sich auf etwas wie eine Liebesgeschichte einzulassen! Als wäre mir diese Freiheit gestattet!

Ich schlich rückwärts zur Couch, ließ mich in ihre Kissen sinken. Wie sie mich einhüllten, Nacht um Nacht, und der Fernseher schimmerte dazu wie ein wohlwollender Henker. Der *Lächelnde Dave und Johnny, Midnight Blue*. Eine nackte Frau mit gespreizten Beinen, die sich das Mikrophon an die Vagina hält. »Damit Sie wissen, daß sie das wirklich mag.« Ich lag wach und sah mir das an und stellte mir mich selbst mit zehn Jahren vor diesen Bildern vor. Wie viele zehnjährige Mädchen in New York bleiben lange wach und haben ihren eigenen Fernseher in ihrem Zimmer?

Jack setzte sich neben mich. Er zog seine Schuhe aus und schwang seine Beine auf meinen Schoß. Ich zog ihm die Socken aus und betrachtete seine Füße, die gelbe, wächserne Haut an den Sohlen, die Haarbüschel am Ansatz der Zehen. Seine Zehen waren lang und dünn und gekrümmt, seine Knöchel zart. Es half ein bißchen, seine Füße zu betrachten. »Warum hast du keine enge Beziehung zu Malcolm?« fragte ich.

Eine Zeitlang sagte er nichts. »Willst du das wirklich wissen?«

»Natürlich.«

»Warum?«

»Du bietest mir die Stellung einer Stiefmutter an.«

Er sah verblüfft aus. »Ja, vermutlich. Du Arme. Na ja –« Er verstummte für eine ganze Weile. Ich dachte an all die Trinker, die ich gekannt hatte, die ihre traurige und gewalttätige Vergangenheit vor mir ausbreiteten, während ich müßig zuhörte und eine weitere Flasche köpfte. Ich hörte zu wie bei einem AA-Treffen. Das war dasselbe, oder? Nein.

»Ich weiß nicht, wo ich anfangen soll«, sagte er.

»Am Anfang.«

»Okay. Am Anfang – am Anfang entschied sich Ruth für eine natürliche Geburt. Dreißig Stunden höllische Schmerzen. ›Frauen können alles‹, sagte der Arzt zu mir. ›Sie sind fabelhafte biologische Maschinen.‹ Ich muß zugeben, daß mir diese Einstellung gefiel. Ich selbst war eher eine literarische Maschine. Alle zwei Wochen schickte ich eine Geschichte ab, und gleichzeitig widmete ich meine Zeit einem Roman, wobei ich schier verrückt wurde. Ruth war meist böse auf mich, weil ich ihr nicht mehr mit dem Baby half. Ich versuchte zu helfen. Ich kann Windeln wechseln und Schlaflieder singen. Sie sagte mir, ich mache es falsch. Der Kleine schrie. Die ganze Zeit. Nach einer Weile meinte ich, man müsse das ignorieren. Was wollen denn Babys überhaupt? Sie wurde wütend auf mich, sagte, sie könne mich nicht unbesorgt mit ihm allein lassen, ich passe nicht genug auf. Ich dachte, sie verzärtele ihn. Das Kind brauchte mehr Unabhängigkeit.«

»Von welchem Alter redest du? Drei Monate?«

»Hach, du bist eine Frau, nicht?« sagte er. »Ohne Mutterinstinkt sind die hübschen Brüste nicht zu haben.«

»Leck mich«, sagte ich. »Ich habe keinen Mutterinstinkt.«

Er lachte. »Natürlich hast du einen.« Ich antwortete nicht. Ich konnte ihm kaum sagen, daß Babys mich an große, blutgefüllte Zecken erinnerten; trotzdem wollte ich keine Sehnsucht in Anspruch nehmen – entfernt, nur in Träumen an die Oberfläche tretend –, die bei ihm auf solchen Widerstand stieß. Das Problem war, daß ich diese Abneigung verstand. Ich konnte sie nur zu leicht teilen. Wir zwei gegen sie, die Frauen – aber das war Jacks Geschichte, nicht meine.

»Erzähl weiter«, sagte ich.

»Das ist Frühgeschichte, weißt du, wir reden von der Zeit vor einem Vierteljahrhundert.« Während er sprach, wurden diese Tage und Nächte lebendig, der erste Sommer in der Wohnung in Murray Hill, keine Klimaanlage, kein Windelservice, die Nachbarn, die sich über das Babygeschrei beschwerten, und ich konnte die junge, gebieterische Ruth vor mir sehen, die Oberlippe von Schweiß verdunkelt, die ihren ersten Untergebenen bekommen hatte, das winzige Kind. Und Jack, der sich im Gegensatz zu Ruth Sorgen über die Rechnungen machte. »Sie werden uns nicht rauswerfen«, sagte sie ihm. »Wir haben ein Baby.« Er versuchte, hilfreich zu sein, tat, was er konnte, und wurde auf subtile Weise ausgeschlossen. Ihr mitleidiges Lächeln, als sie von ihrem ersten Soloausflug zurückkam, als Malcolm zwei Wochen alt war, und Jack dabei antraf, daß er das Baby mit einem in warmes Wasser getauchten Finger zu beruhigen versuchte. Ihre Wut, als sie Jack im Haschischrausch auf dem Fußboden vorfand, wo er mit dem Baby krabbelte und mit ihm französisch sprach. »Wir hatten einen tollen Nachmittag«, sagte er versonnen, »die beste Zeit, die wir je hatten. Ich erinnerte mich, wie es war, ein Baby zu sein, ich lag da mit ihm, Auge in Auge… und *so* bekifft war ich nicht. Nichts wäre passiert.«

Und schließlich ihre hartnäckige Weigerung, über die Meinungsverschiedenheiten zu diskutieren, die sie allmählich in bezug auf Kindererziehung hatten. Sie war gleichzeitig nachgiebig und perfektionistisch; er wollte, sagte er, dem Jungen etwas Raum zum Atmen geben. »Schließlich gab ich's auf. Ich dachte mir, sie ist die Mutter, und Mutterschaft ist heilig, nicht? Scheiße. Scheiße.«

Er zündete sich eine Zigarette an, ich rieb seine Füße. Ich erinnerte mich an seine Story über das geklonte Kind, den Jungen, der genauso aufwächst wie das Original, das bei einem Unfall umgekommen ist, außer, daß er seinen Vater nicht erkennt. Jedesmal, wenn der Mann das Zimmer verläßt, vergißt das geklonte Kind ihn. In seiner Verzweiflung bringt der Mann den Jungen um; und aus Verzweiflung klont er ihn erneut. Wieder und wieder, und niemand scheint diese »Unfälle« in Frage zu stellen, niemand scheint je älter zu werden...

»Aber du hast sie geliebt«, sagte ich.

»Ja.« Er lachte kurz auf. »Ich glaube, sie hat mich hypnotisiert.«

Ich wußte, was er meinte. Ruth hatte etwas Übermenschliches an sich, all ihre Wünsche und Bedürfnisse, die aufleuchten und erlöschen wie Scheinwerfer, die durch wirbelnden Nebel auf einen zukommen. Man konnte nicht anders, man mußte sie beachten.

»Darf ich dir was beichten?« fragte er. Ich antwortete nicht, sondern lächelte, hob seinen Fuß und küßte seine Zehen. Je mehr er erzählte, desto ruhiger fühlte ich mich. »Ich nehme an, das heißt ja«, sagte er. »Die Dame mit der Körpersprache. Okay. Ich war erleichtert. Es war so viel einfacher, die Dinge so zu machen, wie sie wollte. Ich hatte eine dieser großen falschen Offenbarungen: Ich bräuchte meinen Geist oder mein Herz oder meine Phantasie, oder wie immer du das nennen willst, für nichts anderes als für meine Arbeit. Es hat gewisse Vorteile, in einem autokratischen Zustand zu leben, weißt du. Ich ging morgens in mein Arbeitszimmer wie in eine Höhle, und ich schrieb jeden verrückten Scheißdreck, den ich wollte. Und wenn ich fertig war, kam ich heraus und tat, was immer sie wollte. Es war mir egal. Ich fühlte mich wie ein Schwamm, der alles aufsaugt. Schwimm mit dem Strom. Laß es geschehen. Ich war in ihrer Dynamik gefangen, und ich dachte, weil ich ein Schriftsteller war, sei das ganz in Ordnung.«

»Das kann ich mir nicht recht vorstellen«, sagte ich.

»Was?«

»Daß du so ganz in deine eigene Welt versponnen bist. Mir gegenüber bist du sehr sensibel.«

»Wirklich? Ich bin vollkommen von dir besessen, das ist ein Grund. Und ich verstehe dich nicht.«

Seine Bemerkung machte mich gleichzeitig unglücklich und erregt. Mir wurde klar, daß er wahrscheinlich nicht wußte, wie er gewesen war. Andererseits verstand ich wenig von der Ehe. Die Ehe der eigenen Eltern ist immer das perfekte Verbrechen, während das, was Jack beschrieb, viel weniger schmerzhaft schien. Er hätte so nicht handeln müssen; es war fast, als sei es noch nicht zu spät. Nicht wegen der Möglichkeit einer Wiederannäherung, sondern wegen seiner Offenheit, die mich in Versuchung führte. Ich liebte ihn dafür, daß er älter war. Doch gleichzeitig kam er mir jung vor. Wir konnten ein Leben zusammen beginnen. Es spielte keine Rolle, daß er schon eines gehabt hatte. »Du hast ein paar wunderbare Bücher geschrieben«, sagte ich.

»Na ja, aber ich bin nicht Tolstoi, um das als Entschuldigung zu benutzen.«

»Das macht nichts. Alles, was überhaupt etwas taugt, ist einzigartig und ein großes Geschenk an jemanden.«

Er lächelte. Ich war glücklich. Dann sagte er: »Hier spricht eine wahre Künstlerin«, und ich war erschrocken und deprimiert. Ich sprach nicht von mir. Ich wollte nicht von mir sprechen. »Nein, Schatz, ich habe alles durcheinandergebracht, so einfach ist das. Ich wußte nicht, wie ich mein Leben handhaben sollte, und ich war zu arrogant, um es herauszufinden.«

»Oder zu verängstigt.«

»Ja. Mit mir hast du dir ganz schön was eingebrockt, nicht?«

Seine Stimme klang brüchig; ich brachte ihn mit Küssen zum Schweigen, kostete seine Lippen, seine Wangen, seinen Hals, das alte, weiche, zähe Fleisch des Mannes. Er umklammerte mich wild, es war wie in der Nacht nach der Dinnerparty, die er nicht wiederholt hatte, diese verzweifelte Inbesitznahme meines Körpers durch seinen. Und doch war es anders. Er machte mir Geständnisse. Sein Atem heiß in meinem Ohr, sagte er mir sämtliche Dinge, die Ruth nicht tun wollte, und das waren beinahe alle. Auch in ihren sexuellen Vorlieben war sie sehr geradlinig, bevorzugte diesen Stil zeitloser Eleganz, der die meisten von uns fertigmacht, und mein Liebster war da keine Ausnahme. Er erzählte mir lächerliche Sachen, herzzerreißende Sachen: wie sich Ablehnungen häuften und die verliebte Hoffnung wuchs; von ihrer Macht und seinem Ausweichen in Phantasie und Masturbation. Warum hatte er sie nicht häufiger betrogen? »Weil ich ein dickschädeliger Bastard bin«, sagte er. »Weil ich ein Feigling bin. Ich weiß nicht.«

Sein Körper prallte gegen meinen; ich lag ins Sofa gepreßt.

Ich hatte gedacht, ich hätte inzwischen seinen Hunger und seine Wut kennengelernt, aber dies hier war neu. Plötzlich war ich nicht Gwendolyn, sondern Ruth. Auch wenn ich einen Teil von mir aufgab, so freute sich ein anderer Teil: Dies würde uns aneinander binden, dies war nicht rückgängig zu machen. Ich fühlte mich merkwürdig ruhig und unberührt. Sicher. Es hatte etwas Elementares, seinen Schmerz in mich aufzunehmen. Es war nicht mein Schmerz, er konnte mir nicht weh tun.

Jack war verausgabt und müde, sein Gewicht lag schwer auf mir, sein Herz schlug gegen meinen Rücken. »Was mich am meisten fertigmacht«, sagte er, »ist, daß sie nach all dem, 1970 oder 1971, als Malcolm und ich praktisch vergessen hatten, daß wir verwandt waren, zur glühenden Feministin wurde und Mutterschaft als schmutziges Wort betrachtete. Nicht so schmutzig wie das Wort Penis natürlich. Malcolm und ich drückten uns herum wie alte Hunde und gingen Hamburger essen, wenn ihre Frauenrechtlerinnen-Gruppe sich in der Küche traf. Wir führten diese schrecklichen Gespräche. Ich redete mit ihm über den Atomkrieg. Welcher Zwölfjährige will über den

Atomkrieg reden? Meine Generation gibt diese Scheiße an seine weiter. Dann pflegte ich nach Hause zu gehen und mit Ruth zu streiten. Stell dir vor, Gwen, alle deine Meinungen zählen nicht, es gilt als ausgemacht, daß du unrecht hast, weil du ein Mann bist. Alles, was ich sagte, nahm sie mit einem triumphierenden Lächeln auseinander. Ich versuchte sie daran zu erinnern, daß ich ein Mensch bin, und sie brachte Soziologie, Anthropologie, alles mögliche aufs Tapet. Und Malcolm hörte uns dabei zu.«

Ich fragte mich, wie oft meine Meinungen nicht gezählt hatten, weil ich eine Frau war. Wie oft hatte ich sie selbst außer acht gelassen? Ich hatte keine Ahnung. Es gab keine Möglichkeit, das auch nur annähernd festzustellen.

»Du warst also ein männliches Chauvinistenschwein?« fragte ich ironisch.

Er seufzte. »Nein, natürlich stimmte ich im Grunde mit dem überein, was sie zu erreichen versuchte, es begeisterte mich sogar – die Veränderungen, die sich in der Gesellschaft vollzogen. Was mir Probleme machte, war das, was in unserer Familie vor sich ging.« Er hielt inne. »Ich bin nicht so dumm, daß ich nicht gesehen hätte, wie eines zum anderen führte. Da saß ich; meine Frau arbeitete sich den Arsch ab mit ihrer revolutionären Glut, und was tat ich? Ich verbrachte meine Tage in meinem Arbeitszimmer, schrieb kein Wort, starrte aus dem Fenster auf die Mädchen im Park. Die kleinen Mädchen, die Fünfzehnjährigen.«

»Ich war 1971 fünfzehn«, sagte ich. Hing auf dem Washington Square herum, vermutlich von seinem Fenster aus sichtbar. Damals hätte er mich nicht interessiert. Ich fand ältere Männer abstoßend.

»Ja.« Das klang gleichgültig, dieser Zufall interessierte ihn nicht.

»Deine Phantasien waren Vorahnungen von mir. Du wußtest, daß die Liebe deines Lebens nahe war.«

»Nein, ich war bloß scharf und hatte von den Frauen die Schnauze voll. Natürlich waren damals sogar die Fünfzehnjährigen Frauen.«

»Nicht ganz. Wir hielten uns bloß dafür.«

Lucy, die dieses Wort wieder und wieder benutzte, als sage sie Göttin, Königin. Was wußten wir schon? Wir waren nie Frauen gewesen, wir dachten, es wäre etwas Wundervolles. Übernatürliches. Und Geschichte war eine Macht, die unsere Mutter hinwegfegen würde, ihre Fehler waren nicht unser Problem, ihre Lösungen nicht unser Leitfaden. Habe ich je so daran geglaubt wie Lucy? Ich konnte es nicht. Einmal sammelte ich eine Stunde lang mit der Sammelbüchse Geld und gab es dann einem glutäugigen Jungen. Sein Haar war so schwarz wie Rabenflügel, er lebte in einer Mietskaserne, seine Rippen standen heraus. Noch immer hörte ich seine weiche, sinnliche Stimme, mit der er dankend den Stapel Münzen entgegennahm.

»Ich wußte nicht, wie man sich in dieser Situation als Vater verhalten sollte. Jetzt tun wir, als hätte es das nie gegeben, all diese Tage und Nächte, in denen die Frauen in mörderischer Wut über die angeborene Mordlust der Männer und über Sachen wie Separatismus und Rache redeten. Ruth hat nie eine solch extreme Position eingenommen, und nun tut sie so, als habe sie nie etwas mit diesen Leuten zu schaffen gehabt. Aber wir hörten sie reden, Malcolm und ich, und er sah mich an, und ich wußte nicht, was ich sagen sollte. Ich wollte nicht, daß er merkte, wie gern ich seine Mutter umgebracht hätte. Ich machte Witze. ›Die Unterdrücker sind mit der Wäsche fertig und bitten um die Erlaubnis, zum Bowling gehen zu dürfen.‹ Ich habe ihn nie gefragt, wie er sich fühlte; ich hatte Angst davor. Und das kann ich Ruth nicht in die Schuhe schieben. Wenn ich ihn heute anschaue, scheint er einigermaßen glücklich. Mit deiner Schwester verheiratet...« Seine Stimme wurde leiser. »Glaubst du, daß ich ein Arschloch bin?« sagte er.

»Ich glaube, du bist mein Herzallerliebster.«

17

Ich erwachte von der Stimme meiner Schwester, die rief: »Herzlichen Glückwunsch zum Geburtstag! Herzlichen Glückwunsch zum Geburtstag! Ich habe dir Croissants, Pfirsiche und Devonshire-Creme von Balducci mitgebracht.«

Sie sang ihren Katalog von Morgengaben herunter, und ich lächelte, als ich die Augen öffnete. Beim Erwachen hatte ich die ganze Bedeutung meiner Beziehung zu Lucy begriffen. Ich verstand, daß sie diese Fürsorge nötig hatte und daß es höflich von mir war, sie anzunehmen. Ich wußte, daß ich sie über alles liebte, ihr das aber nicht zeigen können würde.

Ich wollte etwas sagen, hob die Augen und sah ihren starren Blick. Ich verspürte einen Schmerz, den ich nicht so sehr fühlte als vielmehr wiedererkannte – ja, das war es, dieses Brennen auf meinem Körper, als schrumpfte und dehnte ich mich gleichzeitig, als sei jedes Nervenbündel nach außen gekehrt und habe dabei jeden Richtungssinn verloren. Mit einem Schwung ihres schwarzen Haars und einem Klappern von Schritten war sie verschwunden.

Ich hörte, wie die Wohnungstür zuschlug; ich hörte das Plumpsen von Pfirsichen, die vom Tisch rollten.

»Scheiße«, sagte Jack.

»Ich wußte, daß das passieren würde.«

»Du wußtest es? Warum hast du mir nichts gesagt?« Ich zuckte die Achseln. Jack hatte sich aufgerichtet, das Laken war um seine Taille geschlungen. »Sie hat mich angesehen, als sei ich ein Stück Dreck. Hast du das gesehen? Wo nimmt sie das Recht her?«

»Wir haben gelogen.« So einfach war das. Nichts konnte sie so sehr aufbringen, nicht einmal die Liebesaffäre selbst. Dieser schwesterliche Schrei: ›Warum hast du mir nichts gesagt?‹ prägt unsere Beziehung und zerstört all meine Phantasien von Einsamkeit.

»Das geht sie nichts an.« Er kletterte aus dem Bett und begann unbeholfen auf und ab zu gehen. Mein Zimmer war nicht groß genug für das Gefühl, das er ausleben wollte. Ich zog mir ein Kissen übers Gesicht. »Bist du in Ordnung?«

Ich antwortete nicht. Schicksal, dachte ich; ich fühlte mich so fest in seinen Klauen, daß ich nicht weiterzudenken brauchte. Jeder Atemzug verließ meine Lippen nur, damit der nächste eindringen konnte, es gab keine Wahl. Wir glauben zu wählen, aber das tun wir nie. Die Zeit ist kein Fluß, sondern ein Stein.

Jack hob das Kissen hoch, sah mich an und seufzte. Er setzte sich aufs Bett. »Scheißegal«, sagte er schließlich. »Ist doch alles scheißegal.«

»Kannst du mir Kaffee machen?«

»Ja, sicher. Warum stehst du nicht auf?« Sein Ton war abrupt, sein Körper strahlte Hitze aus. Ich hielt es nicht mehr aus.

»Ich will nicht. Und bring mir die Pfirsiche. Die Pfirsiche, die Lucy mir mitgebracht hat.«

Er trug alles auf einem Tablett herein. Ich bemerkte, wie liebenswürdig er war. Aber ich sah nur die Früchte, die er zu einem rosigen Stapel aufgehäuft hatte. Ich ließ meine Zähne in den ersten Pfirsich sinken. Der Saft spritzte heraus, klebte süß auf meinen Lippen. Ich lechzte so nach dieser Süße, nach dem Fleisch, das in Stücken durch meine Kehle rutschte. Es war, als esse man den Sommer: Juni und Juli. Wir pflegten durch die Wiese hinter dem Haus in East Hampton zu laufen und Wildblumen zu pflücken, bis unsere Arme übervoll waren und die Blüten auf den zertretenen Boden fielen. Gelbe Blütenblätter und Grün klebten an unseren Kleidern und kringelten sich abends auf dem Fußboden unseres Schlafzimmers.

Als ich nach dem letzten Pfirsich griff, so rund und golden, legte Jack seine Hand auf meine Schulter. »Dir wird schlecht werden«, warnte er mich. Das stimmte, mir war nicht gut. Der Zucker flammte durch meine Venen, eine weiße Welle, ein Schaum, das Pfirsichfleisch löste sich auf, die reife Frucht war verschwunden. Selbst der Sommer wird chemisch, vor allem der Sommer. Ich senkte meine Zähne in das Fruchtfleisch.

Jack stand auf und ging wieder ruhelos auf und ab. »Du hattest recht, wir hätten in meiner Wohnung bleiben sollen. Hast du gewußt, daß deine Schwester vorbeikommen würde? Was hast du gemeint, als du gesagt hast, du wüßtest, daß das passieren würde?«

»Das habe ich nicht gewußt«, sagte ich. »Natürlich hat sie einen Schlüssel. Aber sie ist noch nie so hereingeplatzt.«

»Sollte ich Ruth anrufen? Malcolm wird sie nicht anrufen. Ich denke, es ist früh genug, wenn sie zurückkommt. Ich weiß nicht, bin ich jetzt erleichtert, oder was? Ich komme mir vor –«, er hielt inne, um sich eine Zigarette anzuzünden. Sein Geschwätz irritierte mich. Es war wie ein Stachel, ich fühlte mich gestochen und angestachelt: Mir war egal, wie er sich fühlte. »Ich komme mir vor wie ein verdammter Clown.«

Ich sagte nichts. Er zog heftig an seiner Zigarette. Ich dachte an Lucys Stimme, so klar und glücklich, an die Tage der Vergangenheit, wenn wir unseren Eltern entflohen, um uns zu verstekken und im Park zu spielen, uns mit Eicheln und Blättern ein Festmahl bereiteten.

»Jetzt erzählt deine Schwester es gerade Malcolm. Sie sagt: ›Rate mal, wen ich bei Gwen im Bett gefunden habe?‹« Er schüttelte den Kopf. »Total in flagranti erwischt, splitterfasernackt.«

»Er ist kein Dreijähriger«, sagte ich.

»Nein, er ist alt genug, um zu wissen, daß sein Vater ein Arschloch ist.«

»Ach, hör auf. Alle schlafen rum.«

»Ja«, sagte er ironisch, »deshalb nimmst du es so ruhig auf. Stopfst dir einen Haufen Pfirsiche in den Mund, legst dir ein Kissen über den Kopf... alle schlafen rum, warum sollte jemand was dagegen haben?« Er setzte sich wieder aufs Bett. Er hob meine Hand und küßte sie. Preßte sein Gesicht, die rote, erregte Masse, in die kühle, schmale Beuge meines Arms.

Ich sank tief in meinen Körper zurück wie ein Invalide. Bis in mein Herz und darüber hinaus. Jacks Gesicht war feucht; war es Schweiß, Speichel, Tränen? Ich wußte es nicht, ich spürte nur die Hitze. Er beugte sich tiefer herunter, legte seinen Kopf auf meine Brust. Das Gewicht war nahezu unerträglich. Ich spannte mich an. Abrupt stand er auf. »Ich muß hier raus. Hast du Lust zu einem Spaziergang?«

»Nein.«

»Ach, komm mit.«

»Nein.« Er ging, und ich schlief sofort ein.

Ich träumte davon, mit ihm zu schlafen. Wir lagen Seite an Seite, ineinander verschlungen, Münder und Körper vereint. Unsere Haut wollte verschmelzen. Zuerst unsere Füße, dann unsere Knie, Schenkel, Hüften, sein Bauch mit meinem, sein Kinn, seine Zunge; und ich war entsetzt, ich kämpfte, wie konnte ich entkommen, ich kämpfte gegen das klebrige, haftende Fleisch.

Ich träumte, ich sei in Jacks Kopf. Ich suchte nach dem Schoß eines Mannes, dieser verborgenen, hochgelegenen, hinterwälderischen Stelle, wo die Kinder glücklich spielen, durch keine Geburt gestört. Ich konnte sie nicht finden. Ich ging durch endlose Wiesen. Der Mond stand am Himmel, hell wie die Sonne, und badete die Szene in einen trügerischen Zauber. Das Gras wurde dicker und weicher. Es war kein Gras, es war Haar, es war Jacks Haar, und ich war draußen, stolperte durch seine üppigen Strähnen, um keuchend in den Sand meines Kissens zu fallen.

Ich öffnete die Augen und starrte in sein Gesicht, das dort lag.

Eine faltige Nase, runde Augäpfel, das zähe Hängen alternden Fleisches wie ein trockener Brunnen mit Steinstatue, eine römische Kopie der Griechen.

Seine Augen öffneten sich, und er gab ein Lebenszeichen von sich. »Was? Ach, du bist es?«

»Was dachtest du denn, wer es sei?«

»Nichts.« Er schloß die Augen wieder. Ich küßte ihn auf den Mund, aber er wollte nicht aufwachen. Heftiger und heftiger küßte ich ihn, aber er weigerte sich zu reagieren, sein Mund war glatt und undurchdringlich. Ich begann ihn zu schütteln, und als ich ihn schüttelte, fiel seine Hand von seinem Arm und sein Arm von seiner Schulter.

Als ich wirklich aufwachte, war das Bett leer. Die Wohnung war leer, eine Stunde war vergangen. Ich wurde von der schrecklichsten Einsamkeit ergriffen. Das überraschte mich nicht, ich weiß, daß sie nie aufhört. In all den Tagen und Monaten, in denen man es nicht fühlt, sammelt sie sich hinter den Augen an wie Schnee. Je älter man wird, um so vorsichtiger muß man werden.

Ich war dreißig. Was war mit all meinen Jahren geschehen, zweiundzwanzig, fünfundzwanzig, siebenundzwanzig? Ach, die Verlorenheit und Verschwendung mit siebenundzwanzig, der Drink im Garten, wo die Rosen blühten, die Zitronen die Zweige des Zitronenbaums schwer nach unten zogen, die zerbröckelnde Mauer mit ihrem Tor wie ein Ort aussah, zu dem ein Kind immer wieder zurückkehren konnte. Ich pflegte meine roten Schuhe anzuziehen und Spaziergänge zu machen, während der Wein in mir seine unsinnigen Silben murmelte. Oft schlossen sich mir ein oder zwei Hunde an. In Berkeley laufen die Hunde frei herum, ruhig und freundlich; sie stehen von ihren Veranden auf, trotten durch ihre Gärten und schlendern an der Seite des betrunkenen Mädchens dahin, das allein lebt, das ihnen gern liebe Worte sagt und ihre weichohrigen Köpfe an sein Knie drückt.

Ich kletterte aus dem Bett und sah in den Spiegel. Ich brauchte eine halbe Minute, bis ich mich selbst sah, und dann wünschte ich, ich hätte es nicht getan. Das hübsche Gesicht mit seinen kleinen Altersspuren, als begännen die Engel mit den langsamen Fingern gerade, das Bild auszustreichen. Ich fragte mich, ob auch andere Leute sich das vorstellten, zu altern, weil sie nicht gefielen? Gott schaut herunter und sagt, nein, das ist es auch nicht, das ist ganz und gar nicht das, was ich meinte.

Als Jack zurückkam, schlang ich mich um ihn wie ein Grashalm. Ich roch die frische Luft an ihm, seinen guten Schweiß, und ich lockte ihn ins Bett, obwohl er sowieso willig war. Von Anfang an willig.

Ich konnte nichts fühlen. All meine Sinnlichkeit wand sich in meinem Körper, wand sich und wand sich und konnte nicht heraus. Mein Fleisch war dick und weiß und taub, es empfand nichts. Ich konnte ihn riechen und hören, und das war alles. Wie ein Hund schnüffelte ich in seinem Nacken und weinte.

»Was ist los?« sagte er. »Was ist los?«

18

»Nun ja«, sagte Jack, »wenn du deine Schwester nicht anrufen willst, wie wär's dann mit deiner Mutter?«

Diese Frage war bloß sein letzter Versuch, meine Aufmerksamkeit zu wecken. Er war seit meinem Geburtstag nur einmal in drei Tagen zu Hause gewesen; er war zurückgekommen, geduscht und rasiert, und hatte den Pullover getragen, den ich ihm gekauft hatte.

»Seide«, hatte er bemerkt. »Zum letzten Mal habe ich Seide getragen, als meine Vettern Arnold und Albert mir das Nachthemd ihrer Mutter anzogen und ich die Prinzessin sein mußte. Sie banden mich an den Bettpfosten, ich entkam, die Luft war rein, und dann stolperte ich über das, wie heißt es noch, über die Schleppe und schlug mir am Kaminbock die Backe auf.«

Darüber hatte ich müde gelächelt; zu seiner Frage zuckte ich die Achseln. Ich betrachtete mein Spiegelbild in einem Suppenlöffel. Komische, längliche Gwen.

»Wenn wir etwas unternehmen, sind wir weniger deprimiert.« Er meinte nicht uns beide, er meinte mich. Ich war nicht deprimiert. Ich lag auf der Couch und trug nichts als ein T-Shirt, rollte mit dem Kopf, so daß mein Haar vor und zurück über meine Schultern floß. Innen herrschte der gleiche Rhythmus vor. Ich war nicht deprimiert, ich war das Feuer selbst, gefangen im Körper einer Frau. Nicht die Art von Feuer, die Hexen oder Häuser verbrennt, sondern das hypnotische Feuer an einem Winternachmittag, das Kinder in Träume über ihre vorgeburtliche Existenz lockt. Ich war das Feuer, das in der Luft von allein brennt.

»Sprich mit mir, Gwen.« Seine Stimme klang bittend und schmeichelnd in seinem Versuch, in mich einzudringen. Sie war schon in mich gedrungen, ich war durchsiebt von ihren Löchern.

»Was gibt es zu sagen?« sagte ich.

»Was da zu sagen ist? Was da zu sagen ist? Offenbar hast du eine Menge zu sagen. Du gibst mir die Schuld daran, nicht?« Sein Schmerz tat mir so weh, daß ich nicht verstand, warum er nicht aufhören konnte.

»Warum sollte ich dir die Schuld geben? Es war meine Schwester, die vorbeikam. Du hast mehr zu verlieren als ich.« Diese drei Sätze erschöpften mich, genau wie der Gedanke an sein Leben, seine Frau, an alles. Was sollte jemand, der mit Ruth verheiratet war, einer Frau, die mit den Russen zu schimpfen wagte, mit mir anfangen?

»Offensichtlich denkst du das nicht.«

Ich schwieg. Natürlich dachte ich das. Was immer ich zu verlieren hatte, hatte ich bereits verloren, ich hatte es schon lange verloren, es war nicht seine Schuld.

»Hast *du* dir die Sache mit uns anders überlegt?« fragte er. Typisch Mann, dachte ich, denkt immer an sich selbst.

»Was?«

»Hast du dir die Sache mit uns anders überlegt?« Seine Stimme war angespannt wie Draht.

»Ich hab mir überhaupt nichts überlegt.« Er würde nie verstehen, ganz gleich, wie ich es ihm erklärte, was genau ich dachte.

»Ach ja, richtig, da liegt ja dieser unbewohnte Körper auf der Couch. Komisch, daß sie sich noch bewegen kann. Gern tut sie es allerdings nicht. Nein, es gefällt ihr, eine Leiche nachzuahmen, aber ich habe in den letzten Tagen bemerkt, daß sie aufsteht, um zu essen. Sie scheißt nach Stundenplan. Ich glaube, sie muß eine Frau sein, vielleicht genau dieselbe, die mir gesagt hat, sie liebe mich mehr als alles auf der Welt.«

Ich zuckte zusammen. Diese Sätze machten mich verlegen. Solche Gefühle flößten mir Scham ein. Ich wollte gern einräumen, daß ich das gesagt hatte, gemeint hatte und möglicherweise wieder meinen würde, aber nicht jetzt. Jetzt wollte ich meine Augen auf allen Gegenständen im Raum ruhen lassen, den Büchern und dem Geschirr, den Aschenbechern und Stiften, sie genau betrachten und das kalte, flüssige Feuer in mir fühlen. Aber Jack ließ nicht locker.

»Ja, sie ist hier, sie kann es nicht leugnen. Mein Mädchen, meine Liebste, die ich gut vierdutzendmal gevögelt habe, ich kenne sie gut. Wenn sie kam und wenn sie nicht kam, sagte sie, daß sie mich liebe. Sie schluchzte sich die Seele aus dem Leib, bis ich sagte, ich würde meine Frau verlassen. Und bereue ich das? Keineswegs. Kein bißchen, aber ich glaube, sie schuldet mir ein bißchen Konversation. Ein oder zwei freundliche Worte, findest du nicht, Gwen? Wir hocken hier aufeinander, und ich gehe nicht weg. Rede.«

»Nein«, sagte ich.

Er lachte. »Nein? Du kannst nicht einfach nein sagen, meine Liebe, das ist nicht dein Stil.« Er grinste über seinen kleinen Scherz, aber seine Augen waren dunkel vor Erschöpfung.

Er kämpfte mit mir, obwohl ich mich nicht wehrte. Wenn er sich nur hinlegen und schlafen würde, dachte ich. Es war drei Uhr nachmittags, eine gute Zeit für ein Mittagsschläfchen. Seine nervöse Energie, selbst wenn er schwieg, zerrte an mir; seine Anwesenheit war elektrisierend.

»Komm«, schmeichelte er. »Woran denkst du? Fangen wir mit den leichten Sachen an. Denkst du an mich?«

Ich hätte gern gelacht, aber ich fürchtete mich vor dem Klang meines Lachens. Er hatte natürlich keine Ahnung, was ich fühlte, er war zu plump, er war zu begierig. Ich dachte an all die Kalorien, die erforderlich gewesen waren, um diesen Körper aufzubauen. Wenn er so energiegeladen war, warum gingen wir dann nicht irgendwohin? Weg.

»Ich verstehe, daß du deprimiert bist«, sagte er noch einmal vernünftig. »Glaub mir, es hilft, wenn man redet.«

Ich verstand nicht, wieso er mich deprimiert nennen konnte. Depressionen waren etwas Düsteres, und ich fühlte mich zufrieden. Ich war mir der Farben aller Dinge und des Glanzes in ihnen bewußt. Ich liebte das Nachgeben der Couch unter mir und sogar den monotonen Lärm des Verkehrs. Ganz gewiß liebte ich die Art, wie das Licht sich in dem Haar auf seinem Arm fing; wenn er nur stillhalten würde, könnte ich ihn vielleicht wieder lieben. Ich wußte, daß ich in einem Schockzustand war, aber ich dachte, dort gehörte ich hin. Der erste Impuls ist immer, den Schmerz loszuwerden. Man versucht, ihn herauszulocken, aber er will nicht kommen.

Ich hatte immer für mich selbst gesorgt. Ich war eine Meisterin der Selbstgenügsamkeit. Als Kind hatte ich Freunde, und dann durchlebte ich Zeiten, in denen ich keine Freunde hatte. Ich wechselte mehrmals die Schule, indem ich meiner Mutter so lange auf die Nerven ging, bis sie die Bewerbungsbögen abschickte. Jedesmal erregte ich anfangs großes Aufsehen, lernte alle kennen, redete zwanghaft und konnte nachts nicht schlafen. Ich lag wach und dachte mit tiefem, köstlichem Vergnügen an meine Freundinnen und Freunde. Dann zog ich mich zurück. Wodurch wurde das ausgelöst? Ein Gefühl von *ennui*, von Überdruß und Langeweile? Der Klatsch, das Ausgehen, die Küsse – es war immer dasselbe. In der siebten Klasse tauschten wir Küsse, bis meine Lippen schmerzten. Das verursachte mir Unbehagen. Also zündete ich mir in der Algebrastunde eine Zigarette an und rauchte, bis der Lehrer sie mir aus der Hand riß.

»Bist du verrückt, Gwen?« Vielleicht.

Als ich im Büro des Direktors aufgefordert wurde, mein Benehmen zu erklären, erzählte ich ausführlich, wie unglücklich ich zu Hause war. Ich analysierte die Auswirkungen der Scheidung meiner Eltern auf mein Verhalten (ich vergaß auch nicht, die Pubertät zu erwähnen), bis der alte Herr fasziniert war:

Herz und Verstand einer Zwölfjährigen! Dann lachte ich hysterisch und fiel vom Stuhl, und daraufhin wurde ich für eine Woche beurlaubt.

Aber woran ich mich am besten erinnere, ist die Zeit nach diesen Ereignissen; die langen, träumerischen Perioden, in denen ich über die Sterne nachdachte. Ich grübelte über das Leben nach dem Tode. Ich las über alte Kulturen. Damit begann ich in der siebten Klasse und tue es heute noch. Die Rituale der Kannibalen, die Höhlenbilder von Altamira, was mit Pompeji geschah – all das war aufregender als das gesellschaftliche Leben.

Im ersten Jahr, nachdem er uns verlassen hatte, pflegten mein Vater und ich am Telefon lange Gespräche zu führen. Er sagte mir, man müsse lernen, die Menschheit als eine Art Virus auf der Erde zu betrachten, auf seine Art schön (er verwies mich auf Abbildungen von Viren in Lehrbüchern), aber nicht für die Ewigkeit geschaffen; die Erde würde von uns genesen. Sie würde uns abschütteln. Die Faszination dieser Vorstellung leuchtete mir ein. Ich identifizierte mich gern mit der Erde. Alle Gewalt, alle seltsamen Visionen würden vergehen, und mit einer Flut von Blüten würde ein menschenleerer Frühling einkehren. Dann würde sie sich mit liebevoller Ehrfurcht an uns erinnern, wie ich mich an Altamira zu erinnern schien. Sie würde an uns denken als an eine einmalige, unteilbare Rasse. Und waren wir das nicht auch? Dieselben Mythen, die sich seit Millionen Jahren wiederholten, dieselben Kriege, derselbe Frieden, dieselben Wünsche, derselbe Tod. All das war in mir, alle Geschichte, alle Kunst, aller Sex.

Besonders aller Sex. Mit vierzehn zog ich eine dünne Bluse an, schaute aus dem Fenster auf die auf dem Gehsteig vorbeigehenden Männer hinunter und wünschte mir, ich könnte sie bewegen, an der Wand des Gebäudes hochzugehen. Ich wollte mich hinauslehnen, rufen, wollte, daß sie innehielten, sich umdrehten, daß ihre glänzenden schwarzen Schuhe mit ektoplasmischer Kraft an der Hauswand hafteten, am Erdgeschoß und ersten Stock vorbei hochstiegen bis zu meinem Fenster, wo sie sich in ihrer vergifteten Trance wiegten. Rasch hinein. Dann ein Szenenwechsel, das Zimmer wird dunkel, der Mann schlendert aus dem Flur herein – Marlon Brando als Stanley Kowalski.

Die Erinnerung an diese Phantasien rührte etwas in mir auf. Es war so lebendig: Jäger und Gejagte jagten einander auf den Ebenen meines Geistes, die Orte wechselten, die Rollen wechselten, mal war ich in dem einen, mal in dem anderen, mal in beiden, mal in keinem. Mann und Frau? Das war unwichtig. Mann und Tier. Mädchen und Universum. Immer zwei.

Das ist richtig, dachte ich, das ist richtig, es ist unwandelbar. Frau und Kind, Vater und Tochter, die einander verfolgen durch die Jahrhunderte, Leben um Leben. Doch da war noch etwas anderes, eine andere Perspektive. Man braucht heutzutage eine Menge Perspektiven, um zurechtzukommen. Und die Erfahrungen mit Jack änderten sich von Nacht zu Nacht, änderten sich in einer Nacht, so daß ich sie nicht festhalten konnte.

Jack ging wieder im Zimmer auf und ab. Ich dachte, die Wände würden einstürzen. »Ich sollte meinen Sohn anrufen, ich sollte meine Frau anrufen, ich sollte mein verdammtes Buch fertig machen, aber was tue ich? Ich werde verrückt, du machst mich verrückt, hörst du?«

Ich hörte ihn. Plötzlich wollte ich etwas sagen, er erinnerte mich daran. »Als ich noch Auto fuhr, war ich dem Tod oft sehr nah. In Nevada bin ich eingeschlafen. Nur ein Augenblick der Schwärze, die Hupe, seitliches Ausbrechen. Ich fuhr weiter und sagte mir dauernd, daß ich fast gestorben wäre. Dann nahm ich einen Drink in einer Bar am Straßenrand und erzählte dem Barkeeper davon, er schüttelte den Kopf und kippte meinen Drink aus. Manchmal glaube ich, es gibt eine Verschwörung von Teufeln auf der Welt, ich stieg wieder ins Auto –«

»Bitte, Gwen«, sagte er mit erschauernder, rauher Stimme, »bitte, hör auf damit.«

»Womit?« Ich redete jetzt gern, es fiel mir leicht. Ich erinnerte mich an eine andere Geschichte. »Einmal, in Florenz, war ich betrunken und sagte einem Mann, ich würde mit ihm auf seine Yacht gehen. Wir fuhren in eine andere Stadt, wo sein Boot lag, und schliefen miteinander; daran erinnere ich mich nicht. Ich wachte auf. Ich wollte natürlich nicht dort bleiben, also schlich ich mich davon und ließ meine Bernsteinhalskette zurück, die meine Mutter mir geschenkt hatte. Ich dachte, ich sei noch in Florenz. An die Fahrt erinnerte ich mich nicht. Ich wollte in mein Hotel; ich hatte einen Stadtplan und wollte zu Fuß gehen. Ich suchte nach dem Straßennamen, und er war auf meiner Karte, das war kein Problem. Ich ging also los, schaute auf alle Straßennamen, aber es war so seltsam: Alle Straßen waren auf dem Plan, aber nicht in der richtigen Anordnung. Alles war durcheinander, und ganze Blocks, ganze Viertel der Stadt fehlten. Es war so seltsam, und die Stadt war leer. Ich konnte niemanden finden, um nach dem Weg zu fragen. Mein Plan war eine Art Trick, verstehst du, und ich hatte einen Kater, ich hatte einen schlimmen Kater, ich konnte kaum denken...«

Jack schwieg. Meine Stimme wurde leiser und zärtlicher, mir gefiel ihr Klang.

»Aber dann erinnerte ich mich. Ganz plötzlich fiel es mir wieder ein! Ich war in der falschen Stadt, das war alles. Ich ging zur Schnellstraße, ich fand sie leicht, nachdem ich einmal Bescheid wußte, und fuhr per Anhalter nach Hause. Nach Florenz. In mein Hotel.« Ich war begeistert; was für eine gute Geschichte! Sicher zu Hause in meinem Hotel; in all diesen Jahren war ich nicht einmal, nicht ein einziges Mal, umgebracht worden.

»Nur hast du deine Bernsteinkette zurückgelassen.« Seine Stimme war bitter, und das stürzte mich in Verwirrung. Hatte ich es ihm nicht gerade erzählt? Was hatte ich gesagt?

»Darum geht es nicht«, protestierte ich schwach.

»Nein? Wirklich nicht?« Seine Worte schlugen mich – seine

dickfellige Dummheit, seine Emotionen, die auf mich prallten wie sein Körper, als er gestern abend mit mir schlafen wollte. Er sagte, es würde vielleicht helfen; alles, was ich fühlen konnte, war die winzige, verdrehte Wollust tief in mir, meilenweit von seinem Körper entfernt, der sich hob und senkte, ächzte, aufgab.

»Sei still!« schrie ich. »Laß mich allein! Geh weg.«

Er war verblüfft. »Du wirfst mich raus«, sagte er. »Ich kann nicht glauben, daß du mich rauswirfst.«

Ich schwieg. Ich warf ihn nicht hinaus, ich hatte mich nicht gerührt. Ich hatte die Finger von ihm gelassen. »Sie sagt: ›Laß dich von deiner Frau scheiden, ich liebe dich mehr als alles auf der Welt. Bleib für immer bei mir.‹ Und nun ›hau ab‹? Ist es das, Gwen? Ich meine, ist das unsere Geschichte?«

Welche Geschichte, dachte ich. Du glaubst, es gebe nur eine. Es gibt zehntausend, und alle enden… Ich wußte nicht, wo sie alle endeten. Ich dachte, ich hätte es erfaßt, aber ich hatte mich wieder geirrt. Ich zuckte die Achseln.

Ich spürte, daß er mich ansah; ich erwiderte seinen Blick nicht. Plötzlich war ich schrecklich verlegen, als würden wir uns nicht kennen. Er sah mich lange an, es kam mir wie eine Stunde vor, und dann ging er. Ich hörte, wie die Tür zuschlug, und es war eine zitternde, negative Ekstase, ein Anti-Orgasmus. Was für eine Idee. Was für ein Tag. Vorsichtig lehnte ich mich zurück in die rosa Kissen.

Und wachte drei Stunden später auf, als würde mein Herz platzen. Als seien alle Gefühle aufgestiegen an diesen altmodischen Platz, in diese Seelenkammer, und hätten nur eine blutige Pumpe gefunden. Sie kochten vor Wut, sie schäumten, und dieser Emotion war ich nicht gewachsen. Sie würde mich umbringen, wenn ich nicht Platz schaffte. Sie würde mich umbringen.

19

Den nächsten Vormittag verbrachte ich bei Saks und kaufte bei alten Damen seidene Unterwäsche. Teddies mit Druckknöpfen im Schritt, flammend rote Unterhosen, schwarze Strumpfgürtel mit Strapsen wie das Zaumzeug eines Pferdes. Nach zwanzig Minuten in der Wäscheabteilung fühlte ich mich wie unter Drogen; ich mußte in den Ruheraum gehen und mich hinsetzen. Dann wieder hinaus, Haare kämmen, Lippenstift auffrischen, und nun die Büstenhalter begutachten mit ihren winzigen Perlen und Rosenknospen, die hoch ausgeschnittenen Höschen, mit Spitze gesäumt. Fünfundfünfzig, zweiundsiebzig, neunzig. Ich händigte das Geld aus – ich kaufe gern gegen bar ein –, als sei es ein Übel, das ich loswerden mußte. Es hinterließ Schmutzspuren auf meinen Händen, während die Kleidungsstücke selbst nichts als ein Geschenk waren, das mir von den alten Damen übergeben wurde.

Ich ging zurück in die Damentoilette und zog mich um. Büstenhalter, Höschen, Strumpfgürtel, dünne Strümpfe mit weißen Applikationen an den Seiten. Ich spürte, wie der Stoff auf meiner Haut knisterte. Luxus. Warnung. Mädchengetuschel.

Ich ging zu Bloomingdale und aß Lunch. Schokoladenschaumkuchen und Espresso in der kleinen Kaffeebar im Tiefgeschoß. Ich wollte einen Lippenstift. Karmesinrot, scharlachrot sollte er aus der Hülle vorstoßen. Die Farben, die mich begeistern, stehen mir nicht. Mein Haar ist zu rötlich. Wenn ich so dunkel wäre wie Lucy, könnte ich das Rot tragen, das ich will. Ich liebe es, wie der glatte Farbstift über meinen Mund gleitet. Glanz, einfach so. Ich bezahlte die Rechnung und ging nach oben. Sie hatten den ersten Stock schon wieder umdekoriert. Junge Männer und Frauen stürmten auf mich ein, boten Parfum und Gratisproben an. Sie erinnerten mich an Obdachlose. Ich konnte nichts kaufen. Die Verkäuferinnen stöckelten an mir vorbei, die Gesichter glatt und high. Eine nach der anderen, sie sahen mich nicht, bis mir schwindlig wurde; ich stolperte zurück und betrat die Rolltreppe. Höher. Lange Reihen von Frauen, die einander betrachteten, als seien sie zu verkaufen. Ich nehme diese. Die da. Jene. Bitte.

Ich stieg im dritten Stock aus und ging, um die Kleider zu besichtigen. So schön entworfen, so sorgfältig genäht (wenn auch nicht so sorgfältig wie früher), an das Gestell gefesselt. Wie konnte ich sie befreien, ohne sie zu kaufen? Ich konnte sie ja nicht alle kaufen. Und doch spürte ich es aufkommen, das Verlangen, mein Bankkonto abzuräumen. Das Geld mit vollen Händen auszugeben. Kleider und Lippenstifte und Armbänder und Kämme zu kaufen – die Dinge zu kaufen, die, einmal auf einen Ankleidetisch gehäuft, nur noch an den Schutzumschlag eines billigen Romans erinnern, die Art, die man in der Badewanne liest und nach der letzten Umarmung ins Wasser fallen läßt, damit die Seiten durchweicht werden und zu einer unlesbaren Masse anschwellen, wie es ihnen zukommt.

Ich nahm ein Taxi nach Hause, indem ich mich vor der Frau, die es angehalten hatte, in den Wagen drängte. Sie schrie mich an, der Fahrer kicherte und fuhr an. Er aß Curry aus einer Schale in seinem Schoß und hörte Sitarmusik. Als wir im Verkehr feststeckten, machte er kleine, klickende Geräusche, und ich amüsierte mich, indem ich Szenarios für wahllose Mordtaten erfand.

Ich ließ meine Einkaufstüten im Taxi liegen. Ich sagte dem Mann, er solle an der Seventh Avenue anhalten, stieg aus und ging zu einer Versammlung. Ich nahm den letzten Sitz in der hintersten Ecke. Ich war stolz auf mich. Ich war hergekommen, obwohl ich mich unter einen Lastwagen hätte werfen können.

Ringsum Geplauder, Lachen und Klatsch. Ich würde reden müssen. Meine Hand heben und sagen: Helft mir. Ich konnte das. Hilfe. Ich hatte es andere tun sehen. Sie brachen in Tränen aus, schluchzten und stöhnten, wie allein sie sich fühlten, selbst hier in diesen Räumen. Und wie Fliegen zum Honig kamen die Tröster, legten ihnen die Arme um die Schultern und führten die Weinenden fort. Hilfe.

Die Stimmen sprachen weiter, das lebhafte Gerede war wie eine Wand. Dann erklang der Hammer, bat um Ruhe, und die Versammlung begann. Eine lange, fesselnde Geschichte, wie man sie nur in New York hört. Der traurige, einsame und häßliche Junge, ins äußerste Extrem getriebene perverse Sexualität. Wir hörten ohne Überraschung zu. Wir kannten die Traurigen und Einsamen, der Rest machte keinen Unterschied. Der Rest war leicht zu verkraften. Die Leute in diesem Raum – Künstler und Schauspieler, Barkeeper, Ex-Diebe, Ex-Huren, Ex-Drogendealer – waren wegen der Ehrlichkeit und wegen der Hoffnung hier, wegen der geteilten Erinnerung an schlimme Leben, hin und her gewendet im merkwürdigen Licht der Nüchternheit. Wie konnten wir wissen, was davon zu halten war? Wir waren nostalgisch. Wir sehnten uns nach Erfahrung. Einsamkeit war ein Wort, das einem in die Ohren gebrüllt wurde. Versteh die Botschaft, Schätzchen. Oh, dachte ich, dafür also ist sie da, die brennende Sehnsucht, sie ist da, um verwandelt zu werden.

Der Junge machte den Mund zu, der Spendenbeutel ging durch den Raum. Ich würde die Hand heben, dazu war nur ein einziger Befehl nötig. Gehirn an Nerven: los.

Mein Arm bewegte sich nicht. Ich wußte nicht, wie ich mich dazu zwingen sollte. Man kann nicht mit der Hand anfangen, sie ein bißchen anheben, es passiert alles auf einmal, ein einziges Neuronenfeuer. Eine Handlung, eine Entscheidung. Oder fängt die Entscheidung vorher an? Ich spürte, wie mein Gesicht über meine Knochen kroch. Mein Gehirn war glatt und verschlossen, ich hatte keine Gewalt darüber. Ich konnte nichts tun. Dennoch war da eine Schwäche in dieser Gewißheit, oder? Es gab noch einen anderen Weg, über die linke Seite.

Vielleicht, dachte ich, würde ich in einer raschen Kettenreaktion überhaupt vergessen, wie mein Gehirn zu benutzen ist. Alle Wege würden sich verschließen, die Nerven lang und dunkel und verdorrt. Jedes Organ wäre dann sich selbst überlassen in seinem Bad aus schmutzigem Blut, jeder Muskel würde nutzlos zucken. Die Bilder waren deutlich, das Gefühl dicht und beklemmend. Ich will nicht versuchen zu reden. Ich will nichts versuchen.

Oh, liebliche Kühle, Ruhe, Klarheit. Die Erinnerung, die half, mich wieder zusammenzusetzen: all diese Monate allein im Hintergrund sitzend. Mein Gesicht, mein ingwerfarbenes Haar, der schwarze Mantel, den ich den ganzen Winter getragen habe. Ich sehe ein bißchen aus wie meine Mutter und ein bißchen wie mein Vater. Still, gebeugt, geheimnisvoll, hübsch; wie schade, wie schade, diese Möglichkeit zu zerstören, die Anonymität zu durchbrechen, mit meiner rauhen, krächzenden Stimme zu sprechen.

Ich stand auf und ging hinaus, wobei ich zehn Dollar in den Beutel warf. Muskeln, Nerven, alles funktionierte perfekt. Ich bahnte mir meinen Weg mit entschlossener Anmut. Ich fühlte mich anmutig in meiner Einsamkeit. Ich war einsam. Was sollte ich tun außer malen? Ich konnte eine Schönheit schaffen, die sich keiner dieser Leute auch nur vorstellen konnte. Mir erschien meine Arbeit als exquisites Geschenk, weiß wie ein Ei; ich würde es aufklopfen. Noch sah niemand die Schönheit in meiner Malerei, die Subtilität, die zarten, komplizierten, geheimen Zusammenhänge. Ich mußte härter arbeiten. Arbeiten und arbeiten, bis sie sichtbar wurde. Jede Stunde am Tag, jeden Tag im Monat, jeden Monat des Jahres, jedes Jahr. Welche Rolle spielten Geselligkeit, Romantik, sogar Genesung. Natürlich mußte ich nüchtern bleiben, um zu malen. Das konnte ich. Ich konnte nur sonst nichts. Kein unvernünftiges Opfer, dachte ich. Man muß sich dem Schicksal unterwerfen, der dunklen Vollkommenheit. Sogar die Erfahrung mit Jack war es wert, entschied ich, ich brauchte dieses Leid, es war ein Festmahl.

Ja, dachte ich auf dem Heimweg, ja, wie köstlich, wie ideal ist mein Leben; es ist ein Ideal, leuchtend und fern, ich selbst bin brillant und riesig und fern.

Zu Hause drückte ich Farbtuben aus, nahm meinen Pinsel zur Hand. Dies war der Moment, das vertraute Gewicht in meiner Hand, die leuchtende Farbe, die auf die Stimmung meiner Nerven reagierte, der präzise, inspirierte Strich.

Ich malte den jungen Dobermann. Ich verstärkte die Linie seiner Flanke. Vertiefte die Schatten. Tiefer und dunkler. Zuerst war ich euphorisch, bald wurde ich ruhelos. Der Hintergrund stimmte nicht. Er war schlammig, ich konnte ihn nicht loswerden. Ich malte ein Lächeln auf das Gesicht des Hundes. Ein breites, gelbes Grinsen. Ich machte seine Augen so groß wie Untertassen. Wie Feuerräder mit Funken. Auf der Couch brannte ein Feuer. Flammenknoten, die seinen Körper schwarz verbrannten. Seinen schwarzen Körper, innen rosa, wie ein Steak. Feuer. Flammen züngeln um seinen Kopf. Noch immer das breite, gelbe Grinsen. Teufelshund. Einmal sah ich einen Film, der so hieß. Höllenhund.

Ich legte den Pinsel hin und fing an zu weinen. Mein schönes Gemälde. Mein Lieblingsbild. Es war das einzige, auf das ich als Kunstwerk wirklich stolz gewesen war; ich hatte mich darauf gefreut, es Mrs. Fishbeck-Perry zu zeigen. Sie war nicht nur eine liebe alte Dame, ein bißchen verrückt mit ihrem Hund, sie war außerdem Treuhänderin des Whitney-Museums. »Offen gesagt, meine Liebe«, hatte sie gemeint, »ich glaube, daß man wieder auf das subtile Porträt zurückkommen wird. All diese Maler mit ihren symbolischen Objekten, die im Raum schweben – fesselnd, vielleicht, aber irgendwie zu offenkundig. Alles kann man mit ein paar Augen mitteilen, sogar mit Hundeaugen.

Sie haben so viel Talent, ich bin froh, daß Sie ihr Thema gefunden haben. Und wäre es nicht schön, Alexi«, sagte sie zu ihrem Hund und streichelte ihn mit ihrer alten, durchsichtigen Hand, »ein Porträt von dir! Vielleicht eines Tages in einem Museum!«

Ich blickte zurück auf das Gemälde. Verschmierte Farbkleckse, dicke Rinnsale von Farbe, ein Geschöpf, das sich ohne Hoffnung auf Entkommen aus sich selbst zusammensetzte. Das Rot und das Schwarz waren nur die Spur der Ausführung, wie der Pinsel zu führen, wie die Linien anzulegen waren. Nichts zu machen, Hund. Dieses Gemälde war nicht anders als die anderen. Der hübsche, luftige Raum, der junge Kopf wie eine Schwinge in der Luft: genau dasselbe, das konnte ich jetzt sehen. Alle meine Gemälde glichen sich.

Ekelhaft –

Ich rannte aus der Wohnung.

Und da war die Stadt mit ihren Menschen und Autos, ihrem Lärm und ihrer Verwirrung, ihren Geschäften und ihrem Charme. Ihren verstopften Straßen, Lichtern, Polizisten, Paaren, den Obdachlosen in den Hauseingängen, den warmen, dunklen Bars. Niemanden kümmerte es, wer hineinging, sich setzte und bestellte. Ich hatte Geld in der Tasche. Ich hatte eine Kreditkarte, die mir mehr verschaffen würde, um Mitternacht, um zwei, um Viertel vor vier. In New York wird man auch nach neun oder zehn Drinks noch bedient, man wird nicht verhaftet, weil man betrunken durch die Straßen torkelt, weil man seine Adresse oder seinen Namen vergessen hat. Die Stadt war voll mit Barkeepern, die anderes im Kopf hatten. Einige sind Trunkenbolde und süchtig; einige sind nüchtern und sehen mit mitleidigen, distanzierten Blicken zu. Wenn man bei einem von diesen erst einen Drink bestellt hat, ist man sich selbst überlassen. Mit seiner Margarita, seinem Gin-Tonic, seinem englischen Ale.

Ich eilte zu Jack. Ich war nicht sicher, ob ich es schaffen würde. So viele Blocks, diese glitzernde Diagonale, so viele

Straßencafés mit Gläsern voll Wein. Ich könnte eines von einem Tisch nehmen und im Gehen austrinken. Das Glas in den Verkehr werfen, es nochmals tun. Kaum ein Moment mit leeren Händen von meiner Wohnung bis zu seiner.

Es tat mir leid, so leid. Er hatte mir vertraut, und schaut, was ich getan habe. Ich erinnerte mich an die Jahre seiner Ehe, die eigenartige, selbstverachtende Lähmung, die entsteht, wenn man jemanden umarmt und dabei meint, man habe nichts Besseres verdient. Ich erinnerte mich an seine Schüchternheit, seine Bescheidenheit und seine Gewalttätigkeit. Die langsame Abnahme seines Mißtrauens, das ich nicht ernst nehmen konnte. Wie konnte jemand mir mißtrauen? War ich nicht hilflos, unsichtbar, hohl, der leere Schlauch, der auf den neuen Wein wartete? (An einem Cafétisch saß eine blonde Fünfundzwanzigjährige. Sie rauchte eine Zigarette, trank, sah auf die Uhr. Ich wollte mich ihr anschließen, durch ihre Nüstern eindringen wie ein Dämon.)

Armer Jack. Armer Liebling. Ich wollte ihn in meinen Armen wiegen. Ich wollte mich vor ihm demütig zu Boden werfen. Mein Liebster. Ich zitterte. Ich sah das Licht in seinem Fenster. Ich würde an seinen Lippen saugen. Liebling. Ich steckte den Schlüssel ins Schloß, kletterte die Stufen hinauf. Kostbar. Kleine Stückchen von seiner Wange knabbern. Ich liebe dich. Ich würde ihm zu Füßen fallen. Beschütze mich. Ich öffnete seine Wohnungstür.

Und alles verlangsamte sich. Jack war nicht da. Er war vor vielleicht zwanzig Minuten ausgegangen. Das Eis in seinem Glas war noch nicht geschmolzen. Es hielt noch seine Form, es wartete auf mich.

Ich setzte mich an den Tisch und zog die Schuhe aus. Ich zog meine Socken aus, rieb mir die Füße, richtete mich wieder auf. Ich stützte meine Ellbogen auf den Tisch. Die Flasche mit Rum, von der er getrunken hatte, war dunkel und ragte hervor wie ein Turm inmitten einer Ebene. Aus ihrem unverschlossenen

Hals stieg Rumduft, hieß den Reisenden, den Einsamen und Erschöpften, willkommen.

Myers Dark – aber das Etikett war hell, das Etikett war goldgelb. Ich stellte mir dieses Etikett vor als Tür zu einer inneren Helligkeit, zu einer sonnigen Insel im tropischen Meer. Auf der Terrasse des heruntergekommenen Hotels trinken Emigranten und Journalisten im Schatten Rum, während die Sonne malerisch zwischen blaßgrünen Wolkenstreifen untergeht und Palmwedel sich in einer sehnsüchtigen Brise wiegen. Der Kellner kommt auf leisen Sohlen mit neuen Drinks und einem weißen Tuch, um den Tisch sauberzuwischen. Aschenbecher aus Muscheln, dünne, braune Zigarren. Der schwache Geruch von Männerschweiß. Ein spätes Dinner, ein langsamer Flirt, Eingeborene, die in der schäbigen Lounge tanzen. Das leidenschaftliche, süße Blau einer südlichen Mitternacht. Kein Morgen bis zum Nachmittag.

Vielleicht würden dort Kinder sein, hübsche, glatthäutige Mädchen, denen ich etwas geben könnte. Die Kühle meines Hauses oder meine frischen Nahrungsmittel, Geschichten über Amerika oder Anti-Baby-Pillen. Sie würden in einer langen Reihe gehend kommen, mit Kräutern, die sie gesammelt hatten. Die Älteste würde mein Liebling sein, die mit den hohen Brüsten. Elf oder zwölf oder dreizehn. Sie würde träumerisch vor meinem Spiegel stehen und meine Seidenkleider anprobieren. Ich würde ein Stück Jade in ihren Ausschnitt hängen. Nach einer Weile würde ich merken, daß sie zu häufig kommt, zu viele Geschenke verlangt. Es wäre mir gleich. Ich würde Wein trinken, und jeden Tag würde sie mir mehr Flaschen bringen. Ich würde trinken und trinken und trinken, während sie mich beobachtete, das Kinn in die Handfläche gestützt. Es würde schwerer werden, sie zu sehen, sie wäre doppelt vorhanden oder durchsichtig, aber ich würde merken, daß sie Sachen aus meinem Haus trug: meine Spiegel, meine Seidenkleider, mein Bett. Es wäre mir gleich. Der Boden der Dusche wäre so kühl, wenn ich darauf schliefe, und die Spinnen würden mit so zarten, damenhaften Schritten über mich hinwegwandern.

Ich hob den Kopf, der neben der Flasche auf den Tisch gesunken war. Dies war mein Feind in seiner üblichen Erscheinung. Was tut man mit Flaschen? Man läßt sie in Ruhe. Sie können einen nicht berühren, wenn man sie nicht selbst zuerst berührt, sie können sich nicht selbst ausgießen und dir ihren Stoff einflößen, sie können nicht allein über deinen Arm, deinen Hals, deine Lippen kriechen, nicht allein in deine Kehle rinnen. Nein, das können sie nicht. Sie stehen bescheiden da und warten.

Und ich wartete; ich konnte nichts anderes tun. Ich hätte gern ein Glas Wasser gehabt, aber ich wagte nicht, ein Glas zu holen. Ein Glas in den Händen zu halten, mich auch nur zu bewegen, ich weiß, wie es passiert. Man steht auf, man will sogar ausgehen, eine AA-Versammlung besuchen, und die Hände schießen vor und legen sich um die Flasche. Man hat jetzt den Geruch in der Nase, die Lippen am Flaschenhals, wo ein paar Tropfen hängengeblieben sind, die besser schmecken als alles andere auf der Welt. Man hat das vergessen: den Schock und den Hunger auf die Nahrung, die einem zusteht, da auf der Zunge, wo sie ihr unglaublich schönes und kompliziertes Aroma verströmt.

Ich saß da und erinnerte mich an den Geschmack, der sich wie eine große, rote Blüte in meiner Kehle entfaltete. Erinnerung an alte Kulturen. Vampirvillen, in meinem Hirn an die Felsen der Stadt der Unsterblichen geschmiegt, in der ich zu leben pflegte. Die Körperlosen waren meine Gefährten, sie schlürften mit ihren alten, unwirklichen Zungen den wirklichen Saft meiner Gefühle, sie verkündeten eine alte Weisheit: Einsamkeit ist niemals endgültig. Die Heimatlosen werden bei dir verharren. Tatsächlich war ich eine Zuflucht für Tausende. Gebt mir den zehnten Drink, und sie kommen heraus, plappernd, flüsternd, kichernd. Wir sind hier! Wir sind hier!

Doch dann würde Schweigen folgen; nach dem Schweigen

Schlaf. Nach einem trunkenen Schlaf wachte ich am nächsten Morgen mechanisch auf. Die Gedanken waren mechanisch, die Gefühle mechanisch, sogar der Schmerz war mechanisch. Wie sonst hätte ich all das aushalten können? Die Kopfschmerzen, die Übelkeit, die Angst – all das geschah einem Geschöpf, das nicht ganz lebendig war und keine Überraschung spürte. Ich war wie eine dieser Maschinen aus dem neunzehnten Jahrhundert, Riemen und Rollen und Gegengewichte, bei denen entscheidend wichtige Teile mit leisem Quietschen durch ihre Rillen gleiten.

Dann war der Tod alles, was ich mir wünschte. Der Tod, nahe, dunkel, samtig, einhüllend und warm. Er erschien mir so vertraut, wie das, was mir immer gefehlt hatte. Das Loch in meinem Leben, durch das die Freude versickerte. Wie er mich noch jetzt verlockte: der ewige Elternteil, der mich zu Bett schickt. Du bist müde, Gwen. All diese Stunden früher Trunkenheit, der erste, leidenschaftliche Drink des Abends, der zweite Drink, der verwandelte, waren nur ein angedeuteter Geschmack des Todes.

Die Rumflasche wartete, verkörperte eine grasbewachsene Böschung, einen Stapel Geschenke am Weihnachtsmorgen, ein weiches Bett aus gelben Blättern, den Arm eines Mannes um die Schulter.

Gwendolyn, sagte der Tod und erinnerte mich an jene Zeit der Kindheit, in der ich mich in meinen Namen verliebte. Ich sprach ihn langsam aus, Silbe für Silbe. Ich war stolz auf seine Länge; er erschien mir wie ein Zug, der sich durch eine grüne Landschaft schlängelt. Diesen Namen bekommen zu haben, der natürlich mein richtiger Name war, gab mir das Gefühl, innerlich mit einer Feder gekitzelt zu werden. Gwendolyn, sagten sie. Sie wußten es!

Warum sollte ich sterben? Kummer stieg in mir auf, und ich schob meinen Stuhl vom Tisch weg. In der unsterblichen Stadt, in der die Alkoholvampire leben, ist ein Gehirn so gut wie das andere. Sie springen von einem zum anderen wie Partygänger von Fest zu Fest. Der Tod versteckt sich im Leben, weil es keinen anderen Platz gibt – sonst wäre er ja dort, oder? Wenn es eine Unterwelt gäbe, bewacht von einem dreiköpfigen Hund, wenn dort ein Palast wäre für all die geopferten Jungfrauen?

Aber ich konnte nicht darüber nachdenken. Den Tod konnte man nicht verstehen. Sonst wäre er nicht der Tod, sondern nur eine Veränderung, und Veränderung wäre nicht Veränderung ohne Todesgefahr. Dennoch sah es so aus, als sei die einzige Alternative zu diesem quälenden Nachdenken über den Tod die Tat. Das Loslassen.

Meine Hand streckte sich nach der Flasche aus.

20

Am Morgen vor der Beerdigung meines Vaters gingen Lucy und ich, um seinen Leichnam zu sehen. Wir wurden in einem gemieteten Wagen von den Tanten meines Vaters hingefahren, drei dicken, derben, rothaarigen Frauen in den Sechzigern. Ich saß vorne auf dem Beifahrersitz, zwischen zweien von ihnen eingeklemmt, erfüllt von der Fremdartigkeit der Trauer. Es war eine Fremdartigkeit, die niemand sonst zu spüren schien. Lucy war auf ganz gewöhnliche Weise aufgebracht, als sei sein Tod ein Fall von krimineller Nachlässigkeit. »Ich wette, es ist ihm nie in den Sinn gekommen, daß jemand ihn würde beerdigen müssen«, sagte sie. Meine Mutter empfand dasselbe, obwohl sie darüber weniger aufgebracht war. Ich glaube nicht, daß sie froh war, aber sie empfand die Erleichterung, die Menschen fühlen, wenn sie vor dem großen Zusammenstoß ausgestiegen sind. Nur Roy, der ihn nie gekannt hatte, schien wirklich traurig zu sein. Wir kleinen Mädchen hatten unseren Vater verloren. Mehr noch als das war es ihm unbegreiflich, wie ein Mann sich selbst zerstören und dem Geheimnis stellen konnte, das ihm eine gewisse Ehrfurcht einflößte. Meine Großtanten waren natürlich traurig, aber sie wußten viel zuviel.

Wir sollten nacheinander hineingehen, um ihn zu sehen. So geschah es. Meine Mutter hatte uns vorbereitet und gesagt, wir müßten nicht hineingehen. »Es ist nur sein Körper«, sagte sie, »er wird euch nicht gefallen.« Sie frisierte ihr blondes Haar zu einem Knoten.

»Ich gehe«, sagte ich leidenschaftlich, als wolle ich sie herausfordern, mich daran zu hindern.

»Ich auch«, sagte Lucy.

Ich wollte nicht, daß Lucy ging. Ich wollte nicht, daß überhaupt jemand außer mir ging. Was wußten sie denn schon davon? Betrunken die Treppe herunterfallen – das war am Neujahrsabend passiert, als ich allein im Haus war, weil ich eine Grippe auskurierte. Um Mitternacht trank ich im Bett Milch mit Cognac; ich trug mein Flanellnachthemd und mit Weihnachtsbäumen bestickte Kniestrümpfe. Ich wollte nach unten gehen, um mein Glas nachzufüllen, und fiel, rollte und polterte die Treppe herunter. Es tat nicht weh. Das Glas zerbrach nicht. Ich füllte es in der Küche auf und setzte mich dann auf die unterste Treppenstufe, trank und schaute ins Wohnzimmer, wie ich es immer getan hatte, wenn ich meinen Vater beobachtete. Mir wurde klar, daß mein Vater in dieser Nacht anrufen könnte. Er hatte sich auf gelegentliche, betrunkene Anrufe verlegt, die ich eifersüchtig beantwortete und bei denen ich nicht auf die zusammenhanglosen Worte horchte, sondern auf die besondere Sehnsucht, die ich beim Klang seiner Stimme empfand. Sinnlich, passiv und dumpf rollte sich mein Körper um das Telefon zusammen, während ich sagte, was nötig war, um ihn weiterreden zu lassen. »Ich weiß nicht, wie du dir das anhören kannst«, sagte Lucy. »Es ist paranoid und langweilig.« Mein Vater war jetzt Vertreter für Lehrbücher. Er fand Verschwörungen in den Geschichtsbüchern. Immer stand er kurz davor, gefeuert zu werden. Es spielte keine Rolle. Mit der Arroganz einer Sechzehnjährigen im Jahre 1972 tat ich seinen Job als unwichtig ab; es war sein Wesen, das zählte. Seine Stimme in der Telefonleitung, an- und abschwellend, brüchig, träumerisch, als sei er nichts als eine Stimme.

Er rief nicht an, und ich ging zu Bett. Ich stieg langsam die Treppe hinauf, als wate ich durch Wasser, in einem Zustand betrunkenen Entsetzens. Ich hatte Angst, noch einmal zu fallen. Es kam mir vor, als wate ich hinaus ins Meer, immer tiefer, bis zu einem Punkt, wo ich nicht mehr stehen konnte.

Und dann war er tot. An einem warmen Aprilmorgen, als ich mit Lucy auf dem Boden ihres Schlafzimmers Karten spielte, kam meine Mutter herein, und man sah ihrem Mund an, daß sie uns etwas mitzuteilen hatte. Sie hielt eine Minute lang still, die Lippen seltsam gespannt, als habe sie eine kleine, lebende Ratte im Mund. »Euer Vater ist tot.«

Es schien lange zu dauern, bis ich es hörte. Was hatte sie gesagt? »Euer Vater –« Ich hatte ihn vor vier Monaten gesehen. Die Monate waren jetzt kürzer als früher, so interessant war es, älter zu werden, aber es war noch immer lange genug. »Ist tot.« Ich konnte ihr nicht ins Gesicht sehen, also blickte ich wild um mich, die Handflächen auf den Boden gepreßt. Die Gegenstände im Raum, das Bett, der Sessel, der Teppich unter mir, brodelten vor unterdrücktem, fremdartigem Leben. Sie stürmten auf mich ein, stellten meine schwachen Sinne auf die Probe. Ich konnte sie nicht abwehren, ich war nicht überlegen. Ich konnte mich nicht einmal mehr an die Beziehungen im physikalischen Raum erinnern. Alles war über mir, als sei ich eine Blinde, die plötzlich sehen konnte. Das also ist Farbe, diese rohe Unmittelbarkeit.

Lucy begann zu weinen, und der Bann war gebrochen. Die unbelebte Welt zog sich zurück, ich war Teil einer Familie.

Wir frühstückten. Das taten wir zuerst; wir gingen nach unten, und meine Mutter kochte Eier. Die Atmosphäre war irgendwie sehr warm und heimelig, sie muß besonders lieb zu uns gewesen sein, aber ich kann mich nicht daran erinnern. Ich dachte an den Augenblick des Sterbens.

Hatte er es gefühlt, hatte er es gewußt? Er war natürlich betrunken, er fiel die Treppe in seiner Wohnung in Brooklyn herunter, aber es gab reichlich Zeit zur Erkenntnis in einem Augenblick, der sich in meiner Vorstellungskraft zu einer Ewigkeit ausdehnte. Ein Knacken im Hals, die Erkenntnis (die ich gerade erlebt hatte), daß weder die Umgebung noch man selbst fixiert ist, daß es weder Hierarchie noch Kontrolle gibt.

Doch obwohl ich das gerade erlebt hatte, konnte ich es nicht glauben. Es war das Chaos, und hier war Ordnung. Ich war eine Tochter, ich hatte einen Vater. Er war listig, wild, sentimental, komisch und bitter. Er hatte einen guten Blick, einen scharfen Verstand, ein feiges Herz. Er lebte.

Ich lebte. Ich verließ meine Mutter und Lucy, schloß mich in meinem Zimmer ein und schaute in den Spiegel. Meine Haut war so glatt, meine Augen frisch und warm, funkelnd vor geheimnisvollem Glück. Mein Herz schlug ruhig, die Sonne strömte durch die Fenster. Sonntagmorgen. Ich konnte ewig so dastehen und kein bißchen älter werden. Wie konnten die Tage vergehen, wie konnte sich irgend etwas verändern, wie konnte er tot sein, wenn ich mich an ihn erinnerte?

Ich hatte ihn vier Monate nicht gesehen. Was machte das schon. Doch als ich mich mit diesem Gedanken beruhigen wollte, meine Erinnerungen erwartete, entdeckte ich, was ich zuvor nur vermutet hatte. Die Erinnerung war keine Aufzeichnung, sondern eine Kraft. Keine Zuflucht, sondern rasende Schöpfung. Was immer mir einfiel – das letzte Mal, als ich ihn im Riviera-Café gesehen hatte, die Nächte, in denen ich immer nach unten kam, die Anlässe, bei denen er mich aus dem Auto getragen hatte, wenn er nachts gefahren war, mich über die Schulter gelegt hatte, während ich so tat, als schliefe ich noch –, war entweder quälend oder tragisch oder erschreckend. Es lag auf der Hand, daß dieses Ende die ganze Zeit über vorprogrammiert war, oder zumindest sagte mir das meine Erinnerung, die geschäftig seine Geschichte schrieb. Ich konnte spüren, wie sich die Ereignisse verschoben. So ist es nicht passiert, dachte ich, aber wie konnte ich das wissen? Ich kannte nur die revidierte Fassung. Sie ließ mich schluchzen, wie es beabsichtigt gewesen war. Der Kummer, das Elend. Die Unvermeidlichkeit. Wer hat mich damals beobachtet? Wer hatte meine Zukunft in der Hand? Ich hielt mich nicht für abergläubisch, aber es spielte keine Rolle, die Struktur der Mythen war da, und vielleicht lief alles aufs gleiche hinaus. Daddy im Himmel, Daddy in der Unterwelt. Daddy bei den Teufeln oder Daddy allein. Eingeschlossen in ein kleines Zimmer, noch benebelt vom Schnaps. Es spielte keine Rolle. Er war irgendwo gefangen, wohin ich nicht gehen konnte. Das war absichtlich so eingerichtet. Ich durfte nicht, ich verdiente es nicht, ich würde nie hinkönnen, die Tür war verschlossen. Verschlossen, bis zu meinem eigenen Tod, und selbst dann, selbst dann – Ich erwartete nicht, daß meine Hingabe dann belohnt werden würde, ich wußte es besser.

Dennoch schien ich meinen Vater so zu sehen, wie er gewesen war, als ich noch sehr klein war: groß und fern und unendlich begehrenswert, wie er näher kam und mich aufhob. Und mich sofort mit einem ärgerlichen Ausruf wieder absetzte – meine Windeln waren schmutzig –, aber diese Sekunde in seinen Armen blieb ganz klar im Zentrum meiner Erinnerung. Feuerrot, aschgrau, die Süße des Abends in einem Haus mitten im Nirgendwo. Mein Vater verwandelt, eine widerhallende Melodie.

Ich ging langsam nach unten. Ich umarmte meine Mutter, sprach mit den Leuten, die vorbeigekommen waren. Alle bewunderten meine Selbstbeherrschung. So tapfer, sagten sie. So ein tapferes Mädchen. Ich nahm Roy, der wegen der Beerdigung telefonieren mußte, die Pflichten des Barkeepers ab. Ich mixte Drinks für unsere Gäste, starke Drinks. Er hätte in ein Krankenhaus gehen sollen, sagten sie. Wissen Sie, Norah hatte angeboten, dafür zu bezahlen. Dachten sie, er hätte ihr Geld genommen? Ich servierte die Drinks und stellte mir vor, Eileen, die Freundin meiner Mutter, würde zuviel trinken und mit ihrem Auto auf dem Long Island Expressway verunglücken.

Wir erreichten das Beerdigungsinstitut und stellten den Wagen ab. Es war ein kühler, windstiller Tag; der Himmel war grau und leuchtete schwach. Wir waren nahe beim East River, und ich wäre am liebsten hinuntergegangen, was ich in meinen sechzehn Jahren in Manhattan noch nie getan hatte.

Wir gingen hinein. Die Halle war überheizt und eigenartig beleuchtet; ein grünliches Licht fiel auf den schwarzweißen, schachbrettartig gemusterten Boden. Ich sollte als erste hineingehen. Ich wußte, was ich zu tun hatte. Ich mußte die Botschaft finden. Der Sinn des Todes stand auf dem Leichnam geschrieben, die Schrift war schwer zu entziffern, aber ich machte mir keine Sorgen. Niemand war da, der sie verbarg. Er konnte mich weder ablenken noch ängstigen, weder verwirren noch verzaubern. Mein ganzer Körper war ein einziges Auge; ich erschauerte in dem Licht.

Der Direktor des Beerdigungsinstituts nahm meinen Arm. Ich schüttelte seine Hand ab. Kriechende, leichenhafte Hand, dachte ich, er spielt mit den Leichen. Mit den toten Mädchen, nimmt ihr Inneres heraus.

Ich ging allein in den Aufbahrungsraum. Meine Schritte hallten laut wider. Der Raum war groß und quadratisch, hatte eine hohe Decke und rote Vorhänge. Sein Sarg stand in der Mitte auf einem Piedestal. Ich schien lange zu brauchen, um ihn zu erreichen. Es war sein Profil, das ich darin sah, seine Hakennase. Seine Haarmähne, seine Hände auf der Brust gefaltet.

Die Augen geschlossen, der Mund still. Ich konnte die blauen Flecken unter dem Puder sehen, aber es war überhaupt kein Gesicht da. Alle Züge verschwammen. Keine Botschaft. Dieses Ding würde nicht einmal zerfallen, dachte ich, da war nichts, woran sich die Verwesung halten konnte. Ich war vor Entsetzen einer Ohnmacht nahe, aber ich streckte dennoch die Hand aus und berührte ihn. Wie kalt das sein würde, wie kalt, aber ich spürte Wärme. Ein Hitzeschock traf meinen Finger wie eine züngelnde Flamme. Ich zuckte zurück, steckte den Finger in den Mund, sog die Verbrennung heraus. Der Finger wurde kalt. Mein Empfinden wurde taub. Ich konnte ihn nicht mehr fühlen. Ich vergrub ihn in meiner Tasche und eilte aus dem Raum.

Ich sagte Lucy, sie solle ihn nicht anschauen. »Es ist zu schrecklich, wirklich.« Sie hörte auf mich, nahm meinen Rat an.

Ich war überrascht, obwohl ich sie kannte. Ich spürte gleichzeitig Neid und Verachtung. Während ich sie überredete, während wir darauf warteten, daß unsere Großtanten zurückkamen, wollte ich wieder hineingehen. Ich war sicher, daß ich etwas versäumt hatte. Ich wollte ihn nochmals berühren.

21

Die Tür des Gebäudes schlug zu, auf der Treppe waren Schritte zu hören. Weiche, müde Schritte, eine Pause. Ich fuhr entsetzt zusammen. Komm zurück, komm zurück, pflegte ich in meinen leidenschaftlichen Teenagerjahren zu sagen, aber ich meinte es nicht wirklich. Ich meinte es nie. Oder?

Diese letzten Nachmittage, wenn wir unseren Vater in Cafés trafen; er sprach dann begeistert über Schönheit und den geheimen Sinn der Geschichte. Er machte Anspielungen, die wir unmöglich begreifen konnten, aber das machte nichts. Ich brauchte nur einen oder zwei Sätze aus seinem Vortrag aufzuschnappen und zu sagen, was immer mir einfiel; er hörte dann weise und ungeduldig zu und fing von vorn an.

Lucy saß elend zusammengekauert und bleich dabei, während ich mich mit unserem Vater unterhielt und über meine eigene Gedankenakrobatik kicherte. Ich gab Meinungen von mir, als stieße ich sie in einen dunklen Wind. Die meisten gingen verloren. Einige hörte mein Vater, aber er hörte sie aus einem seltsamen Winkel. Worte, verbogen wie der Draht eines Kleiderbügels, den man benutzt, um ein Auto aufzusperren. Und er antwortete auf das, was er hörte, und wieder mußte ich sorgfältig aufpassen, um einen Satz zu finden, der mir Boden unter den Füßen gab. Mein Vater betrachtete mich als seinesgleichen, weil er sich unterdrückt glaubte; es gab keine Hilflosigkeit, die mit seiner zu vergleichen war. Oh, Lucy, auch ich habe kein Wort von dem verstanden, was er sagte. Ich fühlte mich so zerbrechlich; mein Hirn, mein hübsches Aussehen, mein Gleichgewicht, es konnte alles so leicht auseinanderbrechen. In meinen

Träumen hatte ich kein Gesicht, nur einen ungeformten Klumpen, ich sah in den Spiegel, und da gab es keine Augen.

Wieder ein Schritt. Wie das Herz schlägt, wenn man nicht gewohnt ist, es zu benutzen, wie der Kopf kreist. Wie lange Botschaften brauchen, wenn kein Blut da ist, um sie zu transportieren.

Ich wünschte mir die Rolle der liebenden Tochter; ich stellte mir vor, ich wäre gut darin gewesen. Mehr war es nicht, nur Phantasie. Und mehr ist auch das hier nicht. Im College pflegte ich Platten zu spielen, auf denen Wölfe heulten, und alle meine Fenster zu öffnen. Phantasie.

Aber wie weit geht die Phantasie? Wie weit – den ganzen Weg? Nein, so weit kann sie nicht gehen. Sie hört hier auf, bei den Schritten auf der Treppe, bei diesem aufgelösten Körper.

Ich war erstaunt über die Reinheit meiner Furcht; sie war ein Lichtstrahl, der die ganze, seltsame Landschaft überflutete. Ich war gelähmt von dem schrecklichen Gedanken, daß mein Vater jetzt zurückkäme, weil ich ihn gerufen hatte, ohne unbedingt daran zu glauben. Obwohl ich fast alles glauben konnte. In diesem Gehirn waren alle Gedanken gleich. Daran hatte ich schließlich gearbeitet: Als ich als Kind die Eigenartigkeit des Denkens entdeckte, stellte ich mir zur Übung phantastische Dinge vor. Tag für Tag tat ich das. Ich war eine Künstlerin, ich hatte die Kraft.

Eine Künstlerin. Wie der Mythos sich in der Jugend festsetzte! Er erklärte alles. (Dies ist meine Seele in all ihrer wilden Fülle. Fruchtbar und frei, wie die antiken Göttinnen.) Ich erinnere mich an den Jubel: nach der Schule nach Hause eilen, um allein zu sein und zu malen. Oder am späten Nachmittag mit einem Drink oder Joint am Fenster zu sitzen und die Welt vorbeiziehen sehen. Ich wußte, was ich wußte.

Wußte was? Daß man sterblichen Dingen nicht trauen darf und sich deshalb an die Phantasmen klammern muß? Im Jahr nach seinem Tod war ich im Internat, abgelenkt durch den

Druck des sozialen Lebens, die Jungen im Schlafsaal auf der anderen Seite des Rasens, das nächtliche Kommen und Gehen. Meine Mutter hatte gemeint, ein Internat werde uns von der Tragödie ablenken, und sie hatte recht. Aber zurück in New York, in der Privatschule, wo ich allein mit dem Lehrer malen lernte, wo ich die Logik der Symbole und die Geschichte der Revolution studierte, was anders konnte ich da werden als eine Sklavin der Phantasie, die ich fälschlicherweise für ein Land hielt, das ich nach Belieben besuchen konnte? Ich dachte, die Toten lebten dort hilflos wie Pflanzen. Ich dachte, die Künstlerin könne alle Blumen pflücken, die sie auswählte. Ich dachte, all mein Leid würde großartig sein und sei ohnehin größtenteils überstanden.

Mir wurde klar, daß meine Vorstellung vom Künstler, vor allem, als ich älter wurde, eine war, bei der man um der Freude des Schaffens willen auf die gewöhnlichere Freude verzichten muß, sich selbst als etwas Geschaffenes zu erkennen. Wenn ich am Ende eines Arbeitstages meine Pinsel reinigte, spürte ich diese Sehnsucht nach Erinnerung, die wir Nostalgie nennen, so überwältigend werden, daß sie unerträglich war. Was ich als Geschenk erhielt, versuchte ich zurückzugeben, blieb aber irgendwie stecken, und dieser Graben, dieser Stillstand in der Rückgabe richtete in mir Verheerungen an wie ein Stillstand des Blutkreislaufs oder des Atems.

»Deine Mutter glaubt, ich sei Alkoholiker«, sagte mein Vater nicht lange vor seinem Tod zu mir, ein Jahr, nachdem meine Mutter wieder geheiratet hatte. »Sie weiß nicht mehr, daß sie früher selbst ganz gern ein bißchen getrunken hat. Wir gingen tanzen. Einmal fuhren wir den ganzen Weg nach Atlantic City, und deine Mutter wollte um drei Uhr morgens stoppen, um diesen Anhalter, diesen übel aussehenden Burschen, mitzunehmen. Damals war alles bestens, darauf kannst du wetten.«

»Und was passierte dann, Daddy?«

»Sie verlor ihre Spontaneität. Sie vergaß, wie man sich amüsiert.« Er steckte eine Zigarette in den Mund, zündete ein Streichholz an. Die Flamme zuckte um sein Gesicht, bis er schließlich mit der anderen Hand sein Handgelenk festhielt und das Streichholz ruhig genug hielt, um sein Ziel zu erreichen. Ich hätte auch gern eine Zigarette gehabt, konnte es aber nicht ertragen, meine gesunden Hände zur Schau zu stellen. Ich beobachtete, wie er hungrig den Rauch einsog.

»Wie amüsiert man sich?« fragte ich.

»O Baby«, sagte er. »Das weißt du doch.«

Ich wußte es nicht. Ich glaubte. Glaubte ernsthaft an das Vergnügen, an die Freude an allem Irdischen, vom Gefühl kalten Sandes am Strand in der Nacht über den Geruch eines Knabenhalses bis zum Geschmack von Rotwein. Als ich im ersten Collegejahr war, pflegte meine erste Liebe Henry nach dem Unterricht in mein Zimmer zu kommen. Ich schloß dann die Tür ab, legte ein blaues Tischtuch auf meinen Schreibtisch, und wir tranken portugiesischen Wein aus Keramikbechern. Wir aßen geräucherte Babyaustern und Artischockenherzen, und nach zwei Gläsern Wein liebten wir uns. Ich war so jung, aber ich fühlte mich viel älter als er, wie eine archaische Frau, die einen zarten Knaben des zwanzigsten Jahrhunderts gefangenhält. Er hatte überall am Körper blonden Flaum, als nehme er der Wärme wegen zusätzliche Vitamine. Nach dem Sex schlief ich ein, Henry wusch das Geschirr ab und ging dann in die Bibliothek, um zu lernen. Wie hält man Erinnerungen fern – der Rotwein wie eine rote Rose im Becher. Die Sonnentage an der Rebe, monatelanges Reifen im Faß, ganze Jahre in diesen Tropfen auf meiner Zunge. Die Folge war, daß ich gänzlich aus der Zeit fiel – oder mir das vorstellte. Ich war zu gierig, das ist alles; ich verbrauchte meinen Vorrat an Ewigkeit. Jetzt bin ich an die Zeit, an die Arbeit des Lebens gekettet, und es wird nie wieder einen Augenblick geben, in dem die Ketten schmelzen.

Außer vielleicht diesen einen.

Diesen einen? Oh, welch plötzliches und vollkommenes Entzücken: Ich erlebte das langsame Erblühen einer Sekunde. Der Raum wurde groß und still, jedes Objekt vibrierte in seinem Schatten. O Schönheit, altbekannte Schönheit; hier hatte sie natürlich Gesellschaft. Die Tische, die Wände, die Fenster, die mich betrachteten wie alte Frauen in englischen Dörfern, die in der Dämmerung an ihren Zäunen lehnen, um die Touristen vorbeiziehen zu sehen. Ich war eine Touristin, verweilte an diesem fremden, unendlich vertrauten Platz; ich kam mit den Neuigkeiten von draußen, der Angst, der Scham, ausgebrütet in den Tiefen des Körpers. Es war nicht so, daß ich meine Furcht verlor, obwohl ich mich so leicht fühlte wie Luft, es war nicht so, daß ich durch die Scham hindurchsah, sie blieb greifbar genug. Doch wer immer die Treppe heraufkommen mochte, lebend oder tot, war ein Teil von mir; ich konnte spüren, wie er aus meinem Fleisch herauswuchs, er war bereits anwesend, ich akzeptierte ihn; mir konnte nichts geschehen.

Die Tür öffnete sich, und Jack kam herein. »Gwen!« sagte er. Er lächelte, lachte, weil er mich sah. Dann sah er die Flasche am Tischrand, die Flasche, die ich an meine Nase gehalten, an meiner Wange gerieben und wieder hingestellt hatte. Er nahm sie sofort, trug sie hinüber zum Spülbecken und leerte sie aus. Ich sah zu, als rette er mir das Leben, als sei ich gerade dabeigewesen, sie auszutrinken. Und vielleicht stimmte das auch. »Gott, tut mir leid, daß ich sie habe stehenlassen.«

»Es ist deine Wohnung. Du hattest keinen Grund, mich zu erwarten.«

»O doch, das hatte ich. Du hast gesagt, du liebst mich mehr als alles auf der Welt; das habe ich nicht vergessen.« Er schenkte mir ein breites Lächeln, das sein Gesicht weit öffnete, und fügte dann hinzu: »Ich sollte jetzt sehr wütend auf dich sein. Ich wäre es gern...« Er nahm meine Hände, packte sie fest; dann hob er sie an seine Lippen und küßte sie. »Du bist zurückgekommen, weil du mich liebst, nicht wahr, und nicht, um deine Lederwäsche abzuholen?«

Ich beugte den Kopf, schmiegte ihn an seine Brust. »Meine Lederwäsche habe ich vergessen. Ich habe eine Menge Sachen vergessen.«

»Das macht doch nichts. Das macht nichts.« Er sah mich mit so überströmender, zweifelnder Zuneigung an; Worte traten ihm auf die Lippen, wurden beinahe ausgesprochen, fielen wieder zurück; er schüttelte den Kopf, er sagte nichts; ich wollte erklären.

»Ich dachte, du seist der Leichnam meines Vaters, der die Treppe heraufkommt«, gestand ich. Das traf ihn. Er hörte zu lächeln auf; ich konnte seinen Gesichtsausdruck nicht deuten. Vielleicht hätte ich das nicht sagen sollen, dachte ich. Aber ich mußte sprechen. Stockend beschrieb ich, was ich gerade gefühlt, was ich mir vorgestellt hatte, was geschehen war. Die Worte waren unzulänglich, und die Erfahrung begann sich zu verändern. Das machte mich so traurig – aber sie hätte sich ohnehin verändert. Ich beobachtete ihn, während ich sprach. Ich merkte, daß er manches begriff, was, war mir nicht ganz klar, und daß noch etwas vor sich ging, das ich auch nicht verstand. Ich fühlte: Der arme Kerl muß Dinge aushalten, die überhaupt nichts mit ihm zu tun haben; aber es gab da eine Beziehung. Jack war nicht mein Vater, glich ihm nicht einmal, doch der Funke zwischen uns enthielt meine ganze Vergangenheit, ebenso wie seine. Ich verstand nicht, aber ich glaubte. Was er damit anfing, war natürlich seine Sache.

Eine Pause trat ein. Endlich sagte er: »Ich weiß nicht, was ich dazu sagen soll. Ich muß darüber nachdenken. Aber weißt du, Gwen, jeder Weg, den du findest, um mich zu lieben, ist mir recht. Solange du mich liebst.«

»Das tue ich«, sagte ich. Ich sah ihn an, seine sanften, grauen Augen, seine struppigen, dunklen Brauen, seine Verwirrtheit, meine eigene Verwirrtheit – wie zwei Felsen, die sich aneinander wetzen –, streckte den Arm aus und küßte ihn. »Das tue ich.«

»Na, dann habe ich Neuigkeiten. Ruth hat angerufen. Sie wollte, daß ich sie in London treffe, ein paar gemeinsame Freunde sind da. Beinahe wäre ich gefahren; ich dachte, das sei eine gute Gelegenheit, von dir wegzukommen. Schließlich hattest du mich rausgeworfen, und ich wollte nicht in derselben Stadt sein. Ich werde zu meiner Frau fahren, dachte ich. Mir kamen ihre gediegenen Tugenden in den Sinn. Aber ich konnte mich nicht selbst täuschen. Ich merkte, daß ich nichts von dem hören wollte, was sie sagte. Also lehnte ich die Einladung ab und sagte ihr auch den Grund. Ich konnte nicht anders, ich konnte mich nicht verstellen, obwohl ich mich wie ein Schweinehund fühlte, es ihr am Telefon zu sagen –« Er hielt inne.

Ich wollte das jetzt nicht hören. Ich wollte mehr Küsse, ich wollte in unserer Wiedervereinigung schwelgen. Natürlich hätte er mir eine Stunde schenken können; aber ich wußte, daß es an der Zeit war, ihm zuzuhören.

»Also sagte ich ihr, ich wolle mich scheiden lassen. Ich hatte beschlossen, was auch immer mit dir und mir sein würde – und die letzte Nacht war die Hölle, mein Schatz, ich hoffe, für dich ebenfalls –, ich könne nicht zu Ruth zurückkehren. Ich tat mir selbst ganz schön leid, aber siehst du, ich wußte auch, daß ich keine Wahl hatte. Daß es auf jeden Fall besser ist, aufrichtig zu sein. Sie nahm es sehr kühl auf. Ich habe keine Ahnung, was sie empfindet. Ich sagte: ›Möchtest du das auch?‹ Sie antwortete: ›Was ich möchte, geht dich nichts mehr an.‹ So jemanden muß man einfach bewundern.«

»Hast du Schuldgefühle?«

»Komischerweise nicht. Es scheint, daß ich genau das schon vor Jahren hätte tun sollen, und sie weiß das. Ich glaube nicht, daß Ruth noch besonderen Wert auf einen Ehemann legt, aber es ist nicht ihre Art, Brücken hinter sich abzubrechen. Es ist merkwürdig. Genau das hat mich angezogen, glaube ich, dieses Gefühl, daß sie loyal ist. Das Wort trifft es nicht genau – du willst das nicht hören.«

»Hast du ihr von mir erzählt?«

»Ja. Sie sagte, sie fände dich sehr hübsch.«

»Oh, danke, Ruth, das weiß ich aber zu schätzen.«

»Ich murmelte etwas darüber, wie jung du bist, und sie sagte: ›Aber Jack, du bist doch selbst so jung. Das ist deine liebenswerteste Eigenschaft.‹« Er sah mich mit einem kleinen Lächeln an. Ich dachte daran, wie bemerkenswert es war, daß er mich lieben konnte, daß es keine Rolle mehr spielte, was sie sagte. (Oder doch? Loyal – nein, das war nicht das richtige Wort dafür.)

»Herzlichen Glückwunsch.«

»Ich glaube, das sagt alles. Weißt du, ich bin ein bißchen betrunken, ich brauche etwas zu essen. Willst du mit mir essen gehen?«

»Ja.«

»Ich weiß nicht, vielleicht frage ich dich beim Dessert, ob du meine Frau werden willst.«

»Tatsache ist, daß du mich bereits gefragt hast, ob ich dich heiraten will.« Wir waren schon aus der Tür. Er drehte sich um und sah mich an. »Nein«, sagte er. »Das habe ich zurückgenommen, als du mich rausgeworfen hast.« Wir gingen die Treppe hinunter. »Als ich vorhin zurückkam, bin ich hier stehengeblieben«, sagte er, als wir den Treppenabsatz passierten. »Ich habe mich hingesetzt und geweint. Das habe ich seit fünfundzwanzig Jahren nicht mehr getan. Der Gedanke, in eine leere Wohnung zurückzukehren...«

»Das tut mir leid.«

»Ich will kein Mitgefühl. Ich hab dir schon gesagt, daß es okay ist. Ich wollte nur, daß du es weißt.«

»Ich weiß es.«

»Okay.«

Wir aßen im Astray Café und saßen stundenlang am Tisch. Jack erzählte mir unerhörte Geschichten über die Scheidungen seiner Freunde, und ich hörte mehr über sein Leben mit Ruth, als ich eigentlich wissen wollte. Er wurde immer manischer, sein Gesicht stand nicht einen Moment still, er sprach wie ein Mann, der gerade aus dem Gefängnis entlassen worden ist, und er sagte auch dauernd, so fühle er sich. Es war fast erschreckend, diese Energie. Sie strömte aus ihm heraus, ich konnte sie sogar riechen – leicht bitter und säuerlich –, und er zerbrach drei der zwölf Zigaretten, die er anzuzünden versuchte. Es waren die Zigaretten, die mich schließlich aufrüttelten.

»Wenn du noch mehr rauchst, küsse ich dich nicht mehr«, warnte ich ihn. Er verstummte und warf mir einen schmutzigen, sinnlichen Blick zu.

»O doch, das tust du. Und wenn du mich nicht auf den Mund küßt, dann kannst du was anderes küssen.« Ich lächelte; er war wie ein Zwölfjähriger.

»Vielleicht«, sagte ich.

»Ich weiß noch«, sagte er, »wie du bei unserer ersten Verabredung in dieser Ecke hocktest und mich auslachtest, während ich versuchte, mein Abendessen zu beenden.«

»Ich wollte, daß du dich beeilst.«

»So, wie du dagesessen hast, konnte ich dir in den Ausschnitt gucken. Dein Gesicht war rot, als hättest du gerade gevögelt, und ich hatte einen solchen Ständer, daß ich fürchtete, nicht aufstehen zu können. Ich überlegte, ob ich dich bitten sollte, unter den Tisch zu kriechen und mir einen zu blasen.«

»Genau die Art von Vorschlag, die du an dem Abend hättest machen können.«

Er warf mir einen Blick zu. »Ich glaube, ich sollte dich geknebelt halten, wenn ich dich gerade nicht brauche.«

»Du kannst ganz schön widerlich sein.«

»Ich bin nicht derjenige, der in französische Banken kotzt.«

»Das hätte ich dir nie erzählen sollen.«

»Als du das erzählt hast, wußte ich, daß ich dir vertrauen kann.«

22

Lucy weigerte sich lange, mit mir zu reden. Ich rief sie kurz nach meiner Versöhnung mit Jack an, und sie sagte, sie sei noch nicht bereit, darüber zu sprechen. Ich rief sie ein paar Wochen später erneut an; sie war immer noch kühl. Ich war aufgebracht, aber ich konnte mich im Zaum halten. Ich konnte alles im Zaum halten; immer, wenn ich mich aufregte, drehte sich etwas in meinem Hirn, wie man ein Bücherregal dreht, um das Geheimfach zu enthüllen, und ich fand einen neuen Vorrat an Geduld. Ich versuchte, Jack das zu erklären. »Ich dachte immer, Glaube bedeute, an etwas zu glauben, das vielleicht da ist, vielleicht auch nicht. Man geht ein Risiko ein. Ich konnte verstehen, warum Leute das Risiko eingingen, aber für mich war das nicht genug. Aber so ist es nicht. Es ist mehr wie etwas, was der Körper weiß, wenn man ihn nur läßt. Es ist keine Einstellung, sondern die Aufhebung jeder Einstellung.« Er hörte mit einem kleinen Lächeln zu. »Du hältst mich für eine Idiotin.«

»Ganz und gar nicht.«

»Du willst, daß ich den Mund halte.«

»Nein, es gefällt mir, es ist, als wäre man mit einer Nonne im Bett.«

Ich küßte ihn hart auf den Mund, biß in seine Lippen. »Ich habe gebetet, als ich zum ersten Mal mit dir ins Bett ging.«

»Oh, Scheiße. Erzähl es mir nicht.«

»Ich betete darum, da zu sein. Vollkommen präsent.«

»Ich bin nicht sicher, ob dein Gebet schon erhört worden ist.«

»Wie meinst du das?«

»Nur so. Du bist hin und wieder einfach abwesend. Eigentlich mag ich das, diesen abschweifenden Blick, aber manchmal fühle ich mich einsam.«

»Na ja, ich auch.«

»Wie kannst du dich einsam fühlen? Du glaubst an eine höhere Macht.« Sein Ton war sarkastisch, aber nicht zu sarkastisch; er klang vor allem eifersüchtig.

»Ich halte mich nur an die Beweise. Das ist die wissenschaftliche Methode, weißt du.« Er warf mir einen skeptischen Blick zu. »Sie funktioniert«, sagte ich. »Du hast gesehen, wie ich glücklicher wurde. Vielleicht macht dich das nicht glücklich.«

»Doch. Glaub mir, das tut es. All diese Veränderungen, weißt du, für einen alten Knaben wie mich sind sie schwer zu fassen... Du gehst davon aus, daß Gott existiert, und ich bin zufällig einfach nicht derselben Meinung.«

»Ich dachte, du glaubtest an einen stümperhaften Gott.«

Er lachte und schüttelte den Kopf. »Na, irgendwas mußte ich ja sagen, als du bei unserer ersten Verabredung dauernd über Gott redetest.«

Ich war verlegen. »Du hältst mich für eine Idiotin.«

»Nein. Aber das ist etwas, was nur dich angeht. Ich kann dabei nur zusehen.«

Es ging nicht nur mich an. Ich ging jeden Tag zu Versammlungen und schaffte es sogar zu sprechen. Beim ersten Mal war meine Panik so groß, daß ich nur krächzen konnte. Mein Gesicht war feuerrot, aber das brachte mich nicht um. Diese einfache, höchst offenkundige Wahrheit, daß es mich nicht umbrachte und nicht umbringen würde, war eine Offenbarung: Ich spürte, daß jemand vergessen hatte, mir das zu sagen. Wer? Nun, darum würde ich mich später kümmern. Einstweilen reichte das Wissen, daß ich mich geirrt hatte und daß niemand mich zwang, in diesem Irrtum zu verharren.

Meine Fortschritte waren sehr langsam. Ich blieb hinter den anderen zurück, nahm Telefonnummern an, die ich nie benutzte, und redete mit Jack über Sachen, die ich bei den Versammlungen hätte sagen sollen. Aber das spielte keine Rolle. Ich betrachtete die Neuankömmlinge mit ihrem mürrischen Trübsinn, wie sie verächtlich schützende Zigaretten in den Fingern hielten, und spürte eine Erleichterung und eine Dankbarkeit, die jeden Tag stärker wurden.

Noch immer machte ich mir Sorgen wegen Lucy. Die Angst war nicht im Zaum zu halten, aber ich mußte sie beherrschen. Merkwürdigerweise wurde die Angst ohne Panik größer und leichter erkennbar; sie hielt Schritt mit mir, traf meine Einsichten mit ihrem Schmerz, mein Lachen mit ihrer Zähigkeit. Ich begann, mich auf eine Weise verantwortlich zu fühlen, wie ich das vorher nie getan hatte. »Was ist, wenn sie nie wieder mit mir redet?« fragte ich Jack.

»Sie wird. Sie ist deine Schwester.«

Ja, sie war meine Schwester, das war ein Trost. Sie konnte sich nicht wirklich davonmachen. Es gab ein Band zwischen uns, das sich unerbittlich zusammenzog; es zog sich bereits zusammen, das konnte ich fühlen, selbst in der Stille.

Ruth kam zurück, und Jack sprach mit ihr. Nur einmal fiel sie aus ihrer Rolle kühler Teilnahmslosigkeit; Jack wollte mir nicht erzählen, was sie gesagt hatte, aber er kam erschüttert zurück. Den ganzen Abend sah er fern und trank Bier; ich beobachtete ihn mit einer seltsamen Mischung aus Mitleid, Eifersucht und Erregung; es gab noch so viel über ihn herauszufinden, zu erfahren. Vielleicht würde mir das, was ich fände, nicht gefallen. Vielleicht aber doch.

Er zog zu mir und arbeitete jeden Tag an meinem Küchentisch. Ich ging auf Wohnungssuche und kam am späten Nachmittag zurück. »Wenn du mich tagsüber los sein willst, brauchst du es nur zu sagen«, sagte er dann, von seiner Schreibmaschine aufblickend, danach brach wie Maschinengewehrfeuer ein neuer Wortschwall aus ihm heraus. Ich dachte dauernd, ich würde es ihm in der nächsten Woche sagen. Er hatte einen Ablieferungstermin, er bezahlte die Miete. Und ich war fasziniert;

ich benutzte jede Gelegenheit, wenn er die Wohnung verließ, um seinen Roman zu lesen, vor allem die durchgestrichenen Passagen. (Ich würde bald wieder malen, ich konnte spüren, wie es sich aufbaute.) Dann sah ich mich um, betrachtete seine Hemden, seine Stapel von Büchern und Post, und spürte schulmädchenhafte Verliebtheit, weiblichen Besitzerstolz und die lebenslange Angst der Alleinlebenden vor Eindringlingen, alles gleichzeitig. Wenn er dann wiederkam, lag ich auf der Couch und nörgelte darüber, wieviel Platz sein Kram einnähme. Er nörgelte zurück. Er fand die Kaffeetassen unter dem Bett und die Socken unter dem Eisschrank. Ich hatte die Dinge gern aus dem Blickfeld; er zog sie aufgeräumt vor.

Er fing an, Stunden damit zuzubringen – mir kam es jedenfalls wie Stunden vor –, abends das Essen zu kochen. Von mir erwartete er, daß ich das Geschirr spülte. »Wär's nicht einfacher, telefonisch was zu bestellen?« fragte ich.

»Weißt du, wieviel das kostet, jeden Abend?«

»Vielleicht zehn Dollar extra, und dafür sparst du eine Stunde Arbeit. Deine Zeit ist mehr wert.«

»Das ist ein saublödes Yuppie-Argument.«

»Hör zu, du tausendjähriger Mann, du Vorkriegsartefakt, wie kann ich ein Yuppie sein, ich habe seit Ewigkeiten nicht gearbeitet.«

»Das stimmt. Du bist kein Yuppie. Du bist eine East-Side-Prinzessin.«

»Und du bist ein alter Lustmolch.«

Er grinste. »Ich weiß, das ist alles, was du in mir siehst, aber soll ich mich darüber beschweren?«

»Du veranstaltest hier eine solche Sauerei«, sagte ich. Es irritierte mich zutiefst, ihn in meiner Küche zu sehen.

»Dann koch du doch.«

»Nein, ich verbrenne mich dabei.« Er zuckte die Achseln. »Froschgesicht«, sagte ich. Er antwortete nicht. »Ich rede mit dir.« Mürrisch und hoffnungsvoll.

»Ja, Gwendolyn?«
»Warum streiten wir uns jetzt so viel?«
»Streiten? Das ist kein Streit, das ist Familienleben.«
»Ich glaube nicht, daß mir das gefällt.«
»Du wirst dich dran gewöhnen.«

Es war Malcolm, der Lucy und mich schließlich zusammenbrachte. Er schlug vor, wir vier sollten uns im Central Park treffen; wir willigten ein.

»Er hat nie auf dem Land gelebt, er glaubt, Pflanzen hätten einen beruhigenden Einfluß«, sagte Jack. Er hatte Malcolm schon ein paarmal getroffen. Er sagte mir, es sei genauso, wie wenn er mit Ruth spreche. Malcolm war so ruhig, so selbstsicher; der stille, gefällige Junge, den wir kannten, verwandelte sich in einen diplomatischen, professionellen New Yorker.

»Ich kann dir sagen, ich habe mich gefühlt, als wäre ich das Kind. Sein Anzug war teurer als meine gesamte Garderobe. Wahrscheinlich bin ich schrecklich optimistisch, aber ich habe nicht den Eindruck, daß es ihm so viel ausmacht. Er sagte, er hätte gewußt, daß seine Mutter und ich unglücklich miteinander waren, und früher habe ihn das gequält. Ich sagte, wann, und er sagte, hauptsächlich in den letzten paar Jahren, vorher habe er nichts gemerkt. Ich erwähnte diese Zeit, die mir so zu schaffen gemacht hat, und weißt du, was er gesagt hat? Er hat gesagt, er habe bewundert, wie gelassen ich das hinnahm. Als sei ein Haufen Frauen, die sich verbünden und jeden Bauarbeiter kastrieren wollen, der eine sexistische Bemerkung macht, nichts, worüber man sich sorgen müsse. Ich konnte ungefähr verstehen, was er meinte; jedenfalls mag er dich.«

»Hat er gesagt, ich sei hübsch?«
»Er hat gesagt, er hielte dich für eine großartige Person.«
»Nun ja, ich finde ihn auch toll.«
»Deine Schwester dagegen...«
»Hör auf«, sagte ich.

Lucy und Malcolm erwarteten uns am Eingang. Sie standen dicht beieinander, groß und dunkel und lässig in ihren Turnschuhen und heruntergerollten Socken, ihren weiten Baumwollhosen und ihren übergroßen Button-down-Hemden. »Ihr zwei seht aus wie eine Werbung für irgendwas Leckeres«, sagte ich.

»Die Ehe«, antwortete Malcolm, und ich lachte. Lucys Miene war undurchdringlich. Sie hatte ihr Haar kurz geschnitten, es gab mir einen Stich.

»Mir gefällt dein Haar so«, sagte ich und fühlte mich zuvorkommend. Sie nahm das Kompliment auf wie ein Junge, mit einem achtlosen Achselzucken. »Also, gehen wir los?«

Recht schnell fielen Malcolm und Jack zurück. Ich konnte sie kaum hören, sie diskutierten über Botanik. Auch gut, dachte ich; wahrscheinlich verstehen sie sich so besser: durch Osmose. Lucy und ich gingen am Zoo vorbei, der wegen Renovierung geschlossen war.

»Weißt du noch, wie Daddy den Arm in den Tigerkäfig steckte?« fragte ich träumerisch. »Was wäre gewesen, wenn sie ihn hineingezogen und gefressen hätten?«

»Du wärest ihm nachgesprungen.«

»Das hättest du nicht zugelassen.«

»Hätte ich's denn zulassen sollen?«

Wir gingen weiter. Instinktiv glichen wir unsere Schritte einander an, gingen schneller, blieben stehen, hielten inne, um gegen Flaschen oder Steine zu treten. Ich sagte ihr, daß ich Jack heiraten würde. Sie konterte mit der Nachricht, sie erwarte ein Baby.

»Hey«, sagte ich. »Ich werde seine Tante und gleichzeitig seine Großmutter sein.«

»Das ist doch was für dich.«

»Ganz zu schweigen davon, daß ich deine Stiefschwiegermutter sein werde.«

»Himmel, Gwen, ich dachte, du wolltest mich loswerden.

Dazu hast du dir wirklich eine eigenartige Methode ausgesucht.«

»Ich hab eben eine ambivalente Natur. Wieso meinst du, ich wollte dich loswerden?«

»Weil du ausgerechnet mit dem Mann ins Bett gegangen bist, von dem du sicher warst, daß ich ihn ablehnte.«

»Deshalb hab ich ihn nicht ausgesucht. Und außerdem bin ich sicher, daß es noch eine Menge anderer gibt, gegen die du etwas hättest. Ich kann dir aus dem Stegreif fünf oder sechs nennen.«

»Sicher kannst du das. Aber stimmt es nicht? Ich behaupte ja nicht, daß dir jetzt nichts an ihm liegt.« Die letzten Worte sprach sie etwas abschätzig aus.

»Ich habe ihn sofort geliebt.«

Eine Pause entstand. Ich erinnerte mich, wie sehr ich Lucy am Morgen meines Geburtstags geliebt hatte: diese ungeheure Gefühlsaufwallung. Wohin war sie verschwunden? Jetzt empfand ich Abwehr, aber auch ein großes Bedürfnis nach ihrer Anwesenheit. »Danke für die Pfirsiche«, sagte ich. »Und danke, daß du gekommen bist. Ehrlich.«

Sie schaute stur geradeaus, die Lippen leicht geöffnet, als habe sie ihren Text vergessen. Ich bewunderte ihr Profil; sie hat mehr Kraft in ihrer Kinn- und Nasenlinie als unsere beiden Eltern; einen Augenblick lang beneidete ich das Baby, das sie erwartete. »Jack hat Malcolm erzählt, daß ihr bei unserer Hochzeit zusammengekommen seid.«

»Hat er das gesagt? Wir sind nicht ›zusammengekommen‹, wir haben wohl einfach geflirtet...«

»Ist dir nie in den Sinn gekommen, daß ich vielleicht auch weg wollte? Eine eigene Familie haben wollte, eine andere Familie?«

Ich war überrascht, wie sehr mich das verletzte. Nein, es war mir nie in den Sinn gekommen, warum sollte es auch? Sie war immer diejenige, die anrief oder mir Briefe schrieb. Lucys

Stimme am Telefon, so warm, so dringlich. Aber natürlich, wurde mir klar, hatten Wochen, manchmal Monate zwischen diesen Anrufen gelegen. Ich brauchte so lange, mich von jedem einzelnen zu erholen, von ihrer Mißbilligung und Lebhaftigkeit, ihren gebieterischen Fragen, daß ich nie daran dachte, daß sie vielleicht auch Zeit brauchte, um sich zu erholen. »Nun, du kannst Ruth ganz für dich allein haben«, sagte ich. »Jack hast du ja nie gemocht.«

»Wahrscheinlich werde ich das lernen müssen, da ihr beide, du und Malcolm, mich drängen werdet«, sagte sie mürrisch.

Darüber hätte ich beleidigt sein können. Ich versuchte es sogar, es schien mir loyal, aber ich empfand es nicht. Soll sie doch launisch sein, dachte ich. Sie hat ein Recht dazu. Und außerdem, mußte ich mir eingestehen, bereitete es mir ein gewisses Vergnügen, daß sie nicht begriff, was ich in Jack sah. Sie war einfach blind für seinen Charme. (Meine Mutter war das nicht. Sie sagte zu mir: »Natürlich habe ich es gewußt, als ich euch auf meiner Dinnerparty zusammen sah.« – »Das hast du nicht, Ma.« – »Doch, habe ich, ich habe es Roy gesagt. Ich habe gesagt, ich hoffte, Lucy hätte nichts dagegen, aber ich dächte, Gwen sei glücklich. Jack ist ein Schatz.« – »Hast du dir keine Sorgen gemacht wegen Ruth?« – »O nein, Liebling, du bist soviel attraktiver.«)

Als wir umkehrten, um uns wieder den Männern anzuschließen, war Lucy ein bißchen aufgetaut. Ich hatte ihr gesagt, es tue mir leid, und sie war bereit gewesen, meine Entschuldigung anzunehmen. »Es tut mir leid wegen der Heimlichtuerei«, fügte ich hinzu.

»Das ist ziemlich wichtig, weißt du. Das sollte dir klar sein.«

»Es wird mir allmählich klar.«

Jack führte uns alle zum Mittagessen in ein Kellerlokal, das er kannte; ein kleiner Raum mit vier Tischen und tomatenroten Wänden. Lucy und Malcolm bestellten Bier, Jack und ich tranken Diätcola, und wir stießen auf ihr Baby und unsere Hochzeit an. »Wenigstens habe ich nicht mehr das Gefühl, unsere Junggesellinnentage zu verraten«, sagte Lucy.

»Du warst diejenige, die gegen die Ehe war.«

»Als ich vierzehn war, hielt ich bei der Hochzeit meiner Mutter eine Rede, weil ich auf ihren Mann eifersüchtig war. Das sollte mich nicht fürs Leben brandmarken, Gwen. Und die Art, wie du dich immer aus Beziehungen davongestohlen hast – nicht, daß ich dir das vorwerfe, ein paar von den Typen, die du dir ausgesucht hast –« Jack grinste; sagte sie das seinetwegen? – »ohne jede Erklärung, oder zumindest, ohne es mir zu erklären – ich hatte immer das Gefühl, du fändest alle Männer unter deiner Würde, vielleicht auch alle Frauen.«

»Das hast du gedacht?« Malcolm sah ängstlich aus, er räusperte sich, und Jack stieß ihn an, damit er den Mund hielt. Lucy und ich saßen nebeneinander; zwei Biere hatten ihre Wangen gerötet, und ihre Stimme war laut.

»Ich hielt dich für einen Snob. Nicht gesellschaftlich, sondern wegen einiger privater Maßstäbe, denen keiner je genügen würde. Gott, ich weiß noch, wie du im College warst: Wenn ich dich fragte, warum du jemanden nicht mochtest, sagtest du: ›Sie langweilt mich.‹ Und dabei blieb es, als seien wir alle zu deiner Unterhaltung auf der Welt.«

Ich war verletzt, aber es war eine saubere Verletzung, und ich war neugierig. Es gab so viel, was ich nicht wußte. »Und warum hast du dann so getan, als hieltest du mich für fabelhaft?«

»Ich habe nicht ›so getan‹. Ich bin ein zwiespältiger Mensch.« Eine Pause entstand, während wir alle über Lucys Zwiespältigkeit nachdachten. »Das Essen ist wirklich nicht schlecht«, sagte Lucy. »Sie nehmen echten Mozarella.«

»Ich weiß«, sagte Jack.

»Und das Brot ist auch gut, es ist nicht dieses weiche Pappzeug, das man sonst bekommt.«

Er nickte. »Also«, sagte meine Schwester und stand vom

Tisch auf; Malcolm folgte, aber mit einer Langsamkeit, die wirkte, als sei es seine Idee. »Ich habe um drei eine Verabredung.« Sie gab mir einen Kuß und schüttelte Jack die Hand. »Paß auf meine große Schwester auf, sie braucht es.«

»Nein, sie braucht es nicht, es gefällt ihr bloß.«

Lucy schenkte ihm ein halbes Lächeln. »Da könntest du recht haben.«

»Ich habe recht.«

Sie öffnete den Mund, um etwas zu sagen, überlegte es sich dann aber anders. »Wir sehen uns im Krankenhaus in siebeneinhalb Monaten.«

»Ich rufe dich morgen an«, sagte ich.

»Glaubst du, daß wir je ein Kind haben werden?« fragte Jack mich an diesem Abend.

»Ich weiß nicht. Möchtest du?« Der Gedanke ängstigte mich mehr als alles andere in den letzten Monaten. Ich sah mich selbst vor meinem ruinierten Gemälde stehen, meinem Höllenhund. Widerlich.

»Diesmal würde ich's gern richtig machen.« Seine Hände waren auf meinen Brüsten, streichelnd, ziehend, etwas zu grob.

»Ich dachte, mit Malcolm sei jetzt alles gut.«

»Es ist gut, weil er dafür gesorgt hat. Weil er will, daß es gut ist. Warum meinst du, daß ihm so verdammt viel daran liegt? Ich bin froh darüber, ich denke, es hätte schlimmer sein können, aber ich weiß nicht; Gwen, ich fühle mich, als hätte ich etwas verpaßt.«

Der letzte Satz traf mich; auch ich verpaßte etwas. Ich wollte, daß er mich traktierte, bis nichts von mir übrigblieb. Ich drehte mich zu ihm, fühlte mich wild; wir würden einander mißhandeln, aber er sah so traurig aus, so sehnsüchtig und unvollständig, daß ich seinen Mund küßte, seinen Hals, seine Brust und seinen Bauch, mir dessen weiche Falten um das Gesicht drückte wie ein Kissen.

Seine Hände streichelten mein Haar, umfaßten meinen Kopf. Er hatte mich im Griff, seinen Ellbogen in meinem Nacken. Ich roch den trockenen, sauberen Duft seiner Genitalien – er hatte gerade geduscht – und fühlte mich von dieser Sauberkeit betrogen; ich hatte das Bedürfnis, ihn zu inhalieren, die salzige, saure Essenz, die er weder verbergen noch verändern konnte. Eine Minute, zwei Minuten, sie begann zu fließen, seine Haut befeuchtete sich selbst, die ersehnte Information. Ich nahm seinen Penis in den Mund. Seine Hände um meinen Kopf spannten sich. Wie das meiner süchtigen Seele gefiel: die Lust schlechthin, unverändert, direkt. Nicht einmal wirkliche Lust, sondern Erregung, Trost; sein schweres Leben auf meiner sensiblen Zunge, im Vorraum meines Gehirns. Er flüsterte meinen Namen. Mein Kopf begann zu zittern.